제1판　**박문각 임용**
동영상 강의　www.pmg.co.kr

중등 교원 임용 시험 대비

최병식
포스
전공체육

체육교육학 1
체육교육과정론

—

최병식 편저

1

박문각

차례

최 병 식

포스
전공체육

체육교육학 1

체육교육과정론

Chapter

01
—
체육과 교육과정

01 Chapter 체육과 교육과정

1 교수요목기(1946~1954)

교수요목기의 교육과정이란 각급학교의 교과 편제와 시간 배당이 함께 작성된 교수요목 등을 말한다. 또한 교수요목은 교과의 지도 내용을 상세히 기술한 문서를 말한다. 그러나 당시의 교수요목은 충분한 시간을 가지고 제정하지 못하였기 때문에 각 교과별로 가르칠 주제를 열거하는 정도에 불과하였고, 교수의 목표나 지도시의 유의사항 등에 관한 언급이 없었다. 즉, 여러 가지 사회적 및 교육적 상황이 어려운 시기였으므로, 체계적인 교육과정의 모습을 갖추지 못했다. 이 시기에는 두 차례의 교수요목 제정이 있었다. 첫 번째는 1945년 조선체조연맹이 주관이 되어 미군정 과도기에 제정한 체육과 교수요목이며, 두 번째는 정부 수립 후 1948년에 교수요목기에 제정된 교수요목이다. 이 시기의 체육은 초등학교에서 고등학교까지 필수 교과였으며, 일제시대에 '체조'로 불리던 것이 초등학교에서는 '보건', 중학교에서는 '체육·보건', 고등학교에서는 '체육'으로 바뀌게 되었다.

2 제1차 교육과정기(1955~1963)

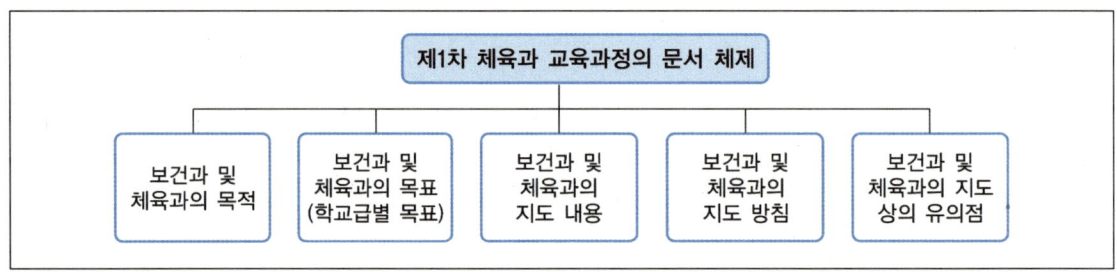

(1) 제1차 교육과정기의 체육과 명칭은 초등학교에서는 '보건', 중등학교에서는 '체육'이라고 불리어졌다. 이때 문서의 체제는 '보건과 및 체육과의 목적', '보건과 및 체육과의 목표', '보건 및 체육과의 지도 내용', '보건과 및 체육과 지도 방침', '보건과 및 체육과 지도상의 유의점'으로 구성되어 있었다.

(2) 제1차 교육과정의 보건과 및 체육과 목표는 총괄 목표에 해당하는 보건과 및 체육과의 목적이 독립된 항목으로 제시되고 있고, 보건과 및 체육과의 목표는 '학교급별 목표'로 제시되고 있다. 보건과 및 체육과의 목적은 신체적 발달의 목표와 사회적 발달의 목표, 위생 및 민주생활을

위한 3가지 목표로 구분하고 있다. 학교급별 목표는 신체적 목표, 사회적 목표, 지적·정의적 목표, 안전 지도, 레크리에이션이라는 세부 목표 영역으로 구분하여 제시하고 있다. 특히 초등학교의 경우 목표를 2개 학년씩 묶어 제시하고 있다.

(3) 제1차 교육과정의 보건과 및 체육과 내용은 체조, 스포츠, 무용, 체육이론으로 대영역이 구분되고 있음을 알 수 있다. 초등학교와 중등학교의 체육 교육 내용은 거의 유사하나, 단지 초등학교에서는 놀이중심의 교육을 강조하고자 '놀이'라는 용어를 사용하고 있고, 중등학교에서는 체육이론을 별도의 영역으로 제시하고 있음이 조금씩 다르다. 이 시기의 특이한 점은 제1차 교육과정에서는 육상과 수영이 체조와 달리 스포츠 영역으로 포함되어 있음을 알 수 있어, 이때의 체조는 스포츠의 성격보다는 다른 교육적 의미를 내포하고 있음을 간접적으로 이해할 수 있다. 또한 무용은 초등학교에서는 리듬놀이로, 보건은 위생으로 표현되고 있음을 알 수 있다. 이 시기의 가장 두드러진 특징은 중등학교에서 남녀별로 교육 내용을 달리 제시하고 있다는 점이다.

(4) 제1차 교육과정의 경우 현재의 교수·학습 방법에 해당하는 항목이 2개, 즉, '보건과 및 체육과의 지도 방침'과 '보건과 및 체육과 지도상의 유의점'이 있다. 이 부분에서는 체육과 지도에 대한 포괄적인 내용을 다루고 있고, 보건과 및 체육과 지도상의 유의점에서 평가 부분을 간략하게 언급하고 있다.

교과 교육과정
교과 교육과정이란, 교수하는 교재의 목적과 성질에 의하여 국어, 수학, 과학 등과 같은 교과로 구성되는 교육과정을 의미한다. 교과 교육과정은 지식의 체계를 중시하고 인류 문화유산의 체계화와 학습자가 수용해야 할 지식의 난이도별 논리적 조직을 중시한다. 이 교육과정의 기본 입장은 교육의 문화적 기능, 교과의 논리적 체계성, 체계적인 학습의 전개라고 볼 수 있다. 또한 이 교육과정이 가지는 특징은 교사중심의 교육과정이며, 문화유산의 전달, 설명위주의 교수법, 획일적인 교재의 제공, 수업 진행의 계획성 등이다.

항목	제1차 체육과 교육과정		
보건과 및 체육과의 목적	보건과 및 체육과는 원만한 환경 밑에 신체 활동을 통하여 신체 각 부위를 고르게 튼튼히 발달시키고, 굳세고 아름다운 정신과 건전한 사회적 성격을 기르며, 위생 생활을 습관화하여 민주적 사회 활동에 자기의 최선을 다 발휘할 수 있는 능력을 가지게 한다.		
보건과 및 체육과의 목표	초등학교 목표	중학교 목표	고등학교 목표
	신체적 목표 사회적 목표 지적, 정서적 목표 안전 지도 레크리에이션 지도	신체적 목표 사회적 목적 지적, 정서적 목표 안전 지도 레크리에이션 지도	신체적 목표 사회적 목적 지적, 정서적 목표 안전 지도 레크리에이션 지도

	초등학교(1-6학년)	중학교(1-3학년)	고등학교(1-3학년)
보건과 및 체육과의 지도 내용	• 체조놀이(맨손놀이, 재주놀이 • 놀이(달리기놀이, 던지기놀이, 뜀뛰기놀이, 공놀이, 물놀이) • 리듬놀이(노래 맞추기, 표현놀이, 기타) • 위생	• 맨손체조(맨손체조, 기계체조, 스턴츠) • 스포츠(육상경기, 구기, 헤엄, 투기) • 무용 • 위생 • 체육 이론	• 맨손체조(맨손체조, 기계체조, 스턴츠) • 스포츠(육상경기, 구기, 헤엄, 투기) • 무용 • 위생 • 체육 이론
보건과 및 체육과의 지도 방침	지도의 방향, 지도의 원칙, 지도의 주안점, 정과 시간과 과외 지도, 지도 계획 및 방법 등		
보건과 및 체육과의 지도상의 유의점	지도상의 유의점과 평가, 학교 신체검사와 측정 결과 반영		

3 제2차 교육과정기(1963~1973)

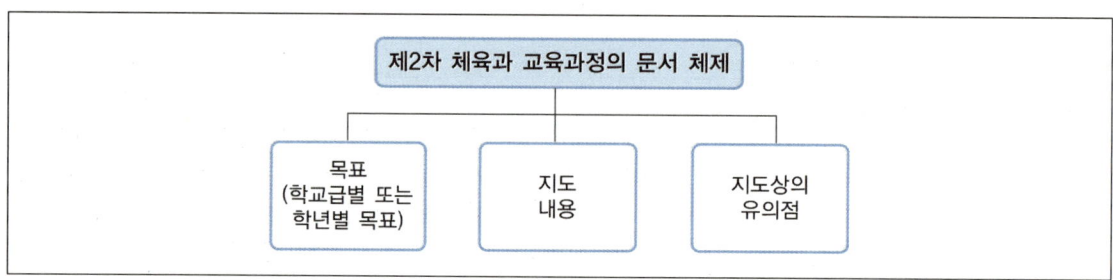

(1) 제2차 교육과정기 부터 체육과의 명칭은 '체육'으로 통일되었고, 이때 문서 체제는 '목표', '지도 내용', '지도상의 유의점'으로 구성되어 제1차 때보다 간략하게 구성되고 있음을 알 수 있다.

(2) 제2차 교육과정의 체육과 목표는 학교급에 따라 서로 다른 형식으로 제시되고 있는 것이 특징이다. 일반 초·중·고등학교에서 각기 학교급별 체육과 목표를 제시하고 있으며 특히 초등학교에서는 2개 학년군별 목표(초등 1, 2학년, 초등 3, 4학년, 초등 5, 6학년), 중학교에서는 학년별 목표가 하위목표로 제시되고 있다. 제2차 교육과정에 따른 체육과 목표의 세부 내용은 제1차 교육교과정의 목표를 요약한 형태로 제시되고 있고, 목표 영역의 항목이 누락되었으나 신체적 목표, 정서적 목표, 인지적 목표, 위생과 안전, 레크리에이션의 5가지로 구성되어 있어 제1차의 틀을 그대로 유지하고 있음을 알 수 있다.

(3) 제2차 교육과정의 체육과 내용은 제1차 때와 비교하여 크게 달라지지 않았으나, 영역명에서 약간의 변화가 있었다. 예를 들면, 초등학교의 경우 리듬놀이가 춤놀이로 개칭되었고, 초·

중·고에서 위생이 보건위생으로 바뀌었다. 내용의 가장 특징적인 것은 경험중심 교육과정의 영향을 받아, '레크리에이션'이라는 새 영역이 중등학교에서 추가되고 있음을 알 수 있다.

(4) 제2차 체육과 교육과정의 지도상의 유의점은 제1차 때와 거의 유사하며, 평가 부분에서 학습 결과 평가와 학생의 자기 평가에 대한 언급과, 30시간이라는 교과서 지도 시간을 명시하고 있는 것이 특징적이다.

경험중심 교육과정

경험중심 교육과정은 '학생이 학교의 지도하에 가지는 모든 경험'을 교육과정으로 본다. 기존의 학문이나 교과 체계가 아니고 학습자의 흥미, 관심, 욕구로부터 구성된 교육과정으로서 초등학교 저학년과 유치원 교육 등에서 흔히 많이 볼 수 있는 교육과정이다. 아동 중심 교육사상과 경험주의에 뿌리를 두고 학습자의 흥미, 필요, 요구, 능력 등을 중시하고 학습자의 전인적 발달을 도모하는 특징을 가지고 있다. 이 교육과정의 기본 입장은 학습자의 흥미와 욕구 존중, 학습자의 전인적 발달 조장, 문제해결 학습 중시, 교사와 학생 간의 협동 등으로 표현할 수 있다. 이 교육과정은 학생의 자발적인 학습 태도를 촉진하고 현실적인 생활의 문제 해결능력의 신장, 고등정신기능의 함양 등의 장점이 있으나, 단점으로 체계적 지식의 소홀, 계열성의 모호, 미숙한 교사의 교육 실패 가능성, 시설 설비의 비용 부담 가중 등이 있다.

항목	제2차 체육과 교육과정		
	초등학교 목표	중학교 목표	고등학교 목표
목표	• 여러 가지 운동을 통하여 기초적 운동 능력을 조장하여, 신체의 모든 기관을 고르게 발달하도록 한다. • 놀이를 통하여 명랑한 성격과 공정하고 협동하는 태도를 길러, 자기 책임을 성실히 이행하는 사회성을 기르도록 한다. • 놀이와 건강 생활에 대한 기초적 지식을 알게 하며, 합리적인 신체 활동을 함으로써 정서를 순화하고 생활을 풍부하게 한다.	• 운동의 기술과 기능을 발달 조장시켜 신체 각 부위의 생리적 성장 및 조화적 발달을 꾀한다. • 스포츠를 통하여 극기하며 타인과 협력할 수 있는 사회성을 길러 페어플레이하는 정신을 기른다. • 건강 생활과 각종 스포츠의 개요를 알려 감정과 의지의 통일 작용을 수련시키고, 미적인 표현, 창작, 감상력을 통하여 정서를 순화한다.	• 운동의 기능과 기술을 숙달시켜 신체 각부를 균형있게 발달시키고 건강 증진에 힘쓰도록 한다. • 스포츠를 통하여 명랑 성실한 성격과 페어플레이의 태도를 지니게 하여 솔선 실행하는 사회적 성격을 기른다. • 각종 스포츠와 신체적 표현의 개요를 알려, 강인한 의지와 판단력을 기르며, 정서를 순화하도록 한다.
	• 보건 위생과 안전한 생활 방법을 알려서, 위급 상태에 대처할 수 있는 능력을 기른다. • 레크리에이션 활동에 참가하여 여가를 즐길 수 있게 하며, 생활을 윤택하게 하도록 한다.	• 보건과 안전에 대한 지식과 기능을 길러 사회 안전 훈련에 협력하도록 한다. • 레크리에이션 활동을 계획하고 창작하여 윤택한 민주 생활을 하도록 한다.	• 건강과 안전에 대한 지식, 습관, 태도를 길러 사회 안전에 이바지하도록 한다. • 레크리에이션 활동을 계획하고 참가 지도할 수 있게 하여 윤택한 민주 생활을 추진하도록 한다.

목표	<1, 2학년 학년군별 목표> <3, 4학년 학년군별 목표> <5, 6학년 학년군별 목표>	<1학년 학년 목표> <2학년 학년 목표> <3학년 학년 목표>	
	초등학교(1-6학년)	중학교(1-3학년)	고등학교(1-3학년)
지도 내용	• 체조놀이(맨손체조, 재주놀이) • 놀이(달리기놀이, 던지기놀이, 뜀뛰기놀이, 공놀이, 물놀이) • 춤놀이(노래 맞추기, 표현놀이, 기타) • 보건·위생	• 체조(맨손체조, 기계체조, 스턴츠) • 스포츠(육상경기, 구기, 헤엄, 투기) • 무용 • 레크리에이션 • 보건·위생 • 체육 이론	• 체조(맨손체조, 기계체조, 스턴츠) • 스포츠(육상경기, 구기, 헤엄, 투기) • 무용 • 레크리에이션 • 보건·위생 • 체육 이론
지도상의 유의점	지도상의 강조점(내용, 방향성, 평가의 방향 등), 교재 사용의 유의점(교과서의 지도는 약 30시간 충당)		

4 제3차 교육과정기(1973~1981)

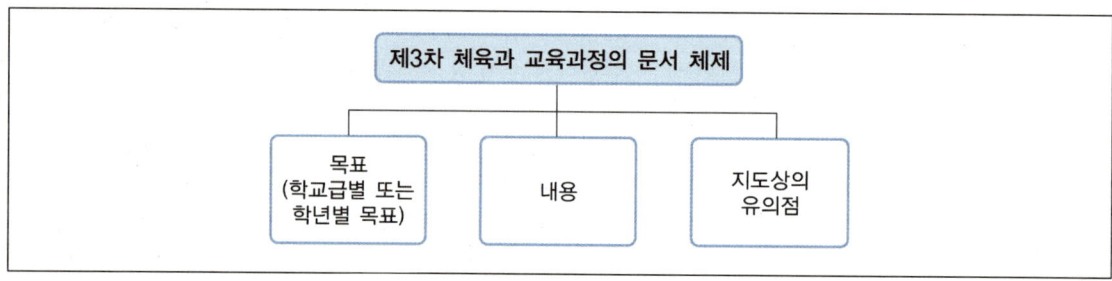

(1) 제3차 교육과정에서는 학문중심 교육과정의 특징인 나선형 교육과정의 조직 형태를 취하고 있는데, 나선형 교육과정이란 학문의 기본개념과 원리를 토대로 하여 학년이 올라갈수록 심화·확대해 나가는 조직 형태를 말한다. 제3차 교육과정기의 문서 체제는 제2차 때의 '지도 내용'이 '내용'으로 명칭만 바뀌었을 뿐 문서체제의 변화는 거의 없었다.

(2) 제3차 교육과정의 체육과 목표는 '일반 목표', '학년별 목표'(초등학교와 중학교)를 제시하고 있음을 알 수 있다. 제3차 교육과정의 목표는 운동을 통한 체력 향상과 운동 기능 습득, 경기 규칙과 질서 준수, 협동과 페어플레이 정신 함양, 보건 및 체육 활동에 대한 기초 지식과 실천을 통한 안전한 생활 능력과 태도 함양, 운동의 생활화를 통한 여가선용과 정서 순화를 강조하고 있다.

(3) 제3차 교육과정의 체육과 내용은 제2차 때와 비교하여 내용 영역이 초등학교의 경우 4개 영역에서 7개 영역으로, 중학교의 경우 6개 영역에서 10개 영역으로, 고등학교의 경우 6개 영역에

서 9개 영역으로 보다 세분화되었음을 알 수 있다. 특히 초등학교의 경우 각 영역에 '놀이'라는 용어대신 '운동'이라는 용어를 사용함으로써 교육과정 내용 체계의 진술방법에서 내용의 수준을 높이고자 하는 의도가 담겨 있다. 또한 초·중·고등학교에서 순환운동과, 초·중학교의 질서 운동이 새로운 영역으로 유입되고 있음을 알 수 있다. 이는 당시 우리나라의 시대적 상황을 반영하고 있는 것으로 이해할 수 있다. 이 시기의 체육과 교육과정 내용은 제3차 교육과정 내용에서도 남녀별로 교육 내용을 달리 제시하고 있음을 알 수 있는데, 예를 들면 초등학교에서는 씨름의 일부 내용, 중·고등학교에서는 축구와 투기는 남학생들에게만, 무용은 여학생들에게만, 체조는 남자 종목과 여자 종목을 구분하여 명시하고 있다.

(4) 제3차 체육과 교육과정의 지도상의 유의점에서는 내용 영역별 지도상의 유의점이 제시되고 있고, 특히 고등학교에서는 실기 내용의 필수 종목과 선택 종목의 남녀의 비율을 제시하고 있는 것이 특징적이다. 또한 평가의 방향을 제시하고 있는데, 주관적 평가의 지양과 합리성, 신뢰도 높은 객관성 있는 방법의 평가 실시를 제시하고 있다.

학문중심 교육과정

학문중심 교육과정은 지육을 위한 교육과정으로써 학문의 구조를 강조한다. 따라서 학생 각자의 탐구심과 이해력을 키우고 지적 우수성과 학업의 탁월성의 형성, 즉 최적의 지적 발달을 기대한다. 이 교육과정의 기본 입장은 학생의 생활, 경험, 흥미, 요구 등에 기초를 두는 것이 아니라, 학문의 논리에 따라 계통적으로 편성되는 것을 중요시한다. 즉 교육이 학생의 발달을 따라가는 것이 아니라 발달을 선도하고 촉진하는 것이 되어야 함을 강조한다. 이 교육과정에서는 학문의 실제적 구조에 근거한 교과 내용 또는 교재가 계획, 편성, 조직되고 탐구학습, 발견학습 등의 수업방식이 선호된다.

항목	제3차 체육과 교육과정		
	초등학교 목표	중학교 목표	고등학교 목표
목표	• 여러 가지 운동을 통하여 강한 체력과 강인한 의지력을 길러서, 왕성한 활동력과 실행력을 가진 새 국민으로 자라게 한다. • 운동 경기를 통하여 규칙과 질서를 지키며 주어진 부서에서 책임을 다하고 서로 힘을 모아 끝까지 노력하는 태도를 길러서, 올바른 경쟁심과 협동 단결력이 강한 새 국민으로 자라게 한다. • 개인위생과 공중 보건에 필요한 기초 지식을 이해하고 이를 실천할 수 있는 능력	• 각종 운동을 통하여 체력과 운동 기능을 길러서, 왕성한 활동력과 실행력을 가진 강건한 국민으로 자라게 한다. • 운동 경기를 통하여 규칙과 질서를 지키고, 맡은바 책임을 다하며 서로 협력하고 공명정대하게 경쟁을 하는 태도를 기른다. • 개인위생과 공중 보건 및 체육 활동에 필요한 기초지식과 실천을 통하여 건강하고 안전한 생활을 하는 태도를 기른다.	• 각종 운동에 대한 이해와 실천을 통하여 체력과 운동 기능을 높여서 왕성한 활동력과 실행력을 가진 강건한 국민으로 자라게 한다. • 운동 경기의 자발적인 참여와 실천을 통하여, 공명정대한 경쟁의식과 협동심, 준법성, 책임감 등의 건전한 사회적 태도를 기른다. • 심신의 건강과 안전 생활에 대한 이해와 실천을 통하여 공중보건 의식을 높이고 안전 능력을 기른다.

	초등학교(1~6학년)	중학교(1~3학년)	고등학교(1~3학년)
	과 태도를 길러서, 건강하고 안전한 생활을 할 수 있는 새 국민으로 자라게 한다. • 운동을 생활화하여 정서를 순화하고, 여가를 선용하는 태도와 미적 표현의 창작력을 길러서 명랑하고 활달한 성격을 지닌 새 국민으로 자라게 한다. 〈학년별 목표〉 생략	• 운동을 생활화하게 함으로써, 여가 선용과 정서 순화를 도모하여 명랑하고 활달한 성격을 기른다. 〈학년별 목표〉 생략	• 운동을 생활화하게 함으로써 여가를 선용하고 정서를 순화하여 명랑한 성격과 활달한 기상을 지니게 한다.
내용	• 기초력 운동(순환운동, 맨손체조, 질서운동, 씨름, 태권도) • 기계운동(철봉운동, 뜀틀운동, 매트운동) • 육상운동(달리기, 뜀뛰기) • 공운동(농구형, 축구형, 야구형, 배구형) • 수영(헤기, 뛰어들기) • 무용(민속무용, 표현무용) • 보건	• 순환운동 • 체조(맨손체조, 기계체조) • 육상경기(달리기, 뜀뛰기, 던지기) • 구기(핸드볼, 농구, 배구, 축구) • 투기(씨름, 태권도) • 계절운동(수영, 빙상운동) • 무용(민속무용, 창작무용) • 보건 • 체육 이론	• 순환운동 • 체조(맨손체조, 기계체조) • 육상경기(달리기, 뜀뛰기, 던지기) • 구기(핸드볼, 농구, 배구, 축구) • 투기(씨름, 태권도) • 계절운동(수영, 빙상운동) • 무용(민속무용, 창작무용) • 보건 • 체육 이론
지도상의 유의점	지도의 방향, 지도상의 강조점과 고려점, 교과서의 활용, 영역별 체육학습의 배당 비율(고등학교 실기 내용의 필수 및 선택 종목의 선정 비율 및 방법), 평가의 방향		

5 제4차 교육과정기(1981~1987)

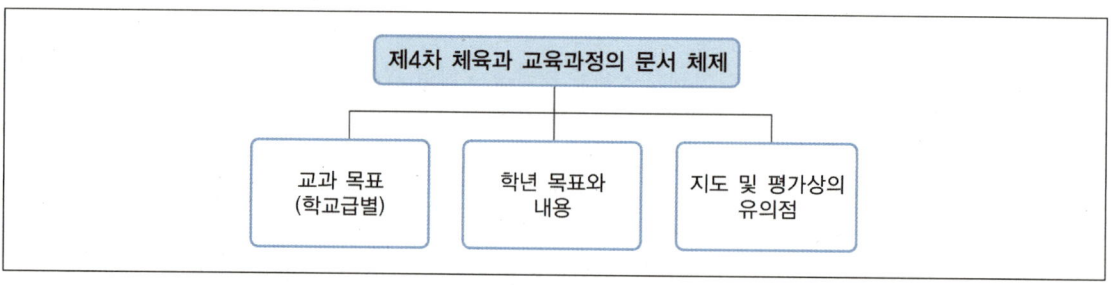

(1) 제4차 교육과정은 문교부에서 직접 개발하지 않고 한국교육개발원에 위탁하여 기초 연구와 총론, 각론, 시안을 개발하도록 한 연구 개발형의 성격을 띠고 있다. 제4차 교육과정의 이념적 특징은 어느 한 사조나 이념만을 고수하는 교육과정이 아니라, 종합적이고 복합적인 성격을 지니고 있다. 따라서 교과중심, 경험중심, 학문중심 등과 같은 접근 위에서 변화와 미래에 대한

인식을 강조하는 미래 지향적 교육과정의 인식이 반영되었다. 특히 지금까지 소홀히 해 온 인간중심 교육과정의 성격도 반영되어 개인적, 사회적, 학문적 적합성을 고루 갖춘 교육과정이 되게 하였다. 이때의 특징적인 것은 초등학교 1, 2학년에 '바른 생활(도덕, 국어, 사회)', '즐거운 생활'(체육, 음악, 미술), '슬기로운 생활'(산수, 자연)이라는 통합 교과가 등장하게 되었는데, 통합은 교육과정이 아닌 교과서 수준에서 시도되었다. 제4차 교육과정기의 문서 체제는 '교과 목표', '학년 목표 및 내용', '지도 및 평가상의 유의점'으로 분류되었다.

(2) 제4차 교육과정의 체육과 목표는 학교급별 '교과 목표', '학년 목표'를 제시하고 있음을 알 수 있다. 제4차 교육과정의 학년 목표는 초등학교와 중학교의 경우 목표와 내용이 함께 제시되었다는 것이 특징이다. 교과 목표는 체력과 운동 기능의 증진, 운동과 건강 생활에 필요한 기초 지식의 습득과 실천, 운동 규칙 및 질서 준수와 공정한 운동 태도, 여가 선용이라는 4가지 항목으로 하위 목표를 구성하고 있다.

(3) 제4차 교육과정의 체육과 내용은 제3차 교육과정과 비교할 때 크게 달라지지 않았으나, 제5차, 제6차, 제7차 체육과 교육과정의 후속 교육과정 내용 영역의 설정에 모체가 되는 영역의 기본 체제를 확립한 시기라고 평가할 수 있다. 초등학교의 경우 1학년에서 3학년까지는 기본운동, 게임, 무용, 보건이라는 4개 영역으로 구성되어 있고, 4학년부터 6학년까지는 8개의 영역으로 내용이 세분화되어 있다. 또한 새로운 개념으로 기본 운동 영역이 도입되었는데, 이는 움직임 교육과정의 영향을 받은 것이라고 볼 수 있다. 이 영역의 내용은 다른 각 영역에 속해 있는 운동 종목을 학습하기 이전에 선수되어야 할 기초적인 움직임과 놀이, 기구나 시설을 이용하는 방법에 관한 것이다. 중·고등학교의 내용은 제3차 때의 순환운동과 계절운동이 사라지고, 중학교에서 투기 운동이 개인 및 구기에 유입되었으며, 고등학교에서는 평생스포츠 및 야외활동이 새롭게 등장하였다. 평생스포츠 및 야외활동의 등장은 다양한 운동 경험이 이루어질 수 있도록 활동의 폭을 넓히며 평생 동안 즐겨 실천할 수 있는 스포츠의 기본 기능과 소양을 기르는 데 역점을 둔 것이다.

(4) 제4차 체육과 교육과정의 지도 및 평가상의 유의점에서는 제3차와 달리 〈지도〉와 〈평가〉를 구분하여 독립적인 항목으로 제시하고 있다. '지도'에서는 지도의 방향, 영역별 지도시의 고려사항, 지도 계획 설정 방법, 시설 및 기구 관리 및 활용을 안내하고 있으며, '평가'에서는 단원별 평가에 대한 실시 사항과 균형 있는 평가를 안내하고 있다.

인간중심 교육과정

인간중심 교육과정은 '학생이 학교생활을 하는 동안에 가지는 모든 경험'이라고 볼 수 있다. 이 정의가 경험중심 교육과정과 유사해보이나, 경험중심 교육과정의 정의보다 훨씬 광범위함을 알 수 있다. 경험중심 교육과정은 학교의 지도하에 학생이 가지는 모든 경험이라고 하였지만, 인간중심 교육과정은 학생들이 학교생활을 하는 동안에 가지게 되는 모든 경험으로 학교의 지도, 계획, 의도에 의하여 가지게 되는 경험과 학교의 지도, 계획, 의도가 없는데도 가지게 되는 경험을 모두 포함한다. 즉 학생이 학교생활을 하는 동안에 사람의 됨됨이에 영향을 주는 모든 경험을 인간중심 교육과정에서는 중시한다. 따라서 경험중심 교육과정보다는 그 범위가 훨씬 넓고, 자아 계발 강조, 자아 실현 목표의 설정, 학교 환경의 인간화, 인간주의적인 교사의 선호 등의 특징이 있다.

항목	제4차 체육과 교육과정		
	초등학교 목표	중학교 목표	고등학교 목표
교과 목표	여러 가지 놀이와 운동을 통하여 체력과 기초적인 운동 기능을 기르고, 건강과 운동의 기초 지식을 습득하며, 즐거운 생활 태도를 가지게 한다. ⑴ 간단한 운동에 즐겁고 활발하게 참여하여 체력과 기초적인 운동 기능을 기른다. ⑵ 운동과 건강 생활에 필요한 기초 지식을 습득하여, 이를 실천하는 태도를 기른다. ⑶ 운동의 규칙과 예의를 지키고, 서로 협력하여 바르게 생활할 수 있는 태도를 기른다. ⑷ 운동에 흥미를 가지고 여가를 선용하여 즐거운 생활을 할 수 있는 태도를 기른다.	여러 가지 운동을 통하여 체력과 다양한 운동 기능을 기르고, 건강과 안전 및 운동에 필요한 지식을 습득하여 일상생활에서 활용하며, 운동을 통한 건전한 생활 태도를 기른다. ⑴ 여러 가지 운동을 적극적으로 실천하여 체력을 기르고 운동 기능을 향상시킨다. ⑵ 건강 생활과 신체 활동에 필요한 지식을 습득하며, 이를 생활에 활용하는 능력을 기른다. ⑶ 운동 경기를 통하여 규칙과 질서를 지키고 서로 협력하며 공정하게 운동하는 태도를 기른다. ⑷ 운동을 통하여 여가를 선용하고 정서를 함양하며 명랑한 성격을 기른다.	적성에 맞는 운동을 합리적으로 실천하여 체력과 전문적인 운동 기능을 향상시키고 운동, 보건, 안전에 관한 지식을 생활에 활용하는 능력을 기르며 운동을 생활화하여 건전한 생활 태도를 가지게 한다. ⑴ 여러 가지 운동을 합리적으로 실천하여 체력과 운동 기능을 향상시킨다. ⑵ 스포츠의 기초 과학과 보건 안전 지식을 운동과 생활에 적용할 수 있는 능력과 태도를 기른다. ⑶ 자율적으로 운동 경기에 참여하여 공명정대한 정신과 협동심, 준법성, 책임감 등의 민주적인 생활 태도를 기른다. ⑷ 평생 동안 운동을 생활화할 수 있는 바탕을 마련하여 여가를 선용하고 정서를 함양한다.
	초등학교(1-6학년)	중학교(1-3학년)	고등학교(1-3학년)
학년 목표와 내용	〈학년별 목표〉 생략 〈1-3학년〉 • 기본운동 • 무용 • 게임 • 보건 〈학년별 목표〉 생략 〈4-6학년〉 • 기본운동 • 게임 • 무용 • 기계운동 • 계절 및 민속운동 • 구기운동 • 육상운동 • 보건	〈학년별 목표〉 생략 • 육상운동(달리기, 뜀뛰기, 던지기) • 체조(맨손체조, 기계체조) • 개인 및 대인운동(탁구, 배드민턴, 테니스, 씨름, 태권도, 유도) • 구기(배구, 축구, 소프트볼) • 무용(민속무용, 창작무용, 감상) • 체육 이론 • 보건	• 육상경기 • 체조 • 구기 • 평생스포츠 및 야외활동 • 투기(남) • 수영 • 무용 • 체육 이론 • 보건
지도 및 평가 상의 유의점	〈지도〉 지도의 방향, 지도상의 고려점, 영역별 지도시의 고려사항, 지도 계획 설정 방법, 시설 및 기구관리 및 활용 〈평가〉 단원별 평가 실시 사항, 균형 있는 평가를 안내		

6 **제5차 교육과정기**(1987~1992)

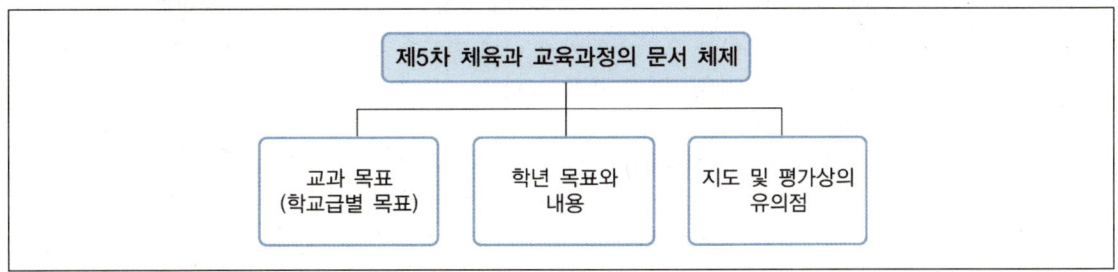

(1) 제5차 교육과정기의 문서 체제는 제4차 교육과정의 때와 마찬가지로 '교과 목표', '학년 목표 및 내용', '지도 및 평가상의 유의점'으로 분류되었다.

(2) 제5차 교육과정의 체육과 목표는 제4차 때와 거의 유사하나 하위 목표의 분류 체계가 약간 달라졌다. 즉 심동적 영역의 목표가 2개, 인지적 영역의 목표가 1개, 정의적 영역의 목표가 1개 씩 제시되고 있다. 움직임 교육과정의 영향으로 초등학교와 중학교에서는 신체움직임의 기본 능력 향상을 제시하고 있다. 또한 제5차 체육과 교육과정의 목표는 선행 교육과정의 목표가 정의적 영역의 여러 심리, 정서적 태도 요인들을 각각 언급하면서 진술한 반면, 제5차에서는 이 요인들을 하나로 묶어 '건전한 생활 태도'(초등) 또는 '바람직한 사회적 태도'(중등)로 포괄 하고 있다.

(3) 제5차 교육과정의 체육과 내용은 선행 교육과정과 달리 심동적 영역, 인지적 영역, 정의적 영 역으로 구분하여 체계를 설정하고 있다. 이는 과거와 달리 정의적 영역의 교육 내용을 공식적 으로 내용 체계상에 유입한 것으로 볼 수 있다. 그러나 정의적 영역과 인지적 영역의 내용을 심동적 영역과 분리한 채 제시하고 있어 통합의 의미를 온전히 살리지 못하고 있다. 즉, 제4차 의 이론과 보건은 인지적 영역으로 묶였고, 나머지 운동들은 심동적 영역으로 묶여 있다. 대신 정의적 영역이 새로운 영역으로 유입되었음을 알 수 있다. 또한 초등학교에서는 선행 교육과 정과 달리 인지적 영역에 이론을 명시하고 있는 것이 특징적이다. 중학교에서는 심동적 영역 에 해당하는 운동들의 경우, 제4차의 '대인 운동'과 '구기'가 '단체 운동'으로 표현되고 있다.

(4) 제5차 체육과 교육과정의 지도 및 평가상의 유의점에서는 제4차와 마찬가지로 '지도'와 '평가' 를 독립적인 항목으로 제시하고 있다. 특히 '평가'의 경우 선행 교육과정과 달리 평가의 부분을 구체적·포괄적으로 다루고 있음을 알 수 있다. '지도' 부분에서는 지도의 방향, 지도의 원리, 다양한 지도 방법의 이용, 지도상의 고려점, 교육과정 운영(내용 조정 등), 영역별 지도시의 고 려사항(초, 중학교)을 다루고 있고, '평가' 부분에서는 운동 기능 및 체력, 지적, 정의적 영역의 목표 성취도를 균형 있게 평가, 일부 내용에 치우치지 않도록 평가, 평가 결과의 활용, 적절한 평가 도구의 활용 등을 안내하고 있다.

항목	제5차 체육과 교육과정		
	초등학교 목표	중학교 목표	고등학교 목표
교과 목표	여러 가지 놀이와 간단한 운동을 통하여 운동 능력을 기르고 운동과 건강의 기초 지식을 습득하며, 건전한 생활 태도를 가지게 한다. (1) 신체적 움직임의 기본 능력을 기르게 한다. (2) 기초적인 체력과 운동을 기르게 한다. (3) 운동, 건강, 안전 생활 및 여가 선용에 필요한 기초 지식을 습득하고 적용하는 능력을 기르게 한다. (4) 운동을 생활화하여 정서를 함양하고 바람직한 사회적 태도를 가지게 한다.	여러 가지 신체 활동을 통하여 운동 능력을 기르고 운동과 건강에 필요한 지식을 이해, 적용하며, 바람직한 사회적 태도를 가지게 한다. (1) 경기를 즐길 수 있는 운동 기능과 체력을 기르게 한다. (2) 신체적인 표현 능력을 기르게 한다. (3) 운동과 건강 및 여가 선용에 필요한 지식을 습득하고, 적용하는 능력을 기르게 한다. (4) 정서를 함양하고 바람직한 사회적 태도를 기르게 한다.	여러 가지 운동을 통하여 운동 기능과 체력을 기르고 운동과 건강에 필요한 지식을 습득하며, 바람직한 사회적 태도를 가지게 한다. (1) 종목별 경기 특성에 따른 운동 기능과 체력을 기르게 한다. (2) 신체 활동을 통하여 사상과 감정의 표현 및 감상 능력을 기르게 한다. (3) 운동, 건강, 안전 및 여가 선용에 필요한 지식을 습득하고 생활에 적용하는 능력을 기르게 한다. (4) 운동에 대한 올바른 가치관을 가지고 운동을 생활화하며 민주적인 생활 태도를 가지게 한다.
	초등학교(1−6학년)	중학교(1−3학년)	고등학교(1−3학년)
학년 목표와 내용	〈학년별 목표〉 생략 • 심동적 영역 　− 기본운동 　− 리듬 및 표현운동 　− 기계운동 　− 게임 　− 계절 및 민속운동 • 인지적 영역 　− 이론 　− 보건 • 정의적 영역	〈학년별 목표〉 생략 • 심동적 영역 　− 육상운동 　− 체조 　− 수영 　− 개인 및 단체운동 　− 무용 　− 체력운동 • 인지적 영역 　− 이론 　− 보건 • 정의적 영역	• 심동적 영역 　− 육상 　− 체조 　− 수영 　− 구기 　− 무용 　− 투기 　− 평생스포츠 　− 야외활동 　− 체력운동 • 인지적 영역 　− 이론 　− 보건 • 정의적 영역
지도 및 평가상의 유의점	〈지도〉 지도의 방향, 지도의 원리, 다양한 지도 방법의 이용, 지도상의 고려점, 교육과정 운영 (내용 조정 등), 영역별 지도시의 고려 사항(초, 중학교) 〈평가〉 운동기능 및 체력, 지적, 정의적 영역의 목표 성취도를 균형 있게 평가, 일부 내용에 치우치지 않도록 평가, 평가 결과의 활용, 적절한 평가 도구의 활용, 학교급별 평가의 방향 제시		

7 제6차 교육과정기(1992~1997)

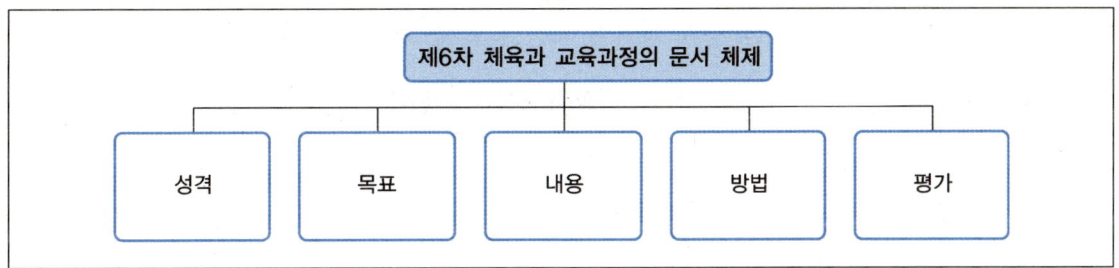

(1) 제6차 교육과정은 교육과정 결정의 분권화를 꾀함으로써 교육내용의 획일성 및 경직성을 없애고, 지역과 학교에 재량권을 주고자 노력하였다. 가장 큰 특징으로 '교육과정의 분권화', '교육과정의 지역화'를 들 수 있다. 제6차 교육과정기의 문서 체제는 체육과의 '성격'이 새롭게 추가됨으로써, 체육과의 정의, 특성, 방향 등을 담은 내용이 진술되었다. 따라서 문서 체제는 성격, 목표, 내용, 방법, 평가 5개 항목으로 구성되고 있다.

(2) 제6차 교육과정의 체육과 성격은 체육과의 보편적인 성격을 먼저 제시하고 하부에 학교급별 특수 성격을 제시하고 있다. 이 부분에서는 신체적 능력과 환경 적응 능력의 개발로 인한 운동 욕구의 실현과 건강 추구 목적을 강조하고 있고, 체육 문화의 계승 및 발전, 신체활동을 통한 인체 생리적 효율성, 심리적 안정성, 공간 지각 및 물체 조작 능력, 신체적인 상호작용 능력의 향상 목적을 함께 강조하고 있다.

(3) 제6차 교육과정의 체육과 목표는 제5차 교육과정의 체육과 목표와 거의 유사하다. 다만 제6차의 체육과 목표는 여러 가지 신체 활동 또는 운동을 통하여 운동 능력과 건강 생활 영위 능력 함양이라는 초·중·고등학교 목표를 강조하고 있다.

(4) 제6차 교육과정의 체육과 내용은 내용 체계표에서 제5차 교육과정의 심동적 영역, 인지적 영역, 정의적 영역이라는 용어가 사라지고, 심동적 영역의 하위 내용이 대영역으로 그대로 옮겨졌다. 인지적 영역은 이론과 보건으로 대영역화 되었고, 정의적 영역은 각 운동의 영역별 하위 내용으로 내용 체계에서 제시되었다. 제6차에서는 내용 영역별 심동적 영역, 인지적 영역, 정의적 영역이 독립적으로 제시되어 분절된 모습을 취하고 있는 제5차 체육과 교육과정의 한계를 극복하였다. 또한 제6차 교육과정의 고등학교 체육과 내용 체계표상에 있는 육상 영역에 하위 내용인, '달리기, 뜀뛰기, 던지기', '과학적 기초 지식, 경기 내용 및 규칙', '인내심, 도전심, 공정성'이 함께 통합적으로 제시되었다. 제5차와 또 다른 점은 초등학교에서 인지적 영역에 있었던 '이론'이 삭제되었고, 대신 체력 운동이 중등학교처럼 명시됨으로 인해 새로운 영역이 추가되었다는 점이다.

(5) 제6차 교육과정에서의 방법은 수업 계획, 수업의 기본방향, 수업 조직, 영역별 교수·학습활동, 발문과 피드백, 시설 및 기구 관리, 수업의 고려사항(특수학생, 남녀공학), 교육과정 운영 등에 대한 구체적인 내용이 안내되고 있다.

(6) 제6차 교육과정에서는 평가에 대한 관심이 높아지면서 평가 항이 독립되어 신설되었다. 특히 제6차 체육과 교육과정의 평가 항에서는 운동 기능 평가의 종목 수와 비율이 제시되고 있고, 지식 평가, 태도 평가에 대한 평가 영역별 지침이 함께 제시되고 있다.

항목	제6차 체육과 교육과정		
성격	체육은 잠재된 신체 능력과 환경에 적응할 수 있는 능력을 개발시켜 운동 욕구를 실현하고 건강을 추구하는 신체 활동에 관한 교과이다. 따라서 체육은 신체 활동을 통하여 운동 능력을 개발하고 건강을 증진시켜 풍요로운 삶을 향유할 수 있게 하는 체육 문화를 계승, 발전시키는 교과이다. 체육은 신체 활동을 통하여 신체의 생리적 효율성을 높이고, 심리적 안정성을 유지시켜, 공간 지각 및 물체 조작 능력과 신체적인 상호 작용 능력을 향상시키려는 목적을 가진 교과이다. 〈학교급별 성격〉 생략		
목표	**초등학교 목표**	**중학교 목표**	**고등학교 목표**
목표	간단한 형태의 신체 활동을 통하여 안전하고 다양하게 움직일 수 있는 기초적인 운동 능력과 건강한 생활을 영위할 수 있는 기본 능력을 기르게 한다. (1) 기본 운동 기능과 기초적인 신체적 표현 능력을 기르게 한다. (2) 운동의 기초 기능을 익히고 건강에 필요한 체력을 기르게 한다. (3) 운동, 건강, 안전, 여가 선용에 대한 기초 지식을 습득하여 생활에 적용하게 한다. (4) 운동에 적극적으로 참여하여 강인한 의지를 기르고, 명랑한 생활 태도를 가지게 한다.	여러 가지 신체 활동을 통하여 경기에 참여할 수 있는 운동 능력과 건강한 생활을 영위할 수 있는 능력을 기르게 한다. (1) 경기에 참여할 수 있는 운동 기능과 건강에 필요한 체력을 기르게 한다. (2) 신체적인 표현 능력을 기르게 한다. (3) 운동과 여가 활동 및 건강에 필요한 지식을 습득하여 실천하는 능력을 기르게 한다. (4) 바람직한 운동 태도와 사회적인 태도를 가지게 한다.	여러 가지 운동을 통하여 경기를 즐길 수 있는 운동 능력을 개발하고, 건강한 생활을 향유할 수 있는 능력을 기르게 한다. (1) 운동 경기를 즐길 수 있는 운동 기능과 건강에 필요한 체력을 기르게 한다. (2) 신체 활동을 통하여 사상과 감정의 표현 능력을 기르게 한다. (3) 운동에 대한 올바른 가치관을 가지고 운동을 생활화하여 바람직한 사회생활 태도를 가지게 한다.
내용	**초등학교(1~6학년)**	**중학교(1~3학년)**	**고등학교(1~3학년)**
내용	• 기본운동 • 리듬 및 표현 운동 • 기계운동 • 게임 • 계절 및 민속운동 • 체력운동 • 보건	• 육상운동 • 체조 • 수영 • 개인 및 단체 운동 • 무용 • 체력운동 • 이론 • 보건	• 육상 • 체조 • 수영 • 구기 • 무용 • 투기 • 평생스포츠 • 야외활동 • 체력운동 • 이론 • 보건

방법	수업계획, 수업의 기본 방향, 수업 조직, 영역별 교수·학습활동, 발문과 피드백, 시설 및 기구 관리, 수업의 고려사항(특수학생, 남녀공학), 교육과정 운영
평가	평가의 유의점(운동 기능 평가 종목 및 비율 규정, 지식 평가의 실시 시기, 태도 평가의 방법), 평가 계획의 공고, 양적 평가와 질적 평가, 진단 및 형성 평가의 결과, 학년별 평가 기준 및 도구 개발 및 활용

8 제7차 교육과정기(1997~2006)

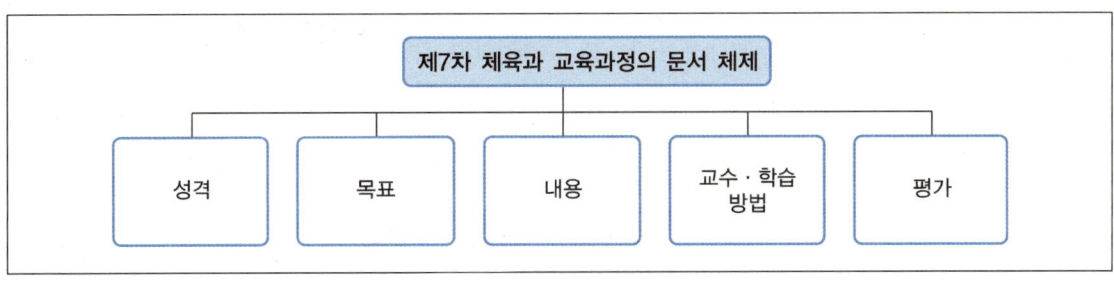

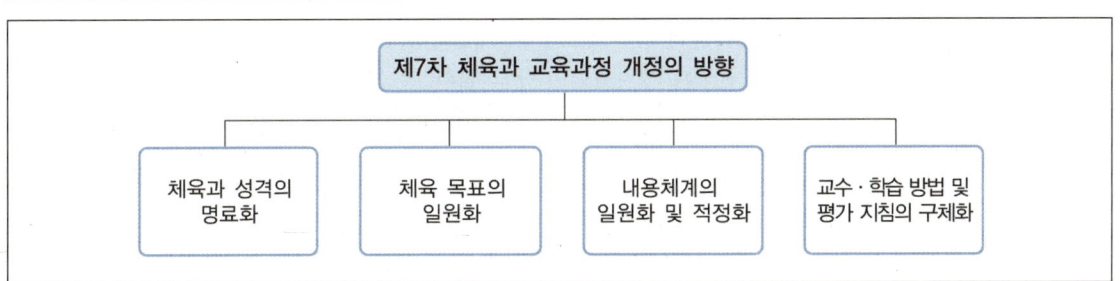

(1) 제7차 체육과 교육과정은 국민 공통 기본 교육과정과 선택 중심 교육과정으로 이원화된 구조를 특징으로 한다. 제7차 교육과정에서는 초등학교 1학년부터 고등학교 1학년까지의 10년까지를 국민공통기본교육기간으로 설정하고, 이 기간 중의 교과별 학습 내용을 학년제 또는 단계 개념에 기초하여 기본 교과 중심의 일관성 있는 체계를 갖추기 위하여 국민공통기본교육과정을 마련하였다. 고등학교 2, 3학년에 선택 중심 교육과정이 도입된 이래, 체육과에서는 '체육과 건강'이라는 일반 선택 과목과, '체육이론'과 '체육실기'라는 과목이 개설되었다. 제7차 체육과 교육과정은 제6차와 같은 동일한 문서 체제를 취하고 있다. 다만 '방법'이 '교수·학습 방법'이라고 개칭되었다.

(2) 제7차 교육과정에서는 체육과의 성격을 움직임 욕구의 실현 및 체육 문화의 계승, 발전이라는 내재적 가치와, 체력 및 건강의 유지·증진, 정서 순화, 사회성 함양이라는 외재적 가치를 동시에 추구함으로써 인간의 '삶의 질'을 향상시키는 데 공헌하는 교과로 규정하고 있다. 초등학교의 체육은 아동의 움직임 욕구를 실현하고 다양한 신체 활동을 수행하는 데 필요한 기초 운동 능력과 체력을 기르는 데 중점을 두고 있다. 또한 건강한 생활을 영위할 수 있는 지식의 습득과 운동에 즐겁고 적극적으로 참여하는 실천적 태도를 형성하도록 하고 있다. 중학교 체육은 초등학교에서 배운 신체 활동에 대한 흥미를 발전적으로 고취시키고, 고등학교 체육에서 강조될 평생 스포츠 활동의 입문을 촉진하는 데 초점을 두고 있다.

(3) 제7차 교육과정에 제시되어 있는 체육과 목표는 크게 총괄 목표와 하위 목표로 구성되어 있다. 선행 교육과정과 달리 학교급별 목표 또는 학년별 목표가 제시되지 않고, '총괄목표' 하나로 초등학교 3학년에서 고등학교 1학년까지의 목표를 포괄하고 있다. 총괄 목표는 움직임 욕구의 실현, 기능과 체력의 증진, 운동과 건강에 관한 지식 이해, 그리고 사회적으로 바람직한 태도 함양으로 요약할 수 있다. 하위 목표는 심동적 영역(기능), 인지적 영역(지식), 정의적 영역(태도)으로 구분하여 진술하고 있다. 즉 심동적 영역에서는 운동 기능과 체력 및 건강의 증진, 인지적 영역에서는 운동과 건강에 대한 지식의 이해와 활용, 정의적 영역에서는 사회적으로 바람직한 태도 및 문화적 가치 규범 습득을 규정하고 있다.

(4) 제7차 교육과정에서의 체육과 내용은 제5차 및 제6차와 같이 내용 체계표 상에 정의적 영역을 교육 내용으로 제시하지 않고, 중등학교의 학년별 내용에 부분적으로 '종목별 바람직한 태도 함양'을 제시하고 있다. 즉 정의적 영역의 내용은 크게 축소되어 제시되었으며, 정의적 영역의 목표도 선행 교육과정과 달리 매우 간단하게 제시되고 있음을 알 수 있다.

제7차 체육과 교육과정 내용의 특징

- 첫째, 체육과 내용은 '교과 내용의 최적화' 관점에서 학년이 높아질수록 점진적으로 분화의 형태를 취하고 있다. 즉 초등학교 3, 4학년의 경우 체조활동, 게임활동, 표현활동, 보건 4개 영역으로 구성되어 있고, 5, 6학년에서는 육상활동과 체력활동이 새로 분화 및 신설되어 총 6개 영역으로 구성되어 있다. 반면 중등학교 체육과 교육과정은 체조, 육상, 수영, 개인 및 단체 운동, 무용, 보건, 체력운동, 이론이라는 8개 영역으로 구성되어 있다.
- 둘째, 초등학교에서는 학생들의 다양한 움직임 욕구를 충족시키기 위하여 기존의 '기본 운동 기능'이라는 용어 대신 '기본 움직임'이라는 용어를 사용하여 움직임 교육 모형에 대한 이해를 더 쉽게 하고, 새 교육과정에 기본 움직임 교육 내용을 포함하였다. 특히 3, 4학년의 경우 '기본움직임'과 '활동'으로 중간단계의 내용 영역이 설정되어 있다. 이는 모든 신체활동에 근간이 되는 기본 움직임 학습을 강조하면서 동시에 기능중심의 체육 내용 학습을 지양하고 체험중심의 체육 내용 학습을 추구하고 있음을 의미한다.
- 셋째, 제7차 교육과정의 특징 중의 하나인 교과 내용의 최적화 및 축소라는 취지하에 '필수 내용'과 '선택 내용'의 개념이 체육과 교육과정 내용에 도입되고 있다. 체육과 '필수 내용'은 최소한의 필수 공통 교육 내용 측면에서 규정되었고, '선택 내용'은 지역, 학교, 교사, 학생의 특성을 고려하여 운영할 수 있는 방안을 제시하고 있다.
- 넷째, '학년별 내용'의 구성에 있어서 제7차 교육과정은 이해(앎)와 적용(실천)의 두 가지 개념으로 제시된다. 이는 실제 수업에 있어서 3가지 목표에 따른 학습 내용의 구분이 이루어질 수 없다는 교과 본질적인 상황을 고려한 것으로, 3가지 목표를 동시에 달성하기 위한 전제 조건으로 '이해'와 '적용'의 개념을 채택하고 있다.

(5) 제7차 교육과정의 교수·학습 방법의 특징은 제6차보다 세부 하위 내용을 시각적으로 제시함으로써 체계화하고 있다는 점이다. 즉 제7차 체육과 교육과정에서는 효과적인 교수·학습 방법을 전체 8개 항에 걸쳐 제시하고 각각에 대한 방법적 원리를 구체적으로 설명하고 있다. 즉 수업 현장에서 실제적으로 활용할 수 있는 교수·학습 방법을 항목별로 체계적으로 제시하고 있다. 즉 교수·학습의 기본 방향, 교사, 학생(일반학생, 특수학생, 혼성학급), 교수·학습 계획, 교수·학습 조직, 내용 영역별 지도, 교수·학습에서의 유의점 그리고 교수·학습에서의 자율

적 운영 측면으로 구분하여 교수·학습의 일반적인 원리와 내용 영역별 지도상의 유의 사항들을 간략하게 기술하고 있다. 특히 이 부분에서는 학생의 특성에 대한 교사의 이해를 강조하고 있는데, 그 이유는 체육 수업에서 신체 능력이나 학습에 대한 흥미 등의 개인차가 많으므로 교사가 우선 학습자의 개인별 체력과 운동 능력을 정확히 파악할 필요가 있기 때문이다. 또한 일반 학생의 개인차뿐만 아니라 특수학생, 혼성 학습에서 남녀의 차를 고려하고 배려하는 교수·학습이 필요함을 강조하였다.

(6) 제7차 체육과 교육과정의 평가도 교수·학습 방법과 마찬가지로 제6차보다 체계화되었다는 점이 특징이다. 제7차 교육과정에서는 학년 초마다 학교의 평가 지침을 토대로 교과협의회의 충분한 토의를 거쳐 평가의 기준, 내용, 교수·학습 방법, 도구 등을 마련한 후, 제시된 목표에 근거하여 공정하게 실시하도록 제시하고 있다. 구체적인 내용은 평가의 기본 방향, 내용 영역별 평가, 평가의 방법 및 활용으로 구성되어 있다.

항목	제7차 체육과 교육과정
성격	체육은 움직임 욕구의 실현 및 체육 문화의 계승, 발전이라는 내재적 가치와 체력 및 건강의 유지·증진, 정서 순화, 사회성 함양이라는 외재적 가치를 동시에 추구함으로써 인간의 '삶의 질'을 높이는 데 공헌하는 교과이다. 체육은 이와 같은 내재적 가치와 외재적 가치를 실현하기 위하여 체·지·덕이 통합된 인간의 육성을 위한 전인 교육을 궁극적인 목적으로 한다. 즉 체육은 육상, 체조, 게임 및 스포츠, 무용 등과 같은 신체활동을 주된 내용으로 하여, 신체활동 그 자체를 위한 기능의 습득뿐만 아니라 그에 관한 이론적 지식의 습득 및 태도의 발달을 통합적으로 도모하는 성격을 가진다. <학교급별 체육 교육의 성격> 생략
목표	다양한 신체활동을 통하여 학생 개개인의 움직임 욕구를 실현하고, 운동을 수행하는 데 필요한 기능과 체력을 증진하며, 운동과 건강에 관한 지식을 이해하고, 사회적으로 바람직한 태도를 함양한다. (1) 다양한 운동에 적극적으로 참여해 운동 기능과 체력 및 심신의 건강을 증진한다. (2) 운동과 건강에 관한 다양한 지식을 이해하고 활용하는 방법을 익힌다. (3) 운동을 통해 사회적으로 바람직한 태도 및 문화적으로 가치 있는 규범을 익힌다.

항목	초등학교(3-4학년)	초등학교(5-6학년)	중학교 1학년 – 고등학교 1학년
내용	• 체조활동 • 게임활동 • 표현활동 • 보건	• 체조활동 • 육상활동 • 게임활동 • 표현활동 • 체력활동 • 보건	• 체조 • 육상 • 수영 • 개인 및 단체 운동 • 무용 • 체력운동 • 이론 • 보건

항목	제7차 체육과 교육과정
교수·학습 방법	교수·학습의 기본 방향, 교사, 학생, 교수·학습 계획, 교수·학습 조직, 내용 영역별 지도, 교수·학습에서의 유의점, 교수·학습의 자율적 운영
평가	평가의 기본 방향, 내용 영역별 평가, 평가의 방법, 평가의 활용

9 2007 개정 체육과 교육과정

1. 국민 공통 기본 교육과정 : 체육과

(1) 개정 배경

① 체육과 교육과정 개정의 내적 요인

ㄱ 학교 교육 체제 속에서 교과로서의 위상 개선이 필요하다는 주장이다. 지금까지 체육과의 교과 위치는 교육과정이 개정될 때마다 상승되기보다는 낮아지고 있음을 알 수 있다. 이러한 원인 중의 하나는 국가 수준 체육과 교육과정이 학교 체육 개선의 원동력이 되는 체육 교육에 대한 도전과 개선 의지를 불러일으키는 역할을 온전히 담당하지 못했기 때문이다. 선진 외국에서는 체육 교과에 대한 인식과 교육 환경이 앞서 있음에도 불구하고 체육 교과의 발전을 위해 근본적인 혁신 노력을 지속적으로 기울이고 있다. 체육 교과가 학교 교육의 목적 달성을 위해 공헌하는 부분은 무엇이며, 전통적인 체육 프로그램이 학교 교육의 철학과 프로그램에 잘 부합하고 있는지 고민하고 있다. 이러한 고민을 해야만 하는 이유는 체육 교과의 위상이 교과 내 관계자들 만에 의해서 결정되는 것이 아니라, 교과 외 교육 수요자의 인지도에 따라 결정되기 때문이다.

ㄴ 최근 수년간 빠르게 변화하고 있는 국내·외 체육 교육의 모습과 역할을 국가 수준의 교육과정이 적극적으로 수용해야 한다는 필요성이다. 지금 세계 체육은 '스포츠 기술(sport skill) 습득'에서 '활동적인 생활 기술(active life skill) 발달'로 옮겨가고 있는 중이다. 이 생활 기술은 개개인이 활동적인 삶을 계획하고 이를 실천할 수 있는 능력을 함양하는 데 목적을 두고 있는 것으로, 스포츠 기술뿐만 아니라 팀, 스포츠맨십, 문화 인지, 타인 존중, 페어플레이, 리더십 기술, 타인 배려 등이 강조된다. 이러한 체육 교육 철학의 변화는 미국, 호주, 캐나다, 영국, 프랑스, 독일, 핀란드 등 선진 외국의 학교 체육 방향을 전통적인 스포츠 프로그램에 의한 체육 교육 성과에 치중하기보다는, 아동 및 청소년들이 신체 활동 본질을 이해하고 그 활동 자체를 체험함으로써 자신의 삶을 활동적으로 영위하는 데 초점을 두도록 만들고 있다. 이와 같은 철학의 변화는 전 세계적으로 학교 정규 체육 수업 시간만으로는 체육 교과에서 기대하는 수준의 생산적인 교육 결과를 가져오기 어렵다는 인식에서 출발한 것이다.

ㄷ 체육과 교육과정 철학의 전환 요구이다. 우리나라 체육 교과 발전을 도모하려는 학계 및 학교 현장의 노력은 교사 교육, 수업 개선, 체육 시설 개선 등의 다양한 측면에서 이루어져 왔다. 그러나 상대적으로 체육 교과의 철학과 방향을 제시하고 체육 교과의 미래를 만들어 가는 데 근간이 되는 국가수준 체육과 교육과정의 철학적 변화 노력은 적극적으로 이루어지지 못했다. 교육과정 개정 시기마다 체육 교과의 교육 방향에 근본적인 변화를 가져 올 수 있는 교육과정 철학의 전환은 거의 없었다. 즉, 제1차부터 제7차에 이르기까지 '운동기능 습득지향의 체육과 교육과정'을 고수하면서 체육과 교육과정

개정 작업을 수행하여 왔다. 운동 기능 습득을 최상의 목적으로 하는 체육과 교육과정에서 교육의 주된 내용은 여러 가지 스포츠의 기능이 될 수밖에 없다. 이는 체육과가 실현할 수 있는 스포츠 기능 이외의 다양한 교육적 측면을 스스로 포기하는 결과를 초래하는 것이라고 볼 수 있다.

② 체육과 교육과정 개정의 외적 요인

　㉠ 국가·사회적으로 체력 및 건강 교육 강화를 통하여 학생의 체력 저하 및 건강문제를 해결해야 한다는 요구이다. 학생의 체력 저하 및 건강 문제 증가는 체육학계의 우려뿐만 아니라, 언론 보도를 통해서 이미 일반인들도 그 심각성을 인식하고 있는 상황이다.

　㉡ 주5일제 수업 도입에 따라서 여가 교육이 강화되어야 한다는 요구이다. 주5일 제 수업 도입에 따라 학생들의 여가 시간이 증대함으로써 건전하고 활동적인 여가 활동을 장려할 수 있는 국가·사회적인 역할이 요구되고 있다. 동시에 보건계의 교과 신설 주장 확대는 체육과 교육과정에서 보건 교육의 위치와 방향을 재조명할 기회를 제공하고 있다.

(2) 개정 방향

① 체육과 교육과정 철학의 전환 : 신체 활동 가치 중심 교육과정

최근 전 세계에서는 체육 교육의 철학이 근본적으로 변화되고 있다. 공통적인 특징은 '건강 및 체력 증진을 위한 스포츠 기능'(sport skill)에서 '활동적인 삶을 위한 라이프기술'(life skill)로 체육 교육의 철학이 옮겨가고 있는 추세이다. 그동안 체육과의 일차적인 교육 목적을 '건강'이라고 주장하여 왔음에도 불구하고 체육과 교육 핵심이 '운동 기능 습득'이 되어 왔다(Placek). 이는 사회문화적으로 인식되고 있는 건강의 개념과 수단이 운동 기능을 통해서 달성된다고 보는 관점에서 기초한다. 그러나 엄밀히 말한다면 운동 기능 습득과 건강 증진은 별개이다. 물론 운동 기능이 습득되면 신체 활동에 흥미를 느끼고 좋아하게 되므로 신체 활동에 지속적으로 참여하는 동인이 된다. 건강 증진을 위해서라면 운동 기능 습득보다도 신체 활동의 다른 차원(건강체력 활동의 지속적인 참여, 위생적인 생활, 균형 있는 영양섭취, 여가 선용 등)들이 동시에 종합적으로 교육되어야만 한다. 이와 같은 현상을 보면서 우리는 그동안 체육 교과에서 무엇을 가르치고자 했던가를 반성할 필요가 있다. 과거부터 교과의 목적으로 추구하고 강조해 왔던 건강 및 체력 증진에 필요한 능력을 가르쳤다기보다는 운동 기능(motor skill)을 가르쳐 왔다고 볼 수 있으며, 지금도 이러한 경향은 마찬가지이다. 전통적으로 중요시되어 왔던 운동 기능 중심의 체육 교육 한계가 국내뿐만 아니라 전 세계적으로 확산되고 있는 이유는 다음과 같다(Corbin). 첫째, 시간 및 환경적 제약으로 스포츠 기능 교육은 성공할 수 없다는 인식이다. 현실적으로 고등학교 때까지 체육 교사들이 기대하는 상위 수준의 운동 기능 습득은 불가능함에도 불구하고 대부분의 체육 교사들이 다양한 스포츠 종목의 기능을 지도하고자 하고 이를 지나치게 강조하고 있다는 점이 문제시 되고 있다. 이로 인해 학생들이 좌절감과 흥미 저하로 체육 교과를 싫어하고 졸업 후에도 생활 체육 활동으로 진입하는 길을 방해하고 있다고 설명한다. 따라서 높은 수준의

운동 기능을 필요로 하는 스포츠 기능 교육은 지양되어야 하고 학생들이 '활동적인 삶'(active life)을 영위하는 데 필요한 지식, 능력, 기술 등을 교육해야 한다고 설명한다. 둘째, 학생들이 상위 수준의 운동 기능을 배운다고 해서 체육 교사가 학생들에게 궁극적으로 기대하는 활동적인 삶에 필요한 행동 변화를 가져오는 데 한계가 있음이 주장되고 있다. 일정 수준의 운동 기능 습득은 단기적인 교육적 효과가 나타날 수 있으나, 수동적인 체육인을 만들게 되므로 평생 체육 활동에 참여하는 능동적인 체육인을 길러내지 못한다고 설명한다. 최근까지 스포츠 기능 습득을 최상의 목적으로 인식하는 체육교육과정 프로그램에서 강조되는 교육 내용은 여러 가지 스포츠 기능이 될 수밖에 없다. 따라서 체육과 교육과정 철학의 근본적인 검토와 함께, 차기 체육과 교육과정 철학을 '신체 활동 가치' 중심의 교육과정으로 전환하였다. 이 '신체활동 가치 중심 교육과정'은 신체 활동을 수행하는 목적이 신체 활동이 가지는 '가치'(value)를 달성하기 위함임을 강조한다. 이러한 신체 활동 가치 중심의 체육과 교육과정은 모든 학생들이 신체 활동을 직접 수행하는 과정에서 신체 활동이 구현하는 여러 가지 가치를 체험하고 학습할 수 있는 교육과정 철학을 의미한다. 이는 체육과가 궁극적으로 추구하는 활기차고 건강한 삶을 살아가기 위해 평생 체육 활동에 지속적으로 참여하는 자기주도적인 체육인으로 인도할 수 있음을 의미한다.

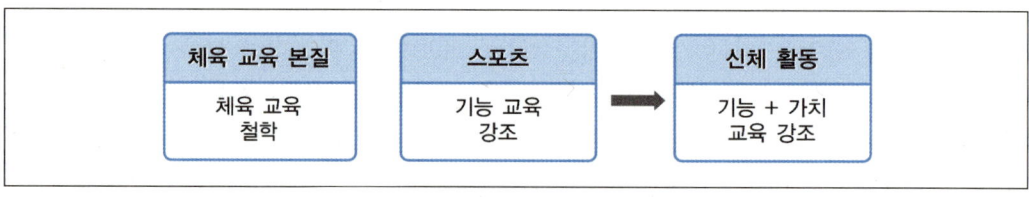

🔍 체육과 교육과정 철학의 변화

신체 활동의 가치
신체 활동의 가치(value)는 의도적으로 계획한 교육 활동을 통해서 스포츠, 무용, 운동 등의 신체 활동에 지속적으로 참여 또는 수행 과정에서 체험하거나 교육의 결과로 얻어지는 교육적 가치를 의미한다. 신체 활동의 가치는 목적적 가치와 내용적 가치를 모두 포함하는 것으로, 신체 활동을 수행하는 이유 또는 동기 등은 신체 활동의 목적적 가치에 해당하며, 신체 활동 수행 과정에서 학습하는 교육 내용(예 개념, 원리, 기능 및 전략, 경기 운영, 문제 해결, 태도, 예절 등)은 내용적 가치에 해당된다. 따라서 신체 활동 가치 중심 교육과정에서는 목적적 가치와 내용적 가치를 모두 포함하여 건강, 도전, 경쟁, 표현, 여가의 다섯 가지 가치를 제시하고 있다.

② **체육 교과의 본질 회복 : 체육의 인문성과 예술성 강화**

우리는 신체활동을 직접적 또는 간접적으로 수행하면서 과학성과 예술성의 공존을 인식하고 있음에도 불구하고 이러한 측면을 우리나라 국가수준의 체육과 교육과정 내용에 반영하고자 하는 노력을 기울이지 못해 왔다. 이는 그동안 체육의 학문화 운동이 대학의 교육과정뿐만 아니라 초·중·고등학교 체육 교육을 안내하는 국가 교육과정 문서에까지 영향을 미친 결과라고 볼 수 있다. 체육의 예술성 측면은 체육의 하위 영역인 무용 활동에만 존재하는 것처럼 인식하는 경향이 많았고, 스포츠에 존재하는 예술성에 대한 교육적 의도와 의미를 크게 고려하지 못한 것이 사실이다. Anderson은 움직임의 수행 경험, 움직임의 덕목 체험, 움직임 세계의 특성에 대한 이해 없이는 움직임을 알아가는 데 대부분의 것을 놓치게 된다고 설명한다. 체육의 과학화 추구는 내재적으로 흥미 있으면서 외현적으로 유용하지만, 그 자체로는 인간 움직임이 가지고 있는 자유함, 창의성, 자기 표현, 노력, 의미 등의 측면을 제외시키는 결과를 초래하고 있다고 말한다. 따라서 체육학이 완전히 본질적으로 회복되기 위해서는 체육의 과학적 측면뿐만 아니라, 인문적 측면이 보충될 필요가 있음을 설명한다. 즉 인문적인 측면은 개인적 또는 사회적인 의미와 덕목을 생성하고 표현하여 개발할 수 있는 움직임 경험의 특징을 말한다. 그에 따르면, 움직임의 참여는 우리의 인간성을 표현하는 한 가지 방식이기 때문에 건강과 체력을 증진할 뿐만 아니라 그 이외의 많은 가치 있는 것들을 포함하고 있다고 설명한다. 또한 Anderson은 움직임의 경험은 마치 섹스피어의 책을 읽거나, 극본을 쓰는 것과 같은 인문적 과정이라고 설명한다. 단지 체육 교과는 기능을 배우는 것이 아니라, 움직임 안에서 또는 움직임을 통해서 인문적 접근을 추구하는 것이라고 본다. Charles는 체육이 과학과 예술의 두 가지 측면을 모두 가지고 있기 때문에 체육학의 교육적 파워는 인간 움직임의 다국면적이고 포괄적인 관점에서 출발한 과학성과 예술성 교육의 균형을 추구함으로써 발현될 수 있음을 설명한다. 그동안 체육의 과학적 측면은 많은 발전을 해 왔지만, 예술적 측면은 그러하지 못했음을 지적한다. 체육의 예술적 측면에는 신체 동작의 미, 운동 수행의 미적 요소, 개인의 움직임의 미적 의미 등이 포함된다. 그에 따르면 움직임의 미는 종종 체험되어 왔지만 연구의 대상이 되지 못했음을 지적한다. 심미, 즐거움, 기쁨의 체험은 모든 움직임에서 대중적으로 나타나는 요소이며 사람들이 자신의 움직임이나 타인의 움직임을 감상하면서 희열과 엑스타시를 경험하게 된다고 설명한다. 따라서 국가수준 체육과 교육과정은 체육의 독특하고 대중적이며 의미 있는 요소들을 균형 있고 조화롭게 교육의 활동으로 유입해야만 한다. 그동안 교육의 내용으로 간과되었거나 거의 다루어지지 못했던 체육의 인문적 지식과 예술적 지식을 강화할 필요가 있다. 그 이유는 국가수준 체육과 교육과정의 역할은 체육과에서 학생들에게 기대하는 체육 교육 결과를 제시해야 하기 때문이다. 그렇다면 우리의 교육적 기대를 국가수준 교육과정 문서에 담으려는 노력을 기울여야 한다. 교육과정 문서에 담으려는 내용은 모든 신체 활동이 가지고 있는 총체적인 측면일 것이다. 과학적으로도 치우치지 않고 인문적 또는 예술적으로도 치우치지 않는 균형감 있는 체육과 교육과정일 것이다.

③ 체육과 교육과정 내용의 재개념화

그동안 우리나라 체육과 교육과정에서는 스포츠(또는 운동) 기능을 습득할 뿐만 아니라 운동에 관한 지식 이해 및 활용을 도모함으로써 체육이 인지적 영역의 발달을 도모한다는 주장을 하여왔다. 이 주장은 체육 교과가 '기능 교과' 또는 '도구 교과'라는 인식을 내부·외부적으로 인식하는 데 일조를 하고 있다. 이런 맥락 속에서 지금까지 체육과에서는 국가수준 교육과정의 내용을 체육 수업 차원에서 다루어지는 수업 내용 또는 수업 활동으로 인식하여 왔다. 일상적으로 체육 수업에서는 축구, 농구, 체조, 육상 등과 같은 다양한 스포츠 또는 운동을 수업 내용 또는 수업 활동으로 다루어 학생들에게 교육한다. 국가수준의 체육과 교육과정 내용은 교육 내용으로 이해되어야 하며, 수업 내용이나 수업 활동보다는 광범위하고 높은 수준의 내용으로 볼 수 있다. 다시 말하면, 체육과에서는 축구, 농구, 배구 등을 수업 내용 또는 활동으로 선정 및 조직하여 학생들에게 가르치지만 축구, 농구, 배구 자체에 대한 학습으로 끝나길 기대하지 않는다. 예를 들면, 체육과에서는 학생들에게 축구 수업을 통해서 축구의 기능뿐만 아니라 신체 활동의 다양한 현상(예를 들면, 스포츠과학적 이론, 팀 스포츠의 의미와 특성, 운동과 건강의 관계, 스포츠 경기 문화 체험, 경쟁의 가치, 승리와 패배 등)을 배우기를 희망한다. 이 때 축구(역사, 경기 규칙, 기초기능 및 경기 기능 등)는 수업 내용 또는 수업 활동으로 볼 수 있으며, 여러 가지 신체 활동에 공통적으로 나타나는 포괄적이고 광범위한 현상(스포츠과학이론, 경기 수행 방법, 운동과 건강의 관계, 체력 관리, 스포츠문화, 경기 분석 및 감상 등)은 교육 내용으로 볼 수 있다. 즉 국가수준의 체육과 교육과정 내용은 농구, 축구 등의 구체적인 스포츠나 운동자체가 되기보다는 이 활동들을 관통하는 공통적이고 보편적인 개념, 사실, 원리 등이 되어야 한다.

④ 단위 학교와 체육 교사의 교육과정 운영 자율권 강화

개정 체육과 교육과정에서는 신체 활동 가치 중심의 교육과정 내용에 적합한 신체 활동을 단위학교 또는 교사 수준에서 선택할 수 있도록 자율권을 강화하였다. 지금까지 열악한 체육 시설 및 용·기구 부족으로 온전히 국가수준 체육과 교육과정을 운영하기 어려웠던 점을 개선하고, 각 단위 학교의 실정과 여건에 맞는 교수·학습 활동을 선택할 수 있게 될 것이다. 앞으로도 시설 및 용·기구와 같은 교육 환경은 우리의 희망처럼 단기적으로 개선되기 어렵다. 그렇기 때문에 수영장이 있는 학교라면 수영이라는 소재를 활용하고, 학교 주변에 산이나 자전거 도로가 있다면 오리엔티어링이나 사이클을 교육 소재로 할 수 있을 것이고, 무용 전공을 한 여교사가 없다면 무용 대신 체조 등과 같은 다른 활동을 통해서 무용이 가지고 있는 예술성을 교육할 수 있을 것이다. 또한 지역 사회가 프로 스포츠 경기와 무용 공연이 활성화되어 있는 곳이라면 이를 적극적으로 수용하여 교육적 소재로 선정할 수 있을 것이다. 즉 지금까지 지역의 특성과 여건에 관계없이 획일적인 교육과정 운영을 해야만 했던 문제점을 개선할 수 있고 단위 학교에 물적·인적 자원에 맞는 체육과 교육과정을 운영할 수 있도록 하였다. 또한 개정 체육과 교육과정에서는 평가에 대한 교사의 자율성도 대폭 확대하고 있다. 제6차 교육과정에 접어들면서 평가 항의 내용이 체계화되고 구체화되기 시작하면서 도입된 평가 종목 수(4개 종목 이상)와 운동 기능 평가 비율(70% 정도)의 규정을 삭제하였다. 제6차와 제7차 교육과정 문서에서 평가 항이 가지는 가장 큰 한계점은 평가의 종목 수와 운동 기능 평가 비율에 대한 규정이다. 국가수준 체육과 교육과정에서는 학교 현장의 혼란을 최소화하면서 바람직한 체육과 평가의 방향을 제시할 필요가 있다. 우선적으로 국가 교육과정에서는 평가 종목 수나 평가 반영 비율과 같은 구체적인

조항을 제시하기보다는 체육과 평가를 자율적으로 실시할 수 있는 여건을 마련하는 것이 올바른 방향일 것이다. 과거와 달리 체육 교사의 전문성이 신장됨에 따라 각 체육 교사들이 자신의 교육 철학에 따라 평가 방법과 운영을 결정할 수 있는 권한을 부여할 필요가 있다. 또 하나의 방법은 시·도 교육청 또는 지역 교육청으로 권한을 이양하는 것이다. 각 지역의 특성을 고려하여 각 시·도 교육청 및 지역 교육청에서 평가의 기본 방향을 설정하고 단위 학교에서는 이 지침에 따라 자율적으로 평가를 시행할 수 있도록 해야 한다.

⑤ 체육과 교육과정 항목 간 연계성 강화

제7차 체육과 교육과정의 항목은 성격, 목표, 내용, 교수·학습 방법, 평가로 구성되어 있다. 이 항목들은 상호 연계성을 가지고 유기적인 관계를 가져야 함에도 불구하고 현행 제7차 체육과 교육과정은 이러한 측면이 미흡하다. 성격에 진술된 내용이 목표에 반영되어야 논리적 일관성이 확보되어야 함에도 불구하고, 움직임 욕구의 실현 및 신체 문화의 계승·발전이라는 내재적 가치가 체육과 목표와 내용에 뚜렷하게 나타나지 않고 있다. 또한 교수·학습 방법과 평가에서도 이러한 측면이 언급되거나 강조되지 않고 있다. 주로 체력 및 건강 증진, 정서 순화, 사회성 함양이라는 외재적 가치만 체육과 목표에 강조되고 있다. 내용, 방법, 평가에서도 거의 부재하거나 간과되고 있다. 한편 운동 기능 습득은 내재적 가치와 외재적 가치에 포함되어 있지 않음에도 불구하고, 체육과 내용과 평가에서 중심적인 위치를 차지하고 있다. 또한 성격에 체육 교과가 지식, 기능, 태도의 통합을 도모하여 전인 교육을 목적으로 한다는 내용이 제시되어 있음에도 불구하고, 실제 목표는 인지적 영역, 심동적 영역, 정의적 영역 각각 분절적으로 제시되고 있다. 내용 체계표는 스포츠종목명이나 세부 활동중심으로 제시되어 있어 '지식'과 '태도'를 통합하여 표현한 구체적 내용 제시가 거의 없다. 교수·학습 방법도 통합적 지도 방법이나, 체육과의 내재적 가치와 외재적 가치를 지도할 수 있는 방법 안내가 미흡한 상황이다. 평가 항목도 마찬가지이다. 운동 기능 및 체력 평가를 70% 정도라는 내용을 제시함으로써, 성격 항목의 통합적 지도 추구라는 체육과의 기본 방향과 어긋나는 현상을 초래하고 있다. 이런 의미에서, 체육과 교육과정 문서의 성격, 목표, 내용, 방법, 평가의 연계성을 확보하고 각 항목의 의미와 방향성을 명료화하고자 하였다. 즉 하나의 일관된 방향성을 가지고 각 항목이 연계적으로 구성되어야 한다. 체육과 성격이 건강을 증진하는 것이라면, 목표, 내용, 방법, 평가가 모두 건강이라는 방향성을 가지고 세부 내용이 구성되어야 할 것이다. 건강이 중요하다고 주장하면서도 실제 교육 내용은 건강보다는 운동 기능을 강조하는 것은 논리에 맞지 않는다. 동시에 각 항목이 가지는 역할과 의미를 명료화하는 노력도 필요하다. 특히 성격 항목에 포함되어 있는 교과의 가치, 목적, 역할 등이 보다 명료하게 진술되어야 한다.

(3) 개정 내용

① 성격 : 신체 활동 가치관 정립

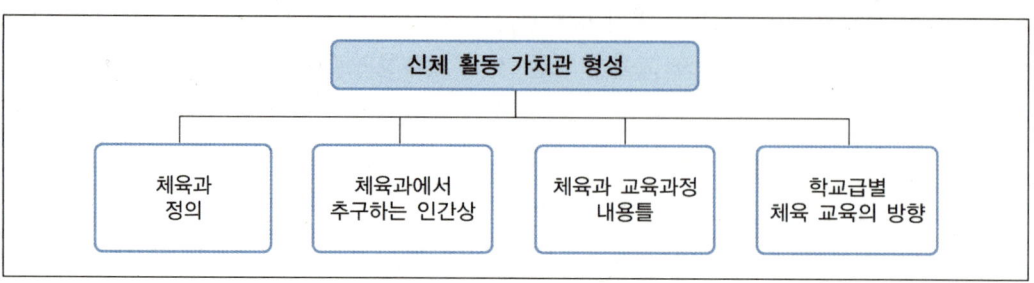

🔍 체육과 교육과정 '성격'의 구조

체육과의 성격은 체육 교과가 무슨 교과인지, 구체적으로 어떤 철학적 기반에서 무슨 목적을 가지고 어떤 내용을 가르치는 교과인지를 기술하고 있는 부분이다. 이 부분은 체육 교과를 가르치거나 연구하는 이들에게 체육 교과의 본질, 특성, 가치, 역할 등을 집약적으로 설명하고 있는 부분일 뿐만 아니라, 체육 교과 이외의 배경을 가지고 있는 이들에게도 체육 교과를 소개하는 대표적인 부분이라고 볼 수 있다. 이런 점에서 체육과 성격은 체육 교과의 현재 모습뿐만 아니라 미래의 모습까지도 담고 있어야 한다.

이번 개정 체육과 교육과정에서는 성격을 4가지 부문(체육과의 정의, 체육과에서 추구하는 인간상, 체육과 교육과정의 내용틀, 학교급별 체육 교육의 방향)으로 구성하여 '신체 활동 가치관' 정립을 지향하고 있다.

ⓐ '체육과 정의'에서는 제7차 체육과 교육과정의 내재적 가치와 외재적 가치를 일원화하여 '체육과'가 가지고 있는 교육적 가치를 발전적으로 부각시키고자 하였다. 체육의 외재적 가치를 지나치게 강조함으로써 체육 교과는 수단적 또는 도구적 가치만을 가지고 있는 교과로써 취급받게 되며 체육의 본질과 정체성은 점점 퇴색해지는 가능성이 커지고 있기 때문이다. 따라서 체육과의 외재적 가치를 '내재적 가치화'하여 체육과의 가치를 분산시키기보다는 집중함으로써 체육과의 교육적 가치를 발전적으로 제시하였다.

ⓑ '체육과에서 추구하는 인간상'에서는 8년간(초등학교 3~6학년과 중등학교 7~10학년)의 체육 교육을 받은 학생들에게 기대하는 모습으로 기술하였다. 이 부분은 체육 교사로 하여금 체육과에서 공헌하는 '인간 교육'의 방향을 이해하게 함으로써 자신의 역할과 책무를 보다 충실히 이행할 수 있도록 하였다.

ⓒ '체육과 교육과정 내용틀'에서는 건강의 가치, 도전의 가치, 경쟁의 가치, 표현의 가치, 여가의 가치라는 5가지 신체 활동 가치 중심으로 체육과 교육과정 내용이 설계되고 있음을 설명하고 있다. 체육과 교육과정 목표, 내용, 교수·학습 방법, 평가에 이르는 기본적인 개념 틀을 제시함으로써 교육과정을 편성·운영하는 교사들에게 교육과정 이해의 폭을 넓히도록 하였다.

㉣ '학교급별 체육 교육의 방향'에서는 초등학교와 중등학교에서 지향하는 체육 교육의 방향을 설명하고 있다. 즉 초등학교에서는 '신체 활동 가치의 기초 교육'을 담당하고, 중등학교에서는 '신체 활동 가치의 심화 교육'을 담당해야 함을 제시하고 있다. 이는 초등교사와 체육 교사에게 각 학교급에 바람직한 교육과정을 운영하는 데 도움을 줄 수 있도록 하였다.

② **목표 : 통합성과 포괄성**

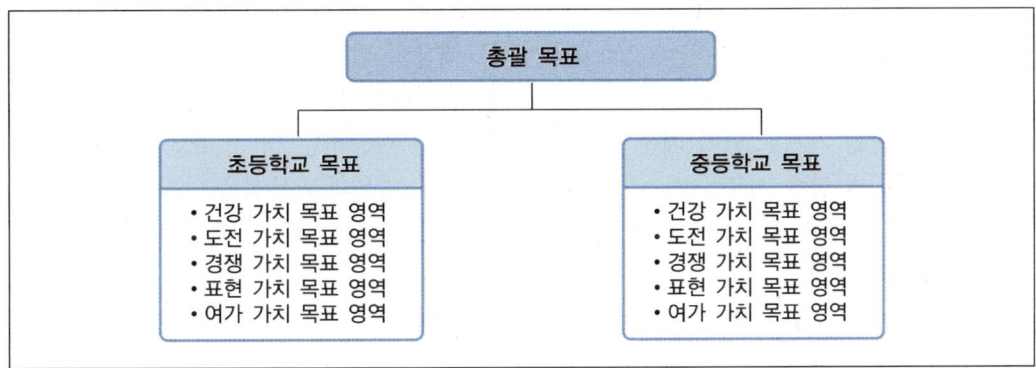

🔍 **체육과 교육과정 목표 체제와 영역**

체육과 목표는 체육 교육의 일반적 방향과 구체적 방향을 동시에 제공하고 있는 부분이다. 체육과 교육과정 목표를 학습 영역별(인지적, 심동적, 정의적 영역)로 제시하지 않고, 신체 활동 가치 영역별로 통합적, 포괄적으로 제시하고 있다. 이는 학습 영역별 목표 체제가 양산하는 분절적인 체육 교육의 운영을 최소화할 뿐만 아니라, 신체 활동 수행 자체가 인지적, 심동적, 정의적 영역이 통합되어 이루어지는 체육 교과의 본질과 목표에 부합하는 체육 교육을 실행할 수 있기 때문이다. 신체 활동 가치 영역별 체육과 목표는 각 목표 영역마다 인지적 영역, 심동적 영역, 정의적 영역의 세부 목표를 모두 포함하고 있다. 예를 들면, 도전 가치 목표 영역에서는 신체 활동을 수행하면서 '도전'에 관한 인지적 영역, 심동적 영역, 정의적 영역의 세부 목표를 함께 달성해야 함을 강조하고 있다. 또한 이 새로운 목표 영역 체제는 체육과의 목표 범위를 확장시켜 주는 역할을 동시에 담당하고 있다. 예를 들면, 심동적 영역에서 기능 습득이라는 세부 목표뿐만 아니라, 전략, 표현 및 창작, 체력, 구성 등의 다양한 세부 영역이 존재한다. 인지적 영역에서도 지식 이해 및 활용뿐만 아니라, 신체 언어 능력, 분석력 및 문화 비평 능력, 심미력, 문제 해결 능력 등의 다양한 세부 영역과 수준의 지식에 관한 목표를 포함할 수 있다. 정의적 영역에서도 사회적으로 바람직한 태도 및 문화적으로 가치 있는 규범뿐만 아니라, 팀워크, 스포츠맨십, 타인 배려, 리더십, 자기 관리, 신체 및 건강 문화의 가치 판단, 신체 문화의 애호 및 감상 등의 다양한 목표들을 유입할 수 있다.

③ 내용

㉠ 내용 영역의 일원화와 적정화 : 제7차 체육과 교육과정의 대영역은 학년이 올라갈수록 학년군별 내용 영역이 점진적으로 분화되어 다원화되는 모습을 보여주고 있다. 초등학교 3~4학년에서는 4개 영역, 초등학교 5~6학년에서는 6개 영역, 중학교 1학년 ~ 고등학교 1학년까지는 8개 영역으로, 이전 학년군의 내용이 분화되면서 내용 영역 수가 증가되는 특징을 가지고 있다. 이 특징은 교육 내용의 조직 원리인 '계속성'과 '계열성'이라는 측면에서 볼 때 지속성 유지에는 문제가 없으나 계열성을 고려하기에는 다소 어려운 측면이 있다. 계열성(sequence)은 교육 내용의 범위가 한정되거나 축소되는 상태에서 내용 수준의 차별성을 지향하는 것으로, 제7차의 경우는 내용 영역의 범위가 확대되는 특징을 가지고 있기 때문에 내용의 계열성을 확보하는 데 큰 효과를 가져오지 못했다. 학년별 필수 내용을 지정함으로써 어느 정도 내용의 반복성을 방지하는 효과를 가져왔으나, 개정 의도와는 달리 내용의 심화 확대를 통한 내용의 계열성 확보보다는 내용의 심화 확대로 인한 내용의 반복성 문제가 양산되는 결과를 초래하였다. 따라서 본 개정에서는 초등학교 3학년에서 고등학교 1학년까지 체육과 교육과정 내용 영역을 5가지 내용(건강 활동, 도전활동, 경쟁 활동, 표현활동, 여가활동)으로 일원화하였다. 이 5가지 신체 활동 가치 영역은 신체 활동의 수행 목적을 기준으로 시대성(전통적인 신체활동의 가치와 현대적인 신체 활동 가치)을 고려하여 설정하였다. 또한 내용 영역의 일원화를 통해 교육 내용의 적정화도 함께 도모하고 있다. 제7차 체육과 교육과정 개정 시 제6차 체육과 교육과정의 내용들이 학교의 현실적 시설 및 여건, 또는 수업 시수의 제한으로 인하여 가르칠 수도 없는 내용들을 지나치게 많이 나열해 놓았다는 지적이 대두됨에 따라 '최소 필수 내용'을 제공하기 위해 '필수 내용'과 '선택 내용'의 개념을 채택하였다. 제6차 체육과 교육과정의 내용을 근간으로 하여 최소한 반드시 학습해야 하는 '필수 내용'을 선정하고, 그 외의 내용은 지역별, 학교별, 교사별, 학생별 특성에 따라 '선택 내용'으로 가르치고 배울 수 있도록 교육과정 상에서 현실적 가능성을 열어 두었다. 그러나 중등학교의 경우 '필수 내용'을 지정함으로써 교육 내용의 적정화를 시도하였지만, 결과적으로 평가 항에서 학년별 최소 평가 종목 수를 지정함으로 인해 그 시도는 퇴색하는 결과를 초래하였다. 즉 제7차 체육과 교육과정에서 제시한 최소 평가 종목 수는 결과적으로 학년별 교육과정 내용의 양을 구속하게 됨으로써 개정의 의도만큼 교육 내용의 양을 적정화하는 데 성공하지 못했다. 7~8학년의 경우 학기 당 평가 종목 수가 4개 종목 이상으로 연간 8개 종목을 지도해야 하고, 9~10학년에서는 각각 연간 최소 6개 종목과 4개 종목을 지도해야 하는 현상을 초래하였다. 이 종목 수는 학교 현장에서 지도 가능한 교육의 양이지만, 교육 내용의 양에만 치중하게 되는 결과를 초래하여 심도 있는 교육을 저해하는 현상을 낳게 되었다. 따라서 본 개정에서는 교육과정 내용 영역의 수를 초등학교 3학년에서 고등학교 1학년까지 5개 영역으로 통일시켰다. 제7차 체육과 교육과정에서 초등학교 3~4학년은 4개 영역, 초등학교 5~6학년은 6개 영역, 7~10학년

은 8개 영역으로, 결과적으로 초등학교 3~4학년은 1개 영역이 증가되었고, 5~6학년에서는 1개 영역과 7~10학년에서는 3개 영역이 축소되었다. 그러나 내용 영역의 수와 신체 활동의 수가 일치하므로, 결과적으로 제7차와 비교할 때 신체 활동의 수는 초등학교 3~4학년의 경우에서도 축소되며, 초등학교 5학년 이상(단, 10학년은 제7차와 동일)까지는 신체 활동의 수가 대폭 줄어드는 효과를 가져 올 수 있다.

ⓒ **교육 내용의 계열성 강조**: 국가수준 체육과 교육과정의 내용은 운동 또는 스포츠종목중심 구성 틀을 갖추어왔다. 이런 구성 틀 속에서는 학교급별 내용 위계 혹은 학년별 내용 위계, 즉 내용의 계열성을 수립하고자 하는 작업이 결코 쉽지 않다. 예를 들면, 축구는 7학년, 농구는 8학년 이런 방식의 계열성 조직은 무리가 있기 때문이다. 스포츠마다 각 특성이 존재하기 때문에 스포츠종목 혹은 스포츠 활동 간의 위계를 확립하는 것이 매우 어렵다. 따라서 그동안 과거의 체육과 교육과정은 내용의 계열성(sequence)보다는 내용의 범위(scope) 규정에 많은 관심과 노력을 기울여 왔던 것이 사실이다. 이로 인해 체육과 내에서는 교과의 특성상 내용의 계열성이 없다고 인식하는 분위기가 확산되고 있는 현실이다. 그러나 정말로 체육과 내용에 계열성이 없다고 확언할 수는 없다고 본다. 과거의 교육과정 내용 구성과 같이 스포츠종목 또는 운동으로 내용을 구성할 때는 이 주장이 옳다고 볼 수 있다. 그러나 신체 활동 지식으로 내용 구성단위를 전환한다면 체육과 내용의 위계성을 확립하는 것이 쉽지는 않겠지만 불가능한 일은 아니라고 본다. 그동안 체육과의 경우 교과교육의 역사성과 학자들의 인력풀이 타 교과에 비해 열악하기 때문에, 내용의 계열성 확립 노력을 타 교과만큼 기울여 오지 못한 것이 원인일 뿐이다. 즉 타 교과에서는 오래전부터 이러한 문제의식을 가지고 일찍부터 많은 시간과 노력을 투자하였기 때문에 교육 내용의 위계가 체육과보다 확립된 것일 뿐이다. 반면 체육과에서는 이러한 문제의식 없이 본질적으로 체육과 내용은 계열성이 있을 수 없다는 인식을 가져 왔다. 어떤 근거에서 어느 교과는 계열성이 있고 체육 교과는 계열성이 없다고 확신할 수 있는지 그 근원을 알 수 없다. 교과를 막론하고 교육 내용의 계열성은 교육과정 개발 관련자들의 합의로 만들어지는 것이다. 이 사실은 모든 교과에서 국내·외를 막론하고 동일하게 적용될 수 있다. 즉 교육 내용의 계열성 조정은 학문적인 측면과 교육적인 측면을 함께 고려하여 해결하는 과제인 것이다. 이는 우리나라를 포함한 세계 여러 나라에서 모든 교과 내용의 범위와 조직을 수립할 때 역사적으로 절대 진리에 의해서 설정되지 않았음을 의미한다. 다시 말하면, 교육과정을 개발할 때 각 교과의 학문적 성과와 교육 관계자들의 합의와 조정으로 각 교과 내용의 범위가 정해지고 계열성이 수립되는 것이다. 이는 체육과의 경우도 동일하게 적용될 수 있다. 그러나 체육과 교육 내용의 계열성을 수립하는 문제는 간단한 작업이 아니다. 수학과의 경우 누구나가 공인하듯이 내용의 계열성이 가장 확연한 교과임에도 불구하고, 교육과정 개정 시기마다 교육 내용의 계열성을 수립할 때 학문적 논쟁이 끊임없이 지속되어 왔기 때문이다. 체육과에서 학년별 교육 내용의 계열성을 '신체 활동 지식'으로 수립하고자 하는 작업은 쉬운

일은 결코 아니지만, 국가수준 체육과 교육과정 내용의 계열성 확립은 교육적으로 매우 의미 있는 시도라고 볼 수 있다. 따라서 이번 개정에서는 초·중등학교에서 모두 동일한 신체 활동 가치 영역을 지도하되, 초등학교의 경우 신체 활동 가치의 기초 교육을 담당하며, 중등학교의 경우 신체 활동 가치의 심화 교육 담당을 제시하고 있다. 초등학교에서는 각 내용 영역에 대한 기본 지식과 수행 능력을 익히고, 중등학교에서는 각 내용 영역에 대한 경기 기능 및 경기 방법, 경기 문화 감상 등의 총체적 안목을 형성하는데 초점을 두고 있다. 이와 같이 이번 개정에서는 초등학교와 중등학교 간의 교육 내용 계열성을 강조하고, 또한 학교급 내에서도 학년 간 교육 내용의 계열성을 도입하고 있다. 학년 간 교육 내용의 계열성은 학습자의 연령과 발달 단계를 고려하여 신체 활동 이해력과 수행 능력의 수준에 따라 결정하였다. 결과적으로 전 학년에서 동일한 신체 활동의 가치 영역을 필수적으로 지정하고 있지만, 각 학년 내용에서는 동일한 개념이나 운동 능력 등을 다르게 제시함으로써 내용의 반복성을 줄이고 계열성을 확보하고자 하였다.

🔍 체육과 교육과정의 내용 체계표

내용의 범위	내용의 조직 영역	신체 활동 가치의 기초 교육				신체 활동 가치의 심화 교육			
		초등학교				중등학교			
		3학년	4학년	5학년	6학년	7학년	8학년	9학년	10학년
신체 활동 가치 영역	건강 활동								
	도전 활동								
	경쟁 활동								
	표현 활동								
	여가 활동								

ⓒ 교육 내용의 재조직(인지적·정의적·심동적 영역 내용의 통합): 체육과 목표가 통합적으로 진술된 것과 마찬가지로, 체육과 내용도 인지적 영역, 정의적 영역, 심동적 영역을 통합하여 제시하고 있다. 이런 맥락에서 내용 영역 중 '이론'과 '보건' 영역은 사라지고 기존의 이론과 보건 내용 요소들은 소위 '실기'(activity)에 흡수되고 있다. 동시에 체육과 목표에만 제시되었던 정의적 영역의 내용들을 내용 체계표와 학년별 내용에 독립된 내용 요소로 이론, 보건, 경기 기능과 경기 방법 등과 함께 제시되고 있다. 예를 들면, 7학년의 경우 기록 도전에서 '수영'을 통해 수영의 역사, 운동 생리학적 원리, 운동 역학적 원리, 수영 경기의 방법과 기능, 인내심, 과거의 수영 경기와 현대 수영 경기의 비교 감상 등을 배우게 되는 원리이다.

ⓓ 학년별 신체 활동의 선택화: 이번 개정에서는 5가지 신체 활동 가치의 내용 영역과 학년별 내용 요소는 필수적으로 지도해야 할 내용이다. 이 필수 내용 영역과 필수 내용 요소를 지도하기 위해, 각 학년에서는 <학년별 내용의 신체 활동 선택 예시>와 같이 학년별로 제시된 신체 활동 예시를 선택할 수 있도록 하였다.

🔍 **학년별 내용의 신체 활동 선택 예시**

대영역	중영역	소영역	7학년 신체 활동의 선택 예시
건강 활동	체력 관리	건강과 체력 관리	웨이트 트레이닝, 인터벌 트레이닝, 스트레칭 등
	보건과 안전	건강 생활과 환경 안전	약물 및 기호품의 올바른 사용 방법, 환경오염 예방 활동
도전 활동	기록 도전	속도·거리 도전	트랙 경기, 필드 경기, 경영 등
경쟁 활동	영역형 경쟁	영역형 경쟁	축구, 농구, 핸드볼, 하키, 럭비, 풋살 등
표현 활동	창작 표현	심미 표현과 창작	창작 체조, 음악 줄넘기, 피겨 스케이팅 등
여가 활동	여가 문화	청소년 여가 문화	인라인 스케이팅, 스포츠 클라이밍 등

지역별, 학교별, 교사별 교육 환경과 여건이 서로 다르기 때문에 각 단위 학교와 교사에 따라 자율적으로 체육과 교육과정을 운영할 수 있도록 하였다. 예를 들면, 7학년에서 '도전 활동' 영역의 '속도·거리 도전'이라는 내용 요소를 지도하기 위해 단위 학교 또는 교사는 신체 활동의 예시 중에서 가능한 신체 활동을 선택하면 된다. 구체적으로 속도·거리 도전의 역사와 과학적 원리, 경기 방법과 기능, 인내심, 전통과 현대 경기 감상을 지도하기 위해 어느 교사는 높이뛰기와 멀리뛰기를 선택하여 운영할 수 있다. 한편 어느 교사는 동일한 내용 영역과 내용 요소를 지도하기 위해 자유형 1개 활동을 선택하여 운영할 수 있다. 또한 어느 교사는 이어달리기와 평형 2개 활동을 선택할 수도 있고, 다른 교사는 장거리달리기와 장애물달리기를 함께 선택할 수도 있다. 각 학년별 신체 활동의 선택 내용 선정과 그 선택 활동의 수는 전적으로 단위 학교와 개별교사에게 달려 있다. 결과적으로, 국가수준에서는 체육과 최소 내용 기준을 안내하며 단위 학교와 교사 수준에서 실제적인 교육 활동의 양을 지역, 학교, 교사의 여건과 환경에 따라 결정할 수 있도록 하였다. 이는 국가수준에서 체육 교육의 양을 획일적으로 결정하는 과거의 방식에서 벗어나, 단위 학교에서 교육 내용의 적정화 정도를 결정할 수 있는 방안을 마련한 것이다.

④ 교수·학습 방법 : 개별성·통합성·적합성

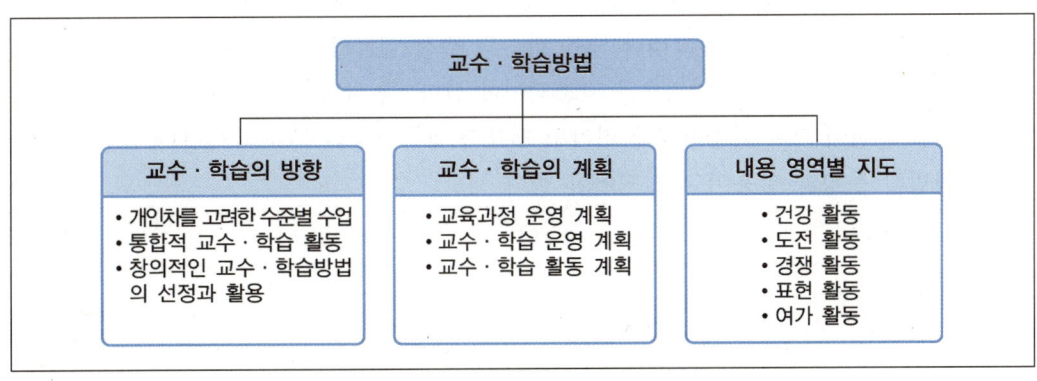

🔍 **체육과 교육과정 교수·학습 방법 구조**

국가수준 체육과 교육과정 문서 중에서 가장 학교 현장에 영향력을 미치지 못하고 있고 도움을 크게 주지 못하고 있는 부분이 교수·학습 방법이다. 체육과 교수·학습 방법 과정은 다른 교과와 마찬가지로 매우 다양하고 복합적이기 때문에 교사 개개인이 요구하는 각 사례에 맞는 구체적인 교수·학습 방법을 안내하는 것은 불가능하다. 구체적인 교수·학습 방법의 사례는 교육과정 해설서, 시도 및 지역 교육청, 단위 학교 수준, 혹은 교사용 지도서 및 기타 수업 자료에서 제시해 주어야 한다. 제7차 체육과 교육과정에서는 교수·학습 방법 체제가 8개 항목(교수·학습의 기본 방향, 교사, 학생, 교수·학습 계획, 교수·학습 조직, 내용 영역별 지도, 교수·학습에서의 유의점, 교수·학습의 자율적 운영)으로 구성되어 있다. 이 8개 항목은 국가수준 체육과 교수·학습 방법의 방향과 실제적인 지침을 전달하는 데 효율적인 측면이 있었으나, 지나치게 세부적으로 구분되어 있어 오히려 국가수준에서 지향해야 하는 역할보다는 시·도 및 지역 교육청, 단위 학교 및 체육 수업 차원에서 다루어져야 하는 구체적인 교수·학습 방법의 역할까지 포함하고 있어 국가수준의 역할이 퇴색되고 있다. 따라서 이번 개정에서는 제7차 체육과 교육과정의 교수·학습 방법 항의 내용을 정선하여 국가수준에서 강조하는 교수·학습의 방향, 시·도 및 지역 교육청 → 단위 학교 → 체육 수업에 이르는 교수·학습 계획, 학교급에 따른 내용 영역별 지도 사항을 제시하고 있다. 본 개정에서 강조하는 체육과 교수·학습의 방향은 크게 3가지(개별성, 통합성, 적합성)이다. 개별성은 학습자의 다양성을 고려하는 교수·학습 방법의 방향으로, 체육과에서는 학생들의 흥미, 운동 기능, 체력, 성차, 학습 유형 등의 개인차를 고려하여 다양한 수준별 수업 운영을 제안하고 있다. 교수·학습 활동 설계 과정에서 다양한 과제 난이도와 과제 유형 등을 포함할 때 학생들의 학습 소외 현상이 최소화될 수 있다. 통합성은 체육과 교수·학습 내용의 다양화를 지향하는 것으로, 체육과 내 통합적 교수·학습 활동의 계획 및 운영을 제안하고 있다. 신체 활동을 총체적으로 체험하여 체육 학습의 질을 높이기 위해서는 신체 활동에 직접 참여하는 학습 활동뿐만 아니라, 신체 활동에 관한 간접적인 학습 활동을 함께 제공할 필요가 있다. 적합성의 의미는 창의적인 교수·학습 활동의 선정과 활용을 강조하는 것이다. 지금까지는 아무런 문제 제기 없이 다양한 교수·학습 방법의 활용을 추구하여 왔다. 그러나 체육 학습의 질적 제고를 위해서는 교수·학습 방법의 다양성보다는 적합성이 우선적으로 강조되어야 한다. 즉 체육과 교수·학습 방법에서는 교수·학습 방법이 크게 다양하지 않더라도 체육과 교육과정의 목표와 내용에 적합한 교수·학습 방법의 선정과 활용이 우선되어야 한다.

⑤ 평가 : 자율성과 책무성 강조

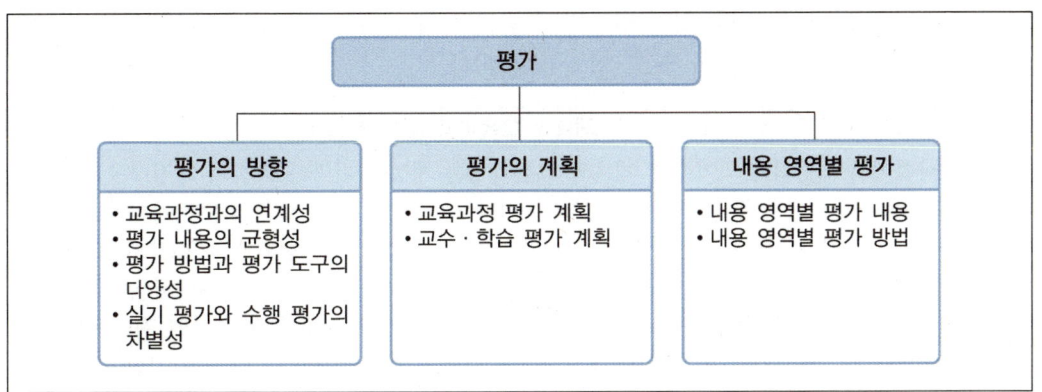

🔍 **체육과 교육과정의 평가 구조**

㉠ **평가의 자율성 확대** : 평가 종목 수와 비율 삭제 : 국가수준 체육과 교육과정의 평가는 교수·학습 방법 부문과 달리, 단위 학교와 교사 개인에게 가장 민감하게 영향을 주고 있는 부문이다. 제7차 체육과 교육과정의 평가 체제는 4가지 부문(평가의 기본 방향, 내용 영역별 평가, 평가의 방법, 평가의 활용)으로 구성되어 있다. 제7차 체육과 교육과정의 평가 체제는 세부 내용의 범위와 양이 적정하게 기술되어 있어 국가수준에서 지향하는 체육과 방향을 전달하는 데 매우 효과적이었다. 다만 제7차에서 간과되고 있는 '평가의 방향'과 '평가 계획' 부분을 보강하여 국가수준에서 지향하는 체육과 평가를 제안할 필요가 있다. 따라서 이번 개정에서는 우선적으로 평가 종목 수와 평가 반영 비율을 삭제하였다. 그 이유는 제6차와 제7차 체육과 교육과정에서 중등학교 학년별 평가 종목 수와 실기 평가 반영 비율이 규정됨으로써 교사의 평가 자율성을 제한하고 있고 동시에 평가가 교육 내용의 범위와 질까지도 결정하는 부정적인 현상이 나타나고 있기 때문이다. 즉 수업 시수 감소, 학생 수 과다 및 열악한 체육 교육 환경으로 인해 체육과 수업이 평가위주의 수업으로 변질되고 있다는 지적이 끊임없이 제기되어 왔다. 이와 같이 국가수준 체육과 교육과정의 평가 내용이 학교 현장에 미치는 영향을 고려하여 평가 종목 수와 평가 반영 비율 조항을 삭제하는 것이 교육과정의 지역화와 자율권 확대라는 시대적 흐름에 부합된다. 다만 평가 종목 수와 평가 반영 비율을 삭제함으로 인해 나타날 수 있는 부정적인 파장을 최소화하기 위한 장치가 마련될 필요가 있다. 즉 체육 교사의 평가에 대한 책무성이 강화될 수 있도록 평가의 방향, 평가 계획, 내용 영역별 평가의 내용과 방법이 효율적으로 마련되어야 한다.

㉡ **평가의 책무성 강조** : 본 개정에서는 평가의 자율성을 대폭 확대함에 따라 평가의 책무성도 함께 강조하고 있다. 평가의 책무성은 평가의 방향에서 강조하고 있다. 본 개정에서 강조하고 있는 체육과 평가의 방향은 4가지(교육과정과의 연계성, 평가 내용의 균형성, 평가 방법 및 도구의 다양성, 실기 평가와 수행 평가의 차별성)로, 이를 다시 요약하면 평가의 '타당성'과 '다양성'으로 대변할 수 있다. 평가의 타당성은 체육과 평가 원리 수

행으로 확보될 수 있으며, 평가의 다양성은 실기 평가와 수행 평가에 대한 정확한 이해로 확보될 수 있다. 실기 평가와 수행 평가의 동질화 현상은 체육과 평가 방법의 다양화를 저해하는 요인이 되고 있기 때문이다.

'체육과 교육과정 용어' 신설

우리나라에서 개발되는 국가수준 체육과 교육과정은 개정 시기마다 약간의 개정 폭이 다르지만 관련 내용이 매번 변화되는 특징이 있다. 국가수준이나 시·도 및 지역 교육청 수준에서 여러 가지 통로를 통해 매 개정 때마다 변화된 내용을 홍보하지만, 학교 현장에서는 변화된 내용에 대한 이해 부족으로 국가 교육과정을 바라보는 인식이 긍정적이지 못했다. 즉 개정 내용과 그 의미가 현장 교사에게 정확히 전달되지 않아 바람직한 내용으로 개선되었음에도 불구하고 혼란과 불만이 지속적으로 남아있게 되는 문제점을 드러냈다. 따라서 본 개정에서는 체육과 교육과정 용어 부문을 신설하였다. 즉 체육과 교육과정에 대한 해석상의 도움을 주고자 성격, 목표, 내용, 교수·학습 방법, 평가 부문에 제시되어 있는 가장 핵심적인 용어를 정리하여 그 개념을 설명하여 제시하였다.

---

2. 고등학교 선택 중심 교육과정 : 체육과 선택 과목

(1) 개정 배경

제7차 고등학교 교육과정에서 2, 3학년의 선택중심 교육과정은 세계화·다양화를 지향하는 시대적 요구에 부응하고 학생들이 자신의 적성, 소질, 진로에 따른 '과목 선택 기회'를 제공하는 취지에서 도입된 것이다. 선택중심 교육과정은 크게 일반 선택 과목과 심화 선택 과목으로 구분되며, 일반 선택 과목은 교양 증진 및 실생활과 연관된 과목으로 구성되어 있고, 심화 선택 과목은 학생의 진로, 적성과 소질을 계발하는 데 도움이 되는 과목으로 구성되어 있다. 1997년에 고시된 선택중심 교육과정은 2003년(고등학교 2학년)과 2004년(고등학교 3학년)에 학교 현장에 적용되기 시작하였다. 그동안 체육 교육계의 관심은 체육과 선택과목의 '필수 선택화'에 집중되어 있었기 때문에 체육과 선택 과목의 교육과정 내용에 대한 이론적, 학문적인 논의는 상대적으로 미진했다. 2004년도부터 한국교육과정평가원의 총론과 체육과 연구보고서를 통해서 기초 연구가 수행되기 시작했고, 소수의 학술 논문이 존재하는 상황이다. 이 연구 보고서들과 학술 논문들은 체육과 선택 과목의 개설 체제와 현황 조사, 심화반의 편성 운영 실태, 선택 과목의 선택 경향 및 원인 분석 연구 등을 수행한 것으로, 교육과정 총론의 연구 틀 속에서 또는 국민공통기본교육과정의 체육과 교육과정 개선 방안 연구 측면에서 부분적으로 수행된 운영 현황 조사 수준에 머물러 있다. 이와 같은 선행 연구들을 통해 제7차 교육과정에 따른 체육과 선택 과목의 한계점이 제기되었다. 가장 주목할 만한 한계점은 체육과 선택 과목의 교육과정이 선택중심 교육과정의 취지와 정신을 온전히 수용하지 못한 채 개발되었다는 점이다. 일반 선택 과목인 '체육과 건강' 교육과정의 방향과 세부 내용들이 국민공통기본교육과정인 체육과 교육과정과 차별성이 없고 체육학계 진로를 희망하는 학생들의 교육적 요구를 충분히 반영하지 못했다는 지적이 있다. 또 다른 측면의 한계점은 제7차 교육과정에서 체육과 심화 선택 과목의 경우 보통 교과의 과목에 해당되는 교육과정이 개발되지 못했고, 체육 계열 전문 교과의 과목에 관한 교육과정을 선택하여 활용하도록 조치가 취해졌다. 그 결과 일반 고등학교에서는 학생의 배경과 특성에 부합되지 않은 전문 교과의 교육과정을 운영하게 되었고, 더불어 체육 교과서 없이 수업을 진행하거나 학생들의 수준과 흥미에 맞지 않은 교과서를 그대로 활용하는 사례가 나타나게 되었다. 2004년도에 조사한 설문조사에 따르면, 97% 이상의 체육 교사와 전문가들은 보통 교과로서의 교육과정 및 교과서 개발을 희망하는 것으로 나타났다. 따라서 개정된 고등학교 체육과 선택 과목 교육과정에서는 이와 같은 제7차 체육과 선택 과목의 교육과정 한계점을 극복하고, 보다 바람직한 선택 과목의 교육과정을 개발하는 데 목적을 두었다.

(2) 개정 방향

① '보통 교과 교육과정'으로의 체육과 선택 과목 개발

이번 개정에서는 체육과 선택 과목이 제7차 때와 마찬가지로 3개로 개설되었다. 그러나 제7차와 때와 다른 점은 3개 과목 모두가 보통 교과로서의 교육과정으로 개발된다는 점이다. 제7차 체육과 선택중심 교육과정의 심화 선택 과목은 체육계 전문 교과 교육과정 체제를 따르고 있으나, 세부 내용을 구체적으로 살펴보면 내용 구성의 방향에 여러 가지 한계점이 드러나고 있다. 이 한계점으로 인해 향후 체육학 분야의 다양한 진로를 희망하는 예비 체육인들의 교육적 요구를 수용하기에는 다음과 같은 점에서 무리가 있다. 첫째, 체육계열 전문 교과 교육과정은 주로 체육계에서 경기인 양성을 목적으로, '체육개론'과 '스포츠 과학' 과목을 제외한 실기 관련 과목들이 기존 스포츠 종목의 운동 수행 능력 향상에 초점을 두고 있기 때문이다. 체육 이론에 해당하는 과목인 '체육개론'과 '스포츠 과학'의 내용 구성도 그 체계성이 확고하게 확립되어 있지 못한 상황이다. 내용 체계로 판단할 때, 체육 이론에 해당하는 '체육개론'과 '스포츠 과학'이 이원화된 근거가 명확하지 않다. 체육개론은 체육학의 철학, 역사, 운동 생리, 보건 등이 하위 내용으로 구성되어 있고, 스포츠 과학은 생리학적 기초, 역학적 기초, 심리학적 기초, 사회학적 기초, 교육학적 기초, 트레이닝 원리와 실제 등이 하위 내용으로 구성되어 있는데, 이 내용 체계의 구분에 대한 분명한 준거가 뚜렷하게 나타나지 않고 있다. 또한 '체육개론'과 '스포츠 과학'의 내용 체계는 보통 교과인 '체육'의 내용 체계 중에서 '이론과 보건 영역'과 상호 중복되어 심화 선택 과목 운영의 목적 또는 취지와 동떨어지고 있다. 둘째, 현행 체육계열 고등학교 전문 교과 교육과정은 체육계의 경기인 또는 경기 지도자 양성을 목적으로 하고 있기 때문에 우리나라 대학의 체육계열 학부 교육과정과 연계할 수 있는 교육과정 내용 구성이 미흡한 상황이다. 우리나라 대부분의 체육계열 학부 교육과정에서는 체육계열 전문 교과 교육과정에 제시되어 있는 과목의 내용처럼 세분화되고 경기 능력 향상에 초점을 두고 강좌를 개설하지 않는다. 즉 체육의 학문성을 강조하는 전문화된 지식 교육(체육철학, 체육사, 운동생리학, 운동역학, 스포츠사회학, 스포츠심리학, 스포츠교육학, 스포츠마케팅, 여가 · 레크리에이션 등)을 우선적으로 강조하고 있다. 따라서 체육과의 선택 과목은 고등학교에서 체육학의 다양하고 전문화된 지식을 학습할 수 있는 기회를 제공할 수 있도록 구성하였다. 개정된 고등학교 체육과 선택 과목은 제7차 교육과정에서와 같이 체육계열 전문 교과 교육과정을 이용하지 않고 보통 교과로서의 교육과정을 지향하였다.

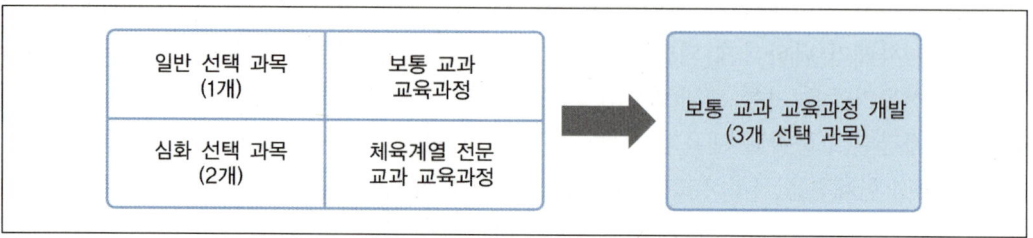

| 일반 선택 과목 (1개) | 보통 교과 교육과정 | 보통 교과 교육과정 개발 (3개 선택 과목) |
| 심화 선택 과목 (2개) | 체육계열 전문 교과 교육과정 | |

🔍 **체육과 선택과목 개설의 특성과 목적**

② 학습자의 다양한 요구를 고려한 선택 과목 개발

체육과 선택 과목을 개설할 때 우선 고등학교 여학생과 운동 기능이 낮은 남학생을 대상으로 하는 선택 과목의 개설 취지와 내용이 반영된 교육과정이 개발되었다. 그동안 국가수준 교육과정에서 이들 학생들을 위한 교육적 배려가 극히 적었다. 고등학생의 절반이 여학생임에도 불구하고 이 사실에 대한 교육적 고려가 적었고, 실제로 이들을 위한 체육과 선택 과목 개설에 대한 관심의 거의 없었다. 전통적인 스포츠중심의 내용은 여학생들보다는 남학생에게 선호되고 있음이 입증되고 있고, 학생들은 격렬한 신체 활동에 참여하기를 꺼려하고 힘들지 않으면서 흥미로운 과제를 선호하는 것으로 조사되고 있다. 따라서 보다 많은 학생들의 관심과 요구를 반영하기 위해서도 여학생이나 운동 기능이 낮은 학생들의 요구를 고려한 선택 과목의 내용이 구성되어야 한다. 여학생들은 자신의 체격 또는 체형, 비만 관리 등에 매우 높은 관심을 보이고 있다. 또한 어떤 학생들은 운동을 통해 자신의 건강 문제를 해결하거나 건강한 몸을 만들고자 하는 욕구가 있다. 이들은 10학년 때까지 교육받아 왔던 동일한 방식으로 경쟁적인 스포츠나 땀을 뻘뻘 흘리는 스포츠보다는 정적인 운동(예 요가, 건강 체조 등)을 통해 심신을 다스리는 신체 활동에 참여하고자 하는 욕구를 가지고 있다. 그동안 체육과 교육은 운동장에서 뛰고 땀 흘릴 수 있는 내용에 많은 비중을 두어 왔고 이 활동들을 중요하게 생각하여 왔다. 반면 학생들의 운동에 대한 내면적인 요구와 변화에 대해서는 큰 관심을 기울여 오지 못한 것이 사실이다. 선택중심 교육과정에서는 국민공통기본교육과정의 체육과는 달리 학생들의 다양한 요구를 수렴한 맞춤형 체육과 선택 과목 개설과 내용 구성에 초점을 맞추어야 할 때이다. 둘째, 체육학과 진로 예정 학생들을 위한 체육 과정 설치 또는 체육 관련 전공 준비를 위한 선택 과목이 필요하다. 몇몇 선행 연구에서는 전문대학 포함 전체 대학 진학자의 15%가 예술·체육계열로 진학하고 있는 상황임에도 불구하고 이들을 위한 과정 또는 과목 개설 어느 부문에서도 보호 장치가 없음을 주장하고 있다. 이에 따라 예술·체육계열 학생들은 문과와 이과 학생들에 비해 자신의 진로와 관련된 학습 기회를 충분히 갖지 못하고 있다는 비판이 제기되고 있다. 과정 또는 선택 과목의 설치로 학생들이 진로와 밀접하지 않은 선택 과목에 대한 학습 부담을 줄이고 관련 계열 선택 과목을 학습하는 데 집중할 수 있는 기회를 확대할 수 있다. 또한 학습자의 진로에 초점을 맞춘 교과 학습의 집중도를 높일 수 있을 것이다. 체육학과 진로 예정인 고등학생들이 증가되고 있는 시점에서 이들을 위한 선택 과목이 개설되고 내실 있는 내용 구성을 통해 예비 체육학도들이 지녀야 할 소양과 자질을 고등학교 단계에서부터 갖추고 대학을 진학하게 된다면 우수한 체육학 인력들을 선발하고 양성할 수 있게 되어 대학도 함께 발전할 수 있는 기회를 가지게 될 것이다. 더불어 대학에서도 체육과 선택 과목에 대한 내신 가산점을 입시에 반영한다면 고등학교 체육이 활성화될 수 있는 길이 열리게 될 것이다.

③ '체육 이론과 체육 실기의 통합'을 고려한 선택 과목 개발

모든 체육과 선택 과목은 체육 이론과 체육 실기가 통합된 형태로 개발될 필요가 있다. 제7차 교육과정에서는 체육과 심화 선택 과목으로 '체육 이론'과 '체육 실기'가 개설되어 있다. 이와 같은 체육과 선택 과목의 분류는 본래 개설 취지와 성격에 관계없이 체육과의 실기는 인지적 활동과 거리가 매우 먼 것으로 오해를 주는 소지를 가지고 있다. 이는 마치 체육 실기에는 체육 이론이 포함되지 않는 것처럼 보인다. 축구, 농구 등 스포츠나 무용에 내재하고 있는 관련 지식은 이론이 아닌 것처럼 인식하게 만들며 실제 교육 현장에서도 소홀히 교육하도록 만드는 원인을 제공하고 있다. 체육과의 내용을 이론과 실기로 분류하는 방식은 정확한 준거로 구분했다고 볼 수 없다. 이론(theory)과 실제 혹은 실천(practice)은 적합한 분류 방식이지만, 이론과 실기는 한 가지 명료한 기준으로 구분된 것이 아니라 개념상의 혼돈으로 만들어진 것이다. 체육과는 신체 활동 또는 실기(activity)를 교육하는 교과로, 체육과의 내용은 신체 활동(또는 실기)의 이론, 신체 활동(또는 실기)의 실제가 적합하다고 볼 수 있다. 즉 체조, 육상 등은 실기이고 운동생리학, 운동역학 등은 이론인 것이 아니라, 체조, 육상 등에 관련된 이론이 있을 수 있고 동시에 이 스포츠를 수행하는 실제가 있는 것이다. 따라서 2007 개정 고등학교 체육과 선택 과목 교육과정에서는 선택 과목명이나 내용 구성에 있어 '이론'과 '실기'를 대비되는 개념으로 사용하지 않고 통합되도록 개발하였다.

④ '체육 교과의 목적과 기능'을 고려한 선택 과목 개발

체육의 다양한 교육적 목적과 기능을 반영한 선택 과목이 개설되었다. 제7차 교육과정에서는 '건강'이라는 체육과의 목적을 선택 과목에서 매우 적합하게 제시한 점을 계승하여, 체육과의 가장 기본적인 목적인 '건강 증진' 관련 선택 과목이 개설되었다. 더불어 학교 사회에서 체육과의 정당성 혹은 존재 이유를 설명할 수 있는 건강 증진 이외의 다른 목적을 가진 선택 과목을 개설하였다. 체육과 선택 과목 수(3개)를 감안할 때 1개 과목은 건강 증진 목적, 다른 과목은 스포츠의 문화적 이해와 체험, 마지막 과목은 스포츠의 과학적 이해와 적용을 목적으로 하는 과목을 개설하였다. 스포츠의 문화적 이해와 체험을 목적으로 하는 선택 과목은 최근 '체육 문화' 혹은 '신체 문화'를 강조하는 체육교육의 학문적 동향과 월드컵을 계기로 일반인들에게 확산되고 있는 축구 문화를 통한 '체육 문화의 체험'을 반영한 것이라고 볼 수 있다. 또 다른 과목은 스포츠의 과학적 이해와 적용을 목적으로 하는

선택 과목으로, 체육학의 전통적인 학문 체계와 운동 수행의 수월성을 목적으로 하는 체육 교육 목표를 반영한 것으로 볼 수 있다. 이와 같은 체육과 선택 과목이 체육 교과의 목적과 기능을 고려하여 개설될 때 단위 학교 관리자들에게 설명할 수 있는 선택 과목의 개설 논리가 마련될 수 있다. 실제적으로 선택중심 교육과정의 가장 큰 선택권은 '학생'보다는 '단위학교'에 있다. 따라서 단위 학교에서 체육과 선택 과목의 선택 비율을 높이기 위해서는 단위 학교의 구성원들에게 체육이 고등학생들에게 왜 필요한지를 이해시킬 수 있는 논리가 마련되어야 한다.

체육과 선택 과목 개설의 특성과 목적

총괄목적	선택 과목명	선택 과목의 개설 특성	선택 과목의 개설 목적
평생체육과 체육 진로 계발	운동과 건강 생활	일반 고등학생의 건강 및 체력 증진을 위한 체육 실생활 과목	건강증진
	스포츠 문화	• 일반 고등학생을 위한 체육 교양 기초 과목 • 체육학과 진로 예정 학생을 위한 전공 기초 과목	스포츠의 문화적 이해와 체험
	스포츠 과학	• 체육학과 진로 예정 학생을 위한 전공 심화 과목 • 일반 고등학생을 위한 체육 교양 심화 과목	스포츠의 과학적 이해와 적용

위의 표 〈체육과 선택 과목 개설의 특성과 목적〉과 같이 체육과 선택 과목이 개설된다면, 향후 단위 학교에서는 학교, 학급, 학생의 특성을 고려하여 체육과 선택 과목을 탄력적으로 선택하여 제공할 수 있다. 학교의 특성을 고려하여 여학교에서는 주로 '운동과 건강 생활' 과목, 남학교에서는 '스포츠 문화' 과목, 혼성학습에서는 '운동과 건강 생활' 과목 또는 '스포츠 문화' 과목, 체육과정 또는 예술·체육과정이 설치된 학교에서는 체육과정반에서는 '스포츠 과학' 과목을, 문과나 이과반에서는 '운동과 건강 생활' 또는 '스포츠 문화'를 선택하여 융통성 있게 과목을 가르칠 수 있다. 또한 체육 활동에 대한 다양한 요구, 흥미, 운동 능력, 진로를 가지고 있는 학생들에게는 이러한 배경적 특성에 맞추어 여러 개의 체육과 선택 과목을 제공할 수 있을 것이다.

(3) 개정 내용

① 성격 : 선택 과목의 성격으로 재정립

국민공통기본교육과정에서는 모든 국민들이 공통적으로 지녀야 할 기본적인 능력과 소양을 제공하고, 선택중심 교육과정에서는 개인들의 다양한 요구에 부합하는 교육을 제공함으로써 교육의 사회적·개인적 적합성을 높이는 데 목적을 두고 있다. 이러한 교육과정의 구성 방향은 체육과에도 동일하게 적용되어야 하나, 제7차 교육과정에서 체육과의 경우 국민공통기본교육과정인 '체육'의 성격과 선택 중심 교육과정의 선택 과목인 '체육과 건강'의 성격을 비교해 보면 큰 차이가 없었다. 이와 같은 원인은 제7차 교육과정의 경우 '체육과 건강'이라는 1개의 일반 선택 과목만이 보통 교과 교육과정으로 개발되었기 때문에, 형식적으로 선택 과목의 성격을 취하되 실제 목표와 내용 구성은 국민공통기본교육과정을 계승한다는 의미를 가지고 개발되었기 때문이다. 2007 개정 교육과정에서는 체육과 선택 과목 모두 보통 교과 교육과정으로 개발되었다는 특징을 가지고 있다. 따라서 선택중심 교육과정의 취지에 부합할 수 있는 체육과 선택 과목의 구성이 가능하게 되었으며, 또한 제7차 교육과정 때와 달리 일반 선택 과목과 심화 선택 과목의 구분이 사라졌기 때문에 선택 과목 간 계열성의 의미가 달라졌다고 볼 수 있다. 제7차 교육과정에서는 일반 선택 과목인 '체육과 건강'을 이수하고 심화 선택 과목인 '체육 이론' 또는 '체육 실기'를 이수하도록 하였지만, 개정 고등학교 체육과 선택 교과 교육과정에서는 일반 선택 과목과 심화 선택 과목의 경계가 없어졌기 때문에 '운동과 건강 생활' 또는 '스포츠 문화' 중 1개 과목을 우선적으로 선택하도록 하고 있다. 즉 일반 고등학생들이 교양 차원에서 이수하도록 개설된 과목이기에 체육에 대한 자신의 적성 또는 흥미에 따라 과목을 선택할 수 있도록 하고 있다. 동시에 제7차 체육과 교육과정과 마찬가지로 고등학생들 중에서 체육학과 관련 진로를 선택한 학생들을 위하여 체육과 선택 과목이 개설되어 있다. 이는 '스포츠 과학' 과목으로 제7차 교육과정에서의 '체육 이론' 과목과 '체육 실기' 과목을 통합한 것이다. 결론적으로 이번 교육과정 개정에서는 체육과 선택 과목 모두가 보통 교과 교육과정으로 개발되었기 때문에 선택 과목별로 각각의 성격을 명료화할 필요성이 대두되었다. 특히 국민공통기본교육과정의 체육과 성격과 차별적인 내용으로 구성되었고, 선택 과목별로 교육의 목표도 서로 다른 특성을 가졌음을 제시하고 있다는 점이 성격의 특징이라고 할 수 있다.

🔍 제7차 체육과 선택 과목간 관계

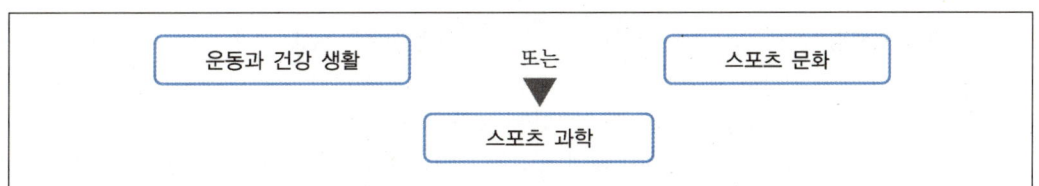

🔍 2007 개정 체육과 선택 과목간 관계

체육과 선택 과목별 성격 부분의 구조는 우선 과목별 과목의 정의를 소개하고 있고, 이후 과목의 목적과 교육 방향을 제시하고 있다. 끝으로 과목의 내용 체계와 각 내용 영역의 구조를 제시하고 있다.

② 목표 : 과목별 성격에 따른 목표 설정

체육과 일반 선택 과목인 '체육과 건강' 과목의 목표는 '체육'의 목표와 동일한 구조를 가지고 있고, 목표의 내용이 유사한 특징을 가지고 있다.

🔍 제7차 '체육'과 '체육과 건강'의 목표

국민공통기본교육과정 '체육' 목표	선택중심 교육과정 '체육과 건강' 목표
다양한 신체 활동을 통하여 학생 개개인의 움직임 욕구를 실현하고, 운동을 수행하는 데 필요한 기능과 체력을 증진하며, 운동과 건강에 관한 지식을 이해하고, 사회적으로 바람직한 태도를 함양한다.	건강 및 여가를 위하여 운동 경기에 참여할 수 있는 능력을 기르고, 건강한 생활과 관련된 지식을 이해하여 활용하며, 운동에 대한 바람직한 태도를 함양한다.
가. 다양한 운동에 적극적으로 참여해 운동 기능과 체력 및 심신의 건강을 증진한다(심동적 영역). 나. 운동과 건강에 관한 다양한 지식을 이해하고 활용하는 방법을 익힌다(인지적 영역). 다. 운동을 통해 사회적으로 바람직한 태도 및 문화적으로 가치있는 규범을 익힌다(정의적 영역).	가. 운동 경기에 참여하고 감상하는 능력과 건강한 생활을 영위할 수 있는 체력을 증진한다(심동적 영역). 나. 운동을 통하여 건강 및 여가 선용에 관한 지식을 이해하고 활용하는 방법을 익힌다(인지적 영역). 다. 운동 경기에 참여하여 운동을 생활화하고 건전한 생활에 필요한 태도를 함양한다(정의적 영역).

즉 '체육과 건강' 과목의 목표 체제는 심동적 영역, 인지적 영역, 정의적 영역 목표로 구성되고, 목표의 세부 내용은 첫째, 운동 경기에 참여하고 건강한 생활을 영위하기 위한 체력을 기르며, 둘째, 운동을 통해 건강 지식을 이해하고 활용하며, 셋째, 운동을 생활화하는 태도를 기르는 데 초점을 두고 있다. 중요한 문제는 '체육과 건강' 과목의 목표가 '체육' 목표와 동일하다는 점이라기보다는, '체육과 건강'이라는 선택 과목의 성격에 적합한 '과목의 목표'가 아니라는 사실에 있다. 따라서 이번 개정에서는 선택 과목별 목표가 아래의 표 〈선택 과목별 목표〉와 같이 각 과목의 성격에 부합하는 목표로 설정되었다.

🔍 선택 과목별 목표

선택 과목명	선택 과목의 목표
운동과 건강 생활	건강한 생활에 필수적인 운동의 효과를 이해하고, 운동의 생활화를 통해 심신의 건강을 증진하고 관리할 수 있는 능력을 함양한다. 가. 현재와 미래의 삶에 영향을 미치는 건강의 중요성을 인식하고, 자신과 타인에 대한 바람직한 건강관을 기른다. 나. 건강 문제의 다양한 원인을 인식하고, 이를 해결하기 위해 적절한 운동 방법을 계획하고 실천한다. 다. 운동이 건강에 미치는 효과를 이해하고, 건강을 지속적으로 관리하기 위해 운동을 생활화한다.

스포츠 문화	스포츠의 문화적 현상과 행동 양식을 종합적으로 체험하고, 다양한 스포츠 문화 활동을 수행하며, 바람직한 스포츠 문화를 자기 주도적으로 창조할 수 있는 소양과 능력을 함양한다. 가. 스포츠 활동에 나타나는 문화적 현상과 행동 양식을 이해한다. 나. 개인 또는 단체 스포츠에 참여하면서 다양한 유형의 스포츠 문화를 체험한다. 다. 스포츠 문화의 가치를 감상하고 스포츠 문화 활동을 생활화한다.
스포츠 과학	스포츠의 과학적 현상과 원리를 종합적으로 이해하고 체험하며, 이를 스포츠 활동에 적용하여 효율적으로 수행할 수 있는 능력과 자질을 함양한다. 가. 스포츠 과학의 발전 과정과 미래의 역할을 이해한다. 나. 스포츠 활동에 나타나는 여러 가지 과학적 현상을 체험하고 분석한다. 다. 스포츠의 과학적 원리를 적용하여 스포츠를 효율적으로 수행한다. 라. 스포츠 과학 분야의 진로 및 직업 세계를 이해한다.

③ 내용

㉠ 교육 내용의 적정화 : 2007 개정 교육과정의 고등학교 체육과 선택 과목은 수업시간을 고려하여 내용 영역을 설정하여 교육 내용의 적정화를 꾀하였다. 즉, '운동과 건강 생활'이 4단위, '스포츠 문화'가 4단위, '스포츠 과학'이 6단위의 수업 시수를 갖기 때문에 각 이수 단위에 맞는 내용 영역을 설정하였다.

ⓐ '운동과 건강 생활'의 경우 전체 대영역 수는 5개 영역으로 설정되었으며, 단위 학교에서는 신체 활동을 4개 이상을 선정, 운영할 수 있도록 하였다. 즉 내용 영역과 요소를 4개 이상의 신체 활동을 통해서 지도할 수 있도록 하여 교육 내용의 적정화를 도모하고 있다.

ⓑ '스포츠 문화' 과목은 4단위로, 내용 영역이 4개의 하위 영역으로 구성되어 있고, 신체 활동의 선택은 개인 스포츠에서 1개 이상의 스포츠, 단체 스포츠에서 1개 이상의 스포츠를 선택하도록 하여 국민공통기본교육과정의 체육과 달리 평생 스포츠의 일환으로 1개 스포츠를 집중해 심층적인 학습이 이루어질 수 있도록 하고 있다.

ⓒ '스포츠 과학' 과목은 6단위로, '스포츠 문화'와 같이 내용 영역의 수는 4개이지만 신체 활동의 선택은 개인 스포츠에서 1개 이상, 단체 스포츠에서 1개 이상, 그리고 다양한 체력 운동을 실시하도록 하고 있다.

이와 같이 2007 개정 고등학교 체육과 선택 과목 교육과정에서는 이수 단위에 따른 신체 활동의 수를 적정화하여 체육과 선택 과목의 교육 내용 적정화를 도모하였다.

㉡ 교육 내용의 연계성 강화 : 2007 개정 고등학교 체육과 선택 과목 교육과정에서는 국민공통기본교육과정인 '체육'의 교육 내용과 차별화를 도모하면서 연계성 강화를 추구하고 있다. 국민공통기본교육과정인 체육과 교육과정의 내용은 모든 학생들이 공통적으로 모든 내용 영역을 반드시 학습하는 방향으로 구성하였으며, 체육과 선택 과목은 학생들의 요구, 적성, 진로, 소질, 흥미에 부합하여 체육의 일부 내용을 선택적으로 학습하는 방향으로 구성하였다. 즉 초 · 중 · 고등학교에서의 체육과 교육은 국민공통기본교육과

정의 체육에 있는 5개 영역을 모두 학습한 후 전체 교육 내용을 수렴하여 종합적으로 체육과 목표를 성취하고, 이를 토대로 체육과 선택 과목에서는 내용 주제별(건강, 문화, 과학)로 교육을 확산하고 있다. 결과적으로 체육과 선택 과목의 교육 내용은 국민공통기본교육과정의 체육과 교육 내용을 심화·분화되는 방향으로 연계성을 추구하고 있다.

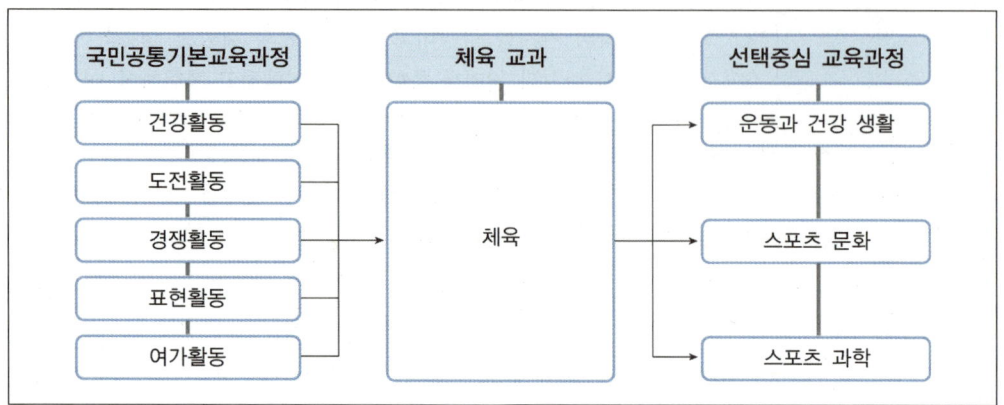

🔍 **체육과 선택 과목 교육과정 내용의 연계성**

체육과 선택 과목의 모든 과목은 공통적으로 10학년 공통 교육과정 이수 후 11학년 또는 12학년으로 가면서 학습할 내용이 심화되고 있는데, 심화되는 내용의 방향과 형식은 선택 과목별로 다르게 구성되고 있다. 우선 '운동과 건강 생활' 과목은 기존 국민공통기본교육과정의 체육과 내용 영역 중에서 '건강 활동'이 분리되어 독립적으로 개설된 과목이다. 반면 '스포츠 문화'와 '스포츠 과학' 과목은 체육과 내용 영역 중 건강 활동을 제외한 나머지 4개의 내용 영역을 통합 후 다시 2개의 내용 주제로 세분화하였다고 할 수 있다. 즉 인문사회적 내용은 '스포츠 문화' 과목으로 통합되었고, 자연과학적 내용은 '스포츠 과학' 과목으로 통합되었다.

ⓒ 교육내용의 선정(교육내용의 재개념화) : 2007 개정 고등학교 체육과 선택 교과 교육과정에서는 제7차 교육과정 때와 달리 내용 영역을 운동 범주가 아닌, 내용 주제로 재개념화하고 이 내용 영역과 내용 요소를 선택이 아닌 필수 내용으로 제시하였다. 그러나 필수 내용 영역을 지도하기 위해 활용되는 신체 활동은 제7차 교육과정 때와 마찬가지로 수업 차원에서 선택할 수 있도록 하였다. 지금까지 체육과에서는 국가수준 교육과정의 내용(content)을 체육 수업 차원에서 다루어지는 수업 내용(instructional content) 또는 수업 활동(instructional activities)으로 인식하여 왔다. 일상적으로 체육수업에서는 축구, 농구, 체조, 육상 등과 같은 다양한 스포츠 또는 운동을 수업 내용 또는 수업 활동으로 다루어 학생들에게 교육한다. 그러나 국가수준의 교육과정 내용은 교육 내용(educational content)으로 이해되어야 하며, 수업 내용이나 수업 활동보다는 광범위하고 높은 수준의 내용이라고 할 수 있다. 다시 말하면, 체육과에서는 축구, 농구, 배구 등을 수업 내용 또는 활동으로 선정 및 조직하여 학생들에게 가르치지만 체육과 교육을

위해서는 축구, 농구, 배구 자체에 대한 학습뿐 아니라 그 활동을 통한 포괄적인 교육을 기대한다. 예를 들면, 체육과에서는 학생들에게 축구 수업을 통해서 축구의 기능뿐만 아니라 신체 활동의 다양한 현상(예 스포츠 과학적 이론, 팀 스포츠의 의미와 특성, 운동과 건강의 관계, 스포츠 경기 문화 체험, 경쟁의 가치, 승리와 패배 등)을 배우기를 희망한다. 이 때 축구(역사, 경기 규칙, 기초 기능 및 경기 기능 등)는 수업 내용 또는 수업 활동으로 볼 수 있으며, 여러 가지 신체 활동에 공통적으로 나타나는 포괄적이고 광범위한 현상(스포츠 과학 이론, 경기 수행 방법, 운동과 건강의 관계, 체력 관리, 스포츠 문화, 경기 분석 및 감상 등)은 교육 내용으로 볼 수 있다.

④ 교수·학습 방법 : 개별성, 통합성, 적합성 강조

국가수준 체육과 교육과정 문서 중에서 가장 학교 현장에 영향력을 미치지 못하고 있고 도움을 크게 주지 못하고 있는 부분이 교수·학습 방법이다. 체육과 교수·학습 방법 과정은 다른 교과와 마찬가지로 매우 다양하고 복합적이기 때문에 교사 개개인이 요구하는 각 사례에 맞는 구체적인 교수·학습 방법을 안내하는 것이 불가능하다. 구체적인 교수·학습 방법의 사례는 교육과정 해설서, 시·도 및 지역 교육청, 단위 학교 수준, 혹은 교사용지도서 및 기타 수업 자료에서 제시해 주어야 한다. 개정 체육과 선택 과목 교육과정에서는 제7차 체육과 교육과정의 교수·학습 방법 항의 내용을 정선하여 국가수준에서 강조하는 교수·학습의 방향을 강조하고, 시·도 및 지역 교육청 → 단위 학교 → 체육 수업에 이르는 교수·학습 계획, 선택 과목에 따른 내용 영역별 지도 사항을 제시하고 있다.

⑤ 평가 : 자율성과 책무성 강조

국가 수준 체육과 교육과정의 평가는 교수·학습 방법과 달리, 단위 학교와 교사 개인에게 가장 많은 영향을 줄 수 있는 부문이다. 본 개정에서는 제7차 교육과정에서 간과되었던 '평가의 방향'과 '평가 계획' 부분을 보강하여 국가수준에서 지향하는 체육과 평가의 자율성과 책무성을 강조하고 있다. 평가의 자율성 부분은 평가 종목 수와 평가 반영 비율을 삭제함으로써 크게 확대되었으며, 평가의 책무성은 다음과 같은 체육과 평가의 방향과 평가의 계획 부분의 보강을 통해서 자율성이 확대된 만큼 체육 교사의 평가에 대한 책무성을 동시에 강조하고 있다. 체육과 평가의 방향은 4가지(교육과정과의 연계성, 평가 내용의 균형성, 평가 방법 및 도구의 다양성, 실기 평가의 타당성) 부분으로 구분하여 제시되고 있다. 체육과 평가의 4가지 방향의 '평가의 타당성과 다양성'으로 다시 요약할 수 있다. 평가의 타당성은 지도한 내용을 반드시 평가해야 하는 체육과 평가 원리의 강화로 볼 수 있으며, 평가의 다양성은 실기 평가와 수행 평가에 대한 정확한 이해를 통해 적절한 평가를 다양하게 시행하는 데 초점을 두고 있다. 이는 실기 평가와 수행 평가의 동질화 현상은 체육과 평가 방법의 다양화를 저해하는 요인이 되고 있기 때문이다. 또한 평가의 계획을 강조하여 단위 학교에서의 체계적인 평가 계획 활동을 권장하고 있다. 끝으로 '내용 영역별 평가'라는 항목을 통해 선택 과목별로 설정된 각각의 내용 영역에 적합한 평가 내용 요소 확립과 이를 평가하기 위한 구체적인 평가 방법 및 도구를 안내하고 있다.

10 2009 개정 체육과 교육과정

1. 개정 배경

(1) 2009 개정 교육과정 총론의 변화 반영 : 외적 요구의 수용

2009 개정 교육과정은 미래 사회가 요구하는 창의적이고 경쟁력 있는 인재 양성을 위해 학교 교육의 유연화와 다양화를 이룰 수 있도록 교육의 변화를 꾀하고 있다. 이 2009 개정 교육과정 총론에 따라 각 교과의 교육과정 개정을 추진하였고, 미래 사회에 필요한 기초 핵심 역량과 교과별 특성을 반영한 창의성 및 인성 함양 내용이 강화된 교육 내용 개선이 중심을 이루고 있다. 우선 2009 개정 교육과정 총론에서는 학년군 단위의 교육과정을 편성·운영하여 교육과정 연계성을 강화하고 중복 학습 예방 등의 효과를 추구하고 있다. 따라서 체육과 교육과정 내용도 학년군 단위의 편성과 집중이수 등을 염두에 두고 구성되어야 하는 요구가 있었다. 또한 기존의 공통교육과정 기간이 축소됨에 따라 필수 학습요소는 공통교육과정 기간에 배치하고 심화 학습요소는 선택교육과정 기간으로 재배치하여 마지막 공통교육기간인 중학교 3학년에 공통교육이 완성될 수 있도록 교육과정을 개발해야 하는 측면이 존재한다. 고교 선택과목 또한 모든 과목(기초와 전문교과를 제외)을 5단위 기준으로 단일화하여 내용을 조절하고, 교과 (군)별 선택과목 교육과정 기준이 실효성을 갖도록 최소필수이수단위와 진로교육, 고교체제 다양화에 따른 다양한 교육과정의 운영 등을 고려하여 구성하였다. 둘째, 교육과정 내용을 적정화하고 연계성을 강화하고자 하는 요구가 있다. 교육 내용을 학년군이나 교과군을 고려한 최소필수 학습내용으로 정선함으로써 20%의 감축이 되도록 조정하도록 구성하게 되었다. 따라서 교과 내 학교급별로, 공통교육과정과 선택교육과정 간에, 보통교과와 전문교과 사이에 중복되거나 연계성이 맞지 않는 것을 검토하여 수정, 보완하는 작업이 이루어졌다. 셋째, 창의·인성 교육 등 국가·사회적 요구 사항을 반영해야 한다는 요구가 있다. 창의·인성 교육 기본 방안이 발표(2010. 1. 5.)되고 다양한 방면으로 창의·인성 교육을 강화하려는 시도가 활성화되고 있다. 각 교과 교육과정 개정에서도 타인에 대한 배려와 나눔을 실천하는 창의·인성 교육을 강화하기 위해 교과 특성에 맞게 모든 교육과정 영역에 창의성과 인성 함양을 위한 요소들을 적극 반영하고자 하는 요구가 있다.

(2) 2007 개정 체육과 교육과정에 개선에 대한 요구 반영 : 내적 요구의 수용

이번 교육과정 개정에 대한 체육과 내부에서는 2007 개정 체육과 교육과정이 적용된지 얼마 안 되었고, 이로 인해 교육과정이 아직 정착 단계에 있기 때문에 다시 새로운 체계나 구성을 갖춘 교육과정 개정은 적절하지 않은 것으로 합의가 되었다. 따라서 수업, 교과서 등 교육 현장 등에 적용되면서 나타나는 문제점과 보완점을 중심으로 변화의 요구가 제기되었다. 다음은 2007 개정 체육과 교육과정에 대한 보완 요구이다. 첫째, 교육 내용의 현장 적합성이나 위계성에 대한 보완 요구이다. 2007 개정 체육과 교육과정에 새롭게 등장한 여가 활동의 내용이나 정의적 내용 요소들을 실제 학교 현장에서 적용하기 어려운 내용이 있으며, 학년 혹은 학교급별 내용 수준에 나타나는 적절성 여부에 대해 지적하고 있다. 둘째, 체육과 교육과정 내용을 지도하기 위해 신체 활동을 선택·활용하는 것에 대한 안내를 보완해야 한다는 요구이다. 교육과정 내용과 신체 활동 사이의 관계나 신체 활동 선택과 실제 수업에서의 적용이 충분히 안내되지 않아 교육과정에 제시된 신체 활동의 활용에 대해 잘못 이해함으로써 신체 활동의 양에 부담을 갖거나 교과서 등에 적용될 때 교육과정의 의미를 잘 살리지 못하는 경우가 나타났다. 따라서 교육과정에서 신체 활동의 선택 활용에 대한 의미와 실제 활용 방법에 대해 보다 구체적으로 제시하도록 요구되었다. 셋째, 고등학교 선택 과목에 대한 특성화와 구체화 노력이 필요하다는 요구이다. 즉 공통교육과정과의 연계성을 고려하면서 각 선택 과목별로 구별되는 특성을 지닌 내용으로 구성되어야 선택을 하는 의미를 가질 수 있을 것이다. 그러나 현재의 체육과 선택 과목 내용은 공통교육과정과 서로 다른 내용 체계를 갖기에 상대적으로 관심이 덜 주어지고, 특성화되기에는 정련화되지 못한 부분이 있다. 반면에 선택 과목의 교과서는 인정 도서로 개발되어 그 자율의 폭이 크기 때문에 더욱 구체화됨으로써 선택 과목에 대한 이해가 용이할 필요가 있다.

2. 개정 내용

(1) 문서 체제의 변화

2009 개정 교육과정에 따른 체육과 교육과정 개정 시안에는 문서 체제가 교과간 통일되어 일부 조정되었다. 주요한 문서 체제의 변화를 살펴보면, 먼저 교과의 '성격' 항목이 삭제되었으며, 학년군 통합된 편성·운영 체제에 따라 교육과정의 구조가 설정되도록 하였고, 학년별, 영역별, 내용별 성취기준의 형태로 기술되도록 변화하였다.

① '목표' 항의 통합 및 구체화

    ㉠ '성격' 항을 통합한 '목표'로 목차 조정

    ㉡ 본문 내용의 하위 목차 구조화

    ㉢ 하위 목차(인간상) 및 총괄 목표 등에 창의·인성 관련 내용 중점 반영

    ㉣ 건강, 도전, 경쟁, 표현, 여가의 신체 활동 가치에 대한 자세한 설명

② 학년군제의 운영 반영 : (가)와 (나)의 표기

2009 개정 교육과정 총론에서 제시한 학년군제는 각 학년별로 개발되던 교육과정보다 교육과정의 연계성 강화 및 중복 예방 등의 효과가 커서 내용의 적정화를 추구하는 것이 보다 쉽다는 장점이 있다. 하지만 학교 현장에서는 학년군으로 통합된 내용 체계는 현실적으로 교과의 편성과 운영에 적합하지 않다는 현장 검토 의견이 많았다. 대부분의 교원 인사는 1년 단위로 이루어지므로, 금년도 체육 교사와 차기년도의 체육 교사는 대부분이 동일하지 않다. 이럴 때 체육과 교육과정 운영에서 2년 혹은 3년의 교육과정을 미리 준비하는 것이 사실상 불가능하고, 또한 전입 등으로 인한 불가피한 사유로 학습 누락이 발생할 경우에 현실적으로 보충 지도한다는 것이 무리라는 문제점이 제기되었다. 특히 체육 교과는 신체

를 통한 교육 활동이기에 학년별이 아닌 학년군 내에서 활동의 난이도 조정이나 반복 가능성이 클 수 있다는 의견이 많았다. 따라서 학년군제 운영 및 교육과정 내용의 통합에 대한 국가적 요구와 현장 교사의 우려와 요구를 고려하여 교육과정 내용 체계표에 5개의 대영역별로 중영역을 학년 구분해 (가), (나) 등으로 제시하는 형식을 취하는 방법을 택하였다.

🔍 체육과 교육과정 내용의 학년군 운영의 예

• 초등학교 3~4학년 및 5~6학년 경쟁 활동의 예

	3~4학년군		5~6학년군	
경쟁 활동	(가) 피하기형 경쟁 • 의미와 특성 • 기본 기능 • 게임 전략의 이해 및 창의적 적용 • 규칙 준수	(나) 영역형 경쟁 • 의미와 특성 • 기본 기능 • 게임 전략의 이해 및 창의적 적용 • 협동심	(가) 필드형 경쟁 • 의미와 특성 • 기본 기능 • 게임 전략의 이해 및 창의적 적용 • 자기책임감	(나) 네트형 경쟁 • 의미와 특성 • 기본 기능 • 게임 전략의 이해 및 창의적 적용 • 운동 예절

• 중학교 1~3학년 경쟁 활동의 예

	중학교 1~3학년군		
경쟁 활동	(가) 영역형 경쟁 • 역사 및 과학적 원리 • 경기의 수행 및 창의적 전략 • 스포츠의 비교 및 감상 • 페어플레이	(나) 필드형 경쟁 • 역사 및 과학적 원리 • 경기의 수행 및 창의적 전략 • 스포츠의 비교 및 감상 • 팀워크	(다) 네트형 경쟁 • 역사 및 과학적 원리 • 경기의 수행 및 창의적 전략 • 스포츠의 비교 및 감상 • 배려와 존중

③ 성취기준 형식의 내용 기술: 학년군별, 영역별, 내용별 성취기준 제시

2009 개정 교육과정에 따른 체육과 교육과정 내용은 학생들이 성취해야 할 목표를 학년군별, 영역별, 내용별 성취기준으로 제시하였다.

㉠ 학년군별 성취기준은 각 학년군 종료 시점에서(4학년, 6학년, 9학년) 학생이 체육 교과 학습을 통해 갖추어야 할 인지적, 정의적, 기능적 소양을 작성하도록 하였으며, 해당 학년군 동안에 학생이 학습하게 되는 체육 교과의 내용 학습을 통해 어떤 성취를 하게 되는지에 대해 명료하게 밝히도록 하였다. 성취 목표를 진술할 때, 학습자 행동을 중심으로 한 술어를 다양화(이해한다, 한다, 할 수 있다 등)하고 구체적으로 진술하여, 학교 현장에서 교과 내용 지도에 대한 책무성을 강화하는 데 도움을 줄 것이다.

> ### 학년군별 성취기준 예 : 중학교 1~3학년군
>
> 운동 처방을 통해 체력과 건강을 유지·증진할 수 있는 방법을 이해하고 실천하며 건강하고 안전한 삶을 살아가는 데 필요한 내용을 이해하고 일상생활에서 실천한다. 도전 활동과 경쟁 활동의 역사와 운동 방법을 이해하고 과학적 원리를 적용하여 운동을 수행하며, 실제 경기에서 다양한 기능과 전략을 창의적으로 적용한다. 다양한 움직임 표현을 통해 창의적인 표현 능력을 기르며 신체 활동 중심의 바람직한 여가 문화를 창조하고 향유한다. 또한 다양한 신체 활동을 감상하고 비교·분석하면서 신체 활동에 대한 종합적인 소양을 기른다.

🔍 학년군별 성취기준 진술의 예

ⓛ 영역별 성취기준은 체육과 교육과정의 대영역인 다섯 가지 가치 영역별로 성취해야 할 내용을 구체적으로 기술한 것이다. 또한 체육과 영역 성취 기준은 학년군 성취기준이 될 수 있도록 작성하였고, 성취해야 할 학생 행동은 가능한 한 관찰 가능한 행동 동사를 사용하여 기술하였다.

> ### 영역별 성취기준 예 : 중학교 1~3학년군 건강 활동 영역
>
> 건강과 체력의 개념을 이해하고 유지·증진할 수 있는 다양한 운동 방법 및 운동 처방 방법을 이해하여 이를 적용한다. 건강에 유해한 약물과 기호품의 악영향, 운동 상해와 구급 처치 방법 등의 건강 관리 방법과 재난 및 안전사고 등 안전을 위협하는 각종 재해의 종류와 그 원인 및 대처 방안에 대해 이해한다. 또한 환경 오염에 대한 이해를 바탕으로 환경 보존 활동을 실천한다. '자기 조절', '자아 존중', '실천 의지력' 등을 바탕으로 건강을 유지·증진시키고 환경 및 생활 안전을 지키는 건강 관리 활동을 실천하며, 자신 및 지역 사회의 건강 문화에 대한 안목을 갖춘다.

🔍 영역별 성취기준 진술의 예 : 중학교 1~3학년군 건강 활동 영역

ⓒ 학습 내용별 성취 기준은 상위 성취 기준인 교과 영역 성취 기준을 달성할 수 있는 사항으로 구체적으로 기술하였는데, 각 학년군의 영역별 성취 기준 1개에 학습 내용 성취기준은 좀 더 구체적으로 여러 개가 제시될 수 있도록 하였다. 또한, 학습 내용 성취 기준은 '내용 + 행동'으로 제시하였으며, 학습 내용 성취기준에 사용되는 학생 행동은 반드시 관찰 가능한 행동 동사를 사용하여 기술하였다.

> ### 학습 내용별 성취기준 예 : 중학교 1~3학년군 도전 활동 영역
>
> (가) 기록 도전
> ① 기록 도전(속도 도전·거리 도전) 스포츠의 개념, 특성 및 가치를 이해한다.
> ② 기록 도전(속도 도전·거리 도전) 스포츠의 변천 과정과 역사적 의미를 이해한다.
> ③ 기록 도전(속도 도전·거리 도전) 스포츠에서 활용되는 과학적 원리를 이해하고 운동 수행에 적용한다.
> ④ 기록 도전 스포츠의 경기 방법과 유형별 경기 기능을 이해하고 경기 상황에 적용한다.
> ⑤ 기록 도전 스포츠의 경기 유형, 규칙 및 용구, 인물, 기록, 사건 등을 감상하며 비교·분석한다.
> ⑥ 목표한 기록에 도달하는 과정에서 어려움을 이겨내는 인내심을 기른다.

🔍 학습 내용별 성취기준 진술의 예

(2) **창의·인성 내용의 목표, 내용, 교수·학습 방법 반영**

이번 개정에서는 사고력, 창의력, 문제해결력, 정보 활용 능력 등과 같은 고등정신을 기르고, 타인에 대한 배려와 나눔을 실천하는 창의·인성 교육을 강화하는 방법으로써 체육과 교육과정의 목표, 내용, 교수·학습 방법 등에 적극적으로 창의·인성 요소를 반영하였다. 기존의 교육과정 내용에 제시된 관련 요소를 확대하여 진술하고, 성취 기준에도 창의·인성 교육 내용을 구체적으로 첨가하며, 교수·학습 방법 또는 평가 항에서도 내용을 다루는 방법, 과정, 가치, 태도 등의 함양을 강화하여 진술하였다. 교육과정 내용에 제시된 창의·인성 요소는 초등학교와 중학교의 각 학년군별 교육에서 추구하는 창의·인성 요소들이 상호 유기적으로 연계될 수 있도록 하였으며, 창의·인성 교육 요소들을 분석하여 체육과 교육과정의 관련성을 탐색하여 적절한 교육 효과를 낼 수 있는 내용 요소들로 교육과정에 제시하였다. 아울러 각 중영역에서 필요로 하는 창의·인성 요소를 선정하는 데 있어서 필수적인 교육 내용 요소인 경우 초등학교와 중학교에서도 모두 중복 제시하였다.

🔎 **내용 영역에서 제시된 창의·인성 요소의 예**

영역	중학교 1~3학년군		
건강 활동	(가) 건강과 환경 • 건강의 이해 및 증진 • 약물과 기호품 • 환경오염과 건강 • 자기조절	(나) 건강과 체력 • 체력의 이해 및 증진 • 성의 이해와 성폭력 • 안전사고와 예방 • 자기존중	(다) 건강과 안전 • 운동처방 • 구급처치 및 운동 상해 • 재난과 안전 • 실천의지력
도전 활동	(가) 기록 도전 • 역사 및 과학적 원리 • 경기 방법과 기능 • 스포츠의 비교 및 감상 • 인내심	(나) 동작 도전 • 역사 및 과학적 원리 • 경기 방법과 기능 • 스포츠의 비교 및 감상 • 자신감	(다) 표적/투기 도전 • 역사 및 과학적 원리 • 경기 방법과 기능 • 스포츠의 비교 및 감상 • 문제해결력
경쟁 활동	(가) 영역형 경쟁 • 역사 및 과학적 원리 • 경기의 수행 및 창의적 전략 • 스포츠의 비교 및 감상 • 페어플레이	(나) 필드형 경쟁 • 역사 및 과학적 원리 • 경기의 수행 및 창의적 전략 • 스포츠의 비교 및 감상 • 팀워크	(다) 네트형 경쟁 • 역사 및 과학적 원리 • 경기의 수행 및 창의적 전략 • 스포츠의 비교 및 감상 • 배려와 존중
표현 활동	(가) 심미표현 • 특성과 유형 • 표현 방법 • 창의적 표현 및 감상 • 독창성	(나) 현대표현 • 역사와 유형 • 표현 방법 • 창의적 표현 및 감상 • 열정	(다) 전통표현 • 역사와 유형 • 표현 방법 • 창의적 표현 및 감상 • 다문화 존중
여가 활동	(가) 사회와 여가 • 청소년기 여가의 이해 • 일상적 여가 활동 계획 및 실천 • 여가 활동의 감상 • 흥미와 몰입	(나) 자연과 여가 • 자연형 여가의 이해 • 자연형 여가 활동 계획 및 실천 • 여가 활동의 감상 • 공존	(다) 지구촌 여가 • 지구촌 여가의 이해 • 지구촌 여가 활동 계획 및 실천 • 여가 활동의 감상 • 개방성

🔎 창의 · 인성 요소의 교수 · 학습 활용 예시

구분		활용 예시	창의 및 인성 요소
건강 활동	창의	점심 급식의 식품 영양군 분석하기	유추/은유적 사고, 논리/분석적 사고, 호기심/흥미, 감수성
	인성	자신의 흥미와 수준에 맞도록 자율적인 체력 운동 계획하고 실천하기	자율성

(3) 영역별 내용 통합 및 조정

개정 체육과 교육과정의 내용에서는 건강 활동, 도전 활동, 여가 활동의 중영역과 내용요소 수준에서 통합 및 조정과 같은 재구조화가 이루어졌다.

① 건강 활동 : 중영역 및 내용 요소의 재구조화

2007 개정 체육과 교육과정에서 건강 활동은 학년별로 중영역을 체력 영역과 보건과 안전 영역의 두 개 영역으로 구성하고 있다. 이번 개정에서는 학년군으로 통합하는 과정에서 보건, 체력, 안전의 세 분야의 영역이 중영역 내에서 고르게 포함되도록 하나의 영역 안에 구성하였다. 예를 들어 중학교 1~3학년의 경우 (가) 건강과 환경, (나) 건강과 체력, (다) 건강과 안전의 중영역 각각에 보건, 체력, 안전의 세 영역의 내용 요소가 모두 포함되도록 구성하였다. 물론 하나의 주제가 되는 중영역(예 건강과 체력 등)에 서로 내용이 연계되고 통합되도록 체력, 보건, 안전 내용을 구성하기는 어렵지만, 현재 학년 구분이 되어 있지 않은 상태에서 (가), (나), (다)의 어떤 영역을 선택하던 매 학년에 보건, 체력, 안전의 내용을 모두 학습할 수 있도록 구성한 것이다. 결과적으로 통합이 되면서 내용도 일부 감축되기도 하였다.

🔎 2007 개정 체육과 교육과정의 건강 활동 영역

	7학년	8학년	9학년
건강 활동	체력 관리	체력 관리	건강 관리
	▶건강과 체력 관리 • 건강과 체력 요소의 관계 • 체력 증진 원리와 방법 • 실천 의지력	▶체력 진단과 평가 • 체력 측정과 운동 처방 • 체력 관리 프로그램 설계 • 노력과 극기	▶자기 건강 관리 • 자기 건강 관리의 중요성 • 건강과 신체 관리 • 건강과 스트레스 관리 • 자아 존중
	보건과 안전	보건과 안전	
	▶건강 생활과 환경 안전 • 약물과 기호품 • 환경 오염 예방 • 자기 절제와 공동체 의식	▶건강 생활과 생활 안전 • 성 역할과 성 폭력 • 사고 예방과 구급 처치 • 상황 판단력	

🔎 2009 개정 체육과 교육과정의 건강 활동 영역

영역	중학교 1~3학년군		
건강 활동	(가) 건강과 환경 • 건강의 이해 및 증진 • 약물과 기호품 • 환경오염과 건강 • 자기조절	(나) 건강과 체력 • 체력의 이해 및 증진 • 성의 이해와 성폭력 • 안전사고와 예방 • 자기존중	(다) 건강과 안전 • 운동처방 • 구급처치 및 운동 상해 • 재난과 안전 • 실천의지력

② 도전 활동 : 중영역의 재배치

2007 개정 체육과 교육과정의 도전활동에서 씨름이 포함되어 있는 표적/투기 도전 영역이 4학년 수준에서 제시되고 있으나 교사들은 학생의 학습 수준에 맞지 않아 지도에 어려움을 겪고 있다는 의견을 제기하였다. 반면에 2007 개정 체육과 교육과정의 6학년에 제시되어 있는 동작 도전 활동의 경우 해당 학년의 학생들이 발육이 급속도로 진행되고 제2차 성징을 보이게 되면서 학생들이 기피하는 경우가 많기 때문에 중학년으로 개편될 필요성이 제기되어 왔다. 중학교의 도전 활동의 경우에도 2007 개정 체육과 교육과정에서는 7학년은 기록 도전, 8학년은 표적/투기 도전, 9학년은 동작 도전으로 구성되었지만 학년별 학습에 대한 위계를 고려할 때 학교 현장에서는 9학년의 동작 도전이 오히려 아래 학년으로 내려가는 것이 더 적합하다고 지적하고 있다. 따라서 개정 체육과 교육과정에서는 3~4학년군 (가) 속도 도전 (나) 동작 도전, 5~6학년군 (가) 거리 도전 (나) 표적/투기 도전, 중학교 1~3학년군 (가) 기록 도전 (나) 동작 도전 (다) 표적/투기 도전으로 재배치되었다.

🔎 2007 개정 체육과 교육과정의 도전 활동 영역

	7학년	8학년	9학년
	기록 도전	표적/투기 도전	동작 도전
도전 활동	▶속도·거리 도전 • 역사와 과학적 원리 • 경기 방법과 기능 • 인내심 • 과거와 현대의 스포츠 경기 감상	▶표적/투기 도전 • 역사와 과학적 원리 • 경기 방법과 기능 • 용기와 예절 • 우리나라와 외국의 스포츠 경기 감상	▶동작 도전 • 역사와 과학적 원리 • 경기 방법과 기능 • 자기통제 • 과거와 현대의 스포츠 경기 감상

🔎 2009 개정 체육과 교육과정의 도전 활동 영역

영역	중학교 1~3학년군		
도전 활동	(가) 기록 도전 • 역사 및 과학적 원리 • 경기 방법과 기능 • 스포츠의 비교 및 감상 • 인내심	(나) 동작 도전 • 역사 및 과학적 원리 • 경기 방법과 기능 • 스포츠의 비교 및 감상 • 자신감	(다) 표적/투기 도전 • 역사 및 과학적 원리 • 경기 방법과 기능 • 스포츠의 비교 및 감상 • 문제해결력

③ 여가 활동 : 중영역 및 내용요소의 재구조화

지난 개정 때 여가 활동이 학교 교육과정 내용으로 들어 온 것은 다양한 유형의 신체 활동 중심 여가 활동을 생활화하며, 바람직한 여가 문화를 자기주도적으로 계획하고, 실천하는 활동을 하도록 함이었다. 이번 개정에서는 2007 개정 체육과 교육과정의 여가 활동 중영역에 배워야 할 내용들에 대해 명확하고 구별된 주제가 제시될 필요가 있고, 초등학교와 중학교 내용의 연계나 위계를 강화하기 위한 정련화 작업이 필요하며, 가능한 한 학교에서 수행하기 수월한 여가 활동의 내용이 정리될 필요가 있다.

🔎 2007 개정 체육과 교육과정의 여가 활동 영역

	3학년	4학년	5학년	6학년
여가 활동	여가 생활	여가 생활	여가 생활	여가 생활
	▶나와 여가 생활 • 여가의 개념과 역할 • 나와 가족의 여가 활동 • 가족 사랑	▶여가와 전통 놀이 • 여가와 놀이의 관계 • 우리 조상의 전통 여가 놀이 • 민족 사랑	▶여가와 생활 환경 • 여가 자원 활용 방법 • 야외 생활형 여가 활동 • 공동체 의식	▶여가와 자연 환경 • 여가의 가치와 유형 • 자연 체험형 여가 활동 • 자연 사랑
	7학년		8학년	9학년
	여가 문화		여가 문화	여가 문화
	▶청소년 여가 문화 • 청소년기 여가 문화의 특성 • 청소년 여가 활동 체험 • 자기 이해		▶전통 여가 문화 • 우리나라의 전통 여가 유형 • 전통 여가 활동 체험 • 전통 문화 의식	▶지구촌의 여가 문화 • 다른 나라의 여가 유형 • 다른 나라의 여가 활동 체험 • 다문화 이해

🔎 2009 개정 체육과 교육과정의 여가 활동 영역

영역	초등학교 3~4학년군		초등학교 5~6학년군	
여가 활동	(가) 가족과 여가 • 의미와 특성 • 여가 활동의 창의적 계획 • 나와 가족의 여가 활동 체험 • 가족 사랑	(나) 전통 놀이와 여가 • 의미와 특성 • 전통 여가 놀이의 창의적 계획 • 전통 여가 놀이 체험 • 전통 존중	(가) 생활 환경과 여가 • 의미와 특성 • 생활형 여가 활동의 창의적 계획 • 생활형 여가 활동 체험 • 공동체 의식	(나) 자연 환경과 여가 • 의미와 특성 • 자연형 여가 활동의 창의적 계획 • 자연형 여가 활동 체험 • 자연 사랑
영역	중학교 1~3학년군			
여가 활동	(가) 사회와 여가 • 청소년기 여가의 이해 • 일상적 여가 활동 계획 및 실천 • 여가 활동의 감상 • 흥미와 몰입	(나) 자연과 여가 • 자연형 여가의 이해 • 자연형 여가 활동 계획 및 실천 • 여가 활동의 감상 • 공존	(다) 지구촌 여가 • 지구촌 여가의 이해 • 지구촌 여가 활동 계획 및 실천 • 여가 활동의 감상 • 개방성	

(4) '방법' 및 '평가' 항의 구체화 및 정련화

2009 개정 교육과정 총론과 교과 교육과정 개발 지침 등 교육과정 체제 및 운영 방안의 요구를 반영하여 개정된 체육과 교육과정 '방법' 및 '평가' 항의 주요 사항은 다음과 같다.

① 학년군제 운영에 따른 학교급별 체육 수업의 운영 방안 제시

2009 개정 교육과정의 가장 큰 변화 중 하나가 학년군제의 운영이다. 이를 위해서 학교에서는 학년 또는 체육교과 협의회를 통해 학년군 단위로 지도계획을 수립하여 내용을 편성하도록 하였으며, 학년군제의 운영에 있어서는 두 가지 방법을 제시하였는데, 하나는 중영역의 내용을 학년별로 분산 편성하는 것이고, 다른 하나는 매 학년마다 중영역을 학생 수준에 맞추어 학습의 수준, 양 등을 재구성하여 운영할 수 있도록 융통성을 두었다.

② 내용 기술의 상세화 및 구체화

이번 교육과정 개정부터 '체육과 교육과정 해설서'가 개발되지 않는 정책 결정이 이루어졌다. 이를 대비하여 교수·학습 방법과 평가 항에 보다 구체적으로 내용을 기술하고 다이어그램 등을 통한 시각적 구체화를 추구하였다. 교수·학습 방향에서는 '자기주도적 교수·학습 환경의 조성' 항을 새롭게 제시하여 학습 내용을 교사가 일방적으로 전달하기보다는 학생들이 주도적으로 내용을 파악하고, 주어진 과제를 스스로 해결할 수 있도록 방향을 제시하였다. 또한 체육 교과 목표의 성취를 위해 내용을 가르치고 배우는 교수·학습 방법에 관한 안내를 하는 데 중점을 두었으며, 교사 중심의 '지도상의 유의점'보다는 학생들에게 길러 주어야 할 '능력'을 강조하도록 하였다. 특히 교수·학습 운영 계획에 과거의 교육과정보다 한층 내용을 상세화하여 설명하였다.

③ 평가 방법의 구체적 적용 방안 제시

체육과 교육과정의 편성·운영에 대한 질 관리와 학생의 학습 성취도를 평가하기 위한 방향을 평가의 방향에서 명확하게 제시하였다. 평가의 계획에서는 평가 내용 선정, 평가 기준 선정, 평가 방법 및 도구 선정·개발에 관한 내용을 상세하게 기술함으로써 체육과 특성에 적합한 평가가 될 수 있도록 보다 구체적이고 명확한 지침을 제공하였다. 또한 내용 영역별 평가에서는 평가 내용, 평가 방법뿐만 아니라, 내용 영역별 평가의 구체적 예시를 제공함으로써 학교현장에서 참고 자료로 활용할 수 있도록 하였다.

(5) 신체 활동의 선택 예시에 대한 보완

2007 개정 체육과 교육과정에서부터 체육과 교육 내용은 신체 활동 가치 중심의 교육철학에 따라 신체 활동 가치에 대한 내용 기준으로 제시되어 있다. 따라서 단위 학교 현장에서 이 내용 기준을 지도하기 위해 적합한 신체 활동을 선택할 수 있도록 하였다. 그동안의 체육과 교육과정에서는 운동 또는 스포츠가 내용 기준의 역할을 담당하고 있었기 때문에 교사 스스로 신체 활동을 선택하는 것이 익숙하거나 쉽게 이해하기 어렵다는 판단이 있었다. 이를 해소하고자 지난 2007 개정 체육과 교육과정에서 예시로 선택할 신체 활동을 제시하였다. 그러나 예시로 제시된 신체 활동들을 예전의 교육과정과 혼돈하여 필수 학습 활동으로 여기거나 그 외의

활동은 전혀 교육하지 못하는 것으로 오해하는 경우가 발생하였다. 이에 따라 이번 개정에서는 선택의 기준을 구체적으로 제시하거나, 좀 더 포괄적인 구분으로 제시하거나, 예시되는 활동을 보다 다양하고 많이 제시하는 등 여러 개선안이 제안되었다. 최종적으로, 유사한 활동군으로 구분해 보다 다양한 활동을 제시하는 방안이 실제 개정 체육과 교육과정에 반영되었다. 따라서 신체 활동 예시표에는 2007 개정 체육과 교육과정에서보다 많은 수의 신체 활동이 비슷한 활동들로 묶여 중영역별로 제시되었고, 용어도 '신체 활동의 선택 예시'에서 '신체 활동의 활용 예시'로 바뀌었다.

대영역	중영역	중학교 1~3학년군 신체 활동의 활용 예시
건강 활동	(가) 건강과 환경	• 환경 보호 활동, 안전사고 예방 활동, 재난 대피 활동, 수상 안전 등
	(나) 건강과 체력	• 달리기, 걷기, 트레킹, 등산, 수영, 요가, 에어로빅스, 줄넘기, 맨손 체조, 스트레칭, 웨이트트레이닝, 짐볼 등
	(다) 건강과 안전	• 약물 및 기호품의 올바른 사용 방법, 성 폭력 예방 활동, 구급 처치 활동 등
도전 활동	(가) 기록 도전	• 트랙 경기, 필드 경기, 경영, 스피드 스케이팅, 알파인 스키, 역도, 스피드 스택 등
	(나) 동작 도전	• 마루 운동, 도마 운동, 평균대 운동, 철봉 운동, 슬랙라인 등
	(다) 표적/투기 도전	• 사격, 국궁, 양궁, 볼링, 골프, 태권도, 씨름, 유도, 카바디, 피구, 다트, 게이트볼, 게이트골프, 디스크골프, 보치아, 커롤링 등
경쟁 활동	(가) 영역형 경쟁	• 축구, 농구, 핸드볼, 하키, 럭비, 미식축구, 풋살, 넷볼, 플로어볼, 플레그풋볼, 얼티미트, 골볼 등
	(나) 필드형 경쟁	• 소프트볼, 야구, 크리켓, 티볼, 발야구, 킨볼, 킥런볼 등
	(다) 네트형 경쟁	• 배구, 배드민턴, 탁구, 테니스, 족구, 소프트발리볼, 인디아카, 핸들러, 소프트테니스 등
표현 활동	(가) 심미 표현	• 피겨 스케이팅, 창작 체조, 음악 줄넘기, 치어리딩 등
	(나) 현대 표현	• 리듬 체조, 현대 무용, 댄스 스포츠, 라인 댄스, 힙합 등
	(다) 전통 표현	• 우리나라의 민속 무용, 외국의 민속 무용, 발레 등
여가 활동	(가) 사회와 여가	• 마라톤, 자전거 타기, 인라인롤러, 스케이팅, 부메랑, 저글링, 스쿼시, 라켓볼, 아이스하키 등
	(나) 자연과 여가	• 캠핑, 산악자전거, 윈드서핑, 낚시, 래프팅, 스키, 스노보드, 수상스키, 웨이크보드 등
	(다) 지구촌 여가	• 줄다리기, 널뛰기, 제기차기, 투호, 스포츠 클라이밍, 카누, 카약, 스피드 스택, 플라잉 디스크 등

⑹ 선택 교육과정의 내용 체계 개선

2009 개정 교육과정에서 고등학교 1학년 '체육' 교과는 중학교 체육에 통합하고, 고등학교는 보통선택과 심화선택의 구조로 편성되어, 일반 고등학교를 대상으로 하는 체육과 과목으로는 보통선택 과목인 운동과 건강 생활, 스포츠 문화, 스포츠 과학의 세 과목이 개설되었다. 모든 과목이 선택 과목으로 운영됨에 따라 과목의 특성이나 성격을 재조정하여 각 과목에 차별화되는 내용으로 재구성하고, 학습량을 적정화하라는 2009 교육과정 총론 및 교육과정 개발 지침

의 요구를 반영하여 세 과목에 대한 고등학교 선택 과목 교육과정이 개정되었다. 고교 선택과 목 재구조화를 고려한 교육과정 개발을 위해 체육교과의 특성을 반영하는 한편 제시된 수업 시수를 기준으로 내용영역 간 배정 비율의 적정성이 유지되도록 하였다. 또한 대다수 학생들이 이해하기 너무 어렵거나 쉬운 내용 혹은 수업에 적용이 곤란한 내용과 분량이 많은 과목 내용을 조정하였다. 또한 개발된 고등학교의 3개 선택 과목은 일반 과목의 수준으로 일반계 고등학생 수준에 적합하게 구성하여 각 과목을 학교의 여건에 따라 1~3개 선택하여 사용할 수 있도록 개발하였다. 가장 두드러진 특징은 선택 과목의 명칭은 그대로 사용하고 있으나, 내용 영역이 각 과목별로 1개 영역이 축소되어 통합되었다는 점이다.

구분	2007 개정 교육과정	2009 개정 교육과정
운동과 건강 생활	• 건강과 자기 관리 • 운동과 비만 관리 • 운동과 체력 관리 • 운동과 체형 관리 • 운동과 스트레스 관리	• 운동과 건강관리 • 운동과 체격 • 운동과 체력 • 운동과 정신건강
스포츠 문화	• 스포츠 정신 문화 • 스포츠 경기 문화 • 스포츠 축제 문화 • 스포츠 예술 문화	• 스포츠 정신 문화 • 스포츠 경기 문화 • 스포츠 축제 문화
스포츠 과학	• 스포츠 과학의 역사 • 스포츠 과학의 분야 • 스포츠 과학의 적용 • 스포츠 과학과 진로	• 스포츠 과학의 발달 • 스포츠의 과학적 원리 • 스포츠 과학의 적용

⑺ 전문 과목의 구성

고등학교 교육과정이 전면적으로 선택 교육과정으로 전환되면서 학습량을 적정화하려는 노력이 이루어졌다. 체육과의 경우 일반 고등학생들이 글로벌 인재로 성장하는 데 필요한 건강 및 자기 관리 능력을 함양하고 스포츠를 통한 리더십과 문화적 소양을 계발하는 데 중점을 두도록 재구조화가 도모되었다. 동시에 체육계열로 진로를 희망하는 학생들에게는 보다 체계적인 전문 기초 교육을 통해 체육 인재로 성장하는 데 도움을 줄 수 있는 교육 기회를 확대하고자 하였다. 이와 같은 재구조화 방향에 따라 고등학교 선택과목이 다음과 같이 조정되었다. 첫째, 보통 선택 과목과 전문 선택 과목의 유사성과 중복성을 가지고 있는 과목을 통합하였다. 유사성과 중복성이 있는 과목들은 보통 선택과 전문 선택 과목간의 교차 이수가 이전보다 더욱 강화되었으므로 조정할 필요가 있다. 그 결과 5개 과목이 축소된 18개 과목이 개발되었다. 둘째, 선택 과목명을 명료하고 단순하게 설정하였다. 과목명을 명료화·단순화하여 재설정함으로써 과목의 성격을 명확히 제시할 필요가 있다. 예를 들면, '전문 스포츠 경기 체력'을 '스포츠 경기 체력'으로 단순화하였다. 셋째, 체육과 선택 과목의 과세분화를 지양하고 통합 과목을 개설하였다. 이러한 통합화는 과목의 내용에 따른 수준별 위계와 세분화된 내용 범위를 지양하고, 단위 학교에서 자율적으로 해당 과목의 수준과 범위를 결정할 수 있는 여지를 확대하고자 함이다. 예를 들면, '전문 스포츠 경기 초급', '전문 스포츠 경기 중급', '전문 스포츠 경기 고급'은 '스포츠 경기 기술'로 통합하였다.

11 2015 개정 체육과 교육과정

1. 공통 교육과정

(1) 문서 체제의 변화

① 2015 개정 체육과 교육과정에서는 총론에서 추구하는 인간상과 학교급별 교육목표가 사라졌다. 다시 2007 개정 체육과 교육과정의 모습으로 회귀되었다. 다만 역량을 강조하는 2015 개정 교육과정에 따라 체육과의 역량이 체육과 성격에 포함된 것이 특징이다.

② 체육과 목표의 경우 초등학교와 중학교 목표를 구분했던 것과 달리, 체육과 목표를 하나로 제시하고 있다.

③ 내용 항목에서는 내용체계와 성취기준으로 묶이면서 내용체계표는 초등학교와 중학교가 분리되었고, 성취기준은 학년군별 성취기준으로 간소화된 것이 특징이다. 특히 이 부분에서는 성취기준만 제시하지 않고 성취기준 다음에 해당 영역의 교수·학습 방법 및 유의사항을 특화해서 제시하고 있다. 이로 인해 교수·학습 방법과 평가 항목이 교수·학습 및 평가의 방향으로 변경되면서 관련 내용이 매우 간략하게 제시되고 있는 것이 특징이다.

🔍 **체육과 교육과정 문서 체제의 변화**

2009 개정 체육과 교육과정	2015 개정 체육과 교육과정
1. 추구하는 인간상 2. 학교급별 교육 목표 　가. 초등학교 교육목표 　나. 중학교 교육목표 3. 체육 과목 목표 　가. 체육과의 방향과 역할 　나. 체육과에서 추구하는 인간상 　다. 체육과에서 지향하는 다섯 가지 신체 활동 　　가치 영역 　라. 체육과의 목표 　　(1) 초등학교 　　(2) 중학교 4. 내용의 영역과 기준 　가. 내용 체계 　나. 성취 기준 　　(1) 학년군별 성취 기준 　　(2) 영역 및 학습 내용 성취 기준 5. 교수·학습 방법 6. 평가	1. 체육과의 성격 　가. 체육과의 본질과 역할 　나. 체육과의 역량 　다. 체육과의 영역 2. 체육과의 목표 3. 내용 체계 및 성취기준 　가. 내용 체계 　　<초등학교> 　　<중학교> 　나. 성취기준 　　[초등학교 3~4학년] 　　[초등학교 5~6학년] 　　[중학교 1~3학년군] 4. 교수·학습 및 평가의 방향 　가. 교수·학습 　나. 평가

(2) 체육과의 역량 제시

총론차원에서 역량기반 교육과정 개정이 결정됨에 따라 체육과에서도 체육 교과에 해당하는 역량 제시가 요구되었다. 그 결과 2015 개정 체육과 교육과정에서는 체육 교과 교육을 통해 학습되기를 기대하는 보편적인 능력으로 건강 관리 능력, 신체 수련 능력, 경기 수행 능력, 신체 표현 능력이 설정되어 제시되었다.

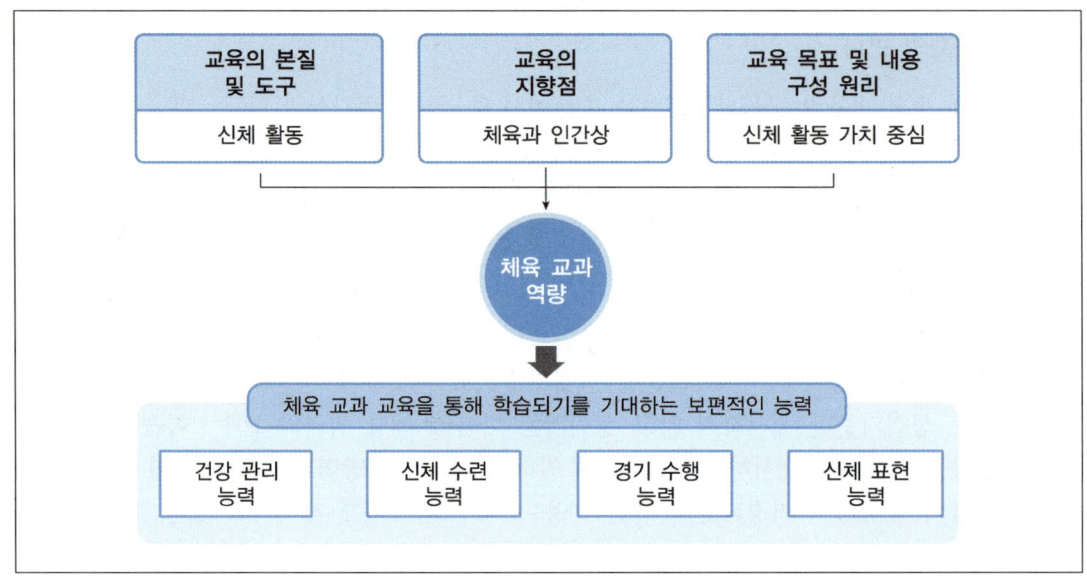

🔍 체육 교과 역량 설정 근거

🔍 체육 교과 역량의 의미

교과 역량 요소	의미
건강 관리 능력	신체 건강과 체력 증진, 여가 선용 등의 건강한 생활 습관 형성을 도모하고, 건전한 사회와 안전한 환경을 구성, 유지할 수 있는 합리적 사고와 태도를 배양할 수 있는 능력
신체 수련 능력	자신의 신체적 수준을 이해하고 받아들이면서도 지속적이고 적극적인 신체 수련 노력을 통해 새로운 목표를 달성할 수 있는 능력
경기 수행 능력	게임, 스포츠 등 유희적 본능을 바탕으로 하는 경쟁 상황에서 적합한 전략과 기능을 발휘하여 개인 혹은 공동의 목표 달성을 위해 상호 작용할 수 있는 능력
신체 표현 능력	신체와 움직임을 매개로 하여 생각과 느낌을 표현하고 수용하는 능력

(3) 내용 체계의 변화

2015 개정 체육과 교육과정에서는 내용 체계의 변화가 이루어졌다. 2015년 세월호 사건은 우리나라 전체 사회의 큰 변화를 가져왔는데, 초・중・고등학교에서의 안전 교육이 국가차원에서 강화되면서 체육과에게도 안전 교육의 책무성이 요구되었다. 그 일환으로, 대영역에서 안전

영역이 신설되었고, 여가 영역은 건강 영역으로 흡수되었다. 또한 대영역의 '활동'(activity)(신체활동 : physical activity의 줄임말)이 2015 개정 체육과 교육과정에서는 사라졌다.

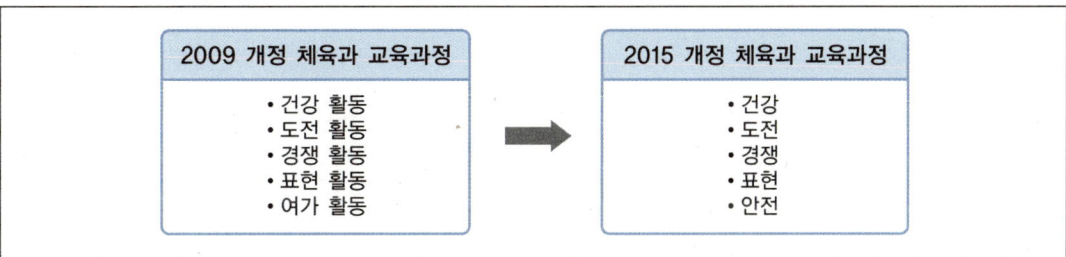

2009 개정 체육과 교육과정	2015 개정 체육과 교육과정
• 건강 활동 • 도전 활동 • 경쟁 활동 • 표현 활동 • 여가 활동	• 건강 • 도전 • 경쟁 • 표현 • 안전

🔍 체육과 교육과정 내용 체계의 변화

내용 체계의 영역별 변화 내용	
건강 영역	기존의 건강 활동과 여가 활동의 통합으로 구성되었다. 다만 건강 활동에 있었던 안전 관련 내용은 삭제되었다.
도전 영역	초등학교는 변화가 없으며 중학교의 경우 기록 도전 → 동작 도전 → 표적/투기 도전을 동작 도전 → 기록 도전 → 투기 도전으로 변경하였다. 표적 도전은 중학교 3학년의 수업 시수를 고려하여 기록 도전의 범주에 통합하였다.
경쟁 영역	초등학교의 경우 피하기형 경쟁을 삭제하였다. 그 대신 경쟁 영역의 기초 의미와 기능을 학습하도록 하였다.
표현 영역	초등학교는 거의 변화가 없으나 중학교의 중영역은 심미 표현이 삭제되고 그 대신 스포츠 표현이 대체되었다.
안전 영역	신설된 대영역으로, 크게 스포츠관련 안전과 일상생활의 안전으로 분류하여 제시하고 있다.

내용 체계에 도입된 새로운 교육과정 용어	
영역	교과의 성격을 가장 잘 드러내는 교과학습내용을 조직화(범주화)하는 최상위틀 혹은 체계로 교과를 구성하는 내용 영역임
핵심 개념	교과가 기반을 두는 학문의 가장 기초적인 개념이나 원리로서 big idea 또는 big concept, 핵심 아이디어 등으로 일컬음
일반화된 지식	학년(군) 및 학교급을 통해 학생들이 알아야 할 일반화된 지식으로 전 학년(군)에서 배우는 학습 내용의 일반 원리임. 학년별 교과지식(내용 요소)을 학습해야 하는 근거로서 작용함
내용 요소	일반화된 지식에 근거하여 학년별, 학교급별로 배워야 할 중요하고 압축적이며 핵심적인 내용(지식)임. 즉 일반화된 지식을 학습할 수 있도록 도와주는 구체적인 내용요소임
기능(function)	학생들이 내용(지식)을 가지고 할 수 있어야 할 또는 할 수 있기를 기대하는 것으로 교과 고유의 탐구 과정 및 사고 기능을 의미함

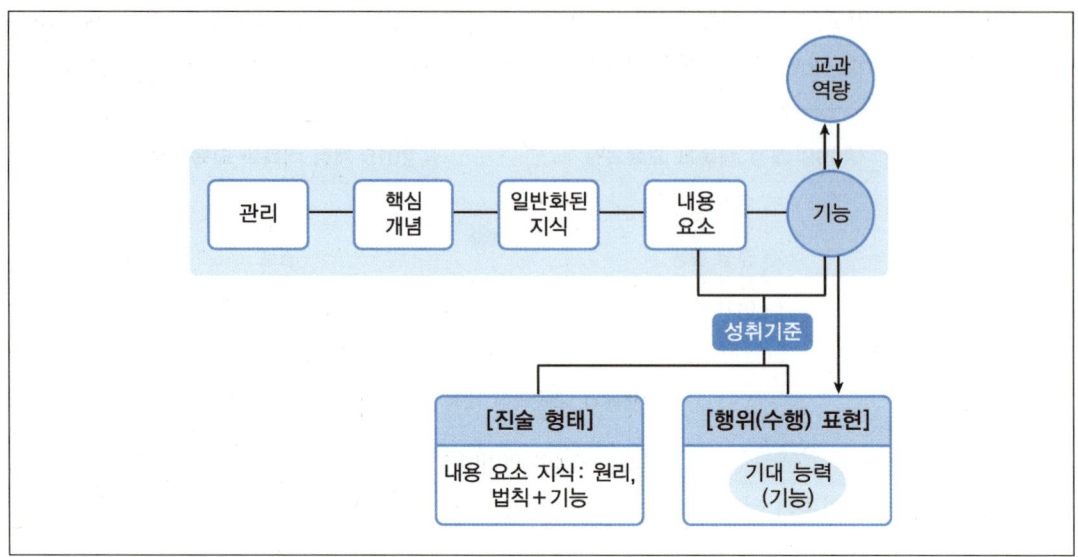

🔍 내용 요소와 기능이 결합하는 성취기준 구성도

⑷ 역량 함양을 지향하는 교수 · 학습

창의 · 인성을 강조하는 2009 개정 교육과정에 의거하여 체육과 교육과정의 교수 · 학습에서
창의 · 인성을 지향하는 교수 · 학습을 강조한 것처럼, 역량을 강조하는 2015 개정 체육과 교육
과정에서도 역량 함양을 지향하는 교수 · 학습을 가장 우선적으로 국가수준 체육과 교육과정
문서에 제시하고 있다.

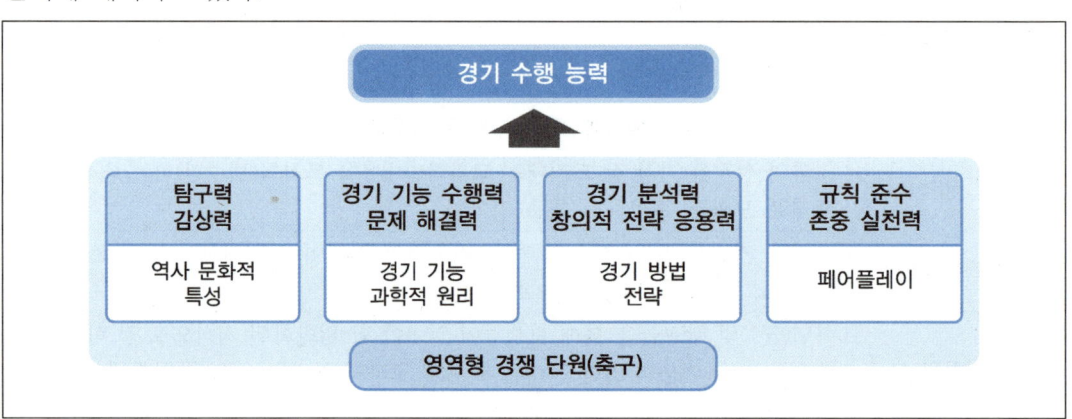

🔍 체육과 역량 함양을 지향하는 교수 · 학습

2. 선택 중심 교육과정

2014년도 고등학교 입학자부터 학교유형에 상관없이 모든 고등학교에서는 체육을 필수로 10단위 이상 이수하고, 6개 학기에 골고루 편성하도록 하는 교육부 정책이 발표되었다. 기존의 3개 과목은 선택 과목보다는 필수 과목의 성격으로 운영될 수밖에 없었다. 이에 고등학교 체육 이수단위의 증가로 인한 선택 과목의 다변화가 요구되었으며, 또한 2015 개정 교육과정에서 추구하는 진로 교육의 강화로 인해 고등학교 체육 선택 과목의 재구조화가 요구되었다. 그 결과 고등학교 체육 선택 과목의 수는 3개(운동과 건강 생활, 스포츠 문화, 스포츠 과학)에서 4개(체육, 운동과 건강, 스포츠 생활, 체육 탐구)로 확대되었다. 또한 고등학교 체육에서도 초·중학교와 마찬가지로 안전 교육을 강조하기 위해 '체육', '운동과 건강', '스포츠 생활' 선택 과목에 안전 영역을 대영역으로 제시하고 있다.

🔎 **고등학교 보통 교과의 선택 과목 변화**

2009 개정 교육과정	2015 개정 교육과정	
고교 선택 과목	일반 선택	진로 선택
운동과 건강 생활 스포츠 문화 스포츠 과학	체육 운동과 건강	스포츠 생활 체육 탐구

2015 개정 체육과 교육과정에서 고등학교에 신설된 3개 과목	
고등학교 체육	고등학교 체육 과목이 신설되었다. 고등학교 체육은 고등학교 수준에서 체육을 대표할 만한 교과목으로, 체육 교과의 이수 단위 증가와 더불어 체육 선택 과목의 수를 늘려야 한다는 상황적 요구를 수렴하여 신설된 과목이다. 이 과목은 초·중학교에서 습득하고 체험한 체육의 내용을 종합적으로 심화하여 '생활화'할 수 있는 과목으로 볼 수 있다.
스포츠 생활	스포츠 생활 과목이 신설되었다. 스포츠 생활은 기존의 스포츠 과학과 스포츠 문화라는 이론 중심적 내용 구성의 한계를 극복하고 스포츠 활동을 중심으로 스포츠 생활화를 체득할 수 있는 과목이다.
체육 탐구	체육 탐구 과목이 신설되었다. 체육 탐구는 체육계열 학과로 진로를 선택하거나 체육 관련 분야로 진출하고자 하는 학생들의 기본적인 소양을 함양하는 차원에서 신설된 과목이다. 즉 진로·직업으로써 체육을 받아들이고 체육 분야에서의 다양한 진로와 직업군의 유형을 학습하여 자신에게 적합한 진로를 탐색하는 데 취지를 두고 있는 과목이다.

12 2022 개정 체육과 교육과정

2022 개정 체육과 교육과정은 외적 요구차원에서 총론의 변화를 수용하고, 내적 요구차원에서는 신체활동 역량 중심의 교과 역량을 제시하고 신체활동 형식을 바탕으로 내용 체계, 성취기준, 교수·학습 및 평가를 개발하였다.

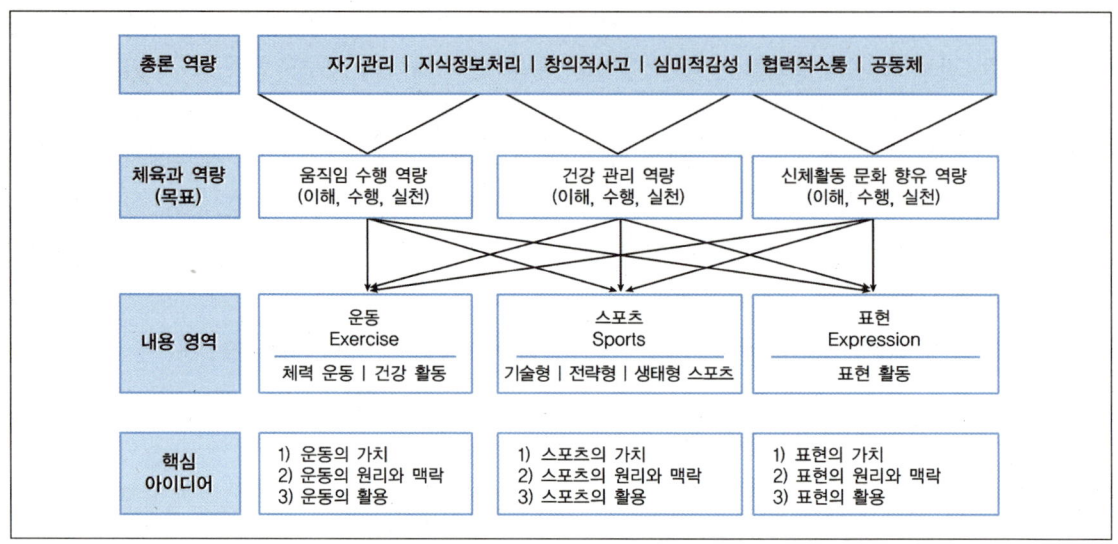

체육과 역량(목표)과 내용 체계

1. 체육과 역량(목표)

(1) 2022 개정 체육과 교육과정에서 추구하는 삶은 활동적인 삶, 건강한 삶, 신체활동 문화를 향유하는 삶으로, 체육과에서 추구하는 삶은 교과의 학습이 삶과 관련된 학습을 강조하는 총론의 인간상을 토대로 설정되었다.

(2) 총론의 인간상은 자기주도적인 사람, 창의적인 사람, 교양 있는 사람, 더불어 사는 사람으로 제시되었으며, 이 인간상을 구현하기 위해 총론의 핵심역량(자기관리 역량, 지식정보처리 역량, 창의적 사고 역량, 심미적 감성 역량, 협력적 소통 역량, 공동체 역량)을 제시하였다.

(3) 총론의 핵심역량을 근간으로 체육 교과의 역량(=신체활동 역량)은 움직임 수행 역량, 건강 관리 역량, 신체활동 문화 향유 역량으로 제시되고 있다.

체육 교과 역량과 목표

신체활동 역량	각 역량의 의미	체육과의 세부 목표
움직임 수행 역량	움직임의 다양한 형식들(운동, 스포츠, 댄스, 경기)의 수행과 관련된 역량으로, 물리적 차원뿐만 아니라 정신적 및 문화적 차원의 움직임 수행과 관련된 지식, 기능, 태도를 포함함	움직임 관련 지식을 이해하고, 움직임의 목적과 환경에 적합하게 움직임 기술을 수행하며, 움직임 수행에 필요한 가치와 태도를 실천한다.

건강 관리 역량	신체적, 정신적, 사회적으로 건강을 발달하는 것과 관련된 역량으로, 신체활동을 토대로 한 활동적인 생활방식의 실천 및 건강 관련 행동 관리와 관련된 지식, 기능, 태도를 포함함	건강 관련 지식을 이해하고, 생애 전반에 걸쳐 건강을 증진 및 관리하며, 건강의 증진과 관리에 필요한 가치와 태도를 실천한다.
신체활동 문화 향유 역량	문명화 과정에서 형식화되고 축적된 신체활동과 관련된 삶의 양식을 즐기고 공유하는 것과 관련된 역량으로, 신체활동의 수행뿐만 아니라 감상, 학습, 탐구하는 것과 관련된 지식, 기능, 태도를 포함함	신체활동의 고유한 문화 특성을 이해하고, 신체활동 문화를 일상생활에서 누리며, 다양한 문화 양식에 내재한 가치와 태도를 실천한다.

신체활동 역량(physical activity competency)

신체활동과 관련된 지식, 기능, 태도의 총체로서, 신체활동에 참여할 수 있는 역량이자 신체활동 참여를 통해 길러질 수 있는 역량을 포괄함

(4) 체육 교과의 목표는 총괄 목표와 세부 목표로 구분되었으며, 총괄 목표에서는 체육과에서 추구하는 삶을 영위하기 위해 달성해야 하는 목표가 신체활동 역량으로 제시되었고, 세부 목표는 각각의 신체활동 역량으로 구체화된 것이 특징이다.

2. 체육과 내용 체계와 내용 요소

(1) 체육과의 내용 체계는 신체활동의 형식(forms)을 기준으로, 운동(exercise), 스포츠(sports), 표현(expression)으로 구성되었다. 운동 영역은 체력 운동과 건강 활동으로 중영역이 구성되었고, 스포츠 영역은 기술형 스포츠, 전략형 스포츠, 생태형 스포츠로 구성되었으며, 표현은 표현 활동으로 중영역이 설정되었다.

체육과의 영역과 영역별 세부 영역

영역	중영역	의미
운동	체력 운동	신체 적성(physical fitness)의 향상과 이를 통한 신체 수행(physical performance) 능력 향상을 위한 운동
	건강 활동	신체적, 정신적, 사회적 건강을 관리하기 위한 운동 및 활동, 건강 운동 및 증진활동으로 구분
스포츠	기술형 스포츠	기본 움직임인 이동 및 비이동 움직임 기술을 개인수준, 지상, 수상 등의 환경수준, 개방성이 높은 대인수준으로 대응하면서 복합적, 조직적으로 심화해 가며 기술적 수월성을 발휘하는 스포츠
	전략형 스포츠	이동 및 비이동 기술을 활용하며, 주로 조작 기술을 중심으로 제도화된 규칙 속에 팀 간에 전략으로 경쟁하는 스포츠
	생태형 스포츠	생활 주변 및 자연환경 등 다양한 환경적 맥락 속에서 인간과 환경과의 상호작용 및 생태적 결합을 추구하는 스포츠
표현	표현 활동	기본 움직임을 바탕으로 생각, 느낌, 감정 등을 다양하고 아름다운 동작으로 표현하는 활동

(2) 체육과의 학년군별 내용 요소는 2022 개정 교육과정 총론에서 모든 교과에 반영을 요구한 영역별 핵심 아이디어와 세 가지 범주(지식·이해, 과정·기능, 가치·태도)를 바탕으로, 학년군별(3~4학년군, 5~6학년군, 중학교 1~3학년군, 고등학교) 내용 요소를 다음과 같이 선정 및 조직하였다.

① 체육과 지식·이해 범주의 내용 요소는 명제적 지식과 방법적 지식으로 이원화되었으며, 명제적 지식은 지식을 구성하는 내용 수준에 따라, 방법적 지식은 움직임 기술의 수준에 따라 분류되었다.

② 과정·기능 범주의 내용 요소는 지식·이해 범주의 학습 과정을 통해 달성되기를 기대하는 행동을 중심으로 선정되었고, 가치·태도 범주의 내용 요소는 신체활동을 통해 내면화되고 실천되기를 기대하는 가치와 태도 덕목으로 신체활동에 참여하는 사람의 지켜야 할 바람직한 행동으로 제시되었다.

🔎 **체육과의 학년군별 내용 요소의 선정 원리**

내용 학년군	지식·이해		과정·기능	가치·태도
	명제적 지식	방법적 지식		
3~4학년군	개념적 수준 ⬇ 원리적 수준 ⬇ 이론적 수준	입문을 위한 기초 기술 ⬇ 참여를 위한 복합 기술 ⬇ 제도화된 활동을 위한 응용 기술 ⬇ 정식 활동의 심화 및 전문 기술	인지, 시도, 수용 ⬇ 분석, 적용, 실천 ⬇ 평가, 구성, 지속	개인 ⬇ 대인 ⬇ 사회
5~6학년군				
중학교 1~3학년군				
고등학교				

3. 체육과 교수·학습의 방향

2022 개정 체육과 교육과정에서 강조하는 교수·학습 방향은 6가지(신체활동 역량 함양을 위한 교수·학습, 움직임의 체계적 발달을 위한 교수·학습, 자기 주도적 학습을 위한 맞춤형 교수·학습, 신체활동의 시간적·공간적 확장을 위한 교수·학습, 디지털 기술을 활용한 효율적 교수·학습, 창의성과 인성 함양을 위한 통합적 교수·학습)로 제시되고 있다.

(1) 신체활동 역량 함양을 위한 교수·학습에서는 신체활동 역량 함양이 하나의 내용 영역 학습 또는 특정한 학습방식의 편향된 적용을 통해 달성되는 것이 아니라, 영역별 내용 요소를 바탕으로 설계된 과제 활동이 신체활동을 위한 학습, 신체활동에 관한 학습, 신체활동을 통한 학습을 통해 달성된다는 것을 강조하고 있다.

학습 과정 환류
체육과 교육과정 내용 요소, 성취기준
체육 수업 주제, 과제 활동
신체활동을 위한 학습
신체활동에 관한 학습
신체활동을 통한 학습
과정중심 평가
학습 과정 환류
신체활동 역량 함양
움직임 수행 역량
건강 관리 역량
신체활동 문화 향유 역량

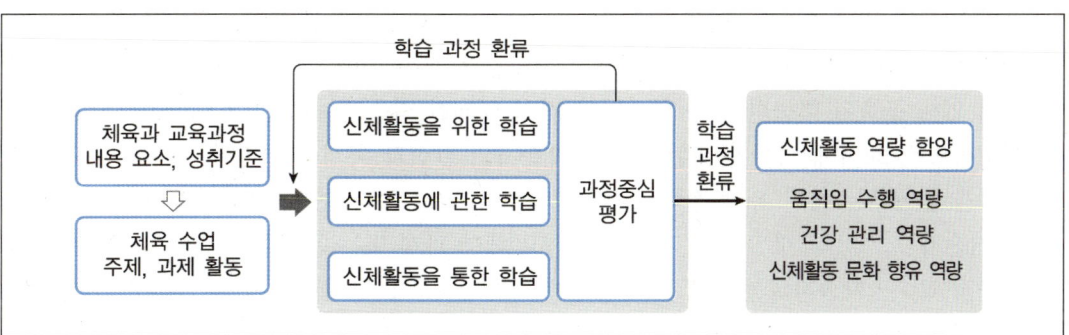

신체활동 역량 함양을 위한 교수·학습

(2) 움직임의 체계적 발달을 위한 교수·학습에서는 체육 교과 역량 중의 하나인 움직임 수행 역량을 함양하기 위해 움직임의 요소를 이해하고 원리를 기술 수행에 적용하며 다양한 신체활동 상황에서 효율적인 의사결정과 전략을 활용할 수 있는 점을 강조하고 있다.

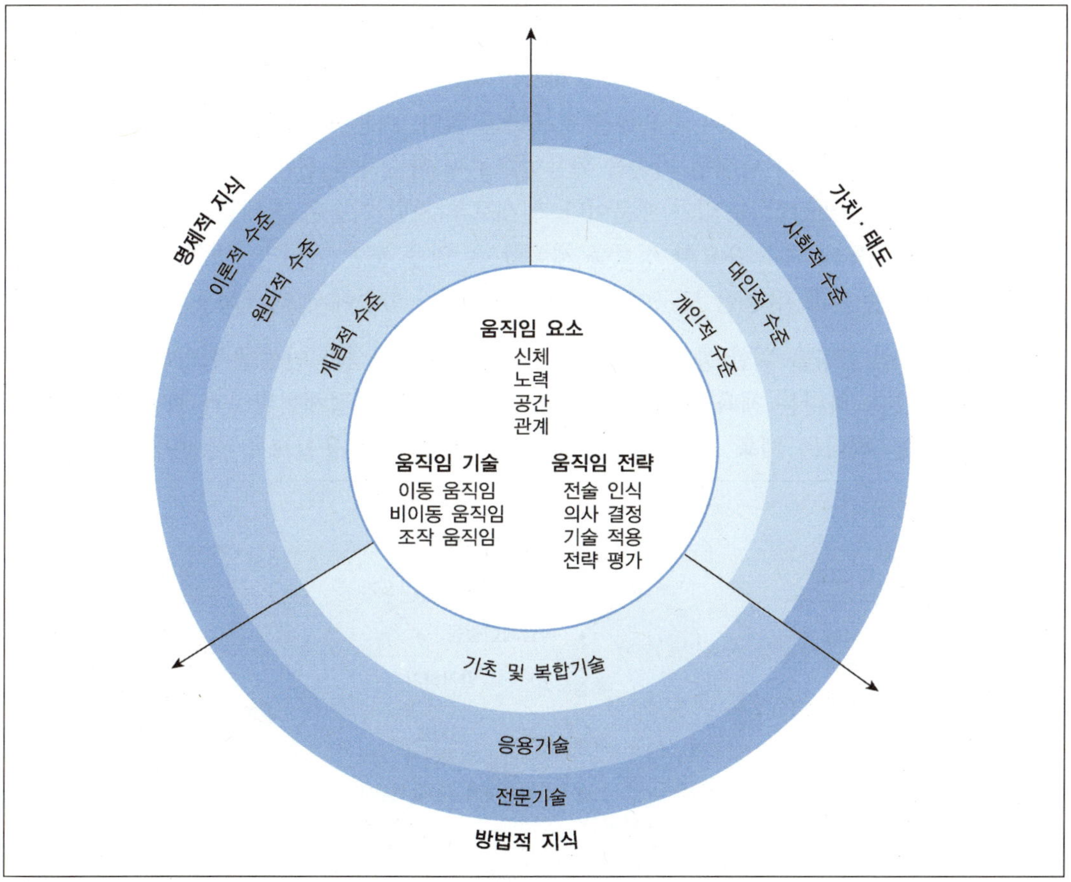

명제적 지식
이론적 수준
원리적 수준
개념적 수준
가치·태도
사회적 수준
대인적 수준
개인적 수준
움직임 요소
신체
노력
공간
관계
움직임 기술
이동 움직임
비이동 움직임
조작 움직임
움직임 전략
전술 인식
의사 결정
기술 적용
전략 평가
기초 및 복합기술
응용기술
전문기술
방법적 지식

움직임의 체계적 발달을 위한 교수·학습

(3) 자기 주도적 학습을 위한 맞춤형 교수·학습에서는 학생맞춤형 교수·학습을 통해 자기주도성의 실현을 추구하고 있다. 이를 위해 학생맞춤형 교수·학습은 교사에 의해 안내된 학습(교사에 의해 구축된 학습환경)과 학습자가 직접 설계한 학습이 병행되어야 함을 강조하고 있다. 구체적으로, 교사에 의해 안내된 학습은 학습자의 관심과 특성을 고려한 수준별 과제 제시, 자신감을 높여주는 동기 유발 전략의 사용으로 안내되고 있다. 반면 학습자가 직접 설계한 학습은 학습자 스스로 과제 또는 문제를 파악하고 해당 과제 또는 문제를 해결할 수 있도록 교사는 탐구적 교수·학습자료를 제공하고 동시에 학습과제, 시설, 기자재 등을 안전하고 효율적으로 조직해야 함을 강조하고 있다. 또한, 학생맞춤형 교수·학습의 일환으로 교수·학습의 타당도가 높은 수업 모형 및 전략의 선정 또는 창의적인 변형을 강조하고 있다.

(4) 신체활동의 시간적·공간적 확장을 위한 교수·학습에서는 신체활동의 시간적 확장을 위해 초중고 학령기뿐만 아니라 전 생애주기별로 지속적으로 신체활동에 참여하며 다양한 문화적 삶의 향유를 강조하고, 신체활동의 공간적 확장을 위해서는 학생들이 학교뿐만 아니라 가정 및 집 주변, 지역사회에서 신체활동을 실천할 수 있는 자율성과 실천력의 증진을 강조하고 있다.

(5) 디지털 기술을 활용한 효율적 교수·학습에서는 최근 국내외적으로 강조되고 있는 디지털 기술 활용도와 비대면 학습 방식의 중요성을 강조하고 있다. 이는 체육과 교수·학습과정에서 온·오프라인을 연계하거나 디지털 기술을 활용함으로써 학습자의 신체활동 참여를 촉진하고 효율적인 학습활동을 확장할 수 있기 때문이다. 실제로 디지털 기술은 신체활동수준 확인, 학습피드백, 학습 관리 등에 매우 유요한 정보를 제공할 수 있을 뿐만 아니라, 학습의 시공간적 제약을 극복할 수 있는 매우 유용한 도구이므로 체육과 교수·학습에서 적극적으로 활용되어야 한다.

(6) 창의성과 인성 함양을 위한 통합적 교수·학습에서는 창의성과 인성을 함양하기 위해 2가지를 강조하고 있다. 하나는 체육 교과 내 통합적 교수·학습(직접체험활동과 간접체험활동)의 활용이며, 다른 하나는 체육 교과와 타 교과(또는 범교과)의 융합교육 실천이다.

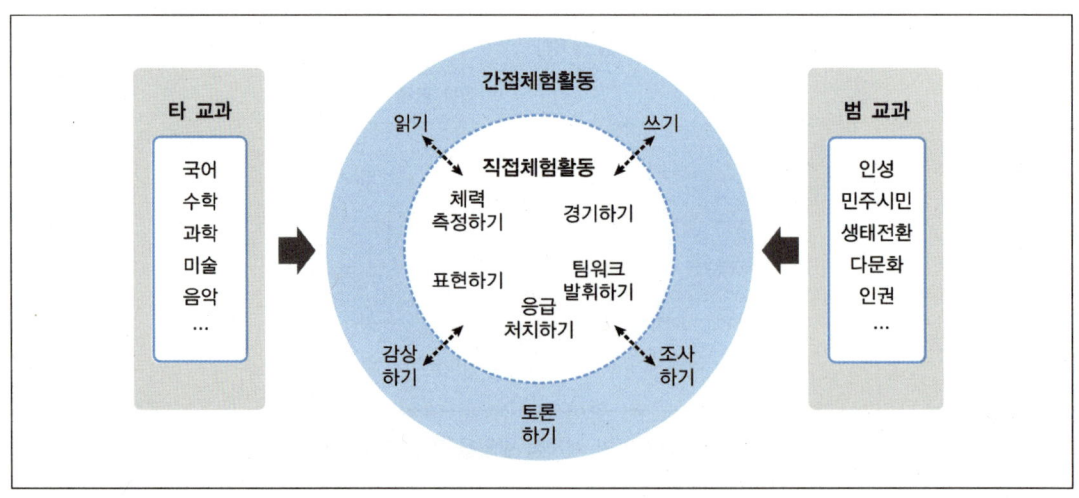

🔍 창의성과 인성 함양을 위한 통합적 교수·학습

4. 체육과 평가의 방향

2022 개정 체육과 교육과정에서 강조하는 평가 방향은 3가지(신체활동 역량 함양을 위한 종합적 평가, 학습자의 성장 과정을 반영한 다양한 평가, 학습자의 수준을 고려한 맞춤형 평가)로 제시되고 있다.

(1) 신체활동 역량 함양을 위한 종합적 평가에서는 학습의 결과와 학습의 과정에서 습득된 능력을 종합적으로 평가할 수 있는 수행 중심의 평가 활용을 강조한다. 이를 위해 구체적으로 평가 내용 측면, 평가 방법 측면, 평가 도구 측면으로 세부 방향성을 안내하고 있다. 평가 내용 측면에서는 모든 영역(운동, 스포츠, 표현)과 범주(지식·이해, 과정·기능, 가치·태도)에 따라 분류된 내용 요소를 균형 있게 평가하고, 평가 방법 측면에서는 실제 맥락에서의 수행 능력 평가를 강조하며, 평가 도구 측면에서는 신체활동 역량의 성취 정도를 직간접적으로 파악할 수 있도록 다양한 도구 활용을 강조한다.

(2) 학습자의 성장 과정을 반영한 다양한 평가에서는 학습자의 다양한 성장 양상에 따른 평가의 다면성을 3가지 측면에서 강조하고 있다. 한 가지 측면은 학습자의 학습 과정을 지원하는 평가의 일환으로 일회성 평가를 지양하고 평가의 일관성과 지속성을 준수하면서 학습자의 변화를 수업의 환류로 활용할 것을 강조한다. 또 다른 2가지 측면은 다양한 평가 주체(예 교사, 동료 학습자, 학습자 자신 등)의 활용과, 학습 영역(인지적, 심동적, 정의적 영역)에 따른 학습 경험 평가에서의 다양한 평가 방법 및 도구의 활용이다.

(3) 학습자의 수준을 고려한 맞춤형 평가에서는 학습자의 특성과 수준에 따라 평가가 진행되어야 한다는 점을 강조하고 있다. 특히 교사는 단원 또는 수업 초기의 출발점 수준에 따라 도달해야 할 성취기준을 융통성 있게 설정할 수 있고 그 결과 학습자는 학습자 맞춤형 평가를 통해 자기 수준에 적합한 다양하고 구체적인 피드백을 제공받을 수 있게 된다.

5. 고등학교 체육과 선택 과목

(1) 고등학교 체육과 선택 과목은 교육과정 총론의 선택 과목 구조(일반 선택, 진로 선택, 융합 선택)에 따라 다음과 같이 개설되었다.

① 체육과 일반 선택 과목은 체육1, 체육2로, 이 2개 과목은 중학교 체육의 종합적 심화 과정으로 교과목을 편성함으로써 체육의 학문적 내용을 포괄적으로 학습할 수 있는 과목이다.

② 체육과 진로 선택 과목은 운동과 건강, 스포츠 문화, 스포츠 과학으로, 이 3개 과목은 체육 분야 진로를 건강 관련 계열과 스포츠 관련 계열로 구분한 결과 개설된 것이다.

③ 체육과 융합 선택 과목은 스포츠 생활1, 스포츠 생활2로, 체육 활동과 실생활의 융합을 통해 체육에 대한 폭 넓은 안목을 갖고 평생 스포츠로 확장할 수 있도록 구성된 것이다.

🔍 **고등학교 체육과 선택 과목**

구분	일반 선택	진로 선택	융합 선택
과목명	체육1 체육2	운동과 건강 스포츠 문화 스포츠 과학	스포츠 생활1 스포츠 생활2

(2) 고등학교 체육과 선택 과목별 세부 내용의 특징은 다음과 같다.

① 일반 선택 과목인 체육1, 체육2는 중학교 체육의 3개 대영역(운동, 스포츠, 표현)을 기계적으로 분절한 것이 특징이다. 다만, <체육1>은 운동 영역과 스포츠 영역의 중영역 내용을 활용하여 스포츠의 생활화와 이를 통한 건강 증진을 도모한다는 차원에서 건강 관리, 전략형 스포츠, 생태형 스포츠 영역으로 구성되었다.

② <체육2>는 체육1에서 빠진 나머지 운동과 스포츠 영역의 중영역과 표현 대영역을 제시함으로써 스포츠의 생활화와 움직임의 수월성 향상을 추구하였고 그 결과 체력 증진, 기술형 스포츠, 표현 활동 영역으로 구성되었다.

③ 체육과 진로 선택 과목인 <운동과 건강>은 건강 운동과 체력 운동 영역으로 구성되었다. 이 중에서 건강 운동은 중학교 체육의 기술형 스포츠와 표현 활동으로 구성되었다.

④ <스포츠 문화>는 스포츠를 통해 폭 넓고 다양한 문화적 안목을 갖추고 다양한 양식으로 확장할 수 있도록 스포츠 인문 문화와 스포츠 경기 문화 영역으로 구성되었고, <스포츠 과학>은 스포츠의 사회과학적 원리와 자연과학적 원리를 탐구하여 체육 교과 내의 이론과 실제를 통합할 수 있도록 스포츠와 사회과학, 스포츠와 자연과학 영역으로 구성되었다.

⑤ 체육과 융합 선택 과목은 스포츠를 실생활에서 심화하여 융합적으로 체험하고 응용할 수 있도록 <스포츠 생활1>에서는 영역형 스포츠와 생활·자연환경형 스포츠, <스포츠 생활2>에서는 네트형 스포츠와 필드형 스포츠 영역으로 구성되었다.

🔍 **고등학교 체육과 선택 과목의 구성 원리**

구조	과목명	내용 구성
일반 선택	체육1	건강 관리, 전략형 스포츠, 생태형 스포츠
	체육2	체력 증진, 기술형 스포츠, 표현 활동
진로 선택	운동과 건강	건강 운동, 체력 운동
	스포츠 문화	스포츠 인문 문화, 스포츠 경기 문화
	스포츠 과학	스포츠와 사회과학, 스포츠와 자연과학
융합 선택	스포츠 생활1	영역형 스포츠, 생활·자연환경형 스포츠
	스포츠 생활2	네트형 스포츠, 필드형 스포츠

- 2022 개정 교육과정에서 고등학교의 큰 변화는 학점 기반 선택 교육과정으로 볼 수 있다. 고교학점제의 전면 도입에 맞추어 학생의 진로와 적성을 고려하여 맞춤형 교육이 가능하도록 다양한 과목을 신설하는 등 학점 기반 교육과정을 마련하게 된 것이다. 이를 위해 먼저 2022 개정 교육과정에 따른 고등학교 교육 과정은 공통 과목과 선택 과목으로 구성되었으며, 선택 과목은 다시 3가지 세부 과목(일반 선택 과목, 진로 선택 과목, 융합 선택 과목)으로 분류되고 있다.
- 일반 선택 과목은 각 교과의 학문 영역 내의 주요 학습 내용의 이해 및 탐구를 위한 과목이고, 진로 선택 과목은 학생들이 진로 선택 과목을 통해 보다 심화된 학습이나 자신의 진로에 도움이 되는 과목이며, 융합 선택 과목은 융합적인 주제학습, 문제해결 학습이나 실생활 맥락 속에서 적용 및 실천하는 과목이다.
- 고등학교 각 선택 과목의 기본 학점은 4학점(체육, 예술, 교양은 3학점)으로 조정한 뒤 각 과목의 증감 범위를 ±1로 결정하여 학교 교육과정 편성·운영의 유연성을 확보함으로써 학생의 진로에 보다 적합한 과목을 이수할 수 있도록 하였다.
- 체육 교과의 선택 과목은 총 7개 과목 개설, 고등학교 3년 동안 필수 이수 학점은 10학점으로 설정되어 있다. 지난 교육과정과 마찬가지로 체육 교과는 고등학교(특성화 고등학교와 산업수요 맞춤형 고등학교 제외)에서 학생들이 매 학기 이수할 수 있도록 장치가 마련되었다. 다만, 7개 선택 과목 중 스포츠 문화와 스포츠 과학의 기본 학점은 2학점이며, 1학점 범위 내에서 감하여 편성·운영할 수 있다.

6. 자유학기제와 고교학점제의 이해와 활용

(1) 2015 개정 교육과정과 달리, 2022 개정 교육과정에서 변화된 자유학기의 내용을 설명하면 다음과 같다.

① 자유학기는 이제 한 학기만 운영한다. 1학년 1학기 또는 2학기 중 한 학기를 선택한다.

② 자유학기는 2개 영역(주제선택활동과 진로탐색활동)으로 운영한다.

　㉠ 주제선택활동은 학생의 흥미와 관심에 따라 주제 탐구, 소집단 공동연구 등 학생참여 중심의 전문적인 탐구 활동이 이루어지도록 하며 학생이 학습내용을 선택할 수 있도록 다양한 활동으로 운영되어야 한다.

　㉡ 진로탐색활동은 학생이 적성과 소질을 탐색하여 스스로 미래를 설계할 수 있도록 진로 탐색과 진로 설계 등의 체계적인 탐색활동으로 운영되어야 한다.

③ 자유학기는 102시간 이상으로 운영한다. 이는 주당 6시간의 자유학기활동을 실시해야 한다. 주제선택활동과 진로탐색활동 영역에서 교육 활동 개수와 주당 학습 시간을 배당하면 된다.

(2) 자유학기 시수의 운영 방향은 교과와 창의적 체험활동의 시수를 활용하여 자유학기 취지에 부합하도록 활동을 준비한다.

① 기본적으로 자유학기활동 102시간을 확보하려면, 교과(군)별 기준 수업 시수 또는 창의적 체험활동의 시수를 조정해야 한다.

② 교과군 기준 수업 시수 조정은 교과군별 기준 수업 시수에서 20% 범위 내에서 조정 가능하나, 체육과 예술교과의 기준 수업 시수는 반드시 확보해야 한다.

③ 창의적 체험활동의 시수 조정은 20% 범위 내에서만 편성 가능하다. 이때 학교스포츠클럽 활동 등과의 관계를 고려하여 적정 시수를 편성해야 한다.

④ 창의적 체험활동의 학교스포츠클럽활동은 자유학기제와 관계없이 매학기 편성되어야 하므로, 전체 창의적 체험활동의 시수를 고려하여 자유학기활동을 편성운영해야 한다.

⑤ 자유학기활동의 편성운영을 위해 창의적 체험활동의 전체 시수 또는 창의적 체험활동의 특정 영역 시수를 무리하게 감축해서는 안 된다.

2022 개정 교육과정 총론(중학교 교육과정 편성·운영)

4) 학교는 학생들이 자신의 적성과 미래에 대해 탐색하고 학습의 즐거움을 경험할 수 있도록 자유학기와 진로연계교육을 편성·운영한다.

　가) 중학교 과정 중 한 학기는 자유학기로 운영하되, 해당 학기의 교과 및 창의적 체험활동을 자유학기 취지에 부합하도록 편성·운영한다.

　　(1) 자유학기에는 지역 및 학교 여건을 고려하여 자율적으로 학생 참여 중심의 주제선택 활동과 진로 탐색 활동을 운영한다.

　　(2) 자유학기에는 토의·토론 학습, 프로젝트 학습 등 학생 참여형 수업을 강화하고, 학습의 과정을 중시하는 다양한 평가 방법을 활용하되, 일제식 지필 평가는 지양한다.

(3) 고교학점제는 진로에 따라 다양한 과목을 선택이수하고, 누적 학점 기준에 도달할 경우 졸업을 인정받는 교육과정 이수운영 제도이다.

① 고교학점제는 3가지 운영 중점 사항을 강조한다.

　㉠ 학생의 수요를 반영하여 선택 과목에 대한 수요 조사, 수강 신청 절차 운영 등을 통해 학생 개개인의 수요를 반영한 교육과정을 구성한다.

　㉡ 학생들이 진로와 연계된 학업 계획을 수립하고 책임 있게 이수할 수 있도록 진로와 학업 설계 지도를 체계화한다.

　㉢ 학생들이 과목 이수 기준에 도달하여 학점을 취득할 수 있도록 최소 성취 수준 미도달 예방 및 보충 지도 등의 학교 책임 교육을 강화하고 있다. 만약 학생이 보충 지도에 불참할 경우, 해당 과목은 미이수 처리된다.

② 고교학점제는 졸업 요건의 변화, 과목 이수 기준의 적용, 학생 개별 시간표라는 주요 변화를 가져온다.

　㉠ 기존에는 학교 수업 일수의 2/3 이상 출석만 하면 고교 졸업이 가능했지만, 고교학점제에서는 학년별 수업 일수의 2/3 이상 출석 기준을 유지하고 총 192학점(교과 174학점, 창의적 체험활동 18학점)을 이수해야 고교 졸업이 가능하다.

　㉡ 과목 이수 기준은 과목별 수업 횟수의 2/3 이상 출석해야 하고 해당 과목의 학업 성취율이 40% 이상 도달해야 해당 과목의 학점을 취득할 수 있다.

　㉢ 기존에는 같은 학년의 학생들이 진학계열별로 유사한 과목을 수강했기 때문에 주로 학급시간표를 사용했지만, 고교학점제에서는 학생이 자신의 진로와 적성에 따라 과목을 선택하여 수강하기 때문에 학생개인별 시간표가 만들어진다.

7. 학교스포츠클럽활동의 교육적 특성 및 역할

(1) 교육적 특성

① 창의적 체험활동의 특성: 나눔과 배려 중심의 창의성과 인성 함양 활동

ㄱ 창의적 체험활동은 학생들이 건전하고 다양한 활동에 자발적으로 참여하여, 나눔과 배려를 실천하고 개인의 소질과 잠재력을 계발하며, 창의적인 삶의 태도와 공동체 의식을 함양하는 교육과정이다.

ㄴ 창의적 체험활동 교육과정 문서에는 '창의적 체험활동에 배당된 시간은 영역별로 학생의 요구 및 지역의 특성을 고려하여 학교의 재량으로 배정하되, 학생의 발달 단계를 고려하여 학교급별 및 학년별로 활동 영역 및 내용을 선택하여 집중적으로 운영할 수 있다'라고 제시되어 있다.

ㄷ 창의적 체험활동은 비교과활동이지만 본질적으로 교과활동과 보완적 관계에 있으며, 앎을 적극적으로 실천하고 나눔과 배려를 할 줄 아는 창의성과 인성을 겸비한 미래지향적 인재 양성을 목적으로 한다. 또한 자율성에 바탕을 둔 집단 활동의 성격을 지니고 있으며, 집단에 소속된 개인의 개성과 창의성도 아울러 고양하려는 교육적 노력을 포함한다.

ㄹ 창의적 체험활동의 목표는 학생들이 창의적 체험활동에 자발적으로 참여하여 개개인의 소질과 잠재력을 계발신장하고, 자율적인 생활 자세를 기르며, 타인에 대한 이해를 바탕으로 나눔과 배려를 실천함으로써 공동체 의식과 세계 시민으로서 갖추어야 할 다양하고 수준 높은 자질을 함양하는 데 있다.

② 동아리활동의 특성: 건전한 여가 선용을 위한 협동 중심의 자발적 집단 활동

ㄱ 동아리활동은 운영의 주체적인 학생이 중심이 되는 교육활동으로, 학생들이 자신의 흥미와 적성 및 특기 등에 대해 인식하고 자신의 소질 및 적성과 관련된 동아리를 선택하여 능동적·자발적 활동에 참여하는 특성을 가지고 있다.

ㄴ 동아리활동은 교사의 지도하에 이루어지는 계발활동식 또는 클럽활동식 운영방식을 포함하여 학생들이 자율적으로 운영하게 된다.

ㄷ 동아리활동은 기존의 특별활동에서 이루어져 오던 계발 활동 운영 방식에서 벗어나 학생들의 자율적·능동적 활동에 기반한 장기적·지속적 교육활동과, 교과와 교과 외 또는 학교급별에 따른 연계교육에 중점을 두어야한다는 점에서 기존의 방식과 차이가 있다.

ㄹ 동아리활동의 특징은 자발적인 집단활동을 토대로 협동심을 함양하며, 동시에 공통된 취미와 특기를 신장하면서 대인관계를 형성하는 데 초점을 두고 있다. 즉 다양한 활동에 참여하여 자신의 잠재 능력을 창의적으로 계발신장하고, 자아실현의 기초를 닦는 교육활동이라고 볼 수 있다. 또한, 개인차원에서는 여가를 선용하는 생활 습관을 형성하며, 지역사회에서 이루어지는 학교 간 동아리활동에 참여하는 것을 권장한다.

③ 스포츠클럽의 특성

　㉠ 창의적 체험활동의 학교스포츠클럽활동은 기존의 학교스포츠클럽과 명칭이나 특성이 매우 유사하지만 교육적 위치와 역할이 크게 다름을 인식해야 한다.

　㉡ 가장 큰 차이는 국가수준에서 제시하고 있는 교육과정 틀 안과 밖의 차이이다.

　　ⓐ 창의적 체험활동에 속해 있는 학교스포츠클럽활동은 국가차원에서 의도하고 있는 교육과정의 방향에 따라 운영되어야 하는 책무가 있다. 모든 중학생들은 의무적으로 이 학교스포츠클럽활동에 참여해야 하며, 참여의 범위는 교내 활동으로 제한된다.

　　ⓑ 교육과정 바깥에 있는 학교스포츠클럽은 창의적 체험활동의 학교스포츠클럽활동과 달리, 운영되는 시기 및 방식이 자유롭다. 즉 방과 후, 주말 등 언제든지 희망하는 학생들에 한정해서 교내 리그뿐만 아니라 교외의 다양한 대회에 참여할 수 있다.

학교스포츠클럽활동	비교	학교스포츠클럽
교육과정 체제 안 (창의적 체험활동의 동아리활동)	교육과정 체제	교육과정 체제 바깥
체육활동을 통한 인성 함양	참여목적	체육활동 활성화
모든 중학생	참여대상	초·중·고 희망학생
의무	참여방식	자율
학생선호에 따른 종목	참여내용	다양한 스포츠종목
창의적 체험활동의 수업 시간	참여시간	점심시간, 방과 후, 주말 등

(2) 교육적 역할

① 학생 체육활동 참여 기회를 확대하고 체력 향상의 토대를 마련할 수 있다. 일단 창의적 체험활동의 학교스포츠클럽활동은 정규교과인 체육수업 시간 이외의 추가적인 체육활동 시간을 확보함으로써 양적인 체육활동 참여 기회를 확대할 수 있다. 이를 토대로 정규교과인 체육 수업 시간으로 부족한 체력 향상 기회도 동시에 확대할 수 있다.

② 단체 스포츠활동에 내포되어 있는 다양한 가치 학습의 기회를 제공할 수 있다. 기본 교과인 체육 수업도 단체활동이 가능하지만, 국가수준 체육과 교육과정 내용체계에 따라 개인활동 또는 단체활동을 지도하게 된다. 이런 점에서 창의적 체험활동의 학교스포츠클럽은 온전히 모든 교육활동을 단체스포츠활동으로 운영할 수 있는 차별성이 있다.

③ 자발적인 학생체육활동 중심의 스포츠 동아리 문화를 조성할 수 있다. 학교스포츠클럽활동에 참여할 때는 팀 소속, 조직, 규칙, 대회 등과 같은 다양한 문화적 요소가 갖추어져야 한다. 이러한 구성 요소를 갖추고 스포츠클럽활동에 참여하면서 단체 스포츠활동 안에 있는 스포츠의 문화적 가치를 학습할 수 있게 된다.

④ 교육과정 내 체육수업과의 연계 및 교육과정 외 학교스포츠클럽 및 지역사회 스포츠클럽과의 연계교육을 실행할 수 있다.

㉠ '교육과정 내 연계'는 교과인 체육 수업과 창의적 체험활동의 「학교스포츠클럽 활동」 수업을 시간적·내용적으로 연계하는 방식이 가능하다. 학생들이 기존의 체육 수업을 통해 학습한 내용을 토대로 스포츠 활동을 구심점으로 한 클럽활동의 가치와 방법에 대한 학습 기회를 제공할 수 있다.

㉡ '교육과정 내-외 간 연계'는 창의적 체험활동의 「학교스포츠클럽 활동」 수업과 학생들의 방과 후 자율체육활동(학교스포츠클럽, 토요스포츠데이, 지역사회 스포츠클럽 등)을 시간적·내용적으로 연계하는 방식이다. 교육과정 내-외 연계는 교육과정 내 중학교 창의적 체험활동의 학교스포츠클럽 활동과 교육과정 외 자율체육 활동(방과 후 학교스포츠클럽 등)간 연계를 의미한다.

2022 개정 교육과정 총론(중학교 교육과정 편성·운영)

5) 학교는 학생들이 삶 속에서 스포츠 문화를 지속적으로 향유하여 건전한 심신 발달과 정서 함양이 이루어질 수 있도록 학교스포츠클럽 활동을 편성·운영한다.

가) 학교스포츠클럽 활동은 창의적 체험활동의 동아리 활동으로 매 학기 편성하며, 학년별 연간 34~68시간(총 136시간) 운영한다.

나) 학교스포츠클럽 활동의 시간은 교과(군)별 및 창의적 체험활동 시수의 20% 증감 범위를 고려하여 확보하거나, 창의적 체험활동 시수를 순증하여 확보한다. 학교 여건에 따라 연간 68시간 운영하는 학년에서는 34시간 범위 내에서 학교스포츠클럽 활동을 체육으로 대체할 수 있다.

다) 학교스포츠클럽 활동의 종목과 내용은 학생들의 희망을 반영하여 학교가 결정하되, 다양한 종목을 개설하여 학생들의 선택권이 보장되도록 한다.

최 병 식

포스
전공체육

체육교육학 1

체육교육과정론

02

2022 개정 체육과 교육과정

02 Chapter

2022 개정 체육과 교육과정

1 공통 교육과정

1. 체육

🔍 교육과정 설계의 개요

체육과는 활동적이고 창의적인 삶, 건강하고 주도적인 삶, 신체활동 문화를 향유하며 사회 속에서 바람직하고 더불어 사는 삶을 추구한다.

체육과가 추구하는 삶은 세 가지 신체활동 역량을 갖춤으로써 실현된다. 첫째, '움직임 수행 역량'은 신체활동 형식에 적합한 움직임의 기능과 방법을 효율적, 심미적으로 발휘할 수 있는 능력으로 운동, 스포츠, 표현 활동 과정에서 움직임에 필요한 지식, 기능, 태도를 다양한 상황에 적용하며 발달한다. 둘째, '건강 관리 역량'은 체력 및 신체적, 정신적, 사회적 건강을 유지하고 증진하는 능력으로 체육과 내용 영역에서 학습한 신체활동을 일상생활에서 실천하고, 개인과 사회적 측면에서 건강을 저해하는 요소에 적극적으로 대처하며 함양된다. 셋째, '신체활동 문화 향유 역량'은 다양한 신체활동 문화를 전 생애 동안 즐기며 타인과 상호작용할 수 있는 능력으로 각 신체활동 형식의 특성을 이해하고 인류가 축적한 문화적 소양을 내면화하여 공동체 속에서 실천하면서 길러진다.

신체활동 역량은 총론이 추구하는 인간상을 실현하는 기반이 된다. 자기 주도성은 건강한 삶을 위해 다양한 건강 관련 문제를 적극적, 주도적으로 해결하는 과정에서 학습되고, 창의적 사고는 신체적으로 활동적인 삶을 사는 데 필요한 움직임을 다양한 환경에서 수행하고 적용함으로써 길러지며, 포용성과 시민성은 신체활동에 참여하며 공동체의 가치 있는 규범과 문화를 인식하고 공유함으로써 함양된다.

체육과의 내용은 '운동', '스포츠', '표현'의 세 가지 영역으로 구성되며, 이는 움직임 기술의 발달을 통해 조직화되고 제도화된 신체활동 형식이다. '운동' 영역은 체력과 운동 기능 향상, 건강 증진을 목적으로 수행하는 신체활동 형식으로, 체력 운동과 건강 활동으로 구분된다. '스포츠' 영역은 제도화되고 조직화된 신체활동과 다양한 환경과의 상호작용을 통해 생태적 결합을 추구하는 신체활동 형식으로, 기술의 수월성을 겨루는 '기술형 스포츠', 전략에 따라 승패가 결정되는 '전략형 스포츠', 다양한 환경 맥락에 따라 활동 특성이 나타나는 '생태형 스포츠'로 분류된다. '표현' 영역은 생각과 감정을 연속된 움직임과 다양한 동작으로 표현하는 신체활동 형식이다.

영역별 핵심 아이디어는 '운동', '스포츠', '표현'이라는 신체활동 형식의 개인적, 사회적 가치, 활동의 원리와 맥락, 실천 및 활용 방식에 따라 설정되었다. 운동은 건강한 삶의 기반이 되고, 건강은 체력 및 건강 증진 운동과 다양한 건강 활동을 통해 증진되며, 운동을 통해 습득한 건강한 생활 습관은 주도적이고 행복한 삶을 견인한다. 스포츠는 인간이 제도화된 규범과 문화를 통해 타인과 소통하며 사회 속에서 더불어 사는 존재로 성장하도록 하며, 표현은 생각과 감정의 심미적이고 창의적인 움직임을 통해 자유롭고 주체적인 삶을 살아가도록 한다.

내용 요소는 영역별 핵심 아이디어에 따라 '지식·이해', '과정·기능', '가치·태도'의 세 가지 범주로 제시되었다. '지식·이해' 요소는 체육과의 내용 지식을 구성하는 명제적 지식(각 내용 영역에서 이해해야 하는 개념이나 원리 등)과 방법적 지식(명제적 지식을 실제 상황에서 수행할 수 있는 기술이나 활동 방법 등)을 의미한다.

'과정·기능' 요소는 체육과의 '지식·이해' 요소를 탐구하는 절차적 지식과 결과적으로 발휘할 수 있는 능력을 의미하며, '가치·태도' 요소는 이러한 신체활동의 학습 과정에서 습득되는 바람직한 성품을 의미한다. 특히 체육과의 내용 요소에는 총론에서 강조하는 '핵심 역량', '생태교육', '민주시민교육' 등의 가치와 언어, 수리, 디지털 소양 등의 '기초 소양'을 반영하여 총론의 목표를 체육과에서 구현할 수 있도록 하였다.

내용 요소는 아래 표와 같이 학년군별 내용 요소의 선정 원리에 따라 계열화되었다. 첫째, '지식·이해' 요소의 명제적 지식은 지식을 구성하는 내용 수준에 따라 개념과 원리로 구분되었고, 방법적 지식은 움직임 기술의 수준에 따라 신체활동 입문을 위한 기초 기술, 신체활동 참여를 위한 복합 기술, 제도화된 활동을 목표로 하는 응용 기술로 분류되었다. '가치·태도' 요소는 주관적 수준으로 나타나는 개인적 태도, 타인과의 관계 속에서 나타나는 대인적 태도, 보편적인 사회적 규범 수준에서 요구되는 사회적 태도로 분류되었다. 또한 '과정·기능' 요소는 '지식·이해', '가치·태도' 요소별로 학습 과정 및 결과에서 요구되는 행동을 학년군별 발달 수준에 맞게 제시하였다.

🔍 **학년군별 내용 요소의 선정 원리**

내용 학년군	지식·이해		가치·태도	과정·기능
	명제적 지식	방법적 지식		
3~4학년군	개념적 수준 ⬇ 원리적 수준 ⬇ 이론적 수준	입문을 위한 기초 기술 ⬇ 참여를 위한 복합 기술 ⬇ 제도화된 활동을 위한 응용 기술 ⬇ 정식 활동의 심화 및 전문 기술	개인 ⬇ 대인 ⬇ 사회	인지, 시도, 수용 ⬇ 분석, 적용, 실천 ⬇ 평가, 구성, 지속
5~6학년군				
중학교 1~3학년군				
고등학교				

(1) 성격 및 목표

① 성격

체육과는 신체활동의 학습을 통해 활동적이고 창의적인 삶, 건강하고 주도적인 삶, 신체활동 문화를 향유하며 사회 속에서 바람직하고 더불어 사는 삶의 자질을 길러주는 교과이다. 신체활동은 놀이, 게임, 운동, 스포츠, 표현 등의 맥락에서 계획적, 의도적으로 수행되는 움직임으로, 신체 능력과 건강을 증진하고, 다양한 기술과 전략을 바탕으로 타인 및 환경과 상호작용하는 과정에서 형성된 삶의 양식이다.

인간은 움직임 기술을 바탕으로 운동, 스포츠, 표현 활동을 실천하며 일상생활과 여가활동에서 활동적인 삶을 영위할 수 있다. 운동 실천과 전략적 경기 수행, 심미적 표현과 같은 신체활동 체험을 통해 인간은 주변 세계와 적극적으로 상호작용하며 창의적으로 대응한다. 신체활동은 건강하고 주도적인 삶의 기초로 신체적, 정신적, 사회적 건강을 위한 필수적인 활동이다. 건강한 삶은 현대 사회의 기후 환경 위기, 좌식화된 생활 방식, 개인화된 사회 구조 등으로 인한 신체적, 정신적, 사회적 건강 문제를 적극적으로 대처하려는 주도적인 노력을 통해 실현된다. 또한 신체활동은 인간이 신체와 관련된 고유한 문화를 향유하고 사회의 다양한 구성원과 더불어 살도록 한다. 인류의 문명화 과정에서 신체활동 문화는 신체적 수월성을 겨루는 경기 문화, 인간의 삶을 풍요롭게 하는 놀이 및 여가 문화, 신체적 움직임이 미적으로 승화한 표현 문화, 제도화된 신체활동에 내재한 정신문화, 건강한 생활을 추구하는 과정에서 형성된 건강 문화 등 다양한 문화 양식으로 발전해 왔다. 이러한 신체활동 문화는 바람직한 인간관계의 기초가 되며 책임 있고 협력적인 태도, 공정하고 호혜적인 관계와 더불어 생태환경과의 조화로운 삶을 경험할 수 있는 기반이 된다.

이를 실현하기 위해 체육과에서는 첫째, 학습자가 기본 움직임 기술을 익히고, 신체활동 형식과 관련된 개념, 기술, 전략 등을 습득하며, 일상생활에서 신체활동을 계획하고 실천하도록 한다. 둘째, 연구와 실천을 통해 축적된 신체활동에 관한 이론적·경험적 지식을 이해하고 생활 속에서 적용하고 즐기며 다양한 안목을 기르도록 한다. 셋째, 다양한 신체활동 경험을 성찰하며 자신과 세계와의 관계를 인식함으로써 신체활동에 내재한 가치와 태도를 실천하도록 한다. 즉, 체육과 학습을 통해 학습자는 신체활동 문화에 입문하고, 운동, 스포츠, 표현 등의 신체활동 형식과 관련된 움직임 지식, 기술, 태도를 습득하며, 이를 기반으로 체육과가 추구하는 삶의 방식을 생애 전반에 걸쳐 실천할 수 있는 역량을 함양한다. 또한 이러한 신체활동 역량을 운동, 스포츠, 표현 맥락뿐만 아니라 일상생활과 직무, 여가활동 등에서 효과적이고 효율적으로 발휘할 수 있다.

따라서 체육과는 학습자가 전 생애에 걸쳐 체력과 건강, 움직임에 대한 기능과 지식, 다양한 신체활동에 참여하려는 의지와 태도를 길러 적극적으로 신체활동에 참여하며, 신체활동 문화를 깊이 이해하고 실천함으로써 건강하고 활기찬 삶을 생활화하고, 타인 및 세계와 소통하며 바람직한 민주 시민으로 성장할 수 있도록 한다.

② 목표

체육과는 활동적이고 창의적인 삶, 건강하고 주도적인 삶, 신체활동 문화를 향유하며 사회 속에서 바람직하고 더불어 사는 삶을 영위할 수 있는 신체활동 역량을 기르는 것을 목표로 한다.

　㉠ 움직임 관련 지식을 이해하고, 움직임의 목적과 환경에 적합하게 움직임 기술을 수행하며, 움직임 수행에 필요한 가치와 태도를 실천한다.

　㉡ 건강 관련 지식을 이해하고, 생애 전반에 걸쳐 건강을 증진 및 관리하며, 건강의 증진과 관리에 필요한 가치와 태도를 실천한다.

　㉢ 신체활동의 고유한 문화 특성을 이해하고, 신체활동 문화를 일상생활에서 누리며, 다양한 문화 양식에 내재한 가치와 태도를 실천한다.

(2) 내용 체계 및 성취기준

① 내용 체계

🔍 운동

핵심 아이디어	• 운동은 체력과 건강을 관리하는 주요 방법으로, 생애 전반에 걸쳐 건강한 삶의 토대가 된다. • 체력은 건강의 기초가 되며, 건강은 신체적 특성에 맞는 운동과 생활 습관을 계획하고 관리함으로써 증진된다. • 인간은 생활 속에서 운동을 즐기고, 심신의 건강을 유지하며, 행복한 삶을 영위한다.		
구분 범주	내용 요소		
	초등학교		중학교
	3~4학년	5~6학년	1~3학년
지식·이해	• 운동과 체력 • 기본 체력운동 방법 • 운동과 건강 • 건강한 생활 습관	• 건강 체력과 운동 체력 • 체력 종류별 운동 방법 • 운동과 성장 발달 • 안전한 생활 습관	• 체력 증진의 원리 ㆍ 신체 건강의 특성 • 체력 증진 운동 방법 ㆍ 신체 건강 활동 • 체력 관리의 원리 ㆍ 정신 건강의 특성 • 체력 관리 운동 방법 ㆍ 정신 건강 활동 • 운동 처방의 원리 ㆍ 사회적 건강의 특성 • 운동 처방 방법 ㆍ 사회적 건강 활동
과정·기능	• 운동과 체력의 관계 파악하기 • 기본 체력 운동 시도하기 • 운동과 건강의 관계 파악하기 • 건강한 생활 습관 시도하기 • 안전하게 활동하기	• 건강 체력과 운동 체력의 의미와 요소 파악하기 • 체력을 측정하고 다양한 운동 시도하기 • 운동과 성장 발달의 관계 파악하기 • 운동과 생활 속 안전 사고 예방 방법 탐색하며 대처하기 • 안전하게 활동하기	• 체력 운동 원리 분석하기 • 체력 요소별 운동 방법 적용하기 • 건강 활동 특성 분석하기 • 건강 활동 방법 실천하기 • 안전하게 활동하기
가치·태도	• 긍정적 신체 인식 • 운동 및 건강에 관한 관심 • 운동 및 건강 습관 실천 의지	• 체력 운동 참여의 근면성 • 체력 증진을 위한 끈기 • 성장 발달의 차이 공감 • 안전사고에서의 침착성	• 체력 문제 해결 의지 • 운동 실천의 자기 주도성 • 자율적인 건강 추구 • 자신과 공동체에 대한 안전의식

🔍 **스포츠**

핵심 아이디어	• 스포츠는 인간이 제도화된 규범과 움직임 기술을 바탕으로 타인 및 주변 세계와 소통하며 바람직한 구성원으로 성장하는 데 이바지한다. • 스포츠는 인간이 환경과 상호작용하고 다양한 기술과 창의적인 전략을 발휘하며 한계를 극복하는 과정에서 발달한다. • 인간은 스포츠를 다양한 방식으로 체험함으로써 움직임의 즐거움을 느끼고 활동적인 삶의 태도를 배운다.		
구분 **범주**	**내용 요소**		
	초등학교		**중학교**
	3~4학년	**5~6학년**	**1~3학년**
지식·이해	• 스포츠와 움직임 기술 • 기본 움직임 기술의 종류와 수행 방법 • 스포츠에서의 기본 움직임 기술 수행 방법	• 기술형·전략형·생태형 스포츠의 유형 • 기술형·전략형·생태형 스포츠의 유형별 움직임 기술 응용 방법 • 기술형·전략형·생태형 스포츠의 활동 방법과 기본 전략	• 기술형·전략형·생태형 스포츠의 역사와 특성 • 기술형·전략형·생태형 스포츠의 경기 기능과 수행 원리 • 기술형·전략형·생태형 스포츠의 경기 방법과 전략
과정·기능	• 스포츠의 의미와 유형 이해하기 • 기본 움직임 기술과 스포츠의 관계 파악하기 • 기본 움직임 기술의 종류 파악하고 시도하기 • 스포츠 유형별 움직임 기술 종류 파악하기 • 스포츠 유형별 움직임 기술 시도하기 • 안전하게 움직이기	• 기술형·전략형·생태형 스포츠의 유형 파악하기 • 기술형·전략형·생태형 스포츠의 유형별 움직임 기술 응용 방법 활용하기 • 기술형·전략형·생태형 스포츠의 기본 전략 적용하기 • 안전하게 활동하기	• 기술형·전략형·생태형 스포츠 유형별 역사와 특성 비교하기 • 기술형·전략형·생태형 스포츠 유형별 수행 원리를 경기 기능에 적용하기 • 기술형·전략형·생태형 스포츠 유형별 경기 방법과 전략을 경기에 활용하기 • 안전하게 경기하기

가치·태도	• 움직임 수행의 자신감과 적극성 • 최선을 다하는 태도 • 게임 규칙 준수 • 스포츠 환경에 대한 개방성 • 스포츠 활동 참여의 적극성	• 목표 달성 의지 • 상대 기술 인정 • 팀원과의 협력 • 구성원 배려 • 스포츠 환경을 아끼는 태도 • 스포츠 환경에 감사하는 태도	• 경기 수련에 대한 인내심 • 도전적 경기 태도 • 팀워크와 신뢰 • 페어플레이 • 스포츠 환경 개선을 위한 공동체 의식 • 스포츠 환경에 친화적인 태도

🔍 표현

핵심 아이디어	• 표현 활동은 인간이 신체 움직임에 생각과 감정을 담아 심미적으로 표현하는 과정에서 창의적인 삶의 태도를 형성하고, 예술적 신체활동 문화를 향유할 수 있도록 한다. • 표현 활동은 기본 움직임에 표현 원리가 적용되어 다양한 유형으로 구현되며, 구성 및 창작의 과정을 통해 발달한다. • 인간은 다양한 표현 활동을 체험함으로써 움직임의 심미적 가치를 내면화하며 자유롭고 주체적으로 사는 방법을 터득한다.		

범주 \ 구분	내용 요소		
	초등학교		중학교
	3~4학년	5~6학년	1~3학년
지식·이해	• 표현 활동과 움직임 기술 • 기본 움직임 기술의 표현 방법	• 표현 활동의 유형 • 표현 활동의 유형별 움직임 기술 응용 방법 • 표현 활동의 유형별 움직임 기술 구성	• 표현 활동의 역사와 특성 • 표현 활동의 동작과 표현 원리 • 표현 활동의 창작과 감상
과정·기능	• 표현 활동의 움직임 기술 파악하고 시도하기 • 다양한 방법으로 움직임 기술 표현하기	• 표현 활동의 유형 파악하기 • 표현 활동의 유형별 움직임 기술 응용 방법 활용하기 • 표현 활동의 유형별 움직임 기술 구성하고 발표하기	• 표현 활동의 유형별 역사와 특성 비교하기 • 표현 활동의 유형별 동작 표현하기 • 표현 활동의 유형별 원리 적용하기 • 표현 활동의 유형별 작품 창작하고 감상하기
가치·태도	• 움직임 표현에 대한 호기심 • 움직임 표현에 대한 감수성	• 다양한 표현 활동 유형에 대한 수용적 태도 • 움직임 표현의 심미성 추구	• 표현의 독창성 • 다양한 표현 활동에 대한 개방성 • 예술적 표현에 대한 공감과 비평 의식

② 성취기준

㉠ 초등학교 3~4학년

ⓐ 운동

> [4체01－01] 운동과 체력의 의미를 이해하고 관계를 파악한다.
> [4체01－02] 기본 체력운동의 방법과 절차를 익히며 자신의 수준에 맞는 운동을 시도한다.
> [4체01－03] 운동과 건강의 의미를 이해하고 관계를 파악한다.
> [4체01－04] 건강을 위한 바른 생활 습관을 이해하고 생활 속에서 규칙적으로 실천한다.
> [4체01－05] 자신의 신체적 특징을 긍정적으로 인식하고 운동 계획을 세워 안전하게 활동한다.
> [4체01－06] 운동과 건강한 생활 습관 형성에 관심을 갖고 적극적으로 실천한다.

- 성취기준 해설

  - [4체01-01]은 운동이 신체 변화와 체력 증진에 미치는 영향을 이해하기 위해 설정하였다. 운동과 체력의 의미를 이해하고 운동 전후의 신체 및 체력의 변화와 특성을 파악하여 운동의 중요성을 인식하도록 한다.

  - [4체01-02]는 체력 증진을 위한 기본 운동 방법과 절차를 체험하며 자신의 신체 특성과 체력 수준에 맞게 운동하기 위해 설정하였다. 준비 운동, 본 운동, 정리 운동의 단계별 목적과 주안점을 파악하면서 운동 방법과 절차를 익히고, 자신의 신체 특성과 체력 수준에 적합한 운동을 선택하여 안전하게 시도하도록 한다.

  - [4체01-03]은 운동과 건강의 관계를 이해하기 위해 설정하였다. 건강의 의미와 운동이 건강을 유지, 증진하는 데 미치는 영향을 탐색하고 운동의 필요성을 파악하도록 한다.

  - [4체01-04]는 건강을 유지하는 바른 생활 습관을 이해하고 일상생활에서 적극적으로 실천하는 습관을 기르기 위해 설정하였다. 건강한 생활 습관이 신체적 건강뿐만 아니라 정신적, 사회적 건강에도 영향을 미친다는 점을 이해하고, 건강 증진을 위한 생활 태도와 행동을 가정, 학교, 지역사회에서 규칙적으로 실천하도록 한다.

  - [4체01-05]는 기본 체력운동을 통해 자신에게 적합한 운동 계획을 세우고 실천하기 위해 설정하였다. 체격, 체형, 체력 등 개인마다 다른 신체 특성을 긍정적으로 인식하고 자신의 신체 특성에 맞는 운동을 안전하고 효과적으로 수행하도록 한다.

  - [4체01-06]은 운동을 통한 건강한 생활 습관 형성의 의지를 기르기 위해 설정하였다. 자신의 운동 및 생활 습관을 점검해 보고, 건강 유지, 증진의 저해 요인을 삼가며, 적절한 운동과 바람직한 생활 태도에 관심을 갖고 적극적으로 실천할 수 있는 의지를 갖도록 한다.

• 성취기준 적용 시 고려 사항

- 3~4학년군 운동 영역에서는 자신의 체력 수준에 맞는 운동을 하며 즐거움을 느끼고, 체력과 건강을 증진하면서 정서적, 사회적 건강을 유지할 수 있도록 운동과 일상생활에서의 건강 활동을 체험하도록 한다.

- 체력 운동에서는 학습자가 자신의 신체 특성과 수준을 고려한 운동 방법을 다양하게 탐색하고 실천하도록 운영한다. 단순한 흥미 위주의 활동을 지양하고 자신의 체력 수준을 점검하며 체력의 중요성을 인식할 수 있는 활동을 선정한다. 건강 활동에서는 학습자 스스로 생활 습관을 점검하면서 건강에 대해 적극적인 관심을 두고 올바른 생활 습관 실천 의지를 가질 수 있도록 운영한다. 이론 중심의 수업보다는 생활 속의 다양한 신체활동을 체험하면서 바람직한 생활 태도를 습관화할 수 있도록 활동을 구성한다.

- 3~4학년군의 발달 특성, 학습자의 흥미와 신체활동 능력을 고려하여 수업을 운영한다. 체력 증진에 도움이 되는 다양한 기본 운동 방법을 흥미 있게 구성하여 운동에 관한 관심과 욕구를 가질 수 있도록 한다. 또한 건강한 생활 습관을 자기 주도적으로 실천할 수 있도록 일상생활에서 쉽게 실천할 수 있는 생활 방식을 활용하며, 더욱 생동감 있게 학습할 수 있도록 디지털 기기와 온라인 프로그램의 모의 상황 또는 가상현실 등 다양한 자료를 활용한다.

- 3~4학년군 운동 영역에서는 운동과 체력, 기본 운동 방법, 운동과 건강, 건강한 생활 습관에 관한 이해력, 체력과 건강을 효과적으로 관리하기 위한 운동 수행 능력, 일상생활에서 운동과 건강에 적극적인 관심을 갖고 실천할 수 있는 능력을 균형 있게 평가한다.

- 체력 운동에서 학습자의 체력 증진 수준을 평가할 때는 단순히 체력 측정 결과 중심으로 평가하기보다는 자신의 체력 증진을 위한 자기 주도적인 계획 수립과 실천, 관리의 과정을 전개했는지를 종합적으로 평가한다. 건강 활동에서는 운동에 기초하면서도 그 밖의 건강과 신체의 안전에 긍정적인 영향을 미칠 수 있는 다양한 건강 행동 및 생활 습관을 일상생활에서 실천하는지를 평가한다.

- 3~4학년군 운동 영역 지식에 관한 이해력은 운동과 건강 관련 기본 지식을 중심으로 평가하고, 운동 및 건강 활동 수행 능력과 태도는 건강과 신체의 안전에 영향을 미칠 수 있는 다양한 운동 및 건강 습관을 일상생활에서 꾸준하게 실천하는 과정과 결과를 보여주는 체크리스트, 개인일지, 운동 기능 검사 등을 활용하여 평가한다.

- 3~4학년군 운동 영역에서는 범교과 학습 주제인 안전·건강 교육과 연계하여 학교와 일상생활에서 안전하고 건강한 생활의 기본 습관을 형성할 수 있도록 체험 중심의 교수·학습을 운영하고, 학습자의 변화 과정을 다양한 방법으로 평가한다.

ⓑ 스포츠

> [4체02 – 01] 스포츠의 의미와 유형을 파악한다.
> [4체02 – 02] 기본 움직임 기술의 의미와 종류를 이해하고 스포츠와의 관계를 파악한다.
> [4체02 – 03] 움직임 요소에 따른 기본 움직임 기술의 수행 방법을 파악하고 시도한다.
> [4체02 – 04] 기본 움직임 기술을 연결한 복합적인 움직임 기술을 파악하고 시도한다.
> [4체02 – 05] 기술형 스포츠에 적합한 기본 움직임 기술을 파악하고 시도한다.
> [4체02 – 06] 전략형 스포츠에 적합한 기본 움직임 기술을 파악하고 시도한다.
> [4체02 – 07] 생태형 스포츠에 적합한 기본 움직임 기술을 파악하고 시도한다.
> [4체02 – 08] 움직임 기술 수행에 자신감을 갖고 적극적으로 시도한다.
> [4체02 – 09] 게임 활동에 최선을 다하고 규칙을 지킨다.
> [4체02 – 10] 다양한 스포츠 환경에 개방적인 태도를 갖고 적극적이고 안전하게 스포츠 활동
> 에 참여한다.

- 성취기준 해설
  - [4체02-01]은 스포츠의 의미와 유형을 이해하기 위해 설정하였다. 일정한 규칙과 방법에 따라 경기 기술을 수행하고 환경과의 상호작용을 통해 발달한 스포츠의 개념과 기술형, 전략형, 생태형 스포츠의 유형별 특성을 이해하도록 한다.
  - [4체02-02]는 기본 움직임 기술의 의미, 종류(이동 움직임, 비이동 움직임, 조작 움직임)와 특성을 파악하기 위해 설정하였다. 기본 움직임 기술의 종류를 다양하게 탐색하면서 스포츠 활동에 기초가 되는 기본 움직임 기술의 특성과 스포츠 활동 수행과의 관계를 파악하도록 한다.
  - [4체02-03]은 움직임 요소의 의미를 이해하고, 기본 움직임 기술을 다양한 상황에서 시도하기 위해 설정하였다. 이동 움직임, 비이동 움직임, 조작 움직임 기술을 단계적으로 익히고, 움직임 요소(신체, 노력, 공간, 관계)에 변화를 주어 안전하고 효과적으로 기본 움직임 기술을 수행하도록 한다.
  - [4체02-04]는 기본 움직임 기술을 연결하여 다양하고 복합적인 움직임 기술을 수행하기 위해 설정하였다. 움직임 기술의 종류별(이동 움직임 기술 내 호핑과 스키핑의 연결 등), 종류 간(조작 움직임 기술의 치기와 이동 움직임 기술의 달리기의 연결 등)에 기본 움직임을 다양한 방식으로 연결하여 기본 움직임보다 심화된 복합적인 움직임 기술을 익히고, 간단한 게임 상황에서 시도하도록 한다.
  - [4체02-05]는 기술형 스포츠 유형에 적합한 움직임 기술을 탐색하고 수행하기 위해 설정하였다. 움직임 기술의 수월성을 겨루는 기술형 스포츠 활동에서 활용되는 다양한 기능과 관련된 움직임 기술의 효과적 수행 방법(앞뒤 구르기, 옆돌기, 전력 달리기, 헤엄치기, 발차기 등)을 익히고, 간단한 게임 상황에서 시도하도록 한다.

- [4체02-06]은 전략형 스포츠 유형에 적합한 움직임 기술을 탐색하고 수행하기 위해 설정하였다. 움직임 기술과 전략에 따라 승패가 결정되는 전략형 스포츠 활동의 다양한 기능과 관련된 움직임 기술의 효과적 수행 방법(공던지기와 잡기, 공몰기, 공차기와 멈추기, 공치기와 받기, 라켓으로 치기 등)을 익히고, 기본적인 전략을 세워 간단한 게임 상황에서 시도하도록 한다.

- [4체02-07]은 생태형 스포츠 유형에 적합한 움직임 기술을 탐색하고 수행하기 위해 설정하였다. 생활 주변과 자연환경에서 이루어지는 다양한 생태형 스포츠 활동과 관련된 움직임 기술의 수행 방법(균형 잡고 이동하기, 타고 버티기, 잡고 오르기 등)을 익히고, 간단한 활동 상황에서 안전하게 시도하도록 한다.

- [4체02-08]은 기본 움직임 기술의 지속적인 시도를 통해 움직임 기술 수행에 대한 자신감을 기르기 위해 설정하였다. 기본 움직임 기술을 체계적으로 숙달하고, 간단한 규칙을 적용한 활동 상황에서 적극적으로 시도하며 움직임 기술 수행에 대한 자신감을 갖도록 한다.

- [4체02-09]는 게임 활동을 수행하며 정해진 규칙을 지키고 최선을 다하는 태도를 기르기 위해 설정하였다. 다양한 유형의 스포츠 활동에 임하는 마음가짐, 구성원에 대한 태도, 규칙 준수의 필요성, 최선의 가치 등을 실제 활동 과정에서 느끼고 실천하도록 한다.

- [4체02-10]은 스포츠 활동을 즐길 수 있는 환경에 개방적인 태도를 갖고 적극적이고 안전하게 활동하는 태도를 기르기 위해 설정하였다. 가정, 학교, 지역사회 체육 시설, 자연환경 등 다양하고 도전적인 스포츠 환경을 적극적으로 수용하고 활용하되, 안전 수칙을 숙지하여 안전사고를 예방하는 태도를 실천하도록 한다.

• 성취기준 적용 시 고려 사항

- 3~4학년군 스포츠 영역에서는 스포츠의 개념을 이해하고 다양한 유형의 스포츠 활동을 수행하는 데 요구되는 기본 움직임과 복합적인 움직임을 탐색하고 간단한 게임 상황에서 시도하도록 한다. 특히 3~4학년군 스포츠 영역은 움직임의 체계적 발달을 위한 입문 단계로서 이동 움직임, 비이동 움직임, 조작 움직임 기술을 신체, 노력, 공간, 관계와 연결한 다양한 복합 움직임 기술의 수행 능력을 기를 수 있도록 충분한 학습 기회를 제공한다.

- 스포츠 유형별 기본 기능과 관련된 기본 움직임 기술을 습득하기 위해 신체, 노력, 공간, 관계의 변화에 따라 다양한 기술을 단계적으로 향상할 수 있는 학습 활동을 선정하고 조직한다. 스포츠 유형에 적합한 기본 움직임 기술과 복합적인 움직임 기술을 연결하여 간단한 게임 상황에서 시도하고 익힐 수 있도록 활동을 구성한다. 기본 움직임 기술을 수행할 기회를 충분히 제공하며, 스포츠 경기 방법 자체보다 기본 움직임의 수행 능력을 충실하게 습득할 수 있도록 운영한다.

- 3~4학년군 스포츠 영역에서는 스포츠 수행에 필요한 다양한 기본 움직임 기술을 탐색하고 간단한 활동 상황에서 기본 움직임 기술을 시도하고 습득하는 것을 평가한다. 다양한 기본 움직임 기술의 정확하고 효과적인 수행 능력 습득에 평가의 초점을 맞추고, 이를 활용한 움직임 기술의 연결 능력과 스포츠 유형별 기본 기능에 적합한 복합 움직임 기술의 수행 능력을 평가한다.

- 기본 움직임 기술을 움직임의 요소에 따라 실제로 다양하게 수행할 수 있는지를 평가하도록 한다. 일회성 평가를 지양하고 간단한 게임 상황에서 각각의 움직임 기술을 상황에 맞게 수행할 수 있는지를 평가한다. 이를 위해 움직임 기술 수행 능력 평가, 체크리스트, 자기 평가 등의 다양한 평가 방법을 학습 상황에 맞게 활용한다.

- 3~4학년군 스포츠 영역의 지식에 관한 이해력은 스포츠의 의미와 유형에 관한 이해를 간단한 질의응답이나 평가지를 통해 확인할 수 있으며, 스포츠 관련 움직임 수행 능력은 기본 움직임 기능 및 복합 움직임 기능을 조작적 상황 또는 게임 상황에서 평가할 수 있다. 가치·태도의 실천 능력은 지속적인 태도 변화를 관찰하거나 체크리스트, 성찰 일지, 관찰 등의 평가 방법과 함께 수업 상황에서의 실천 여부를 중심으로 평가한다.

- 3~4학년군 스포츠 영역에서는 다양한 기본 움직임을 탐색하고 습득하는 과정을 통해 개인별 특성을 존중하고, 상호 존중 및 공동체 의식을 함양할 수 있도록 교수·학습을 계획하고 평가한다.

ⓒ 표현

[4체03 − 01] 표현 활동의 의미와 기본 움직임 기술과의 관계를 파악한다.
[4체03 − 02] 움직임 요소에 따른 기본 움직임 기술의 표현 방법을 파악하고 시도한다.
[4체03 − 03] 기본 움직임 기술을 활용하여 사물이나 자연을 모방하여 표현한다.
[4체03 − 04] 기본 움직임 기술을 활용하여 느낌이나 생각을 표현한다.
[4체03 − 05] 기본 움직임 기술을 리듬에 맞춰 표현한다.
[4체03 − 06] 기본 움직임 기술을 도구를 활용하여 표현한다.
[4체03 − 07] 움직임의 심미적 표현에 대한 호기심과 감수성을 나타낸다.

• 성취기준 해설

- [4체03-01]은 표현 활동의 의미, 표현 활동과 기본 움직임 기술과의 관계를 이해하기 위해 설정하였다. 표현 활동에서의 움직임 기술과 운동 및 스포츠 영역에서의 움직임 기술의 차이를 이해함으로써 표현 활동에서 움직임 기술의 창의적이고 심미적인 특성을 이해하도록 한다.

- [4체03-02]는 움직임 요소에 따른 다양한 기본 움직임 기술을 학습함으로써 표현 활동의 기본 수행 능력을 기르기 위해 설정하였다. 이동 움직임, 비이동 움직임, 조작 움직임 기술을 체험하되 신체, 노력, 공간, 관계 등 움직임 요소의 변화에 따라 기본 움직임 기술을 창의적이고 심미적으로 표현하도록 한다.
- [4체03-03]은 기본 움직임 기술을 활용한 모방 표현 능력을 기르기 위해 설정하였다. 기본 움직임 기술을 활용하여 사물, 인물, 자연 현상 등의 모양과 움직임을 모방하여 표현하는 방법을 탐색하고 그 특징을 살려 표현하도록 한다.
- [4체03-04]는 기본 움직임 기술을 활용한 추상 표현 능력을 기르기 위해 설정하였다. 기본 움직임 기술을 활용하여 느낌과 생각 등을 동작으로 표현하는 방법을 탐색하고 창의적으로 표현하도록 한다.
- [4체03-05]는 기본 움직임 기술을 활용한 리듬 표현 능력을 기르기 위해 설정하였다. 기본 움직임 기술을 활용하여 박자, 강약, 빠르기, 패턴에 맞춰 표현하는 방법을 탐색하고 리듬감을 살려 표현하도록 한다.
- [4체03-06]은 기본 움직임 기술을 활용한 도구 표현 능력을 기르기 위해 설정하였다. 기본 움직임 기술을 활용하여 줄, 공, 천, 훌라후프 등 도구의 특성을 활용한 표현 방법을 탐색하고 도구의 조작과 움직임을 연결하여 표현하도록 한다.
- [4체03-07]은 움직임을 심미적으로 표현하는 것에 대한 호기심과 감수성을 갖도록 설정하였다. 기본 움직임 기술을 아름답게 표현하며 움직임을 심미적으로 표현하는 다양한 자극에 관심을 갖고 운동이나 스포츠 기술과는 다른 감성을 느낄 수 있도록 한다.

• 성취기준 적용 시 고려 사항
  - 3~4학년군 표현 영역에서는 표현 활동의 의미와 움직임 기술의 관계에 관한 이해를 바탕으로, 움직임 요소에 따른 표현 기술을 파악하고, 모방 및 추상 표현 방법, 리듬, 도구 등을 활용한 표현 방법을 탐색하여 발표함으로써 표현 활동의 기본 능력을 기르도록 한다. 표현에 관한 이해의 폭을 넓힐 수 있도록 다양한 표현 사례를 직·간접적으로 학습할 기회를 제공한다.
  - 모방 표현 방법을 학습하면서 모방 대상의 움직임을 충분히 관찰하고 자유로운 방식으로 표현할 수 있는 학습 분위기를 조성하며, 자연 현상과 주변 환경을 모방 대상으로 설정함으로써 생태전환적 관점에서 환경을 이해할 기회를 제공한다. 추상 표현 방법의 경우 느낌이나 생각을 자유롭게 나타내고, 타인의 표현 방법을 존중하는 허용적인 학습 분위기를 조성한다. 리듬 표현에서는 음악뿐만 아니라 자연 현상이나 생활에서 나타나는 규칙적, 불규칙적 리듬에 따라 신체 표현을 할 수 있도록 표현 대상을 다양화한다. 도구를 활용한 표현의 경우 사전에 안전한 도구 사용 방법을 충분히 숙지하고 그 특징을 파악하여 표현 활동에 활용하도록 한다.

- 기본 움직임 기술의 표현 방법은 자기 주도적 학습을 통해 다양한 움직임 요소를 반영한 기본 움직임 기술을 탐색할 기회를 제공하고, 탐색한 움직임을 모둠별로 공유할 수 있도록 협력 중심의 수업을 설계하고 운영할 수 있다. 또한 협력하여 만든 작품을 서로 발표하고 감상하는 과정을 통해 표현을 위한 움직임 기술을 넓게 탐색하도록 한다.
- 3~4학년군 표현 영역에서는 생각과 느낌을 자유롭게 움직임으로 표현하는 과정에서 인간의 신체적 자유에 대한 기본 권리와 행복추구권을 연계하고, 다양한 표현 방식을 이해하고 존중하는 태도를 학습하도록 한다.
- 3~4학년군 표현 영역에서는 표현과 움직임 기술의 관계, 움직임 요소에 따른 다양한 기본 움직임 기술의 이해력, 표현 방법에 따른 움직임 기술의 수행과 구성 능력, 표현 활동 과정에서 나타나는 움직임에 관한 호기심과 감수성을 균형 있게 평가한다.
- 모방 대상의 특징을 움직임의 관점에서 파악하고 표현하는 능력, 생각과 느낌을 움직임으로 표현하는 능력, 리듬에 맞춰 다양한 요소에 따라 움직임을 표현하는 능력, 도구의 특성을 활용하여 심미적으로 표현하는 능력을 종합적으로 평가한다.
- 3~4학년군 표현 영역에서 표현의 의미와 움직임 기술의 관계에 대한 지식은 지필평가 외에 실제 움직임 표현 과정에서의 이해력을 중심으로 평가한다. 움직임 표현 능력은 표현 동작 검사, 관찰 평가, 프로젝트 평가 등을 활용하여 움직임 기술과 표현 방법의 선택, 동작 수행, 구성의 과정을 종합적으로 평가한다. 가치·태도에 관한 평가는 표현 활동의 적극성과 긍정적인 태도 변화를 관찰하거나 수행 일지, 감상문 등을 통해 평가할 수 있다.

🔎 **초등학교 3~4학년군의 신체활동 예시**

영역	세부 영역	신체활동 예시
운동	기본 체력운동	• 체력운동 관련 기본 움직임 기술(걷기, 달리기, 매달리기, 버티기나 굽히기, 밀기, 당기기 등) • 체력운동 기능(오래 달리거나 걷기, 팔굽혀펴기, 윗몸말아올리기, 왕복달리기 등)
	건강 운동 및 생활 습관	• 건강 생활 습관(자세, 체중 및 체형 관리, 위생, 식습관, 정서 관리 활동 등) • 운동 생활 습관(맨손체조, 산책, 계단 오르기, 생활 주변 운동기구 활용하기 등)

	기본 움직임의 기초 기술	• 이동 움직임(방향 전환 달리기, 뛰기, 구르기, 물에서 이동하기 등) • 비이동 움직임(균형잡기, 구부리기, 회전하기, 물에 뜨기 등) • 조작 움직임(던지기, 굴리기, 차기, 잡기, 치기, 튀기기, 몰기, 타기 등)
스포츠	스포츠 유형별 움직임 기술	• 기술형 스포츠 유형별 움직임(앞뒤 구르기, 옆돌기, 전력 달리기, 헤엄치기, 발차기 등) • 전략형 스포츠 유형별 움직임(공던지기와 잡기, 공몰기, 공차기와 멈추기, 공치기와 받기, 라켓으로 치기 등) • 생태형 스포츠 유형별 움직임(균형 잡고 이동하기, 타고 버티기, 잡고 오르기 등)
표현	기본 움직임의 기초 표현	• 이동 움직임 표현(워킹, 점핑, 호핑, 스키핑, 갤러핑, 리핑, 슬라이딩 등) • 비이동 움직임 표현(펴기, 접기, 비틀기, 제자리 돌기, 털기, 흔들기 등) • 조작 움직임 표현(들기, 돌리기 등)
	기본 움직임의 표현 방법	• 추상 표현(언어 표현, 느낌이나 생각 표현하기 등) • 모방 표현(사물 표현, 인물 표현, 자연 현상 표현하기 등) • 리듬 표현(박자, 강약, 빠르기, 패턴에 따라 표현하기 등) • 도구 표현(줄, 공, 천, 홀라후프 등을 활용하여 표현하기 등)

ⓛ 초등학교 5~6학년

ⓐ 운동

> [6체01 – 01] 건강 체력과 운동 체력의 의미와 요소를 파악하고 다양한 운동 방법을 탐색한다.
> [6체01 – 02] 건강 체력과 운동 체력을 측정하고 자신의 체력 수준에 맞는 운동을 시도한다.
> [6체01 – 03] 성장 발달의 의미와 특성을 이해하고 운동과의 관계를 파악한다.
> [6체01 – 04] 운동 및 생활 속 위험 상황, 성장 발달을 저해하는 생활 방식의 문제점을 파악하고 예방 및 대처 방법을 익혀 안전하게 활동한다.
> [6체01 – 05] 체력 운동을 끈기 있게 규칙적으로 수행한다.
> [6체01 – 06] 성장과 발달 과정에서 나타나는 신체적, 정서적, 사회적 특성과 차이를 공감하고 위험 상황에 침착하게 대처한다.

• 성취기준 해설

– [6체01-01]은 3, 4학년군에서 학습한 기본 운동 방법을 체력 요소별로 구분하여 이해하고 체력 요소별로 다양한 운동 방법을 탐색하기 위해 설정하였다. 체력을 건강 체력과 운동 체력으로 구분하고, 유형별 체력 요소를 이해하며, 학습자 스스로 자신의 수준에 적합한 체력 요소별 운동 방법을 찾도록 한다.

– [6체01-02]는 자신의 건강 체력과 운동 체력 수준을 파악하여 체력을 증진할 수 있는 다양한 운동 방법을 선택하고 실천하기 위해 설정하였다. 자신의 우수한 체력과 부족한 체력이 무엇인지를 파악하고, 특히 부족한 체력을 기르기 위해 체력 수준에 적합한 운동 방법을 탐색하여 꾸준하게 실천하도록 한다.

- [6체01-03]은 자신의 성장 발달을 이해하고, 운동이 성장 발달에 미치는 긍정적인 영향을 이해하기 위해 설정하였다. 성장에 따른 신체적, 정서적 변화, 특히 제2차 성징에 대한 이해를 바탕으로 자신의 성장 발달 양상을 긍정적으로 파악하고, 사춘기에 운동이 신체적, 정서적, 사회적 성장 발달에 바람직한 영향을 미친다는 점을 이해하도록 한다.

- [6체01-04]는 운동과 일상생활에서 발생할 수 있는 다양한 안전사고의 유형과 성장 발달을 저해하는 생활 방식의 문제점을 파악하고 침착하게 대처하기 위해 설정하였다. 운동 시설이나 용·기구, 지상·수상·빙상 등의 다양한 운동 환경에서 발생할 수 있는 안전사고, 건강한 성장 발달에 부정적인 생활 습관(흡연, 음주, 약물 오·남용 등), 안전을 위협하는 생활 및 자연 환경을 탐색하며 건강하고 안전한 생활 습관을 실천하도록 한다.

- [6체01-05]는 체력 증진에 필요한 끈기와 근면성을 기르기 위해 설정하였다. 단기간에 증진되기 어려운 체력 운동의 특성상, 학습자가 운동 과정에서 쉽게 포기하지 않도록 체력 증진을 저해하는 개인적, 환경적 조건을 탐색하고 극복하면서 체력 운동을 규칙적으로 수행하도록 한다.

- [6체01-06]은 성장과 발달 과정에서 개인별 차이를 공감하며, 안전을 위협하는 위험 상황에 대처하기 위해 설정되다. 자신의 신체적, 정서적, 사회적 건강 특성이 다른 사람과 어떤 차이가 있고, 그러한 차이를 공감하는 것이 자신과 공동체에 어떤 영향을 미치는지를 실제 사례를 통해 이해하도록 한다.

• 성취기준 적용 시 고려 사항

- 5~6학년군 운동 영역에서는 체력 유형별로 각 체력 요소에 적합한 운동을 선정하고 자기 수준에 맞는 운동 방법을 찾아 실천하도록 한다. 운동을 통해 신체의 성장과 발달 및 체력 향상뿐만 아니라 정서적, 사회적 성장 발달과의 관계를 파악할 수 있도록 교수·학습을 운영한다.

- 체력 운동에서는 건강 체력과 운동 체력의 요소를 학습자가 이해하기 쉬운 수준으로 안내하고, 체력 요소별로 다양한 운동 방법을 선정하며, 끈기와 근면함을 바탕으로 자신의 체력을 점진적으로 증진할 수 있도록 단계적으로 학습을 운영한다. 건강 활동에서는 신체 성장에 따른 신체적 변화와 제2차 성징에 대한 이해와 함께 양성평등 감수성을 갖출 수 있도록 운영하고, 다양한 운동을 시도해 보면서 운동이 신체의 성장과 발달, 정서적 건강, 사회적 관계에 긍정적인 영향을 미친다는 것을 체험하도록 한다.

- 건강 체력과 운동 체력의 측정 결과를 참고하여 자신의 체력 강점과 약점을 파악하고, 수준에 적합한 운동을 선정하여 안전하게 활동할 수 있도록 운영한다. 개인별 성장 및 발달 속도의 차이, 성별에 따른 차이를 인권 보호 및 양성 평등적 관점에서 수용할 수 있도록 하며, 디지털 도구와 프로그램을 활용하여 지속적이고 자기 주도적인 건강 관리와 체력 운동을 실천하도록 한다.
- 5~6학년군 운동 영역에서는 개인적, 사회적으로 올바른 생활 양식의 실천을 민주시민 교육과 양성평등 및 상호 존중의 인권 교육과 연계하여 학습하도록 한다.
- 5~6학년군 운동 영역에서는 건강 체력과 운동 체력, 체력 요소별 운동 방법, 운동과 성장 발달, 안전한 생활 습관에 관한 이해력, 체력 측정 결과를 바탕으로 다양한 운동을 안전하게 시도할 수 있는 운동 및 건강 활동 수행 능력, 일상 생활에서 체력 운동에 끈기 있고 꾸준하게 참여하면서 개인별 차이를 공감하고 수용하는 태도를 균형 있게 평가한다.
- 체력 운동에서는 체력 측정 결과 자체보다는 자신의 체력 수준에 적합한 체력 운동을 선정하고 계획하여 안전하게 실천하는 과정을 중심으로 평가한다. 건강 활동은 학습자가 운동이나 건강 활동을 하면서 자신과 타인의 신체적, 정서적 성장 발달의 차이를 공감하고 배려하면서 건강하고 안전한 생활 습관을 실천하는 태도를 평가한다.
- 5~6학년군의 운동 영역의 지식은 체력 운동 및 건강 활동 과정에서의 이해력을 중심으로 평가한다. 체력 운동 및 건강 활동 수행 능력과 태도는 체력 및 건강을 증진할 수 있는 다양한 운동 및 건강 습관을 일상생활에서 꾸준하게 실천하는 과정과 결과를 체력 및 건강 검사, 체크리스트, 개인일지 등을 활용하거나 디지털 도구 및 온라인 교수·학습 방법을 적용하여 평가한다.

ⓑ 스포츠

> [6체02 - 01] 기술형 스포츠의 의미와 유형을 파악한다.
> [6체02 - 02] 기술형 스포츠 유형별로 기본 움직임 기술을 응용한 기본 기능을 파악하고 수행
> 한다.
> [6체02 - 03] 기술형 스포츠 유형별 활동 방법을 파악하고 기본 전략을 게임 활동에서 수행한다.
> [6체02 - 04] 전략형 스포츠의 의미와 유형을 파악한다.
> [6체02 - 05] 전략형 스포츠 유형별로 기본 움직임 기술을 응용한 기본 기능을 파악하고 수행
> 한다.
> [6체02 - 06] 전략형 스포츠 유형별 활동 방법을 파악하고 기본 전략을 게임 활동에서 수행한다.
> [6체02 - 07] 생태형 스포츠의 의미와 유형을 파악한다.
> [6체02 - 08] 생태형 스포츠 유형별로 기본 움직임 기술을 응용한 기본 기능을 파악하고 수행
> 한다.
> [6체02 - 09] 생태형 스포츠 유형별 활동 방법을 파악하고 기본 전략을 게임 활동에서 수행한다.
> [6체02 - 10] 스포츠 활동에 참여하며 목표를 달성하기 위한 의지를 실천하고 상대의 기술을
> 인정한다.
> [6체02 - 11] 스포츠 활동에 참여하며 팀원과 협력하고 구성원을 배려한다.
> [6체02 - 12] 스포츠 활동에 참여하며 환경을 아끼고 감사하는 태도를 실천한다.

• 성취기준 해설

- [6체02-01]은 기술형 스포츠의 의미와 유형을 이해하기 위해 설정하였다. 기술의 수월성을 추구하는 기술형 스포츠의 의미를 이해하고 다양한 환경(지상, 수상, 빙상 등)에서의 움직임 기록 향상을 위한 기록형, 일련의 절차와 방법이 정해진 움직임을 정확하게 수행하는 동작형, 상대방의 신체적 기량과 겨루는 투기형으로 구분하여 유형별 움직임의 세부 특성을 파악하도록 한다.

- [6체02-02]는 기록형, 동작형, 투기형 스포츠에서 기본 움직임 기술을 응용한 기본 기능을 효과적으로 활용하기 위해 설정하였다. 속도와 거리, 정확성에 도전하는 기록형 스포츠의 기본 기능(도움닫기 하여 멀리뛰기, 목표물에 정확히 던지기 등), 절차와 방법이 정해진 움직임을 수행하는 동작형 스포츠의 기본 기능(손 짚고 옆돌기, 다리 벌려 뛰어넘기 등), 상대방과 신체적 기술을 겨루는 투기형 스포츠의 기본 기능(발차기, 다리 걸기 등)을 게임 상황에 맞게 효율적으로 수행하도록 한다.

- [6체02-03]은 기록형, 동작형, 투기형 스포츠의 활동 방법과 기본 전략을 활용하기 위해 설정하였다. 기록형, 동작형, 투기형 스포츠를 변형한 게임 활동의 경기 방법을 이해하고, 기록 측정과 분석, 동작 수행의 점검과 분석, 자신과 상대의 기량 확인과 분석 등 기술형 스포츠의 기본 전략을 파악하고 수행하도록 한다.

- [6체02-04]는 전략형 스포츠의 의미와 유형을 이해하기 위해 설정하였다. 움직임 기능 수행 능력과 전략에 따라 승패가 결정되는 전략형 스포츠의 의미를 이해하고 스포츠의 유형을 상대 영역으로 이동하여 정해진 지점으로 공을 보내 득점하는 영역형, 동일 공간에서 공격과 수비를 번갈아 하며 정해진 구역을 돌아 점수를 얻는 필드형, 네트 너머에 있는 상대 영역에 공을 보내 넘기지 못하게 하여 득점하는 네트형으로 구분하여 각각의 세부 특성을 파악하도록 한다.
- [6체02-05]는 영역형, 필드형, 네트형 스포츠에서 기본 움직임 기술을 응용한 기본 기능을 효과적으로 활용하기 위해 설정하였다. 패스, 드리블, 슛 등과 같은 영역형 스포츠의 기본 기능, 포구, 송구, 타격, 주루 등과 같은 필드형 스포츠의 기본 기능, 서브, 리시브, 토스, 스트로크(스매싱) 등과 같은 네트형 스포츠의 기본 기능을 변형게임이나 뉴스포츠 수준의 게임 상황에 맞게 효율적으로 수행하도록 한다.
- [6체02-06]은 영역형, 필드형, 네트형 스포츠의 활동 방법과 기본 전략을 활용하기 위해 설정하였다. 영역형, 필드형, 네트형 스포츠를 변형한 게임이나 뉴스포츠와 같은 게임 활동에 참여하며 경기 방법을 파악하고, 공간 만들기, 공간 차단하기, 골 넣기와 막기, 빈 곳으로 공 치기, 구역과 역할 나누어 수비하기, 빈 곳으로 공 넘기기, 유기적으로 역할 분담하기 등 전략형 스포츠의 기본 전략을 파악하고 수행하도록 한다.
- [6체02-07]은 생태형 스포츠의 의미와 유형을 이해하기 위해 설정하였다. 다양한 환경 맥락에 따라 활동 특성이 나타나는 생태형 스포츠의 의미에 관한 이해를 바탕으로 생활 주변의 환경을 이용하여 활동하는 생활환경형, 자연환경과 상호작용하며 활동하는 자연환경형으로 구분하여 유형별 세부 특성을 파악하도록 한다.
- [6체02-08]은 생활환경형, 자연환경형 스포츠에서 기본 움직임 기술을 응용한 기본 기능을 효과적으로 활용하기 위해 설정하였다. 주변 생활환경에서 할 수 있는 골프형 게임, 디스크형 게임, 자전거 타기, 롤러스케이팅, 클라이밍 활동, 민속놀이 등과 자연환경에서 체험할 수 있는 등산 활동, 캠핑 활동, 수상 활동, 설상 활동 등 생태형 스포츠의 기본 기능을 익혀 주변의 다양한 활동 상황에 맞게 환경친화적으로 수행하도록 한다.
- [6체02-09]는 생활환경형, 자연환경형 스포츠의 활동 방법과 기본 전략을 활용하기 위해 설정하였다. 생활환경형, 자연환경형 스포츠를 변형한 게임이나 뉴스포츠 수준의 활동에 참여하며 활동 방법을 파악하고 스포츠 환경에 적합한 활동의 선정과 장비 사용, 안전하고 환경친화적인 활동과 정리 등 생태형 스포츠의 기본 활동 방법과 전략을 파악하고 수행하도록 한다.

- [6체02-10]은 스포츠 활동에 참여하며 목표 달성을 위한 의지와 상대 기술을 인정하는 태도를 기르기 위해 설정하였다. 스스로 목표를 설정하고 책임감 있게 꾸준히 실천하도록 하며, 함께 참여하는 상대 팀과 구성원의 우수한 기술을 인정하고 배우는 태도를 실천하도록 한다.

- [6체02-11]은 스포츠에 참여하며 팀원과 협력하고 구성원을 배려하는 태도를 기르기 위해 설정하였다. 민주적인 의사결정을 통해 역할을 분담하고 전략을 수립하는 등 팀원과의 협력을 강조하며, 기능 수행에 어려움을 겪는 학습자를 도와주고 배려함으로써 팀의 활동 성과를 공유하도록 한다.

- [6체02-12]는 스포츠 활동 환경을 아끼고 감사하는 태도를 기르기 위해 설정하였다. 주변의 다양한 스포츠 시설 및 용·기구 현황을 탐색하고 이를 적극적으로 활용하면서 학교 및 지역사회가 제공하는 스포츠 복지의 중요성을 이해하도록 한다. 또한 스포츠 환경을 아끼고 보존함으로써 지속해서 혜택을 누릴 수 있다는 점에 감사함을 느낄 수 있도록 한다.

• 성취기준 적용 시 고려 사항

- 5~6학년군 스포츠 영역에서는 3~4학년에서 학습한 스포츠와 움직임에 관한 지식, 기본 움직임 기술과 스포츠 유형별 기본 기능 및 태도를 바탕으로 기술형, 전략형, 생태형 스포츠의 의미와 유형, 기본 기능과 연계한 움직임 기술의 응용 방법과 기본 전략을 학습할 수 있도록 한다. 특히 스포츠 활동을 체험할 수 있는 주변 환경을 아끼는 태도와 목표 달성을 위한 의지를 발휘하며 경기 결과에 집착하지 않고 팀원과 협력하며 동료를 배려하는 태도를 꾸준히 실천할 수 있도록 교수·학습을 운영한다.

- 기술형 스포츠에서는 동작형, 기록형, 투기형 스포츠의 유형별 목표 달성에 효과적인 응용 기능, 활동 방법, 전략을 파악하고 시도하는 데 중점을 둔다. 기본 움직임 기술을 경기에서 활용할 수 있는 응용 기능으로 발전시켜 학습하면서 기록을 향상하거나, 동작의 정확성을 추구하며, 상대의 기술에 맞춰 상호작용하는 기술형 스포츠의 특징을 학습할 수 있는 변형게임이나 뉴스포츠 등의 활동을 선정하고 운영한다.

- 전략형 스포츠에서는 영역형, 필드형, 네트형 스포츠의 유형별로 개인 또는 팀의 전략을 겨루는 활동에 효과적인 응용 기능, 활동 방법, 전략을 파악하고 시도하는 데 중점을 둔다. 학습자가 활동 방법과 기본 전략을 협력적으로 수행하고 역할을 맡으며 민주적 의사결정 과정을 경험하도록 활동을 조직하고, 전략형 스포츠의 기본 전략을 학습할 수 있는 변형게임이나 뉴스포츠 등의 활동을 선정하고 운영한다.

02

- 생태형 스포츠에서는 자연환경형, 생활환경형 스포츠 유형별로 환경과 상호작용하며 즐길 수 있는 활동에 유용한 응용 기능, 활동 방법, 전략을 파악하고 시도하는 데 중점을 둔다. 단위 학교의 환경을 고려한 활동으로 재구성하여 직접 체험하거나 디지털 기술을 활용하여 다양한 활동을 간접적으로 체험할 수 있도록 한다. 또한 가족이나 친구들과 함께 학교 밖 여가활동으로 이어질 수 있는 실천 방법을 안내하고 주변 환경을 보호하는 활동(플로킹, 플로깅 등)을 병행하여 생태적 감수성을 높이도록 한다.
- 스포츠 영역에서는 교내외 체육 시설 이용에 따른 안전사고를 예방할 수 있도록 교수·학습을 운영한다.
- 5~6학년군 스포츠 영역에서는 기술형·전략형·생태형 스포츠의 의미와 유형, 활동 방법과 기본 전략에 관한 이해력, 스포츠 유형별 기본 기능의 습득을 위한 움직임 기술의 응용 방법과 활동 수행 능력, 목표 달성 과정에서 인내하고 팀원과 협력하며 상대를 배려하고 스포츠 환경을 아끼고 감사하는 태도를 균형 있게 평가한다.
- 기술형 스포츠에서는 학습자 수준별로 목표 달성 여부, 수행 과정에서의 변화 정도를 평가한다. 전략형 스포츠에서는 개인별 기본 움직임 기술의 응용 기능 및 전략 수행 능력과 함께 팀별 활동 수행 능력을 함께 평가한다. 생태형 스포츠에서는 생활 및 자연환경의 활용 능력뿐만 아니라 자연환경을 보호하기 위한 활동을 병행함으로써 스포츠 환경을 아끼고 감사하는 태도를 함께 평가한다.
- 5~6학년군의 스포츠 영역 지식에 관한 이해력은 자기 점검 및 경기 분석 보고서, 포트폴리오 등을 활용하고, 기본 움직임 기술을 응용한 게임의 기본 기능은 동작 분석용 애플리케이션 등 디지털 도구를 활용한 평가, 게임 수행 능력은 활동 중 기본 기능과 전략을 평가할 수 있는 체크리스트 등을 활용한다. 교육환경의 제약으로 생태형 스포츠를 학습하기 힘든 경우, 간접 체험 활동을 통해 평가할 수 있다.

ⓒ 표현

> [6체03 - 01] 표현 활동의 의미와 유형을 파악한다.
> [6체03 - 02] 스포츠 표현에서 움직임 기술을 응용한 기본 동작을 파악하고 표현한다.
> [6체03 - 03] 스포츠 표현의 기본 동작을 다양하게 구성하여 발표하고 감상한다.
> [6체03 - 04] 전통 표현에서 움직임 기술을 응용한 기본 동작을 파악하고 표현한다.
> [6체03 - 05] 전통 표현의 기본 동작을 다양하게 구성하여 발표하고 감상한다.
> [6체03 - 06] 현대 표현에서 움직임 기술을 응용한 기본 동작을 파악하고 표현한다.
> [6체03 - 07] 현대 표현의 기본 동작을 다양하게 구성하여 발표하고 감상한다.
> [6체03 - 08] 다양한 표현 활동 유형을 수용하고, 움직임 표현의 아름다움을 추구한다.

• 성취기준 해설
- [6체03-01]은 표현 활동 의미와 유형을 이해하기 위해 설정하였다. 스포츠에서 신체 움직임의 심미성을 다루는 스포츠 표현, 민족의 고유한 전통을 신체 움직임으로 표현한 전통 표현, 자유로운 형식으로 움직임을 표현하는 현대 표현의 유형별로 다양한 작품을 직·간접적으로 체험함으로써 기본 동작과 구성 방법의 공통점과 차이점을 중심으로 특징을 파악하도록 한다.
- [6체03-02]는 스포츠 표현의 기본 움직임 기술과 응용 동작을 탐색하고 심미적으로 표현하기 위해 설정하였다. 신체활동의 예술적 아름다움을 추구하는 스포츠 표현의 기본 동작에 적합한 움직임 기술의 응용 동작을 심미적으로 표현하도록 한다.
- [6체03-03]은 스포츠 표현에 적합한 움직임 기술의 응용 동작을 활용하여 작품을 구성하고 표현하기 위해 설정하였다. 스포츠 표현에 적합한 움직임 기술의 응용 동작을 창의적으로 구성하고, 개인 또는 모둠별로 간단한 작품을 만들어 발표하며 작품의 의도와 동작의 심미성을 감상하도록 한다.
- [6체03-04]는 우리나라와 세계 여러 민족과 지역에서 전해 내려오는 전통 표현에서 기본 움직임 기술을 응용한 동작의 문화적 특징을 파악하고 그 특성을 살려 표현하기 위해 설정하였다. 전통 표현의 기본 동작에 적합한 움직임 기술의 응용 동작을 문화적 특색이 드러나게 표현하도록 한다.
- [6체03-05]는 전통 표현에 적합한 움직임 기술의 응용 동작을 활용하여 작품을 구성하고 표현하기 위해 설정하였다. 다양한 전통 표현에 담긴 역사와 특성을 이해하고 전통 표현의 움직임 기술 응용 동작을 문화적 특성에 따라 구성한다. 개인 또는 모둠별로 간단한 작품을 만들어 발표하며 작품의 의도와 동작이 갖는 전통적 의미를 감상하도록 한다.
- [6체03-06]은 현대 표현에서 기본 움직임 기술을 응용한 동작의 자유로움이 갖는 특징을 파악하고 창의적으로 표현하기 위해 설정하였다. 기본 동작에 적합한 움직임 기술 응용 동작을 기존의 표현 방법이나 틀에 얽매이지 않고 자유롭고 창의적으로 표현하도록 한다.
- [6체03-07]은 현대 표현에 적합한 움직임 기술의 응용 동작을 활용하여 작품을 구성하고 표현하기 위해 설정하였다. 현대 표현에 적합한 움직임 기술의 응용 동작을 표현의 주제와 자유로운 흐름을 고려하여 구성한다. 개인 또는 모둠별로 간단한 작품을 만들어 발표하며 작품의 의도를 현대 사회의 문화적 특징과 비교하며 감상하도록 한다.
- [6체03-08]은 다양한 표현 활동 유형을 긍정적으로 수용하고 움직임 표현의 아름다움을 추구하도록 설정하였다. 다양한 표현 유형에 담긴 의미와 표현 특성을 직·간접적으로 탐색하며 표현 문화에 대한 이해의 폭을 확장하고 움직임 표현의 아름다움을 추구하도록 한다.

02

• 성취기준 적용 시 고려 사항

- 5~6학년군 표현 영역에서는 3~4학년군에서 학습한 표현과 움직임에 관한 지식, 기본 움직임 기술과 표현 유형별 기본 움직임 기술 및 태도를 바탕으로 스포츠 표현, 전통 표현, 현대 표현의 의미와 유형, 기본 움직임 기술의 심미적 응용 동작과 구성 방법을 학습하도록 한다. 스포츠 표현, 전통 표현, 현대 표현의 유형별 다양한 사례를 직・간접적으로 체험함으로써 공통점과 차이점을 인식할 수 있도록 교수・학습을 운영한다.

- 스포츠 표현에서는 기술적 표현과 예술적 표현이 강조되는 활동을 중심으로 신체활동을 선정하되 움직임이나 동작의 개수, 난이도를 고려하여 절차와 규칙을 간소화한 형식으로 활동을 구성한다. 전통 표현에서는 우리나라와 세계 여러 나라의 전통 표현을 체험함으로써 문화와 관련된 움직임 표현의 특성을 파악할 수 있도록 하며, 다양한 문화를 존중하고 수용하는 태도를 기를 수 있도록 한다. 현대 표현의 경우 최근의 문화적 변화를 반영한 다양한 표현 사례를 직・간접적으로 체험할 기회를 제공함으로써 표현 문화의 개인적, 사회적 가치를 인식하도록 하며, 창의적이고 자유로운 표현이 가능한 분위기를 조성한다.

- 표현 유형별 의미와 특징을 활동 과정에서 자연스럽게 이해할 수 있도록 하며, 언어와 이미지, 영상 등을 활용한다. 표현 유형별 움직임 기술의 응용 동작은 기본 및 복합 움직임 기술을 표현 유형별 동작에 맞게 연결하되, 다양한 표현 동작을 학습자 스스로 탐색할 수 있도록 한다. 모둠별 협력 수업을 통해 표현 동작을 공유하고 개선할 수 있도록 운영하고, 동작의 연결, 대형의 선택, 예술적 표현 방법 등 표현 동작과 구성 방법을 설계하며, 작품의 의도와 표현 동작의 심미적 특성을 고려하여 기본적인 감상이 이루어지도록 한다. 특히 모둠별 작품 구성 및 발표 과정에서 발생할 수 있는 안전사고를 예방할 수 있도록 교수・학습을 운영한다.

- 5~6학년군 표현 영역에서는 표현 유형에 따라 심미성을 추구하는 다양한 표현 방식을 존중하는 태도를 기를 수 있도록 한다. 이를 위해 세계 여러 나라의 전통 표현을 체험하면서 문화와 전통의 다양성을 존중하는 다문화 교육과 연계하여 운영할 수 있다.

- 5~6학년군 표현 영역에서는 표현 활동 유형별 움직임 기술의 공통점과 차이점에 관한 이해, 유형별 특성을 반영한 움직임 기술의 표현 능력, 작품을 구성하고 감상할 수 있는 능력, 다양한 표현 활동 유형을 수용하는 태도와 움직임 표현의 아름다움을 추구하는 태도를 균형 있게 평가한다.

- 스포츠 표현은 움직임 기술의 수행과 함께 심미적 표현 능력, 전통 표현에서는 표현에 담긴 문화적 특성을 이해하고 동작을 구성하여 발표하는 능력, 현대 표현에서는 타인의 작품을 공감하고 자신의 생각과 감정을 자유롭게 표현하며 감상하는 능력을 종합적으로 평가한다.

─5~6학년군 표현 영역에서 표현 활동 유형별 의미와 특성에 관한 지식은 단순 지필평가보다는 유형별 표현 활동 과정에서의 이해력을 평가한다. 유형별 움직임 표현 능력은 표현 동작 평가, 관찰 평가, 동료 평가, 포트폴리오 평가 등을 활용하며, 유형별 특성이 잘 드러나도록 표현 방법의 선택, 수행, 구성 및 감상의 과정을 종합적으로 평가한다. 가치·태도에 관한 평가는 다양한 표현 활동 유형을 수용하고 표현 유형별 움직임의 아름다움을 추구하는 태도를 확인할 수 있는 관찰 평가, 개인일지, 감상문 등의 평가 방법을 활용한다.

🔍 초등학교 5~6학년군의 신체활동 예시

영역	세부 영역	신체활동 예시
운동	건강 체력 및 운동 체력	• 건강체력 관련 운동(근력, 근지구력, 심폐지구력, 유연성 운동 등) • 운동체력 관련 운동(순발력, 민첩성, 평형성, 협응성 운동 등)
	성장 및 안전 활동	• 성장 관련 활동(신체 변화 및 제2차 성징 이해 활동, 감정 수용 및 조절 활동, 관계 형성 활동, 성 건강 활동 등) • 안전 활동(운동 관련 안전사고 예방 및 대처 활동, 생활 안전사고 예방 및 대처 활동, 자연환경 변화 대처 활동 등)
스포츠	기술형 스포츠 유형별 활동	• 기록형(육상 활동, 경영 활동, 빙상 활동, 표적 활동 등) • 동작형(매트 활동, 뜀틀 활동, 평균대 활동 등) • 투기형(태권도 활동, 씨름 활동 등)
	전략형 스포츠 유형별 활동	• 영역형(축구형 게임, 농구형 게임, 핸드볼형 게임, 럭비형 게임, 하키형 게임 등) • 필드형(야구형 게임 등) • 네트형(배구형 게임, 배드민턴형 게임, 족구형 게임, 탁구형 게임, 테니스형 게임 등)
	생태형 스포츠 유형별 활동	• 생활환경형(골프형 활동, 플라잉디스크형 활동, 자전거타기형 활동, 인라인스케이팅 활동, 스포츠클라이밍 활동, 민속놀이 등) • 자연환경형(오리엔티어링, 등산 활동, 캠핑 활동, 수상 활동, 설상 활동, 승마 활동 등)
표현	스포츠 표현 활동	• 창작체조 활동, 음악줄넘기 활동 등
	전통 표현 활동	• 우리나라의 민속무용 활동, 외국의 민속무용 활동 등
	현대 표현 활동	• 라인댄스 활동, 댄스스포츠 활동, 스트리트댄스 활동 등

ⓒ 중학교 1~3학년

ⓐ 운동

> [9체01 − 01] 체력 증진의 의미를 이해하고 원리를 분석한다.
> [9체01 − 02] 자신의 체력 수준에 맞는 체력 증진 운동을 실천한다.
> [9체01 − 03] 체력 관리의 의미를 이해하고 원리를 분석한다.
> [9체01 − 04] 자신의 체력을 진단하고 적합한 체력 관리 방법을 실천한다.
> [9체01 − 05] 운동 처방의 의미를 이해하고 원리를 분석한다.
> [9체01 − 06] 자신의 신체 조건이나 체력에 맞게 운동 처방 계획을 수립하고 안전하게 실천한다.
> [9체01 − 07] 신체 건강의 의미를 이해하고 신체 건강 활동의 종류와 특성을 분석한다.
> [9체01 − 08] 자신에게 적합한 신체 건강 활동 방법을 실천한다.
> [9체01 − 09] 정신 건강의 의미를 이해하고 정신 건강 활동의 종류와 특성을 분석한다.
> [9체01 − 10] 자신에게 적합한 정신 건강 활동 방법을 실천한다.
> [9체01 − 11] 사회적 건강의 의미를 이해하고 사회적 건강을 위한 활동의 종류와 특성을 분석한다.
> [9체01 − 12] 사회적으로 적합한 건강 활동 방법을 실천한다.
> [9체01 − 13] 체력 운동을 하며 실천 의지와 인내심을 보이고 자기 주도적으로 문제를 해결한다.
> [9체01 − 14] 건강 활동을 자율적으로 실천하며 자신과 공동체에 대한 안전을 추구한다.

• 성취기준 해설

‒ [9체01-01]은 체력 증진의 의미와 원리를 이해함으로써 효과적으로 체력 운동을 계획하기 위해 설정하였다. 체력 증진에 작용하는 과부하의 원리, 개별성의 원리, 점진성의 원리 등의 개념을 이해하고 분석하도록 한다.

‒ [9체01-02]는 체력 증진 원리에 따라 체력 요소별 운동 방법을 자신의 체력 수준에 적합하게 실천하기 위해 설정하였다. 체력 요소별로 심화된 수준의 체력 운동 방법을 이해하고 실천하도록 한다.

‒ [9체01-03]은 체력 관리의 의미와 원리를 이해함으로써 효과적으로 자신의 체력 관리 방법을 계획하기 위해 설정하였다. 일상생활에서 체력을 유지하거나 증진하는 데 필요한 주 단위의 유산소성 운동, 유연성 운동, 근력 및 근지구력 운동, 좌식 생활 최소화 등 체력 관리의 기본 원리를 이해하고 분석하도록 한다.

‒ [9체01-04]는 일상생활에서 체력 관리 원리에 따라 체력 운동을 실천하기 위해 설정하였다. 일상생활에서 스스로 체력을 진단한 후 계획, 실행, 평가의 절차에 따라 체력 관리에 필요한 운동을 습관화하도록 한다.

‒ [9체01-05]는 운동 처방의 의미와 구성 요소를 이해함으로써 체력 증진 목표와 수준에 따라 맞춤형 운동 처방을 계획하기 위해 설정하였다. 운동 빈도, 운동 강도, 운동 시간, 운동 형태 등의 요소를 이해하고 각 요소가 운동 처방에 어떻게 활용되는지를 이해하고 분석하도록 한다.

- [9체01-06]은 운동 처방 원리에 따라 자신의 신체 조건이나 체력에 맞는 맞춤형 운동 처방을 실천하기 위해 설정하였다. 자신의 체격과 체력 발달 수준 검사, 운동 처방 목적 등을 고려하여 내용 설계, 실행, 평가 단계에 맞춰 운동 처방 프로그램을 안전하게 실천하도록 한다.
- [9체01-07]은 신체 건강을 유지하기 위한 활동을 이해함으로써 신체적으로 건강한 생활을 계획하기 위해 설정하였다. 운동 습관, 식이 관리, 약물과 기호품 관리, 질병 예방 등 신체 건강에 영향을 미치는 다양한 활동과 실천 방법, 효과 등을 이해하고 분석하도록 한다.
- [9체01-08]은 자신에게 필요한 신체 건강 활동을 실천하기 위해 설정하였다. 걷기, 스트레칭 등의 운동, 바른 자세, 올바른 식생활 및 기호품 관리, 약물 오남용 예방, 질병 예방 활동 등의 건강 활동을 일상생활에서 지속해서 실천하도록 한다.
- [9체01-09]는 정신 건강을 유지하기 위한 활동을 이해함으로써 정서적, 심리적으로 건강한 생활을 계획하기 위해 설정하였다. 스트레스 및 감정 조절 등 정신 건강에 영향을 미치는 다양한 활동과 실천 방법 및 효과 등을 이해하고 분석하도록 한다.
- [9체01-10]은 자신에게 필요한 정신 건강 활동을 실천하기 위해 설정하였다. 호흡법, 근육 이완법, 요가, 필라테스 등의 건강 활동을 일상생활에서 지속해서 실천하도록 한다.
- [9체01-11]은 사회적 건강을 유지하기 위한 활동을 이해함으로써 사회 구성원으로서 건강하고 안전한 생활을 계획하기 위해 설정하였다. 양성평등 및 성 건강, 생활 안전 등 가정, 학교, 지역사회 공동체에서 자신과 타인, 집단의 건강한 생활에 필요한 방법을 이해하고 분석하도록 한다.
- [9체01-12]는 사회 구성원에게 필요한 건강 활동을 실천하기 위해 설정하였다. 양성평등 및 성 건강 관련 활동, 생활 안전 활동, 재난·재해 예방 및 대처 활동, 응급처치 활동 등을 일상생활에서 지속해서 실천하며 긍정적인 사회적 관계를 형성해 나가도록 한다.
- [9체01-13]은 체력 운동을 지속해서 실천하기 위해 설정하였다. 체력 운동 과정에서 발생할 수 있는 시간적, 공간적 제약과 개인의 의지 등의 문제를 이겨내고 목표와 활동 방법을 주어진 환경에 맞게 수정하여 자기 주도적으로 활동을 지속하도록 한다.
- [9체01-14]는 건강 활동을 자율적으로 실천하는 능력을 기르기 위해 설정하였다. 자신의 건강뿐만 아니라 타인과의 관계, 사회 전체의 건강한 환경 조성을 위한 바람직한 태도를 실천하도록 한다. 개인의 자율성과 주도성을 바탕으로 공동체의 건강을 위해 타인과 함께 건강하고 안전한 환경을 조성하는 일에 적극적으로 참여하도록 한다.

- 성취기준 적용 시 고려 사항
  - 중학교 1~3학년군 운동 영역에서는 초등학교에서 학습한 체력과 건강의 기본 지식, 운동 및 활동 방법, 태도를 심화하여 자신에게 적합한 운동을 체계적이고 자기 주도적으로 계획하고 실천할 수 있도록 교수·학습을 운영한다. 또한 신체적, 정신적, 사회적 건강 활동에 참여하며 건강한 생활 습관을 형성함으로써 개인의 심신 건강 및 사회적 건강 활동을 일상생활에서 꾸준하게 실천할 수 있도록 교수·학습을 운영한다.
  - 체력 운동은 다양한 체력 증진과 관리의 원리를 충분히 이해하고 자신의 체력 수준을 파악하여 적합한 운동 방법을 개인 또는 모둠별로 탐색하고 실천할 수 있도록 교수·학습을 운영한다. 건강 활동에서는 개인의 신체적, 정신적 건강 증진과 더불어 사회적 건강 증진을 통해 민주시민으로서의 태도를 기르고 안전한 환경을 조성한다.
  - 체력 운동의 원리와 건강 활동을 분석할 수 있도록 수업을 운영한다. 체력과 건강을 증진 및 관리하기 위한 운동과 활동 방법을 탐색하고 실천하는 과정에서 개별 체력 수준이나 신체 조건에 따라 자신에게 적합한 운동 방법을 선택하고 증진할 수 있도록 하며, 일상생활에서 쉽게 이용할 수 있는 용·기구, 시설을 활용한다. 또한 체력과 건강을 측정, 관리, 평가하는 과정에서 다양한 디지털 도구와 프로그램을 자기 주도적으로 활용하도록 한다. 체력과 건강의 중요성을 올바르게 인식하고 신체적, 정신적, 사회적 건강이 균형 있게 증진될 수 있도록 하며, 체력과 건강 수준의 차이로 인해 수업에서 소외되는 학습자가 없도록 한다.
  - 개인의 건강과 공동체의 안전한 환경 조성에 관한 다양한 주제, 사회적 쟁점과 문제에 대해 자기 생각을 적극적으로 표현하고 토론하도록 유도하며 건강 관련 문제를 함께 이해하고 해결하는 태도를 학습하도록 한다.
  - 중학교 1~3학년군 운동 영역에서는 체력 운동의 원리와 방법, 건강의 의미와 종류 및 특성을 분석할 수 있는 이해력, 체력과 건강을 증진하고 관리하기 위하여 자신에게 적합한 운동을 계획하고 지속해서 실천할 수 있는 건강 관리 능력, 체력 운동과 건강 활동의 가치를 생활 속에서 실천할 수 있는 능력을 균형 있게 평가한다.
  - 체력 운동에서는 체력 증진, 체력 관리, 운동 처방의 원리에 대한 올바른 이해와 적합한 운동 방법을 적용하여 실천하는 것에 중점을 두어 평가한다. 건강 활동에서는 건강의 의미에 대한 이해와 건강 증진에 필요한 활동을 규칙적으로 실천하는 데 중점을 두어 평가한다. 특히 체력과 건강 증진에 대한 실천 의지와 인내심을 가지고 자기 주도적으로 운동하는 태도를 평가한다.

– 중학교 1~3학년군 운동 영역 지식에 관한 이해력은 탐구 보고서 등을 활용하여 실생활과 연계된 내용을 평가하고, 건강 관리 능력은 체력 및 건강 수준을 스스로 점검하고 확인할 수 있는 체크리스트나 운동 및 건강 실천 포트폴리오 등을 활용하여 과정을 중시하는 평가가 이루어지도록 한다. 영역별 가치·태도의 실천 능력은 활동 일지, 활동 영상 제작 등 학습자 수준에 적합하고 흥미 있는 평가 방법을 활용한다.

ⓑ 스포츠

[9체02 - 01] 동작형 스포츠의 역사와 특성을 탐색하고 비교한다.
[9체02 - 02] 동작형 스포츠의 수행 원리를 적용하여 경기 기능을 수련하고 향상한다.
[9체02 - 03] 동작형 스포츠의 경기 방법을 이해하고 경기 전략을 상황에 맞게 활용하며 안전하게 경기한다.
[9체02 - 04] 기록형 스포츠의 역사와 특성을 탐색하고 비교한다.
[9체02 - 05] 기록형 스포츠의 수행 원리를 적용하여 경기 기능을 수련하고 향상한다.
[9체02 - 06] 기록형 스포츠의 경기 방법을 이해하고 경기 전략을 상황에 맞게 활용하며 안전하게 경기한다.
[9체02 - 07] 투기형 스포츠의 역사와 특성을 탐색하고 비교한다.
[9체02 - 08] 투기형 스포츠의 수행 원리를 적용하여 경기 기능을 수련하고 향상한다.
[9체02 - 09] 투기형 스포츠의 경기 방법을 이해하고 경기 전략을 상황에 맞게 활용하며 안전하게 경기한다.
[9체02 - 10] 영역형 스포츠의 역사와 특성을 탐색하고 비교한다.
[9체02 - 11] 영역형 스포츠의 수행 원리를 적용하여 경기 기능을 수행하고 향상한다.
[9체02 - 12] 영역형 스포츠의 경기 방법을 이해하고 경기 전략을 활용하며 안전하게 경기한다.
[9체02 - 13] 필드형 스포츠의 역사와 특성을 탐색하고 비교한다.
[9체02 - 14] 필드형 스포츠의 수행 원리를 적용하여 경기 기능을 수행하고 향상한다.
[9체02 - 15] 필드형 스포츠의 경기 방법을 이해하고 경기 전략을 활용하며 안전하게 경기한다.
[9체02 - 16] 네트형 스포츠의 역사와 특성을 탐색하고 비교한다.
[9체02 - 17] 네트형 스포츠의 수행 원리를 적용하여 경기 기능을 수행하고 향상한다.
[9체02 - 18] 네트형 스포츠의 경기 방법을 이해하고 경기 전략을 활용하며 안전하게 경기한다.
[9체02 - 19] 생활환경형 스포츠의 역사와 특성을 탐색하고 비교한다.
[9체02 - 20] 생활환경형 스포츠의 수행 원리를 적용하여 기능을 수행하고 향상한다.
[9체02 - 21] 생활환경형 스포츠의 활동 방법을 이해하고 활동 전략을 활용하며 안전하게 경기한다.
[9체02 - 22] 자연환경형 스포츠의 역사와 특성을 탐색하고 비교한다.
[9체02 - 23] 자연환경형 스포츠의 수행 원리를 적용하여 기능을 수행하고 향상한다.
[9체02 - 24] 자연환경형 스포츠의 활동 방법을 이해하고 활동 전략을 활용하며 안전하게 경기한다.
[9체02 - 25] 스포츠의 연습과 경기 과정에서 인내심을 발휘하여 적극적으로 도전한다.
[9체02 - 26] 스포츠의 연습과 경기 과정에서 구성원 간에 서로 신뢰하며 팀 목표를 달성하기 위해 노력하고 경기 예절을 갖추며 정정당당하게 참여한다.
[9체02 - 27] 스포츠 환경에 대한 친화적 태도와 지속가능한 스포츠 환경을 만들기 위한 공동체 의식을 발휘한다.

• 성취기준 해설

- [9체02-01, 04, 07]은 기술형(동작형, 기록형, 투기형) 스포츠의 역사와 특성을 이해함으로써 유형별 스포츠를 분류하고 종목별 공통점과 차이점을 구분하기 위해 설정하였다. 유형별 스포츠 종목별로 유래와 변천 과정, 인물, 기록, 사건 등을 탐색하고, 경기 방법과 전략 등의 특성을 비교하고 분석하도록 한다.

- [9체02-02, 05, 08]은 기술형(동작형, 기록형, 투기형) 스포츠의 수행 원리를 적용하여 경기 기능을 효율적으로 수행하기 위해 설정하였다. 유형별 스포츠의 경기 기능을 단계적으로 연습하면서 안정적으로 경기 기능을 수행할 수 있도록 문제점을 발견하고 향상하도록 한다.

- [9체02-03]은 동작형 스포츠의 경기 방법을 이해하고, 자신과 팀의 경기 능력, 시설 및 용・기구 등을 파악하여 경기 상황에 맞게 경기 전략을 활용하기 위해 설정하였다. 동작형 스포츠 경기를 수행하며 동작의 완성도에 중점을 두고, 경기 과정에서 공중 동작, 착지 중 낙상 등 운동으로 인한 손상 없이 안전하게 경기하며 사고 발생 시 신속하게 대처하도록 한다.

- [9체02-06]은 기록형 스포츠의 경기 방법을 이해하고, 상대 선수와 팀의 경기 능력, 시설 및 용・기구, 기후 조건 등을 파악하여 경기 상황에 맞게 경기 전략을 활용하기 위해 설정하였다. 기록형 스포츠 경기를 수행하며 기록 향상에 중점을 두고, 경기 과정에서 질주나 착지 중 낙상, 특정 근육의 집중적인 사용 등으로 인한 운동 손상 없이 안전하게 경기하며 사고 발생 시 신속하게 대처하도록 한다.

- [9체02-09]는 투기형 스포츠의 경기 방법을 이해하고, 상대 선수와 팀의 경기 능력, 시설 및 용・기구 등을 파악하여 공격과 방어에 적합한 경기 전략을 활용하기 위해 설정하였다. 투기형 스포츠 경기를 수행하며 상대의 기술에 맞서 겨루는 데 중점을 두고, 경기 과정에서 신체 접촉이나 타격 등으로 인한 운동 손상 없이 안전하게 경기하며 사고 발생 시 신속하게 대처하도록 한다.

- [9체02-10, 13, 16]은 전략형(영역형, 필드형, 네트형) 스포츠의 역사와 특성을 이해함으로써 유형별 스포츠를 분류하고 종목별 공통점과 차이점을 구분하기 위해 설정하였다. 유형별 스포츠와 종목별로 유래와 변천 과정, 인물, 기록, 사건 등을 탐색하고, 경기 방법과 전략 등의 특성을 비교하고 분석하도록 한다.

- [9체02-11, 14, 17]은 전략형(영역형, 필드형, 네트형) 스포츠의 수행 원리를 적용하여 경기 기능을 효율적이고 안정적으로 수행하기 위해 설정하였다. 유형별 스포츠의 경기 기능을 다양하고 복합적으로 연계하여 연습하면서 효율적으로 경기 기능을 수행할 수 있도록 문제점을 발견하고 향상하도록 한다.

- [9체02-12]는 영역형 스포츠의 경기 방법을 이해하고, 공격 및 수비 전략을 선수와 팀의 특성에 맞게 선택하여 경기 상황에서 팀원과 상호작용하며 상대의 영역에 침범하여 득점할 수 있는 전략을 활용하기 위해 설정하였다. 영역형 스포츠 경기를 수행하며 팀의 전략을 구상하는 데 중점을 두며, 경기 과정에서 상대와의 신체 접촉이나 충돌 등으로 인한 운동 손상 없이 안전하게 경기하며 사고 발생 시 신속하게 대처하도록 한다.

- [9체02-15]는 필드형 스포츠의 경기 방법을 이해하고, 공격 및 수비 전략을 선수와 팀의 특성에 맞게 선택하여 실제 경기 상황에서 팀원과 상호작용하며 공을 던지고 받거나 타격하여 득점할 수 있는 전략을 활용하기 위해 설정하였다. 필드형 스포츠 경기를 수행하며 공격과 수비 역할 수행에 중점을 두며, 경기 과정에서 상대와의 신체 접촉이나 용·기구와의 충돌 등으로 인한 운동 손상 없이 안전하게 경기하며 사고 발생 시 신속하게 대처하도록 한다.

- [9체02-18]은 네트형 스포츠의 경기 방법을 이해하고, 단식과 복식, 공격 및 수비 전환 시기 등의 경기 전략을 상황에 맞게 선택하여, 경기 상황에서 상대가 공을 받아넘기지 못하는 경기 전략을 활용하기 위해 설정하였다. 네트형 스포츠 경기를 수행하며 팀원과 호흡하여 공격과 수비를 빠르게 전환하는 데 중점을 두며, 경기 과정에서 구성원이나 용·기구와의 충돌, 점프와 착지 등으로 인한 운동 손상 없이 안전하게 경기하며 사고 발생 시 신속하게 대처하도록 한다.

- [9체02-19, 22]는 생태형(생활환경형, 자연환경형) 스포츠의 역사와 특성을 이해함으로써 주변 생활과 환경에서 즐길 수 있는 다양한 스포츠의 종목별 공통점과 차이점을 구분하기 위해 설정하였다. 생태형 스포츠 유형과 종목별로 유래와 변천 과정, 인물, 기록, 사건 등을 탐색하고, 유형별 경기 방법과 전략 등의 특성을 비교하고 분석하도록 한다.

- [9체02-20, 23]은 생태형(생활환경형, 자연환경형) 스포츠의 수행 원리를 적용하여 활동 기능을 생활환경 및 자연환경 조건에 적합하게 수행하기 위해 설정하였다. 스포츠의 기능을 다양한 생활공간과 기구를 활용하거나(생활환경형), 다양한 자연과 기후를 고려하여(자연환경형) 연습하면서 효율적으로 기능을 수행할 수 있도록 환경에 적응하며 발전시키도록 한다.

- [9체02-21]은 생활환경형 스포츠의 활동 방법을 이해하고 활동 상황에서 생활환경 조건을 고려한 활동 전략을 활용하기 위해 설정하였다. 가정, 집 주변, 지역사회 등의 생활환경에서 활동하며 공간, 시설 등의 환경 조건을 파악하는 데 중점을 둔다. 생활환경형 스포츠 실천 과정에서 물리적 환경에 대한 부적응, 환경의 불안정성 등으로 인한 운동 손상 없이 안전하게 활동하며 사고 발생 시 신속하게 대처하도록 한다.

- [9체02-24]는 자연환경형 스포츠의 활동 방법을 이해하고 활동 상황에서 자연 환경과 생태 문화를 고려한 활동 전략을 활용하기 위해 설정하였다. 산, 강이나 바다, 하늘 등의 자연환경에서 활동하며 날씨, 장비 등의 환경 조건을 파악하는 데 중점을 둔다. 자연환경형 스포츠 실천 과정에서 기후나 자연환경의 변화, 용·기구의 불안정성 등으로 인한 운동 손상 없이 안전하게 활동하며 사고 발 생 시 신속하게 대처하도록 한다.

- [9체02-25]는 스포츠의 연습 및 경기 과정의 어려움을 극복함으로써 스포츠에 대한 도전 정신을 기르기 위해 설정하였다. 스포츠 유형별 기능의 연습 및 활동 과정에서 자신 혹은 공동으로 설정한 목표를 달성하기 위해 자기 주도적으로 참여하고 인내하며 한계를 극복하도록 한다.

- [9체02-26]은 스포츠의 연습 및 경기 과정에서 서로 믿고 정정당당하게 최선을 다하며 도전적인 태도를 기르기 위해 설정하였다. 구성원을 존중하고 팀의 공 동 목표를 위해 끝까지 노력하며, 경기에 대한 열정을 갖고 상대와 심판, 관중 앞에서 공정하고 품위 있게 경기하도록 한다.

- [9체02-27]은 스포츠 환경에 대한 생태전환적 태도를 기르기 위해 설정하였다. 스포츠의 연습 및 활동 과정에서 여러 환경 문제를 인식하고 구성원과 함께 개 선하려는 공동체 의식을 보이며, 스포츠 환경에 대한 친화적인 태도로 활동하 도록 한다.

• 성취기준 적용 시 고려 사항

- 중학교 1~3학년군 스포츠 영역에서는 초등학교에서 학습한 스포츠의 기본 지 식과 기능, 태도를 바탕으로 기술형, 전략형, 생태형 스포츠 유형별로 역사와 특성, 경기 기능과 수행 원리, 경기 방법과 전략 수준으로 심화하여 학습하도록 한다. 특히 스포츠 활동 과정에서 타인 및 공동체와의 상호작용을 통해 민주시 민 의식과 생태적 가치를 실천하고, 자기 주도적인 학습을 통해 움직임 및 기본 기능을 스포츠 유형별 경기 기능으로 발전시키며 일상생활에서 스포츠 활동을 꾸준히 실천할 수 있도록 교수·학습을 운영한다.

- 기술형 스포츠에서는 자신과 타인의 수준을 파악하여 체계적으로 목표를 계획 하고 성취할 수 있도록 자기 주도적인 학습과 개인 또는 모둠별로 수준별, 맞춤 형 교수·학습이 이루어지도록 한다. 전략형 스포츠에서는 팀의 공동 목표를 구성원과 협업하며 달성하기 위하여 협력 학습이 이루어지도록 한다. 생태형 스포츠에서는 지속가능한 환경을 위한 스포츠 활동을 위해 지역사회 스포츠 자원을 활용한 실생활 실천 중심의 학습을 강조하고 안전에 유의한다.

- 스포츠 유형 및 종목별 특성을 구분하고 다양한 측면에서 스포츠 문화를 분석할 수 있도록 수업을 운영한다. 스포츠의 경기 기능을 수행 원리에 맞게 연습하는 과정에서 자기 주도적으로 문제를 해결하고 학습자 중심의 교수·학습 방법을 활용하며, 스포츠 경기를 하며 모둠별 협력 학습을 통해 창의적인 전략을 적용한다. 학습 과정에서 학습자의 변형게임이나 뉴스포츠 경기를 활용하여 흥미와 성취의식을 높이고 경기 기능을 향상하도록 연계할 수 있다. 또한 디지털 도구를 활용하여 기능을 분석하고 체계적으로 개선할 수 있도록 하며, 가상현실이나 인공지능을 활용한 스포츠 게임 기술을 활용하여 스포츠 경기 수행 능력을 확장하도록 교수·학습을 운영할 수 있다.

- 스포츠 유형별 문화적(국가, 인종, 성별, 연령, 환경 등) 차이와 시대적 변화를 이해하고, 인간과 생태계가 상호 공존하는 환경 속에서 신체활동을 실천하며 더불어 살아가는 민주시민으로서의 태도를 학습하도록 한다. 또한 스포츠 영역에서는 교내외 체육 시설 이용에 따른 안전사고를 예방할 수 있도록 교수·학습을 운영한다.

- 중학교 1~3학년군 스포츠 영역에서는 스포츠 유형별 역사와 특성, 경기 기능과 수행 원리, 경기 방법 및 전략, 스포츠 활동의 가치에 관한 이해력, 경기 기능과 전략을 정확하고 효율적으로 수행할 수 있는 경기 수행 능력, 연습과 경기 과정에서 바람직한 스포츠의 가치와 태도를 실천할 수 있는 능력을 균형 있게 평가한다.

- 기술형 스포츠에서는 목표 설정과 단계적 성장 과정을 종합적으로 평가하며, 체력, 신체 특성 등의 개인차와 수준을 고려하여 평가한다. 전략형 스포츠에서는 개인 및 팀의 경기 수행 능력을 실제 경기를 통해 평가하고, 공동체 활동에 필요한 바람직한 태도를 평가한다. 생태형 스포츠에서는 다양한 환경 특성에 적응하고 유연하게 대처할 수 있는 능력을 평가한다.

- 중학교 1~3학년군 스포츠 영역 지식에 관한 이해력은 지필 검사뿐만 아니라 감상 및 분석 보고서, 포트폴리오 등을 활용하여 실생활과 연계된 이해력을 평가하고, 스포츠 경기 수행 능력은 개인별 경기 기능 검사와 함께 팀의 경기 수행 능력 검사 등을 활용하여 과정을 중시하는 평가가 이루어지도록 한다. 영역별 가치·태도 체크리스트나 개인 일지를 통해 스포츠의 가치를 내면화하고 성찰할 수 있도록 평가한다. 특히 디지털 도구를 활용하여 학습자의 학습 과정과 결과를 누적하여 기록함으로써 신체활동 역량을 종합적으로 평가한다.

ⓒ 표현

[9체03 – 01] 스포츠 표현의 역사와 특성을 탐색하고 비교한다.
[9체03 – 02] 스포츠 표현의 원리를 적용하여 동작을 심미적으로 표현한다.
[9체03 – 03] 스포츠 표현의 특성과 원리를 반영한 작품을 창작하고 표현 요소를 고려하여 감상한다.
[9체03 – 04] 전통 표현의 역사와 특성을 탐색하고 비교한다.
[9체03 – 05] 전통 표현의 원리를 적용하여 동작을 심미적으로 표현한다.
[9체03 – 06] 전통 표현의 특성과 원리를 반영한 작품을 창작하고 표현 요소를 고려하여 감상한다.
[9체03 – 07] 현대 표현의 역사와 특성을 탐색하고 비교한다.
[9체03 – 08] 현대 표현의 원리를 적용하여 동작을 심미적으로 표현한다.
[9체03 – 09] 현대 표현의 특성과 원리를 반영한 작품을 창작하고 표현 요소를 고려하여 감상한다.
[9체03 – 10] 움직임을 표현하고 창작하는 과정에서 독창적이고 개방적인 태도를 갖고 표현 활동 작품을 공감하고 비평한다.

• 성취기준 해설
  – [9체03-01, 04, 07]은 표현(스포츠 표현, 전통 표현, 현대 표현)의 역사와 특성을 이해함으로써 표현 활동의 공통점과 차이점을 구분하기 위해 설정하였다. 표현 활동별 유래, 변천, 인물, 기록, 사건 등의 역사와 주제, 동작, 구성, 음악, 의상 등의 표현 요소별 특성을 비교하고 분석하도록 한다.
  – [9체03-02] 스포츠 표현의 원리를 적용하여 역동적이고 아름답게 동작을 표현하고 향상하도록 한다.
  – [9체03-03]은 스포츠 표현의 특성과 원리를 반영한 작품을 창작하고 체계적으로 감상하기 위해 설정하였다. 심미적 표현을 강조하는 스포츠 표현의 특성과 원리, 일련의 창작 과정을 고려하여 개인 또는 모둠별로 작품을 창작하고, 주제, 동작, 구성, 음악, 의상 등의 표현 요소를 고려하여 작품을 감상하도록 한다.
  – [9체03-05]는 전통 표현의 원리를 적용하여 동작을 표현하기 위해 설정하였다. 전통 표현의 원리를 적용하여 자연스럽고 아름답게 동작을 표현하고 향상하도록 한다.
  – [9체03-06]은 전통 표현의 특성과 원리를 반영한 작품을 창작하고 체계적으로 감상하기 위해 설정하였다. 전형적 표현을 강조하는 전통 표현의 특성과 원리, 일련의 창작 과정을 고려하여 개인 또는 모둠별로 작품을 창작하고, 주제, 동작, 구성, 음악, 의상 등의 표현 요소를 고려하여 작품을 감상하도록 한다.
  – [9체03-08]은 현대 표현의 원리를 적용하여 동작을 표현하기 위해 설정하였다. 현대 표현의 원리를 적용하여 자유롭고 아름답게 동작을 표현하고 향상하도록 한다.

- [9체03-09]는 현대 표현의 특성과 원리를 반영한 작품을 창작하고 체계적으로 감상하기 위해 설정하였다. 창조적 표현을 강조하는 현대 표현의 특성과 원리, 일련의 창작 과정을 고려하여 개인 또는 모둠별로 작품을 창작하고, 주제, 동작, 구성, 음악, 의상 등의 표현 요소를 고려하여 작품을 감상하도록 한다.
- [9체03-10]은 표현의 동작 수행, 창작, 감상의 전 과정을 통해 창의성과 비판적 능력을 기르기 위해 설정하였다. 동작 수행 및 창작 과정에서 독창성을 추구하고, 다양한 표현 문화를 수용하여, 작품 감상을 통해 예술적 표현에 대해 공감하고 비판적으로 바라보려는 태도를 함양하도록 한다.

• 성취기준 적용 시 고려 사항

- 중학교 1~3학년군 표현 영역에서는 초등학교에서 학습한 표현의 기본 지식과 기능, 태도를 바탕으로 스포츠 표현, 전통 표현, 현대 표현 유형별로 역사와 특성, 동작과 원리, 창작과 감상 수준으로 심화하여 학습할 수 있도록 한다. 특히 남녀 학습자 모두 흥미를 갖고 활동에 참여할 수 있도록 적절한 신체활동을 선정하고, 기존의 표현 동작을 토대로 자기 주도적인 학습을 통해 창의성을 발휘할 수 있도록 하며, 수행, 창작, 감상이 통합적으로 이루어질 수 있도록 교수·학습을 운영한다.
- 스포츠 표현에서는 동작 습득 자체에 초점을 두기보다는 독창적인 동작을 표현할 수 있도록 학습 과제를 구성하며, 용·기구 안전에 유의한다. 전통 표현에서는 여러 국가나 민족, 지역에서 전통을 존중하고 공감할 수 있도록 직접 체험 외에 보기, 읽기 등의 간접 체험이 이루어지도록 한다. 현대 표현에서는 정형화된 표현 방식에서 벗어나 다양하고 자유로운 움직임을 표현할 수 있도록 개인 또는 모둠별 창작 학습이 이루어지도록 하며, 표현 전반에 대한 직업군을 안내한다.
- 표현 유형 및 활동별 특성을 구분하고 다양한 관점에서 표현 활동을 분석할 수 있도록 수업을 운영한다. 표현의 동작을 표현 원리에 맞게 연습하는 과정에서 자기 주도적으로 문제를 해결하고 동작 수행 능력을 확장할 수 있는 교수·학습 방법을 활용하며, 디지털 도구를 활용하여 동작을 분석하고 체계적으로 개선할 수 있도록 한다. 창작 시 프로젝트식 수업을 통해 생태와 관련한 주제를 제시하거나 디지털 콘텐츠 형태로 작품을 제작할 수 있으며, 감상 시 모든 학습자가 자유롭게 발표하는 기회를 제공한다.
- 중학교 1~3학년군 표현 영역에서는 활동별 역사와 특성, 동작과 원리 등에 관한 이해력, 표현 동작을 원리에 맞게 효과적이고 독창적으로 수행할 수 있는 동작 표현 능력, 창작과 감상의 과정에서 독창성, 개방성, 공감과 비평의식의 가치와 태도 실천 능력을 균형 있게 평가한다.

─ 스포츠 표현에서는 스포츠와 표현 간의 관계, 도구의 특성 등을 고려하여 독창적으로 동작을 표현할 수 있는지를 평가한다. 전통 표현에서는 전통 표현의 특성과 원리가 반영된 작품을 창작하고, 다양한 표현 문화에 대해 열린 태도를 나타내는지를 평가한다. 현대 표현에서는 자기 생각과 감정을 동작과 작품으로 자유롭게 표현하고, 자신이나 타인의 작품을 비판적으로 감상할 수 있는지를 평가한다.

─ 중학교 1~3학년군 표현 영역 지식에 관한 이해력은 지필 검사뿐만 아니라 보고서, 감상문, 포트폴리오 등을 활용하여 실생활과 연계된 이해력을 평가하고, 동작 표현 능력을 객관적으로 판단하기 위해 개인 혹은 모둠별 표현 동작 평가, 창작 과제 평가, 실제 평가 등을 활용하되 체크리스트 등의 도구를 통합적으로 활용함으로써 평가의 신뢰도와 타당도를 확보한다. 또한 독창성, 개방성, 공감과 비평의식 등의 가치·태도를 평가하기 위해서는 활동 일지, 감상문, 창작보고서 등을 통해 표현의 가치를 내면화하고 성찰하도록 한다. 특히 디지털 도구를 활용하여 학습자의 학습 과정과 결과를 누적하여 기록함으로써 표현 능력을 종합적으로 평가한다.

🔍 **중학교 1~3학년군의 신체활동 예시**

영역	세부 영역		신체활동 예시
운동	체력 운동	체력 증진	• 유산소성 운동, 저항성 운동, 복합 운동, 순환 운동, 플라이오메트릭 운동 등
		체력 관리	• 체력 측정, 체력 운동 프로그램 설계 및 실행, 체력 평가 등
		운동 처방	• 체력 강화 처방 운동, 체중 조절 처방 운동, 자세 교정 처방 운동 등
	건강 활동	신체 건강 활동	• 건강 운동, 식이 관리 활동, 약물과 기호품 관리 활동, 질병 예방 활동 등
		정신 건강 활동	• 스트레스 및 감정 조절 활동(호흡법, 근육이완법, 요가, 필라테스 등)
		사회적 건강 활동	• 양성평등 및 성 건강 관련 활동, 생활 안전 활동, 재난·재해 예방 및 대처 활동, 응급처치 활동 등

스포츠	기술형 스포츠	동작형 스포츠	• 마루, 평균대, 철봉, 도마 등
		기록형 스포츠	• 육상, 경영, 스피드스케이팅, 국궁, 양궁 등
		투기형 스포츠	• 태권도, 택견, 씨름, 레슬링, 유도 등
	전략형 스포츠	영역형 스포츠	• 축구, 농구, 핸드볼, 럭비, 하키 등
		필드형 스포츠	• 야구, 소프트볼 등
		네트형 스포츠	• 배구, 배드민턴, 탁구, 테니스, 족구 등
	생태형 스포츠	생활환경형 스포츠	• 볼링, 인라인스케이팅, 사이클링, 스포츠클라이밍, 플라잉디스크 등
		자연환경형 스포츠	• 골프, 등반, 카약, 래프팅, 스키, 스노보드, 승마 등
표현		스포츠 표현	• 창작체조, 치어리딩, 리듬체조, 피겨스케이팅, 아티스틱스위밍 등
		전통 표현	• 민속무용(탈춤, 농악무, 사자춤, 코로브시카, 플라멩코 등) • 궁중무용(춘앵무, 향발무, 처용무, 발레 등)
		현대 표현	• 현대무용, 댄스스포츠, 라인댄스, 스트리트댄스 등

(3) 교수·학습 및 평가

① 교수·학습

㉠ 교수·학습의 방향

ⓐ 신체활동 역량 함양을 위한 교수·학습: 신체활동 역량의 함양을 위해 영역별 내용 요소를 깊이 있게 경험할 수 있는 다양한 수업 주제와 교수·학습 활동을 선정하고 지도한다. 신체활동을 위한 학습을 통해 신체활동 형식의 움직임 기술, 방법 등을 습득하며 신체활동을 효율적, 심미적으로 수행하고, 신체활동에 관한 학습을 통해 신체활동에 관한 이론적, 경험적 지식을 이해하고 안목을 기르며, 신체활동을 통한 학습에서 자신의 신체활동 경험을 성찰하며 사회 속에서 자신과 타인의 관계를 인식함으로써 신체활동의 의미 있는 가치와 태도를 함양하도록 한다.

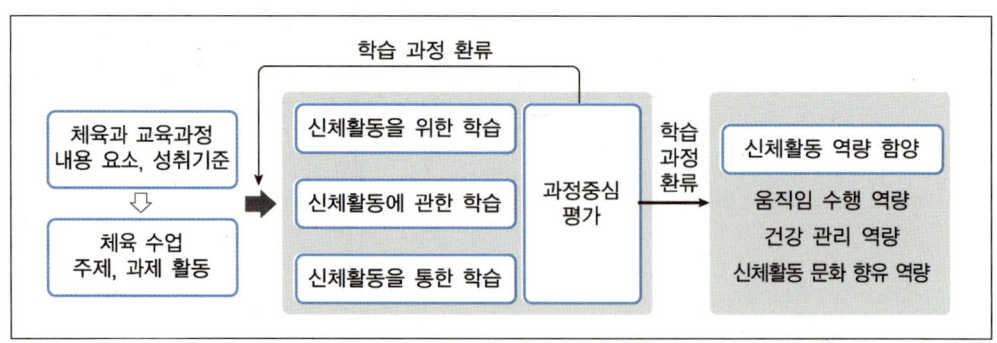

🔍 신체활동 역량 함양을 위한 교수·학습

ⓑ 움직임의 체계적 발달을 위한 교수·학습 : 움직임 수행 역량은 신체활동 역량의 핵심으로, 움직임의 개념적 요소와 기술, 전략을 체계적으로 학습함으로써 발달한다. 이를 위해 움직임 요소를 이해하고, 움직임의 원리를 기술 수행에 적용하여, 다양한 신체활동 상황에서 효과적인 의사결정과 전략을 발휘할 수 있도록 지도한다. 특히 움직임의 지식·이해, 과정·기능, 가치·태도를 학년군에 따라 계열적으로 학습하도록 신체활동의 상황과 조건을 발달 단계에 적합하게 조직하고 지도한다.

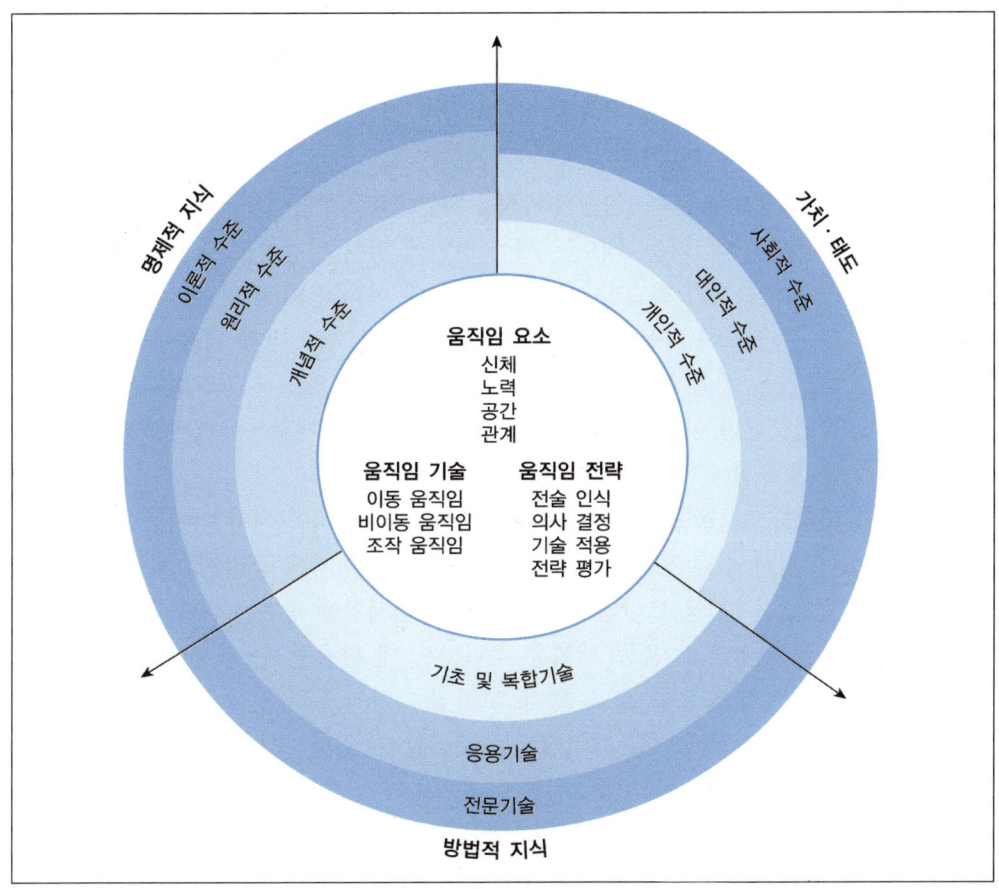

🔍 움직임의 체계적 발달을 위한 교수·학습

ⓒ 자기 주도적 학습을 위한 맞춤형 교수・학습 : 학습자의 자기 주도적 학습을 촉진하기 위해서는 교사에 의해 안내된 학습과 학습자가 직접 설계한 학습을 병행하여 맞춤형 교수・학습이 이루어지도록 한다. 이를 위해 학습자가 스스로 학습 내용을 파악하고, 주어진 과제를 적극적으로 해결할 수 있도록 교수・학습 환경을 조성하며, 학습자의 관심과 특성을 고려한 수준별 과제 제시, 자신감을 높여주는 동기 유발 전략 등을 마련한다. 학습자 스스로 문제를 해결하기 위한 탐구적 교수・학습 자료를 제공하고 신체활동의 적극적인 연습과 교정이 이루어질 수 있도록 학습 과제, 시설 및 기자재를 안전하고 효율적으로 조직한다. 또한 영역과 활동의 특성을 고려하여 적합한 수업 모형 및 전략을 선정하거나 이를 창의적으로 변형함으로써 교수・학습의 타당성을 높인다.

ⓓ 신체활동의 시간적・공간적 확장을 위한 교수・학습 : 체육과 학습을 통해 습득한 신체활동의 지식, 기능, 태도는 생애 전반에 걸쳐 건강하고 행복한 삶의 토대가 된다. 따라서 학습자가 학습한 내용을 학교뿐만 아니라 가정 및 집 주변, 지역사회에서 실천할 수 있도록 자율성과 실천력을 길러주고, 교・내외 체육대회, 학교스포츠클럽 활동, 자율 체육 활동에 적극적으로 참여할 수 있도록 지도한다. 또한 학습자가 해당 학년군뿐만 아니라 생애주기별로 지속해서 신체활동에 참여하며 다양한 문화적 삶을 향유할 수 있도록 안내한다.

ⓔ 디지털 기술을 활용한 효율적 교수・학습 : 체육수업에서 디지털 도구, 매체, 소프트웨어, 영상 자료 등의 기술은 교수・학습 및 평가에 긍정적으로 활용될 수 있다. 예를 들어, 신체활동 모니터 도구로 수집된 신체활동 정보는 학습자가 자신의 신체활동 수준을 확인하고, 운동 계획을 수립하는 데 활용될 수 있으며, 신체활동 참여 동기를 높이는 데 도움을 줄 수 있다. 모바일 기기의 동작 인식 프로그램은 다양한 움직임과 기능 관련 피드백을 효과적으로 제공할 수 있다. 또한 엑서게이밍(exergaming)과 같이 가상현실, 증강현실, 인공지능 기반의 실감형 콘텐츠를 활용한 학습은 학교에서 학습하기 어려운 신체활동 체험을 가능하게 하거나 체험의 질을 확장시켜 줄 수 있다. 특히 디지털 기술은 체육수업 외의 신체활동 관리에 효과적으로 활용될 수 있다. 학습자는 디지털 매체로 전달된 과제를 시・공간의 제약에서 벗어나 확인할 수 있고, 교사는 학습자의 활동 결과를 실시간으로 모니터링하고 피드백할 수 있다. 따라서 학습 과정에서 온・오프라인을 연계하거나 디지털 기술을 활용함으로써 학습자의 신체활동 참여를 촉진하고 효율적인 학습 자료 관리가 이루어지도록 지도한다.

ⓕ 창의성과 인성 함양을 위한 통합적 교수·학습 : 체육과에서는 학습자의 창의성과 인성 함양을 위해 두 가지 측면으로 통합적 교수·학습 활동을 제공한다. 첫째, 학습자가 영역별 내용을 깊이 있게 학습할 수 있도록 직접 체험 활동과 함께 간접 체험 활동을 제공하도록 한다. 즉 신체활동의 직접 체험뿐만 아니라 신체활동과 관련된 다양한 문화 자원을 탐색함으로써 새롭고 창의적인 신체활동을 체험하고, 바람직한 삶의 가치를 느끼고 성찰할 수 있도록 한다. 둘째, 타 교과 및 범교과 학습 주제, 예를 들어 문학 및 예술적 감수성, 과학 및 수학적 분석력, 인성 및 민주시민 의식, 생태전환과 지속 가능한 발전 등의 주제를 체육과 학습 내용과 융합하여 학습함으로써 학습자가 체육과의 학습 내용을 다양한 분야와 연계하여 비판적으로 사고하고, 바람직한 가치 판단과 공동체의 삶의 방식을 폭넓게 수용하고 실천할 수 있도록 지도한다.

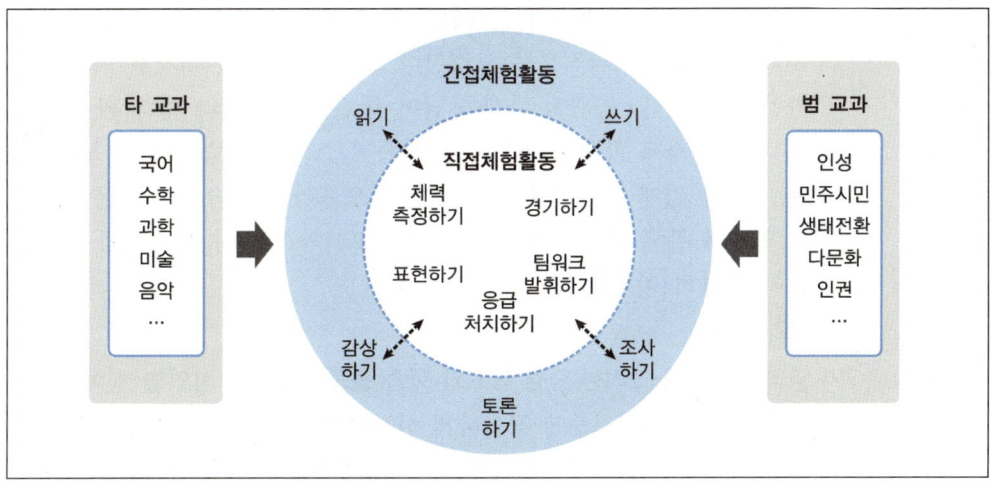

🔍 창의성과 인성 함양을 위한 통합적 교수·학습

ⓛ 교수·학습 방법

ⓐ 교육과정의 운영

• 학년군 단위 교육과정의 운영 : 단위 학교에서는 해당 학년군의 교육과정에서 제시한 모든 영역을 성취기준에 맞게 반드시 지도한다. 체육과의 학습 내용은 학년군 단위로 계획하여 구성하되, 운동, 스포츠, 표현 영역별 학습 내용은 학년별 수준을 고려하여 단위 학교에서 자율적으로 재편성할 수 있다. 이를 위해 학년 또는 체육교과 협의회를 통해 학년군 단위 지도 계획을 수립하고 매년 연계하여 운영한다. 해당 학년군에서 제시된 모든 성취기준이 학습될 수 있도록 해야 하며, 학년별로 영역의 중복 학습이 이루어지지 않도록 한다.

- **연간 교육과정 운영**: 학기 초 단위 학교의 연간 학사 일정을 바탕으로 교내·외 체육 대회, 현장 학습 등의 학교 행사를 사전에 확인하여 수업 가능 일수와 시간을 파악하고, 실제 수업 시수를 바탕으로 수업 활동을 계획한다. 다양한 신체활동 형식의 학습 기회를 보장하기 위해 특정 영역의 내용에 편중되지 않도록 연간 교육 계획을 수립하고 시수를 배정한다. 내용 영역을 통합하여 계획을 수립할 경우, 각 영역의 내용 요소를 누락하지 않아야 하며 영역 설정의 취지를 벗어나지 않는 범위 내에서 통합할 수 있다. 체력 운동 등 장기간의 학습 활동이 필요한 영역은 학기 초와 학기 말에 영역을 나누어 편성하거나 학기 중 주당 1시간을 해당 영역에 편성하는 등 융통성 있게 운영한다.

- **온·오프라인 연계 교육과정의 운영**: 단위 학교에서는 교육환경의 변화에 적극적으로 대응하고 학교 안팎의 신체활동 학습 지원을 위해 온·오프라인을 연계한 교육과정 운영을 적극적으로 고려한다. 교사는 다양한 디지털 매체를 활용해 오프라인 학습의 시·공간적 한계를 넘어, 학습자의 흥미와 체력, 환경 특성 등을 고려한 온라인 과제 활동을 제공하고, 학습자 스스로 학습 과정을 모니터링하여 학습에 책임감 있게 참여하도록 지원한다. 오프라인 학습에서는 온라인 학습 내용과의 연계를 통해 학습 활동을 심화하고 교사와 학습자, 학습자와 학습자 간 상호작용이 충분히 이루어지도록 운영한다.

ⓑ 단원의 운영

- **영역의 특성을 고려한 단원 목표와 학습 활동의 선정**: 영역별 신체활동은 학년군별 내용 요소와 성취기준에 적합하게 선정한다. 단, 학교 여건 및 학습자 수준에 따라 다른 학년군의 신체활동을 선택할 수 있다. 예를 들어, 영역형 경쟁 단원에서 경기 시설 부재 또는 학생 수 부족 등으로 인해 정식 농구 수업이 어려운 경우, 농구형 게임(넷볼, 3 대 3 농구 등)을 선택하거나 경기를 변형하여 운영할 수 있다. 또한 같은 신체활동이라도 영역의 특성과 성취기준에 따라 학습 목표, 학습 내용 및 방법을 다르게 설정하도록 한다. 예를 들어, 기술형 스포츠 영역에서의 달리기는 건강 활동을 위한 달리기와는 다르게 기록 향상을 위한 트레이닝과 경기 수행을 위한 단계별 기능 및 기록 분석, 경기 전략이 강조되도록 한다.

- **학습자 수준을 고려한 교수·학습 활동의 다양화**: 학습자의 사전 학습 경험과 특성 등을 고려하여 학습자 수준에 맞는 교수·학습 활동을 계획하고 운영한다. 학습자의 사전 학습 경험은 수업 내용과 직·간접적으로 관련되는 신체활동의 경험뿐만 아니라 지적, 정서적 경험을 포함한다. 교사는 교수·학습 운영을 계획할 때 체력, 운동 기능, 신체 특성, 문화적 배경 등 학습자의 수준과 사전 학습 경험을 파악하여 평등한 학습 기회를 보장받도록 한다.

- **체육 시설 및 교육환경을 고려한 교수·학습**: 수업에 필요한 시설과 용·기구의 수요를 파악하여 교수·학습 운영에 적합한 환경을 구축해야 한다. 시설 및 용·기구가 부족한 경우, 교육과정의 성취기준과 동일한 교육적 가치와 효과를 가져올 수 있는 용·기구로 대체 또는 보완할 수 있으며, 이를 위해 주변 학교, 지역사회 시설을 이용하는 등의 대안을 마련한다. 이때 교육적 효과와 안전을 충분히 고려하고 학교 및 지역사회 시설 환경에 대한 존중과 생태적 가치를 실천하도록 한다.
- **차시별 수업 내용의 엄선과 위계적 조직**: 단원의 차시별 수업 내용은 영역별 내용 요소와 성취기준에 근거하여 선정하고, 해당 학년군 수준에 적합하게 조직한다. 이를 위해 신체활동의 유형과 종목(활동)이 영역의 성취기준 달성에 필요한 충분한 지식과 활동 내용을 제공할 수 있는지를 고려한다. 또한 차시별 수업 목표와 학습 내용을 교수·학습의 원리에 맞게 조직하기 위해 내용 요소와 학습 과제를 절차적, 위계적으로 분석하도록 한다.

ⓒ 수업의 운영

- **학습 활동의 재구성**: 영역의 특성과 성취기준을 준수하되, 단위 학교별 학습자의 특성 및 학습 환경을 고려하여 학습 활동을 재구성할 수 있다. 예를 들어, 경기장의 형태와 용·기구, 참여 인원과 조직, 경기 규칙 및 방법 등을 변형하여 학습 활동을 유연하게 조직할 수 있다. 학습 활동의 재구성 시 학습자의 의견을 적극적으로 수렴함으로써 참여 동기와 학습 활동에 대한 이해도를 높일 수 있다. 단, 목표 도달의 효과성과 안전성을 충분히 고려하여 학습 활동을 재구성한다.
- **학습 기회의 형평성 제고**: 모든 학습자에게 자기 수준에 맞는 평등한 학습 기회를 제공한다. 평등한 학습 기회는 모든 학습자에게 같은 학습 내용과 방법을 제공하는 것이 아니라, 학습자의 특성과 상황을 고려한 학습 과제를 제공함으로써 학습의 과정과 결과에서 모두 학습자가 목표를 성취하도록 지원하는 것이다. 특히, 체력, 운동 기능, 신체 특성, 문화적 차이로 인해 과제 참여가 제한되지 않도록 해야 한다. 예를 들어, 규칙과 방법을 변형하여 체력 및 운동 기능 수준별로 과제를 다양화하고 장애 유무, 문화의 특수성을 고려하여 시설 및 용·기구를 지원하는 등 개별 특성에 맞는 활동 과제와 환경을 제공한다. 또한 학습 활동에서 다양한 역할을 제시하여 활동에 적극적으로 참여할 수 있게 함으로써 수업에 소외되는 학습자가 없도록 한다.
- **학습자의 효율적 관리와 안전한 수업 분위기 조성**: 학년 또는 학기 초에 수업 규칙을 수립하고 일관성 있게 적용함으로써 학습자를 효율적으로 관리하고 부적절한 행동을 예방한다. 또한 안전사고를 예방하기 위해 안전 수칙과 절차를 마련하고 이를 학습자가 숙지하도록 한다. 신체활동의 특성을 고려한 준비 운동 및 정리 운동을 하고, 수업 전·후 체육 시설 및 장비 점검을 통해 안전사고를 예방한다. 또한 과도한 성취 욕구와 경쟁심으로 인해 운동 손상이나 안전사고가 발생하지 않도록 하며, 수업 과정에서 구성원을 상호 존중하고, 긍정적인 관계를 형성할 수 있도록 한다.

② 평가

㉠ 평가의 방향

ⓐ 신체활동 역량 함양을 위한 종합적 평가 : 신체활동 역량은 지식, 기능, 태도를 포괄하는 총체적 능력이며, 일상생활과 여가활동 등 삶의 다양한 맥락과 밀접하게 관련되어 있다. 따라서 학습의 결과로서 습득한 지식과 기능 그리고 내면화된 가치와 더불어, 학습의 과정에서 나타나는 지식의 이해 양상과 수행 과정, 학습 태도에 관한 능력을 종합적으로 평가할 수 있도록 수행 중심의 평가를 활용한다. 이를 위해 첫째, 평가 내용 측면에서는 내용 영역(운동, 스포츠, 표현)과 범주(지식·이해, 과정·기능, 가치·태도)에 따라 분류된 내용 요소를 균형 있게 평가한다. 둘째, 평가 방법 측면에서는 학습의 결과와 과정을 평가할 수 있도록 실제 맥락에서의 수행 능력을 평가한다. 셋째, 평가 도구 측면에서는 신체활동 역량의 성취 정도를 직·간접적으로 파악하고, 특히 인지적, 정의적 영역의 경우 서술형, 논술형, 보고서 등의 평가 도구를 다양하게 활용한다.

ⓑ 학습자의 성장 과정을 반영한 다양한 평가 : 학습자는 신체활동을 통해 체형, 체력, 운동 기능, 인성, 개념 등 다양한 측면으로 성장할 수 있다. 따라서 교사는 학습자의 성장을 다면적으로 평가해야 한다. 첫째, 학습 경험을 수업 전, 중, 후로 평가하여 학습자의 학습 과정을 지원한다. 일회성 평가를 지양하고, 교육의 목표와 내용, 교수·학습 및 평가의 일관성을 고려하여 학습 과정을 지속해서 평가함으로써 학습 결과뿐만 아니라 학습 과정에서 나타나는 학습자의 변화를 학습 활동 및 개선 자료로 활용한다. 둘째, 학습자의 성취수준은 교사뿐만 아니라 동료 학습자, 학습자 자신 등 다양한 주체가 평가하도록 한다. 셋째, 체육수업은 인지적, 심동적, 정의적 학습 맥락에서 이루어지기 때문에, 각 학습 맥락에서 나타나는 학습자 경험을 다양한 평가 방법 및 도구를 활용하여 평가하도록 한다. 이때, 다양한 디지털 매체를 활용하여 학습자가 자신의 학습 경험을 기록하고, 체계적으로 관리하도록 한다.

ⓒ 학습자의 수준을 고려한 맞춤형 평가 : 학습자의 신체활동에 대한 흥미와 동기, 체력, 기능 등의 수준을 고려하여 교사는 단원이나 수업의 출발점 단계에서 학습자 수준을 파악하고 이를 학습의 과정과 결과에 반영함으로써 학습자 수준을 고려한 맞춤형 평가를 시행한다. 즉 학습자의 출발점 수준에 따라 학습 과정을 체계적으로 관찰하고, 개인별 수준을 고려하여 학습을 통해 도달해야 하는 성취기준을 융통성 있게 설정할 수 있다. 학습자는 맞춤형 평가를 통해 자기 수준에 적합한 다양하고 구체적인 피드백을 제공 받을 수 있으며, 자신의 성취수준을 파악함으로써 학습에 대한 흥미와 동기를 유지할 수 있다.

ⓛ 평가 방법

ⓐ 평가 내용 선정

- 평가 범위는 교수·학습 활동을 통해 지도된 전 영역을 대상으로 하되, 내용 영역에 따라 평가 비중을 달리할 수 있다. 단, 평가 내용의 균형성을 고려하여 특정 영역에 편중되지 않도록 한다.
- 평가 내용에는 수업 목표와 학습 내용에 제시된 지식·이해, 과정·기능, 가치·태도 요소를 균형 있게 포함한다.
- 평가의 주체를 고려하여 평가 내용을 선정한다. 동료 또는 자기 평가와 같이 학습자가 주체가 된 평가를 할 경우, 평가의 목적에 부합하도록 평가 내용을 선별하고 구체적인 성취수준을 제공한다.

ⓑ 성취기준 및 성취수준 선정

- 평가를 위한 성취기준과 성취수준은 교육과정 성취기준, 단위 학교 수업 내용 등을 고려하여 선정한다.
- 평가를 위한 성취기준 선정 시 교수·학습의 내용과 방법 등을 고려하여 영역별 성취기준을 나누거나 통합할 수 있다. 단, 성취기준을 나누거나 통합할 경우, 내용 영역별 성취기준이 누락되지 않도록 한다.
- 성취수준은 점수화 및 등급화를 위한 기능의 단순 분류나 기록의 명시보다는 영역별 내용 요소에 따른 기능의 도달 정도를 구체적인 행동 수준으로 진술하고, 평가 등급(단계) 또한 양적 요소와 질적 요소를 모두 포함하여 수준에 맞게 진술한다.

ⓒ 평가 방법 및 도구의 선정

- 학습 목표 및 평가 목적에 적합하게 평가 방법을 선정한다. 다양한 평가 방법의 특징과 장·단점을 파악한 후 학습자의 특성과 수준을 고려하고, 평가 목적(학습의 과정 또는 결과에 대한 평가, 학습자의 학습 성취도 파악, 교수·학습 과정의 개선 등)을 고려하여 가장 적합한 평가 방법을 선정한다.
- 체육과 평가에서 활용되는 기존 평가 도구를 사용하거나 평가 내용에 적합한 도구를 개발하여 사용할 수 있다. 평가 도구의 선정 또는 개발 시 평가의 목적이나 내용에 대한 타당도 및 신뢰도를 면밀하게 검토하며, 디지털 도구를 활용할 경우, 학습자의 도구 접근성이나 활용도 등을 고려한다. 또한 평가의 효용성을 높이기 위해 평가 대상, 평가 시기, 평가 장소, 채점 방식, 시설 및 장비, 평가 인원 등을 고려한다.
- 모둠별 학습 활동의 경우, 개별 학습자의 역할이나 노력, 기여 정도를 평가할 수 있는 방안을 마련한다. 과제 수행의 계획 단계부터 구성원이 맡은 역할을 책임 있게 수행하도록 역할 분담과 참여 방법, 시기와 절차를 명확히 제시하며, 개인별 과제 기여도를 타당하게 평가할 수 있도록, 교사의 관찰 평가와 더불어 자기 평가와 동료 평가를 병행하여 실시한다.

ⓓ 평가 결과의 활용
- 평가 결과는 교수·학습을 수정하고 보완하는 데 활용한다. 개별 평가 자료는 학습 과제의 수준과 활동 방법을 수정하기 위한 기초 자료로 활용하며 전체 평가 결과의 특징을 분석하여 교수·학습 방법 전반을 개선하는 데 활용한다.
- 평가 결과의 활용성을 높이기 위해 학습자와 학부모가 쉽게 이해하도록 평가 결과를 재구성하여 안내한다. 이를 통해 학습자는 생활 속에서 학습 주제와 관련된 신체활동 수행 계획을 스스로 수립하고 지속해서 실천할 수 있다.
- 디지털 기술은 평가 결과의 누가 기록 및 체계적인 관리, 결과 분석에 활용될 수 있다. 학습자 스스로 디지털 도구를 활용하여 개인별 학습 과정과 평가 결과를 누가 기록하고 이를 활용함으로써 자신의 건강 관리, 진로 진학, 여가 활용 등과 연계하여 체계적인 신체활동 계획을 수립하고 실천하기 위한 기초 자료로 활용할 수 있다.

2 선택 중심 교육과정

🔍 교육과정 설계의 개요

고등학교 체육과 선택 중심 교육과정에서는 활동적이고 창의적인 삶, 건강하고 주도적인 삶, 신체활동 문화를 향유하며 사회 속에서 바람직하고 더불어 사는 삶을 영위할 수 있는 신체활동 역량의 지속적인 발달을 위해 초·중학교 〈체육〉에서 학습한 내용을 더욱 심화하여 학습한다. 또한 총론에서 추구하는 '자기 주도성'은 고등학교 체육과 선택 과목의 학습을 통해 운동을 체계적으로 계획하고 실천하며 건강을 자기 주도적으로 관리함으로써 심화된다. '창의적 사고'는 활동적인 삶을 영위하기 위해 스포츠의 기능 및 방법을 경기 전략에 맞게 창의적으로 적용하고, 표현 활동을 창작하는 과정을 통해 깊어지며, 스포츠 문화와 스포츠 과학을 비판적으로 분석하고 융합적 관점에서 학습함으로써 확장된다. '포용성'과 '시민성'은 신체활동에 내재한 가치 있는 사회적 규범과 문화를 생활화하는 과정에서 길러지며, 특히 스포츠퍼슨십과 환경친화적 태도를 발휘하며 신체활동 문화를 폭넓게 체험함으로써 심화된다.

🔍 고등학교 체육과 선택 과목의 구성

구분	일반 선택	진로 선택	융합 선택
과목명	• 체육1 • 체육2	• 운동과 건강 • 스포츠 문화 • 스포츠 과학	• 스포츠 생활1 • 스포츠 생활2

고등학교 체육과 선택 과목은 일반 선택, 진로 선택, 융합 선택 유형별로 구성되었으며, 과목의 구성 원리는 다음과 같다. 먼저 일반 선택 과목은 공통과목인 〈체육〉에서 학습한 '운동', '스포츠', '표현' 영역 전반을 심화하여 학습하도록 영역 간 내용의 연계성을 고려하여 〈체육1〉, 〈체육2〉로 구성되었다. 〈체육1〉은 스포츠의 생활화와 이를 통한 건강 증진을 위해 '건강 관리', '전략형 스포츠', '생태형 스포츠' 영역으로 구성되었으며, 〈체육2〉는 스포츠의 생활화와 움직임의 수월성 향상을 위해 '체력 증진', '기술형 스포츠', '표현' 영역으로 구성되었다.

진로 선택 과목은 체육 분야 진로를 건강 관련 계열과 스포츠 문화 및 과학 계열로 구분하여 학습할 수 있도록 〈운동과 건강〉, 〈스포츠 문화〉, 〈스포츠 과학〉으로 구성되었다. 〈운동과 건강〉은 '체력 운동'과 '건강 운동' 영역으로 구성되었으며, 건강 운동은 기술형 스포츠와 표현 활동을 포함한 다양한 건강 증진 운동을 포괄하여 학습하도록 하였다. 〈스포츠 문화〉는 스포츠를 다양한 문화적 측면에서 고찰하여 체육에 대한 폭넓은 안목을 갖고 다양한 양식으로 확장할 수 있도록 '스포츠 인문 문화'와 '스포츠 경기 문화' 영역으로 구성되었으며, 〈스포츠 과학〉은 스포츠의 사회과학적 원리와 자연과학적 원리를 탐구하여 체육교과 내의 이론과 실제를 통합할 수 있도록 '스포츠와 사회과학', '스포츠와 자연과학' 영역으로 구성되었다. 융합 선택 과목은 스포츠를 실생활에서 심화하여 체험하고 응용할 수 있도록 〈스포츠 생활1〉, 〈스포츠 생활2〉로 구성되었다. 스포츠 영역은 내용의 비중이 타 영역보다 크고, 영역 내 세부 영역의 비중도 다른 점을 고려하여 두 과목으로 구성되며, 〈스포츠 생활1〉은 '영역형 스포츠'와 '생활·자연환경형 스포츠', 〈스포츠 생활2〉는 '네트형 스포츠'와 '필드형 스포츠' 영역으로 구성되었다.

과목별 핵심 아이디어는 과목의 내용이 어떤 개인적, 사회적 가치를 담고 있으며, 활동의 원리와 맥락은 무엇인지, 인간이 해당 과목의 내용과 어떤 관계를 맺고 성장해 나가는지를 제시하였다.

과목별 내용 요소는 핵심 아이디어에 따라 '지식·이해', '과정·기능', '가치·태도'의 세 가지 범주로 제시되었다. '지식·이해' 요소는 체육과 내용 지식을 구성하는 명제적 지식(각 내용 영역에서 이해해야 하는 개념이나 원리)과 방법적 지식(명제적 지식을 실제 상황에서 수행할 수 있는 기술이나 활동 방법 등)이며, '과정·기능' 요소는 '지식·이해' 요소의 학습 과정을 통해 달성되기를 기대하는 행동이다. '가치·태도' 요소는 이러한 신체활동의 학습 과정에서 습득되는 바람직한 성품을 의미한다. 특히 과목별 내용 요소에는 총론에서 강조하는 '핵심 역량', '생태교육', '민주시민교육' 등의 가치와 언어, 수리, 디지털 소양 등의 '기초 소양'을 반영하여 총론의 목표를 체육과에서 구현할 수 있도록 하였다.

과목별 내용 요소는 초·중학교 〈체육〉의 내용 요소를 통합 및 심화하여 선정되었다. 지식·이해 범주의 내용 요소인 명제적 지식과 방법적 지식은 각각 이론적 수준, 심화 및 전문 기술 수준을 중심으로 선정되었으며, 가치·태도 내용 요소는 대인 및 사회적 수준을 중심으로 선정되었다. '과정·기능 요소'는 '지식·이해', '가치·태도'의 학습 과정 및 결과 행동을 과목별 내용 요소에 맞게 초·중학교급보다 높은 수준으로 제시하였다.

🔍 학년군별 내용 요소의 선정 원리

내용 학년군	지식·이해		가치·태도	과정·기능
	명제적 지식	방법적 지식		
3~4학년군	개념적 수준 ⬇ 원리적 수준 ⬇ 이론적 수준	입문을 위한 기초 기술 ⬇ 참여를 위한 복합 기술 ⬇ 제도화된 활동을 위한 응용 기술 ⬇ 정식 활동의 심화 및 전문 기술	개인 ⬇ 대인 ⬇ 사회	인지, 시도, 수용 ⬇ 분석, 적용, 실천 ⬇ 평가, 구성, 지속
5~6학년군				
중학교 1~3학년군				
고등학교				

1. 일반 선택 과목

(1) 체육1

① 성격 및 목표

　㉠ 성격 : <체육1>은 중학교 <체육>의 건강 활동, 전략형 스포츠, 생태형 스포츠 영역을 더욱 심화하여 학습함으로써, 생애주기에 따라 건강을 유지 및 증진하고, 타인 및 환경과 상호작용하며 스포츠를 생활화할 수 있는 자질을 길러주는 과목이다.

　　건강한 삶은 가장 기본적인 욕구이자 행복한 삶의 기초이다. 인간의 수명은 지속해서 연장되는 반면 건강을 위협하는 다양한 문제들은 갈수록 심각해지는 현대 사회에서 건강한 삶을 영위할 수 있는 역량의 중요성이 날로 커지고 있다. 또한 스포츠는 인류의 역사와 함께 이어져 온 대표적인 문화 양식으로 스포츠에 참여하는 것은 삶을 풍요롭게 만들며 더불어 사는 삶에 기여한다.

　　이러한 측면에서 <체육1> 과목에서는 건강을 체계적으로 관리하는 생활 방식을 습관화하고, 전략형 스포츠와 생태형 스포츠를 생활 속에서 지속해서 실천함으로써 건강 문제를 주도적으로 개선하고 스포츠 친화적이며 활동적인 삶을 살아갈 수 있도록 하는 데 주안점을 둔다. 이를 위해 중학교 '체육'에서 학습한 신체적, 정신적, 사회적 건강 활동의 유형과 운동 방법을 토대로 신체활동이 건강에 영향을 미치는 기전과 효과를 깊이 있게 이해하고, 생애주기별 신체의 변화 특성에 맞게 건강을 꾸준히 관리할 수 있도록 한다. 또한 다양한 스포츠 경기 기능과 방법, 전략을 더욱 심화시키고, 스포츠 활동에 주기적으로 참여함으로써 타인과 적극적으로 소통하고 스포츠 수행에 대한 유능감을 높이며 스포츠를 생활화할 수 있도록 한다.

　㉡ 목표 : <체육1> 과목은 활동적이고 창의적인 삶, 건강하고 주도적인 삶, 신체활동 문화를 향유하는 삶을 영위하는 데 필요한 신체활동 역량을 심화하고, 건강을 관리하고 스포츠를 생활화하며, 생태 감수성을 함양하는 것을 목표로 한다.

　　ⓐ 건강 관리의 원리와 방법을 체계적으로 이해하고, 생활 속에서 지속해서 안전하게 실천하며, 건강 관리에 필요한 가치와 태도를 실천한다.

　　ⓑ 전략형 스포츠의 문화를 폭넓게 탐색하고, 움직임의 과학적 원리와 방법을 경기에 적용하며, 전략형 스포츠 활동에 내재한 가치와 태도를 실천한다.

　　ⓒ 생태형 스포츠 문화를 폭넓게 탐색하고, 움직임의 과학적 원리와 방법을 경기에 적용하며, 생태형 스포츠 활동에 내재한 가치와 태도를 실천한다.

② 내용 체계 및 성취기준

㉠ 내용 체계

핵심 아이디어	• 건강은 자신의 건강 수준을 진단하고 생애주기별 건강 특성에 맞게 신체활동을 계획적으로 실천함으로써 증진된다. • 스포츠의 문화적 전통은 스포츠의 고유한 기술과 방법을 경기에 적용하고 제도화된 규범을 준수함으로써 유지된다. • 인간은 생활환경 및 자연환경 속에서 스포츠 문화를 누리고 타인과 공유하며 발전시켜 나간다.		
범주　　영역	건강 관리	전략형 스포츠	생태형 스포츠
지식·이해	• 신체활동의 효과 • 생애주기별 건강 관리 방법 • 건강 관리와 안전	• 전략형 스포츠의 문화 • 전략형 스포츠의 경기 기능과 과학적 원리 • 전략형 스포츠의 경기 방법 및 전략	• 생태형 스포츠의 문화 • 생태형 스포츠의 경기 기능과 과학적 원리 • 생태형 스포츠의 경기 방법 및 전략
과정·기능	• 신체활동 효과 탐구하기 • 건강 관리하기 • 안전사고에 대처하기	• 스포츠 문화 탐색하기 • 스포츠 경기 기능 분석하기 • 경기에 응용하기	
가치·태도	• 긍정적 자아 존중감	• 스포츠 기술 개선에 대한 적극성 • 스포츠 환경에 대한 생태 감수성	

㉡ 성취기준

ⓐ 건강 관리

> [12체육1 − 01 − 01]　신체활동이 건강에 영향을 미치는 기전과 효과를 탐구한다.
> [12체육1 − 01 − 02]　생애주기별 건강 관리 방법에 따라 건강을 체계적으로 관리하여 자아 존중감을 높인다.
> [12체육1 − 01 − 03]　건강 관리 측면에서 고려해야 할 다양한 안전 요소를 이해하고, 안전사고에 적절하게 대처한다.

• 성취기준 해설
  − [12체육1-01-01]은 신체활동이 신체에 긍정적인 변화를 미치는 과정과 원리를 과학적으로 이해하여 신체활동의 필요성을 인식하고, 자기 주도적 건강 관리에 필요한 신체활동을 구안하기 위해 설정하였다. 이를 위해 신체활동이 건강에 영향을 미치는 기전과 효과를 사회과학적, 자연과학적 측면에서 구체적으로 이해하도록 한다.

- [12체육1-01-02]는 생애주기별 건강의 중요성을 이해하고 특히 청소년기 건강 관리에 필요한 다양한 지식을 습득하여 건강을 체계적으로 관리하기 위해 설정하였다. 이를 위해 청소년기에 필요한 질병 예방, 영양 균형, 약물 오남용 및 음주, 흡연 예방, 운동 등 건강 결정 요인과 신체활동을 폭넓게 이해하고 실천함으로써 자아 존중감을 갖도록 한다.
- [12체육1-01-03] 질병 예방, 영양 균형, 약물 오남용 및 음주, 흡연 예방, 운동 등 건강 관리 활동과 생활 안전 방법을 구체적인 사례를 통해 이해하고, 안전사고 유형에 따른 안전사고 대처요령을 습득하도록 한다.

• 성취기준 적용 시 고려 사항

 - 건강 관리 영역에서는 학기 단위에 걸친 지속적 참여를 통해 건강을 종합적이고 체계적으로 관리하는 데 적합한 신체활동을 선정한다.
 - 건강 관리 영역에서는 다른 영역의 내용과 연계하여 운영할 수 있으며, 건강 관리와 안전 요소는 안전한 건강 관리와 안전교육 두 가지 측면의 교수·학습이 적절하게 이루어질 수 있도록 운영한다.
 - 건강 관리 방법의 중요성과 필요성을 인식하여 건강 관리 활동에 적극적으로 참여할 수 있도록 운영한다.
 - 질병 예방, 영양 균형, 약물 오남용 및 음주, 흡연 예방, 운동 등의 측면에서 건강 관리 활동을 지속해서 실천할 수 있는 다양한 활동을 제시하고, 디지털 도구를 활용하여 실천 내용을 기록하고 관리할 수 있도록 하며, 체육 관련 진로 설계와 연계할 수 있도록 운영한다.
 - 일상생활에서 건강하고 안전한 생활 습관의 실천을 통한 생애주기별 건강 관리 및 운동의 생활화를 중심으로 평가한다.
 - 자신에게 적합한 건강 관리 활동을 실천하는 과정을 평가하기 위해 건강 관리 일지, 보고서, 체크리스트, 포트폴리오 등을 활용하여 평가한다. 또한 학습자 스스로 장단점을 파악하고 자신의 학습을 개선하여 더욱 적극적으로 수업에 참여할 수 있도록 학습자가 평가의 주체가 되는 자기 평가나 동료 평가를 활용하여 평가할 수 있다.

ⓑ 전략형 스포츠

[12체육1 − 02 − 01] 전략형 스포츠 문화의 개념과 특성을 탐색한다.
[12체육1 − 02 − 02] 전략형 스포츠의 경기 기능을 과학적 원리에 따라 분석하고, 적극적으로 개선한다.
[12체육1 − 02 − 03] 전략형 스포츠의 경기 방법 및 전략을 이해하고, 경기 상황에 맞게 응용한다.

- 성취기준 해설
  - [12체육1-02-01]은 다양한 유형의 전략형 스포츠를 탐색하는 과정을 통해 전략형 스포츠 문화의 보편성과 특수성을 이해하기 위해 설정하였다. 이를 위해 물질문화(시설, 장비 등), 제도문화(규범, 기술체계 등), 관념문화(목표, 가치 등) 등 스포츠 경기 문화 측면에서 영역형, 필드형, 네트형 스포츠 문화를 비교·분석하도록 한다.
  - [12체육1-02-02] 패스, 드리블, 슛 등 전략형 스포츠 경기 기능 수행에 작용하는 사회과학적, 자연과학적 원리를 이해하고 이러한 원리를 바탕으로 경기 기능을 개선하도록 한다.
  - [12체육1-02-03]은 전략형 스포츠의 경기 방법과 전략이 어떠한 맥락에서 형성되고 만들어졌는지 탐구하여 전략형 스포츠를 깊이 있게 이해하고 경기 상황에 적절하게 적용하기 위해 설정하였다. 이를 위해 영역형, 필드형, 네트형 스포츠 경기에서 직면하게 되는 다양한 문제 상황의 해결을 위한 경기 기능의 활용, 공을 가지고 있는 경우와 그렇지 않은 경우의 움직임, 공격과 수비 상황에서의 전략적 움직임 등을 이해하고 경기에 응용하도록 한다.
- 성취기준 적용 시 고려 사항
  - 전략형 스포츠 영역에서는 스포츠 문화를 폭넓게 이해하고 경험함으로써 평생 체육으로 활용할 수 있는 신체활동을 중심으로 선정하되, 특수교육 학생, 다문화 학생, 느린 학습자, 신체활동에 소극적인 학습자 등 다양한 학습자 및 학교 여건과 교내외 체육 활동에서의 안전 수칙을 고려한다.
  - 팀의 소통과 협력을 바탕으로 공동의 목표를 추구하고, 공격과 수비 상황에서 자신의 역할과 책임을 다해 동료를 믿고 배려하는 자세로 경기에 참여하며, 상대를 존중하고 예절을 지키면서 경기하는 과정을 통해 민주시민의 소양을 갖추도록 운영한다.
  - 일부 내용 요소를 평가하기보다는 경기 상황에 맞게 경기 기능과 전략을 수행하는 능력, 전략형 스포츠 문화에 대한 이해력, 스포츠 기술 개선에 대한 적극성 등 다양한 요소를 균형 있게 평가하고, 학습 결과와 학습 과정을 모두 평가한다.
  - 전략형 스포츠 문화에 대한 이해력은 지필 검사, 감상 및 분석 보고서, 포트폴리오 등을 활용하여 평가하고, 전략형 스포츠 경기 수행 능력은 개인별 경기 기능 평가와 경기를 통한 팀 경기 수행 능력 평가, 관찰기록을 통한 게임 수행 평가 등을 활용하여 평가한다. 또한 학습자 스스로 장단점을 파악하고 자신의 학습을 개선하여 더욱 적극적으로 수업에 참여할 수 있도록 학습자가 평가의 주체가 되는 자기 평가나 동료 평가를 활용하여 평가할 수 있다.

ⓒ 생태형 스포츠

> [12체육1 − 03 − 01] 생태형 스포츠 문화의 개념과 특성을 탐색하고, 스포츠 환경에 대한 생태
> 감수성을 실천한다.
> [12체육1 − 03 − 02] 생태형 스포츠의 경기 기능을 과학적 원리에 따라 분석하고, 적극적으로
> 개선한다.
> [12체육1 − 03 − 03] 생태형 스포츠의 경기 방법 및 전략을 이해하고, 경기 상황에 맞게 응용
> 한다.

• 성취기준 해설

- [12체육1-03-01]은 다양한 유형의 생태형 스포츠를 탐색하는 과정을 통해 생태형 스포츠 문화의 보편성과 특수성을 이해하고, 생태형 스포츠의 사회적 가치를 공유하며 실천하기 위해 설정하였다. 이를 위해 물질문화(시설, 장비 등), 제도문화(규범, 기술체계 등), 관념문화(목표, 가치 등) 등 스포츠 경기 문화 측면에서 생활환경형, 자연환경형 스포츠 문화를 비교·분석하고, 생태형 스포츠 경기에 참여하는 과정에서 자기 주변의 생태적 상황, 변화 및 그 의미를 민감하게 포착하고 이해하며 생태환경의 소중함을 알고 더불어 살아가는 태도를 실천하도록 한다.

- [12체육1-03-02] 생태형 스포츠 경기 기능 수행에 작용하는 사회과학적 원리, 자연과학적 원리를 이해하고 이러한 원리를 바탕으로 경기 기능을 개선하도록 한다.

- [12체육1-03-03]은 생태형 스포츠의 경기 방법과 전략이 어떠한 맥락에서 형성되고 만들어졌는지 탐구하여 생태형 스포츠를 깊이 있게 이해하고 경기 상황에 적절하게 적용하기 위해 설정하였다. 이를 위해 생활환경형, 자연환경형 스포츠 경기에서 직면하게 되는 다양한 문제 상황의 해결을 위한 경기 기능의 활용, 경기 상황에 따른 전략적 움직임, 경기 결과에 영향을 미치는 환경 조건 등을 이해하고 경기에 응용하도록 한다.

• 성취기준 적용 시 고려 사항

- 생태형 스포츠 영역에서는 여가 스포츠 문화를 폭넓게 이해하고 경험함으로써 평생 체육으로 활용할 수 있는 신체활동을 중심으로 선정하되, 특수교육 학생, 다문화 학생, 느린 학습자, 신체활동에 소극적인 학습자 등 다양한 학습자 및 학교 여건과 교내외 체육 활동에 따른 안전 수칙을 고려한다.

- 존중, 공존, 평화, 문화 다양성, 지속가능성 등과 같이 생태형 스포츠에 내재한 가치의 학습을 통해 지속가능한 생태 문화를 인식하고 더불어 살아가기 위한 태도를 실천할 수 있도록 운영한다.

- 일부 내용 요소를 평가하기보다는 경기 상황에 맞게 경기 기능과 전략을 수행하는 능력, 생태형 스포츠 문화에 대한 이해력, 생태 감수성의 실천 등 다양한 요소를 균형 있게 평가하고, 학습 결과와 학습 과정을 모두 평가한다.
- 생태형 스포츠 문화에 대한 이해력은 지필 검사, 감상 및 분석 보고서, 포트폴리오 등을 활용하여 평가하고, 생태형 스포츠 경기 수행 능력은 개인별 경기 기능 평가와 경기를 통한 팀 경기 수행 능력 평가, 관찰기록을 통한 게임 수행평가 등을 통해 평가하며, 스포츠 환경에 대한 생태 감수성의 실천 능력은 토론, 체크리스트, 일지 등을 활용하여 평가한다. 또한 학습자 스스로 장단점을 파악하고 자신의 학습을 개선하여 더욱 적극적으로 수업에 참여할 수 있도록 학습자가 평가의 주체가 되는 자기 평가나 동료 평가를 활용하여 평가할 수 있다.

🔎 **고등학교 〈체육1〉의 신체활동 예시**

영역	신체활동 예시
건강 관리	• 질병 관리 및 공중 보건 활동, 식이 관리 활동, 약물 오·남용 및 음주·흡연 예방 활동, 정신 건강 관리 활동, 안전사고 예방 및 대처 활동 등
전략형 스포츠	• 영역형(축구, 농구, 핸드볼, 럭비, 하키 등) • 네트형(배구, 배드민턴, 테니스, 탁구, 족구 등) • 필드형(야구, 소프트볼, 크리켓 등)
생태형 스포츠	• 생활환경형(당구, 볼링, 사이클링, 인라인스피드, 스포츠클라이밍 등) • 자연환경형(골프, 등반, 서핑, 스키, 스노보드, 카약, 승마 등)

③ 교수·학습 및 평가

㉠ 교수·학습

ⓐ 교수·학습의 방향

- 신체활동 역량의 지속적인 발달을 위한 교수·학습이 이루어지도록 한다. 이를 위해 중학교 〈체육〉에서 학습한 건강 활동, 전략형 스포츠, 생태형 스포츠를 심화하여 학습할 수 있도록 다양한 수업 주제와 교수·학습 활동을 선정하고 조직한다.
- 학습자가 생애주기에 따라 건강을 유지 및 증진하고, 타인 및 환경과 상호작용하며 스포츠를 생활화할 수 있도록 자기 주도적 학습을 위한 맞춤형 교수·학습과 신체활동의 시간적·공간적 확장을 위한 교수·학습이 이루어지도록 한다. 이를 위해 학습자의 수준을 고려하여 적절한 동기 유발 전략을 마련하고 과제 및 학습 자료, 시설과 기자재 등을 효율적으로 조직한다. 또한 가정 및 집 주변, 지역사회에서 신체활동을 지속해서 실천하고 고등학교 시기에 적절한 신체활동에 참여하고 즐기는 방법과 체육 관련 진로를 설계하도록 지도한다.

- 디지털 기술을 활용하여 효율적인 교수·학습이 이루어지도록 한다. 이를 위해 교육과정 운영의 전 과정에서 온·오프라인을 연계하고 다양한 디지털 매체를 활용함으로써 학습자의 신체활동 참여를 촉진하고 효율적인 학습 자료 관리가 가능하도록 지도한다.
- 창의성과 인성 함양을 위한 교수·학습이 이루어지도록 한다. 이를 위해 영역별 신체활동의 심동적, 정의적, 인지적 내용 요소를 균형 있게 학습할 수 있도록 직접 체험 활동과 함께 간접 체험 활동을 제공하고, 타 교과 및 범교과 학습 주제를 체육과 학습 내용과 융합하여 학습할 수 있도록 지도한다.

ⓑ 교수·학습 방법
- 교육과정에서 제시한 내용 영역과 영역별 성취기준을 반드시 지도한다. 내용 영역을 통합하여 계획을 수립할 경우, 각 영역의 내용 요소가 누락 되지 않아야 하며 영역 설정의 취지를 벗어나지 않는 범위 내에서 통합한다.
- 학습자가 생애주기에 따라 건강을 유지 및 증진하고, 타인 및 환경과 상호작용하며 스포츠를 생활화할 수 있도록, 영역의 성취기준 달성에 충분한 지식과 활동 내용을 제공할 수 있는 신체활동 유형과 종목을 선정한다.
- 학기 초 단위 학교의 학사 일정을 바탕으로 수업 가능 일수와 시간을 파악하고, 수업 장소와 기상 요건 등을 고려하여 수업 활동을 계획한다.
- 학습자의 사전 학습 경험 및 특성을 고려하여 학습자 수준에 맞는 교수·학습 활동을 계획하고 운영한다. 교수·학습 운영에 적합한 시설과 용·기구의 수요를 파악하여 충분한 수량을 확보한다.
- 모든 학습자에게 자기 수준에 맞는 학습 기회를 평등하게 제공하도록 교수·학습 활동을 계획하고 운영한다. 특수교육 학생, 다문화 학생, 느린 학습자, 신체활동에 소극적인 학습자 등 다양한 학습자를 고려하여 학습자가 자신의 수준에 적합한 학습에 참여할 수 있도록 다양한 학습 과제를 제시한다.
- 최소 성취수준 보장을 위해 과목 출석률 및 학업성취율의 이수 조건을 고려하여 영역별 최소 성취수준과 학습량을 설정하고, 수준별 학습, 단계적 학습, 개별 학습과 심화 보충 학습 등이 가능하도록 학생 맞춤형 교수·학습 자료를 구성하며, 학습자가 다양한 방식과 역할로 수업에 참여할 수 있도록 교수·학습 활동을 계획하고 운영한다.

ⓛ 평가

　ⓐ 평가의 방향

- 생애주기에 따른 건강의 유지 및 증진, 타인 및 환경과의 상호작용, 스포츠 생활화를 위한 종합적 평가가 이루어지도록 한다. 건강 관리, 전략형 스포츠, 생태형 스포츠의 지식과 기능의 습득, 가치와 태도의 실천 등을 종합적으로 평가할 수 있도록 실제 맥락에서의 수행 능력을 평가한다.
- 학습자의 학습과 성장 과정을 반영한 다면적 평가가 이루어지도록 한다. 학습 결과와 더불어 학습 과정에서 나타나는 학습자의 과제 수행 및 학습 특성의 변화를 평가하고 평가 방법 및 도구, 평가 주체를 다양화하며 학생 성장을 다면적으로 평가한다.
- 특수교육 학생, 다문화 학생, 느린 학습자 등 다양한 특성을 고려한 학습자 맞춤형 평가와 학습자의 수준과 흥미를 반영한 다양한 교수·학습 방법의 구안을 위해 진단 평가 및 형성 평가를 적극적으로 활용하고, 최소 성취수준 보장을 위해 과정을 중시하는 평가가 이루어지도록 한다.

　ⓑ 평가 방법

- 평가 범위는 교수·학습 활동을 통해 지도된 전 영역을 대상으로 하되, 내용 영역에 따라 평가 비중을 달리할 수 있다. 단, 평가 내용의 균형성을 고려하여 특정 영역에 편중되지 않도록 한다.
- 평가 내용에는 수업 목표와 학습 내용에 제시된 지식·이해, 과정·기능, 가치·태도 요소를 균형 있게 포함한다. 평가의 주체를 고려하여 평가 내용을 선정한다. 특히 동료 또는 자기 평가와 같이 학습자가 주체가 된 평가를 할 경우 구체적인 성취수준을 제공한다.
- 평가를 위한 성취기준 및 성취수준은 교육과정 성취기준과 단위 학교 수업 내용을 바탕으로 개발한다. 평가를 위한 성취기준은 교수·학습의 내용 및 방법을 고려하여 영역별 성취기준을 나누거나 통합할 수 있다.
- 성취수준은 점수화 및 등급화를 위한 기능의 단순 분류나 기록의 명시보다는 영역별 내용 요소에 따른 기능의 도달 정도를 구체적인 행동 수준으로 진술하고, 평가 등급(단계) 또한 양적 요소와 질적 요소를 모두 포함하여 수준에 맞게 진술한다.
- 평가 방법은 학습 목표 및 평가 목적에 적합하게 선정한다. 체육과 평가에서 활용되는 기존 평가 도구를 사용하거나 평가 내용에 적합한 도구를 개발하여 사용할 수 있다.
- 모둠별 학습 활동의 평가 시 개별 학습자의 역할 및 노력과 기여도를 평가하는 방안을 마련한다.

- 평가 결과는 교수·학습을 수정하고 보완하는 데 활용하며, 학습자와 학부모가 쉽게 이해하도록 구체적으로 재구성하여 안내한다.
- 평가 결과의 누가 기록 및 체계적인 관리, 결과 분석 등을 위해 디지털 도구를 활용할 수 있다.

(2) 체육2

① 성격 및 목표

㉠ 성격 : <체육2>는 중학교 <체육>의 체력 운동, 기술형 스포츠, 표현 영역을 더욱 심화하여 학습함으로써, 과학적 원리와 방법에 따라 체력을 증진하고 스포츠와 표현 활동의 수행 능력을 함양하여 생활화할 수 있는 자질을 길러주는 과목이다.

신체적 수월성의 추구와 표현 활동은 인류의 역사와 함께 이어져 왔다. 고대부터 현대에 이르기까지 신체를 극한까지 수련하여 수월성을 겨루는 경기와 신체활동을 이용한 표현 문화는 동서양을 막론하고 가장 기본적인 신체활동 문화의 영역이라고 할 수 있다. 체계적 운동을 통해 체력을 증진하고, 기술형 스포츠와 표현 활동에 참여하는 것은 신체활동 문화의 계승과 발전에 기반이 되며 신체적으로 활동적이며 주도적인 삶을 살아가는 데 중요한 역할을 한다.

이러한 측면에서<체육2> 과목에서는 체력을 체계적으로 증진하고 관리하며, 기술형 스포츠와 표현 활동을 일상생활에서 지속해서 실천함으로써 신체적 수월성과 창의적인 표현 능력을 가질 수 있도록 하는 데 주안점을 둔다. 이를 위해 중학교 <체육>에서 습득한 체력 증진, 체력 관리, 운동 처방의 원리 및 운동 방법을 토대로 과학적 원리를 적용하여 체계적으로 체력을 관리할 수 있도록 한다. 또한 기술형 스포츠의 기술적 정확성과 효율성을 높임으로써 신체 움직임에 대한 유능감을 향상하고 신체활동에 주도적으로 참여하며, 신체 움직임을 미적으로 표현하고 비판적으로 감상하는 활동을 통해 심미적이고 창의적인 안목을 가질 수 있도록 한다.

㉡ 목표 : <체육2> 과목은 활동적이고 창의적인 삶, 건강하고 주도적인 삶, 신체활동 문화를 향유하는 삶을 영위하는 데 필요한 신체활동 역량을 심화하고, 체력 증진과 신체적 수월성 추구에 필요한 자질을 함양하는 것을 목표로 한다.

ⓐ 체력 증진 운동의 원리와 방법을 이해하고, 체력을 과학적이고 종합적으로 관리하며, 체력 관리에 필요한 가치와 태도를 실천한다.

ⓑ 기술형 스포츠 문화를 폭넓게 탐색하고, 움직임의 과학적 원리와 방법을 경기에 적용하며, 스포츠 활동에 내재한 가치와 태도를 실천한다.

ⓒ 표현 활동 문화를 폭넓게 탐색하고, 움직임의 미적 원리와 방법을 작품 창작에 적용하며, 표현 활동에 내재한 가치와 태도를 실천한다.

② 내용 체계 및 성취기준

㉠ 내용 체계

핵심 아이디어	• 체력은 과학적 원리에 따라 신체를 단련하고, 체계적이고 종합적으로 관리해야 증진된다. • 스포츠의 문화적 전통은 스포츠의 고유한 기술과 방법을 경기에 적용하고 제도화된 규범을 준수함으로써 유지된다. • 인간은 움직임을 통해 생각이나 느낌을 표현하고, 창작 작품을 비평하면서 표현 활동 문화를 발전시켜 나간다.		
영역 범주	체력 증진	기술형 스포츠	표현 활동
지식·이해	• 체력 증진의 과학적 원리와 특성 • 체력의 종합적 관리 방법 • 체력 증진 운동과 안전	• 기술형 스포츠의 문화 • 기술형 스포츠의 경기 기능과 과학적 원리 • 기술형 스포츠의 경기 방법 및 전략	• 표현 활동의 문화 • 표현 활동의 동작과 미적 원리 • 표현 활동의 창작과 비평
과정·기능	• 과학적으로 체력 분석하기 • 체력 증진 운동 방법 적용하기 • 신체 위기 상황에 대처하기	• 스포츠 문화 탐색하기 • 스포츠 경기 기능 분석하기 • 경기에 응용하기	• 표현 활동 문화 탐색하기 • 표현 활동 동작 분석하기 • 표현 활동 작품 비평하기
가치·태도	• 위기 상황에서의 침착성	• 신체적 자기효능감	• 심미적 안목

㉡ 성취기준

ⓐ 체력 증진

> [12체육2 − 01 − 01] 체력 증진을 위한 과학적 원리와 특성을 이해하고, 체력 증진 운동에 적용한다.
> [12체육2 − 01 − 02] 체력을 과학적으로 분석하고, 종합적 관리 방법에 따라 체력을 증진한다.
> [12체육2 − 01 − 03] 체력 증진 운동에서 안전의 중요성을 이해하고 체력 증진 운동 시 발생할 수 있는 신체 위기 상황에 침착하게 대처한다.

• 성취기준 해설

− [12체육2-01-01]은 체력 증진 운동에 적용되는 원리들이 어떠한 과학적 지식을 바탕으로 구성된 것인지 이해하여 자기 주도적 체력 관리에 필요한 체력 증진 운동을 구안하기 위해 설정하였다. 이를 위해 과부하의 원리, 점진성의 원리, 개별성의 원리, 특수성의 원리, 전면성의 원리, 반복성의 원리 등 체력 증진 원리에 적용되는 사회과학적, 자연과학적 원리를 이해하고 체력 증진 운동에 활용하도록 한다.

- [12체육2-01-02]는 자신의 체력 수준을 과학적 방법을 통해 평가하여 그에 따른 종합적 관리 방법을 구안하고 실천하기 위해 설정하였다. 이를 위해 심폐지구력, 근력, 유연성, 신체 구성, 순발력, 민첩성, 평형성 등 다양한 체력 요소의 과학적 측정과 분석 방법, 맞춤형 운동 처방, 식단, 생활 습관 등 체력을 종합적으로 관리하는 방법을 이해하고 체계적으로 실천하도록 한다.
- [12체육2-01-03] 체력 증진 운동 시 발생할 수 있는 심정지, 골절, 근육과 건 좌상, 염좌, 타박상 등 신체 위기 상황에 적절하게 대처하는 방법을 이해하고 실제 위기 상황에 침착하게 대처하도록 한다.

• 성취기준 적용 시 고려 사항

- 체력 증진 영역에서는 다양한 체력 요소의 유지·증진이 가능하고 학습자의 체력 정도에 따라 수준별 학습이 가능한 신체활동을 선정한다.
- 체력 증진 영역은 다른 영역의 내용과 연계하여 운영할 수 있으며, 체력 증진의 중요성과 필요성을 인식하여 적극적으로 체력 관리 활동에 참여할 수 있도록 운영한다. 또한 신체 위기 상황에서 자신과 타인에 대한 대처 능력을 기를 수 있도록 교수·학습을 운영한다.
- 맞춤형 운동 처방, 식단, 생활 습관 등의 측면에서 체력 관리 활동을 지속해서 실천할 수 있는 다양한 활동을 제시하고, 디지털 기기를 활용하여 실천 내용을 기록하고 관리할 수 있도록 하며, 체육 관련 진로 설계와 연계할 수 있도록 운영한다.
- 일부 체력 요소의 성취도 평가는 지양하고 체계적이고 종합적인 관리 방법의 실천 여부를 중심으로 평가한다.
- 체력 증진 활동을 실천하는 과정을 평가하기 위해 체력 관리 일지, 보고서, 체크리스트, 포트폴리오 등을 활용하여 평가한다. 또한 학습자 스스로 장단점을 파악하고 자신의 학습을 개선하여 더욱 적극적으로 수업에 참여할 수 있도록 학습자가 평가의 주체가 되는 자기 평가나 동료 평가를 활용하여 평가할 수 있다.

ⓑ 기술형 스포츠

[12체육2 - 02 - 01] 기술형 스포츠 문화의 개념과 특성을 탐색하고, 지속적인 경기 참여를 통해 신체적 자기효능감을 높인다.
[12체육2 - 02 - 02] 기술형 스포츠의 경기 기능을 과학적 원리에 따라 분석한다.
[12체육2 - 02 - 03] 기술형 스포츠의 경기 방법 및 전략을 이해하고 경기 상황에 맞게 응용한다.

- 성취기준 해설
  - [12체육2-02-01]은 다양한 유형의 기술형 스포츠를 탐색하는 과정을 통해 기술형 스포츠 문화의 보편성과 특수성을 이해하고, 기술형 스포츠의 가치를 실천하기 위해 설정하였다. 이를 위해 물질문화(시설, 장비 등), 제도문화(규범, 기술체계 등), 관념문화(목표, 가치 등) 등 스포츠 경기 문화 측면에서 동작형, 기록형, 투기형 스포츠 문화를 비교·분석하고, 기술형 스포츠 경기에 참여하는 과정에서 자신의 신체 능력 수준에 대한 기대와 신념을 높이도록 한다.
  - [12체육2-02-02] 중심 이동, 도약, 회전 등 기술형 스포츠 경기 기능 수행에 작용하는 사회과학적, 자연과학적 원리를 이해하고 이러한 원리를 바탕으로 경기 기능을 개선하도록 한다.
  - [12체육2-02-03]은 기술형 스포츠의 경기 방법과 전략이 어떠한 맥락에서 형성되고 만들어졌는지 탐구하여 기술형 스포츠를 깊이 있게 이해하고 경기 상황에 적절하게 적용하기 위해 설정하였다. 이를 위해 자신의 기능 수준과 동작형, 기록형, 투기형 스포츠 경기에서 직면하게 되는 다양한 문제 상황의 해결을 위한 경기 기능의 활용, 경기 상황에 따른 전략적 움직임 등을 이해하고 경기에 응용하도록 한다.
- 성취기준 적용 시 고려 사항
  - 기술형 스포츠 영역에서는 스포츠 문화를 폭넓게 이해하고 경기 기능의 완성을 통해 수월성을 체험할 수 있도록 수준별 학습이 가능한 신체활동을 중심으로 선정하되, 특수교육 학생, 다문화 학생, 느린 학습자, 신체활동에 소극적인 학습자 등 다양한 학습자 및 학교 여건을 고려한다.
  - 기술형 스포츠 영역의 교수·학습 과정에서 발생할 수 있는 다양한 안전사고를 충분히 인지하여 안전사고를 예방한다.
  - 일부 내용 요소를 평가하기보다는 경기 상황에 맞게 경기 기능과 전략을 수행하는 능력, 기술형 스포츠 문화에 대한 이해력, 신체적 자기효능감의 향상 등 다양한 요소를 균형 있게 평가하고, 학습 결과와 학습 과정을 모두 평가한다.
  - 기술형 스포츠 문화에 대한 이해력은 지필 검사, 감상 및 분석 보고서, 포트폴리오 등을 활용하여 평가하고, 기술형 스포츠 경기 수행 능력은 개인별 경기 기능 평가와 경기를 통한 팀 경기 수행 능력 평가, 관찰기록을 통한 게임 수행 평가 등을 통해 평가하며, 신체적 자기효능감의 경우 체크리스트나 일지 등을 활용하여 평가할 수 있다. 또한 학습자 스스로 장단점을 파악하고 자신의 학습을 개선하여 더욱 적극적으로 수업에 참여할 수 있도록 학습자가 평가의 주체가 되는 자기 평가나 동료 평가를 활용하여 평가할 수 있다.

ⓒ 표현 활동

> [12체육2 – 03 – 01] 표현 활동 문화의 유형, 개념, 특성을 이해하고, 다양한 표현 활동 문화를 탐색한다.
> [12체육2 – 03 – 02] 표현 활동의 미적 원리를 이해하고, 표현 동작을 심층적으로 분석하여 창의적으로 동작을 수행한다.
> [12체육2 – 03 – 03] 표현 주제에 맞게 창의적으로 작품을 창작하고 감상·비평함으로써 심미적 안목을 갖는다.

- 성취기준 해설
  - [12체육2-03-01]은 표현 활동의 문화를 포괄적으로 탐색하기 위해 설정하였다. 표현 활동 문화의 유형인 수행 문화, 공연 문화, 감상 문화의 개념과 특성을 이해하고, 표현 활동 문화의 유형별 공통점과 차이점을 발견하도록 한다.
  - [12체육2-03-02]는 표현 활동의 동작 및 미적 원리에 대한 이해를 바탕으로 동작을 분석하고 수행하기 위해 설정하였다. 동작 특성, 표현 특성 등의 표현 방법을 바탕으로 표현 동작의 수행을 심층적으로 분석하고, 통일미, 변화미, 조화미, 역동미 등의 미적 요소와 원리를 이해하고 이를 바탕으로 표현 동작을 심층적으로 분석하여 더욱 아름답고 창의적으로 동작을 수행하도록 한다.
  - [12체육2-03-03]은 표현 활동에 대한 깊이 있는 체험을 통해 작품을 창작하고 비평하기 위해 설정하였다. 개인 혹은 모둠이 관심사를 반영하여 설정한 주제에 맞게 창의적으로 동작을 만들고 구성하며, 자신 혹은 타인의 작품을 감상하고 비평하는 과정에서 아름다움을 발견하고 분별할 수 있는 식견을 갖도록 한다.
- 성취기준 적용 시 고려 사항
  - 표현 영역에서는 생각이나 감정을 신체로 표현하고 표현 활동의 문화, 표현의 수행, 창작, 감상·비평을 폭넓게 이해하고 습득할 수 있으며 성별에 상관없이 흥미를 갖고 참여할 수 있는 신체활동을 선정한다.
  - 생각이나 느낌을 표현하는 데 적합한 동작을 익히고 신체 표현으로 의사소통을 하며 작품을 창작하는 일련의 과정을 모두 포함할 수 있도록 하며, 공연 활동에서 안전사고를 예방할 수 있도록 교수·학습을 운영한다.
  - 정형화된 표현 동작의 숙련도에 초점을 맞추기보다 독창적이고 개성 있는 동작과 작품을 창안해내는 능력에 중점을 두고, 다각적인 평가 도구를 활용하여 결과보다는 과정을 중시하는 평가가 이루어지도록 한다.
  - 과정을 중시하는 평가를 위해 체크리스트, 일지, 감상문, 창작보고서 등의 평가 방법을 자기 평가 혹은 동료 평가를 활용하여 평가할 수 있다.

🔍 **고등학교 〈체육2〉의 신체활동 예시**

영역	신체활동 예시
체력 증진	• 근력 및 근지구력 운동, 심폐지구력 운동, 유연성 운동, 순발력 및 민첩성 운동 등
기술형 스포츠	• 동작형(마루, 안마, 링, 도마, 철봉, 평균대, 평행봉 등) • 기록형(트랙 경기, 필드 경기, 경영, 스피드스케이팅, 국궁, 양궁, 사격 등) • 투기형(태권도, 씨름, 유도, 검도, 펜싱, 복싱 등)
표현 활동	• 스포츠 표현(리듬체조, 치어리딩, 피겨스케이팅, 아티스틱스위밍 등) • 전통 표현(강강술래, 탈춤, 춘앵무, 향발무, 검무, 플라멩코, 발레 등) • 현대 표현(현대무용, 댄스스포츠, 라인댄스, 스트리트댄스, 재즈댄스 등)

③ 교수·학습 및 평가

㉠ 교수·학습

ⓐ 교수·학습의 방향

- 신체활동 역량의 지속적인 발달을 위한 교수·학습이 이루어지도록 한다. 이를 위해 중학교 〈체육〉에서 학습한 체력 운동, 기술형 스포츠, 표현 활동을 심화하여 학습할 수 있도록 다양한 수업 주제와 교수·학습 활동을 선정하고 조직한다.

- 학습자가 과학적 원리와 방법에 따라 체력을 증진하고, 스포츠와 표현 활동의 수행 능력을 심화하여 생활화할 수 있도록 자기 주도적 학습을 위한 맞춤형 교수·학습과 신체활동의 시간적·공간적 확장을 위한 교수·학습이 이루어지도록 한다. 이를 위해 학습자의 수준을 고려하여 적절한 동기 유발 전략을 마련하고 과제 및 학습 자료, 시설과 기자재 등을 효율적으로 조직한다. 또한 가정 및 집 주변, 지역사회에서 신체활동을 지속해서 실천하고 고등학교 시기에 적절한 신체활동에 참여하고 즐기는 방법과 체육 관련 진로를 설계하도록 지도한다.

- 디지털 기술을 활용하여 효율적인 교수·학습이 이루어지도록 한다. 이를 위해 교육과정 운영의 전 과정에서 온·오프라인을 연계하고 다양한 디지털 매체를 활용함으로써 학습자의 신체활동 참여를 촉진하고 효율적인 학습 자료 관리가 가능하도록 지도한다.

- 창의성과 인성 함양을 위한 교수·학습이 이루어지도록 한다. 이를 위해 영역별 신체활동의 심동적, 정의적, 인지적 내용 요소를 균형 있게 학습할 수 있도록 직접 체험 활동과 함께 간접 체험 활동을 제공하고, 타 교과 및 범교과 학습 주제를 체육과 학습 내용과 융합하여 학습할 수 있도록 지도한다.

ⓑ 교수·학습 방법

- 교육과정에서 제시한 내용 영역과 영역별 성취기준을 반드시 지도한다. 내용 영역을 통합하여 계획을 수립할 경우, 각 영역의 내용 요소가 누락 되지 않아야 하며 영역 설정의 취지를 벗어나지 않는 범위 내에서 통합한다.

- 학습자가 과학적 원리와 방법에 따라 체력을 증진하고, 스포츠와 표현 활동의 수행 능력을 심화하여 생활화할 수 있도록, 영역의 성취기준 달성에 충분한 지식과 활동 내용을 제공할 수 있는 신체활동 유형과 종목을 선정한다.
- 학기 초 단위 학교의 학사 일정을 바탕으로 수업 가능 일수와 시간을 파악하고, 수업 장소와 기상 요건 등을 고려하여 수업 활동을 계획한다.
- 학습자의 사전 학습 경험 및 특성을 고려하여 학습자 수준에 맞는 교수·학습 활동을 계획하고 운영한다. 교수·학습 운영에 적합한 시설과 용·기구의 수요를 파악하여 충분한 수량을 확보한다.
- 모든 학습자에게 자기 수준에 맞는 학습 기회를 평등하게 제공하도록 교수·학습 활동을 계획하고 운영한다. 특수교육 학생, 다문화 학생, 느린 학습자, 신체활동에 소극적인 학습자 등 다양한 학습자를 고려하여 학습자가 자신의 수준에 적합한 학습에 참여할 수 있도록 다양한 학습 과제를 제시한다.
- 최소 성취수준 보장을 위해 과목 출석률 및 학업성취율의 이수 조건을 고려하여 영역별 최소 성취수준과 학습량을 설정하고, 수준별 학습, 단계적 학습, 개별 학습과 심화 보충 학습 등이 가능하도록 학생 맞춤형 교수·학습 자료를 구성하며, 학습자가 다양한 방식과 역할로 수업에 참여할 수 있도록 교수·학습 활동을 계획하고 운영한다.

ⓒ 평가

　ⓐ 평가의 방향

- 과학적 원리와 방법에 따른 체력 증진과 스포츠와 표현 활동의 수행 능력의 심화 및 생활화를 위한 종합적 평가가 이루어지도록 한다. 체력 운동, 기술형 스포츠, 표현 활동의 지식과 기능의 습득, 가치와 태도의 실천 등을 종합적으로 평가할 수 있도록 실제 맥락에서의 수행 능력을 평가한다.
- 학습자의 학습과 성장 과정을 반영한 다면적 평가가 이루어지도록 한다. 학습 결과와 더불어 학습 과정에서 나타나는 학습자의 과제 수행 및 학습 특성의 변화를 평가하고 평가 방법 및 도구, 평가 주체를 다양화하며 학생 성장을 다면적으로 평가한다.
- 특수교육 학생, 다문화 학생, 느린 학습자 등 다양한 특성을 고려한 학습자 맞춤형 평가와 학습자의 수준과 흥미를 반영한 다양한 교수·학습 방법의 구안을 위해 진단 평가 및 형성 평가를 적극적으로 활용하고, 최소 성취수준 보장을 위해 과정을 중시하는 평가가 이루어지도록 한다.

ⓑ 평가 방법

- 평가 범위는 교수·학습 활동을 통해 지도된 전 영역을 대상으로 하되, 내용 영역에 따라 평가 비중을 달리할 수 있다. 단, 평가 내용의 균형성을 고려하여 특정 영역에 편중되지 않도록 한다.
- 평가 내용에는 수업 목표와 학습 내용에 제시된 지식·이해, 과정·기능, 가치·태도 요소를 균형 있게 포함한다. 평가의 주체를 고려하여 평가 내용을 선정한다. 특히 동료 또는 자기 평가와 같이 학습자가 주체가 된 평가를 할 경우 구체적인 성취수준을 제공한다.
- 평가를 위한 성취기준 및 성취수준은 교육과정 성취기준과 단위 학교 수업 내용을 바탕으로 개발한다. 평가를 위한 성취기준은 교수·학습의 내용 및 방법을 고려하여 영역별 성취기준을 나누거나 통합할 수 있다.
- 성취수준은 점수화 및 등급화를 위한 기능의 단순 분류나 기록의 명시보다는 영역별 내용 요소에 따른 기능의 도달 정도를 구체적인 행동 수준으로 진술하고, 평가 등급(단계) 또한 양적 요소와 질적 요소를 모두 포함하여 수준에 맞게 진술한다.
- 평가 방법은 학습 목표 및 평가 목적에 적합하게 선정한다. 체육과 평가에서 활용되는 기존 평가 도구를 사용하거나 평가 내용에 적합한 도구를 개발하여 사용할 수 있다.
- 모둠별 학습 활동의 평가 시 개별 학습자의 역할 및 노력과 기여도를 평가하는 방안을 마련한다.
- 평가 결과는 교수·학습을 수정하고 보완하는 데 활용하며, 학습자와 학부모가 쉽게 이해하도록 구체적으로 재구성하여 안내한다.
- 평가 결과의 누가 기록 및 체계적인 관리, 결과 분석 등을 위해 디지털 도구를 활용할 수 있다.

2. 진로 선택 과목

(1) 운동과 건강

① 성격 및 목표

㉠ 성격 : <운동과 건강>은 중학교 <체육>의 건강 활동과 체력 운동 영역을 더욱 심화하여 학습함으로써, 운동을 바탕으로 건강을 관리하고, 상황과 맥락에 맞는 개인 맞춤형 트레이닝을 통해 체력을 증진하며, 운동을 생활화하는 능력을 길러주는 과목이다. 개인과 사회의 건강을 위협하는 다양한 문제들이 갈수록 심각해지는 현대 사회에서 운동은 건강한 삶을 영위하는 데 중요한 역할을 한다. 운동은 신체적, 정신적 질환 예방과 사회적 건강에 필수적이며, 체계적이고 과학적인 체력 증진 트레이닝은 체력의 관리에 반드시 필요하다. 건강 관리의 목적과 수준에 적합한 운동을 선택하여 지속해서 참여하는 것은 건강하고 행복한 삶을 살아가는 데 중요한 역할을 한다.

이러한 측면에서 <운동과 건강> 과목에서는 운동을 건강 관리 목적에 맞게 체계적으로 계획하고 체력 증진 트레이닝 프로그램을 실천하며, 운동 손상을 예방하고 관리함으로써 자신의 건강을 능동적으로 관리하고 적정 체력 수준을 유지하면서 활기차게 생활할 수 있도록 하는 데 주안점을 둔다. 이를 위해 중학교 <체육>에서 습득한 건강 활동과 체력 운동에 관한 과학적 방법을 토대로 신체적, 정신적, 사회적 건강 관리를 위한 운동 지식과 방법을 깊이 있고 체계적으로 학습하여 건강을 전문적으로 관리하고, 건강 관련 분야 진로를 탐색하고 설계할 수 있도록 한다. 또한 기술형 스포츠와 표현 활동의 다양한 신체활동을 활용하여 운동의 효과를 높이고, 건강을 체계적으로 관리할 수 있도록 하며, 학습자의 체력 발달 수준과 요구에 맞게 다양한 트레이닝 방법을 조합하여 프로그램을 구성하고 적용하며 체력 운동의 효과를 높일 수 있도록 한다.

ⓛ 목표: <운동과 건강> 과목은 건강하고 주도적인 삶을 영위하는 데 필요한 신체활동 역량을 기르고, 건강 및 체력 관리 분야의 전문성 향상에 필요한 자질을 함양하는 것을 목표로 한다.

ⓐ 신체적, 정신적, 사회적 건강 관리 방법을 이해하고, 목적에 맞는 건강 운동 계획을 수립하고 습관화하며, 건강 관리에 필요한 가치와 태도를 실천한다.

ⓑ 트레이닝의 종류 및 방법, 운동 손상과 운동 재활의 개념을 이해하고, 목적에 맞게 트레이닝 프로그램을 적용하며, 체력 관리에 필요한 가치와 태도를 실천한다.

② 내용 체계 및 성취기준

㉠ 내용 체계

핵심 아이디어	• 운동은 건강을 관리하는 데 필수적이며, 체력은 상황과 맥락에 적합한 트레이닝을 통해 발달한다. • 운동에 따른 손상의 예방과 관리는 건강하고 활기찬 삶에 필수적인 요소이다.	
범주 ＼ 영역	건강 운동	체력 운동
지식·이해	• 운동과 건강 관리 • 기술형 스포츠와 건강 • 표현 활동과 건강	• 트레이닝의 종류와 방법 • 체력 증진 트레이닝 프로그램 • 운동 손상과 재활
과정·기능	• 건강 운동 계획하기 • 건강 관리하기 • 건강 관련 분야 진로 설계하기	• 트레이닝 프로그램 계획하기 • 트레이닝 프로그램 적용하기 • 운동 손상 관리하기
가치·태도	• 건강 관리에 대한 자기 주도성	• 체력 관리에 대한 자기 주도성

ⓒ 성취기준

ⓐ 건강 운동

> [12운건01 − 01] 운동이 신체적, 정신적 질환 예방과 사회적 건강에 미치는 효과를 파악하고,
> 운동의 목적과 자신의 수준에 적합한 건강 운동을 계획한다.
> [12운건01 − 02] 일일, 주간, 월간 건강 운동 프로그램을 계획하고 자기 주도적으로 실천하여
> 건강을 관리하고, 건강 관련 분야 진로를 설계한다.
> [12운건01 − 03] 기술형 스포츠를 이용한 건강 관리 방법을 탐색하고, 일상에서 실천하며 생활
> 화한다.
> [12운건01 − 04] 표현 활동을 이용한 건강 관리 방법을 탐색하고, 일상에서 실천하며 생활화한다.

- 성취기준 해설
  - [12운건01-01]은 건강에서 운동이 갖는 의미와 운동의 필요성을 명확하게 이해
    하고, 자기 주도적 건강 관리에 필요한 운동을 계획하기 위해 설정하였다. 운동
    이 건강에 미치는 효과를 뇌혈관질환, 심장질환, 대사질환, 불안증, 스트레스 등
    다양한 질환의 예방과 건강한 인간관계 및 사회적 안녕 측면에서 구체적으로
    이해하도록 한다.
  - [12운건01-02]는 운동 목표에 따라 과학적 원리를 적용하여 운동 프로그램을
    구안하여 실천하고, 건강 관련 분야 진로를 설계하기 위해 설정하였다. 자신의
    수준에 맞게 운동 종류, 운동 강도, 운동 빈도, 운동 시간 등을 결정하여 하루,
    일주일, 한 달 단위의 구체적인 운동 계획을 수립하여 실천하고, 건강 관련 분
    야 진로 정보를 수집하여 분석하며, 자기 적성에 맞는 진로 계획을 수립하여
    건강 관련 분야 진로에서 요구되는 조건이나 자격을 갖출 수 있도록 진로를 설
    계하고 준비하도록 한다.
  - [12운건01-03, 04]는 기술형 스포츠나 표현 활동이 건강에 미치는 효과를 이해
    하고, 운동 목표에 따라 자신에게 맞는 운동 프로그램을 실천하며 건강을 관리
    하기 위해 설정하였다. 자신의 운동 수준, 운동 환경, 운동 선호도 등을 고려하
    여 운동 종목을 선택하고, 운동 계획을 수립하여 실천함으로써 지속해서 건강
    을 관리하도록 한다.
- 성취기준 적용 시 고려 사항
  - 건강 운동 영역에서는 기술형 스포츠와 표현 활동에서 보편적인 신체활동을
    선택하되, 학기 단위에 걸친 지속적 참여를 통해 건강을 종합적이고 체계적으
    로 관리할 수 있는 신체활동을 선정한다.
  - 건강 운동 영역에서는 선택한 신체활동을 지속해서 실천하여 건강을 관리할
    수 있는 다양한 활동과 함께 신체활동의 학습이 가능하도록 운영한다.
  - 기술형 스포츠와 건강, 표현 활동과 건강 요소의 경우 학습자가 선호하거나 관
    심 있는 신체활동을 선택하고 자신의 수준에 맞게 안전에 유의하며 활동하면
    서 자기 주도적으로 건강을 관리할 수 있도록 한다.

- 건강 관련 분야 진로와 관련된 직업 정보를 체계적으로 탐색하되, 건강 운동 및 체력 운동 분야를 폭넓게 살펴보도록 한다. 또한 진로 탐색 결과와 학습자의 흥미, 적성, 특기 등을 바탕으로 진로를 창의적으로 설계하고 적절한 계획을 수립하여 준비할 수 있도록 운영한다.
- 신체활동의 수행 능력, 운동 프로그램을 계획하고 일상생활에서 꾸준히 실천하여 건강을 자기 주도적으로 관리할 수 있는 능력, 건강 관련 분야 진로 설계 능력 등 다양한 요소를 균형 있게 평가하고, 학습 결과와 학습 과정을 모두 평가한다.
- 경기 수행 능력은 개인별 경기 기능 평가와 팀 경기 수행 능력 평가, 관찰기록을 통한 게임 수행평가 등을 활용하여 평가하고, 자기 주도적 건강 관리 활동과 진로 설계를 평가하기 위해 운동 일지, 보고서, 체크리스트, 포트폴리오 등을 활용하여 평가할 수 있다. 또한 학습자가 스스로 장단점을 파악하고 자신의 학습을 개선하여 더욱 적극적으로 수업에 참여할 수 있도록 학습자가 평가의 주체가 되는 자기 평가나 동료 평가를 활용하여 평가할 수 있다.

ⓑ 체력 운동

[12운건02 − 01] 운동 처방에 따른 트레이닝의 종류와 방법을 이해하여 체력 증진을 위한 트레이닝 프로그램을 계획하고 체력 운동에 적용하며 자기 주도적으로 체력을 관리한다.
[12운건02 − 02] 운동 손상의 원인과 기전을 이해하고, 적절한 응급처치와 재활 운동을 통해 운동 손상을 관리한다.

- 성취기준 해설
  - [12운건02-01]은 운동 처방에서 트레이닝의 효과와 중요성을 이해하고 관련 지식을 습득하여 자기 주도적으로 체력을 관리하기 위해 설정하였다. 인터벌 트레이닝, 서킷 트레이닝, 웨이트 트레이닝, 아이소메트릭 트레이닝, 스트레칭 등 체력 요소별 트레이닝 방법과 운동 목적에 따라 다양한 트레이닝 방법을 혼합하는 트레이닝 프로그램 구성 방법을 이해하고 이를 바탕으로 트레이닝 프로그램을 계획하고 체력 운동에 적용하여 체력을 관리하도록 한다.
  - [12운건02-02]는 운동 과정에서 발생할 수 있는 운동 손상에 대한 이해를 바탕으로 안전하게 운동하기 위해 설정하였다. 체력 증진 트레이닝 과정에서 발생할 수 있는 외상성 부상과 과사용 부상의 원인과 발생 기전을 이해하고, 상해의 종류에 따른 적절한 응급처치 방법과 재활 운동 방법을 통해 운동 손상을 관리하도록 한다.
- 성취기준 적용 시 고려 사항
  - 체력 운동 영역에서는 다양한 체력 요소의 유지·증진이 가능하고 학습자의 체력 수준에 따라 수준별 학습이 가능한 신체활동을 선정한다.

- 체력 운동 영역은 다른 영역의 내용과 연계하여 운영할 수 있으며, 체력 증진의 중요성과 필요성을 인식하여 적극적으로 체력 관리 활동에 참여할 수 있도록 운영한다. 또한 운동 손상에 따른 응급처치 능력을 함양하여 다양한 상황에서 적절하게 대처하도록 교수·학습을 운영한다.
- 체력 운동을 지속해서 실천할 수 있는 다양한 활동을 제시하고, 디지털 기기를 활용하여 실천 내용을 기록하고 관리할 수 있도록 하며, 체육 관련 진로 설계와 연계할 수 있도록 운영한다.
- 일부 체력 요소의 성취도 평가는 지양하고 체계적이고 종합적인 관리 방법의 실천 여부를 중심으로 평가한다.
- 체력 운동을 실천하는 과정은 체력 관리 일지, 보고서, 체크리스트, 포트폴리오 등을 활용하여 평가하며, 응급 처치와 운동 손상을 관리하는 방법은 활동 중심으로 평가한다. 또한 학습자가 스스로 장단점을 파악하고 자신의 학습을 개선하여 더욱 적극적으로 수업에 참여할 수 있도록 학습자가 평가의 주체가 되는 자기 평가나 동료 평가를 활용하여 평가할 수 있다.

🔎 **고등학교 〈운동과 건강〉의 신체활동 예시**

영역	신체활동 예시
건강 운동	• 건강 관리 운동(요가, 필라테스, 사이클링, 건강달리기, 하이킹, 등산, 캠핑 등) • 건강 관리를 위한 기술형 스포츠(육상, 경영, 스케이팅, 태권도, 씨름, 복싱, 유도, 검도 등) • 건강 관리를 위한 표현 활동(리듬체조, 치어리딩, 우리나라의 전통무용, 외국의 전통무용, 현대무용, 댄스스포츠, 라인댄스, 스트리트댄스, 재즈댄스 등) • 건강 관련 분야 진로 설계 활동
체력 운동	• 체력 증진 트레이닝(인터벌 트레이닝, 서킷 트레이닝, 웨이트 트레이닝, 아이소메트릭 트레이닝, 응용 트레이닝(크로스핏, 스피닝 등) • 운동 손상 예방 및 응급처치 활동(스트레칭, 테이핑, 스포츠마사지, 약품 사용, 심폐소생술 등)

③ 교수·학습 및 평가

㉠ 교수·학습

ⓐ 교수·학습의 방향

• 신체활동 역량의 지속적인 발달을 위한 교수·학습이 이루어지도록 한다. 이를 위해 중학교 〈체육〉에서 학습한 건강 활동과 체력 운동을 심화하여 학습할 수 있도록 다양한 수업 주제와 교수·학습 활동을 선정하고 조직한다.
• 학습자가 생애주기에 따라 건강을 유지 및 증진하고, 타인 및 환경과 상호작용하며 스포츠를 생활화할 수 있도록 자기 주도적 학습을 위한 맞춤형 교수·학습과 신체활동의 시간적·공간적 확장을 위한 교수·학습이 이루어지도록 한다. 이를

위해 학습자의 수준을 고려하여 적절한 동기 유발 전략을 마련하고 과제 및 학습 자료, 시설과 기자재 등을 효율적으로 조직한다. 또한 가정 및 집 주변, 지역사회에서 신체활동을 지속해서 실천하고 고등학교 시기에 적절한 신체활동에 참여하고 즐기는 방법과 체육 관련 진로를 설계하도록 지도한다.

- 디지털 기술을 활용하여 효율적인 교수·학습이 이루어지도록 한다. 이를 위해 교육과정 운영의 전 과정에서 온·오프라인을 연계하고 다양한 디지털 매체를 활용함으로써 학습자의 신체활동 참여를 촉진하고 효율적인 학습 자료 관리가 가능하도록 지도한다.
- 창의성과 인성 함양을 위한 교수·학습이 이루어지도록 한다. 이를 위해 영역별 신체활동의 심동적, 정의적, 인지적 내용 요소를 균형 있게 학습할 수 있도록 직접 체험 활동과 함께 간접 체험 활동을 제공하고, 타 교과 및 범교과 학습 주제를 체육과 학습 내용과 융합하여 학습할 수 있도록 지도한다.

ⓑ 교수·학습 방법

- 교육과정에서 제시한 내용 영역과 영역별 성취기준을 반드시 지도한다. 내용 영역을 통합하여 계획을 수립할 경우, 각 영역의 내용 요소가 누락 되지 않아야 하며 영역 설정의 취지를 벗어나지 않는 범위 내에서 통합한다.
- 학습자가 생애주기에 따라 건강을 유지 및 증진하고, 타인 및 환경과 상호작용하며 스포츠를 생활화할 수 있도록, 영역의 성취기준 달성에 충분한 지식과 활동 내용을 제공할 수 있는 신체활동 유형과 종목을 선정한다.
- 학기 초 단위 학교의 학사 일정을 바탕으로 수업 가능 일수와 시간을 파악하고, 수업 장소와 기상 요건 등을 고려하여 수업 활동을 계획한다.
- 학습자의 사전 학습 경험 및 특성을 고려하여 학습자 수준에 맞는 교수·학습 활동을 계획하고 운영한다. 교수·학습 운영에 적합한 시설과 용·기구의 수요를 파악하여 충분한 수량을 확보한다.
- 모든 학습자에게 자기 수준에 맞는 학습 기회를 평등하게 제공하도록 교수·학습 활동을 계획하고 운영한다. 특수교육 학생, 다문화 학생, 느린 학습자, 신체활동에 소극적인 학습자 등 다양한 학습자를 고려하여 학습자가 자신의 수준에 적합한 학습에 참여할 수 있도록 다양한 학습 과제를 제시한다.
- 최소 성취수준 보장을 위해 과목 출석률 및 학업성취율의 이수 조건을 고려하여 영역별 최소 성취수준과 학습량을 설정하고, 수준별 학습, 단계적 학습, 개별 학습과 심화 보충 학습 등이 가능하도록 학생 맞춤형 교수·학습 자료를 구성하며, 학습자가 다양한 방식과 역할로 수업에 참여할 수 있도록 교수·학습 활동을 계획하고 운영한다.

ⓛ 평가

 ⓐ 평가의 방향

  • 운동을 바탕으로 건강을 관리하고, 상황과 맥락에 맞는 트레이닝을 통해 개인 맞춤형 체력을 증진하며, 운동을 생활화하고 진로와 연계할 수 있는 능력의 종합적 평가가 이루어지도록 한다. 건강 활동과 체력 운동의 지식과 기능의 습득, 가치와 태도의 실천 등을 종합적으로 평가할 수 있도록 실제 맥락에서의 수행 능력을 평가한다.

  • 학습자의 학습과 성장 과정을 반영한 다면적 평가가 이루어지도록 한다. 학습 결과와 더불어 학습 과정에서 나타나는 학습자의 과제 수행 및 학습 특성의 변화를 평가하고 평가 방법 및 도구, 평가 주체를 다양화하며 학생 성장을 다면적으로 평가한다.

  • 특수교육 학생, 다문화 학생, 느린 학습자 등 다양한 특성을 고려한 학습자 맞춤형 평가와 학습자의 수준과 흥미를 반영한 다양한 교수·학습 방법의 구안을 위해 진단 평가 및 형성 평가를 적극적으로 활용하고, 최소 성취수준 보장을 위해 과정을 중시하는 평가가 이루어지도록 한다.

 ⓑ 평가 방법

  • 평가 범위는 교수·학습 활동을 통해 지도된 전 영역을 대상으로 하되, 내용 영역에 따라 평가 비중을 달리할 수 있다. 단, 평가 내용의 균형성을 고려하여 특정 영역에 편중되지 않도록 한다.

  • 평가 내용에는 수업 목표와 학습 내용에 제시된 지식·이해, 과정·기능, 가치·태도 요소를 균형 있게 포함한다. 평가의 주체를 고려하여 평가 내용을 선정한다. 특히 동료 또는 자기 평가와 같이 학습자가 주체가 된 평가를 할 경우 구체적인 성취수준을 제공한다.

  • 평가를 위한 성취기준 및 성취수준은 교육과정 성취기준과 단위 학교 수업 내용을 바탕으로 개발한다. 평가를 위한 성취기준은 교수·학습의 내용 및 방법을 고려하여 영역별 성취기준을 나누거나 통합할 수 있다.

  • 성취수준은 점수화 및 등급화를 위한 기능의 단순 분류나 기록의 명시보다는 영역별 내용 요소에 따른 기능의 도달 정도를 구체적인 행동 수준으로 진술하고, 평가 등급(단계) 또한 양적 요소와 질적 요소를 모두 포함하여 수준에 맞게 진술한다.

  • 평가 방법은 학습 목표 및 평가 목적에 적합하게 선정한다. 체육과 평가에서 활용되는 기존 평가 도구를 사용하거나 평가 내용에 적합한 도구를 개발하여 사용할 수 있다.

  • 모둠별 학습 활동의 평가 시 개별 학습자의 역할 및 노력과 기여도를 평가하는 방안을 마련한다.

- 평가 결과는 교수·학습을 수정하고 보완하는 데 활용하며, 학습자와 학부모가 쉽게 이해하도록 구체적으로 재구성하여 안내한다.
- 평가 결과의 누가 기록 및 체계적인 관리, 결과 분석 등을 위해 디지털 도구를 활용할 수 있다.

(2) 스포츠 문화

① 성격 및 목표

㉠ 성격 : <스포츠 문화>는 중학교 <체육>의 스포츠 영역에 내재한 문화적 측면을 더욱 심화하여 학습함으로써, 인간이 스포츠 활동 과정에서 축적한 다양한 문화 양식을 이론적, 실제적으로 탐구하고 스포츠 경기와 통합하여 실천할 수 있는 자질을 길러주는 과목이다.

인간은 다양한 방식으로 스포츠를 경험한다. 스포츠에 직접 참여하기도 하고, 경기를 관람하며 간접적으로 참여하기도 한다. 최근에는 스포츠 관련 시, 소설, 수필, 자서전 등의 문학 작품을 읽거나 영화, 연극, 음악, 미술 등의 예술 작품으로 스포츠 문화를 보고 듣고 즐기기도 한다. 스포츠 관련 문학, 예술, 역사, 철학 등의 문화 속에는 스포츠의 정신과 바람직한 삶의 가치가 깃들어져 있으며, 이러한 스포츠 서사를 탐구하는 것은 스포츠 문화를 더욱 폭넓게 이해하고 교양 있는 시민으로서 문화적 소양을 갖추도록 해준다. 이러한 측면에서 <스포츠 문화> 과목에서는 스포츠 인문 문화와 경기 문화를 탐색하고, 스포츠 경기 과정에 이를 연계하고 접목함으로써 스포츠 문화를 다양하게 이해하고 실천하는 데 주안점을 둔다. 이를 위해 중학교 <체육>에서 습득한 스포츠의 역사 및 특성, 경기 기능, 방법, 전략 등을 토대로 스포츠 경기에 참여하면서 스포츠 문화를 경험하고 향유하며, 스포츠 경기대회에서 다양한 역할을 수행하면서 스포츠 문화에 대한 폭넓은 안목을 높이고, 스포츠 문화 분야 진로를 탐색하고 설계할 수 있도록 한다.

㉡ 목표 : <스포츠 문화> 과목은 활동적이고 창의적인 삶, 신체활동 문화를 향유하는 삶을 영위하는 데 필요한 신체활동 역량을 기르고, 스포츠 문화 분야의 전문성 향상에 필요한 자질을 함양하는 것을 목표로 한다.

ⓐ 스포츠의 인문적 특성을 비판적으로 탐구하고, 스포츠 대회에 참가하며, 다양한 방식으로 스포츠에 참가하며, 스포츠 인문 문화에 내재한 가치와 태도를 실천한다.

ⓑ 스포츠 경기 문화의 특성을 이해하고, 스포츠 대회를 주도적으로 기획하고 운영하며, 다양한 역할로 스포츠에 참가하며, 스포츠 경기 문화에 내재한 가치와 태도를 실천한다.

② 내용 체계 및 성취기준

㉠ 내용 체계

핵심 아이디어	• 스포츠 인문 문화 및 경기 문화 양식에 대한 성찰은 인간의 스포츠 향유를 다양하게 확장하고 행복한 삶으로 이끈다. • 인간은 스포츠 경기 문화를 사회 변화에 맞게 개선하고, 다양한 문화와 연계함으로써 스포츠를 문화적으로 발전시킨다.	
영역 범주	스포츠 인문 문화	스포츠 경기 문화
지식·이해	• 스포츠 인문 문화의 개념 및 특성 • 스포츠의 역사와 철학 • 스포츠의 문학과 예술	• 스포츠 경기 문화의 개념 및 특성 • 스포츠 경기 문화의 구성 체계 및 방법
과정·기능	• 스포츠 문화 비평하기 • 스포츠 대회 기획 및 운영하기 • 스포츠 대회 참여하기 • 스포츠 문화 분야 진로 설계하기	
가치·태도	• 스포츠 문화에 대한 비판적 태도 • 스포츠 문화에 대한 확산적 사고	

㉡ 성취기준

ⓐ 스포츠 인문 문화

> [12스문01 − 01] 스포츠 인문 문화의 개념 및 특성을 이해하고, 스포츠 대회에 다양한 방식으로 참여한다.
> [12스문01 − 02] 스포츠의 역사와 철학을 탐구하고, 스포츠의 문화를 비판적으로 분석한다.
> [12스문01 − 03] 스포츠를 주제로 한 다양한 문학과 예술을 비교·분석하고, 스포츠 인문 문화 분야 진로를 설계한다.

• 성취기준 해설

− [12스문01-01]은 스포츠 경기에 직접 참여하는 방식과 다양한 인문 문화의 서사적 접근을 통한 간접 참여 방식의 중요성과 가치를 인식하기 위해 설정하였다. 스포츠를 매개로 하는 다양한 인문 문화(시, 소설, 수필, 희곡, 영화, 음악, 미술, 건축, 종교, 역사, 철학 등)에 대해 이해하고 창작·비평하며, 스포츠 경기를 수행하도록 한다.

− [12스문01-02]는 스포츠의 역사와 철학의 탐구과정에서 올바른 스포츠 역사의식과 스포츠의 가치를 인식하는 능력을 기르기 위해 설정하였다. 스포츠의 역사(유래, 변천, 경기 유형, 인물, 기록, 사건 등)와 스포츠 철학(스포츠 윤리, 스포츠의 관례·의식 등)에 대해 깊이 있게 탐구하고, 스포츠 역사와 철학에 관련된 문화에 대한 가치 판단을 통해 스포츠 현상의 긍정적인 측면과 부정적인 측면을 이해하도록 한다.

- [12스문01-03]은 스포츠와 관련된 문학과 예술 분야에 대한 가치를 인식하고 스포츠 문화를 향유하며, 스포츠 인문 문화 분야 진로를 설계하기 위해 설정하였다. 스포츠 경험으로 창출된 시, 소설, 희곡, 수필 등과 같은 스포츠 문학과 음악, 연극, 영화, 회화, 조각 등과 같은 스포츠 예술 분야의 공통점과 차이점, 유사점을 발견하고, 서사적 형태의 스포츠 문학과 예술 고유의 가치를 명확하게 인식하도록 한다. 또한 스포츠 인문 문화 분야 진로 정보를 수집하여 분석하고, 자기 적성에 맞는 진로 계획을 수립하여 스포츠 인문 문화 분야 진로에서 요구되는 조건이나 자격을 갖출 수 있도록 진로를 설계하고 준비하도록 한다.

• 성취기준 적용 시 고려 사항

- 스포츠 인문 문화 영역의 학습은 스포츠 경기에 직접 참여하는 과정에서 이루어지도록 한다.

- 스포츠 인문 문화 영역의 신체활동은 생활 스포츠 활동과 연계되고 인문적 가치가 다양하게 드러나는 전통 스포츠 경기를 선정하되, 성별, 신체적, 문화적 차이로 소외되는 학습자 없이 참여할 수 있는 신체활동을 선정한다.

- 스포츠 인문 문화 영역에서는 선정된 신체활동과 관련된 역사, 철학, 문학, 예술 등 스포츠 인문 문화 영역의 서사적 학습 자료(시, 수필, 회화, 영화, 음악, 미술 등)를 다양하게 활용한다.

- 학습 자료를 준비할 때 학습자의 성별, 신체적, 문화적 차이를 고려하여 내용을 선정하고 스포츠 문화에 대한 부정적 관점이나 왜곡된 사실이 전달되지 않도록 한다.

- 스포츠 인문 문화 분야 진로와 관련된 직업 정보를 체계적으로 탐색하고, 진로 탐색 결과와 학습자의 흥미, 적성, 특기 등을 바탕으로 진로를 창의적으로 설계하고 준비할 수 있도록 지도한다.

- 스포츠 경기 수행 능력, 스포츠 인문 문화에 대한 이해 및 실천력, 스포츠 인문 문화 분야 진로 설계 능력 등 다양한 요소를 균형 있게 평가하고, 학습 결과와 학습 과정을 모두 평가한다.

- 스포츠 경기 수행 능력은 개인별 경기 기능 평가와 경기를 통한 팀 경기 수행 능력 평가, 관찰기록을 통한 게임 수행평가 등을 활용하여 평가하고, 스포츠 인문 문화에 대한 이해 및 실천력과 진로 설계 능력은 지필 검사, 감상 및 분석 보고서, 토론 및 발표, 포트폴리오 등을 활용하여 평가한다. 또한 학습자 스스로 장단점을 파악하고 자신의 학습을 개선하여 더욱 적극적으로 수업에 참여할 수 있도록 학습자가 평가의 주체가 되는 자기 평가나 동료 평가를 활용하여 평가할 수 있다.

ⓑ 스포츠 경기 문화

> [12스문02 - 01] 스포츠 경기 문화의 개념 및 특성을 이해하고, 스포츠 대회에 다양한 역할로 참여한다.
> [12스문02 - 02] 스포츠 경기 문화의 구성 체계 및 방법에 따라 스포츠 대회를 기획하고 운영하며, 스포츠 경기 문화 분야 진로를 설계한다.
> [12스문02 - 03] 스포츠 경기 문화의 가치를 이해하고, 스포츠 경기 문화를 다양한 분야와 접목한다.

- 성취기준 해설
  - [12스문02-01]은 스포츠 경기 문화의 개념과 특성을 이해함으로써 경기 참여 이외의 다양한 역할로 스포츠 대회에 참가하는 것의 중요성을 인식하기 위해 설정하였다. 운동 기능이 발전하여 성립한 스포츠 경기 문화(장비, 기술체계, 규범, 사상과 이념, 제도와 조직 등)에 대해 이해하고, 형식을 갖춘 스포츠 대회에 적극적으로 참가하는 태도와 스포츠 경기를 수행하도록 한다.
  - [12스문02-02]는 스포츠 경기 문화의 구성체계를 적합하게 반영하여 스포츠 대회를 기획하고 운영하며, 스포츠 경기 문화 분야 진로를 설계하기 위해 설정하였다. 물질문화(장비, 경기 용구 등), 제도문화(규범, 기술체계 등), 관념문화(목표, 가치 등)로 이루어진 스포츠 경기 문화의 구성체계를 이해하고, 제도와 조직(경기 구성원의 역할, 경기 절차, 운영 방법, 경기 단체 등)을 갖춘 스포츠 대회를 기획하고 운영한다. 또한 스포츠 경기 문화 분야에 관한 진로 정보를 수집하여 분석하고, 자기 적성에 맞는 진로 계획을 수립하여 스포츠 경기 문화 분야 진로에서 요구되는 조건이나 자격을 갖출 수 있도록 진로를 설계하고 준비하도록 한다.
  - [12스문02-03]은 스포츠 경기 문화가 타 분야와 융합하여 새로운 스포츠 문화를 창출할 수 있음을 인식하도록 설정하였다. 스포츠 경기 문화는 스포츠 참여의 다양성, 지역 및 국가적 스포츠 문화의 발전, 나아가 인종·언어·국경을 초월한 보편적 가치를 지니고 있음을 이해하고, 미래 스포츠 문화의 발전을 위해 스포츠 경기 문화를 인문, 사회, 과학 등 다양한 분야와 접목하는 확산적 사고를 갖도록 한다.
- 성취기준 적용 시 고려 사항
  - 스포츠 경기 문화 영역의 학습은 스포츠 경기에 직접 참여하는 과정에서 이루어지도록 한다.
  - 스포츠 경기 문화 영역에서는 학생 주도적인 스포츠 대회의 기획과 운영이 가능하게 하고, 성별, 신체적, 문화적 차이에 상관없이 모든 학습자의 참여가 가능하며, 스포츠 대회와 관련된 문화를 폭넓게 연계하여 스포츠 경기 대회를 수행할 수 있도록 운영한다.

- 경기 참여자와 축제 참여자 역할을 다양하게 마련하여 수업에 참여하는 모든 학습자가 역할을 맡아 활동할 수 있도록 스포츠 대회를 구성한다.
- 경기 절차 및 운영 방법을 이해하고 진행할 수 있도록 경기 문화 구성체계를 지도하며 스포츠 유형별 경기 및 관람, 대회 운영 과정에서 발생할 수 있는 안전사고를 예방하도록 교수 · 학습을 운영한다.
- 스포츠 경기 문화 분야 진로와 관련된 직업 정보를 체계적으로 탐색하고, 진로 탐색 결과와 학습자의 흥미, 적성, 특기 등을 바탕으로 진로를 창의적으로 설계하고 준비할 수 있도록 지도한다.
- 경기 수행 능력, 스포츠 경기 문화에 대한 이해 및 실천력, 스포츠 경기 문화 분야 진로 설계 능력 등 다양한 요소를 균형 있게 평가하고, 학습 결과와 학습 과정을 모두 평가한다.
- 스포츠 경기 수행 능력은 개인별 경기 기능 평가와 경기를 통한 팀 경기 수행 능력 평가, 관찰기록을 통한 게임 수행평가 등을 활용하여 평가하고, 스포츠 경기 문화에 대한 이해 및 실천력과 진로 설계 능력은 지필 검사, 감상 및 분석 보고서, 토론 및 발표, 포트폴리오 등을 활용하여 평가한다. 또한 학습자 스스로 장단점을 파악하고 자신의 학습을 개선하여 더욱 적극적으로 수업에 참여할 수 있도록 학습자가 평가의 주체가 되는 자기 평가나 동료 평가를 활용하여 평가할 수 있다.

🔍 **고등학교 〈스포츠 문화〉의 신체활동 예시**

영역	신체활동 예시
스포츠 인문 문화	• 스포츠 종목 중 택 1 이상 • 스포츠 인문 문화 분야 진로 탐색 활동
스포츠 경기 문화	• 스포츠 종목 중 택 1 이상 • 스포츠 경기 문화 분야 진로 탐색 활동

③ 교수 · 학습 및 평가

㉠ 교수 · 학습

ⓐ 교수 · 학습의 방향

- 신체활동 역량의 지속적인 발달을 위한 교수 · 학습이 이루어지도록 한다. 이를 위해 스포츠 문화에 대한 안목과 스포츠 활동에서 실천할 수 있는 자질을 함양할 수 있도록 다양한 수업 주제와 교수 · 학습 활동을 선정하고 조직한다.

- 학습자가 스포츠 활동 과정에서 축적한 다양한 문화 양식을 이론적, 실제적으로 탐구함으로써 스포츠 경기와 통합하여 실천할 수 있도록 자기 주도적 학습을 위한 맞춤형 교수·학습과 신체활동의 시간적·공간적 확장을 위한 교수·학습이 이루어지도록 한다. 이를 위해 학습자의 수준을 고려하여 적절한 동기 유발 전략을 마련하고 과제 및 학습 자료, 시설과 기자재 등을 효율적으로 조직한다. 또한 가정 및 집 주변, 지역사회에서 신체활동을 지속해서 실천하고 고등학교 시기에 적절한 신체활동에 참여하고 즐기는 방법을 익히고 체육 관련 진로를 설계하도록 지도한다.
- 디지털 기술을 활용하여 효율적인 교수·학습이 이루어지도록 한다. 이를 위해 교육과정 운영의 전 과정에서 온·오프라인을 연계하고 다양한 디지털 매체를 활용함으로써 학습자의 신체활동 참여를 촉진하고 효율적인 학습 자료 관리가 가능하도록 지도한다.
- 창의성과 인성 함양을 위한 교수·학습이 이루어지도록 한다. 이를 위해 영역별 신체활동의 심동적, 정의적, 인지적 내용 요소를 균형 있게 학습할 수 있도록 직접 체험 활동과 함께 간접 체험 활동을 제공하고, 타 교과 및 범교과 학습 주제를 체육과 학습 내용과 융합하여 학습할 수 있도록 지도한다.

ⓑ 교수·학습 방법
- 교육과정에서 제시한 내용 영역과 영역별 성취기준을 반드시 지도한다. 내용 영역을 통합하여 계획을 수립할 경우, 각 영역의 내용 요소가 누락 되지 않아야 하며 영역 설정의 취지를 벗어나지 않는 범위 내에서 통합한다.
- 학습자가 스포츠 활동 과정에서 축적한 다양한 문화 양식을 이론적, 실제적으로 탐구함으로써 스포츠 경기와 통합하여 실천할 수 있도록, 영역의 성취기준 달성에 충분한 지식과 활동 내용을 제공할 수 있는 신체활동 유형과 종목을 선정한다.
- 학기 초 단위 학교의 학사 일정을 바탕으로 수업 가능 일수와 시간을 파악하고, 수업 장소와 기상 요건 등을 고려하여 수업 활동을 계획한다.
- 학습자의 사전 학습 경험 및 특성을 고려하여 학습자 수준에 맞는 교수·학습 활동을 계획하고 운영한다. 교수·학습 운영에 적합한 시설과 용·기구의 수요를 파악하여 충분한 수량을 확보한다.
- 모든 학습자에게 자기 수준에 맞는 학습 기회를 평등하게 제공하도록 교수·학습 활동을 계획하고 운영한다. 특수교육 학생, 다문화 학생, 느린 학습자, 신체활동에 소극적인 학습자 등 다양한 학습자를 고려하여 학습자가 자신의 수준에 적합한 학습에 참여할 수 있도록 다양한 학습 과제를 제시한다.

- 최소 성취수준 보장을 위해 과목 출석률 및 학업성취율의 이수 조건을 고려하여 영역별 최소 성취수준과 학습량을 설정하고, 수준별 학습, 단계적 학습, 개별 학습과 심화 보충 학습 등이 가능하도록 학생 맞춤형 교수·학습 자료를 구성하며, 학습자가 다양한 방식과 역할로 수업에 참여할 수 있도록 교수·학습 활동을 계획하고 운영한다.

ⓒ 평가

　ⓐ 평가의 방향

- 스포츠 활동 과정에서 축적한 다양한 문화 양식을 이론적, 실제적으로 탐구함으로써 스포츠 경기와 통합하여 실천할 수 있는 능력을 기르기 위한 종합적 평가가 이루어지도록 한다. 스포츠 인문 문화와 경기 문화의 지식과 안목의 습득, 스포츠 활동을 통한 실천 등을 종합적으로 평가할 수 있도록 실제 맥락에서의 수행 능력을 평가한다.

- 학습자의 학습과 성장 과정을 반영한 다면적 평가가 이루어지도록 한다. 학습 결과와 더불어 학습 과정에서 나타나는 학습자의 과제 수행 및 학습 특성의 변화를 평가하고 평가 방법 및 도구, 평가 주체를 다양화하며 학생 성장을 다면적으로 평가한다.

- 특수교육 학생, 다문화 학생, 느린 학습자 등 다양한 특성을 고려한 학습자 맞춤형 평가와 학습자의 수준과 흥미를 반영한 다양한 교수·학습 방법의 구안을 위해 진단 평가 및 형성 평가를 적극적으로 활용하고, 최소 성취수준 보장을 위해 과정을 중시하는 평가가 이루어지도록 한다.

　ⓑ 평가 방법

- 평가 범위는 교수·학습 활동을 통해 지도된 전 영역을 대상으로 하되, 내용 영역에 따라 평가 비중을 달리할 수 있다. 단, 평가 내용의 균형성을 고려하여 특정 영역에 편중되지 않도록 한다.

- 평가 내용에는 수업 목표와 학습 내용에 제시된 지식·이해, 과정·기능, 가치·태도 요소를 균형 있게 포함한다. 평가의 주체를 고려하여 평가 내용을 선정한다. 특히 동료 또는 자기 평가와 같이 학습자가 주체가 된 평가를 할 경우 구체적인 성취수준을 제공한다.

- 평가를 위한 성취기준 및 성취수준은 교육과정 성취기준과 단위 학교 수업 내용을 바탕으로 개발한다. 평가를 위한 성취기준은 교수·학습의 내용 및 방법을 고려하여 영역별 성취기준을 나누거나 통합할 수 있다.

- 성취수준은 점수화 및 등급화를 위한 기능의 단순 분류나 기록의 명시보다는 영역별 내용 요소에 따른 기능의 도달 정도를 구체적인 행동 수준으로 진술하고, 평가 등급(단계) 또한 양적 요소와 질적 요소를 모두 포함하여 수준에 맞게 진술한다.

- 평가 방법은 학습 목표 및 평가 목적에 적합하게 선정한다. 체육과 평가에서 활용되는 기존 평가 도구를 사용하거나 평가 내용에 적합한 도구를 개발하여 사용할 수 있다.
- 모둠별 학습 활동의 평가 시 개별 학습자의 역할 및 노력과 기여도를 평가하는 방안을 마련한다.
- 평가 결과는 교수·학습을 수정하고 보완하는 데 활용하며, 학습자와 학부모가 쉽게 이해하도록 구체적으로 재구성하여 안내한다.
- 평가 결과의 누가 기록 및 체계적인 관리, 결과 분석 등을 위해 디지털 도구를 활용할 수 있다.

(3) 스포츠 과학

① 성격 및 목표

㉠ **성격** : <스포츠 과학>은 중학교 <체육>의 스포츠 영역에 내재한 과학적 원리를 이론적, 실제적으로 더욱 심화하여 학습함으로써, 스포츠 현상을 체계적으로 분석하고 효율적으로 실천할 수 있는 자질을 길러주는 과목이다.

스포츠 현상은 사회과학 및 자연과학에 근거하여 분석할 수 있으며, 스포츠에 대한 과학적 분석은 스포츠 경기 기술뿐만 아니라 경기 방식 및 문화 양식에도 영향을 미친다. 스포츠 현상을 스포츠 심리학 및 스포츠 사회학, 운동생리학 및 운동 역학적 원리와 방법으로 탐구하는 것은 스포츠 현상에 대한 정확하고 깊이 있는 이해를 가능하게 하며, 이를 통해 스포츠에 대한 과학적 안목과 분석 능력을 갖출 수 있다.

이러한 측면에서 <스포츠 과학> 과목에서는 스포츠 현상을 사회과학적 원리와 자연과학적 원리에 근거하여 분석하고 스포츠 경기 참여 과정에 적용함으로써 스포츠에 대한 과학적 안목과 창의적 사고를 함양하는 데 주안점을 둔다. 이를 위해 중학교 <체육>에서 습득한 스포츠 경기 기능, 방법, 전략 등을 토대로 스포츠 경기에 참여하면서 스포츠를 효율적으로 수행하는 데 필요한 과학적 원리를 이론적 수준에서 적용하고 실천하는 과정을 통해 스포츠에 대한 과학적 안목과 수행 능력을 높이며, 스포츠 과학 분야 진로를 탐색하고 설계할 수 있도록 한다.

㉡ **목표** : <스포츠 과학> 과목은 활동적이고 창의적인 삶, 신체활동 문화를 향유하는 삶을 영위하는 데 필요한 신체활동 역량을 기르고, 스포츠 과학 분야의 전문성 향상에 필요한 자질을 함양하는 것을 목표로 한다.

ⓐ 스포츠와 사회과학과의 관계를 탐구하고, 스포츠 경기 활동에 적용함으로써 스포츠 현상을 사회과학적으로 이해하는 안목과 태도를 갖는다.

ⓑ 스포츠와 자연과학과의 관계를 탐구하고, 스포츠 경기 활동에 적용함으로써 스포츠 현상을 자연과학적으로 이해하는 안목과 태도를 갖는다.

② 내용 체계 및 성취기준

㉠ 내용 체계

핵심 아이디어	• 스포츠의 현상은 사회과학적 분석과 자연과학적 분석에 기초하여 원리가 밝혀지고 이론으로 정립된다. • 인간은 스포츠를 사회과학적, 자연과학적으로 탐구하고, 스포츠와 과학 분야의 융합적 관계를 발견하고 실제 스포츠에 적용한다.	
범주 　　영역	스포츠와 사회과학	스포츠와 자연과학
지식·이해	• 스포츠와 사회과학의 관계 • 스포츠 심리·사회학적 현상과 원리 • 스포츠 경기 활동	• 스포츠와 자연과학의 관계 • 스포츠 생리·역학적 현상과 원리 • 스포츠 경기 활동
과정·기능	• 스포츠 현상을 과학적으로 탐구하기 • 스포츠 현상에 과학적 이론 적용하기 • 스포츠 경기 참여하기 • 스포츠 과학 분야 진로 설계하기	
가치·태도	• 스포츠와 과학을 융합하는 태도 • 스포츠에 대한 과학적 안목	

㉡ 성취기준

ⓐ 스포츠와 사회과학

> [12스과01 – 01] 스포츠와 사회과학의 관계를 이해하고, 스포츠 현상을 분석한 심리·사회학적 이론을 탐구하며, 스포츠 사회과학 분야 진로를 설계한다.
> [12스과01 – 02] 스포츠 경기 활동에 참여하며, 심리·사회학적 이론의 적용 가능성을 탐색하고 경기 상황에 적용한다.
> [12스과01 – 03] 스포츠와 심리·사회학적 이론을 융합하는 태도와 과학적 안목을 발휘한다.

• 성취기준 해설
   − [12스과01-01]은 심리학, 사회학 등 사회과학과 스포츠의 관계를 탐색함으로써 스포츠 사회과학의 기능과 역할의 중요성을 이해하고, 스포츠 사회과학 분야 진로를 설계하도록 설정하였다. 심리적 요인이 스포츠 행동에 미치는 영향, 스포츠 현상과 사회학적 이론 및 방법의 관계 등 다양한 측면을 탐구하며, 스포츠 사회과학 분야 진로 정보를 분석하고 자기 적성에 맞는 진로 계획을 수립하여 스포츠 사회과학 분야 진로에서 요구되는 조건이나 자격을 갖출 수 있도록 진로를 설계하고 준비하도록 한다.
   − [12스과01-02]는 실제 스포츠 참여 과정에서 나타나는 심리·사회학적 현상과 원리를 발견하고, 이를 스포츠 수행 능력 향상에 적용하기 위해 설정하였다. 다양한 유형의 스포츠 경기 참여 과정에서 심리학적 요인(성격, 불안, 동기, 귀인 이론, 목표 설정, 주의집중, 사회적 태만, 리더십, 응집력, 심상 훈련, 슬럼프 등)

과 사회학적 현상(스포츠와 정치, 경제, 교육, 미디어, 계층, 사회문제 등)을 탐색하고 스포츠 경기 상황에 적합하게 적용하도록 한다.

- [12스과01-03]은 스포츠 참여자 개인의 심리적 특성(유전적, 상황적, 집단적 특성, 운동 기능 학습 등)과 사회적 측면(정치, 경제, 교육, 미디어, 계층, 사회문제와 스포츠의 관계 등)을 객관적으로 분석하고, 스포츠와 사회과학과의 관계를 융합하는 태도와 스포츠에 대한 과학적 안목을 넓히도록 한다.

• 성취기준 적용 시 고려 사항
- 스포츠와 사회과학 영역의 학습은 스포츠 경기에 직접 참여하는 과정에서 이루어지도록 한다.
- 스포츠와 사회과학 영역의 신체활동은 스포츠의 사회학적 원리, 심리학적 원리가 쉽게 이해될 수 있고 스포츠 현상에 대한 탐색 및 적용이 편리한 스포츠를 선정한다.
- 스포츠의 심리·사회학적 현상의 이해를 높이기 위해 다양한 영상 및 매체를 활용하고, 스포츠 경기 상황에서 디지털 도구를 활용하여 분석할 수 있도록 한다. 또한 심리·사회학적 원리를 탐구하는 차원을 넘어 스포츠 경기 활동을 수행하는 과정에 적용하여 경기 수행력을 높일 수 있도록 운영한다.
- 스포츠 경기 활동을 통해 경험한 심리·사회학적 사례를 비교하고 판단하기 위해 관련된 도서, 신문 기사, 영상 자료 등을 활용하고 토의 및 토론을 통해 다양한 현상과 사례의 특성을 분석하며 스포츠에 대한 과학적 안목을 함양하도록 운영한다.
- 스포츠 사회과학 분야 진로와 관련된 직업 정보를 체계적으로 탐색하고, 진로 탐색 결과와 학습자의 흥미, 적성, 특기 등을 바탕으로 진로를 창의적으로 설계하고 준비할 수 있도록 운영한다.
- 스포츠 경기 수행 능력, 스포츠 사회과학의 이해와 적용 능력, 스포츠 사회과학 진로 설계 능력 등 다양한 요소를 균형 있게 평가하고, 학습 결과와 학습 과정을 모두 평가한다.
- 스포츠 경기 수행 능력은 개인별 경기 기능 평가와 경기를 통한 팀 경기 수행 능력 평가, 관찰기록을 통한 게임 수행평가 등을 활용하여 평가하고, 스포츠 사회과학의 이해 및 적용 능력과 진로 설계 능력은 지필 검사, 일지, 감상 및 분석 보고서, 토론 및 발표, 포트폴리오 등을 활용하여 평가한다. 또한 학습자 스스로 장단점을 파악하고 자신의 학습을 개선하여 더욱 적극적으로 수업에 참여할 수 있도록 학습자가 평가의 주체가 되는 자기 평가나 동료 평가를 활용하여 평가할 수 있다.

ⓑ 스포츠와 자연과학

> [12스과02 – 01] 스포츠와 자연과학의 관계를 이해하고, 스포츠 현상을 분석한 생리·역학적 이론을 탐구하며, 스포츠 자연과학 분야의 진로를 설계한다.
> [12스과02 – 02] 스포츠 경기 활동에 참여하여 생리·역학적 이론의 적용 가능성을 탐색하고 경기 상황에 적용한다.
> [12스과02 – 03] 스포츠와 생리·역학적 이론을 융합하는 태도와 과학적 안목을 발휘한다.

- 성취기준 해설
  - [12스과02-01]은 자연과학과 스포츠의 관계를 이해함으로써 스포츠 자연과학의 기능과 역할의 중요성을 이해하고, 스포츠 자연과학 분야 진로를 설계하기 위해 설정하였다. 생리학, 물리학 등 자연과학과 스포츠의 관계를 이해하고, 스포츠 활동으로 나타나는 인체의 기능적 변화에 대한 법칙, 스포츠 활동 중 인체에 작용하는 여러 가지 힘과 관련된 법칙을 다양한 사례 중심으로 분석하며, 스포츠 자연과학 분야 진로 정보를 분석하고, 자기 적성에 맞는 진로 계획을 수립하여 스포츠 자연과학 분야 진로에서 요구되는 조건이나 자격을 갖출 수 있도록 진로를 설계하고 준비하도록 한다.
  - [12스과02-02]는 스포츠 참여 과정에서 나타나는 생리·역학적 현상과 원리를 발견하고, 이를 스포츠 수행 능력 향상에 적용하기 위해 설정하였다. 다양한 유형의 스포츠 경기 참여 과정에서 생리학적 변화(스포츠를 통한 근육, 신경, 호흡, 순환계, 에너지대사 등)와 역학적 원리(인체에 작용하는 힘, 운동의 법칙, 운동에너지, 지레의 작용, 무게 중심 등)를 탐색하고 스포츠 경기 상황에 적합하게 적용하도록 한다.
  - [12스과02-03]은 스포츠를 통한 신체의 생리학적 변화(근육, 신경, 호흡, 순환계, 에너지대사 등)와 스포츠를 수행할 때 작용하는 역학적 측면(힘의 개념, 힘의 작용, 힘의 종류, 운동의 법칙, 운동의 형태, 운동에너지, 인체 움직임의 물리적 관계 등)을 객관적으로 분석하고, 스포츠와 자연과학과의 관계를 융합하는 태도와 스포츠에 대한 과학적 안목을 넓히도록 한다.
- 성취기준 적용 시 고려 사항
  - 스포츠와 자연과학 영역의 학습은 스포츠 경기에 직접 참여하는 과정에서 이루어지도록 한다.
  - 스포츠와 자연과학 영역의 신체활동은 스포츠의 생리·역학적 원리가 쉽게 이해될 수 있고 스포츠 현상에 대한 탐색 및 적용이 편리한 스포츠를 선정한다.
  - 스포츠의 생리·역학적 현상의 이해를 높이기 위해 다양한 영상 및 매체를 활용하고, 스포츠 경기 상황에서 디지털 도구를 활용하여 분석할 수 있도록 한다. 또한 생리·역학적 현상에 대한 원리를 탐구하고 스포츠 경기 활동을 수행하는 과정에 적용하여 경기 수행력을 높일 수 있도록 운영한다.

- 스포츠 과학 기반 융합 기술에 대한 안목을 확장하기 위해 첨단 기술이 적용된 스포츠 용품, 장비, 시설, 훈련기법 등과 관련된 사례를 학습 내용으로 제시하고 활용한다.
- 스포츠 자연과학 분야 진로와 관련된 직업 정보를 체계적으로 탐색하고, 진로 탐색 결과와 학습자의 흥미, 적성, 특기 등을 바탕으로 진로를 창의적으로 설계하고 준비할 수 있도록 운영한다.
- 스포츠 경기 수행 능력, 스포츠 자연과학의 이해와 적용 능력, 스포츠 자연과학 진로 설계 능력 등 다양한 요소를 균형 있게 평가하고, 학습 결과와 학습 과정을 모두 평가한다.
- 스포츠 경기 수행 능력은 개인별 경기 기능 평가와 경기를 통한 팀 경기 수행 능력 평가, 관찰기록을 통한 게임 수행평가 등을 활용하여 평가하고, 스포츠 자연과학의 이해 및 적용 능력과 진로 설계 능력은 지필 검사, 일지, 감상 및 분석 보고서, 토론 및 발표, 포트폴리오 등을 활용하여 평가한다. 또한 학습자 스스로 장단점을 파악하고 자신의 학습을 개선하여 더욱 적극적으로 수업에 참여할 수 있도록 학습자가 평가의 주체가 되는 자기 평가나 동료 평가를 활용하여 평가할 수 있다.

🔍 **고등학교 〈스포츠 과학〉의 신체활동 예시**

영역	신체활동 예시
스포츠 사회과학	• 스포츠 종목 중 택 1 이상 • 스포츠 사회과학 분야 진로 탐색 활동
스포츠 자연과학	• 스포츠 종목 중 택 1 이상 • 스포츠 자연과학 분야 진로 탐색 활동

③ 교수·학습 및 평가

㉠ 교수·학습

ⓐ 교수·학습의 방향

- 신체활동 역량의 지속적인 발달을 위한 교수·학습이 이루어지도록 한다. 이를 위해 스포츠 과학에 대한 안목과 창의력 사고력을 기를 수 있도록 다양한 수업 주제와 교수·학습 활동을 선정하고 조직한다.
- 학습자가 스포츠의 과학적 원리를 이론적, 실제적으로 탐구함으로써, 스포츠 현상을 체계적으로 분석하고 효율적으로 실천할 수 있도록 자기 주도적 학습을 위한 맞춤형 교수·학습과 신체활동의 시간적·공간적 확장을 위한 교수·학습이 이루어지도록 한다. 이를 위해 학습자의 수준을 고려하여 적절한 동기 유발 전략을 마련하고 과제 및 학습 자료, 시설과 기자재 등을 효율적으로 조직한다. 또한 가정 및 집 주변, 지역사회에서 신체활동을 지속해서 실천하고 고등학교 시기에 적절한 신체활동에 참여하고 즐기는 방법과 체육 관련 진로를 설계하도록 지도한다.

- 디지털 기술을 활용하여 효율적인 교수·학습이 이루어지도록 한다. 이를 위해 교육과정 운영의 전 과정에서 온·오프라인을 연계하고 다양한 디지털 매체를 활용함으로써 학습자의 신체활동 참여를 촉진하고 효율적인 학습 자료 관리가 가능하도록 지도한다.
- 창의성과 인성 함양을 위한 교수·학습이 이루어지도록 한다. 이를 위해 영역별 신체활동의 심동적, 정의적, 인지적 내용 요소를 균형 있게 학습할 수 있도록 직접 체험 활동과 함께 간접 체험 활동을 제공하고, 타 교과 및 범교과 학습 주제를 체육과 학습 내용과 융합하여 학습할 수 있도록 지도한다.

ⓑ 교수·학습 방법
- 교육과정에서 제시한 내용 영역과 영역별 성취기준을 반드시 지도한다. 내용 영역을 통합하여 계획을 수립할 경우, 각 영역의 내용 요소가 누락 되지 않아야 하며 영역 설정의 취지를 벗어나지 않는 범위 내에서 통합한다.
- 학습자가 스포츠의 과학적 원리를 이론적, 실제적으로 탐구함으로써, 스포츠 현상을 체계적으로 분석하고 효율적으로 실천할 수 있도록, 영역의 성취기준 달성에 충분한 지식과 활동 내용을 제공할 수 있는 신체활동 유형과 종목을 선정한다.
- 학기 초 단위 학교의 학사 일정을 바탕으로 수업 가능 일수와 시간을 파악하고, 수업 장소와 기상 요건 등을 고려하여 수업 활동을 계획한다.
- 학습자의 사전 학습 경험 및 특성을 고려하여 학습자 수준에 맞는 교수·학습 활동을 계획하고 운영한다. 교수·학습 운영에 적합한 시설과 용·기구의 수요를 파악하여 충분한 수량을 확보한다.
- 모든 학습자에게 자기 수준에 맞는 학습 기회를 평등하게 제공하도록 교수·학습 활동을 계획하고 운영한다. 특수교육 학생, 다문화 학생, 느린 학습자, 신체활동에 소극적인 학습자 등 다양한 학습자를 고려하여 학습자가 자신의 수준에 적합한 학습에 참여할 수 있도록 다양한 학습 과제를 제시한다.
- 최소 성취수준 보장을 위해 과목 출석률 및 학업성취율의 이수 조건을 고려하여 영역별 최소 성취수준과 학습량을 설정하고, 수준별 학습, 단계적 학습, 개별 학습과 심화 보충 학습 등이 가능하도록 학생 맞춤형 교수·학습 자료를 구성하며, 학습자가 다양한 방식과 역할로 수업에 참여할 수 있도록 교수·학습 활동을 계획하고 운영한다.

ⓒ 평가
ⓐ 평가의 방향
- 스포츠의 과학적 원리를 이론적, 실제적으로 탐구함으로써, 스포츠 현상을 체계적으로 분석하고 효율적으로 실천할 수 있는 능력을 기르기 위한 종합적 평가가 이루어지도록 한다. 스포츠 과학에 대한 지식과 안목의 습득, 스포츠 경기 활동에 적용 등을 종합적으로 평가할 수 있도록 실제 맥락에서의 수행 능력을 평가한다.

- 학습자의 학습과 성장 과정을 반영한 다면적 평가가 이루어지도록 한다. 학습 결과와 더불어 학습 과정에서 나타나는 학습자의 과제 수행 및 학습 특성의 변화를 평가하고 평가 방법 및 도구, 평가 주체를 다양화하며 학생 성장을 다면적으로 평가한다.
- 특수교육 학생, 다문화 학생, 느린 학습자 등 다양한 특성을 고려한 학습자 맞춤형 평가와 학습자의 수준과 흥미를 반영한 다양한 교수·학습 방법의 구안을 위해 진단 평가 및 형성 평가를 적극적으로 활용하고, 최소 성취수준 보장을 위해 과정을 중시하는 평가가 이루어지도록 한다.

ⓑ 평가 방법

- 평가 범위는 교수·학습 활동을 통해 지도된 전 영역을 대상으로 하되, 내용 영역에 따라 평가 비중을 달리할 수 있다. 단, 평가 내용의 균형성을 고려하여 특정 영역에 편중되지 않도록 한다.
- 평가 내용에는 수업 목표와 학습 내용에 제시된 지식·이해, 과정·기능, 가치·태도 요소를 균형 있게 포함한다. 평가의 주체를 고려하여 평가 내용을 선정한다. 특히 동료 또는 자기 평가와 같이 학습자가 주체가 된 평가를 할 경우 구체적인 성취수준을 제공한다.
- 평가를 위한 성취기준 및 성취수준은 교육과정 성취기준과 단위 학교 수업 내용을 바탕으로 개발한다. 평가를 위한 성취기준은 교수·학습의 내용 및 방법을 고려하여 영역별 성취기준을 나누거나 통합할 수 있다.
- 성취수준은 점수화 및 등급화를 위한 기능의 단순 분류나 기록의 명시보다는 영역별 내용 요소에 따른 기능의 도달 정도를 구체적인 행동 수준으로 진술하고, 평가 등급(단계) 또한 양적 요소와 질적 요소를 모두 포함하여 수준에 맞게 진술한다.
- 평가 방법은 학습 목표 및 평가 목적에 적합하게 선정한다. 체육과 평가에서 활용되는 기존 평가 도구를 사용하거나 평가 내용에 적합한 도구를 개발하여 사용할 수 있다.
- 모둠별 학습 활동의 평가 시 개별 학습자의 역할 및 노력과 기여도를 평가하는 방안을 마련한다.
- 평가 결과는 교수·학습을 수정하고 보완하는 데 활용하며, 학습자와 학부모가 쉽게 이해하도록 구체적으로 재구성하여 안내한다.
- 평가 결과의 누가 기록 및 체계적인 관리, 결과 분석 등을 위해 디지털 도구를 활용할 수 있다.

3. 융합 선택 과목

(1) 스포츠 생활1

① 성격 및 목표

㉠ 성격 : <스포츠 생활1>은 중학교 <체육>의 전략형 스포츠의 영역형 스포츠와 생태형 스포츠의 생활·자연환경형 스포츠를 심화하여 학습함으로써, 스포츠 경기 유형에 적합한 체력을 강화하고 더욱 고도화된 스포츠 경기 수행 능력을 발휘하여 스포츠를 생활화할 수 있는 능력을 길러주는 과목이다.

스포츠는 인류의 역사와 함께 전수되어 온 대표적인 문화 양식으로, 인간은 스포츠에 참여함으로써 더욱 풍요로운 삶, 타인과 더불어 사는 삶을 누릴 수 있다. 영역형 스포츠는 대중적인 스포츠로 일상에서 다양한 경로를 통해 직접 체험하거나 간접적으로 접할 기회가 많으며, 생활·자연환경형 스포츠도 일상에서 쉽게 접할 수 있고 자연 친화적 활동에 관심이 높아지면서 다양한 생활·자연환경형 스포츠가 보급되고 있다는 점에서 스포츠의 생활화 측면에서 중요한 역할을 한다.

이러한 측면에서 <스포츠 생활1> 과목에서는 영역형 스포츠와 생활·자연환경형 스포츠의 경기 특성을 더욱 깊이 이해하고, 경기 수행에 대한 유능감을 내면화하여 이를 생활화할 수 있도록 하는 데 주안점을 둔다. 이를 위해 중학교 <체육>에서 습득한 영역형 스포츠와 생활·자연환경형 스포츠의 문화, 체력, 경기 기능 및 전략 등을 더욱 심화하여 학습함으로써 스포츠에 대한 유능감을 높여 실생활에 응용하고 융합하며, 자신에게 적합한 평생 스포츠 활동을 선택하여 지속해서 실천할 수 있도록 한다.

㉡ 목표 : <스포츠 생활1> 과목은 활동적이고 창의적인 삶, 신체활동 문화를 향유하는 삶을 영위하는 데 필요한 신체활동 역량을 기르고, 스포츠를 생활화할 수 있는 자질을 함양하는 것을 목표로 한다.

ⓐ 영역형 스포츠의 문화를 이해하고, 영역형 스포츠의 경기 수행 능력을 고도화하며, 영역형 스포츠에 내재한 가치와 태도를 실천한다.

ⓑ 생활·자연환경형 스포츠의 문화를 이해하고, 생활·자연환경형 스포츠의 경기 수행 능력을 고도화하며, 생활·자연환경형 스포츠에 내재한 가치와 태도를 실천한다.

② 내용 체계 및 성취기준

㉠ 내용 체계

핵심 아이디어	• 스포츠 수행은 스포츠 유형별 기능을 경기 상황에 맞게 적용함으로써 고도화된다. • 인간은 영역형 스포츠와 생활·자연환경형 스포츠의 다양한 문화를 경험하고 제도화된 규범을 준수함으로써 바람직한 인성을 함양한다.	
영역 범주	영역형 스포츠	생활·자연환경형 스포츠
지식·이해	• 영역형 스포츠의 문화 • 영역형 스포츠와 체력 • 영역형 스포츠의 경기 기능과 과학적 원리 • 영역형 스포츠의 창의적 경기 전략	• 생활·자연환경형 스포츠의 문화 • 생활·자연환경형 스포츠와 체력 • 생활·자연환경형 스포츠의 경기 기능과 과학적 원리 • 생활·자연환경형 스포츠의 창의적 경기 전략
과정·기능	• 스포츠 문화 존중하기 • 스포츠 체력 강화하기 • 스포츠 경기 기능 전이하기 • 스포츠 경기 수행 고도화하기	
가치·태도	• 스포츠퍼슨십 • 스포츠 수행에 대한 유능감 • 스포츠에 대한 환경친화적 태도	

㉡ 성취기준

ⓐ 영역형 스포츠

> [12스생1 − 01 − 01] 영역형 스포츠의 문화를 이해하고 존중하며, 스포츠퍼슨십을 실천한다.
> [12스생1 − 01 − 02] 영역형 스포츠에 필요한 체력을 강화하고, 경기 기능을 과학적으로 분석하여 발전시켜 다른 기능에 전이한다.
> [12스생1 − 01 − 03] 영역형 스포츠의 경기 수행 능력을 고도화하여 스포츠 수행에 대한 유능감을 높이고, 경기 전략을 창의적으로 발전시킨다.

• 성취기준 해설

− [12스생1-01-01]은 축구, 농구, 핸드볼 등 영역형 스포츠를 경기 문화와 축제 문화 측면에서 깊이 있게 이해하고, 이를 바탕으로 영역형 스포츠 경기에 공정하게 임하고 상대와 심판, 관중을 향해 예의를 갖추며 승패를 떠나 결과에 승복하는 태도를 실천하도록 한다.

− [12스생1-01-02]는 영역형 스포츠에 필요한 체력을 강화하고, 경기 기능 수행에 작용하는 사회과학적, 자연과학적 원리를 이해하며 이러한 원리를 바탕으로 경기 기능을 발전시켜 다른 기능의 학습에 긍정적인 영향을 미치도록 한다.

  - [12스생1-01-03]은 경기 기능의 숙달, 과학적 원리의 적용, 경기 전략의 이해를 통해 경기 수행 능력을 고도화하고 영역형 스포츠 수행에 대한 유능감을 높여 영역형 스포츠를 생활화하기 위해 설정하였다. 영역형 스포츠 경기에서 직면하게 되는 다양한 문제 상황을 해결하기 위한 경기 기능의 활용, 공을 소유하고 있는 경우와 그렇지 않은 경우의 움직임, 공격과 수비 상황에서의 전략적 움직임 등을 이해하여 경기 수행 능력을 고도화하고, 이를 바탕으로 창의적인 경기 전략을 활용하여 경기를 수행하도록 한다.

- 성취기준 적용 시 고려 사항
  - 영역형 스포츠 영역에서는 스포츠 문화 전반을 이해하고 경험함으로써 평생 체육으로 활용될 능력과 태도의 기반을 다질 수 있도록 일상생활에서 쉽게 접할 수 있는 스포츠 활동을 선정하되, 특수교육 학생, 다문화 학생, 느린 학습자, 신체활동에 소극적인 학습자 등 다양한 학습자 및 학교 여건과 교내외 체육 시설 이용에 따른 안전사고를 예방할 수 있도록 교수·학습을 운영한다.
  - 영역형 스포츠 영역의 전반적인 경기 기능 및 전략과 경기 문화를 체험할 수 있도록 수업을 운영하며, 학습자가 익힌 경기 기능과 방법, 경기 전략을 정식 경기에 적용하고, 경기 운영, 심판법 등 영역형 스포츠 전반을 이해할 수 있도록 교수·학습을 운영한다.
  - 팀의 소통과 협력을 바탕으로 공동의 목표를 추구하고, 공격과 수비 상황에서 자신의 역할과 책임을 다해 동료를 믿고 배려하는 자세로 경기에 참여하며, 상대를 존중하고 예절을 지키면서 경기하는 과정을 통해 민주시민의 소양을 갖추도록 운영한다.
  - 일부 내용 요소를 평가하기보다는 경기 상황에 맞게 경기 기능과 전략을 수행하는 능력, 영역형 스포츠 문화에 대한 이해력, 스포츠퍼슨십의 실천역 등 다양한 요소를 균형 있게 평가하고, 학습 결과와 학습 과정을 모두 평가한다.
  - 영역형 스포츠 문화에 대한 이해력은 지필 검사, 감상 및 분석 보고서, 포트폴리오 등을 활용하여 평가하고, 영역형 스포츠 경기 수행 능력은 개인별 경기 기능 평가와 경기를 통한 팀 경기 수행 능력 평가, 관찰기록을 통한 게임 수행 평가 등을 통해 평가하며, 스포츠퍼슨십의 실천력은 체크리스트, 일지, 관찰보고서 등을 활용하여 평가한다. 또한 학습자 스스로 장단점을 파악하고 자신의 학습을 개선하여 더욱 적극적으로 수업에 참여할 수 있도록 학습자가 평가의 주체가 되는 자기 평가나 동료 평가를 활용하여 평가할 수 있다.

ⓑ 생활ㆍ자연환경형 스포츠

> [12스생1 － 02 － 01] 생활ㆍ자연환경형 스포츠의 문화를 이해하고 존중하며, 환경친화적 태도를 실천한다.
> [12스생1 － 02 － 02] 생활ㆍ자연환경형 스포츠에 필요한 체력을 강화하고, 경기 기능을 과학적으로 분석하여 발전시켜 다른 기능에 전이한다.
> [12스생1 － 02 － 03] 생활ㆍ자연환경형 스포츠의 경기 수행 능력을 고도화하여 스포츠 수행에 대한 유능감을 높이고, 경기 전략을 창의적으로 발전시킨다.

- 성취기준 해설
  - [12스생1-02-01]은 생활ㆍ자연환경형 스포츠를 경기 문화와 축제 문화 측면에서 깊이 있게 이해하고, 이를 바탕으로 생활ㆍ자연환경형 스포츠 경기에 참여하는 과정에서 자신의 활동이 주변 환경에 미치는 영향을 생각하고, 환경을 오염시키지 않고 환경과 어울려 활동하는 태도를 실천하도록 한다.
  - [12스생1-02-02]는 생활ㆍ자연환경형 스포츠에 필요한 체력을 강화하고, 생활ㆍ자연환경형 스포츠 경기 기능 수행에 작용하는 사회과학적, 자연과학적 원리를 이해하며 이러한 원리를 바탕으로 경기 기능을 개선하도록 한다.
  - [12스생1-02-03]은 경기 기능의 숙달, 과학적 원리의 적용, 경기 전략의 이해 등을 통해 경기 수행 능력을 고도화하고 생활ㆍ자연환경형 스포츠 수행에 대한 유능감을 높여 생활ㆍ자연환경형 스포츠를 생활화하기 위해 설정하였다. 생활ㆍ자연환경형 스포츠 경기에서 직면하게 되는 다양한 문제 상황을 해결하기 위한 경기 기능의 활용, 상황에 따른 전략적 움직임, 경기 결과에 영향을 미치는 환경 조건을 이해하여 경기 수행 능력을 고도화하고, 이를 바탕으로 창의적인 경기 전략을 활용하여 경기를 수행하도록 한다.

- 성취기준 적용 시 고려 사항
  - 생활ㆍ자연환경형 스포츠 영역에서는 스포츠 문화 전반을 이해하고 경험함으로써 평생 체육으로 활용될 능력과 태도의 기반을 다질 수 있도록 일상생활에서 쉽게 접할 수 있는 스포츠 활동을 선정하되, 특수교육 학생, 다문화 학생, 느린 학습자, 신체활동에 소극적인 학습자 등 다양한 학습자 및 학교 여건과 교내외 체육 시설 이용에 따른 안전사고를 예방할 수 있도록 교수ㆍ학습을 운영한다.
  - 생활ㆍ자연환경형 스포츠 영역의 전반적인 경기 기능 및 전략과 경기 문화를 체험할 수 있도록 수업을 운영하며, 과학적 지식을 바탕으로 경기 기능을 향상하고, 경기 상황에서 직면하는 다양한 문제 상황의 해결을 위해 적절한 기능과 창의적 전략의 활용이 가능하도록 운영한다.
  - 존중, 공존, 평화, 문화 다양성, 지속가능성 등과 같이 생활ㆍ자연환경형 스포츠에 내재된 가치의 학습을 통해 지속가능한 생태 문화를 인식하고 더불어 살아가기 위한 태도를 실천할 수 있도록 운영한다.

- 일부 내용 요소를 평가하기보다는 경기 상황에 맞게 경기 기능과 전략을 수행하는 능력, 생활·자연환경형 스포츠 문화에 대한 이해력, 환경친화적 태도의 실천력 등 다양한 요소를 균형 있게 평가하고, 학습 결과와 학습 과정을 모두 평가한다.

- 생활·자연환경형 스포츠 문화에 대한 이해력은 지필 검사, 감상 및 분석 보고서, 포트폴리오 등을 활용하여 평가하고, 생활·자연환경형 스포츠 경기 수행 능력은 개인별 경기 기능 평가와 경기를 통한 팀 경기 수행 능력 평가, 관찰기록을 통한 게임 수행평가 등을 통해 평가하며, 환경친화적 태도 실천력은 토론, 체크리스트, 일지 등을 활용하여 평가한다. 또한 학습자 스스로 장단점을 파악하고 자신의 학습을 개선하여 더욱 적극적으로 수업에 참여할 수 있도록 학습자가 평가의 주체가 되는 자기 평가나 동료 평가를 활용하여 평가할 수 있다.

🔍 고등학교 〈스포츠 생활1〉의 신체활동 예시

영역	신체활동 예시
영역형 스포츠	• 축구, 농구, 핸드볼, 럭비, 하키 등
생활·자연환경형 스포츠	• 당구, 볼링, 사이클링, 인라인 스피드, 스포츠클라이밍 등 • 골프, 등반, 산악자전거, 서핑, 승마, 스키, 스노보드, 조정, 패러글라이딩 등

③ 교수·학습 및 평가

㉠ 교수·학습

ⓐ 교수·학습의 방향

- 신체활동 역량의 지속적인 발달을 위한 교수·학습이 이루어지도록 한다. 이를 위해 중학교 〈체육〉에서 학습한 영역형 스포츠와 생활·자연환경형 스포츠를 심화하여 학습할 수 있도록 다양한 수업 주제와 교수·학습 활동을 선정하고 조직한다.

- 학습자가 스포츠 경기 유형에 적합한 체력을 강화하고 더욱 고도화된 스포츠 경기 수행 능력을 기를 수 있도록 자기 주도적 학습을 위한 맞춤형 교수·학습과 신체활동의 시간적·공간적 확장을 위한 교수·학습이 이루어지도록 한다. 이를 위해 학습자의 수준을 고려하여 적절한 동기 유발 전략을 마련하고 과제 및 학습 자료, 시설과 기자재 등을 효율적으로 조직한다. 또한 가정 및 집 주변, 지역사회에서 신체활동을 지속해서 실천하고 고등학교 시기에 적절한 신체활동에 참여하고 즐기는 방법과 체육 관련 진로를 설계하도록 지도한다.

- 디지털 기술을 활용하여 효율적인 교수·학습이 이루어지도록 한다. 이를 위해 교육과정 운영의 전 과정에서 온·오프라인을 연계하고 다양한 디지털 매체를 활용함으로써 학습자의 신체활동 참여를 촉진하고 효율적인 학습 자료 관리가 가능하도록 지도한다.

- 창의성과 인성 함양을 위한 교수·학습이 이루어지도록 한다. 이를 위해 영역별 신체활동의 심동적, 정의적, 인지적 내용 요소를 균형 있게 학습할 수 있도록 직접 체험 활동과 함께 간접 체험 활동을 제공하고, 타 교과 및 범교과 학습 주제를 체육과 학습 내용과 융합하여 학습할 수 있도록 지도한다.

ⓑ 교수·학습 방법

- 교육과정에서 제시한 내용 영역과 영역별 성취기준을 반드시 지도한다. 내용 영역을 통합하여 계획을 수립할 경우, 각 영역의 내용 요소가 누락 되지 않아야 하며 영역 설정의 취지를 벗어나지 않는 범위 내에서 통합한다.
- 학습자가 스포츠 경기 유형에 적합한 체력을 강화하고 더욱 고도화된 스포츠 경기 수행 능력을 기를 수 있도록, 영역의 성취기준 달성에 충분한 지식과 활동 내용을 제공할 수 있는 신체활동 유형과 종목을 선정한다.
- 학기 초 단위 학교의 학사 일정을 바탕으로 수업 가능 일수와 시간을 파악하고, 수업 장소와 기상 요건 등을 고려하여 수업 활동을 계획한다.
- 학습자의 사전 학습 경험 및 특성을 고려하여 학습자 수준에 맞는 교수·학습 활동을 계획하고 운영한다. 교수·학습 운영에 적합한 시설과 용·기구의 수요를 파악하여 충분한 수량을 확보한다.
- 모든 학습자에게 자기 수준에 맞는 학습 기회를 평등하게 제공하도록 교수·학습 활동을 계획하고 운영한다. 특수교육 학생, 다문화 학생, 느린 학습자, 신체활동에 소극적인 학습자 등 다양한 학습자를 고려하여 학습자가 자신의 수준에 적합한 학습에 참여할 수 있도록 다양한 학습 과제를 제시한다.
- 최소 성취수준 보장을 위해 과목 출석률 및 학업성취율의 이수 조건을 고려하여 영역별 최소 성취수준과 학습량을 설정하고, 수준별 학습, 단계적 학습, 개별 학습과 심화 보충 학습 등이 가능하도록 학생 맞춤형 교수·학습 자료를 구성하며, 학습자가 다양한 방식과 역할로 수업에 참여할 수 있도록 교수·학습 활동을 계획하고 운영한다.

ⓛ 평가

ⓐ 평가의 방향

- 스포츠 경기 유형에 적합한 체력을 강화하고 더욱 고도화된 스포츠 경기 수행 능력을 기르기 위한 종합적 평가가 이루어지도록 한다. 영역형 스포츠와 생활·자연환경형 스포츠의 지식과 기능의 습득, 가치와 태도의 실천 등을 종합적으로 평가할 수 있도록 실제 맥락에서의 수행 능력을 평가한다.
- 학습자의 학습과 성장 과정을 반영한 다면적 평가가 이루어지도록 한다. 학습 결과와 더불어 학습 과정에서 나타나는 학습자의 과제 수행 및 학습 특성의 변화를 평가하고 평가 방법 및 도구, 평가 주체를 다양화하며 학생 성장을 다면적으로 평가한다.

- 특수교육 학생, 다문화 학생, 느린 학습자 등 다양한 특성을 고려한 학습자 맞춤형 평가와 학습자의 수준과 흥미를 반영한 다양한 교수·학습 방법의 구안을 위해 진단 평가 및 형성 평가를 적극적으로 활용하고, 최소 성취수준 보장을 위해 과정을 중시하는 평가가 이루어지도록 한다.

ⓑ 평가 방법

- 평가 범위는 교수·학습 활동을 통해 지도된 전 영역을 대상으로 하되, 내용 영역에 따라 평가 비중을 달리할 수 있다. 단, 평가 내용의 균형성을 고려하여 특정 영역에 편중되지 않도록 한다.
- 평가 내용에는 수업 목표와 학습 내용에 제시된 지식·이해, 과정·기능, 가치·태도 요소를 균형 있게 포함한다. 평가의 주체를 고려하여 평가 내용을 선정한다. 특히 동료 또는 자기 평가와 같이 학습자가 주체가 된 평가를 할 경우 구체적인 성취수준을 제공한다.
- 평가를 위한 성취기준 및 성취수준은 교육과정 성취기준과 단위 학교 수업 내용을 바탕으로 개발한다. 평가를 위한 성취기준은 교수·학습의 내용 및 방법을 고려하여 영역별 성취기준을 나누거나 통합할 수 있다.
- 성취수준은 점수화 및 등급화를 위한 기능의 단순 분류나 기록의 명시보다는 영역별 내용 요소에 따른 기능의 도달 정도를 구체적인 행동 수준으로 진술하고, 평가 등급(단계) 또한 양적 요소와 질적 요소를 모두 포함하여 수준에 맞게 진술한다.
- 평가 방법은 학습 목표 및 평가 목적에 적합하게 선정한다. 체육과 평가에서 활용되는 기존 평가 도구를 사용하거나 평가 내용에 적합한 도구를 개발하여 사용할 수 있다.
- 모둠별 학습 활동의 평가 시 개별 학습자의 역할 및 노력과 기여도를 평가하는 방안을 마련한다.
- 평가 결과는 교수·학습을 수정하고 보완하는 데 활용하며, 학습자와 학부모가 쉽게 이해하도록 구체적으로 재구성하여 안내한다.
- 평가 결과의 누가 기록 및 체계적인 관리, 결과 분석 등을 위해 디지털 도구를 활용할 수 있다.

(2) 스포츠 생활2

① 성격 및 목표

㉠ 성격: <스포츠 생활2>는 중학교 <체육>의 전략형 스포츠 영역의 네트형 스포츠와 필드형 스포츠를 심화하여 학습함으로써, 스포츠 경기 유형에 적합한 체력을 강화하고 더욱 고도화된 스포츠 경기 수행 능력을 발휘하여 스포츠를 생활화 할 수 있는 능력을 길러주는 과목이다.

스포츠는 인류의 역사와 함께 전수되온 대표적인 문화 양식으로, 인간은 스포츠에 참여함으로써 더욱 풍요로운 삶, 타인과 더불어 사는 삶을 누릴 수 있다. 네트형 스포츠와 필드형 스포츠는 대표적인 생활 스포츠로 일상에서 다양한 경로를 통해 직접 체험하거나 간접적으로 접할 기회가 많으며, 대중적 관심이 지속해서 확대되고 있다는 점에서 스포츠의 생활화를 위해 매우 중요한 역할을 한다.

이러한 측면에서 <스포츠 생활2> 과목에서는 네트형 스포츠와 필드형 스포츠의 경기 특성을 더욱 깊이 이해하고, 경기 수행에 대한 유능감을 내면화하여 이를 생활화할 수 있도록 하는 데 주안점을 둔다. 이를 위해 중학교 <체육>에서 습득한 네트형 스포츠와 필드형 스포츠의 문화, 체력, 경기 기능 및 전략 등을 더욱 심화하여 학습함으로써 스포츠에 대한 유능감을 높여 실생활에 응용하고 융합하며, 자신에게 적합한 평생 스포츠 활동을 선택하여 지속해서 실천할 수 있도록 한다.

ⓒ 목표: <스포츠 생활2> 과목은 활동적이고 창의적인 삶, 신체활동 문화를 향유하는 삶을 영위하는 데 필요한 신체활동 역량을 기르고, 스포츠를 생활화할 수 있는 자질을 함양하는 것을 목표로 한다.

   ⓐ 네트형 스포츠의 문화를 이해하고, 네트형 스포츠의 경기 수행 능력을 고도화하며, 네트형 스포츠에 내재한 가치와 태도를 실천한다.

   ⓑ 필드형 스포츠의 문화를 이해하고, 필드형 스포츠의 경기 수행 능력을 고도화하고, 필드형 스포츠에 내재한 가치와 태도를 실천한다.

② 내용 체계 및 성취기준

  ⓒ 내용 체계

핵심 아이디어	• 스포츠 경기 수행 능력은 스포츠 특성에 적합한 체력을 기르고, 유형별 경기 기능을 상황에 맞게 적용함으로써 고도화된다. • 인간은 네트형 스포츠와 필드형 스포츠의 다양한 문화를 경험하고 제도화된 규범을 준수함으로써 바람직한 인성을 함양한다.	
영역 범주	네트형 스포츠	필드형 스포츠
지식·이해	• 네트형 스포츠의 문화 • 네트형 스포츠와 체력 • 네트형 스포츠의 경기 기능과 과학적 원리 • 네트형 스포츠의 창의적 경기 전략	• 필드형 스포츠의 문화 • 필드형 스포츠와 체력 • 필드형 스포츠의 경기 기능과 과학적 원리 • 필드형 스포츠의 창의적 경기 전략
과정·기능	• 스포츠 문화 존중하기 • 스포츠 체력 강화하기 • 스포츠 경기 기능 전이하기 • 스포츠 경기 수행 고도화하기	
가치·태도	• 스포츠퍼슨십 • 스포츠 수행에 대한 유능감	

ⓒ 성취기준

ⓐ 네트형 스포츠

> [12스생2 − 01 − 01] 네트형 스포츠의 문화를 이해하고 존중하며, 스포츠퍼슨십을 실천한다.
> [12스생2 − 01 − 02] 네트형 스포츠에 필요한 체력을 강화하고, 경기 기능을 과학적으로 분석하여 발전시켜 다른 기능에 전이한다.
> [12스생2 − 01 − 03] 네트형 스포츠의 경기 수행 능력을 고도화하여 스포츠 수행에 대한 유능감을 높이고, 경기 전략을 창의적으로 발전시킨다.

- 성취기준 해설
  - [12스생2-01-01]은 네트형 스포츠를 경기 문화와 축제 문화 측면에서 깊이 있게 이해하고, 이를 바탕으로 네트형 스포츠 경기에 공정하게 임하고 상대와 심판, 관중을 향해 예의를 갖추며 승패를 떠나 결과에 승복하는 태도를 실천하도록 한다.
  - [12스생2-01-02]는 네트형 스포츠에 필요한 체력을 강화하고, 경기 기능 수행에 작용하는 사회과학적, 자연과학적 원리를 이해하며 이러한 원리를 바탕으로 경기 기능을 발전시켜 다른 기능의 학습에 긍정적인 영향을 미치도록 한다.
  - [12스생2-01-03]은 경기 기능의 숙달, 과학적 원리의 적용, 경기 전략의 이해를 통해 경기 수행 능력을 고도화하고 네트형 스포츠 수행에 대한 유능감을 높여 네트형 스포츠를 생활화하기 위해 설정하였다. 배구, 탁구, 배드민턴 등 네트형 스포츠 경기에서 직면하게 되는 다양한 문제 상황을 해결하기 위한 경기 기능의 활용, 공을 직접 처리하는 경우와 그렇지 않은 경우의 움직임, 공격과 수비 상황에서의 전략적 움직임 등을 이해하여 경기 수행 능력을 고도화하고, 이를 바탕으로 창의적인 경기 전략을 활용하여 경기를 수행하도록 한다.
- 성취기준 적용 시 고려 사항
  - 네트형 스포츠 영역에서는 스포츠 문화 전반을 이해하고 경험함으로써 평생 체육으로 활용될 능력과 태도의 기반을 다질 수 있도록 일상생활에서 쉽게 접할 수 있는 스포츠 활동을 선정하되, 특수교육 학생, 다문화 학생, 느린 학습자, 신체활동에 소극적인 학습자 등 다양한 학습자 및 학교 여건과 교내외 체육 시설 이용에 따른 안전사고를 예방할 수 있도록 교수·학습을 운영한다.
  - 네트형 스포츠 영역에서는 전반적인 경기 기능 및 전략과 경기 문화를 체험할 수 있도록 수업을 운영하며, 학습자가 익힌 경기 기능과 방법, 경기 전략을 정식 경기에 적용하고, 경기 운영, 심판법 등 네트형 스포츠 전반을 이해할 수 있도록 교수·학습을 운영한다.
  - 협력, 소통, 배려, 공정 등과 같은 네트형 스포츠에 내재한 가치의 학습을 통해 더불어 살아가기 위한 태도를 함양하고 민주시민의 소양을 갖추도록 지도한다.

- 일부 내용 요소를 평가하기보다는 경기 상황에 맞게 경기 기능과 전략을 수행하는 능력, 네트형 스포츠 문화에 대한 이해력, 스포츠퍼슨십의 실천력 등 다양한 요소를 균형 있게 평가하고, 학습 결과와 학습 과정을 모두 평가한다.
- 네트형 스포츠 문화에 대한 이해력은 지필 검사, 감상 및 분석 보고서, 포트폴리오 등을 활용하여 평가하고, 네트형 스포츠 경기 수행 능력은 개인별 경기 기능 평가와 경기를 통한 팀 경기 수행 능력 평가, 관찰기록을 통한 게임 수행 평가 등을 통해 평가하며, 스포츠퍼슨십 실천력은 체크리스트, 일지, 관찰보고서 등을 활용하여 평가한다. 또한 학습자 스스로 장단점을 파악하고 자신의 학습을 개선하여 더욱 적극적으로 수업에 참여할 수 있도록 학습자가 평가의 주체가 되는 자기 평가나 동료 평가를 활용하여 평가할 수 있다.

ⓑ 필드형 스포츠

> [12스생2 − 02 − 01] 필드형 스포츠의 문화를 이해하고 존중하며, 스포츠퍼슨십을 실천한다.
> [12스생2 − 02 − 02] 필드형 스포츠에 필요한 체력을 강화하고, 경기 기능을 과학적으로 분석하여 발전시켜 다른 기능에 전이한다.
> [12스생2 − 02 − 03] 필드형 스포츠의 경기 수행 능력을 고도화하여 스포츠 수행에 대한 유능감을 높이고, 경기 전략을 창의적으로 발전시킨다.

• 성취기준 해설
  - [12스생2-02-01]은 필드형 스포츠를 경기 문화와 축제 문화 측면에서 깊이 있게 이해하고, 이를 바탕으로 필드형 스포츠 경기에 공정하게 임하고 상대와 심판, 관중을 향해 예의를 갖추며 승패를 떠나 결과에 승복하는 태도를 실천하도록 한다.
  - [12스생2-02-02]는 필드형 스포츠에 필요한 체력을 강화하고, 경기 기능 수행에 작용하는 사회과학적, 자연과학적 원리를 이해하며 이러한 원리를 바탕으로 경기 기능을 발전시켜 다른 기능의 학습에 긍정적인 영향을 미치도록 한다.
  - [12스생2-02-03]은 경기 기능의 숙달, 과학적 원리의 적용, 경기 전략의 이해를 통해 경기 수행 능력을 고도화하고 필드형 스포츠 수행에 대한 유능감을 높여 필드형 스포츠를 생활화하기 위해 설정하였다. 필드형 스포츠 경기에서 직면하게 되는 다양한 문제 상황의 해결을 위한 경기 기능의 활용, 공을 직접 처리하는 경우와 그렇지 않은 경우의 움직임, 공격과 수비 상황에서의 전략적 움직임 등을 이해하여 경기 수행 능력을 고도화하고, 이를 바탕으로 창의적인 경기 전략을 활용하여 경기를 수행하도록 한다.

• 성취기준 적용 시 고려 사항

- 필드형 스포츠 영역은 스포츠 문화 전반을 이해하고 경험함으로써 평생 체육으로 활용될 능력과 태도의 기반을 다질 수 있도록 일상생활에서 쉽게 접할 수 있는 스포츠 활동을 선정하되, 특수교육 학생, 다문화 학생, 느린 학습자, 신체활동에 소극적인 학습자 등 다양한 학습자 및 학교 여건과 교내외 체육 시설 이용에 따른 안전사고를 예방할 수 있도록 교수·학습을 운영한다.
- 필드형 스포츠 영역의 전반적인 경기 기능 및 전략과 경기 문화를 체험할 수 있도록 수업을 운영하며, 학습자가 익힌 경기 기능과 방법, 경기 전략을 정식 경기에 적용하고, 경기 운영, 심판법 등 영역형 스포츠 전반을 이해할 수 있도록 교수·학습을 운영한다.
- 팀의 소통과 협력을 바탕으로 공동의 목표를 추구하고, 공격과 수비 상황에서 자신의 역할과 책임을 다해 동료를 믿고 배려하는 자세로 경기에 참여하며, 상대를 존중하고 예절을 지키면서 경기하는 과정을 통해 민주시민의 소양을 갖추도록 운영한다.
- 일부 내용 요소를 평가하기보다는 경기상황에 맞게 경기 기능과 전략을 수행하는 능력, 필드형 스포츠 문화에 대한 이해력, 스포츠퍼슨십의 실천력 등 다양한 요소를 균형 있게 평가하고, 학습 결과와 학습 과정을 모두 평가한다.
- 필드형 스포츠 문화에 대한 이해력은 지필 검사, 감상 및 분석 보고서, 포트폴리오 등을 활용하여 평가하고, 필드형 스포츠 경기 수행 능력은 개인별 경기 기능 평가와 경기를 통한 팀 경기 수행 능력 평가, 관찰기록을 통한 게임 수행 평가 등을 통해 평가하며, 스포츠퍼슨십의 실천력은 체크리스트, 일지, 관찰보고서 등을 활용하여 평가한다. 또한 학습자 스스로 장단점을 파악하고 자신의 학습을 개선하여 더욱 적극적으로 수업에 참여할 수 있도록 학습자가 평가의 주체가 되는 자기 평가나 동료 평가를 활용하여 평가할 수 있다.

🔍 고등학교 〈스포츠 생활2〉의 신체활동 예시

영역	신체활동 예시
네트형 스포츠	• 배구, 배드민턴, 테니스, 탁구, 족구 등
필드형 스포츠	• 야구, 소프트볼, 크리켓 등

③ 교수ㆍ학습 및 평가

㉠ 교수ㆍ학습

ⓐ 교수ㆍ학습의 방향

- 신체활동 역량의 지속적인 발달을 위한 교수ㆍ학습이 이루어지도록 이를 위해 중학교 <체육>에서 학습한 네트형 스포츠와 필드형 스포츠를 심화하여 학습할 수 있도록 다양한 수업 주제와 교수ㆍ학습 활동을 선정하고 조직한다.

- 학습자가 스포츠 경기 유형에 적합한 체력을 강화하고 더욱 고도화된 스포츠 경기 수행 능력을 기를 수 있도록 자기 주도적 학습을 위한 맞춤형 교수ㆍ학습과 신체활동의 시간적ㆍ공간적 확장을 위한 교수ㆍ학습이 이루어지도록 한다. 이를 위해 학습자의 수준을 고려하여 적절한 동기 유발 전략을 마련하고 과제 및 학습 자료, 시설과 기자재 등을 효율적으로 조직한다. 또한 가정 및 집 주변, 지역사회에서 신체활동을 지속해서 실천하고 고등학교 시기에 적절한 신체활동에 참여하고 즐기는 방법과 체육 관련 진로를 설계하도록 지도한다.

- 디지털 기술을 활용하여 효율적인 교수ㆍ학습이 이루어지도록 한다. 이를 위해 교육과정 운영의 전 과정에서 온ㆍ오프라인을 연계하고 다양한 디지털 매체를 활용함으로써 학습자의 신체활동 참여를 촉진하고 효율적인 학습 자료 관리가 가능하도록 지도한다.

- 창의성과 인성 함양을 위한 교수ㆍ학습이 이루어지도록 한다. 이를 위해 영역별 신체활동의 심동적, 정의적, 인지적 내용 요소를 균형 있게 학습할 수 있도록 직접 체험 활동과 함께 간접 체험 활동을 제공하고, 타 교과 및 범교과 학습 주제를 체육과 학습 내용과 융합하여 학습할 수 있도록 지도한다.

ⓑ 교수ㆍ학습 방법

- 교육과정에서 제시한 내용 영역과 영역별 성취기준을 반드시 지도한다. 내용 영역을 통합하여 계획을 수립할 경우, 각 영역의 내용 요소가 누락 되지 않아야 하며 영역 설정의 취지를 벗어나지 않는 범위 내에서 통합한다.

- 학습자가 스포츠 경기 유형에 적합한 체력을 강화하고 더욱 고도화된 스포츠 경기 수행 능력을 기를 수 있도록, 영역의 성취기준 달성에 충분한 지식과 활동 내용을 제공할 수 있는 신체활동 유형과 종목을 선정한다.

- 학기 초 단위 학교의 학사 일정을 바탕으로 수업 가능 일수와 시간을 파악하고, 수업 장소와 기상 요건 등을 고려하여 수업 활동을 계획한다.

- 학습자의 사전 학습 경험 및 특성을 고려하여 학습자 수준에 맞는 교수ㆍ학습 활동을 계획하고 운영한다. 교수ㆍ학습 운영에 적합한 시설과 용ㆍ기구의 수요를 파악하여 충분한 수량을 확보한다.

- 모든 학습자에게 자기 수준에 맞는 학습 기회를 평등하게 제공하도록 교수·학습 활동을 계획하고 운영한다. 특수교육 학생, 다문화 학생, 느린 학습자, 신체활동에 소극적인 학습자 등 다양한 학습자를 고려하여 학습자가 자신의 수준에 적합한 학습에 참여할 수 있도록 다양한 학습 과제를 제시한다.
- 최소 성취수준 보장을 위해 과목 출석률 및 학업성취율의 이수 조건을 고려하여 영역별 최소 성취수준과 학습량을 설정하고, 수준별 학습, 단계적 학습, 개별 학습과 심화 보충 학습 등이 가능하도록 학생 맞춤형 교수·학습 자료를 구성하며, 학습자가 다양한 방식과 역할로 수업에 참여할 수 있도록 교수·학습 활동을 계획하고 운영한다.

ⓛ 평가

ⓐ 평가의 방향

- 스포츠 경기 유형에 적합한 체력을 강화하고 더욱 고도화된 스포츠 경기 수행 능력을 기르기 위한 종합적 평가가 이루어지도록 한다. 네트형 스포츠와 필드형 스포츠의 지식과 기능의 습득, 가치와 태도의 실천 등을 종합적으로 평가할 수 있도록 실제 맥락에서의 수행 능력을 평가한다.
- 학습자의 학습과 성장 과정을 반영한 다면적 평가가 이루어지도록 한다. 학습 결과와 더불어 학습 과정에서 나타나는 학습자의 과제 수행 및 학습 특성의 변화를 평가하고 평가 방법 및 도구, 평가 주체를 다양화하며 학생 성장을 다면적으로 평가한다.
- 특수교육 학생, 다문화 학생, 느린 학습자 등 다양한 특성을 고려한 학습자 맞춤형 평가와 학습자의 수준과 흥미를 반영한 다양한 교수·학습 방법의 구안을 위해 진단 평가 및 형성 평가를 적극적으로 활용하고 최소 성취수준 보장을 위해 과정을 중시하는 평가가 이루어지도록 한다.

ⓑ 평가 방법

- 평가 범위는 교수·학습 활동을 통해 지도된 전 영역을 대상으로 하되, 내용 영역에 따라 평가 비중을 달리할 수 있다. 단, 평가 내용의 균형성을 고려하여 특정 영역에 편중되지 않도록 한다.
- 평가 내용에는 수업 목표와 학습 내용에 제시된 지식·이해, 과정·기능, 가치·태도 요소를 균형 있게 포함한다. 평가의 주체를 고려하여 평가 내용을 선정한다. 특히 동료 또는 자기 평가와 같이 학습자가 주체가 된 평가를 할 경우 구체적인 성취수준을 제공한다.

- 평가를 위한 성취기준 및 성취수준은 교육과정 성취기준과 단위 학교 수업 내용을 바탕으로 개발한다. 평가를 위한 성취기준은 교수·학습의 내용 및 방법을 고려하여 영역별 성취기준을 나누거나 통합할 수 있다.

- 성취수준은 점수화 및 등급화를 위한 기능의 단순 분류나 기록의 명시보다는 영역별 내용 요소에 따른 기능의 도달 정도를 구체적인 행동 수준으로 진술하고, 평가 등급(단계) 또한 양적 요소와 질적 요소를 모두 포함하여 수준에 맞게 진술한다.

- 평가 방법은 학습 목표 및 평가 목적에 적합하게 선정한다. 체육과 평가에서 활용되는 기존 평가 도구를 사용하거나 평가 내용에 적합한 도구를 개발하여 사용할 수 있다.

- 모둠별 학습 활동의 평가 시 개별 학습자의 역할 및 노력과 기여도를 평가하는 방안을 마련한다.

- 평가 결과는 교수·학습을 수정하고 보완하는 데 활용하며, 학습자와 학부모가 쉽게 이해하도록 구체적으로 재구성하여 안내한다.

- 평가 결과의 누가 기록 및 체계적인 관리, 결과 분석 등을 위해 디지털 도구를 활용할 수 있다.

최 병 식

포스
전공체육

체육교육학 1

체육교육과정론

—

체육과 교육과정의
의미와 본질

03
Chapter

체육과 교육과정의 의미와 본질

1 체육교과 정체성

1. 체육과는 '신체 활동 지식'(physical activity knowledge)을 전수하는 역할을 담당한다.

2. 체육과는 '신체 활동'(physical activity)을 매개로 하여 신체 활동 지식을 가르치는 교과이다.

3. 신체 활동에 포함되어 있는 명제적 지식과 실천적 지식을 함께 학습함으로써 교육의 결과로 건강 및 체력이 증진되고 사회성이나 도덕성 등이 발달되는 것이다.

4. 신체 활동 지식은 무엇을 의미하는가?

(1) Wright에 따르면 전통적인 지식의 관점으로는 비록 신체 활동이 인지적 영역 발달에 유의함이나 의미 있는 정보를 제공하는 측면이 있더라도 체육 교과에서의 지식은 '지식'으로 설명될 수 없다고 본다. 이것은 명제적(또는 개념적) 지식으로 실천적(또는 방법적) 지식을 바라보기 때문이다.

(2) 이로 인해 결국 실천적 지식으로 정당화될 수 없게 되는 것이다. 따라서 실천적 지식은 명제적 지식과 관계없이 독립된 지식의 유형으로 정당화되어야 한다.

(3) 이 지식은 체육 교과에 내생(내재)된 지식이며, 이는 신체활동을 통해 얻어지고 구현된다. 어느 다른 교과도 이와 같은 지식의 형태를 다루고 있지는 않다. 즉, 체육 교과만이 가지고 있는 독특하면서 고유한 영역이다.

(4) 따라서 체육 교과는 독특한 지식 구조를 학생들에게 교육할 필요가 있으며, 이 독특한 지식 구조를 '신체 활동 지식'으로 규정할 수 있다. 체육 교과에서의 모든 신체 활동은 의도적인 인간 행위의 부산물이며, 체육 교과는 학교 교육체제에서 지식을 체계적으로 전수하는 역할을 담당하고 있다. 즉, 체육 교과는 '신체 활동 지식'을 교육한다.

5. 체육의 주된 교육 내용인 신체 활동의 수행 장면을 외현적인 시각에서만 바라보는 경향이 많았다. 즉, 신체 활동 자체를 '신체 기능' 또는 '운동 기능'과 동일하게 생각하여 왔다.

(1) 신체 활동의 수행 장면을 인지적 활동과 무관한 운동 기능 습득에 의한 것으로만 이해하는 데서 기인한다.

(2) 운동 기능과 신체 활동을 동일시하는 사람들에게 신체 활동은 인지적 또는 지적 활동과 거리가 먼 것임을 증명하는 결과를 가져오고 있다.

6. 몇몇 연구에 따르면, 신체 활동은 인지적 요소와 기능에 밀접한 관련이 있으며 신체 활동으로부터 습득하는 지식은 다른 교과에서 일반적으로 일컫는 지식과 다름을 주장한다.

(1) Ross

'정신과 신체'가 하나이기 때문에 모든 의도적인 행위는 언어적이든 비언어적(신체적 반응 형태)이든 모든 사고 과정에 의거하여 이루어진다.

(2) Mosston & Ashworth

신체를 정신과 대비시켜 바라보는 관점을 전환할 필요가 있다. 체육 교과에서 지식은 신체적(또는 움직임) 표현으로 나타난다.

(3) Reid & Ross

지식은 단어 또는 신호로 표현될 뿐만 아니라, 행위로도 구현될 수 있다.

(4) 운동 기능은 지식과 무관하지 않은 것이 아니라 운동 기능 자체가 지식일 수 있음을 의미한다. 즉, 기능을 습득하고 배우는 것 자체가 지식 활동 또는 인지 활동에 참여한다는 것을 의미한다.

(5) 운동 기능 수행이 지적 능력을 보여주는 것뿐만 아니라 특별한 유형의 비언어적 사고와 추론 과정을 나타내는 것이라는 몇 가지 연구가 있다.

(6) Wright는 체육 교과에서 지식의 유형을 '실천적 지식'(practical knowledge)이라고 부른다. 실천적 지식은 단순히 '할 수 있다'(can do)는 의미 그 이상이다.

(7) Ross는 '신체 활동 지식'(physical action knowledge : PAK)이라고 명명하면서, 이는 지식이 활동(action)이라는 대리자를 통해 구현되는 것이라고 본다. 그러나 이 지식은 체육교과에서 큰 관심을 받아오지 못했다.

7. 체육과에서 주로 이루어지는 신체 활동 수행을 어떻게 바라보아야 할 것인가!

(1) 신체 활동 지식을 습득하기 위해 학생들이 교실에 앉아서 교사의 설명을 듣거나 함께 토론하며 또한 운동장에서 달리고 뛰며, 공을 던지고 차며, 신체 활동 지식을 체험하여 내면화하고 행동으로 구현하기도 한다.

(2) 타 교과에 비해 체육 교과는 신체 활동의 수행의 교육 비중이 상대적으로 클 뿐이며, 교육의 비중이 크다고 해서, 타 교과는 주지 교과이고, 체육과는 '기능 교과'라고 인식하는 것은 잘못된 관점이다. 체육과는 신체 활동 지식을 직접 몸으로 체득하고 구현하는 것일 뿐이다.

(3) 따라서 체육 교과 내용도 '신체 활동에 공통적으로 내재되어 있는 지식'을 선별하여 체육교육학 내에서 모든 체육 교육자가 공유하고 합의함으로써 체육과 교육과정의 내용을 선정하고 조직할 수 있다고 본다.

8. 다음은 체육과 교육과정 내용을 선정하고 조직할 때 기초가 될 수 있는 신체 활동 지식의 구조에 대한 설명이다.

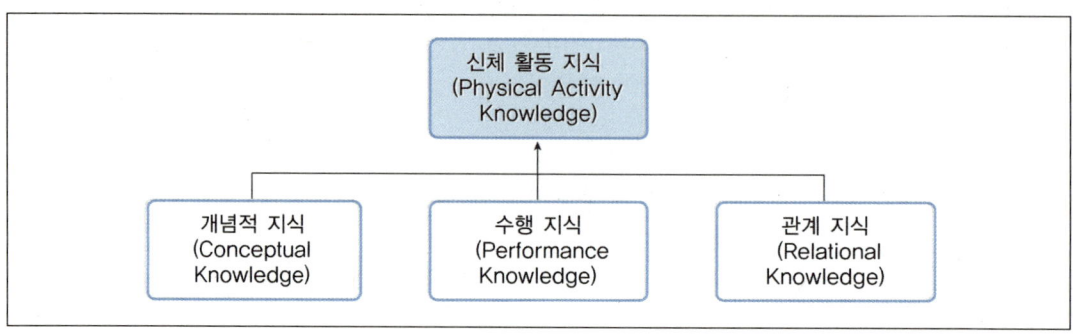

신체 활동 지식의 구조

(1) 개념적 지식

Wright가 제시한 '명제적 지식'이다.

(2) 수행 지식

'방법적 지식'이며, 농구 패스 방법, 농구 경기 방법, 농구 공격 방법 등에 관한 지식을 의미한다. 즉, 농구 패스 방법을 실제 운동 경기 상황에서 시연할 수 있는 지식을 말한다.

(3) 관계 지식

신체 활동을 바람직하게 수행하는 데 필요한 자기 자신 및 타인에 대한 객관적 이해와 그것에 기초하여 행동하거나 대응할 수 있는 의지와 능력에 관한 지식을 의미한다. 예를 들면, 스포츠 경기에서 소속팀이 불리한 상황에 처했을 때 자기 자신을 스스로 통제할 수 있는 자기 조절에 관한 지식을 의미한다.

2 체육 교육의 동향과 방향

1. 최근 동향

(1) 오랫동안 우리나라 체육 교육 관계자들은 체육 교육의 주된 목표를 스포츠기능(sports skill)으로 인식해 왔고 실제로 기능중심의 체육 교과를 운영해 왔다. 그 결과 체육 교과는 비(非)주지 교과 또는 기능 교과라는 사회적 편견과 오해를 받게 되는 상황으로 연결되었다.

(2) 기능습득을 최우선적으로 강조해 왔던 전통적인 체육 교육관은 인간의 건강 증진은 스포츠 기능을 통해서 달성된다고 보는 관점에서 기초한다. 그러나 엄밀히 말한다면 스포츠 기능 습득과 건강 증진은 별개이다.

(3) 만약 건강 증진을 위해서라면 기능 습득보다도 신체 활동의 다른 차원(지속적인 운동 참여, 위생적인 생활, 균형 있는 영양섭취, 스트레스 관리 등)들이 동시에 종합적으로 교육되어야만 한다.

(4) 또한, 전통적인 체육교육관을 가진 체육교육 관계자들은 학생들이 상위 수준의 운동 기능을 습득하게 되면 자연스럽게 활동적인 삶에 필요한 행동 변화를 가져올 것이라는 기대심리를 갖고 있었다.

(5) 일반적으로 어느 정도의 운동 기능을 습득하게 되면 지속적인 참여로 연결되는 단기적인 교육적 효과가 나타날 수 있으나, 기능 습득이 높을수록 장기적인 신체활동 참여가 지속된다는 이론적 근거는 지금까지 소개된 적이 없다. 그럼에도 불구하고 그동안 우리나라 체육 교육의 주된 목표를 스포츠기능 습득에 초점을 두어 왔다.

(6) 현실적으로 우리나라 교육환경에서는 높은 수준의 운동 기능 교육은 거의 불가능하다. 교사들이 초등학교부터 고등학교 졸업할 때까지 최선을 다해 운동 기능 교육을 정규 수업 시간에 강조한다고 해도 거의 모든 학생들은 교사들이 기대하는 만큼의 기능 습득을 달성할 수 없다.

(7) 체육 교육의 열악한 환경 속에서 현장 교사들이 학생들에게 운동 기능을 강조하면 할수록 학생들은 흥미 저하와 좌절감 등의 부정적인 인식과 경험을 축적하게 될 것이며, 이는 학생들이 체육 수업을 싫어하고 졸업 후 평생 체육 활동으로 입문하는 길을 가로막게 되는 결과를 초래하게 될 것이다.

(8) 체육 교육이 존재하는 이유는 학생들을 운동선수로 만들기 위해서가 아니라 활동적인 삶을 영위하는 사회구성원을 만들기 위함이다.

(9) 최근 전 세계에서는 스포츠 기능(sports skill) 중심의 체육 교육에서 벗어나 활동적인 삶(active lifestyle)에 필수적인 라이프 기술(life skill)을 강조하는 체육 교육을 강조하고 있다.

(10) 우리나라에서도 평생 동안 살아가는 힘을 의미하는 생애 역량(life competency)을 학교 교육을 통해 기르기 위한 교육적 노력이 국가차원에서 진행되고 있다. 현재 우리나라 체육 교육도 생애 역량을 강조하는 대한민국 교육의 미래 방향성에 맞추어 역량중심의 체육 교육이 진행되고 있는 상황이다.

2. 미래 방향

(1) 사회의 변화에 따라 체육 교육 환경도 변화되고 있다. 먼저 체육 교육의 소프트웨어에 대한 변화가 시작되었다.

(2) 산업시대에서는 노하우(know-how), 정보화시대는 노웨어(know-where), 인지시대는 노와이 (know-why)가 핵심 가치로 인식된다.

① 산업시대의 노하우는 '할 수 있는 방법'으로 숙련된 기술과 경험이 경쟁력을 갖추게 하는 요소였다.

② 정보화시대에는 실시간으로 정보가 쏟아져 나오는 시대를 맞이하여 할 수 있는 방법보다는 할 수 있는 지식이나 정보가 어디에 있는지를 알고 이를 직·간접적으로 활용할 수 있는 능력이 경쟁력이 된다. 정보화 시대에서는 필요로 하는 정보를 신속하게 찾아서 활용할 수 있는 능력이 핵심 가치로 부상된다.

③ 최근 후기정보화시대(또는 인지시대)에 진입하면서 또 다른 핵심 가치가 주목을 받게 되었고, 이것은 노와이이다. 노와이는 끊임없는 탐구를 통해 삶의 의미와 목적을 정확하게 아는 능력이다. 노와이를 아는 사람은 분명한 삶의 가치관이 정립된 사람으로, 시대의 변화에 따라 변동하지 않는 원칙을 강조하면서 이 원칙을 세상의 변화에 적용해 나갈 수 있는 능력을 소유하고 있다.

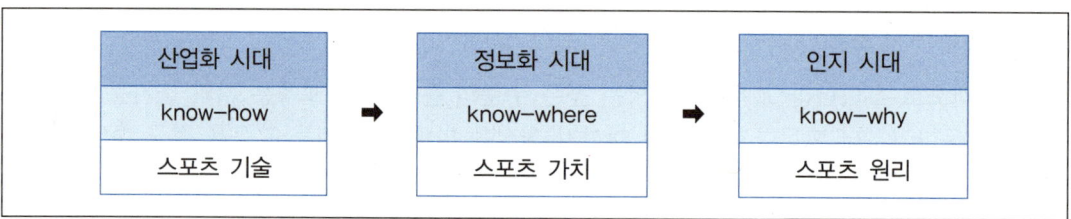

🔍 체육 교육의 핵심 소프트웨어 변화 과정

(3) 산업시대는 스포츠 기술, 정보화시대는 스포츠 가치, 인지시대는 스포츠 원리가 체육 교육의 핵심 가치로 인식된다.

① 산업시대의 노하우(know-how) 측면에서 본다면 체육 교육의 핵심 가치는 스포츠 기술이 된다. 즉 정확성을 토대로 수행하는 상위 수준의 스포츠 기술이 체육 교육의 가장 중요한 핵심 능력이었다.

② 정보화 시대에 이르러서는 스포츠 기술보다는 스포츠의 가치가 중요한 핵심 가치로 부상되었다. 정확하고 높은 수준의 스포츠 기술은 극소수의 학생들에게만 유용한 가치로 인식되면서, 대다수의 학생들에게 유용한 스포츠가 무엇인지 그 정보는 어디에서 습득할 수 있는지에 관심을 갖게 되었다. 동시에 다량의 스포츠 정보 가운데 학생들에게 정말 가치 있는 정보는 무엇인지에 대한 성찰과 안목이 중요한 능력으로 대두되었다.

③ 인지 시대에서는 스포츠를 행하는 이유에 대해 근본적으로 고민하고 이에 대한 핵심적인 해답을 알고 이를 창의적으로 활용할 수 있는 능력이 핵심 가치로 인정받게 된다. 즉, 체육 교육이 추구하는 핵심 소프트웨어는 모든 스포츠에 내재되어 있는 핵심 원리이며, 이를 교육함으로써 그 학습된 원리를 바탕으로 삶 속에서 지속적 또는 창의적으로 활용할 수 있는 능력을 강조한다.

(4) 또한, 그동안 우리 학교가 지속적으로 변화되어 온 것 그 이상으로 초고속적인 체육 교육의 하드웨어 변화가 더욱 신속하게 진행되고 있다. 앞으로 체육 교육에 미칠 하드웨어 변화는 우리가 상상할 수 있는 범위 밖에 존재할 것으로 보인다.

(5) 이미 국내 외 교육계에서는 IT기술의 발달로 학교교육의 환경이 급속도로 고도화되고 있다. 가상현실, 증강현실 등의 교육테크놀로지의 발전은 계절, 기후, 시설, 용·기구 등의 모든 물리적 환경 제약을 뛰어 넘음으로써 교육과정, 수업방법, 평가, 교육자 등의 전반적인 체육 교육의 변화로 이어질 것으로 예상된다.

(6) 특히 현재 직면하고 있는 제4차 산업혁명의 기술발달(예 빅 데이터, 인공지능, 사물인터넷, 로봇 등)은 체육 교육에서 하드웨어의 혁명적인 변화를 촉발할 것이지만, 단순히 이 기술들은 하드웨어가 아닌 소프트웨어와 휴먼웨어의 변화까지도 유도하는 융합핵심체가 될 것이다. 제4차 산업혁명 기술은 미래 체육 교육의 프로그램(소프트웨어) 내용과 교사(휴먼웨어)의 역할을 주도적으로 실행하는 사회를 더 빨리 만들 수 있다.

(7) 그렇다면, 체육 교육은 어떤 방향으로 가야 하는 것일까? 3가지 방향(브레인 체력, 바디 활동성, 마인드 커뮤니케이션)을 제시하고자 한다. 이 3가지 방향은 개별적으로 지향하는 독립적인 것이 아니라, 3개가 하나의 몸처럼 작동하는 상호의존성을 띠고 있다.

① 첫 번째 방향성은 브레인 체력(brain fitness)이다.

㉠ 브레인 체력 요소에는 일반 체력과 거의 마찬가지로, 브레인 근력, 브레인 지구력, 브레인 유연성, 브레인 순발력, 브레인 균형성, 브레인 협응성이 포함되어 있다. 이 브레인 체력들은 체육 활동에 대한 장기간의 집중적인 참여와 몰입을 통해서 얻어진 능력이다.

㉡ 미래 인재에게는 단순히 지식이나 정보를 많이 알고 할 줄 아는 것보다는, 상황에 적절한 지식을 재창출하고 창의적으로 지식을 재구조화하거나 디자인할 수 있는 능력이 요구되고 있다. 이 능력을 개발하기 위해서는 기존의 체력뿐만 아니라, 브레인 체력을 증진해야 한다.

🔍 브레인 체력 요소의 유형

브레인 체력 요소	설명
브레인 근력	위기 상황에서도 회피하지 않고 위풍당당하게 도전할 수 있는 능력
브레인 지구력	쉽게 포기하지 않고 지속적인 사고 과정에 참여하는 능력
브레인 유연성	닫힌 사고가 아닌 열린 사고를 가지고 상황에 유연하게 대처하는 능력
브레인 순발력	상황에 맞게 지식을 적절하게 활용할 수 있는 능력
브레인 균형성	사고가 한쪽으로 치우치지 않고 중립적으로 위치를 잡고 있는 능력
브레인 협응성	제한적인 지식이 아닌, 다양한 지식을 조화롭게 사용할 줄 아는 능력
브레인 스피드	생각 또는 사고 과정이 신속한 능력

② 두 번째 방향성은 바디 활동성(body activeness)이다.

　㉠ 미래 사회의 체육 교육에서 다루어진 몸(body)은 단순히 생물학적 육체가 아니다. 과거와 같이 우리 몸이 스포츠 기능(skill)만을 다루는 객체로 생각해서는 안 된다. 이는 몸에 대한 우리의 제한된 인식 범위로 인해 체육 교육의 콘텐츠 범위와 수준이 매우 협소해지는 결과를 초래할 수 있기 때문이다.

　㉡ 우리 몸(body) 안에는 생물학적 육체(physiological body)와 브레인(brain)과 마인드(mind)가 함께 살아 숨 쉬고 있다. 이런 연유로, 몸, 두뇌, 마음을 상호 독립된 개체로 바라보지 않고 통합된 통일체로 바라보아야 한다.

　㉢ 바디 활동성의 의미는 일상생활에서 운동을 적극적으로 해야 한다는 뜻이 아니다. 육체뿐만 아니라 브레인(두뇌)과 마인드(마음)도 적극적으로 활동해야 한다는 것을 의미하고 있다.

　㉣ 미래 사회는 과학 기술의 발달로 인해 인류사회의 편리함이 더욱 가속화될 것이다. 머리를 굳이 사용하지 않아도 되고, 직접 걸어 다니지 않아도 되고, 굳이 사람을 만나서 일을 하지 않아도 되는 세계가 더욱 넓어질 것이다. 이런 세계가 점차 더욱 허용되는 미래 사회에서는 체육 교육을 통해 모든 이들의 브레인, 몸, 마음이 모두 적극적으로 사용되어져야 한다. 그렇지 않으면 우리의 브레인, 몸, 마음은 쇠퇴 또는 소외됨으로 인해 점차적으로 쇠약해질 것이고 궁극적으로 인간의 가치는 무의미해질 것이다.

　㉤ 따라서 미래 사회의 체육 교육은 바디 활동성이라는 비전을 실현하기 위해 자연친화적 스포츠 또는 모험적인 스포츠 등의 인간 한계에 도전하는 체육활동이 주목을 받게 될 것이다. 이와 같은 유형의 체육활동을 통해 인간의 가치가 회복될 수 있는 학교생태계가 다시 조성될 수 있다.

　㉥ 미래 사회의 체육 교육은 미래 기술이 발달될수록 더욱 원시적이고 초보적인 신체 활동이 주목을 받고 사회의 관심을 얻게 될 것이다. 동시에 다른 쪽에서는 미래 기술의 발달이 인간의 바디 활동성을 최적화하는 데 활용될 수 있을 것이다.

③ 세 번째 방향성은 마인드 커뮤니케이션(Mind Communication)이다.

㉠ 브레인 체력과 바디 활동성이 실현된다면, 마인드 커뮤니케이션도 자연스럽게 구현될 수 있게 된다.

㉡ 미래 사회는 과학 문명기술의 발달로 과거보다는 인간의 본질적인 측면이 우리 사회에서 큰 폭으로 사라져 버릴 것이다. 즉 인간과 인간의 감성 교류는 극히 제한적이고, 인간과 인간의 업무 추진 또는 인간-기계-인간의 업무 추진은 더욱 활성화될 것이다.

㉢ 그동안 사회화 기능을 담당하였던 학교 교육마저도 과학기술의 발달로 인간과 인간과의 상호작용은 최소화되고, 스마트교실, 가상현실, 홈스쿨링 등의 혁신적인 미래교육 환경을 통해 인간과 인간이 직접 만나 교감하고 소통하는 교육환경은 지극히 제한적으로 이루어질 것이다.

㉣ 학교교육 시스템 속에서 인간과 인간의 감성 교감이 가능한 교육활동이 바로 체육활동이다. 팀(team)이라는 조직을 만들어 몸과 몸이 직접 부딪히고 그 안에서 감정을 공감하고 교류할 수 있는 유일하면서 최상의 교육활동이 체육활동이다.

㉤ 미래 사회는 집단 지성을 더욱 강화할 수 있는 환경을 요구할 것이다. 제4차 산업혁명이라는 초연결망 사회(hyper-connected)에서 사회적 네트워크가 중요시되면서, 개인 혼자서 만들어 낼 수 없는 것을 극복하고 보다 다양하고 새로운 아이디어를 창출하거나 최적의 문제해결 방법을 찾을 수 있다.

㉥ 집단기반을 도모하는 체육활동은 이 집단 지성을 발전시키고 적용할 수 있는 최적의 인간 활동이 될 것이다. 실제 단체 체육활동에 참여하는 동안 팀 내 또는 팀 간에 감정의 균열이 생길 수도 있지만, 그 때마다 그 균열을 해결하기 위해서 리더와 팀원들은 땀으로 얼룩진 몸으로 소통한다. 몸을 통한 소통으로 갈등 상황은 해결되고 자연스럽게 갈등의 상황을 이해하고 해결할 수 있는 '체험적 소통'을 학습하게 된다.

㉦ 실제로 팀 스포츠의 상황은 항상 시합 때마다 예측할 수 없는 상황으로 전개된다. 항상 불확실성이 내재되어 있는 스포츠현장을 의도적으로 노출하는 체육 교육은 공통적으로 적용될 수 있는 스포츠 원리를 기반으로 모든 이들에게 불예측성의 생애 연습 공간을 개방적으로 허용한다. 이런 이유로 미래형 체육 교육은 미래사회에서 대인 관계를 배우고 집단 지성을 연습하고 실천할 수 있는 최적의 교육적 도구로 더욱 중요시될 것이다.

3 체육 교육과 체육 교과

1. 체육 교육과 체육 교과를 구분 없이 사용하는 경우가 종종 있지만, 이 2개의 용어는 분명히 다른 개념이다. 체육 교육은 체육 교과보다 광범위한 개념이다.

(1) 체육 교과는 학교 교육 시스템 안에서 정규 수업 시간에 진행되는 교육 활동으로, 초등 교사 또는 체육 교사 자격증을 소지한 사람들만 지도할 수 있다.

(2) 체육 교육은 학교 교육 안과 밖에서 모두 진행될 수 있으며, 초등 교사 또는 체육 교사 자격증을 소지하지 않은 사람들도 지도할 수 있다.

2. 학교교육은 교과 교육과 비(非)교과 교육으로 구분된다. '체육'은 현재 교과 교육으로 체육 교과가 존재하며, 동시에 비교과 교육으로 모든 학교급에서 체육활동(중학교 학교스포츠클럽활동 포함)이 이루어지고 있다.

3. 체육 교과는 신체 활동(physical activity)을 교육적 도구로 사용하고 있는 교과로, 다른 교과와 크게 차별되는 교육적 정체성을 갖추고 있다.

🔍 교과의 정체성

교과명	교육의 도구	교육 목적		교과의 특징
체육	신체 활동	신체활동의 세계		
국어	우리나라의 언어	국어의 세계		
수학	수	수의 세계		
과학	자연 현상	자연의 세계	앎 (knowing)	앎의 방식 (ways of knowing)이 각기 다름
사회	사회 현상	사회의 세계		
영어	영국의 언어	영어의 세계		
음악	음	음악의 세계		
미술	선	조형의 세계		

4. 학교교육은 학생들을 앎(knowing)의 세계로 입문시키기 위해 앎의 방식(ways of knowing)이 서로 다른 다양한 교과를 조직하고 교과 교육의 실천을 담당한다.

5. 체육과는 신체 활동(physical activity)을 매개로 하여 신체 활동의 세계로 학생들을 인도하는 역할을 담당한다.

4 체육의 개념 변천

1. 신체의 교육

(1) 19세기 이전까지 체육 활동은 신체 단련을 목적으로 한 체조가 주를 이루었으며, '신체 단련' 혹은 '신체 훈련'이라고 불렸다. 19세기 초부터 신체와 교육이라는 두 단어의 합성어인 '체육'이라는 용어가 문헌에 나타나기 시작하였고, 20세기 초에 와서 그 사용이 일반화되었다.

(2) 당시에는 신체 발달 및 건강 위생을 목표로 하는 '신체의 교육'(education of the physical)이 체육 개념의 핵심을 이루었다. 신체의 교육은 본질주의의 영향을 받은 것으로, 신체 활동을 통해서 신체를 발달시키고, 건강을 유지하며, 운동 기능을 숙달하는 데 그 목적을 두었다.

2. 신체를 통한 교육

(1) 1930년대에 접어들면서 체육이 단순한 건강 증진 프로그램이라는 인식에서 벗어나 교육적 의미의 체육으로 전환되면서, Williams 등이 주장한 '신체를 통한 교육'(education through the physical)이 체육의 지배적인 개념이 되었다.

(2) Williams는 체육의 목적으로 학생들이 민주 사회에 적응할 수 있는 경험과 인격의 형성, 자아 성취감 등을 제시하면서, 교육 내용도 종래의 딱딱한 체조보다는 놀이, 게임, 스포츠 등을 강조하였다.

(3) '신체육'(new physical education) 주창자들은 기존의 '건강한 인간'이라는 틀에서 벗어나 심동적, 인지적, 정의적 영역의 균형 잡힌 발달을 통한 '전인적 인간'의 형성이라는 종합적 체육관을 정립하였다. 발달 교육 모형은 이 철학에 근거를 둔 대표적인 체육 교육 방법이다.

3. 움직임 교육

(1) 1950년대에 이르러 Laban의 움직임 개념을 바탕으로 하여 '인간 움직임'(human movement) 철학이 등장하였다. '인간 움직임' 철학은 '신체를 통한 교육' 철학을 넘어서서 '체육 학문화 운동'(the disciplinary movement)으로 발전하였다.

(2) 움직임 교육의 관점에서 '체육 교육을 받은 사람은 사회생활에서 자신의 존재를 표현하고, 탐색하고, 발전시키고, 해석하는 방법으로서 자신의 잠재적 움직임 능력을 건설적으로 개발한 사람'이라고 정의할 수 있다. 움직임 교육은 특히 초등학교 체육에 큰 영향을 미쳤으며, 문제 해결법이나 탐구 학습법과 같은 학생 중심의 접근법을 주로 사용한다.

4. 인간주의 체육

(1) 1960년대와 70년대 유행했던 '인간주의 철학사조들'(humanistic philosophies)의 영향을 받아 Hellison은 아동의 정의적, 사회적 발달을 중시하는 '인간주의적 체육'을 제창하였다.

(2) 인간주의적 체육은 체육 수업을 통해 학생의 자기조절 능력과 책임감 있는 행동을 발달시키고 자아실현을 이루고자 하는 'TPSR'(Teaching for Personal and Social Responsibility) 모형으로 발전하였다.

5. 스포츠 교육

(1) 1980년대에 이르면서 다양한 철학적 관점을 반영한 체육 개념이 등장하였다. 그 중, Siedentop은 체육 활동이 '그 자체'로서 가치를 가져야 한다고 주장하면서 '놀이 교육'(play education)이라는 개념을 구체화시켰다. Siedentop은 놀이 교육의 개념을 발전시켜 '제도화된 경쟁적 놀이'인 스포츠를 체육의 주된 교과 내용으로 포함하는 '스포츠 교육'을 제창하였다.

(2) 스포츠 교육은 학생들에게 스포츠의 기능, 지식, 태도를 교육시켜서 학생들 스스로가 스포츠를 즐기고, 참여하며, 건전한 스포츠 문화에 적극적으로 공헌하는 사람이 되도록 하는 데 목적을 둔다.

(3) 스포츠 교육은 '모든 학생들이 참여하는 스포츠'(sport for all)라는 철학을 바탕으로 체육 수업 중에 학생들이 자신의 능력에 적합한 토너먼트 형식의 스포츠 활동을 체험할 수 있도록 함으로써 스포츠의 활성화에 크게 기여하였다.

5 체육교육과정의 특성

1. 교육과정은 공식성을 가지고 있다.

(1) 교육과정은 거의 대부분 공식적(formal)이다.

(2) 일반적으로 개인 차원보다는 국가, 주, 지역구, 학교 등의 차원에서 개발, 편성, 운영되는 교육과정이 해당된다.

(3) 각 국가 또는 기관을 대표하는 다수 집단에 의해 공식적이고 합리적인 절차와 과정을 거쳐 개발 또는 운영되며, 일반적으로 문서 형태로 이루어지는 특징이 있다.

(4) 국가수준의 교육과정, 17개 시·도 교육청 교육과정 편성·운영지침, 각 시·도 교육청의 실천 중심 장학자료, 각 교육연수원의 연수프로그램, 각 단위학교의 학교교육계획서, 검인정 체육 교과서(2종) 등이 있다.

2. 교육과정은 계획성을 가지고 있다.

(1) 교육과정은 본질적으로 미래 지향적인 교육의 계획을 담고 있다.

(2) 교육과정의 개발 및 운영기간에 따라 달라지는데, 1학기 또는 1년 계획, 10년 또는 20년 향후 미래를 내다보고 이루어진다. 따라서 단기 계획과 장기 계획으로 구분하여 개발 또는 운영되는 특징이 있다.

(3) 단기 계획은 교사가 주로 활용하는 교수학습과정안, 단원계획서, 학교 수준에서 만들어지는 1년 단위의 학교교육계획서 등이 포함되며, 장기 계획은 국가 수준 또는 주 수준의 교육과정 등이 있다.

3. 교육과정은 의도성을 가지고 있다.

(1) 국가, 시·도 및 지역 교육청, 학교 또는 교사의 교육적 의도를 담고 있는 특성이 있다.

(2) 국가에서 의도하는 교육적 결과가 교육과정에 반영될 수 있고, 또한 교사가 교육적 철학과 관점에 의해 개인적으로 강조하는 내용이 반영될 수도 있다.

(3) 단위 학교에서 학생들의 체력을 증진하고자 '1인 1기 운동'을 펼치는 것이 대표적인 사례이다.

4. 교육과정은 실천성을 지향하고 있다.

(1) 교육과정은 실천성을 지향하고 있으며, 국가 또는 주 수준의 교육과정은 각 국가 또는 각 주의 교육적 여건을 고려하여 최적의 상태로 실천될 수 있도록 개발된다. 즉 전국의 모든 학교, 지리적 특성, 교원의 능력과 자질, 학습자의 요구, 교육 시설 등을 종합적으로 고려하여 일반적이고 보편적인 수준에서의 실천성을 추구한다.

(2) 따라서 우리나라에서 개발되는 국가 또는 시·도 교육청 수준에서 만들어지는 교육과정은 각 단위 학교나 수업에서 100% 실천될 수 없다. 이것은 다른 나라도 마찬가지이다.

(3) 단위 학교에서 만들어지는 학교교육계획서 또는 교사 수준에서 만들어지는 교수학습과정안도 100% 완벽히 실천되는 경우는 거의 없다. 이처럼 모든 교육과정은 계획, 의도한 대로 실천되는 것은 불가능하다.

(4) 교육과정의 실천은 본질적으로 지역사회, 학교, 교사, 학생, 환경, 시설, 학부모 등의 여러 가지 변수에 의해 좌우되는 속성을 가지고 있기 때문이다.

(5) 그럼에도 불구하고 국가수준 교육과정에서부터 교사수준의 교수학습과정안까지 모든 교육과정의 개발과 운영은 실천성을 높이고자 하는 노력이 기울여지고 있다.

5. 교육과정은 잠재성을 가지고 있다.

(1) 교육과정은 본질적으로 잠재성을 가지고 있다.

(2) 국가 교육과정에서 계획하거나 의도하지 않았음에도 불구하고 교육과정이 운영되면서 학생들이 은연중에 배우게 되는 가치, 태도, 행동 양식과 같은 경험된 교육과정이다.

(3) 교사가 수업 계획에 포함하지 않거나 의도하지 않았음에도 불구하고 학생들이 수업에서 잠재적으로 교육 경험을 가질 수 있다.

(4) 잠재성은 공식성과 병행적 관계에 있기 때문에 긍정적인 교육 결과와 부정적인 교육 결과가 동시에 나타날 수 있다.

6 체육교육과정의 개념과 유형

1. 체육교육과정의 개념

(1) 체육교육과정의 넓은 의미

① 학교 체제 속에서 학생들이 가지는 체육 교육에 관한 모든 경험을 의미한다.

② 학교 체제라는 의미는 학교 장소와 교육 시간에 구애받지 않으며, 학기 중 또는 방학 중에 학교 안과 학교 밖에서 학생들의 경험하는 모든 체육 활동을 의미한다.

③ 정규 체육 수업 활동, 체육 대회, 대교 경기 활동, 각종 스포츠동아리 활동, 야외 스포츠 체험활동, 체육과 방학 숙제 등

> 교육과정(curriculum)의 어원은 라틴어인 쿠레레(currere)에서 유래된 것으로, 쿠레레는 '경마장에서 말이 달리는 길'(course of race)을 의미한다. 교육 분야에서 쿠레레의 의미는 학생이 입학해서 졸업할 때까지 정해져 있는 교육코스 및 과정 중에 학생이 경험하는 행위를 의미한다.

(2) 체육교육과정의 좁은 의미

① 체육 교육에서 의도한 학습 결과이다.

② 국가 수준, 학교 수준 혹은 교사 수준에서 학생들이 학습하기를 기대하는 체육 교육 행위의 결과이며, 교육 활동보다는 학습 결과에 초점을 두며 계획보다는 결과를 중시한다.

③ 체력 증진 또는 운동 기술 습득 등

체육교육과정에 대한 다양한 정의	관점	예시
체육과 교육과정 문서 또는 체육 교과서	교육과정이 실재하는 구체적인 문서들	국가수준 체육과 교육과정 문서, 시·도 교육과정 편성 운영지침, 체육 교과서 등
체육의 스코우프와 시퀀스	무엇을 배울 것인가와 그것을 어떤 순서로 배울 것인가?	내용 체계표, 연간지도계획안 등의 범위와 계열성
체육 교과 또는 교육 내용	• 학교의 정규 교과목 • 학습자들이 배우게 될 구체적인 지식, 기술, 태도의 총합	• 초·중·고등학교 체육 수업 • 학교스포츠클럽활동 등
계획한 체육 교육 활동	사전에 계획된 일련의 활동 또는 프로그램	체육과 연간지도계획서(또는 체육과 교육과정 계획서), 단원계획안, 교수학습과정안 등

2. 체육교육과정의 유형

(1) 체육교육과정의 의도성

① 표면적 교육과정

교육 목적과 목표에 따라 분명하게 의도되고 계획된 실천으로 학습자들이 경험하는 공식적 교육과정이다. 교과서에 실린 내용이면서 교사들이 수업을 통해 표현한 것이 표면적 교육과정의 전형적인 예이다.

② 잠재적 교육과정

표면적 교육과정과 대비되는 개념으로, 교육과정에서 의도하거나 계획하지 않았으나 수업이나 학교의 관행으로 학생들이 배우는 가치, 태도, 행동양식과 같은 경험을 의미한다.

③ 영 교육과정

교육과정의 선택과 배제, 포괄과 제외의 산물이기 때문에 표면적 교육과정의 필연적 산물이다. 교육과정에서 가르쳐지지 않고 소홀히 취급되면서 금기시 되는 내용으로, 예를 들면 학교의 표면적 교육과정에서는 논리적 사고를 강조하는 반면 직관적 사고 또는 상상력 등은 소홀히 취급하는 경우가 많다.

(2) 체육교육과정의 진행 과정

① 계획적 교육과정

교육과정 계획자나 교육 프로그램 제공자의 계획과 준비 측면이 강조되며, 교육부, 교육청, 학교, 학회 등에서 의도하고 계획된 사전 계획 중심의 교육과정이다.

② 실천적 교육과정

교사들이 수업을 설계하고 이를 실제로 구현한 교육과정으로 지역 및 학교의 교육여건, 교사, 학생 등의 사회적 맥락에 의해 영향을 받는 교육과정이다.

③ 경험적 교육과정

학생들이 실제로 경험하고 결과적으로 학습한 교육과정을 의미하며, 학생 개개인과 학습 환경에 많은 영향을 받는 교육과정이다.

(3) 체육교육과정의 적용 및 부과 방식

① 공통 교육과정

모든 학생들에게 동일하게 제공되는 교육과정으로, 모든 학생들에게 요구되는 지식, 기능, 행동 양식 등으로 구성되어 초등학교와 중학교에 적용된다.

② 선택 교육과정

일부 학생들에게 적용되는 교육과정으로, 학생의 적성, 소질, 진로, 흥미 등에 따라 서로 다른 계열 또는 과정, 교과, 과목 등을 선택하여 주로 고등학교에 적용된다.

(4) 체육교육과정의 의사결정 수준

① 국가수준 교육과정

교육부가 의사결정을 하고, 교육과정의 보편성, 통일성, 기회 균등, 일정 수준의 교육 질 유지 등을 구현한다.

② 지역수준 교육과정

국가 교육과정 기준을 보다 구체적으로 실현하기 위하여 각 시·도 교육청에서 학교 교육 과정 편성·운영 지침을 마련하고, 지역 교육청에서는 교육과정 장학 자료를 개발한다.

③ 학교수준 교육과정

학교 수준에서 이루어지는 교육과정 결정과 실천의 산물이다. 학교장의 교육 철학 또는 목표에 따라 중점 교육 사업과 특색 교육 사업(예 1인 1기 운동, 체력 증진 프로그램 등)이 계획되고 실천된다.

④ 교사수준 교육과정

체육 교사를 중심을 계획되고 실천되는 교과 교육과정, 학년 교육과정, 학급 교육과정으로 구분하여 이해할 수 있다.

기준	유형
교육의 의도성	표면적 교육과정(explicit curriculum) 잠재적 교육과정(implicit, hidden, latent curriculum) 영 교육과정(null curriculum)
교육의 진행과정	계획한 교육과정(intended, planned curriculum) 실천한 교육과정(implemented, enacted, practiced curriculum) 경험한 교육과정(resulted, experienced, achieved curriculum)
교육과정의 적용 및 부과방식	공통 교육과정(common curriculum) 상이 교육과정(elective curriculum)
교육과정의 의사결정 수준	국가수준 교육과정(national curriculum) 지역수준 교육과정(district curriculum) 학교수준 교육과정(school curriculum) 교사수준 교육과정(class curriculum)

최 병 식

포스
전공체육

체육교육학 1

체육교육과정론

04

교육과정의 유형

04 Chapter 교육과정의 유형

1 교육과정 유형 분류

1. 교육과정의 의미에 따른 분류(Zais)

(1) 학습 프로그램으로서의 교육과정

(2) 강좌 내용으로서의 교육과정

(3) 계획된 학습 경험으로서의 교육과정

(4) 학교의 지원 아래 학습자가 갖게 되는 경험으로서의 교육과정

(5) 일련의 의도된 학습 성과의 구조적 체계로서의 교육과정

(6) 교육 행위를 위한 계획으로서의 교육과정

2. 교육과정 결정 수준에 따른 분류

(1) **교육과정 유형 분류**(김호권)

① 공약된 목표로서의 교육과정(의도된 교육과정)

② 수업 속에 반영된 교육과정(전개된 교육과정)

③ 학습성과로서의 교육과정(실현된 교육과정)

(2) **교육과정 분류**(김종서)

① 국가 및 사회적 수준의 교육과정

② 교사 수준의 교육과정

③ 학생 수준의 교육과정

3. 교육과정의 영향에 따른 분류

(1) **교육과정 유형 분류**(김봉수)

① 표면적 교육과정

교육과정 개념 속에는 학교 교육이 일정한 원칙으로 달성해야 할 목표와 학습해야 할 내용을 체계적으로 결정하고 조직한, 즉 교육 실천 활동 계획의 제반 사항을 문서화한 의미가 포함된다.

② 잠재적 교육과정

학교나 교사가 의도하지도 않았다든가, 또는 교육과정이나 수업을 통해서 계획적으로 노력한 것은 아니었지만 학습자 각자가 각각의 사태에서 은연중에 학습자들에게 행동의 변화에 영향을 주는 요소가 있다. 이러한 요소를 포함하여 잠재적 교육과정이라 한다.

잠재적 교육과정의 정의
학교 교육을 통하여 학생들이 가지는 경험 중에서 종래 교육과정의 개념으로부터 통상 간과되어 온 경험을 가리키는 것이며, 이러한 경험은 학교의 전 사태와 관련되어 있고, 학교에서 의도한 바 없으나 발생하는, 그리고 쉽게 관찰되어지지도 않는 무형식의 학습 결과, 경험이라고 정의할 수 있다.

표면적 교육과정과 잠재적 교육과정
① 표면적 교육과정은 학교에 의하여 의도적으로 조직되고 가르쳐지는 반면에, 잠재적 교육과정은 학교에 의하여 의도되지 않았지만 학교생활을 하는 동안에 은연중에 배우게 된다.
② 표면적 교육과정은 단기적으로 배우며 어느 정도 일시적인 경향이 있는 데 반하여, 잠재적 교육과정은 장기적·반복적으로 배우며 보다 항구성을 지니고 있다.
③ 표면적 교육과정이 주로 지적인 것과 관련이 있다면, 잠재적 교육과정은 주로 정의적 영역과 관련이 있다.
④ 표면적 교육과정이 주로 교과와 관련이 있다면, 잠재적 교육과정은 주로 학교의 문화 풍토와 관련이 있다.
⑤ 표면적 교육과정은 주로 교사의 지적, 기능적인 영향을 받으나, 잠재적 교육과정은 주로 교사의 인격적 감화를 받는다.
⑥ 표면적 교육과정과 잠재적 교육과정이 서로 조화되고 상보적인 관계에 있을 때 학생 행동에 강력한 영향을 미칠 수 있다.
⑦ 잠재적 교육과정을 찾아내어 이를 계획한다 하여도, 표면적 교육과정과 잠재적 교육과정의 구조는 변하지 않는다.
⑧ 표면적 교육과정 자체의 기능이 있다. 아무리 철저한 계획을 세워서 학생을 지도하여도 학생은 계획대로만 배우는 것은 아니다.

(2) **교육과정 유형 분류**(이해명)

① 외현적 교육과정

학교가 지역 사회에 어떤 교육을 하겠다는 목표를 제시하는 것이다.

② 내현적 교육과정

학교라는 것이 차지하는 위치 때문에 자연적으로 이루어지는 교육과정이다. 학교는 다양한 방법의 교수를 통하여 부수적으로 얻어지는 결과나, 상벌제도, 조직 체계, 외형적 구조 등에 의해 총체적인 교육이 이루어지는 곳이다.

③ 영 교육과정

학교는 학생들에게 학교가 가르치는 것에 의해서 뿐만 아니라 학교가 가르치는 것을 소홀히 한 것에 의해서도 영향을 받는다. 즉, 학생들이 고려할 수 없는 사실들, 학생들이 알지 못하는 사실, 또는 그들이 활용할 수 없는 방법 등은 그들이 영위하는 생에 영향을 준다.

4. 개념 변천에 따른 유형 분류

(1) 교과 중심 교육과정

① 특징

㉠ 문화유산의 전달이 주된 교육내용이다.

㉡ 교사 중심 교육과정이다.

㉢ 설명 위주의 교수법을 요구하는 경우가 많다.

㉣ 한정된 교과 영역 안에서만 학습 활동이 이루어진다.

② 장점

㉠ 학습을 조직하고 새로운 지식, 사실을 설명, 체계화하는 데 논리적이고 효율적인 방법이다.

㉡ 지식 능력을 발전시키는 데 가장 적절하다.

㉢ 구성이나 평가가 간단하고 쉽다.

③ 단점

㉠ 학습을 세분화하고 단편화한다.

㉡ 학생의 흥미, 능력, 필요가 무시되고 성인 사회의 요구를 강요한다.

㉢ 사고력 등의 고등 정신 기능이 함양되기 어렵다.

④ 유형

㉠ 분과 교육과정: 개개 교과나 과목의 종적 체계는 있어도 교과나 과목 간 횡적 관련이 전혀 없이 조직된 교육과정이다.

㉡ 상관 교육과정: 두 개 또는 그 이상의 과목들을 서로 관련시켜 교과 영역을 무너뜨리지 않으면서 몇몇 교과의 공통 및 상관되는 문제만을 의식적으로 교수의 초점으로 삼는 형식이다.

㉢ 융합 교육과정: 상관 교육과정과 광역 교육과정의 과정에서 생긴 과도기적 형태로 각 교과목의 성질을 유지하면서 그 사이에 내용이나 성질면의 공통 요인을 추출하여 교과를 재조직하게 된다.

㉣ 광역 교육과정: 유사한 상관이 많은 교과들을 묶어서 교과의 종합 학습을 가능케 하기 위한 형식이다.

(2) 경험중심 교육과정

① 특징

㉠ 교과 활동 못지 않게 과외 활동을 중시한다.

㉡ 생활인의 육성을 목표로 하고 있다.

㉢ 아동 중심 교육을 강조한다.

　　　ⓔ 전인 교육을 강조한다.

　　　ⓜ 문제 해결력의 함양을 강조한다.

　　　ⓗ 사회의 급격한 변화에 적응하는 인간을 육성코자 한다.

　② 장점

　　　㉠ 개인차에 맞는 학습이 가능하다.

　　　㉡ 현실적이고 실제적인 생활 문제를 해결할 수 있는 능력을 길러준다.

　　　㉢ 학습자의 흥미와 필요가 중시되므로 자발적인 활동이 촉진된다.

　③ 단점

　　　㉠ 교육과정 조직의 계열성이 문제된다.

　　　㉡ 체계적인 지식과 기능을 등한히 하기 쉽다.

　　　㉢ 교사의 자질이 낮으면 기초 기능의 저하를 가져온다.

　④ 유형

　　　㉠ 현성 교육과정(생성 교육과정) : 학습자의 현재의 욕구와 경험을 중심으로 구성되어지는
　　　　것이다.

　　　㉡ 중핵 교육과정 : 중핵 교육과정은 교과 중심 교육과정의 약점인 분석적이고 단편적인 학
　　　　습을 지양하고 각 교과를 밀접하게 관련시킴으로써 종합화하여 통합적인 학습으로 이
　　　　끌어 갈 수 있다는 것과 사회적 필요가 중핵을 이루어서 교육과정의 구성에 중점이 되
　　　　므로 궁극적으로는 사회 방향감을 고취시킬 수 있다는 점을 강조한다.

　　　㉢ 중핵 교육과정의 유형 : 교과 중심, 개인 중심, 사회 중심, 청소년의 필요 욕구 - 흥미를
　　　　중심으로 하는 중핵 교육과정이 있다.

(3) 학문중심 교육과정

　① 특징

　　　㉠ 교과내용은 지식의 구조를 핵심으로 조직한다.

　　　㉡ 나선형 교육과정이 되어야 한다.

　　　㉢ 탐구 과정을 중시한다.

　② 장점

　　　㉠ 학문의 탐구 방법을 체득할 수 있다.

　　　㉡ 적게 가르쳐도 많이 활용되게 되어 있다.

　　　㉢ 내적 동기 유발을 이용해 적극적 참여를 이룰 수 있다.

　　　㉣ 여러 학문 분야의 기저에 있는 기본적인 원리를 가르칠 수 있다.

③ 단점

㉠ 정의적 영역에 포함되는 것들이 소홀히 된다.

㉡ 인적, 물적, 시간적 및 교육 제도적 여건의 정비가 어렵다.

㉢ 교과의 기본 구조만을 지나치게 강조한 나머지 교과와 교과 사이의 통합이 어려워질 수 있다.

(4) 인간 중심 교육과정

① 인간주의적인 교사가 필요하다.

② 학교의 인간화를 위하여 노력한다.

③ 잠재적 교육과정을 표면적 교육과정과 똑같이, 경우에 따라서는 더 중시한다.

(5) 중핵 교육과정

① 특징

㉠ 다양한 학습 경험을 활용한다.

㉡ 학습 경험은 광범위한 단원 학습으로 조직된다.

㉢ 목표가 광범위하고, 학습 시간은 보통 시간의 두 배 또는 그 이상으로 계획된다.

② 장점

㉠ 광범위한 교육 목표의 달성을 가능케 한다.

㉡ 문제 해결의 활용과 비판적 사고의 기술을 장려한다.

㉢ 개인의 필요와 능력에 적합한 학습 환경을 마련해 준다.

㉣ 여러 분야에 걸쳐 지식의 상호 관련성을 이해시키는 데 도움을 준다.

㉤ 광범위한 단원 학습을 활용하고 협동적인 계획을 촉진함으로써 심리적으로 건전하다.

③ 단점

㉠ 교사의 적절한 준비가 부족하다.

㉡ 이론과 실제 사이의 편차를 피할 수 없다.

㉢ 적절한 학습 지침서와 교수 자료가 부족하다.

㉣ 지식 분야의 전문적인 요구가 중핵형의 발전을 저해한다.

2 수준별 교육과정

1. 수준별 교육과정 개념

(1) 수준별 교육과정이란 학생들의 수준에 적합한 교육을 실시하기 위하여 학생들의 수준, 능력, 흥미 등에 따라 서로 다른 교육과정을 제공하는 것을 말한다.

(2) 수준별 교육과정이란 교과별로 수준을 달리하여 학생 개개인의 학습 능력에 맞추어 학습할 수 있도록 한 개별화 교수·학습 형태의 일종이다. 이는 전통적인 일제식 수업, 획일화된 수업의 편제에서 탈피하여 학생들이 스스로 원하거나 자신의 수준에 맞는 내용을 학습할 수 있도록 하는 수업이다.

2. 수준별 체육수업

(1) 수준별 교육과정과 수준별 수업은 다른 개념이다. 수준별 수업은 학생들의 수준을 고려하여 교사가 학생 개개인에게 적합한 교육적 처치를 하는 수업을 의미한다.

(2) 수준별 교육과정이 '교육 내용의 차별화'를 통하여 학생들에게 적절한 학습 내용과 경험을 제공하고자 하는 접근이라면, 수준별 수업은 '수업 방식의 차별화'를 통해 학습자의 요구, 흥미, 능력에 적합한 교육을 제공하고자 하는 접근이라고 할 수 있다.

(3) 수준별 교육의 극대화를 위해서는 교육 내용과 방법의 차별화, 나아가서는 학습 환경의 차별화까지 고려하는 다양한 수준별 수업이 되어야 한다.

3. 수준별 체육수업의 구조

(1) 학생의 운동기능 수준에 근거한 수업구조

① 한 가지 과제 활동이 다양한 목표 수준을 가진 경우

㉠ 모든 학생이 동일한 학습내용의 과제에 참여하게 되지만 학생들은 자신의 능력에 기초하여 서로 다른 수준의 학습목표에 도전하게 된다.

㉡ 체육 교사가 가장 용이하게 사용할 수 있는 것으로, 학생들의 신체활동에 대한 흥미가 거의 유사하나 그들의 능력 수준이 명백히 다른 경우 매우 적합한 방식이다.

예 팔굽혀펴기라는 과제에 모두 참여하지만 몇 회를 실시하는지 다르게 목표를 설정할 수 있다.

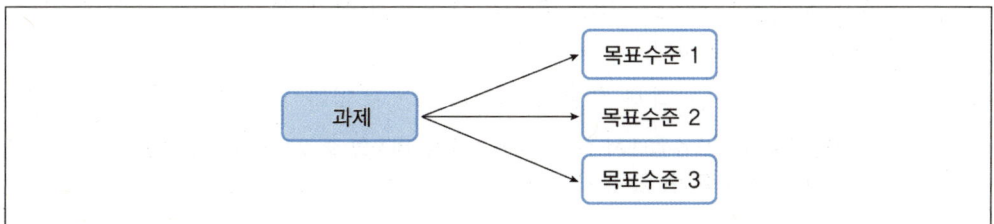

② 다양한 과제 수준이 한 가지 과제 활동 목표를 가진 경우

㉠ 각 학생들은 학습 초기부터 자신의 능력에 적합한 수준에서 학습 과제에 참여하게 되지만 모든 학생들은 동일한 학습목표를 추구하게 된다.

㉡ 학생들의 능력 차이가 분명하게 나지만, 성취하고자 하는 학습목표가 동일할 때 활용할 수 있는 유용한 방법이다.

> 예 모든 학생들이 비평행적 구조의 줄넘기 사례처럼 처음 시작하는 과제 수준이 다르지만 '줄을 성공적으로 넘는다'는 한 가지 동일한 학습목표를 가지게 된다.

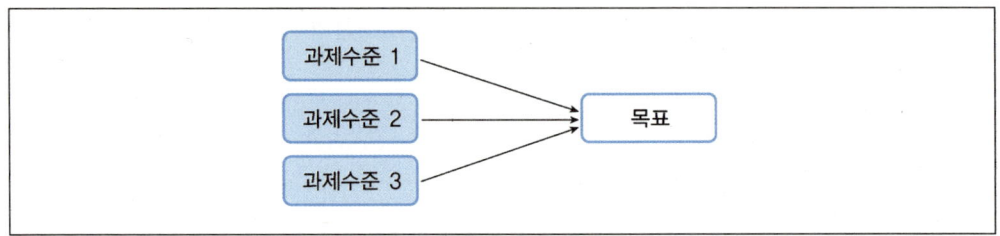

③ 다양한 과제 수준이 각각 목표 수준을 가진 경우

㉠ 학생의 운동능력이 분명하게 차이가 날 경우 적합하다. 즉 학생 집단이 이질적으로 구성되어 있다면 처음부터 학습과정의 트랙을 달리할 수 있는 방법이다.

㉡ 학급을 몇 개의 소집단으로 구분한 다음 유사한 과제로 구성된 활동에 참여하게 한다. 단 각 소집단이 참여하는 과제의 수준은 서로 다르다.

> 예 앞구르기, 다리 벌려 앞구르기, 뒤구르기, 다리 벌려 뒤구르기가 4개의 소집단에 제공될 수 있다. 앞구르기 집단은 8회 연속 구르기가 과제 목표 수준이 되며, 다리 벌려 앞구르기는 6회 연속, 뒤구르기는 6회 연속, 다리 벌려 뒤구르기는 2회 연속이 과제 목표 수준으로 제공될 수 있다.

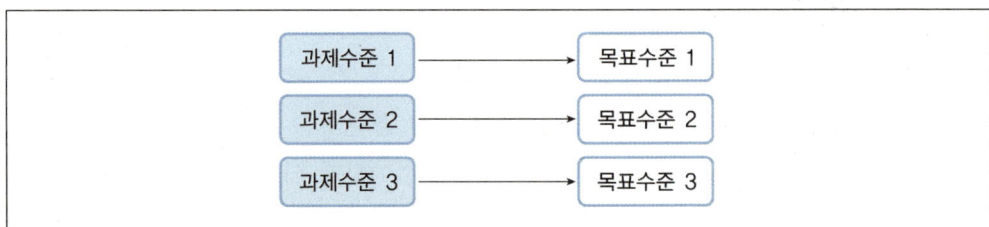

(2) **학생의 흥미에 근거한 수업구조**

① 다양한 과제 유형이 한 가지 목표를 가진 경우

㉠ 학생들이 유사한 운동기능 수준을 가지고 있지만 신체활동에 대한 흥미가 서로 매우 다를 경우 적합하다.

㉡ 학생들은 다양한 과제 활동에 참여하지만 동일한 과제 목표를 제시 받게 된다.

> 예 학생들에게 한 수업에서 축구, 배구, 농구를 제공할 수 있다. 이때 교사는 3번의 게임 중 1번 이상의 승리를 요구할 수 있다.

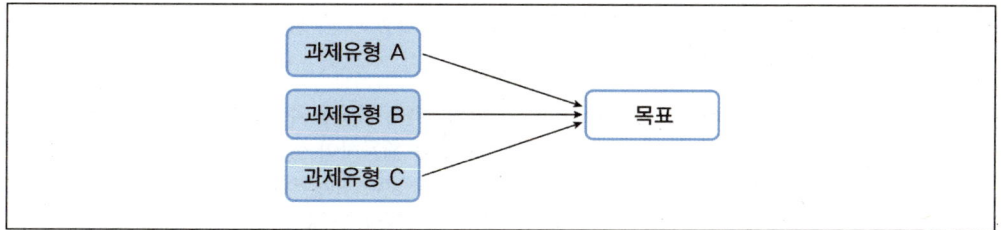

② 다양한 과제 유형이 각 목표 유형을 가진 경우

　⊙ 학생들이 유사한 운동능력을 가지고 있지만 매우 상이한 흥미를 가진 학습에 적합하다.

　ⓒ 학생들에게 다양한 과제 활동이 주어지고 각 과제 활동은 고유한 과제 목표가 설정되어 있다.

　　예 높이뛰기, 오래달리기, 해머던지기가 학생들에게 제공될 수 있고, 높이뛰기의 활동 목표는 1m 20cm 이고, 오래달리기는 5km거리를 완주하는 것이며, 던지기는 완벽한 해머던지기 동작을 숙달하는 것이다.

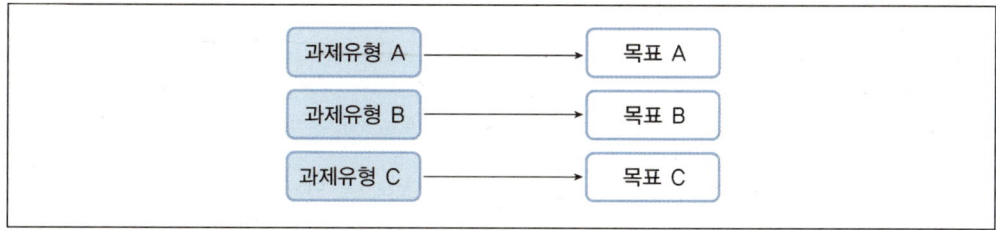

(3) **학생의 운동 기능과 흥미에 근거한 수업구조**

① 다양한 과제 유형이 각 목표 수준을 가진 경우

　⊙ 혼성학습에 적합하다.

　ⓒ 학생들은 서로 다른 과제 활동에 참여하면서 제공된 각각의 과제 목표 수준에 도달해야 한다.

　　예 남학생들에게 1000m 달리기나 1000m 걷기가 제공되고, 여학생들에게는 800m 달리기나 800m 걷기가 제공된다. 이 때 다양한 과제 활동은 달리기와 걷기가 되며, 각 목표수준은 1000m와 800m가 된다.

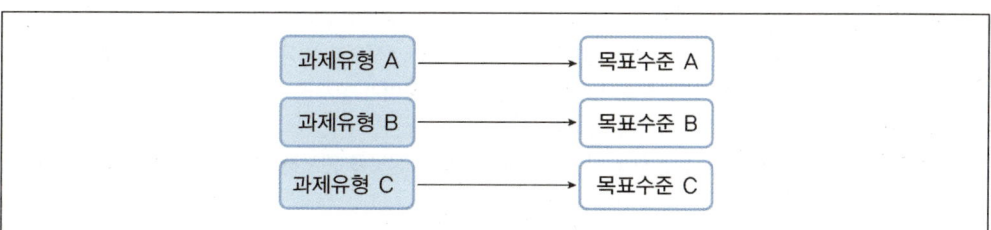

② 다양한 과제 수준이 다양한 목표 유형을 가진 경우

　⊙ 학생의 운동기능 수준과 흥미 수준이 서로 매우 다른 학급에서 적합하다.

ⓒ 학생들에게 다양한 과제 수준의 활동이 제공되고 각 과제 수준은 서로 다른 과제 활동 목표를 가지고 있다.

> **예** 테니스의 스트로크, 발리, 서비스가 학생들에게 제공될 수 있다. 스트로크에 참여하는 학생들은 10번의 시도 중 5번 이상을 포핸드나 백핸드를 활용하여 성공해야 하는 목표를 설정할 수 있고, 발리에 참여하는 학생들은 포핸드 발리와 백핸드 발리에 참여함으로써 각 그립의 차이를 분석하고 평가해야 하는 목표를 설정할 수 있다. 서비스에 참여하는 학생들은 5번의 시도 중 3번 이상 정확한 동작으로 서비스를 하는 목표를 설정할 수 있다.

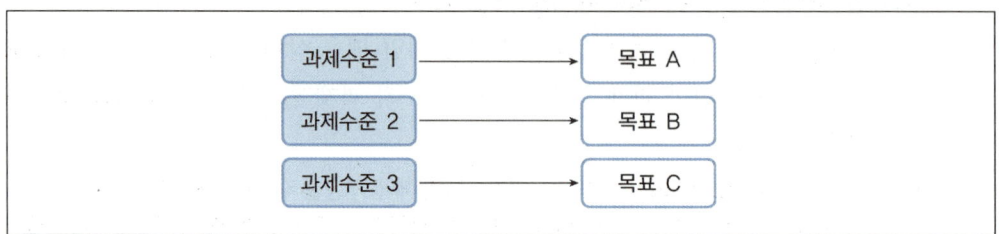

참고 학습 유형

1. Witkin의 학습유형

환경의존형	환경독립형
총체적으로 인지하고 경험한다.	분석적으로 인지하고 경험한다.
개념의 일반적인 특징들과 그 특징들의 관계성을 발견한다.	개념의 세부적인 특징들을 발견하고 독립적인 개념으로 받아들인다.
전체적인 개념에서 출발하여 부분을 보는 경향이 있다.	부분적인 개념으로 출발하여 전체를 보는 경향이 있다.
충동적이고 심사숙고적이지 못하며, 사회 환경에 매우 의존적이다.	자주적이고, 공정하며, 목표 지향적이다.
주위와 세상에 대해 관심을 가진다.	주위와 세상에 대한 냉철한 관심을 가지고 있다.
자신의 경험과 밀접한 관련이 있는 교재를 가장 잘 학습한다.	새로운 개념에 흥미를 느낀다.
타인들이 설정한 목적과 강화방법을 추구한다.	자기 스스로 설정한 목적과 강화방법을 가지고 있다.
사회적 강화와 비판에 영향을 쉽게 받는다.	비판에 덜 영향을 받는다.
혼자보다는 사람들과 같이 공부하는 것을 선호한다.	혼자서 공부하는 것을 선호한다.

- 개개인이 불확실한 정보나 익숙하지 않은 환경 속에서 인지적으로 반응하는 방식으로 분류한 것이다.
- 두 가지 유형을 각기 선호하는 학습자들의 학습능력에는 차이가 없지만 정보를 사용하는 방식의 차이가 있고, 한 학습자에게 두 가지 유형이 동시에 나타날 수도 있다.
- 환경의존형은 환경에 매우 민감하게 반응하고 총체적으로 정보를 인지하고 경험한다. 반면에 환경독립형은 분석형이라고도 불리며, 환경에 별로 영향을 받지 않는다.

2. Barbe와 Swassing의 학습유형

시각적 학습형	청각적 학습형	신체운동적 학습형
문자, 사물 시범을 보면서 학습한다.	타인이나 자신의 말을 들으면서 학습한다.	직접 해보거나 참여함으로써 학습한다.
얼굴을 기억하고 이름을 잊어버리며 메모를 한다.	이름을 잘 기억하고, 얼굴을 잊으며, 단어의 반복을 통해 잘 기억한다.	본 것이나 이야기했던 것보다 직접 해 본 것을 가장 잘 기억한다.
심사숙고적이다. 미리 계획을 세우고 적으면서 생각을 정리한다. 문제점들을 낱낱이 적는다.	문제점들을 외부로 공개하려는 경향이 있고, 말로서 해결하려고 한다.	충동적이다. 문제점 안에 직접 뛰어들고 신체활동에 참여하면서 해결점을 찾으려고 한다.
주위를 둘러보고 구조를 조사한다.	주위상황과 무엇을 할 것인가에 대해 이야기하기를 좋아한다.	만져보고, 느끼고, 조작하는 것을 좋아한다.
조용하며, 길게 얘기하지 않는다. 오랫동안의 이야기를 듣는 것이 힘들게 여겨진다.	듣는 것을 좋아하지만 이야기를 더 하고 싶어 한다. 설명이 매우 길고 반복적이다.	말하면서 움직인다. 잘 듣지 않는 편이다. 말하거나 들을 때 가깝게 선다. 세세한 구두설명에 쉽게 흥미를 잃는다.
'보자, 쳐다봐'라는 용어를 많이 사용한다.	'들어봐, 경청하라'라는 용어를 많이 사용한다.	'해보자, 움직여봐'라는 용어를 많이 사용한다.

- 정보를 조직화하고 환경과 상호작용하기 위해 사용하는 감각유형과 관련된 개념이다.
- 시각적 학습형은 정보나 물체를 읽고 보면서, 청각적 학습형은 이야기하거나 들으면서, 신체운동적 학습형은 학습교재의 직접적인 조작과 참여를 통해서 가장 효과적으로 학습한다.

3. Dunn, Dunn, Price의 학습유형

(1) 이들은 학생들이 학습을 하는 데 선호하는 학습 유형 요소들(learning style elements)을 조사하여 학습자에게 맞는 교수·학습 방법을 개발하고자 하였다.

(2) 환경, 사회, 정서, 신체, 심리와 같은 5가지 자극에 의해 학습 유형이 달라질 수 있음을 인식하고, 21개의 학습 유형 요소들을 소개하였다.

① 환경적 자극 : 소리, 밝기, 온도, 실내디자인

② 사회적 자극 : 혼자서 공부하기, 짝이나 친구와 함께 공부하기, 어른과 함께 공부하기, 다양하게 공부하기

③ 정서적 자극 : 학습동기, 끈기, 책임감, 정서구조

④ 신체적 자극 : (음악 등에 대한) 지각력, 간식, 시간(낮과 밤), 신체가동성

⑤ 심리적 자극 : 분석적인 것, 총체적인 것, 충동성, 사려분별, 뇌반구 영역

※ 학생들은 나름대로 좋아하는 학습 유형을 가지고 있다. 학습 유형은 학습자 개개인이 새로운 정보를 받아들이는 방식으로서, 학습 능력이나 지능과는 구분된다. 학습 유형은 학습 과정에서의 학습자의 개별성과 독자성을 말하는 것이다. 따라서 학습 유형간의 우열은 있을 수 없고 집단 특성이나 평균적이라는 개념과도 원칙적으로 구별되어야 한다.

최 병 식

포스
전공체육

체육교육학 1

체육교육과정론

—

체육교육과정의
개념과 사조

05 Chapter 체육교육과정의 개념과 사조

1 체육교육과정의 이해

1. 체육교육과정의 수준

(1) 이념적 수준

① 체육교육 활동은 체육교육 이념의 영향을 받아 실행된다. 이념적 수준에서의 체육교육과정은 체육교육에 관여하는 사람들이 가지고 있는 체육 교육의 철학이나 근본 생각을 말한다. 무엇이 올바른 체육 교육의 모습이며, 어떤 목적을 성취해야 하고 어떤 내용과 방법으로 그것을 실현하며, 올바른 평가의 방법은 무엇인가를 이론적이고, 논리적인 수준에서 체계적으로 다루는 활동과 그 결과물을 말한다.

② 이념적 수준에서 나타나는 체육교육과정의 모습은 체육교육과정 사조와 체육교육과정 모형으로 나타난다.

③ 체육교육과정 사조는 체육교육과정관, 체육교육(가치)관, 체육교육철학 등으로 불리기도 한다. 이 개념은 체육교육 목표, 내용, 방법, 평가 등에 관하여 가장 포괄적인 수준에서 어떠한 방향으로의 일관된 이론적 주장을 말한다. 교육철학분야에서 말하는 본질주의, 항존주의, 실용주의, 낭만주의 등의 사조와 같은 수준에서의 체육교육과정에 관한 논의를 말한다. 그동안 체육교육학자들에 의해 제시되고 널리 인정받아 온 체육교육과정 사조들은 내용숙달 중심 사조, 자아 실현 중심 사조, 사회 개혁 중심 사조, 학습 과정 중심 사조, 생태 통합 중심 사조의 5개 사조이다.

    ㉠ 내용 숙달 중심 사조

        ⓐ 누구나 배워야 하는 기초 지식과 기능의 습득과 완벽한 숙달을 강조하며, 체육의 세부 학문 영역의 기초 지식과 기본 운동종목의 숙련된 수행을 주된 목적으로 삼는다.

        ⓑ 주로 전통적으로 가르쳐오던 육상, 체조, 스포츠 등이 주된 교육내용으로, 권위적이고 일제식 수업방식이 효과적인 것으로 인정된다.

        ⓒ 평가는 객관적 방식으로 행해진다.

    ㉡ 자아 실현 중심 사조

        ⓐ 학생의 본래 타고난 성품과 자질을 최대한으로 실현시켜 주는 것을 목적으로 하며, 열린 교육을 통하여 감성과 정서의 개화를 추구한다.

        ⓑ 다양한 창작 활동과 재미있는 놀이 활동이 중요하게 여겨지며 학생의 자발적인 참여를 유도하는 개방된 지도방식이 선택된다.

        ⓒ 평가는 주관적 방식이 선호된다.

© 사회 개혁 중심 사조

ⓐ 개인 중심적 사고방식에서 벗어나 타인과 사회전체에 대한 책임의식을 강하게 느끼고 변화를 주도하는 의식과 실천력을 기르려고 한다.

ⓑ 보다 평등하고 올바른 모습의 체육활동이 이루어지며 소외되고 불이익을 받는 소수의 사람들이 동등한 기회와 대우를 받을 수 있도록 하는 방식으로 가르쳐진다.

ⓒ 다양한 종류의 체육 활동을 모두 포함시키려 하며 객관적, 주관적 방식의 평가가 모두 선호된다.

② 학습 과정 중심 사조

ⓐ 학생이 어떤 목표를 선택하건 간에 그것의 성취를 위해 필요한 학생의 논리적, 체계적, 비판적 사고 능력을 함양시켜주는 것을 목적으로 한다.

ⓑ 창의적인 수업방식을 택함으로써 학생들이 학습하는 방법을 배우도록 하며, 기존의 스포츠 종목에 얽매이지 않고 그것을 창의적으로 변형시키거나 새로운 활동들을 개발하도록 한다.

ⓒ 주관적 평가가 강조된다.

⑩ 생태 통합 중심 사조

ⓐ 자신이 살고 있는 사회적 환경과 물리적 환경 속에서의 조화로운 생활을 지향하며, 이 두 가지 환경이 미래에는 보다 나은 상태가 되도록 적극적 노력을 기울이는 시민의 양성을 목적으로 한다.

ⓑ 다양한 학습내용과 방법의 균형을 중시하며 총체적 관점에서 평가를 바라본다.

④ 체육교육과정 모형은 일반적이고 개괄적인 수준에서 진술된 체육교육과정 사조를 바탕으로 학자들이 좀 더 구체화된 형태로 목적, 내용, 방법, 평가 등에 관해서 어떤 체계화된 방식으로 진술해 놓은 아이디어를 말한다. 그동안 체육 교육전문인에게 많은 호응을 얻었던 중등학교 체육교육과정 모형들은 종합상자 모형, 스포츠 교육 모형, 사회성 모형, 체력 중심 모형, 개념 중심 모형, 게임 중심 모형 등이 있다.

(2) 문서적 수준

① 이념적 수준에서의 체육교육과정이 주로 직전교사교육 기간 동안 이론적으로 배우고 체육교육 전문 서적에서 개괄적으로 접하는 것과는 달리, 현직에서 일하게 되면 문서적 수준의 체육교육과정을 우선적으로 접하게 된다.

② 체육교과에서 무엇을 왜 어떻게 가르쳐야 하며 어떤 방식으로 평가해야 한다는 것에 대한 구체적인 실천 지침이 글로 명시화되어 있는 것이다. 실천적 수준에서의 체육교육과정은 이를 기준 삼아 실제의 체육수업을 실행해나가는 것이다. 문서적 수준에서의 체육교육과정의 모습은 일반적으로 체육교육과정(및 해설서)문서와 체육교과서(및 지도서)의 두 가지 형태로 드러난다.

③ 체육교육과정 문서는 '고시형'과 '가이드형'으로 대별될 수 있다.

　㉠ 고시형: 우리나라와 같이 국가 수준의 교육과정을 운영하는 나라에서 채택하는 방식으로 학교교육의 실천은 반드시 이 고시된 교육과정을 따라야 한다.

　㉡ 가이드형: 국가교육과정을 채택하지 않고 교육자치제가 이루어지는 나라에서 군이나, 도, 또는 주별로 모범이 되는 교육과정 가이드를 제작하여 이를 실 예로 삼아 각 교육구별, 학교별로 교육이 다양하게 실현되게 한다.

(3) 실천적 수준

① 실천적 수준에서의 체육교육과정은 문서적 수준에서 제시된 내용을 실지로 수업현장에서 학생들에게 전달하고 학습하도록 만드는 활동을 말한다. "학생들에게 제공되는 학습경험의 총체"라는 일반화된 정의는 이 실천적 수준에서의 교육과정의 모습을 주로 가르치는 것이라고 볼 수 있다.

② 실천적 수준에서의 체육교육과정의 모습은 체육수업의 모습과 다른 것이 아니다. 이 수준에서의 체육교육과정의 모습은 주로 체육 교사가 교육내용을 어떻게 취급하며 어떻게 전달하는가를 통해서 드러난다.

③ 체육교과는 체육 교사에 의해서 분리전달형과 통합탐구형의 두 가지 방식으로 취급되고 전달된다.

　㉠ 분리전달형

　　ⓐ 체육 교사는 수업 중에 교육내용의 각 요소(기능, 지식, 태도)를 분리적인 것으로 취급하며, 시범과 설명을 통하여 학생에게 직접적으로 전달해서 주입시키려고 한다.

　　ⓑ 운동기능은 기능대로, 하위학문적 기본개념은 개념대로, 태도는 태도대로 각각 따로 떨어 뜨려 나누어서 전달하는 방식을 택한다. 이론편, 실기편으로 나뉘어 있는 체육 교과서의 내용조직방식이 이런 식으로 이루어져 있다.

　　ⓒ 분리전달형 방식으로 이루어지는 체육교육과정의 실천은 학생수가 많고 시설 기자재가 열악한 현실에서 효과성을 발휘한다. 그러나 체육교육과정에서 추구하는 지덕체가 통합되는 방식의 체육수업이 이루어지지 못하도록 한다.

　㉡ 통합탐구형

　　ⓐ 이 수업에서는 체육교육내용의 3가지 요소 중 두 개 이상을 통합하여 학생들에게 가르친다.

　　ⓑ 지도방식도 단순하고 직접적인 전달을 지양하고 학생이 스스로 문제의식을 일으키고 그것을 실천을 통하여 해결할 수 있도록 탐구심을 불러일으키도록 한다.

　　ⓒ 개념과 기능, 개념과 태도, 기능과 태도 또는 개념, 기능, 태도를 한꺼번에 체험할 수 있도록 교육내용을 조직하고 학생들에게 제시한다.

　　ⓓ 실천적 수준에서의 체육교육과정을 통합탐구형 방식으로 운영함으로써 지식, 기능, 성품이 조화롭게 화합된 학생의 교육이 보다 의미 있게 이루어질 수 있다.

2. 체육교육과정의 해석, 실천, 개선

체육교육과정에 관한 교사의 최우선의 관심은 실천적 수준이다. 실천적 수준에서 펼쳐지는 체육교육과정에서 교사가 담당하는 여러 가지 종류의 일 중에서 가장 중요한 것을 간추려낸다면 그것은 '해석', '실천', '개선'의 3가지 활동이다.

(1) 해석

① 교과서에 실린 내용을 먼저 이해하고 무엇을 가르쳐야 하는지를 파악한 후, 그것을 중심으로 그것보다 쉬운 활동과 어려운 활동을 구안해낸다.

② 이 과정에서 교사는 명시적으로 의식되지는 않지만, 체육교육과정에 기술된 목표와 내용에 관한 교사 자신의 개인적 해석이 가해진다. 이념적 수준에 대한 자신의 개인적 철학이나 사고가 반영된다.

③ 이 과정은 교과서의 교육내용을 적극적이고 창의적인 방식으로, 자신의 교육철학을 바탕으로 본인이 가지고 있는 모든 전문지식과 교양지식을 동원하여 새롭게 구성하고 재구성해내는 역동적인 과정이다.

(2) 실천

① 해석의 과정 이후에 체육교육과정의 실천이 이루어진다. 체육교육과정의 실행이 창의적 지도 과정이 되기 위해서는 교육내용에 대한 풀이에 더하여, 가르치는 학급 학생의 신체 발달적 특성, 이용 가능한 시설 및 용구의 종류와 수량, 남녀 학생의 비율, 학생의 운동능력 수준과 장애학생의 특성 등에 대한 파악이 이루어져야 한다.

② 이러한 사항들에 대한 파악이 이루어진 후, 실질적으로 시범을 정확히 보이고 설명을 분명히 할 수 있는 능력, 학생들의 통제와 관리를 효과적으로 할 수 있는 능력, 학생 개개인의 연습에 대한 날카로운 관찰을 통하여 올바른 피드백을 제공할 수 있는 능력 등등이 덧붙여져 체육교육과정의 현장 실행이 펼쳐지게 된다.

③ 이 과정은 단순하고 기계적이고 타성적으로 이루어지는 과정이 아니라, 복잡하고 유기적이고 반성적으로 진행되는 과정임을 알 수 있다.

(3) 개선

① 체육교육과정의 해석과 실행을 이렇듯 구성적이고 반성적으로 간주하게 되면, 자연히 마지막 '개선' 과정이 절실히 요청되게 된다. 개선은 실천적 수준에 대한 참되고 적극적인 관여가 이루어졌을 때에만 요구되는 것이다.

② 체육 교사가 행하는 교육내용에 대한 구성적 해석과 교육방법에 대한 반성적 실천은 자신의 이해능력과 자신의 실천능력의 결과에 대하여 평가해 볼 것을 강하게 요청한다. 이 평가는 실천적 수준에서의 체육교육과정의 개선을 위한 것이다.

③ 체육 교사는 해석과 실천의 과정에서와 동일하게, 자신의 힘으로 개선을 주관해야 한다. 개선을 주관하되 비판적으로 해야 하며, 평가를 실시하되 경험적 자료를 수집해서 해야 한다. 내가 하는 일을 고치기 위해서는 내가 무엇을 어떻게 하고 있는지를 가시적으로 정확히 알아야 하는 것이 우선이기 때문이다. 체육 교사는 자신의 수업을 '연구'해야 하는 것이다. 개선의 과정은 연구로 시작된다.

3. 체육 교사와 체육교육과정

(1) 이념적 수준에서 체육교육학자들이 어떤 체육교육과정 이론을 제시하여도, 문서적 수준에서 체육교육연구자들이 어떤 교육과정과 교과서를 만들어내어도, 체육교육과정이 학생들에게 의미 있게 경험되는 수준은 결국 실천적 수준에서 일 뿐이다. 그리고 체육교육과정이 실천적 수준에서 의미 있게 펼쳐질 수 있도록 해석하고 실행하고 개선하는 최종 수행자는 체육 교사이다. 다소 극단적으로 말하여, 결국 체육교육과정은 체육 교사이다.

(2) 체육 교사는 체육교육과정을 알고 체육교육과정의 실현 정도는 자신의 능력수준에 비례한다는 것을 자각해야 한다. 마찬가지로 체육교육학자와 연구자도 체육교육과정의 구현 정도는 체육 교사의 능력 수준에 비례한다는 것을 인식하고, 체육교육과정의 개발과 개선은 결국 체육 교사의(해석, 실행, 개선능력의) 개발임을 깨달아야 한다.

2 체육교육과정 사조

1. 체육교육과정 개발의 고려 요인(체육교육과정의 가치 정향을 규정하는 수준, 체육과 교육과정의 의사결정에 영향을 미치는 요인)

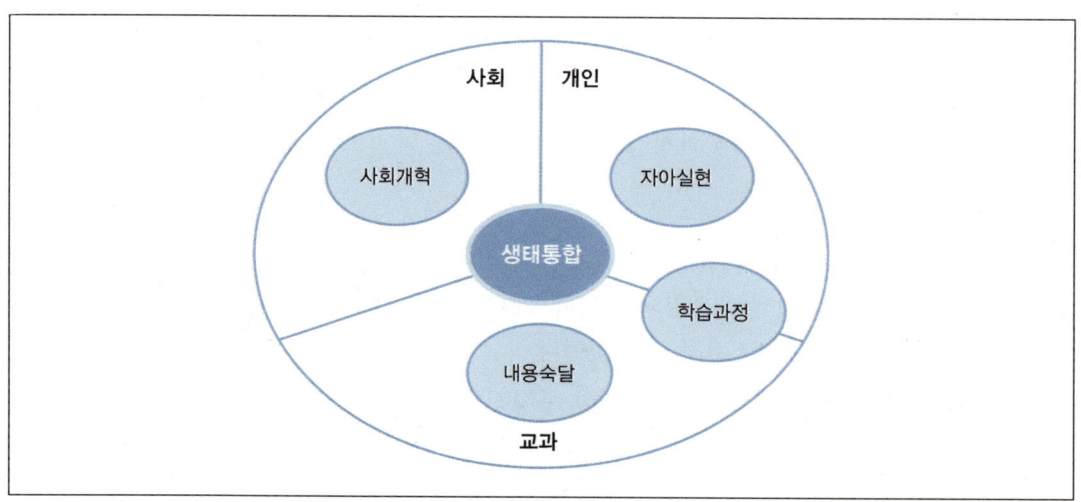

🔍 3가지 결정축과 사조와의 관계

(I) 교과내용

교과내용은 교육과정의 핵심이 되는 요인이다. 신체 훈련, 운동 기능 습득, 체력 증진, 스포츠 과학, 인간의 움직임, 최근에는 신체 활동, 라이프 기술, 활동성, 뉴 스포츠 등이 중요한 교육내용으로 주장되고 있다. 어떤 교과 내용이 가장 가치 있느냐는 체육학자들 간에 다소 차이가 있고, 시대 또는 사회변화에 따라 중요도와 방향이 달라진다.

① 스포츠

체육 교육의 제 일차적 목표는 스포츠 종목에 만족할 수준으로 참가할 수 있는 운동 기능을 숙달하고, 체육 활동에 자발적으로 참가할 수 있는 태도를 기르는 것이다.

② 건강 관련 체력

체력 요소 증진이 체육의 목표로 간주된다. 특정 체력 요소 관련 목표들을 성취하기 위한 프로그램을 계획한다.

③ 인간 움직임

효과적이고, 효율적이며, 능수능란한 움직임에 목표를 둔다. 초등학교 체육 프로그램은 신체, 공간, 노력, 관계와 같은 움직임 교육의 4가지 개념을 강조하며, 중등학교 프로그램에서는 스포츠 종목의 생체 역학적 분석 등 체육학적 지식을 강조한다.

(2) 학생(개인)의 발달

체육과 교육과정의 개발 또는 실행에서 학습자의 신체적, 정신적, 인지적, 정서적 발달 단계를 고려하고 체육 활동에 대한 요구와 흥미를 수렴하며 학습자에게 교육적으로 의미 있는 내용을 제공하여 왔고 이 노력은 계속될 것이다.

① 발달단계적 접근

학생의 발달 단계적 필요를 전문적으로 진단하고, 그 필요에 적합한 활동을 계열적으로 마련한다.

② 주체적 성장

학생은 자신의 목표를 설정하는 데, 스스로의 독자성을 개발하는 데, 그리고 자신의 학습을 이끌어 가는 데 중요한 역할을 한다.

③ 개인적 의미

신체 활동에 참여함으로써 얻을 수 있는 다양한 의미 체계에 학생을 입문시킴으로써 인간의 잠재 가능성을 개발한다.

(3) 사회문화적 목표

사회적 관점에서 볼 때 교육과정의 주된 준거는 사회적 유용성이고 이 사회적 유용성도 시대와 사회적 변화에 따라 달라진다. 전통적으로 우리 사회에서 중요시 했던 국민의 건강 및 체력 증진이라는 사회적 요구를 포괄하면서 또 다른 사회적 요구인 여가교육, 스포츠 문화교육, 자기 관리, 도전 정신 등이 강조되고 있다.

① 기존 사회를 위한 준비

학교의 기능이 어린 세대를 사회의 완전한 시민으로 참여할 수 있도록 준비시키는 것이다. 이 관점은 평생스포츠, 무용, 운동 경기 등을 강조한다.

② 평등한 기회를 얻기 위한 사회 변화

이 관점은 대인적 유대 관계를 강조한다. 그리고 타인에 대한 의식을 높이고, 개인들이 할 수 있는 역할에 관심을 집중시키며, 소외되고 힘없는 사람들에 대한 인식을 강화하는 데 목표를 둔다. 교육과정에는 성차별 제거, 장애 학생의 일반 학급 편입, 다문화 교육 증진 등을 위한 다양한 수업 전략들이 포함된다.

③ 사회제도의 혁신적 변화

이 관점은 학생들로 하여금 자신이 살고 있는 사회에 대한 비판적 분석을 할 수 있도록 하는 프로그램 개발을 주장한다. 체육수업을 받는 학생들은 기존의 관행적인 스포츠 활동과 행위들에 대하여 비판적 분석을 할 수 있도록 되어야 한다. 학생들은 기존의 지배적인 사회적 관행들에 대하여 도전할 수 있는 자신감과 힘을 가지도록 도움을 받아야 한다. 교육과정에는 여자 선수의 불평등한 대우에 대한 비판 등이 포함된다.

2. 체육교육과정의 5대 사조

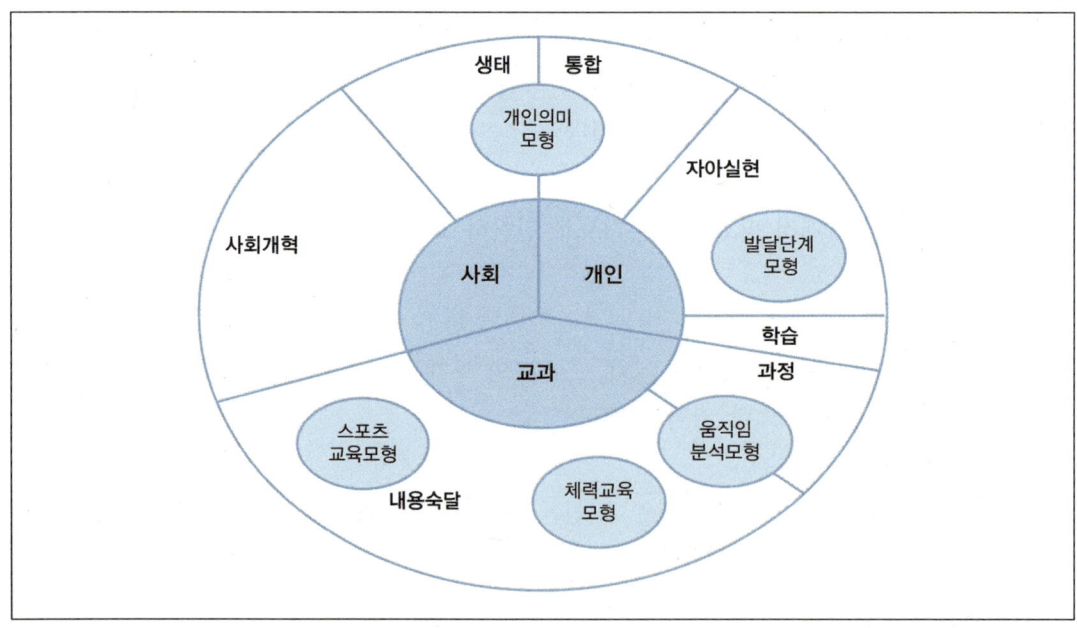

🔍 체육과 교육과정 가치 정향과 모형의 관계

(1) 교과 내용 숙달 사조(내용 숙달 중심 사조) – **교과내용 중시**

교과내용에 최우선을 두며 지식의 구조로 표현되는 교과 내용 숙달 가치 정향은 움직임 분석 모형, 학문 중심 모형, 스포츠 교육 모형 등에 영향을 주었다.

① 특징

　㉠ 가장 전통적인 교육과정 사조로서 교육내용의 숙달, 중요한 지식의 습득, 또는 학문적 지식의 통합 등에 최우선을 둔다.

　㉡ 학교의 역할은 한 세대에서 다음 세대로 문화적 유산을 전달해주는 것으로 간주한다.

　㉢ 교육자의 역할은 학생들로 하여금 이 문화적 유산에 참여할 수 있는 도구와 자질을 습득하고 역사상 가장 훌륭한 지식들을 배우도록 도와주는 것이다.

　㉣ 교과내용숙달에 최고의 가치를 두는 사람들은 가장 훌륭한 교과내용을 완전하게 숙달하는 것이 학교교육에서 얻을 수 있는 최고의 성과라고 주장한다.

　㉤ 교과숙달 교육과정 사조에는 교육내용의 습득이 강조되고 있을 뿐만 아니라, 가장 가치 있는 지식이 무엇인가에 관한 특정의 가정들 또한 반영되어 있다.

　㉥ 1950년대부터 1970년대까지 '지식의 구조'의 개념으로 표현되었다.

　㉦ 체육교육과정 개발 영역에 있어 현재 학문 지식 숙달 또는 교과 내용 숙달이 가장 지배적인 교육과정 사조이다.

　㉧ 내용 선정에 있어 초등학교 움직임 교육과정 내에서건 중등학교 스포츠 교육의 교육과정 내에서건 기본 운동 기능의 중요성을 지속적으로 강조해 왔다.

② 내용 숙달 사조의 체육 교사

　㉠ 교사는 운동기능, 스포츠, 움직임, 그리고 체력 요소를 상당히 강조한다. 수업의 초점을 '정확한' 또는 '효율적'인 운동수행에 많은 강조를 둔다. 교사는 설명, 시범, 연습 등을 통하여 운동 기능 습득을 최상화하려 하고, 이때 구체적인 피드백을 제공하고 학생의 동작을 수정해 나간다.

　㉡ 명령식, 연습식 수업 스타일로부터 문제 해결 및 자기 주도식 스타일에 이르는 다양한 수업 방법을 사용한다.

　㉢ 평가는 통상적으로 한 가지 기술 테스트 등 효과적 동작수행에 대한 아주 세분화된 개념 규정을 바탕으로 해서 이루어진다. 학생들은 명료한 평가 기준과 타당성 있는 평가 방법에 의거하여 평가받게 된다.

(2) 자아 실현 사조(자아 실현 중심 사조) – **개별학생 중시**

개인의 우월성에 최우선을 두고 학생이 자신의 목적을 확인하고 특유성을 발전시키도록 하는 것을 목적으로 하는 자아 실현 가치 정향은 발달 단계 모형, 인간 중심 모형, 사회성 발달 모형 등에 영향을 주었다.

① 특징

　㉠ 자아실현적 관점에서 볼 때, 교육과정은 개개 학생의 주관의 성장과 자기관리능력의 개발을 목표로 해야 한다.

　㉡ 교육과정의 역할을 자아의 발견과 전인적 통합의 과정으로 간주했다. 따라서 학생 중심적이고 자율과 성장 중심적이다.

　㉢ 개인적 자율성과 주체성에 최고의 우선권을 부여한다.

　㉣ 교과 내용이나 사회적 이슈보다는 자기 개인 능력의 개발이 보다 중시된다.

　㉤ 교육과정 내용은 학생으로 하여금 자신의 자아를 확대하고, 능력의 한계를 넘어서고, 새로운 자아 개념을 획득하도록 도전심을 불러일으키도록 선정되고 구성된다.

② 자아 실현 사조의 체육 교사

　㉠ 학생들이 자신감과 긍정적 자아 개념을 갖도록 하기 위하여 스포츠 종목을 많이 사용한다.

　㉡ 움직임, 스포츠, 체력 관련 학습 과제를 잘 조직하여 학생이 자신에 대한 이해, 목표 설정, 그리고 독자적 의사 결정을 잘하도록 조처한다.

　㉢ 이 가치 정향을 가지고 있는 교사는 학생들이 주체적으로 학습 목표를 수립하여 자신의 학습을 개척해 나갈 수 있도록 돕는 역할을 한다.

　㉣ 과제를 체계적으로 구조화하여 학생이 자기이해, 목표설정, 자기주도적 의사결정을 할 수 있는 기회를 제공한다.

　㉤ 학생들로 하여금 생각하게 하며, 자신의 동작에 대한 반성적 사고를 하게 하고, 실현 가능한 목표를 설정하게 하며, 목표를 성취할 수 있는 자신만의 계획을 점진적으로 수립할 수 있도록 한다. 평가 시에는 자신에 대한 이해와 성장이 강조된다.

(3) 사회 재건 사조(사회 개혁 중심 사조) **- 사회 중시**

개인의 욕구를 초월해 사회적 요구가 선행되는 사회 재건 가치 정향은 대부분의 교육과정 모형에 영향을 미쳤다.

① 특징

　㉠ 사회개혁적 관점에서 볼 때 사회의 필요는 개인의 필요에 선행한다. 만약 국가가 보다 많은 경제분석가, 유전과학자를 필요로 하면 학교교육과정은 이들의 양산에 필요한 교과영역의 교육을 강화하여야 한다.

　㉡ 학교는 미래에 대한 책임감을 지니고 있으며, 교육하는 이들은 보다 나은 사회를 창조하는 데 학교교육이 공헌을 해야 한다고 생각한다.

　㉢ 사회 개혁 중심 가치관에 기초를 두고 만들어진 교육과정은 민주주의에의 참여, 지도능력, 집단적 협동과 문제 해결의 과정 등을 강조하는 수업을 진행한다. 따라서 성차별, 가족 화목, 약물 복용과 남용, 지역감정 및 민족 감정 등의 문제에 관한 프로그램들이 계획된다.

  ⓔ 학교는 현실과 이상 사이를 연결하는 다리의 역할을 해야 한다는 가정을 반영한다. 새로운 교육적 아이디어는 현실로부터 이상으로의 진행을 목적으로 구안된다.

  ⓜ 사회 개혁주의적 체육교육인들은 '학교를 축소화된 형태의 사회'라고 간주하고 '스포츠는 축소화된 형태의 사회이다'라는 생각을 이와 관련시키려고 한다.

  ⓗ 교육과정의 목표로 타인에 대한 존중과 사회적 인간관계의 개발 등과 관련 맺고 있는 사항을 중시한다.

② 사회 재건 중심 사조의 체육 교사

  ㉠ 교사는 집단 역동, 사회적 모델링, 의사 교환 능력, 가치명료화 등에 관한 지식과 기술을 갖고, 학교 사회에 영향을 미치는 경제적·사회적·정치적 요인들에 대하여 잘 알고 있어야 한다. 이를 바탕으로 기존의 교사·학생 관계에 의문을 제기하는 수업 방법을 사용한다. 이 교사는 성원간의 상호작용, 협동, 그리고 책임감을 고취시킬 목적으로 하는 체육교과관련 운동과제들을 능숙하게 구성해내는 능력을 가지고 있다.

  ㉡ 학생들로 하여금 자신의 행동에 관하여 반성적으로 생각하게 하고 자신의 행동을 학급이나 사회의 기대 행동과 비교하며, 변화를 가져오도록 하는 개선책을 개발하도록 한다.

  ㉢ 학생들이 불평등이 무엇인지 깨닫게 하고, 성인의 도움 없이 상황을 개선하거나 예방하는 방법을 가르쳐 주어야 한다.

(4) 학습 과정 사조(학습 과정 중심 사조) - 교과내용과 학생을 중시

학습의 결과보다 과정을 중시하는 학습 과정 가치 정향은 움직임 분석 모형, 학문 중심 모형, 개인 의미 모형 등에 영향을 주었다.

① 특징

  ㉠ 학습 결과보다 배우는 과정을 중시하는 가치 정향이다.

  ㉡ 각 교과 영역에서 지식이 만들어지는 과정이 중요한 교육과정 관심사로 문제해결 학습에서 강조하는 '무엇을' 학습하는가와 '어떻게' 학습하는가를 강조한다.

  ㉢ 지식의 폭발적 증가는 학교교육과정이 모든 중요한 지식을 다 가르치는 것이 불가능하게 하고 있다. 따라서 학습을 지속시켜주는 '과정적 기술'들을 배우는 것이 점점 중요하게 되고 있다.

  ㉣ 문제해결기술은 계속해서 중요하게 취급되고 있다. 고급수준의 개념적 능력들이 지속적으로 필요로 되고 있으며 컴퓨터 관련능력이 새롭게 요청되고 있다. 문제해결능력은 물건을 포장하고 전시하는 것에 관련된 기술공학에서부터 정신에 관한 기술공학에 이르기까지 거의 전 영역에 관련되어 있다.

  ㉤ 이 교육과정 사조는 과학적 능력에 대한 관심은 물론이고 예술적 능력에 대한 관심도 가지고 있다. 또한 현대의 교육과정으로서 적합한 다양한 교과영역에서 특별하게 요구되는 학습 과정들에 대한 관심도 가지고 있다.

② 학습 과정 사조의 체육 교사

　㉠ 기술, 스포츠, 그리고 체력의 학습을 어떻게 단계적으로 실행해 나가는가에 대해 명확히 이해하고 있다. 이들은 탐구 중심적인 방식으로 운동 문제를 구성할 수 있는 능력이 뛰어나다. 여러 가지 운동 문제들을 해결하는 다양한 방법을 탐색하도록 하는 수업기법을 가지고 있다.

　㉡ 교사는 문제 상황을 분석하기 위해 지식을 어떻게 활용하며 해당 문제를 성공적으로 해결하기 위해 어떻게 행동해야 하는가를 학생들에게 가르친다.

　㉢ 학생들은 주어진 과제의 핵심적 요소가 무엇인가에 초점을 맞추도록 고무되고, 교사는 학생이 계열적이고 체계적으로 능력을 개발해 나갈 수 있는 과제를 준비한다. 학생들은 학습 과정의 질을 기준으로 평가받는다.

(5) **생태학적 통합 사조**(생태 통합 중심 사조) − **교과내용, 학생, 사회 모두 중시**

통합적 가치정향인 생태학적 통합 가치 정향은 개인 의미 모형에 영향을 주었다.

① 특징

　㉠ 생태 통합 중심 사조는 교육과정 개발과 실행에서 교과내용, 학습자, 사회 모두를 고려한다. 즉 이 가치 정향에 의거하는 교육과정 개발자는 교과내용의 지식 체계, 학습자의 요구와 흥미, 사회적 요구를 균형 있게 반영하려고 한다.

　㉡ 개인 의미의 발견 및 창조를 강조하며, 자아실현 중심 사조의 개념을 포함한다. 생태 통합 사조는 학생이 속한 특정한 공간과 시간 속에 위치한 환경 속에서 개인의 총체적 통합을 강조한다는 점에서 자아실현 사조의 한계를 극복한다.

　㉢ 한 개인은 그가 속한 생태계의 필수불가결한 한 부분이며, 주변 환경에 반응을 하며, 이와 동시에 자기가 속한 우주의 성격을 규정하는 존재로서 이해된다. 사람은 전 생물계의 한 부분이다. 자연환경이 이루어내는 생태계는 사람들에 의해서 존중 받아야 하며 보존되어야 한다. 인간은 그가 자연환경과 맺고 있는 생물학적 관계 속에서 이해되어야 하며, 그것이 다른 형태의 생명체에 미치는 효과와의 관계 속에서 이해되어야 한다.

　㉣ 세계는 그것을 이루는 모든 요소들 간의 상호의존관계로서 간주되어야 한다. 학교는 개개의 사람들을 이 하나의 세계 속에서 효과적으로 기능하며 삶을 사는 시민으로 성장하도록 만드는 책임을 맡고 있다. 세계시민으로서 사람은 한 개인으로서의 자신의 능력, 한 사회 내에서의 성취, 그리고 한 나라의 국민으로서의 자부심 등을 훨씬 뛰어넘어 전 인류의 미래를 위해 헌신하는 그러한 사람이다. 교육과정은 생물학적 환경은 물론 사회학적 환경까지도 포함하여 계획되고 실천된다.

　　⑩ 미래 지향적 관점으로 학생 개개인의 교육은 미래를 창조하는 작업에 공헌하도록 계획
　　　된다. 질문을 제기할 수 있게 되며 동시에 비판적 질문들을 탐구할 수 있는 능력을 기르
　　　도록 의도된다. 학생들은 바람직한 인간의 미래에 대한 나름대로의 다양한 대안적 상상
　　　을 펼칠 수 있는 기술들을 습득한다. 교육과정은 학생들이 앞으로 자신이 살게 될 세상
　　　을 어느 정도는 창조할 수 있다는 관점을 가지고 만들어진다.

　　ⓑ 이 관점은 계획적인 사회변화가 필수적인 전략으로 여겨진다는 점에서 사회 개혁 중심
　　　사조와 맥락을 같이 한다. 그러나 다차원적인 수준에서 이 문제를 바라본다는 점에서
　　　다르다. 즉, 사회적 필요만이나 학생 개개인의 필요에만 모든 것을 맞추지 않는다.

　　ⓢ 이 사조는 전 인류적으로 서로 연결되어 있는 사회 속에서만 자신의 개체성을 인정받을
　　　수 있는 개인의 성장을 목적으로 한다.

　　ⓞ 이 사조가 목표로 하는 이상은 하나의 총체적인 생태적 환경 속에서 생물적 환경과 사
　　　회적 환경이 하나로 균형을 이루어 통합되도록 하는 인류의 미래를 창조하는 것이다.

　　ⓩ 인간 각자의 개성을 근거로 한 자아실현 및 환경, 세계적 관심사 등에 가치를 갖는 통합
　　　적 가치 정향이다.

② 생태 통합 중심 사조의 체육 교사

　　㉠ 학교를 개개의 요소가 다른 요소에 서로 영향을 주고받는 단일 생태 체계로 간주해 교
　　　육과정 내에서 사회, 학생, 교과가 조화롭게 균형을 이루도록 노력한다.

　　㉡ 학습자의 특성을 고려해 목표나 내용, 수업 방식을 적용한다.

　　㉢ 다양한 종목 및 내용에 광범위한 지식을 가지고 있으며, 특정 상황에서 학생들에게 필
　　　요한 활동을 선정할 수 있는 능력을 가지고 있다.

　　㉣ 특정의 사회적, 생물적 맥락에서 학생들에게 필요한 내용을 능숙하게 선정한다.

　　㉤ 교육과정 계획은 적절한 때에 적절한 학생에게 가장 올바른 내용을 찾아 전달하는 것을
　　　중요하게 여긴다.

　　㉥ 평가는 지식에 대한 총체적인 관점을 습득할 수 있는 방법으로 시행한다.

최 병 식

포스
전공체육

체육교육학 1

체육교육과정론

06 체육교육과정 모형
Chapter

1 움직임 분석 모형

1. 배경 및 발전

(1) 움직임 분석 모형은 움직임 과정과 다양한 움직임을 능숙하게 수행할 수 있는 학생의 능력에 중점을 둔다.

(2) 움직임 분석의 개념은 1920년대와 1930년대에 제안되어 자연과학적 관점과 예술적 관점으로 움직임을 이해하는 것의 중요성을 강조하는 교육과정으로 발전했으며, 라반에 의해 구안된 개념틀을 토대로 하여 개발되었다.

(3) 초등학교 수준에서의 움직임 개념틀은 4가지 기본 질문을 바탕으로 하고 있다('내 몸은 어떤 동작을 하고 있는가?', '내 몸은 어느 방향으로 가고 있는가?', '내 몸은 그 동작을 어떻게 행하고 있는가?', '내 몸이 움직이면서 어떤 관계들이 생겨나는가?').

(4) 중등학교 수준에서는 움직임과 관련된 과학적 원리와 이론에 관해서 배운다.

(5) 움직임 분석 모형은 영국과 미국을 중심으로 개발되었다.

① 미국식 접근

㉠ 미국적 접근은 Ruth Glassow에 의하여 처음으로 시작되어 1930년대 동료인 도블러에 의해서 무용을 가르치는 수업에서 응용되고 변형되었다.

㉡ 도블러의 개념은 4개의 범주 또는 고려에 기초하고 있었다(구조적 고려, 역동적 고려, 정성적 고려, 율동적 분석).

㉢ 바레트는 유아의 체육교육을 위한 움직임 분석 모형을 개발하는 데 있어 역동적 고려사항들이 중요한 역할을 했음을 지적하고 있다.

② 영국식 접근

㉠ 라반에 의해 시작되었다. 라반은 신체가 어떻게 움직이는가를 이해하는 핵심요소로서 움직임 구조를 강조하였다. 그는 움직임은 4가지 측면 또는 요소를 가지고 있는 것으로 이해했는데, 오늘날 이 4가지 요소는 각각 신체(body), 노력(effort), 공간(space), 관계(relationships)라는 명칭으로 불리고 있다.

㉡ 라반은 또한 움직임이 기본주제별로 개발되는 방식을 제안하였다. 각 주제는 순서적으로 또는 일직선상에 합쳐지거나 연결될 수 있는 다양한 변형들로 구성된다. 학생들이 이 주제들을 점차 이해해나감에 따라, 움직임의 4요소들(신체, 노력, 공간, 관계)간에 연결과 관계를 스스로 짓고 찾아내도록 한다.

⑹ 바레트는 영국적 접근과 미국적 접근은 모두 현재 체육교육에서 이용되고 있는 다양한 종류의 움직임교육들에 영향을 미쳤다고 주장한다.

⑺ 1960년대 초 이래로, 많은 체육교재들이 이론적 기저로서 '움직임의 구조' 개념을 활용하였다. 이 같은 관점을 수용하는 교육과정 모형들은 여러 스포츠 종목들에서 공통적으로 나타나는 움직임 개념들을 파악하고 이해하는 것에 초점을 맞춘다.

⑻ 개념중심 교육과정은 4가지 공통점을 가지고 있다.

① 배우는 내용이 체육학 지식들과 직접적으로 관계되어 있다.

② 학생들은 체육학 지식으로부터 정보를 배운다.

③ 학생들은 질문을 묻고 교사가 제공한 문제에 대한 해답을 스스로 발견하도록 고무된다.

④ 학생들이 자신의 학습과 실행에 대한 책임을 감수하도록 점차적으로 교육받는다.

⑼ 움직임 분석 모형은 여러 단원과 여러 학년을 거쳐 나타나는 움직임의 구조에 관련된 개념들에 초점을 맞춘다. 일단 학생들이 어떤 하나의 기본 개념을 이해하고 나면, 이 기본 개념을 여러 단원에 적용하고 확대한다. 학생들이 이 개념을 배우는 이유는 이것이 아주 여러 종류의 스포츠와 움직임 활동에서 지속적으로 나타나기 때문이다.

⑽ 이 모형의 시각에서 보면 중등학교 수준에서 스포츠와 게임을 가르치는 것은 운동기술 몇 가지를 가르치고 토너먼트를 하는 것 이상을 의미한다. 학생들은 기본 개념들을 배우고 주변 환경요인에 따라 그것을 변형하고 적용한다.

⑾ 서로 다른 스포츠 종목마다 특징을 가지고 있기 때문에 학생들은 보다 폭넓은 이해를 가질 수 있게 된다. 이를 통하여 다양한 상황에서 문제를 해결하는 데 필요한 지적 응용력을 연습할 수 있게 되는 것이다.

⑿ 교사는 단원을 옮겨갈 때마다 학생들이 새로운 개념들에 대한 새로운 이해를 가질 수 있도록 돕는다.

2. 가치 정향

내용숙달 중심 사조를 바탕으로 학습과정 중심 사조와 자아실현 중심 사조를 수용한다.

3. 목적

⑴ 체육학의 기본적 지식을 이해하는 것과 운동수행을 잘하는 능력을 중요한 교육과정의 목적으로 삼고 있다.

(2) 체육 교육을 받은 사람은 효과적인 휴먼 무브먼트를 수행하고 이해하는 데 관련된 지식과 기능을 배운 사람을 의미한다. 이 사람은 신체활동을 중요하게 생각하도록 배운 사람이며, 자신과 타인의 신체적 능력을 존중하는 데 필요한 지식을 가지고 있는 사람이다. 이 사람은 어떤 결정을 내리고 문제를 해결하는 데 있어서 움직임에 관한 지식을 사용하는 방법을 배운 사람이다.

4. 내용

(1) 초등학교

① 신체, 노력, 공간, 관계의 4가지 요소를 중심으로 구성된다.

② 일반적으로 교육 게임, 교육 무용, 교육 체조의 3영역으로 나누어 단원을 구성하고 움직임 개념과 움직임 주제들을 이와 관련하여 개발한다.

(2) 중등학교

① 학문적 연구를 통해 얻어진 과학적 원리를 중심으로 내용을 구성한다.

② 학문 중심적 접근방식이나 '체육의 기초개념' 등과 같은 것들이 활용되고 있다.

③ 체육의 기초개념으로는 운동역학, 운동발달, 운동학습, 인문학, 사회심리학 영역에서 체육수업을 위한 과학적 원리들을 선별하여 다룬다.

5. 개념틀

(1) Laban의 움직임 개념틀

움직임(Movement) 개념틀	
요소	차원
신체 ·········· (내 몸이 무엇을 하고 있는가) ··········	행위동작 신체부위의 동작 신체의 활동 신체의 모양
노력 ·········· (내 몸이 어떻게 움직이고 있는가) ··········	시간 중량 공간 흐름
공간 ·········· (내 몸이 어디로 움직이는가) ··········	구역 방향 수준

$$\text{관계} \cdots\cdots\cdots\cdots\cdots\cdots\cdots (\text{어떠한 관계가 벌어지는가}) \cdots\cdots\cdots\cdots\cdots \begin{cases} \text{움직이는 길} \\ \text{움직이는 면} \\ \text{확장되는 공간} \\ \\ \text{신체부위} \\ \text{개인 및 그룹} \\ \text{기구 및 용구} \\ \text{기타} \end{cases}$$

도블러의 개념틀
① **구조적 고려** : 체중 이동, 관절 가동 범위 관련 동작, 상체의 동작, 균형
② **역동적 고려** : 공간, 시간, 힘
③ **정성적 고려** : 느낌, 움직임, 역동성
④ **율동적 분석** : 박자, 강약, 시각적 표현

(2) 특징

① 움직임 분석 모형에 기초하여 만들어진 체육교육과정 모델들은 지식의 구조와 문제 해결을 위한 지식의 활용에 초점을 둔다.

② 지식의 활용에 초점을 맞추므로 문제 해결 학습이나 탐구 중심 지도를 강조한다.

③ 운동 관련 과제를 해결하는 데 이론적 지식을 적용하는 것에 초점을 둔다.

6. 교사의 역할

(1) 개념적 지식의 전달

① 교사는 움직임의 구조와 과학적 원리에 대해 잘 알고 있어야 한다. 교사는 본인 스스로가 움직임을 잘 분석할 수 있어야 하며, 학생들이 움직임 개념과 원리를 사용하여 움직임을 분석할 수 있도록 가르쳐야 한다.

② 따라서 교사는 학생들이 배우고 있는 운동 기능의 가장 중요한 요소가 무엇인지를 깨닫도록 하며, 학생들이 각자의 운동 수행이 어떠했는지를 스스로 분석할 수 있도록 도와준다.

(2) 지식 활용을 돕는 과제의 개발

① 교사는 학생들로 하여금 체육학적 개념을 다양한 상황에 적용할 수 있는 능력을 기르도록 교육과정을 구성해야 한다.

② 지식 활용을 자극하기 위한 2가지 교육과정 구성 방식은 다음과 같다.

   ㉠ 스포츠, 무용, 게임 활동 속에 움직임 개념과 과학적 원리들을 포함시킨다.

   ㉡ 움직임 주제를 기초로 한 단원을 활용하여 개념적 지식을 적용한다.

(3) 타 교과 영역과의 연계

① 교사는 학생들이 다른 교과 시간에 배운 내용을 연결시켜 이해할 수 있도록 도와야 한다.

② 즉, 운동 관련 학습 문제를 다른 교과 영역과 연계하고 확장시키는 데 초점을 둔다.

(4) 발달 단계에 적합한 학습 과제의 준비

① 교사는 학생들이 현재 가지고 있는 신체적, 지적, 정서적 발달 단계에 적합한 형태로 개념적 지식과 활용 과제를 제시해야 한다.

② 학습 과제는 단순한 것부터 복잡한 것으로 단계적으로 순서 있게 구성되어야 한다.

7. 장점

(1) 움직임 교육은 초등학교의 체육에 커다란 영향을 끼쳤다.

(2) 체육 프로그램에서 모든 아동의 최대 참여와 개인차의 인정을 중시하게 된 것이 움직임 교육의 영향이다.

(3) 게임과 무용 및 체조의 내용을 상호 통합하기 위하여 노력했고 이들 분야의 프로그램 계열화를 위한 논리적 기초를 제공했다.

(4) 학생 중심 학습법을 채택하고 있다.

8. 단점

(1) 학생들은 개념 영역과 그들의 관계를 인지적으로 이해하는 데 많은 시간을 들인다.

(2) 신체 활동에 사용되는 시간이 적다.

(3) 움직임의 개념을 지나치게 강조하다 보면 신체 활동 자체를 무시하고 내용만을 관념화하기 쉽다.

(4) 문제 해결법이나 탐구 학습법에 지나치게 의존함으로써 수준 높은 운동 기술을 도외시한 평범한 운동 능력만을 습득케 된다.

9. 비판

(1) 운동과 움직임을 지나치게 '인지적 활동'으로 만드는 경향을 가지고 있다.

(2) 개념과 그들의 관계에 대하여 인지적으로 이해하는 것에 많은 시간을 소모한다.

(3) 체육 수업 시간에 운동기능과 개념적 지식을 동시에 배울 수 있는 충분한 시간이 주어져 있는지에 대해서는 의문을 제기하고 있다.

(4) 라반이 제시한 개념틀을 기반으로 하고 있는 많은 초등학교 교육과정이 너무 편협하게 '움직임'에만 초점을 맞추고 있다.

10. 비교(종합상자형 모형과의 비교)

(1) 체육교육을 위한 기본지식으로 체육학의 지식체계를 강조한다(스포츠가 교육내용으로 포함되기는 하지만, 주된 교육내용은 모든 스포츠와 기타 신체활동에 공통적으로 적용되는 주요 개념들이다. 학생들은 이 기본 개념을 배우고 새로운 단원을 배울 때마다 점점 그 내용을 넓히고 이해를 깊게 한다).

(2) 학생들은 자신의 공부에 대하여 스스로 책임을 지도록 격려 받으며 체육수업시간에 배운 개념적 지식들을 일상생활에 적용하도록 북돋움을 받는다.

(3) 체육수업을 다른 교과영역과 연결시키는 것은 학생들로 하여금 학교 교과들 간에 공통적으로 가르쳐지는 개념들 간에 연계를 찾도록 도와준다.

(4) 교육과정이 개념을 기초로 하여 개발되면, 한 단원에 속한 중요 개념들이 다음의 단원들에서 배우는 새로운 내용을 개발하는 토대를 제공해 준다.

(5) 이 모형은 매우 독특한 성격을 띠고는 있지만, 개념을 강조하는 다른 교육과정 접근법들과 유사한 성격을 많이 갖고 있다.

(6) 체력 모형에서처럼 이 모형은 체육학적 기초개념들을 바탕으로 하고 있고, 여러 단원과 학년에 걸치도록 내용을 구성할 수 있다.

(7) 종합상자형 모형에서는 각 내용들 간의 연계에 대한 언급 없이 배구, 야구, 소프트볼 등을 가르치는데, 개념이 강조되는 모형에서는 각 종목들 간의 연계성이 중요한 내용이 된다.

종합상자형 모형(the multiactivity model)
현재 우리나라 중등학교 체육교육과정과 같이 주어진 시간 내에 다양한 스포츠 종목들을 가능한 한 많이 가르치도록 구성한 교육과정

2 학문 중심 모형

1. 가치 정향

교과내용 숙달 가치 정향과 학습 과정 가치 정향의 기저로 설계되었다.

2. 목적

지식의 구조에 대한 이해 및 적용

3. 내용

체육의 학문적 토대로부터의 운동 수행 지식과 스포츠, 운동 등에 있어서의 경험과 수행 기술을 하나로 결합하는 것으로 내용을 구성한다.

4. 특징

(1) 중등학교에 초점을 두어 개발되었다. 자율학습 또는 문제해결 방법을 강조했다.

(2) 학습은 즐겁고도 내재적인 가치를 가지며, 학생들이 과거의 경험을 토대로 새로운 인식과 개념을 형성했다.

(3) 학문 중심 모형의 개념은 문제 해결 과정의 요소와 교과내용의 구조에 대한 설명체라 할 수 있다.

(4) 학습 주제의 문제를 해결하는 과정에서 기존의 지식을 활용하고 새로운 지식을 습득하며 이들 지식을 자신의 운동 수행에 적용할 수 있게 된다.

5. 장점

(1) 학생 중심 학습법을 채택했다.

(2) 자율 학습 혹은 문제 해결 학습을 강조한다.

(3) 문제 해결 방법을 실시하는 과정이나 실험실에서 교사와 학생간의 역할 및 행동의 변화가 요구된다.

(4) 교사가 운동 수행 기능을 완벽하게 숙달해야 하고 운동의 과학적 기초에 통달하여야 하며 그러한 과학적 지식을 학생들에게 적절히 가르칠 수 있는 능력을 갖추어야 효과적이다.

6. 단점

(1) 실험 처치를 포함하는 개념 단원을 도입함으로써 스포츠 활동과 놀이의 중요성을 외면하고 체육을 관념화시켰다.

(2) 학문 중심 모형의 교수법을 올바로 수행할 교사가 많지 않다.

3 스포츠 교육 모형

1. 가치 정향

교과내용 숙달 사조를 기반으로 설계되었다.

2. 목적

학생을 가장 완벽한 의미에서의 '스포츠인'으로 만드는 것을 목적으로 한다. 이를 위하여 학생이 운동 기능이 뛰어나고, 운동에 관해서 많은 것을 알며, 운동에 대한 사랑과 열정을 지닌 스포츠인으로 성장하도록 돕는다.

(1) 기능이 뛰어난 스포츠인

시합을 제대로 행할 수 있는 충분한 수준의 기능을 가지고 있으며, 각종 상황에서 어떤 전술이 적절한지를 이해하고 실지로 발휘할 수 있으며, 게임운영에 관해서 많은 것을 알고 있다.

(2) 지식이 풍부한 스포츠인

스포츠의 전통, 의식, 규칙 등을 이해하고 그것들의 가치를 중요하게 여기며, 좋은 스포츠 행동과 나쁜 스포츠 행동을 구별할 수 있다. 운동에 관해서 많이 아는 스포츠인은 또한 운동기능이 나아지도록 노력하며 좀 더 분별 있는 소비자로서 행동한다.

(3) 열정이 넘치는 스포츠인

스포츠 문화가 보존되고, 보호되고, 보다 나아지도록 스포츠에 참여하고 행동한다. 스포츠 문화의 한 구성원으로서 스포츠가 우리 동네, 우리나라, 그리고 국제적 수준에서 발전할 수 있도록 노력한다.

3. 내용

스포츠 교육프로그램은 학생의 심리적·신체적·인지적 수준에 발달 단계적으로 알맞은 프로그램을 마련한다.

(1) 신체적 측면

① 각 종목을 잘하는 데 필요한 알맞은 수준의 체력을 증진시키는 것을 포함한다.

② 학생은 토너먼트에 참가하기 위해 필요한 체력과 기능을 습득한다.

③ 규칙과 용·기구는 학생들의 능력에 맞추어 변형시킨다.

(2) 인지적 측면

① 스포츠 대회를 계획하고 운영하는 능력의 향상을 포함한다.

② 팀 결정, 대진표 및 시합 계획 짜기, 기록 작성 등과 같은 활동을 포함한다.

③ 시합 전략과 연습 전략을 분석하고 마련하는 능력을 개발한다.

④ 학생들이 점차 나아짐에 따라, 지도력 배양을 위한 기술을 개발한다.

⑤ 심판보기, 코치하기, 점수 매기기 등과 같이 스포츠 경기 대회를 하기 위한 활동을 수행하도록 배운다.

(3) 심리 사회적 측면

① 경기 기능과 전술을 향상시키기 위해서 경쟁을 활용한다.

② 학생들은 보다 훌륭한 참여자가 되기 위해서 각 종목에서 중요시하는 의례행사들이 무엇인가를 배운다.

③ 학생들이 팀워크와 페어플레이에 관한 합리적인 의사결정을 할 수 있는 능력을 강조한다.

④ 축제활동의 한 가지로 시합을 올바른 방식으로 하는 것을 배운다.

4. 개념틀

(1) Siedentop 등이 제시한 모형으로 놀이 이론에 바탕으로 두고 있다.

(2) Sport for All 개념을 강조하고 있기 때문에, 교육과정 개발자로 하여금 다양한 기능수준과 체력수준에 걸친 학생들 개개인에 적합한 단원과 수업계획을 준비하도록 요청한다.

(3) 스포츠 교육 프로그램은 학생의 심리적, 신체적, 인지적 수준에 발달 단계적으로 알맞은 프로그램을 마련한다.

(4) Siedentop은 심리사회적 측면의 중요한 목표중의 하나로서 경쟁의 역할을 강조하며, 경쟁은 스포츠의 본질적 특성 중 하나라고 말한다.

① 경쟁은 축제적 분위기, 전통, 의례 등과 함께 이루어져야 한다. 이것이 전통적인 체육 프로그램에서 스포츠를 가르칠 때 전혀 포함되지 않았던 특징이다.

② 경쟁은 또한 승리를 위해서 필요한 운동기능의 향상도 부추긴다.

③ 경쟁은 규칙, 기준, 판단, 그리고 이전의 운동기록 등에 의해서 그 방식이 결정되는데, 가장 일반적인 경쟁 방식은 '1 대 1 대결'이다.

④ 상대방과 대적하는 '1 대 1 대결' 방식의 경쟁은 축제적인 분위기를 통해 더욱 고조된다. 이러한 분위기와 경기방식이 스포츠를 하나의 문화적 행사로서 즐길 수 있도록 해준다.

놀이 교육 모형
• Callois에 의해 개발된 놀이 유형학에 근거를 둔다.
• Callois의 놀이 유형 분류 중 확률(alea)을 제외한 경쟁(agon), 의태(mimicry)의 범주에 해당하는 신체 활동을 포함한다.
• 프로그램 내용의 계열성은 "놀이 방식들은 자발적이고 비규칙적인 어린이 놀이인 '파이디아'로부터 많은 기능과 노력 및 정교함이 요구되는 규칙적이고 복잡한 놀이인 '루두스'에 이르는 연속체로 배열된다"고 하는 Callois의 주장에 의거하여 결정된다.

Siedentop의 스포츠 교육 모형을 개발하는 데 기초가 된 4가지 놀이 이론적 가정

- 스포츠는 다소 발달된 형태의 놀이이다.
- 스포츠는 우리 문화의 중요한 부분이다.
- 스포츠가 우리 문화의 중요한 한 부분이기 때문에 학생들은 학교 체육의 내용으로 스포츠를 반드시 배워야 한다.
- 스포츠에의 참여는 발달 단계에 맞추어 이루어져야 한다.

(5) 범위와 계열

① Siedentop 등은 범위와 계열상에 있어서는 단계적인 기술발달 수준을 확정하는 것에 중점을 둔다고 설명한다.

② '모두를 위한 스포츠'(sport for all)를 지향하는 AUSSIE SPORT 프로그램은 학생의 신체적·인지적·정의적 수준에 각각 맞추어 수정하고 변형한 22개 종목의 스포츠를 포함하고 있다. 각 종목은 변형되어 새로운 형태로 조직되는데, 이전에 배운 기술이 새로 배우는 기술과 연계성을 맺도록 계열적으로 조직된다.

③ 완성된 형태의 게임을 배우기 이전에 간이게임이 학생의 발달단계에 맞도록 변형되어 이용된다. 이전에 간이게임을 배운 경험이 있는 학생들은 좀더 복잡한 형태의 게임이나 완성된 형태의 게임을 시작할 수 있다.

④ 일반적으로 행해지고 있는 스포츠들은 좀더 가볍고 작은 사이즈의 용·기구를 가지고 다소 축소된 경기장에서 행하도록 변형해서 즐길 수 있다. 경기시간도 다소 짧게 하며, 경기규칙도 사정에 맞춰서 변경해서 새롭게 만들 수도 있다.

⑤ 단순한 과제에서 점점 복잡한 과제들로 진도가 발전되어 나가도록 계열적으로 준비하는 것도 스포츠 교육 모형의 핵심적인 특징이다. 진도가 분명하게 계열화되어 있으면 교사는 각 종목을 가르치는 데 필요한 과제들을 잘 조직하는 데 중요한 도움이 된다.

⑥ Sport for All 개념은 모든 학생들이 자신의 능력에 적합한 수준으로 스포츠에 참여해야 한다는 것을 기본 가정으로 하고 있다.

(6) 스포츠 교육 모형의 특징을 이루는 6가지 요소

요소	내용
스포츠 시즌	스포츠 시즌은 프리시즌(팀 내 연습), 시즌(팀 간 정규 시합), 포스트 시즌(결승전)으로 구성되며, 보통 8~12주 정도의 장시간으로 이루어져 있다.
팀 소속	모든 학생들은 각 팀의 구성원이 된다. 팀의 우승을 위해 필요한 기술 및 전략 연습을 실시한다. 소속팀은 한 번 정하면 시즌 내내 유지되지만 특별한 경우에는 '선수교환'이 가능하다.
대진표 경기 운영	각 팀이 어떤 상대와 시합하게 될 것인지를 미리 알고 준비할 수 있도록 공식대진표에 따라서 시합을 운영한다.

결승 행사	정규시즌이 끝나면 축제 형태의 결승 경기가 이루어진다. 최종리그전이나 토너먼트를 벌릴 수도 있다. 리그전은 최대 경기 횟수 면에서, 토너먼트는 서로 수준이 비슷한 팀끼리 경기를 붙일 수 있다는 점에서 장점이 있다.
기록 작성	시즌 중의 개인 및 팀의 각종 기록이 작성되어 보관된다. 이를 토대로 성적을 부여할 수 있다.
역할 분담	팀의 구성원은 주장, 감독, 심판, 기록원 등의 다양한 역할을 모두 경험한다.

5. 교사의 역할

(1) 스포츠에 대한 기능, 지식, 태도의 지도

이 모형에서의 교사 역할은 내용숙달중심 교육과정 사조에서 지향하는 교사의 역할과 일치한다. 학생들에게 스포츠에 관련된 기초 지식과 기능을 가르쳐야 하며 운동 기술과 전술을 어떻게 행하는 것인가에 대한 실기, 규칙, 매너 등에 대한 이해가 포함된다.

(2) 발달 단계적으로 적합한 활동의 제공

체육 교사는 교과내용을 체계적이고 발달 단계에 맞도록 전달해야 한다. 교사는 학생들의 신체적·인지적·정의적 능력이 충분히 반영되도록 각 종목을 변형하고 수정하여야 한다.

6. 장점

(1) 단원보다는 긴 시즌별로 종목을 가르치므로 학생들의 참여를 북돋아 줄 기회가 많이 제공된다.

(2) 실제 경기 방식이 다소 변형되기 때문에 운동 잘하는 학생은 물론 못하는 학생과 중간 수준의 학생들도 모두 능력과 노력에 맞는 형태로 시합에 참여할 수 있다.

(3) 낮은 운동 기능의 학생과 중간 수준의 학생들도 즐거움을 맛볼 수 있도록 변형과 수정을 가한 스포츠 활동을 제공함으로써 모든 학생들이 수업에 참여할 수 있는 기회를 마련한다.

7. 단점

(1) 새로운 문화 경향을 반영하는 새로운 형태의 종목들에 대하여 관심을 갖기보다는 기존에 유행하고 있는 종목들이 더욱 강화되도록 하는 경향을 가지고 있다.

(2) 경쟁을 강조하고 시즌 기간이 길다. 경쟁은 청소년에게 긍정적인 영향보다는 부정적인 영향을 더 많이 준다.

(3) 경쟁성을 띠지 않는 스포츠가 간과되고 있다.

4 체력 교육 모형

1. 개요

(1) '신체의 교육'에 바탕을 두고 있다.

(2) 체력 교육 모형은 내용 숙달 중심 사조에 근거하면서 교과내용을 강조하는 모형이다.

(3) 최근까지 체력 교육 모형을 주로 학생 개개인의 체력 향상에 초점을 두어 왔으나, 체력에 대한 개념이 확장되면서, 신체 활동이 건강하고 활기찬 삶에 필수적이고, 이를 위해서는 신체 활동과 건강과의 관련성에 대한 지식, 건강에 도움이 되는 신체 활동 기술, 운동의 중요성에 대한 인식 등이 필요하다는 점을 강조하고 있다. 이로 인해 최근 체력 교육 모형은 재평가 받고 있다.

2. 목적

(1) 학생의 체력을 향상시키는 데 목적을 두고 있다.

(2) 체력 향상을 위한 체력 지식 습득, 체력 활동 기술 발달, 체력 운동의 생활화를 강조한다.

(3) 모형에서 추가하는 3가지 구체적인 목적은 다음과 같다.

　① 모든 학생들의 체력 수준 향상

　② 활기찬 미래의 라이프스타일을 준비할 수 있는 행동 변화 추구

　③ 종합 체력 또는 웰니스를 강조하는 건강 증진

3. 내용

(1) 건강체력요소(심폐지구력, 근력, 근지구력, 유연성 등)를 중심으로 내용을 구성한다.

(2) 체력은 인간 신체활동의 총체적인 능력을 의미한다. 체력에는 건강체력과 운동체력으로 나눌 수 있다.

(3) 체력 프로그램의 내용은 심폐지구력, 근력 및 근지구력, 유연성, 신체구성 등과 같은 건강체력 요인의 발달에 한정되어 있다. 이때 건강에 직접 도움이 되지 않는 신체활동은 체력 프로그램에서 제외된다.

(4) 체력 프로그램은 특정 체력요소의 발달에 초점을 둔 주제 단원과 건강 증진을 위한 주제 단원을 서로 결합하여 작성하는 경우가 많다. 체력 모형은 개인의 운동 수행 능력을 진단하고 개인적인 욕구와 관심에 적합한 운동기술을 습득하며, 신체의 취약점을 교정하기 위한 개별 체력 프로그램을 개발한다.

4. 개념틀

(1) 체력 모형의 기본 개념은 체력요소라고 볼 수 있다. 많은 체력 프로그램은 체육교육과정의 내용을 심폐기능, 신체 조성, 유연성, 근력과 같은 건강관련체력 요소의 발달에 한정하고 있다. 체력 교육 프로그램의 범위에는 이들 체력요소들이 운동에 의해 어떤 영향을 받는가에 대한 지식과 체력 요소 발달에 도움이 되는 신체 활동이 포함된다.

(2) 활기찬 라이프스타일에 관심이 많아지면서, 개념 틀은 운동 행동의 변화에 근간이 되는 심리적 요인(운동 참여 요인, 운동 효능감, 자아 동기유발 등)들을 포함하게 되었다.

(3) 개념틀에 운동 행동의 변화를 촉진하는 건강 체력의 생리적 요소와 심리적 요소 뿐만 아니라 사회·문화적 요소들도 포함하고 있다.

5. 교사의 역할

(1) 활동적인 신체 활동 프로그램을 제시한다.
   ① 교사는 학생들이 건강관련 체력요소 발달을 도모할 수 있는 프로그램을 제공해야 한다.
   ② 규칙적인 운동을 통하여 유연성, 근력과 근지구력 등도 함께 발달시켜야 한다.
   ③ 교사는 모든 학생들이 활발하게 신체활동에 참여하고 체력을 향상시킬 수 있는 충분한 수업시간이 확보되게 수업 내용을 작성한다.

(2) 건강한 라이프스타일 관리방법을 지도한다.
   ① 건강한 라이프스타일 관리를 지도하는 교사는 학생 개개인의 자기 책임감 발달에 필수적인 능력을 소유하고 있어야 한다.
   ② 학생들은 자기평가, 목표설정, 개인 운동 프로그램 계획 등의 학습 경험을 제공받아야 한다.

(3) 활기찬 라이프스타일에 필수적인 운동의 중요성을 강조한다.
   ① 체력 교육 모형의 기본 목적을 학생들이 성인이 된 후에도 활기찬 생활을 영위하는 데 필수적인 운동을 지속적으로 참여하게 하는 것이다.
   ② 학생들이 지속적인 운동의 효과를 알게 하고, 바람직한 운동 행동을 습득할 수 있는 능력에 대한 확신을 갖게 해야 한다.

(4) 체력 검사 프로그램을 시행한다.
   ① 체력 교육 모형 프로그램을 사용하는 많은 체육 교사들은 적어도 1년에 두 번은 건강관련 체력요소를 측정하기 위해 개발된 표준화된 체력검사 도구를 이용하여 체력검사를 실시해야 한다.
   ② 체력 검사의 목적은 학생들이 자신의 체력 수준을 파악하여 체력 향상을 위한 목표 설정에 도움을 주는 데 있다.

③ 체력 검사 결과는 학생들을 동기유발 할 수 있고, 학부모에게 자녀의 성취도를 통보할 수 있으며 단위 학교 차원에서 프로그램의 성과를 판단할 수 있는 지표가 된다.

6. 장점

(1) 체력의 중요성을 강조하고 체력의 요소를 강조했다.

(2) 현대인에게 부족한 건강 체력의 중요성을 강조했다.

(3) 체육 교육내용 중 체력단련에 유용한 모형이다.

7. 단점

(1) 교육이 아닌 훈련이란 비판을 겨우 면하기는 하였으나 체력 프로그램의 초점이 너무 좁다.

(2) 체력의 관점에서 철학적 근거가 부족해 체육 프로그램의 일부로만 인정된다.

(3) 체력의 중요성이 인식되면서 학교체육에서 체력 요소의 발달을 강조하는 경향을 보이고 있다. 하지만 체력의 발달을 체육 프로그램의 유일한 목표로 삼고 있는 학교는 드물며, 전통적인 발달 교육 프로그램에 흡수 통합되는 경향을 보여 왔다.

(4) 교육적 의미를 갖고 있지만 철학적 근거 부족으로 많은 체육 교육자들이 모형으로 보기보다는 체육 교육 프로그램의 부분 요소로 인식하고 있는 실정이다.

5 발달 단계 모형

발달 교육 모형에 인간 중심 모형이나 사회성 모형이 결합된 형태이다.

1. 배경

(1) 발달단계적 관점

① 발달단계 모형은 근대초기 교육 철학자들과 20세기 중반의 발달 심리학자들에 의해 그 기초가 다져졌으며, 듀이의 진보주의 교육사상이 최초의 토대를 제공해 주었다.

㉠ 듀이의 사상은 학생 개개인이 자신의 삶과 학교생활에서 내리는 자율적 선택을 중요시 하였다.

㉡ 듀이에 의하면 '민주주의'라는 상황 속에서 '반성적 사고'라는 수단을 사용하여 '성찰'이라는 목표를 얻을 때 최고의 성공 확률이 있다고 하였다.

② 매슬로우의 영향

㉠ 매슬로우는 사람들은 언제나 인간의 기본 욕구를 충족시키려고 한다고 가정하고, 자아 실현의 욕구를 최상에 위치시킨 욕구의 발달 위계를 밝혀내었다.

㉡ 이 위계는 낮은 단계인 '음식과 주거의 욕구', '안전의 욕구', '소속의 욕구', '지위의 욕구'의 순서로 상승하면서 '자아실현의 욕구'를 최고의 단계로 구성되어 있다.

㉢ 각 단계별 욕구가 어느 정도 충족되면, 다음 단계의 욕구를 충족시키려 한다. 각 단계 내에서와 각 단계 간에는 긴장이 존재한다.

㉣ 학생들이 목표를 설정하고 그것을 조금씩 성취해나감에 따라 발생하는 개인적 성장에 초점을 맞춘다. 어떤 과제를 성취하게 되면 자존심과 자신감이 증폭된다. 교사는 학생이 자아실현 욕구를 충족하는 과정을 제대로 수행하도록 돕는 안내자나 협조자로서 역할을 한다.

③ 발달단계 중심 체육교육은 학생의 총체적·인간적·정서적 성장과 자기 자신과 타인에 대한 책임감의 함양을 강조한다.

(2) 발달의 주제

① 발달 단계 교육과정 모형은 인간의 성장과 발달 패턴에 기초하고 있다. 체육교육 분야에서는 학생의 성장과 발달에 초점을 맞춘 여러 유형의 교육과정 모델들이 개발되어 있다. 초등학교 수준에서는 Thompson과 Mann이 Project SEE라는 통합적 모델을 개발하였다.

㉠ 아동의 정신적·사회 정서적·신체적 발달의 단계를 나타내주는 분류표를 개념틀로 사용하여 개발이 이루어졌으며, 학생의 운동기능, 개성, 사회성 그리고 통합성을 개발하는 것에 초점이 맞추어졌다.

㉡ '자기 자신', '움직임과 자기 자신', '움직임과 환경에의 적응' 등과 같은 주제들을 중심으로 단원이 만들어졌다.

② Hoffman은 '발달단계에 맞춘 학습주제'로 내용을 구성한 초등학교 교육과정을 개발하였다. 이 모형은 정보와 방법(가르치는 이유와 가르치는 방법)과 내용(학습활동)을 통합함으로써 학생의 발달을 가져오도록 한다.

③ Gallahue의 발달단계적 관점에서의 모형

㉠ 움직임기술의 발달을 특별히 강조하고 있다.

㉡ 인지적 영역과 정의적 영역도 모두 중요하게 취급되며, 기술단원(이동기술, 조작기술 등)과 스포츠 단원(농구, 배구 등)에 함께 흡수되어 가르쳐진다.

㉢ 영역은 지각 운동적 영역, 창의적 영역, 포크댄스 및 스퀘어댄스 영역, 인지적 학습영역 등으로 구성되어 있다.

④ 중등학교 체육수업을 위하여 개발된 발달단계 모델들은 인간주의적이고 책임감을 중시하는 경향을 띠고 있다. 초등학교 학생들보다 주체적 행동을 보다 많이 하며, 스스로 목표와 활동을 선정하도록 격려되어진다.

⑤ Hellison의 모형에는 반성적 사고를 강조한 듀이의 아이디어가 반영되어 있다.

    ㉠ 도덕교육과 협동 등에 관련된 이론들로부터 주된 개념적 토대를 빌리고 있다.

    ㉡ 학생으로 하여금 자신의 신체와 생활에 대한 책임감을 느끼도록 함으로써 '자기 자신에 대한 책임감'과 '타인에 대한 책임감'을 가르치려고 한다.

    ㉢ 학생들은 타인의 권리, 느낌, 욕구들에 보다 민감해야 될 사회적 책임감을 가지고 있다는 것을 배운다.

    ㉣ 자기 자신과 다른 사람들에게 책임 있는 행동을 하며, 자신감과 목적의식을 뚜렷이 느끼도록 학생들을 가르친다.

    ㉤ 학생들은 자기 자신과 자신의 감정과 행동을 잘 통제하는 것을 배운다.

    ㉥ 수업활동에 참가하여 스스로를 잘 관리하여 자신이 할 일을 스스로 처리하도록 한다. 학생들은 타인을 돕고 잘 돌보는 것을 배운다.

    ㉦ 자기 자신과 타인에 대한 책임감을 증진시키기 위한 수단으로 스포츠와 운동 기능을 활용한다.

⑥ 각 모형들은 다양한 목표와 과제를 포함하고 있으나, 학생을 교육과정의 핵심으로 삼는 공통점이 있다. 학생은 지식을 학습하는 데 있어서 가장 핵심적인 주체가 된다. 교육과정은 학생의 정서적 태도와 사회적 관점을 학습의 핵심에 놓는다.

⑦ 대부분의 발달단계 모형들은 학생의 인지적, 심동적, 정의적 영역에 균형적이고 통합적인 관심을 둔다.

2. 가치 정향

자아실현 중심 사조의 기저로 설계되었다.

3. 목적

(1) 학생의 총체적 통합적 성격을 강조하며, 심동적·인지적·정의적 영역의 목표들을 통합하려고 한다.

(2) 궁극적으로 지향하는 체육 교육을 받은 사람은 어떤 판단을 내리고 결정을 결행하는 데 있어서 자신감을 느끼는 사람(운동 기능을 숙달하고, 체력이 높으며, 자긍심이 높고, 자신을 잘 이해하고 있는 사람)이다.

4. 내용

(1) 초등학교 저학년

기본적 움직임 국면을 강조하며 이동, 비이동, 조작의 능력 중심으로 내용을 구성한다.

① 안정성 운동

힘의 작용 성질이 비정상적으로 놓여진 인체의 부분이거나 전체의 중력과 관련된 인체의 균형 유지 능력(굽히기, 비틀기, 돌기 등)

② 이동 운동

지상의 고정된 점에서 상대적으로 신체의 위치 변화(걷기, 달리기 등)

③ 조작 운동

손이나 발을 사용하여 목표물에 힘을 주거나 목표물로부터 힘을 흡수하는 것과 관련(던지기, 잡기 등)

⑵ **초등학교 고학년/중등학교**

스포츠 관련 움직임 국면을 강조하며 스포츠 기능과 이동, 비이동, 조작의 능력을 통합하는 내용으로 구성한다.

5. 개념틀

⑴ **Project SEE 모델** : Thompson과 Mann의 교육 목표 분류표

① Thompson의 4가지 목표

능력의 발달	학생이 갖고 있는 기술, 지식, 성향들을 다른 사람과의 관계나 문제를 해결하는 데 사용하도록 돕는다. 학생들이 자신이 가지고 있는 능력이 올바른 것으로 생각하도록, 그리고 스스로를 여러 가지 문제를 해결할 능력을 가지고 있는 것으로 생각하도록 돕는다.
개성의 발달	학생들이 스스로 판단하고, 좋아하는 것을 명확히 하고, 스스로 일을 시작하고, 실패를 두려워하지 않고, 문제해결을 위한 독자적인 전략을 마련하고, 지나치게 의존적으로 되지 않으면서 주어지는 도움을 받아들이는 자율적인 사람이 되도록 돕는다.
사회성의 발달	학생들이 다른 사람과 서로 관계를 맺고 잘 어울려서 외톨이가 되지 않는 능력을 기르도록 돕는다.
통합성의 발달	생각, 느낌, 기능 등이 모두 통합되도록 하는 사고체계를 발달시켜서 서로 관련이 없어 보이는 여러 가지 경험들을 종합할 수 있도록 돕는다.

② Thompson과 Mann의 교육 목표 분류표

심동적, 인지적, 정의적 영역간의 상호작용이 교육과정의 가장 중요한 요인으로 간주된다.

심동·정의적 분야	신념, 가치, 태도 그리고 운동 수행간의 상호 작용
심동·인지적 분야	지식, 인지적 과정 그리고 운동 수행간의 상호 작용

위의 두 분야에서 다시 4개의 주제 그룹으로 나누어지고 4개의 주제 그룹은 '자아', '움직임', '움직임과 자아', '움직임과 환경'이다.

(2) Hellison의 책임감 모델

1. 모험 단계	청소년기에로의 진입을 최초로 인식하는 단계
2. 참여 단계	몇 가지 신체 활동에 참여하는 단계
3. 자기 방향 설정 단계	개인적인 욕구를 충족시키기 위해 자신이 좋아하는 활동을 발전시켜 나가는 단계
4. 친사회적 행동 단계	도덕적 규범에로의 친사회적 행동 성향으로 나가는 단계
5. 통합 단계	일, 놀이, 친사회적 행동들을 개인 내에 통합할 줄 아는 단계

6. 교사의 역할

(1) 통합적 관점 유지

① 교사는 교육목표 분류표에서 파악한 인지적·정의적·심동적 영역간의 총체적 관계에 대해 잘 이해하고 있어야 한다.

② 교사는 학생이 전인으로 성장할 수 있도록 이 통합적 관계성을 수업과 단원계획 속에 잘 반영시켜야 한다.

(2) 적합한 환경의 조성

① 교사는 학생을 의사 결정 과정의 주체로 생각하고 학생의 흥미를 저해하는 방해물을 제거해 주며, 수업 환경 내에 각 학생이 최대의 개인적 성장을 얻을 수 있도록 촉진하거나 도와주어야 한다.

② 교사는 학생의 인지적·정의적·심동적 영역의 발달이 최대한 촉진되는 학습 환경을 조성한다.

(3) 개인적 적합성 고려

① 학생의 인지적·사회적·신체적 발달에 적합한 목표와 학습 과제를 제공한다.

② 학생의 운동발달 단계나 운동학습 수준에 알맞은 내용들을 마련하도록 해야 한다.

③ 학생들이 성취감을 맛볼 수 있도록 각 수준에 맞는 적절하고 실현 가능한 목표를 선택해야 한다.

(4) 책임 있는 행동의 개발

① 발달 단계 모형을 토대로 개발된 교육과정에서는 인지적 발달과 사회적 발달이 심동적 발달과 동등한 중요성을 갖는다.

② 교사는 학생들이 책임감 있는 행동을 배워가도록 도와주어야 한다.

7. 장점

(1) 가장 널리 알려져 있는 모형이다.

(2) 많은 체육 프로그램의 목표는 이 모형의 목표와 일치한다.

(3) 교수의 초점을 발달 단계적 주제에 맞추고 발달 단계의 개인차를 고려함으로써 많은 비난들을 수렴하려고 노력한다.

8. 단점

(1) 특정한 발달 목표에 직접적인 영향을 줄 수 있는 교육내용을 선정하는 데는 무관심하다.

(2) 지도 현장에서 개인차가 고려되지 못하는 교수 전략이 사용된다.

(3) 경기나 스포츠 활동에 참여하기만 하면 저절로 전체적 발달이 이루어질 것이라는 가정은 설득력이 없다.

9. 비판

(1) 자긍심과 책임의식을 가르치는 것이 체육의 일차적 목표가 될 수 없다.

(2) 운동발달 전문가들은 발달 단계 모형을 하나의 교육과정 모형 범주로 구분해서 독립시키는 것에 대하여 반대를 표명한다. 이들은 '모든' 모형이 반드시 발달 단계적 특성을 띠고 있어야 한다고 주장한다.

(3) 스포츠 교육 모형이나 움직임 분석 모형에서 스포츠와 움직임 동작을 가르칠 때 발달 단계적 특성을 고려하고 있다.

10. 비교

발달단계모형	종합상자모형
개별 학생을 강조한다.	전체 학생을 강조한다.
학생이 수업에 대한 의사결정권이 있다.	학생이 수업에 대한 의사결정권이 없다.
학생 개개인을 중심으로 과제를 개발한다.	연령 중심으로 과제를 개발한다.
수업 전 학생의 개인차를 고려하여 수업을 준비한다.	수업 후 학생의 개인차를 고려한다.

Hellison의 책임감 모형

단계	단계별 행동 특징	교실	체육수업
4단계 배려	타인존중, 자기 책임감 부여, 자기 주도성 뿐만 아니라, 타인과의 협동, 후원, 관심, 돕기 등을 적용할 수 있게 된다.	숙제할 때나 공부시간에 친구 열심히 도와주기	잘못하는 친구 기꺼이 도와주거나 한 팀으로 운동하기
3단계 자기 책임	타인의 존중과 과제참여를 보여줄 뿐만 아니라, 교사의 직접적인 지도 없이 학습에 스스로 참여한다. 학생들은 자신의 요구에 따라 체육 프로그램을 스스로 계획하고 실행한다.	숙제로 내주지 않은 내용도 스스로 찾아서 하기	체육시간 이외의 기회를 찾아 새로운 기술을 스스로 배우기
2단계 참여	최소한의 타인 존중과 함께, 교사의 지도하에 참여 의지, 도전, 수용, 기술연습, 체력훈련 등을 보여준다.	교사의 설명을 잘 듣고 열심히 공부하기	불평 불만 없이 또는 빼지 않고 새로운 시도하기
1단계 통제	수업활동에 참여하지 않거나 과제완수 또는 향상을 보이지 않는다. 그러나 타인의 학습권과 교사의 교육권을 침해하지 않을 만큼 자기 자신을 통제할 수 있게 된다.	친구하고 말을 해도 되는 때가 언제인가를 알고 기다리기	연습을 하지만 항상 그런 것은 아님
0단계 무책임	타인을 전혀 고려하지 않고 자신의 행동에 대한 책임감을 부인한다.	교사가 설명할 때 친구와 이야기하기	용구를 선택할 때 다른 학생들을 밀어젖히기

단계	단계별 행동 특징
4단계 배려	타인존중, 자기 책임감 부여, 자기 주도성 뿐만 아니라 타인과의 협동, 후원, 관심, 돕기 등을 적용할 수 있게 된다.
3단계 자기 책임	타인의 존중과 과제 참여를 보여줄 뿐만 아니라, 교사의 직접적인 지도 없이 학습에 스스로 참여한다. 학생들은 자신의 요구에 따라 체육 교육 프로그램을 스스로 계획하고 실행한다.
2단계 참여	최소한의 타인 존중과 함께, 교사의 지도하에 참여의지, 도전수용, 기술 연습, 체력훈련 등을 보여준다.
1단계 통제	수업활동에 참여하지 않거나 과제완수 또는 향상을 보이지 않는다. 그러나 타인의 학습권과 교사의 교육권을 침해하지 않을 만큼 자기 자신을 통제할 수 있게 된다.
0단계 무책임	타인을 전혀 고려하지 않고 자신의 행동에 대한 책임감을 부인한다.

수준	특징	의사결정과 행동의 사례
5	전이	• 지역 사회 환경에서 타인 가르치기 • 집에서 개인적 체력 프로그램 실행하기 • 청소년 스포츠 코치로 자원하기 • 학교 밖에서 훌륭한 역할 본보기 되기

4	돌봄과 배려	• 먼저 단정하지 않고 경청하고 대응하기 • 거드름 피우지 않고 돕기 • 타인의 요구와 감정을 인정
3	자기 방향 설정	• 교사 감독 없이 과제 완수 • 자기 평가 가능 • 자기 목표 설정 가능 • 부정적인 외부 영향에 대응 가능
2	참여와 노력	• 자기 동기 부여 있음 • 의무감이 없는 자발적 참여 • 열심히 시도하는 학습(실패하는 것도 좋음)
1	타인의 권리와 감정 존중	• 다른 사람을 방해하지 않고 참여하기 • 타인을 고려하면서 안전하게 참여하기 • 자기 통제 보임(기질, 언어) • 평화로운 갈등 해결 시도
0	무책임감	• 참여 의지 없음 • 어떠한 수준의 책임감도 수용할 의사 없음 • 자기 통제 능력 없음 • 다른 사람들을 방해하는 시도

6 인간 중심 모형

1. 가치 정향

자아실현 가치 정향의 기저로 설계되었다.

2. 목적

학생들이 자아·신체·세계와의 관계를 알도록 하고, 공동체 의식을 심어주고 적극적이고 명랑한 정신을 조장하도록 하는 것을 목적으로 한다.

3. 개념틀

Hellison의 사회성 발달 모형은 사회성 발달의 6단계(0~5단계) 또는 5단계(0~4)를 위계별로 개념화하여 제시하고 있다.

(1) **수준 0 : 무책임**

① 0수준 단계의 학습자들은 때로 활동에 참여하지 않으려 한다.

② 다른 학습자를 비난하고 실수를 하며, 타인을 비웃고 협박한다. 때로는 다른 학습자와 교사를 욕하기도 한다.

(2) 수준 1 : 자제(자아조절)

① 학습자들은 수준 1단계에서 교사나 타인의 지도·감독 없이 타인을 방해하지 않는다.

② 학습자가 이 수준에 도달했을 때, 그들은 활동에 참여하기 시작하고 학습할 단계에 와 있다.

③ 자아 훈련의 기본적 수준을 나타내며 자신의 행동에 대한 책임을 받아들이는 시작 단계이다.

(3) 수준 2 : 참여(개입)

① 수준 2단계에서 학습자들은 자아 조절만 하는 것이 아니고 여러 가지 활동에 기꺼이 참여한다. 체조를 하고, 게임을 하며, 기능을 연습한다.

② 여러 가지 활동에 참여함으로써 자연적으로 나타나는 도전감을 받아들이는 진전을 보여준다. 그리하여 새로운 기능을 학습하며 근력을 개선시킨다.

(4) 수준 3 : 자기 책임감 부여

① 수준 3단계의 학습자들은 자기 자신의 의사 결정을 시작하는 단계이다. 즉, 자신의 프로그램을 계획하여 수행하는 것을 의미하며, 그러한 활동의 결과에 대하여 책무성을 진다.

② 학습자들은 이 단계를 자동적으로 성취하는 것이 아니라 자신의 행동에 대하여 생각하고, 계획을 세우며, 그 계획을 수행하고, 수정할 필요가 있으면 수정을 하고, 그들 자신의 행동에 대한 책무성을 가지고 행동적 기능을 습득하는 데 도움을 요구하는 단계이다.

(5) 수준 4 : 관심

① 수준 4단계는 자아를 넘어선 행동을 하는 단계이다. 수준 3단계가 체육 교육을 통하여 자신의 생활을 대응해 나가는 능력을 가진 단계라면, 4단계의 행동은 학습자들이 그들의 동료와 교사에게 반응하는 방법을 알고 시행하는 단계이다.

② 협동적이고, 동료 학습자에게는 관심을 표명하고, 남을 기꺼이 도와주며, 타인을 위하여 지원을 아끼지 않는다. 이 관심은 책무성의 성장의 단계로서 개념화 된다.

(6) 수준 5 : 초월

① 수준 4단계의 행동 특성을 수행할 줄 아는 학습자는 학급에서 그들 자신뿐만 아니라 다른 학습자를 위하여 수업에서 받아들여지는 여러 가지 전략을 평가하고 제안하는 방법을 통하여 교사와 상호 작용 준비, 시작 준비가 되어 있다.

② 수준 5의 학습자는 함께 협동할 수 있도록 충분히 성장되었으며, 리더십의 책무성을 기꺼이 받아들일 수 있다.

참고

Hellison은 통합적 관점을 바탕으로 학생의 개인적·사회적 책임감을 개발하는 것에 초점을 두는 모델을 개발하였다. 이 모델에서는 교사가 학생들이 모형에서 추구하는 목표들에 대해서 이해하고, 경험하고, 결정을 내리고, 반성을 하도록 돕는다. 이 모델에서 체육 시간은 축소된 형태의 사회라고 간주되고 학생들은 이 축소된 사회의 일원으로 보아진다. 학생들은 각 단계에서 추구하는 목표들이 자신의 생활을 제대로 살아나가기 위해서 도움을 줄 수 있을 것인지를 스스로 판단한다.

Hellison이 이를 위한 몇 가지 방법들을 개발하였다.

① 이해하기 : 학생들이 각 단계와 세부 목표를 이해하도록 한다.

② 경험하기 : 학생들이 각 단계에서 장려하는 행동들을 실제로 실천하도록 한다.

③ 선택하기 : 학생들이 각 단계 내에서 스스로 선택권을 행사할 기회를 준다.

④ 문제해결하기 : 학급전체 토론이나 소그룹 토론 시간에 학생들이 체험하는 경험의 질에 직접적으로 영향을 미치는 문제를 해결할 때 활용된다.

⑤ 스스로 반성하기 : 학생들이 수업에 참여하면서 동시에 자신의 행동과 행실에 대하여 신중하게 생각하도록 한다.

⑥ 상담하기 : 학생과 교사의 대화 형태로 이루어진다. 이 시간은 강의나 설교가 이루어지는 시간이 아니다.

4. 장단점

(1) 사회적 능력 향상을 목적으로 하며 특히 학습자 개개인의 책임감 있는 행동의 향상에 목적을 두며, 학습자 개개인의 기능 발달과 체력 향상도 포함한다.

(2) 사회성 발달은 6단계의 사회성 발달 수준을 포함하고 있으며, 모든 학습자가 사회성 발달 단계에 입문할 때 0수준의 단계를 반드시 거치는 것은 아니다. 사회성 발달 모형은 문제가 있는 사춘기의 학습자를 위한 단원으로서, 그리고 일반 학습자를 위한 기본적인 사회성 발달 코스로서 적용할 만하다.

(3) 다양하고 많은 종류의 활동들을 통하여 사회성 발달을 조장할 수 있으나, 사회성 발달 수준에서 구체화되어 있는 각 단계의 행동 특성의 향상을 위해서는 다양한 신체활동이 체계적으로 조직화되어 학습자들에게 제공되어야 한다.

모험 교육 모형(Siedentop, Mand, & Taggart)

5가지 핵심 주제
① 위험 ② 신뢰 ③ 협동 ④ 도전 ⑤ 문제 해결

7 개인 의미 추구 모형

1. 배경

(1) **목표 – 과정 개념틀**(the purpose-process Curriculum Framework : PPCF)

① PPCF는 1960년대와 1970년대 이루어진 미국체육학회 회원들의 학문적 교류를 통하여 탄생하게 되었다.

② PPCF에서 체육은 '개인적 목표를 성취하기 위하여 신체활동을 매개로 하는 개별화되고, 자기주도적인 학습'이라고 정의되어 있다.

(2) **Jewett은 PPCF가 다음과 같은 믿음 위에 기초하고 있음을 밝히고 있다.**

① 사람은 총체적·전인적 존재로서 계속적인 형성의 과정에 있으며 어떤 목적으로 무엇을 할 것인가를 스스로 정할 수 있다.

② 의미의 추구와 창조는 교육의 근본적 관심사이다.

③ 체육의 제 일차적 관심사는 환경과 상호작용하면서 운동하는 개인에 의한 의미의 추구이다.

④ 체육 교육의 기본적 목표는 개인적 발달, 환경에의 적응, 그리고 타인과의 사회적 교류이다.

⑤ 배우는 방법을 배울 수 있는 학습과정 관련 능력은 반드시 습득해야 한다.

⑥ 현대의 체육교육과정은 미래지향적이어야 한다.

⑦ 체육교육과정의 목표 우선순위의 결정, 내용의 선정 및 조직에 관한 결정은 학교 또는 지역수준에서 이루어진다.

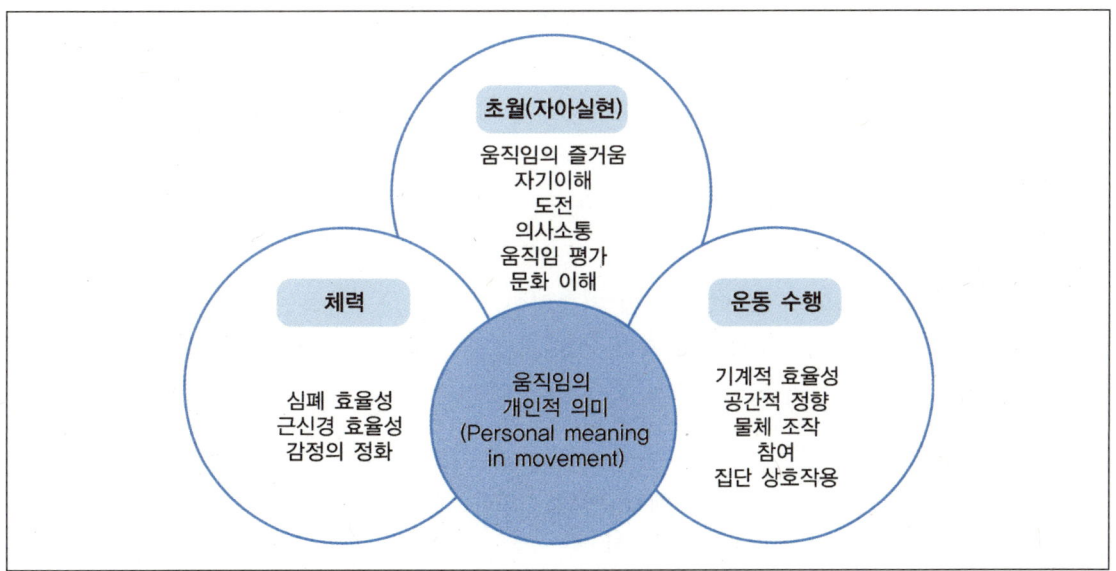

2. 가치 정향

인간 각자의 개성을 근거로 한 자아실현 및 생태학적 통합 중심 사조의 기저로 설계되었다.

3. 목적

전인적 발달, 사회적 책임 의식, 미래 지향적 세계 시민 의식 고취를 목표로 한다. 개인의 전인적 발달을 추구하며 자기 주변의 타인과 지역 주민을 위한 사회적 책임 의식, 그리고 이보다 한 걸음 더 나아가 세계 시민 의식을 갖도록 돕는다.

(1) 전인적 발달

① 운동 기능의 습득과 함께 학생의 인지적·정의적·사회적 개발에 초점을 맞추어 학생이 자신의 의미를 추구할 수 있도록 해야 한다.

② 개인의 발달에 있어서 한 가지 중요한 점은 자주적이며 자발적인 자질의 개발이다.

(2) 사회적 책임 의식

① 전인적 성장을 위해 사회적 기술을 배우고 다른 사람과 함께 잘 지내는 능력을 갖추어야 하며, 사회 환경에 대한 이해와 사회적 환경을 개선하는 데 적극적으로 참여하는 방법을 배워야 한다.

② 이 모형을 따른 교육과정에는 체육수업, 학교, 지역사회의 사회적 환경을 개선할 목적으로 준비한 실제 생활경험들이 포함된다.

(3) 미래 지향적 세계 시민 의식

① 개인의미추구 모형에서는 개인의 전인적 발달을 추구한다. 이와 함께 사회적 책임의식의 개발을 추구하고, 더 나아가 청소년들로 하여금 세계 시민의식을 갖도록 돕는다.

② 사람들끼리 서로 의존하며 서로 교류하는 세계 사회 속에서 잘 살고, 세계 사회에 효과적으로 공헌하는 능력을 갖추어야 한다.

4. 내용

(1) 목표 영역과 과정 영역의 2영역 모두에 기초하여 내용을 체계화하였다.
일반적으로 목표 영역 중 선정된 몇 개의 목표 개념을 중심으로 조직되며, 이때 학생에게 어떤 의미를 제공할 수 있는가를 기준으로 선정한다.

(2) 단원 구성 방식

① 주제 중심 단원 구성(유산소성 체력, 야외 스포츠, 민속 무용 등)방식을 중심으로 스포츠 종목이나 무용 활동을 가르치는 방식

② 특정 목표(물체의 투사, 단체정신의 함양, 동작의 감상 등)를 중심으로 스포츠 종목이나 무용 활동을 가르치는 방식

5. 개념틀

Jewett & Mullan이 체계화한 목표 과정 중심 교육과정 개념틀(PPCF)은 '움직임 목표 개념 체계'와 '움직임 과정 범주 체계'로 구성되어 있다.

(1) 목표 영역

개인적 발달, 환경의 극복, 사회적 상호 작용이라는 3가지 핵심 개념으로 이루어진다.

① 개인적 발달

나는 나의 잠재력을 실현하기 위해 움직인다.

㉠ 생리적 효율성 : 나는 신체 기능을 유지하고 개발시키기 위해 움직인다.

ⓐ 심폐지구력 효율성 : 나는 순환계 및 호흡계 기능을 발달시키고 유지하기 위해 움직인다.

ⓑ 역학적 효율성 : 나는 동작의 범위와 효율성을 발달시키고 유지하기 위해 움직인다.

ⓒ 근신경 효율성 : 나는 운동 능력을 발달시키고 유지하기 위해 움직인다.

㉡ 심리적 건강 : 나는 나의 완전통합을 위해 움직인다.

ⓐ 움직임의 즐거움 : 나는 움직임의 즐거움을 내부 또는 외부로부터 얻기 위해 움직인다.

ⓑ 자기 이해 : 나는 자신에 대한 지식을 얻기 위해 움직인다.

ⓒ 자아 인식 : 나는 자기 이미지와 자기효능감을 높이기 위해 움직인다.

ⓓ 감정의 정화 : 나는 긴장과 좌절을 해소하기 위해 움직인다.

ⓔ 도전 : 나는 나의 용기와 대담성을 시험하기 위해 움직인다.

② 환경의 극복

나는 내 주변 환경에 적응하고 통제하기 위해 움직인다.

㉠ 공간 지각 : 나는 3차원 공간에서 자유롭게 이동하기 위해 움직인다.

ⓐ 인지 : 나는 공간에서 신체에 대한 인식과 위치를 명확히 하기 위해 움직인다.

ⓑ 이동 : 나는 나를 다양한 방식으로 이동하기 위해 움직인다.

ⓒ 관계 : 나는 주변 환경에서 물체 및 타인과 관련하여 신체 위치를 조정하기 위해 움직인다.

㉡ 물체의 조작 : 나는 물체에 자극을 주거나 물체의 힘을 흡수하기 위해 움직인다.

ⓐ 중량 조절 : 나는 중량을 받치거나 저항하거나 이동시키기 위해 움직인다.

ⓑ 물체 투사 : 나는 물체에 힘과 방향을 주어 던지기 위해 움직인다.

ⓒ 물체 수용 : 나는 물체의 힘을 감소시키거나 저지함으로써 날아오는 다양한 물체를 수용하기 위해 움직인다.

③ 사회적 상호작용

나는 타인과 관련을 맺기 위해 움직인다.

    ㉠ **의사소통** : 나는 타인과 함께 감정이나 사상을 공유하기 위해 움직인다.

        ⓐ **표현** : 나는 타인에게 자신의 감정과 사상을 전달하기 위해 움직인다.

        ⓑ **명료화** : 나는 타인과의 의사소통의 의미를 더욱 명료화하기 위해 움직인다.

        ⓒ **모방** : 나는 자신에게 유리한 전략적 상황을 만들기 위해 움직인다.

    ㉡ **집단간 상호작용** : 나는 타인과 조화를 이루며 살아가기 위해 움직인다.

        ⓐ **팀워크** : 나는 집단의 공동 목표를 추구하는 데 협력하기 위해 움직인다.

        ⓑ **경쟁** : 나는 타인과 경쟁하는 데 있어 능력을 검증하기 위해 움직인다.

        ⓒ **리더십** : 나는 공동 목표를 달성하기 위해 집단 구성원들에게 동기 부여하거나 영향력을 행사하기 위해 움직인다.

    ㉢ **문화적 참여** : 나는 사회의 중요한 부분을 구성하는 움직임 활동에 참가하기 위해 움직인다.

        ⓐ **참여** : 나는 사회의 움직임 활동에 참여할 수 있는 능력을 발달시키기 위해 움직인다.

        ⓑ **움직임 감상** : 나는 스포츠 및 움직임에 대한 지식을 갖추고 감상하며 표현하기 위해 움직인다.

        ⓒ **다문화 이해** : 나는 문화적 다양성을 이해하고 존중하며 감상하기 위해 움직인다.

핵심 개념	주요 개념	개념 요소		
개인적 발달	생리적 효율성	• 심폐효율성	• 역학적 효율성	• 근신경 효율성
	심리적 안정성	• 움직임의 즐거움 • 도전	• 자기 이해 • 자아 인식	• 감정의 정화
환경의 극복	공간적 정향	• 인지	• 이동	• 관계
	물체 조작	• 중량 조절	• 물체 투사	• 물체 수용
사회적 상호 작용	의사소통	• 표현	• 명료화	• 모방
	집단 상호 작용	• 협동심	• 경쟁	• 리더쉽
	문화적 참여	• 참여	• 움직임 감상	• 다문화 이해

(2) 과정 영역

기본적 움직임(지각화, 유형화), 응용적 움직임(적용화, 세련화), 창조적 움직임(다양화, 즉흥화, 구성화)으로 구성된다.

① 기본적 움직임은 특정적이면서 효과적인 운동 유형의 발달을 촉진하는 움직임 과정으로 전형적인 탐색 작용이다.

② 응용적 움직임은 능숙한 움직임을 조직, 세련, 실행화 하는 과정으로 특정 움직임 과제를 해결하기 위해 운동 지각 능력을 조작하는 데 목적이 있다.

③ 창조적 움직임은 학습자의 개인적 목적에 따라 움직임을 창조하고 개발하는 것으로 발견, 통합, 추상, 이상화, 구성 등의 목적을 가지고 있다.

기본적 움직임	지각화	움직이는 동안 신체 관련성과 자아를 인지하는 것. 이 인지는 신체의 위치나 운동 행동에 따라 검증된다. 수행자가 체중의 균형과 사지의 움직임을 감지한다는 점에서 감각적이며 규명, 인지, 분별을 통해 인지적으로 검증된다.
	유형화	움직임 유형과 기술을 성취하기 위해 신체 부위를 연속적이면서 조화로운 방식으로 패턴을 보이면서 사용하는 것. 이 과정은 이전에 보았거나 경험했던 운동기억과 수행에 좌우된다.
응용적 움직임	적용화	부과된 과제의 요구에 부응하기 위해 유형화된 움직임을 변형하는 것. 이 과정은 특정 움직임을 다른 상황에서 수행하기 위한 변형하는 것을 포함한다.
	세련화	공간적-시간적 관련성을 맺으면서 움직임 유형 또는 기술을 유연하고 효과적으로 수행할 수 있는 조절 능력을 획득하는 것. 이 과정은 복잡한 운동 상황에서 정확하고 자동화된 운동 수행을 성취하는 데 목적이 있다.
창조적 움직임	다양화	개별적으로 운동 수행을 독특한 방식으로 고안하고 구성하는 것. 그러나 이 개별적인 운동 수행 방식은 특정 움직임을 다양한 방식으로 수행하는 데 한계가 있다. 또한 이 방식의 특징은 즉흥성과 상황성이기 때문에, 운동 수행 행동이 외부에서 요구되거나 미리 정해져 있는 것이 아니다.
	즉흥화	개별적으로 새로운 운동을 즉석에서 창안하거나 고안하는 것. 이 과정은 운동 수행자의 의도적인 사전 계획을 필요로 하지 않으나, 외적으로 구조화된 상황에 의해 촉발될 수 있다.
	구성화	학습한 움직임을 개인적으로 독특한 운동 설계방식과 결합하거나, 운동 수행자에게 새로운 움직임 유형을 고안하는 것. 수행자는 움직임 상황을 개인적으로 해석하여 창조적인 움직임 반응을 보여준다.

6. 교사의 역할

(1) 다양한 범주에 걸친 학습 기회의 제공

① 개인의미추구 모형의 주요 목적이 학생으로 하여금 자기 자신의 의미를 추구하도록 자극하고 지원하는 것이기 때문에, 교사는 학생들이 의미를 발견할 수 있도록 하는 잠재적 출처들을 분석하고 파악해 내는 기술을 개발해야 한다.

② 활동 내용은 학생에게 적합한 내용으로 선정되어야 하며, 각 학생들과 전체 학급 모두에 적합하도록 계열적으로 조직되어야 한다.

(2) 지지하는 분위기를 띤 학습 환경의 조성

① 개인의미추구 교육과정에서 학생을 성공적으로 인도하기 위해서는 교사는 개인적 의미를 추구하는 각각의 학생에 대하여 지지하고 지원하는 기술을 가지고 있어야 하는데, 이 기술에는 고도의 관찰 기술, 청취 기술, 수업 활동에서의 학생 반응을 이해하는 기술, 자아존중감을 높일 수 있는 긍정적인 피드백 제공 기술, 목표 성취를 위한 대안 활동에 관한 조언 등이 포함된다.

② 수업에서는 목표 설정, 학생의 발달 평가, 새로운 목표 설정을 포함하는 활동이 구성되어야 한다.

③ 지지하는 분위기를 띤 학습 환경을 만들기 위해서는 교사는 학생들에게 부정적인 영향을 미칠 요소들을 발견하고, 이 문제를 최소화시킬 수 있는 계획을 사전에 수립해야 한다.

(3) 자주적이고 자발적인 태도의 개발

① 교사는 학생들이 학습하는 방법을 학습하도록 돕는 역할을 하며 스스로에게 책임감을 다하는 태도를 개발시켜야 한다.

② 교사는 학생으로 하여금 새로운 체육 활동에 도전하도록 격려하고, 운동 관련 문제를 해결하는 데 운동 과정적 기술을 적용하도록 가르치고, 학생의 진전 상태에 관해서 함께 반성하고, 협동적으로 학습할 수 있는 기술을 습득하도록 도와야 한다.

(4) 사회 변화에 대한 긍정적 태도의 함양

① 생태통합 가치 정향을 추구하는 교사는 미래 지향적이고 사회 변화에 개인이 공헌할 수 있다는 가능성을 믿고 있다.

② 각 사람은 타인과 협동하여 일함으로써 우리 모두가 처해 있는 환경을 향상시킬 수 있는 능력을 개발할 수 있으며, 이 과정은 학교 학급과 같은 소규모 집단에서 시작된다.

③ 소규모 집단에서 개발된 태도와 학습된 기술은 사람이 성정하고 바람직한 학습을 체험함에 따라 보다 넓은 지역사회로 적용할 수 있게 된다. 학생이 적극적이고 능력을 갖춘 사회의 일원이 될 수 있도록 교육해야 한다.

7. 장점

(1) 교육과정의 이론화에 있어 많은 영향을 미쳤다.

(2) 학생의 정서적 측면을 강조했다.

(3) 움직임의 의미를 개인의 정서적 측면까지 확장시켰다.

(4) 학생 중심의 수업 활동을 강조했다.

8. 단점

(1) 모형의 실제 적용보다는 지나치게 이론화에 치중하고 있다.

(2) 개념, 용어, 개념틀의 정의에 대한 명확성이 부족하다.

(3) 학문적 가치는 있을지 모르나, 실제 적용 가능성에 있어 많은 제약이 있다.

(4) 교사들이 잘 알고 있는 실제 프로그램으로 구체화시키기가 쉽지 않다.

(5) 교사들이 사용하기 어렵다.

🔍 **교육과정 모형 비교**

	발달 모형	인간 중심 모형	체력 모형	움직임 교육 모형	학문 중심 모형	스포츠 교육 모형	개인 의미 모형
기본 가정	• 개인차를 고려한 개인의 전인적 발달 • 개인의 최대 발달을 위한 기회 제공 • 학습 방법을 학습	• 개인의 독자성 • 지식보다는 감정을 더 중요시 함 • 학생 스스로 배워야 할 내용과 학습 방법을 결정	• 체육의 고유한 역할은 개인의 건강에 기여한다는 점	• 개인의 독자성 • 전인적 통합 • 움직임의 탐색을 통한 문제해결력 및 창의력 증진에 초점	• 지식의 경험적 학습 방법 • 학습의 방법을 배움 • 문제해결력 중시	• 놀이의 가치는 모든 의미의 근본 • 훌륭한 놀이는 교육을 필요로 함 • 스포츠는 문화의 중요 부분	• 전인적이며 목적적 인간 • 교육은 의미의 창조 • 개인적 학습은 특정한 사회적 맥락 내에서 구성 • 과정 기술이 필수적
목표	• 능력 • 개성 • 사회화 • 경험의 통합	• 자아-신체-세계와의 관계 • 지역 사회에 대한 의식 • 활동적이며 명랑한 정신	• 체력에 관한 지식 • 건강에 관련된 활동 • 규칙적인 운동	• 기술적으로 움직이게 함 • 움직임의 의미를 인식 • 움직임에 대한 지식	• 기술적으로 움직이게 함 • 움직임에 대한 지식 • 문제해결 능력	• 놀이환경에 사회화됨으로써 놀이하는 능력과 성향을 증진시킴	• 개인적 발달 • 환경에 대처하는 능력 • 사회적 상호작용
개념 틀	자아, 움직임, 움직임 속에서의 자아, 환경에 대한 움직임의 적응	모험, 참여, 자기 방향 설정, 친사회적 행동, 통합	체력과 관련된 건강의 구성요소	신체, 노력, 공간, 관계	학문의 구조	• 공식적 스포츠 경기 방식 • 스포츠의 특성	• 활동 참가 목표 영역 • 움직임 과정 범주 체계
프로그램 설계	발달적 주제	자아 인식과 책임 있는 선택의 확대	체력과 관련된 지식과 활동	게임, 무용, 체조 등과 같은 움직임 주제	활동과 통합된 개념	경쟁적이며 표현적인 활동	목적 및 과정과 관련된 학습 활동

06

최 병 식

포스
전공체육

체육교육학 1

체육교육과정론

Chapter

07

체육교육과정의
통합적 접근

07 Chapter 체육교육과정의 통합적 접근

1 체육 교과 통합의 이론적 배경

1. 통합 교육과정의 의미와 통합적 체육

(1) 통합 교육과정의 의미

① 교육과정 통합은 통합이 이루어지는 '과정'을 말하며, 통합 교육과정은 통합이 이루어진 '결과'를 의미한다.

② 통합 교육과정이란, 교육과정 구성에 있어서 종전에 전통적으로 각 학문 또는 지식의 체계에 따라서 분화된 분절, 교과 중심으로 학습 경험을 선정하고 조직하던 것에서 탈피하여, 교과 간의 엄격한 울타리를 고려하지 않고 각 교과의 지식이나 경험을 필요한 대로 가져다 재구성하여 학생의 흥미중심, 문제중심으로 구성하는 것을 말한다.

(2) 통합적 체육

① 통합적 체육의 특징

㉠ 통합적이라는 말은 체육교과 내에서의 통합과 체육교과와 타교과 간의 통합을 의미하는 것이다.

㉡ 통합적 체육은 다음과 같은 특징을 지니고 있는 것으로 정의한다.

ⓐ 교과내 통합: 체육학 세부 학문분야의 개념이 가르쳐지는 경우, 생각하는 사고 능력이나 함께 어울려 사는 사회적 기술을 가르치는 것을 의도적으로 목표하거나 그런 내용이 담겨진 경우

ⓑ 교과간 통합: 다른 교과목의 내용이 체육수업에 포함된 경우, 체육 교과의 내용이 다른 수업에 사용된 경우

② 통합 방식

Vars	Jacobs		Fogarty	
• 연합형	• 독립형	• 평행형	• 단절형	• 연관형
• 혼합형	• 보완형	• 복합형	• 동심원형	• 계열형
• 중핵형	• 통합형	• 완성형	• 공유형	• 거미줄형
			• 통합형	• 직조형
			• 몰입형	• 네트워크형

2. 통합 교육과정의 설계 모형

통합 교육과정의 설계 모형을 망라한 것이 Forgarty의 10가지 유형이다. Forgarty는 교육과정 통합 유형을 3가지(단일 교과 내의 유형, 여러 교과간의 연계를 통한 유형, 학습자 내부 및 학습자 간의 연계를 통한 유형)로 구분하고 있다. 이 10가지 통합 설계 모형은 구조적 통합의 접근에서 경험적 통합의 접근으로 가면서 통합의 정도가 심화되는 분류이다. 단일 교과 내의 통합 방법에는 분절 모형, 연관 모형, 동심원 모형이 있고, 교과 간의 통합 방법으로는 계열 모형, 공유 모형, 거미줄 모형, 실로 꿴 모형, 통합 모형이 있다. 학습자들 간의 통합에는 몰입 모형, 네트워크 모형이 있다. 이 중에서 실로 꿴 모형, 통합 모형, 몰입 모형, 네트워크 모형은 교사와 학생 모두에게 통합 수준이 높아 실제로 활용되기 어렵다.

(1) 단일 교과 내 통합방법

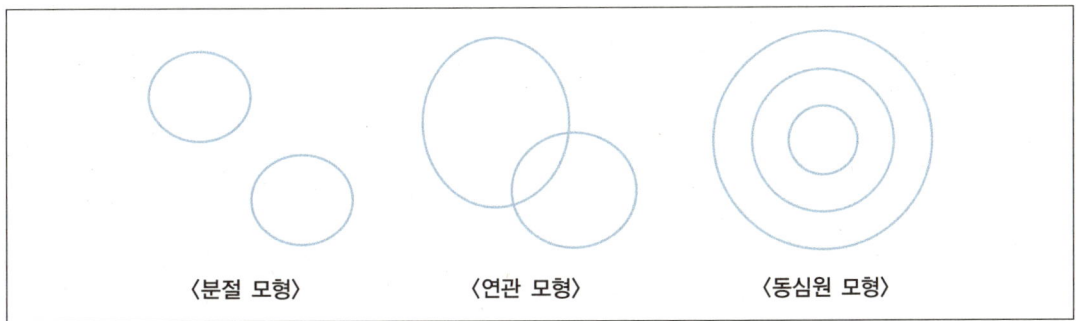

〈분절 모형〉　　　　〈연관 모형〉　　　　〈동심원 모형〉

① 분절 모형(fragmented model)

　㉠ 교육과정의 통합 정도가 낮은 유형으로, 전통적인 교과에 기반을 두는 통합 설계모형이다.

　㉡ 분절 모형은 개별 교과에 대한 명확한 지식과 견해들을 제공하고, 지식의 계열성을 높게 유지할 수 있다는 장점이 있다.

　㉢ 그러나 각 교과들의 내용을 서로 관련짓고 유사한 개념들을 통합하는 일을 학습자가 스스로 해야 한다는 단점을 가지고 있다.

② 연관 모형(connected model)

　㉠ 이 모형은 개별 교과들이 여전히 분리되어 있지만, 각 교과 영역 안에서 주제, 개념, 기능 등을 그와 관련된 다른 주제, 개념, 기능들에 연결하는 형태를 취한다.

　㉡ 즉, 각 교과 영역 내에서 교과 내용의 주제와 개념, 아이디어와 학습 방법 등이 서로 밀접하게 관련되도록 내용을 통합하는 방식이다. 예를 들면 체육의 높이뛰기를 가르칠 때 수학의 측정 또는 과학의 무게 중심 등과 관련시키는 예가 해당된다.

　㉢ 장점은 학습자가 한 측면만 공부할 뿐만 아니라 머릿속에 큰 그림을 그릴 수 있게 되며, 핵심 개념이 학습자 속에 내면화되면서 오랫동안 발전해 나갈 수 있다는 점이다.

ⓔ 그러나 교과 내용의 통합 정도가 특정 교과들 사이에서만 이루어지므로 다양한 교과들이 서로 관련되어 있지 못하며 그에 따라 폭 넓은 통합의 경험을 하지 못하는 단점이 있다.

③ 동심원형(nested model)

⊙ 각 교과 영역 안에서 교사가 사회적 기능, 사고 기능, 특정한 내용에 관한 기능 등의 여러 개의 기능들을 동시에 학습할 때 활용되는 모형이다. 즉 학습내용에 사고 기능과 협동 기능을 동시에 다루고자 하는 교사들에게 가장 적합한 모형이다.

ⓛ 예를 들면 체육과의 경우, 인지적 기능(지식), 심동적 기능(기술), 정의적 기능(태도)이 함께 지도되는 사례에 해당된다. 농구 단원을 지도할 때 전술 이해(인지적 기능), 공격 전술 수행과 습득(심동적 기능), 팀워크(정의적 기능)를 동시에 달성하는 경우가 해당된다.

ⓒ 동심원형의 장점은 학생들의 학습이 풍부해지고 강화된다는 것이다.

ⓔ 단점은 교사들의 주의 깊은 교육 계획이 없으면 학생들은 많은 학습 내용 중 무엇이 중요한지 정확하게 파악하지 못할 가능성이 있다는 점이다.

(2) 여러 교과 간 통합 방법

① 계열 모형(sequenced model)

⊙ 이 모형에서는 여러 교과에서 비슷한 단원을 다룰 때 여러 교과에서 다루는 주제의 순서를 재배열함으로서 비슷한 단원들을 이어서 혹은 병렬적으로 가르친다. 예를 들면, 체육시간에 손기정 선수의 생애를 다룬 소설을 다루는 시기에, 사회(국사)에서는 일제시대의 사회문화 현상을 가르치는 경우가 해당된다.

ⓛ 계열 모형은 여러 교과의 내용을 자연스럽게 관련지어 가르칠 수 있다는 장점이 있다. 이 경우 학생들을 여러 교과의 내용을 자연스럽게 학습하면서 그 결과로 하나의 주제를 여러 관점에서 이해할 수 있게 되며 학습 전이가 쉽게 이루어질 수 있다.

ⓒ 단점은 타 교과 교사와 협력해야 하므로 교사 혼자서 자기 마음대로 순서를 정하지 못하는 측면이 있다. 관련된 교과 영역을 담당하는 여러 교사와 계속 협력하는 과정에서 여러 어려움이 따른다.

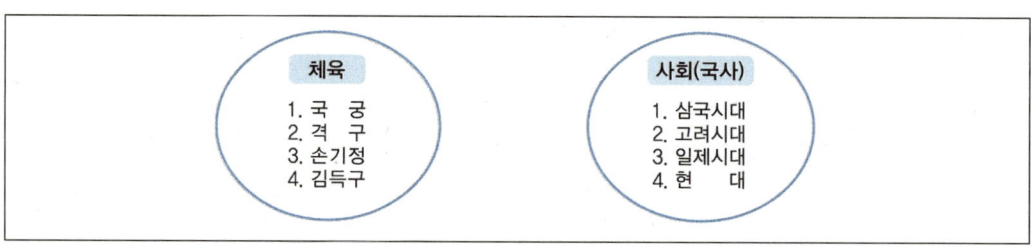

체육
1. 국 궁
2. 격 구
3. 손기정
4. 김득구

사회(국사)
1. 삼국시대
2. 고려시대
3. 일제시대
4. 현 대

🔎 계열 모형

② 공유 모형(shared model)

　㉠ 한 가지 유사한 기능이나 개념을 통하여 2개 이상의 교과 영역 내용을 통합하는 방법이다. 내용을 조직하는 기준 요소로 여러 교과에 걸쳐 중복되는 개념이나 아이디어를 활용한다. 각 교과목에서 일반적으로 가르쳐 온 핵심 지식이나 기능, 태도에 초점을 맞추어 단원 계획을 작성한다.

　㉡ 예를 들면, 기술·가정과 체육 과목은 영양, 비만, 운동의 중요성 등의 공통 개념을 가지고 '건강한 생활' 단원을 구성할 수 있다. 이 방법은 단순히 다른 교과에서 가르치는 것을 단순히 연결시키는 것보다 훨씬 더 복잡하다. 또한 교과 간을 연결하는 개념을 찾는 방식에서 주제 중심 접근과는 근본적으로 다르다.

　㉢ 공유 모형은 교과 간에 공유하는 요소로부터 공통 개념을 찾는 것이고, 주제중심 교육과정은 각 교과의 밖에서 선정한 주제를 가지고 있는 여러 학문을 연결하는 것이다. 따라서 이 모형에서는 '교사들 사이에서 어떤 공유된 개념을 가르칠 것인가?'에 대한 합의가 이루어져야 한다.

　㉣ 공유 모형의 장점은 광역화된 교과(사회나 과학)를 완전히 통합하는 모형의 전 단계로 이용할 수 있다는 것이다.

　㉤ 단점은 교사들 간의 유연성과 타협이 필요하며, 두 교과가 공유하고 있는 실제 내용 뿐만 아니라 개념, 기능, 태도까지 탐구해야 하는 부담이 발생한다.

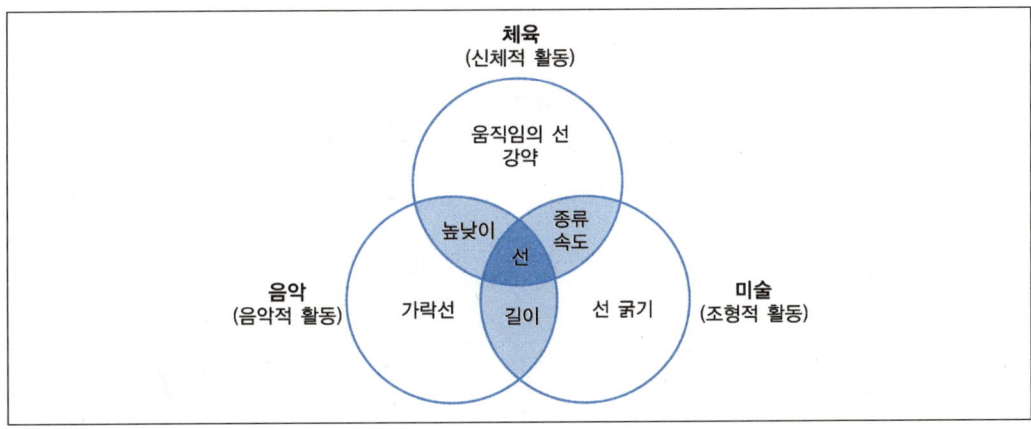

🔎 공유 모형

③ 거미줄 모형(webbed model)

　㉠ 이 모형은 주제를 중심으로 교과를 통합하는 접근 방식이다. 즉 거미줄 모형은 다양한 학습 내용들이 하나의 주제를 중심으로 재구성됨으로써 전체를 볼 수 있는 광범위한 안목을 제공하는 모형이다.

ⓛ 이 모형에서는 교과 내용을 다양한 주제로부터 개념, 소주제, 아이디어 등을 추출하여 구성한다. 예를 들면, 여러 교과를 가르치는 교사들로 구성된 팀이 '국제 이해'라는 주제를 선정하였다면, 국어과에서는 다른 나라의 학생들과의 펜팔 교류를 위해 편지쓰기를 하고, 사회과에서는 정치 시간에 국제 정치 동향에 대해 공부하며, 음악과에서는 세계 여러 나라의 음악을 감상하며, 체육 시간에는 외국의 민속 스포츠를 배우는 시간을 가질 수 있다.

ⓒ 이 모형에서 주제를 선정할 때는 교사들이 모여서 대화를 통해 다양한 아이디어를 제시해야 한다. 통합 주제는 좋은 렌즈와 같아야 한다. 즉 좋은 렌즈는 광범위하게 적용되고 여러 영역에 걸쳐 관련성을 가지며 근본적인 패턴을 밝혀주고 유사성과 차이점을 드러낼 수 있다.

ⓔ 장점은 학생들에게 많은 학습 흥미를 불러일으킬 수 있다는 장점이 있고 또 경험이 풍부한 교사는 물론이고 경험이 적은 교사도 쉽게 활용할 수 있다. 학생들은 여러 가지 다양한 활동과 아이디어들이 어떻게 관련되는지 쉽게 알 수 있으며, 기존의 내용을 새로운 시각에서 바라볼 수 있는 안목을 가질 수 있다.

ⓜ 그러나 이 모형에서는 주제 선정과 관련된 어려움이 존재한다. 선정된 주제가 피상적이거나 인위적이어서 의미 없는 학습 단원을 만들 수도 있기 때문에, 교과의 고유한 논리적이고 필수적 계열과 영역을 손상시키지 않도록 한다.

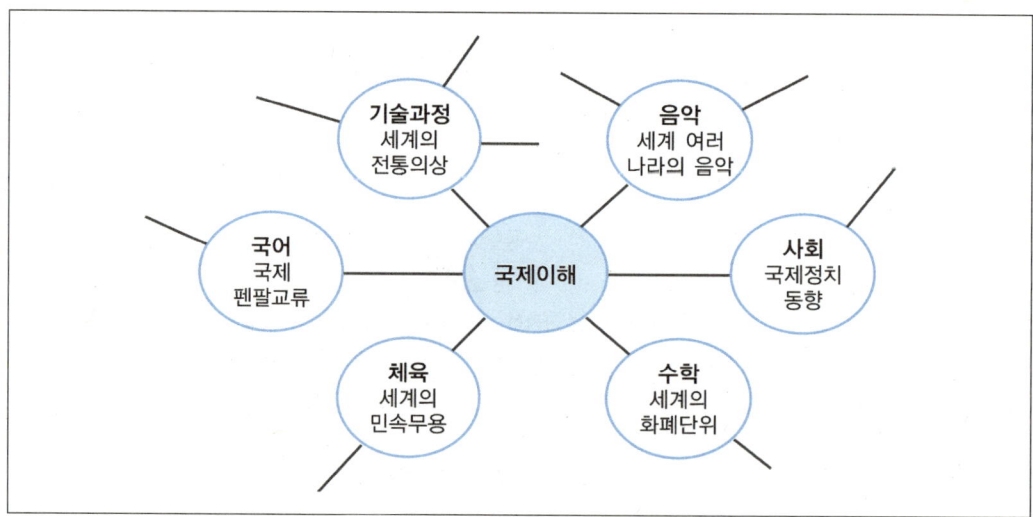

🔍 거미줄 모형

3. 교과 내 통합

Fogarty는 한 교과 내에서의 통합을 교과내용(학문적 개념), 사회적 능력(정의적 영역), 사고하는 기능 등 3개 영역에서 고려하였다.

(1) 운동 기능과 학문적 개념의 통합

① 체육학의 이론적 지식을 초등학교와 중등학교 체육에 통합하는 아이디어를 주장하고 구체적 방법을 제시하는 사람들은 예전부터 있어 왔다.

② 이러한 관점은 개념중심 모형 또는 학문중심 모형이라고 불리고 있다. 운동 생리학으로부터 학문적 지식을 가져와 현장에 적용하는 것은 초·중·고등학교 체육수준에서 체력 증진을 가르치는 영역에서 쉽게 가능할 것으로 생각되었다.

③ 초·중·고등학교 체육수업이 그동안 체력증진, 에어로빅스 등의 기초적 지식에 관한 내용을 포함하는 등의 진전이 이루어지기는 했으나, 다른 하위영역의 지식이 학교 체육 수업분야에 적용되는 작업은 아직 적극적으로 이루어지지 않고 있다.

(2) 운동 기능과 지적 기능의 통합

① 운동 기능과 문제 해결력이나 비판적 사고 같은 지적 기능을 통합시키려는 노력이다.

② 최근 체육을 활용하여 직접적으로 생각하는 능력을 키워 주려는 시도가 늘고 있다. 가르치는 교수 기능의 한 가지로(예 개방형 질문하기), 스포츠와 게임을 가르치는 방법의 하나로(예 게임 전술 파악), 개념 중심 교육과정의 한 부분으로(예 체력 프로그램의 지식이나 움직임 문제 해결) 각광을 받고 있다.

③ McBride는 체육수업에서 비판적 사고를 가르칠 수 있는 적합한 방법을 찾아야 한다고 주장하며, 체육 내에서 그리고 다른 교과로 비판적 사고능력이 전이될 수 있는가의 문제를 다루고 있다.

④ 게임할 때 학생들의 사고 능력을 길러주는 체육교육과정 모형으로 이해 중심 게임 수업이 있다.

　　㉠ 이해 중심 게임 모형은 게임 전술을 강조하는 모형이다.

　　㉡ 범주는 여러 가지로 나눌 수 있으나 침범형, 네트형, 필드형, 타겟형의 4개 범주가 일반적이다.

　　㉢ 각 범주별로 학생들은 적용할 수 있는 공격 및 수비 전술을 배우고, 그 범주 내의 다른 종목에 전이하도록 한다.

(3) 운동 기능과 정의적 영역의 통합

① 체육교과는 팀워크, 협동, 페어플레이 등과 같은 사회적 목표와 함께 자기존중감, 자신감 등과 같은 자아개발의 목표들도 성취한다고 주장해왔다.

② 사회성 관련 자질과 자아 개발을 의도적으로 성취하려고 하는 2가지 체육 교과 교육 모형
은 Hellison의 사회적 책임감 모형과 모험 교육 모형이다.

 ㉠ Hellison의 책임감 모델은 단계 0에서 4까지 5단계로 이루어지며, 문제 학생과 비행 청
  소년을 대상으로 개발되었으나 여러 학교들에서 일반 체육교과를 위해서 채택, 활용되
  고 있다.

 ㉡ 모험 교육 모형은 학생의 자신감을 증진시키고, 단체 내에서 서로를 돕는 정신을 높이
  며, 자기 자신에 대한 긍정적 이미지를 갖고 다른 사람들과의 관계를 돈독히 하는 등의
  목표를 실현하기 위해서 여러 가지 다양한 개인 운동과 단체 운동이 활용되고 있다(5가
  지 핵심 주제 : 위험, 신뢰, 협동, 도전, 문제해결).

🔎 Fogarty의 교과 내 통합 방식

접속형 통합	한 영역의 내용을 다른 영역의 내용과 단순한 수준에서 보안하거나 덧붙일 때 사용하는 단순한 통합 방식이다. **예** 농구 시간에 패스를 가르칠 때 패스에 관련된 운동생리학과 생체역학적 지식을 간단하게 덧붙인다.
공유형 통합	두 개 이상의 영역에 걸친 다소 복잡한 연결이 강조된다. **예** 농구 패스를 가르칠 때 각각의 패스가 현장에서 실질적으로 어떠한 상황에서 활용될 수 있는지를 학생들로 하여금 스스로 개발해내도록 하거나 연습을 하는 과정에서 스스로 스포츠맨십의 발휘를 할 수 있도록 유도한다.
혼합형 통합	두 개 이상의 영역에서 나온 내용을 복잡하게 통합시키는 전략을 사용한다. **예** 체육 교사와 학생들은 몇 개의 팀으로 나누어 농구에서 상대방을 이길 수 있는 시합 전술을 개발하도록 하거나, 스포츠가 어떠한 역사적 변천과정을 거쳐서 현재와 같은 발전을 이루어냈는가를 조사하여 발표하도록 하고, 실제 경기를 관람하면서 특정 팀을 응원한 느낌을 기술해서 내도록 하며, 농구가 유행하는 나라들과 그렇지 않은 나라들의 문화적, 경제적 차이점들에 대해서 조사하고 그 원인을 밝히도록 한다.

🔎 Mohnsen의 운동기능과 이론적 개념들을 통합시키는 세 가지 방식

혼합형 통합	실기 중심으로 이루어지는 교육과정을 운영하며, 수업이 마칠 때까지 지속적으로 이론적 개념을 통합시킨다. 어떤 개념은 한 단원에서 다 가르치고, 또 어떤 개념은 여러 단원에 걸쳐 가르칠 수 있다. **예** 배구 서브를 가르칠 때 포물선과 관련된 운동역학적 원리들을 가르친다.
할당형 통합	한 운동 종목을 배우는 가운데 한 번이나 두 번 정도의 수업시간을 개념적 내용을 배우는 것에 할애한다. **예** 운동 생리학적 개념들을 가르칠 때 일주일에 한 시간은 이론을 가르치는 것에 할당한다. 오래달리기가 유산소 활동인 이유로 심폐순환계 관련 개념들을 가르치며, 체조의 경우에는 유연성 관련 개념들을 지도한다.
분리형 통합	이론적 개념을 완전히 수업의 독립된 한 단원으로 분리해 가르치는 것이다. 이럴 경우 중심이 되는 내용은 운동기능이 아니라, 이론적 개념이다. 물론 운동기능이 완전히 소외되는 것은 아니다. **예** 포물선에 관한 개념을 던지기, 차기, 때리기 등 여러 동작들에서 설명하면서, 이해를 돕기 위해 실제적인 활동을 포함시킬 수 있다.

4. 교과 간 통합

(1) 체육 수업에 타교과 내용을 통합하기

① 산수에서 계산 능력을 통합시킬 때 시합에서 점수를 계산하는 것과 심장 박동을 계산하는 것과 운동 구역을 측정하는 것을 활용한다.

② 체력 단원을 가르치는 체육 수업에서 추정, 예측, 그래프 등과 같은 수학 개념들을 가르치는 방법을 활용한다.

③ 과학에서 가져오는 많은 내용들은 운동 역학을 기초로 하고 있다. 투사체의 비행궤도, 지레, 뉴튼의 운동법칙 등의 개념들이 활발히 활용되고 있다.

(2) 체육 교과내용을 다른 교과에 통합시키기

① 스포츠와 관련된 내용을 읽고 쓰도록 함으로써 언어 능력을 향상시킨다.

② 역사상 서로 다른 시대나 다른 나라들의 게임이나 무용을 활용한다.

③ 야외활동교육에서 체육활동을 대상으로 소비적 활동과 비소비적 활동을 가르침으로써 야외활동에 관한 도덕적 내용을 가르친다.

(3) 교과 간 통합의 방식

Fogarty의 열 가지 통합 방식 중 체육 교과의 경우 접속형, 공유형, 동업형의 세 가지 방식이 가장 효과적으로 활용될 수 있다.

① 접속형 통합 방식

㉠ 동시에 가르치도록 주제나 단원의 내용을 배열한다.

㉡ 체육 교과에서 다루는 기능, 주제, 그리고 개념들이 학습 활동의 주된 대상이 되며, 다른 교과에서 가지고 온 내용은 체육 학습 내용을 보완, 강화, 확장하는 데 이용된다.

㉢ 장점

ⓐ 체육 교사의 진도 전개 속도에 맞춰서 스스로 조절할 수 있다.

ⓑ 가르치고 싶은 내용을 자의적으로 선정할 수 있다.

ⓒ 필요한 시간에 스스로 계획을 세울 수 있다.

접속형 통합 방식

• 새로운 기능이나 개념, 또는 토픽을 소개할 때, 그 내용을 보다 자세히 설명하고 알려주기 위해서 다른 교과의 내용을 이용할 수 있다.

예 초등학생에게 점프 기술을 위한 올바른 기술을 알려줄 때는 점프 동작을 설명하기 위해서 스프링이 어떻게 작동하는지에 대한 과학적 원리를 이용할 수 있다. 점프 동작을 설명하기 위해서 통통 튀는 스프링을 언급할 경우에는 통합적 방법을 적용하는 것이 아니라 단순히 심상 이미지를 활용하는 것이다. 과학 과목에서 다루어지는 스프링의 과학적 작동 원리를 학생들에게 제시할 때, 심상 이미지에서 통합적 수업의 수준으로 발전하는 것이다.

> • 학생들의 흥미를 유발시키고, 배울 내용이 학생 각자에게 얼마나 유용한지를 납득시키기 위해서 접속형 모형을 활용할 수 있다.
>
> > **예** 중학교 1학년 줄넘기 단원 초반에 학급 학생들로 하여금 줄넘기를 배울 때 겪는 즐거움과 낙담이 담겨져 있는 시를 하나 읽어 오게 한다. 교사는 시를 활용함으로써 국어 교과와 체육 교과를 연결 짓는 것이다.
>
> • 다른 교과 영역에서 다루는 기능 하나를 적용함으로써 접속형 통합 방식으로 수업을 효과적으로 할 수 있게 된다.
>
> > **예** 지금 막 초등학교 저학생이 제자리멀리뛰기를 배웠다. 이 학생들은 얼마나 멀리 점프했는가를 알아보기 위해서 수학에서 배운 측정 방법을 활용할 수 있다.
>
> • 다른 교과 영역에서 다루는 내용을 보완하고 발전시키기 위해서 체육 교과의 내용을 이용할 수 있다.
>
> > **예** 체조 수업에서 사용되는 여러 가지 어휘들을 활용하여 초등학교 학생들로 하여금 글짓기를 하도록 할 수 있다.

② 공유형 통합 방식

㉠ 한 가지 유사한 기능이나 개념을 통하여 두 개 이상의 교과영역 내용을 통합하는 방법으로 내용을 조직하는 기준요소로 여러 교과에 걸쳐 중복되는 개념이나 아이디어들을 활용한다.

㉡ 각 과목에서 일반적으로 가르쳐오던 핵심 지식이나 기능, 태도에 초점을 맞추어 단원 계획을 작성한다.

㉢ 공유하는 내용이 무엇이 될 것인가에 대하여 교사들 간에 합의가 이루어져야 하며, 언제 그것을 가르칠 것인가에 대해서도 합의가 이루어져야 한다. 이 합의된 공유 내용은 각 교과에서 동일한 시간대에 가르칠 수도 있고, 한 과목에서의 진도가 약간 정도 빨리 이루어질 수도 있다. 이 새로이 공유된 내용을 수업 진도에 맞추기 위해서 수업진도의 순서를 재조정해야 될 경우도 있다.

㉣ 장점 : 학생들은 한 내용이 어떻게 여러 교과목에 두루 걸쳐 다루어지게 되는가를 이해하게 된다.

> **공유형 통합 방식**
>
> • 다른 교사와 협조하는 법을 배우는 계기가 될 수 있다. 학기 중에 다른 교사들과 함께 무엇을 공통 내용으로 선정하며, 그것을 어떻게 가르칠 것인가에 대하여 회의한다. 내용이 선정되면, 비슷한 시기에 그 내용을 가르치기 위하여 진도를 맞추는 시간 계획을 세운다.
>
> > **예** 사회 교과에서는 각기 떨어진 여러 지역 사회가 서로 어떻게 힘을 합치는가에 관해 배우며, 다른 반의 아이들과 숙제를 도와주고 도움 받기 위한 네트워크를 구축한다. 이와 동시에 체육 수업 시간에는 팀워크에 관해 배우면서 팀의 결속을 공고히 하는 활동에 참여한다. 이 두 교과에서 공통적으로 다루는 주제는 "사람들은 주어진 과제를 성취하기 위해서 어떻게 서로 도우며 힘을 합치는가"이다.
>
> • 선정된 내용을 발전시킨다. 여러 명의 교사들이 한 학년 전체나 학교 전체 학생들을 대상으로 한 가지 포괄적인 주제나 내용을 선정한다. 각 교과목 교사들은 그 주제에 관련된 각기 다른 여러 측면들에 관해서 가르칠 방법을 찾는다. 이 주제를 가르치는 데 있어서 모든 교과목이 동등하게 중요시 될 필요는 없다.

> **예** "변화"를 주제로 하는 경우를 들어보자. 과학 과목에서는 계절의 변화를 공부한다. 미술 과목에서는 조각품을 이해하는 관점의 변화가 어떻게 조각품을 관람하는 방법을 변화시키는가를 공부한다. 국어 과목에서는 서로 다른 독자를 위하여 동일한 내용을 다른 문체로 변화시키면서 써보는 것을 공부한다. 체육 과목에서는 지난 100여 년간 야구가 어떻게 변화했는가를 공부한다.

• 한 과목에서 다루어지고 있는 내용을 선정하여 그것을 다루지 않는 다른 과목과 공유한다.

> **예** "직업"이란 주제는 일반적으로 사회 과목에서 다루어지고 체육 과목에서는 잘 다루어지지 않는다. 통합적 방법을 사용함으로써 체육 과목에서 배우지 않던 내용들을 새롭게 배울 수 있다.

③ 동업형 통합 방식

㉠ 두 개 또는 그 이상의 과목을 동등하게 제공한 것이다.

㉡ 여러 과목들에서 선정한 기능, 토픽, 그리고 개념들이 서로 혼합되어서, 이 과목 모든 영역에서 동시에 학습이 이루어지게 된다.

㉢ 수업은 협동적으로 이루어지게 되며, 주로 팀티칭 형식으로 수행된다. 동일한 학급에서 한꺼번에 가르치게 되며, 서로 합의가 이루어진 교과목 내용을 전달하기 위하여 협동적으로 수업을 하게 된다.

㉣ 사고하는 기술과 타인과 어울리는 태도를 모든 교과목에 걸쳐 짜 넣는 종합적 교육내용 조직 방식이다.

㉤ 예를 들어, 국어(언어지능), 수학(논리지능), 음악(음악지능), 체육(운동지능) 등의 과목에 다중지능의 개념을 모두 활용할 수 있다.

㉥ 이 모형을 실현하기 위해서는 계획이 체계적으로 이루어져야 하며, 가르칠 내용에 대한 합의를 보려는 의지가 있어야 하고, 이런 방식으로 수업을 하기 위한 시간을 찾아내야 하며, 각 교과목간에 어떤 방식으로 서로 연관을 맺고 있는가를 밝혀내려는 노력이 기울어져야 한다.

㉦ 장점 : 학생들로 하여금 모든 교과목들이 서로 유기적으로 통합된 상태에서 보다 나은 배움을 얻을 수 있도록 한다.

동업형 통합 방식

• 통상적으로는 서로 구분되어 가르쳐졌을 교과목들 간의 상호 관계를 이해할 수 있다. 학생들이 다른 맥락에 자기가 가진 지식들을 응용할 기회를 얻음으로써, 배운 내용에 대한 보다 완전한 이해를 할 수 있고 보일 수 있다.

> **예** 수학에서 배운 분수의 개념을 배드민턴 스트로크 동작의 정확한 역학을 가르치는 데 활용할 수 있다. 스트로크 동작 중 백스윙 자세를 원의 몇 분의 몇으로 설명하거나, 분수를 활용해서 서브 성공 횟수를 카운트 할 수 있다. 이런 수업을 하기 전에, 두 교과목 교사들은 가르칠 내용에 대하여 정보를 제공하고, 합의된 내용을 가르치는 새로운 방법을 머리를 맞대고 만들어내야 한다.

• 학생들로 하여금 새로운 관점을 가지고 배울 수 있도록 교육과정을 재구성, 재조직할 수 있는 기회를 제공한다.

> **예** "패턴"이란 주제를 가르칠 경우, 체육 교사와 음악 교사가 패턴에 대한 학생의 이해를 높이는 학습 활동을 함께 개발한다. 이 두 교사는 학습 활동의 초점으로 ABA구조 또는 3변형을 선정한다. 트위스트, 스트레칭과 같은 방식으로 동작 패턴을 구성하고 이와 함께 ABA형태로 음악을 작곡한다.

• 통합활동을 더욱 촉진시킬 수 있다. 이러한 형태의 수업활동은 전 교사진은 물론이고 학생과 기타 다른 인력들의 완전한 몰입을 요청한다.

예 학교 전체가 어떤 특정한 주제를 진흥시키기로 하고, 그것에 모든 학습활동을 집중 한다. 교사, 학생 등 학교의 모든 식구들이 모든 교과목에 걸쳐 그 주제와 관련된 학습활동을 개발하고 놀이, 음식, 복장 등을 통해서 직접 체험한다.

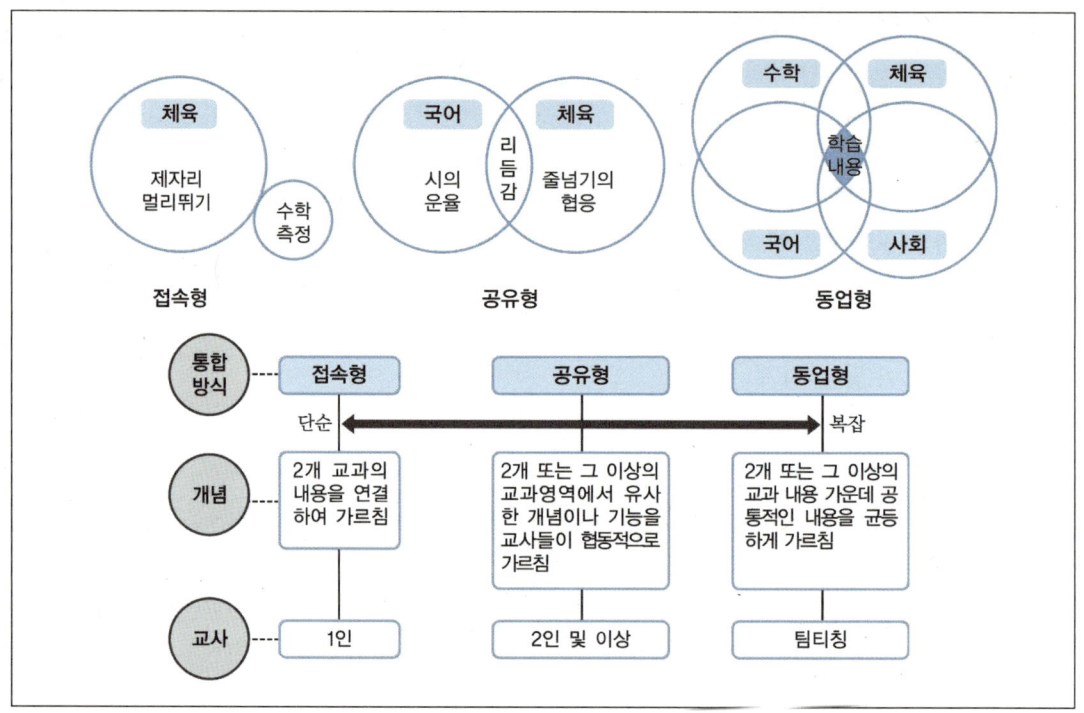

체육교과 통합 방식

2 통합적 체육수업

1. 통합적 체육 수업 지도 방안

(1) 체육 교수학습 과정에 대한 구성주의적 관점을 기반으로 한다.

① 통합적 체육교육은 현재 학교체육의 실천관행을 근원적 수준에서 재검토하는 "교육 철학적 차원"에서의 노력이다.

㉠ 체육 교사는 통합적 체육수업 지도방법을 몇 가지 수업 요령을 익히는 것으로 제한시켜 이해하고 받아들여서는 곤란하다.

㉡ 통합적 방식으로 체육수업을 지도하겠다는 것은 자신의 고정관념과 실천체계를 전면적으로 재검토하는 것이다.

ⓒ 단순히 행동수준에서의 변화가 아니라 교육철학 수준에서의 변화가 함께 이루어져야 체육 수업의 실천이 통합적 방식으로 실현될 수 있다.

② 체육의 교수학습 과정, 즉 체육적 지식과 태도를 전수하고 학습하는 과정은 구성주의적 성격을 갖는다.

ⓐ 교수학습과정이 체육 교사는 가르치고 학생은 배우는 일방적 과정이 아니다. 체육 교사와 학생은 서로 배우며, 함께 가르친다.

ⓑ 체육 교사와 학생은 체육활동을 이해하고 내면화하고 적용하는 과정을 함께 만들어 간다.

ⓒ 교사와 학생 간에, 때로는 학생과 학생 간에 교육내용을 구성적으로 가르치고 학습하면서 학생 스스로가 교육목표를 성취해나가는 것이다.

ⓓ 교수학습 과정의 주체는 체육 교사가 아니라 학생(또는 교사와 학생 모두)이라는 것이다.

③ 가르치는 것이 결국에는 배움을 얻어내기 위한 활동이건대, 학생이 목적이요 주체가 되지 않는 가르침은 배움을 얻는 데 실패할 뿐이다. 혹시, 그런 과정으로 얻은 배움은 학생의 입장에서 볼 때, 온전한 내 것이 아닌 소외된 배움, 잠시 머물다 떠나갈 배움에 그칠 뿐이다.

④ 체육 교사는 확고하고도 분명하게 이 사실을 이해하고 내면화하고 있어야 한다. 이런 철저한 이해로부터 일관되고 지속적인 수업행동이 실천될 수 있기 때문이다.

ⓐ 배움의 과정에 있어서 학생이 결정적 역할을 한다는 것

ⓑ 가르침은 학생의 능동적 학습참여를 불러일으키기 위한 보조적 활동이라는 것

ⓒ 학생은 자신의 학습 성취를 이룰 수 있는 가능성과 의지를 가지고 있다는 것

ⓓ 교사는 이 가능성과 의지가 개발되고 유지될 수 있도록 끊임없는 지원과 환경을 조성하는 조력자라는 것

⑤ 체육 교수학습 과정의 구성주의적 성격, 그리고 체육 교사와 학생의 역할과 능력에 대한 명확한 이해 없이는 통합적 체육수업을 시작하고, 유지하고, 전파시켜 나갈 수 없다.

(2) 학생이 학습 능력을 스스로 활용하고 계발할 수 있도록 한다.

① 체육 교수학습 과정이 구성적으로 이루어진다는 것은 학생이 자신의 학습 과정을 스스로의 힘으로 만들어 나간다는 것을 의미한다. 체육 교사가 해야 될 일은 학생으로 하여금 자신의 학습능력을 스스로 계발할 수 있도록 만드는 일이다.

② 체육 교사가 활용하는 통합적 수업 방법은 학생의 자발적 학습 능력을 향상시키는 것이어야 한다.

ⓐ 자발적 학습능력이란 기억력, 수집력, 이해력, 해석력, 분석력, 종합력, 평가력 등 학생이 가진 총체적 인식능력으로서의 사고력, 창의력, 상상력을 말한다.

ⓛ 사고력, 창의력, 상상력은 지식과 기능과 태도가 하나로 뭉쳐져서 표현되는 인간의 총체적 인식능력이다.

ⓒ 총체적 인식능력을 통하여 학생은 스스로의 학습을 실행하고 계속 유지해나갈 수 있게 된다.

ⓔ 이 능력의 습득이 체육수업의 관건이며 통합적 체육수업의 최종 지향점이 바로, 이 총체적 인식능력으로서의 "학생의 학습능력"이다.

③ 학생의 학습 능력의 개발은 네 가지 방향으로 진행됨으로써 이루어진다.

ⓐ 이전 지식(지식, 기능, 태도를 종합적으로 포함하는 의미에서의 지식)과 능력의 활성화이다.

ⓐ 새로운 학습은 학생이 이미 지니고 있는 지식과의 연관 속에서 구성되기 때문에 학생은 자신의 이전 경험과 이해를 적극적으로 활용하는 능력을 갖추게 됨으로써 보다 더 잘 배우게 된다.

ⓑ 교육내용으로 배우게 될 다음 주제에 대하여 학생들이 잘 알고 있는지를 직접적으로 질문하는 것이 효과적이다.

> **예** 축구 패스 기능이 시합 시 전술적인 상황에서 어떻게 적용될 수 있는지 물어 보고, 현재 벌어지고 있는 각종 대회를 시청해서 그런 상황을 조사하도록 한다. 또는 어떤 현상이나 사건의 중요 요인들에 대해 소그룹으로 토의하게 한다.

ⓛ 새로운 지식을 획득하고 이해하는 것이다.

ⓐ 이전 지식을 활성화시키는 자극제로서 새로운 지식이 제공되면 이것을 전체적 인식구조 속에서 받아들여 조절하고 동화시킴으로써 이해하게 된다. 이 과정은 부분과 전체의 관계로 이해할 수 있다.

ⓑ 새로운 지식이라는 부분이 하나의 전체를 이루고 있는 기존의 인식구조 속으로 동화와 조절을 통해 받아들여짐으로써, 다시 새로운 인식구조, 즉 새로운 전체가 만들어지는 것이다.

ⓒ 부분은 전체가 되고, 전체는 부분을 통하여 새로운 전체로 변하는 것이다.

> **예** 통합적 주제 영역과 그 하부수준에 있는 세부교과영역의 관계가 바로 이 같은 전체와 부분의 관계에 해당한다. 이를 위해서 체육 교사는 학생들이 전체와 부분의 관련성을 간접적으로 파악할 수 있도록 해주는 학습경험을 마련하고 학습 환경을 조성해준다.

ⓒ 지식을 활용하는 것이다.

ⓐ 이전 지식을 활성화하고 새로운 지식을 획득하게 되면, 그것을 다양한 상황에 적용하고 실제적으로 활용함으로써 학생의 학습능력이 확인되고 향상되게 된다.

ⓑ 당면하게 되는 문제를 해결하는 것을 통하여 학생의 문제해결능력이 증진되는 것이다. 이를 위하여 체육 교사는 학생들에게 이러한 학습능력을 활용할 수 있도록 다양한 학습 과제들을 개발하고 준비해서 제시해준다.

　　　예 시합상황의 시뮬레이션을 통하여 그 상황에 어떤 지식과 기능과 태도를 적용해야 하는가를 심사숙고하게 함으로써 학생의 문제해결력을 적용하도록 할 수 있다. 프로젝트를 현재 사회적 문제가 되고 있는 스포츠이슈를 팀별로 현장 조사하고 구체적 원인과 가능한 해결책을 마련하는 프로젝트를 수행하게 할 수도 있다.

　ⓔ 새로운 지식을 창조하는 것이다.

　　ⓐ 학생의 학습능력 개발의 최종지점이라고 할 수 있는 상태로서, 오로지 구성주의적 관점에서만 가능한 사고방식이다. 전통적 체육 수업관에서는 상상할 수 없었던 생각이다.

　　ⓑ 이 과정을 통해 학생들로 하여금 기존의 모든 체육적 지식과 실천에 대해서 비판적 태도를 갖도록 하고, 이것들에 대한 자기 나름대로의 대안적 지식, 실천, 태도를 만들어내도록 한다.

　　ⓒ 학생은 이러한 과정을 통해서 자기 자신의 학습을 주체적으로 통제할 수 있는 자기 주도적 학습능력을 갖추게 되는 것이다.

　　ⓓ 체육 교사는 학생들에게 기존의 통념이나 관행들에 대한 비판적 검토 기회를 제공하고 그 대안을 찾도록 자극해야 한다.

　　　예 높이뛰기의 포스베리 기술이나 스노보드의 개발에 관한 이야기를 제공하고, 새로운 운동기술이나 게임의 아이디어들을 찾아보도록 유도한다.

(3) 토론 중심적, 체험 중심적, 활용 중심적 수업 방법을 활용한다.

　① 학생의 자기 주도적 학습 능력을 신장시키는 최적의 방법은 학생으로 하여금 학습의 과정에 "몰입"되도록 만드는 것이다.

　② 교육내용과 교육과정에 대한 전체적 몰입을 유도하기 위해 학습 과정이 토론 중심적, 발표 중심적, 체험 중심적, 활용 중심적, 개발 중심적 성격을 띠어야만 한다.

　③ 통합주제와 세부내용에 대하여 서로가 토론하여 보다 나은 의견으로 만들어나가고, 체육현장을 체험하고 조사함으로써 얻은 느낌과 지식을 발표하여 서로 공유하는 것, 기존의 관례와 통념들에 대한 체계적이고 비판적인 재검토를 통하여 새로운 관점을 개척해 내고 새로운 실천 방안들을 만들어내는 것, 이런 학습중심적, 경험중심적 과정들이야말로 교수학습 과정을 구성적인 것으로 만드는 것이다.

　④ 체육교수학습 과정을 학생의 전신체적, 전인식적 몰입을 유도하는 참여의 과정으로 만들 수 있는 가장 훌륭한 수업방식 중 하나가 바로 "과제 중심적 수업"이다.

　　㉠ 교사는 다양한 종류의 학습과제들을 개발하거나 준비해서 수업 시 강의나 시범과 함께 적절하게 활용할 수 있다.

　　㉡ 학생들은 수업이전이나 도중이나 이후에 이와 같은 과제들을 개별적, 단체적으로 수행함으로써 통합적으로 조직된 교육내용을 보다 효과적으로 학습할 수 있게 된다.

⑤ 대안적 과제의 예

 ㉠ 글쓰기 과제: 이슈 에세이, 조사연구, 일지(일기), (현장)느낌 적기

 ㉡ 말하기 과제: 대화, 토론, 발표, 즉석답변

 ㉢ 행하기 과제: 시뮬레이션, 변형 및 개발, 축소 실제게임

(4) 협동적인 학습을 조장하는 수업 방법을 활용한다.

① 체육 교수학습이 구성적으로 일어난다는 것은 그것이 사회적 성격을 가지고 있다는 것을 의미한다. 즉 가르치고 배우는 일은 체육 교사와 학생간의 적극적이고 양방향적인 상호작용 과정으로 이루어진다는 것이다.

② 수업이 사회적 맥락 속에서 구성되고 형성되는 것이라면, 사회적 맥락을 이루고 있는 요소 간의 조화가 절대적으로 필요하다.

③ 체육 교사와 학생의 협동적 교수학습을 돕는 수업방식은 절대적으로 체육 교사의 의지와 노력에 좌우된다.

④ 다양한 형태의 협동적 학습과제를 개발하고, 협동적 학습방식을 채택해야 한다.

(5) 통합적 수업의 객관적 차원과 주관적 차원의 역동적 균형을 유지한다.

① 수업은 과학적이면서 예술적이다. 통합적 체육 수업도 과학적 측면과 예술적 측면을 가지고 있다.

② 통합적 체육수업도 과학적 측면과 예술적 측면을 가지고 이루어진다. 즉 체계적이고 이성적으로 실현이 가능한 경우도 있지만, 그렇지 못하고 비체계적이고 비합리적으로 전개되는 경우도 있다.

③ 체육교수학습이라는 활동 자체가 지닌 구성주의적 성격이 역동적 균형을 가정하며, 체육교수학습의 현장이 지닌 현실성이 중용적 절충을 요구한다.

④ 학생을 전인으로 만들어주는 체·지·덕을 하나로 체험하도록 만들어주는 통합적 체육수업은 강한 방법과 부드러운 방법의 과학적이면서도 예술적인 운용, 바로 그것을 통해서 이루어진다는 것을 깨닫게 해준다.

2. 하나로 수업 모형(통합적 체육수업모형)

(1) 기본적 가정과 목표

① 하나로 수업은 체·지·덕이 하나로 통합되는 것을 의도하는 체육수업이다.

② 하나로 수업에서 '하나로' 만들고자 하는 4가지

 ㉠ 기능과 지식과 태도를 하나로!(그리하여 전인이 되도록)

 ㉡ 하기, 읽기, 쓰기, 보기, 듣기를 하나로!(그리하여 온몸과 마음으로 겪는 수업이 되도록)

ⓒ 학교수업과 일상생활을 하나로!(그리하여 삶의 체육이 되도록)

ⓔ 서로 다른 사람들을 하나로!(그리하여 모두를 위한 체육이 되도록)

③ 4가지 측면을 하나로 만듦으로써 학생의 인성을 함양시키는 전인교육으로서 중등학교 체육이 되도록 의도하는 것이다.

④ 우리가 행하는 운동이란 '안쪽 측면'과 '바깥쪽 측면'으로 이루어져 있다.

ㄱ 바깥쪽 측면은 각종 기본 기술, 전술, 그리고 실지로 게임하는 방법, 규칙 등으로 이루어진 차원으로서 '운동을 하는 것'과 직접적으로 관련이 있다.

ㄴ 안쪽 측면은 우리가 통상적으로 체험하지 못하는 차원으로서, 운동의 정신, 전통 그리고 안목 등이 관여하는 측면이다. 안쪽 측면은 초보자들에게 간혹 운이 좋을 때만 맛볼 수 있는 그런 '보이지 않고 생각하지 못하는 차원'이다.

ㄷ 운동은 이렇게 눈에 보이고 몸으로 체험하는 '기법적 차원'과 눈에 보이지 않고 마음으로 느끼는 '심법적 차원'이 동시에 하나로 혼재해 있는 것이다.

⑤ 기법적 차원과 심법적 차원은 운동에 하나의 형태로 들어 있어 언제나 동시에 우리들에게 체험되고 느껴지지만, 우리의 사고와 지각양식은 특별한 주의를 기울여야만 심법적 차원에 대하여 지각할 수 있다.

ㄱ 기법적 차원은 우리의 일상적 사고와 지각양식의 그물에 쉽게 걸려들지만, 심법적 차원은 각별한 노력과 주의를 요청한다.

ㄴ 심법적 차원에 대한 자각능력을 키우기 위해서는 운동을 잘해야 하는 것은 물론이고 그것을 잘 알아야 한다. 그리고 운동을 잘하고 잘 알기 위해서는 과학적 지식과 인문적 지식의 도움이 절대적이다.

⑥ 운동을 잘하기 위해서는 과학적 지식이 필요하고, 운동을 잘 알기 위해서는 인문적 지식이 요구된다. 운동의 심법적 차원에 대한 인식과 체험이 있을 경우에만 운동은 인성에 영향을 미칠 수 있다.

(2) 수업활동과 학습과제의 종류

① 운동의 기술과 전술을 습득하고 게임을 잘하기 위해서 맛보아야 하는 활동과 운동의 전통과 정신을 내면화하고 안목을 획득하기 위해서 겪어내야 하는 과제들을 모두 체험해 보아야 한다.

② 직접체험활동이란 운동을 잘하는 것(기능, 전술, 게임)과 관련을 맺는다.

ㄱ 운동의 기법적 차원에 대한 경험을 맛보도록 함으로써 운동기능을 향상시키는 효과를 가져다준다.

ⓒ 수업활동 및 학습과제: 전통적 방식과 창의적 방식의 기술연습과 전술연습을 하도록 하는 것, 실지 게임을 해보도록 하는 것, 반성일지를 작성하도록 하는 것, 동작을 분석하도록 해보는 것, 규칙준수와 기본예의를 지키도록 하는 것, 운동생리학 · 스포츠심리학 · 운동역학 지식을 활용하도록 하는 것 등

③ 간접체험활동은 운동을 잘 아는 것(안목, 정신, 전통)과 관련을 맺는다.

ⓐ 운동의 심법적 차원에 대한 체험을 해보도록 함으로써, 그 운동의 정신세계 속으로 입문하도록 이끈다.

ⓑ 간접체험활동으로 활용될 수 있는 활동들은 원칙상 무제한적으로 지도하는 이의 창의력에 전적으로 의존한다.

ⓒ 수업활동 및 학습과제: 예술, 문학, 역사, 철학, 종교와 관련된 인문적 지식을 활용하거나, 운동에 담겨진 이 같은 인문적 측면을 경험하도록 하는 활동들이 도움이 된다. 운동에 연관된 음악을 감상하도록 하거나, 스포츠 관련 소설이나 시를 읽고 독후감을 써오도록 하는 것 등

(3) 수업활동과 학습과제의 조직

① 직접체험활동과 간접체험활동은 지도하는 사람의 의도와 상황에 따라 적절하게 혼용하여 실행한다.

② 이 활동들은 다양한 방식으로 조직되어 학생들로 하여금 실행하도록 할 수 있다.

ⓐ **전통적 방식**: 그날 배울 기술의 시범과 설명이 주어지고 학습활동에 대한 학생의 연습이 뒤따른다.

ⓑ **탐구적 방식**: 교사와 학생, 학생과 학생 간에 문답으로 학습과제를 연습하고 해결해 나간다.

ⓒ **과제식 방식**: 동시에 다양한 학습과제들을 여러 개의 스테이션으로 나누어 순환적으로 이동하며 연습한다.

ⓓ **협동 학습 및 동료수업 방식**: 학생들이 서로 힘을 합쳐 도와주고 도움 받으며 학습 과제를 연습해 나간다.

ⓔ **게임 중심 또는 스포츠 교육방식**: 변형되거나 완성된 형태의 시합을 통해 전술을 발휘하거나, 운동경기가 진행되는 방식으로 실제 게임을 즐기도록 한다.

(4) 평가방식

학생이 운동의 안과 밖, 기법적 차원과 심법적 차원을 하나로, 동시에 체험했는지 하지 않았는지, 그리고 그 정도는 어느 정도인지를 알아내기 위한 평가는 크게 두 가지 방식(더하기식, 곱하기식)으로 이루어질 수 있다.

① 더하기식 평가

낱낱의 과제들을 수행한 정도를 합하여 총점을 만들어 내는 것이다. 기능, 지식, 태도를 독립적으로 평가하고 그것들을 최종적으로 더해서 합산한다.

> **예** 운동기능은 비디오로 개인기술 발휘와 시합기능을 녹화한다. 태도는 평소 시합이나 연습시의 행실, 반성일지의 내용들을 참조한다. 지식은 반성일지의 동작 분석이나 경기 참관기나 독후감 등을 분석한다.

② 곱하기식 평가

하나의 활동 속에서 학생의 체험 정도를 모두 찾아내 평가하는 것이다.

> **예** 학생들로 하여금 실제 시합을 시켜본다. 시합을 하는 시시각각의 상황에서 보여 주는 각종 기술의 발휘 정도를 파악하고, 전술을 펼치고 경기를 운영하는 방식을 통하여 인지적 측면을 가늠하며, 팀 동료와 상대방에 대한 태도와 행실을 통하여 태도적 측면을 파악한다. 그리고 이런 것들을 하나로 종합하여 기법적 차원과 심법적 차원에의 숙달 정도를 가늠한다.

3 교육과정 개선

1. 교육과정 개선의 관점

Sparkes는 교육과정 개선 과정을 바라보는 세 가지 관점을 밝혀냈다. 기능적 관점, 생태적 관점, 문화적 관점은 교육 개선에 있어서 참가자의 역할에 관해서 서로 다른 견해를 제시한다. 각 관점에서는 학교 위계 내의 다른 사람들에게 권력과 가치를 부여하며, 이에 따라 교육 개선 과정에 대한 서로 다른 사고방식을 제공한다.

(1) 기능적 관점

① 기능적 관점에 따르면 교육과정의 개편은 소규모의 전문가들로 이루어진, 고등 교육 기관이나 정부 산하 연구기관에서 시작된다. 이들은 체계적인 연구를 수행하고, 이를 바탕으로 교육과정 자료집을 주의 깊게 개발한 후, 이를 학교에 보급한다.

② 교사들이 교육과정 자료집에서 상세히 제시한 지침들을 그대로 따라야 한다는 점이 가정이 되어 있다.

③ 기능적 접근에서는 교육과정 개편의 최종 산물로 어떤 내용과 지식을 제공할 것인지에 초점을 둔다. 학생들과 사회를 위해 가장 가치 있다고 판단되는 지식을 규정하고 조직한 후, 학생들이 숙달할 수 있는 점진적 단계로 가공해서 제시한다.

④ Kirk는 역사적으로 볼 때, 기능적 관점에서 기초해서 시작되고 전개된 교육과정 개편은 성공하지 못했다고 지적한다. 특히, 교육과정을 만드는 외부전문가들이 교육과정개발의 과정에서 현직교사를 제외시키려고 하면 실제적인 현장의 변화가 일어날 수 있는 여지는 줄어들게 된다.

⑤ Hammond는 기능적 관점에서는 교사를 지식의 단순 전달자로 간주한다고 주장한다. 교사 개개인이 지니고 있는 개인적 신념, 가치관, 기술, 지식은 교과내용을 전달하는 일에 전혀 관련이 없는 것으로 간주된다.

⑥ 저항 이론에 따르면 교사는 학생들에게 많은 도움이 되지 않는다고 생각하거나 자신들의 개인적 또는 직업적 삶에 원치 않는 스트레스를 주는 변화에 대해서는 의식적으로 저항한다.

(2) 생태적 관점

① 생태적 관점은 안정과 변화를 위한 동일한 원천으로 교육 환경의 복잡성에 초점을 둔다.

② 교사는 능동적으로 교육과정에 관한 의사 결정에 참여하고 변화를 시작하는 주도 세력이다. 이 과정에서 교사는 단독으로 다른 요인들과의 관련성 없이 일하는 것이 아니라 이들은 교육과정과 수업에 관한 의사 결정을 제약하는 다양한 요인들(시간표, 다양성, 학생수)을 함께 고려하여 처리해야 한다.

③ 생태적 접근의 지지자들은 교사들이 자신의 수업 환경뿐만 아니라, 보다 더 큰 맥락인 학교의 정치적, 경제적 체제와 관련되어 있다고 가정하여 교사는 단지 지식의 전달자에 머무르지 않고, 프로그램의 개편과 변화에 직접적으로 영향을 미친다.

④ 생태적 접근에 따르면, 교사는 수업 중 교육과정 측면의 문제와 수업 관리적 측면의 문제들을 잘 조정해야 할 책임을 지고 있다.

⑤ 교사들은 자신의 새로운 교육과정 개선안들을 받아들여 적용시키려는 노력을 지속적으로 펼친다.

(3) 문화적 관점

① 문화적 관점도 교사를 변화의 중심에 위치시킨다. 문화적 관점의 지지자들은 교육개선의 주된 참여자로서의 교사에게 미치는 교육개선의 영향력에 초점을 둔다.

② 문화적 접근은 공유된 의미와 이해로 이루어진 하나의 문화 속에서 일어나는 교육과정의 변화에 초점을 둔다. 교육개선이란 학생들의 학습이 보다 잘 이루어질 수 있는 장소로 학교를 틀 지어나가기 위해서 행하는 관여자들 간의 상호작용적 판단과 결과로 간주한다.

③ Heckman은 문화적 접근에서 본 학교의 목적은 "자기 쇄신"에 있다고 주장한다. 따라서 변화의 초점은 변화의 과정과 개념에 대한 교사들의 의식을 바꾸는 것이다. 교사들이 자신이 하고 있는 일을 왜 하는지를 스스로 이해하는 데 강조점이 두어진다.

④ 문화적 관점에서는 교육의 과정에 관한 공통의 지식과 의미체계가 있고, 이를 통하여 사람들은 상호 이해의 문화를 형성한다는 점을 가정한다.

⑤ Glickman이 학교쇄신에 필요한, 의사결정이 함께 이루어지는 문화를 형성하도록 도움을 줄 수 있는 6가지 원칙을 제시하였다.

ㄱ 학습은 능동적인 과정이어야 한다.

ㄴ 학습은 개인적인 작업이면서 동시에 협동적인 작업이 되어야 한다.

ㄷ 학습은 목표 지향적이어야 하며 실제 생활과 관련되어야만 한다.

ㄹ 학습은 개별화되어야만 한다.

ㅁ 학습은 문서화할 수 있고, 진단이 가능해야 하며, 반성적이어야 한다.

ㅂ 학습은 편안하고 호감이 가는 물리적 환경과 후원이 가득하고 존중해주는 정서적 분위기 속에서 이루어져야 한다.

2. 교육과정개선 전략

(1) 하향식 개선 전략

① 이 접근은 전면적 교육과정 개선에 효과적인 접근이다. 하향식접근의 주된 장점은 재정적 지원과 추진력과 관련된 것이다.

② 하향식 개선방식은 비용이 많이 소요되고, 교육과정 개발의 초기 단계에 교사를 포함시키지 않으며, 교사들을 변화의 과정에서 주체 세력이 아닌 개선을 위해 그때만 필요한 수단적 존재로 전락시킨다.

③ 하향식 개선은 교사들이 교실에서 주인의식을 갖지 못하면 성공할 수 없다.

(2) 상향식 개선 전략

① 교사에 의해 시작되고 수업 현장의 문제와 직접적으로 관련되어 있다. 이 전략은 교사가 자기 수업현장에서 특정한 사태나 상황에 맞추어 마련한 것이기 때문에 효과적이다.

② 상향식 전략은 '교육과정은 반성적 실천이다'라는 입장을 반영하는데, 이는 교사가 가르치는 학생들을 이해하고 그 이해를 바탕으로 자신이 가르치는 내용을 활용하기 때문이다. 복잡하게 이루어진 수업과 학교의 사회적 조건 내에서 개선안이 마련되고 준비된다.

③ 상향식 전략은 생태적 관점을 반영하는 경우가 종종 있다. 교사들은 학급과 학교의 생태적 체제에 맞도록 교육과정 개선을 조정한다. 교육과정 개선이 체육 교사들에 의하여 계획되기 때문에 교육과정에 관한 의사결정을 내릴 때 그들의 가치관이 반영된다.

④ 학교를 재구성해야 하는 대대적인 변화가 필요할 경우에는 이 접근이 어렵다.

최 병 식

포스
전공체육

체육교육학 1

체육교육과정론

08

모형 중심의
체육 수업 개관

08 Chapter 모형 중심의 체육 수업 개관

1 현대 체육 프로그램과 수업

1. 체육 지도 방법의 변화 과정

(1) 직접적 교수 및 형식적 교수

① 체육수업에서 첫 번째 프로그램이었던 신체훈련 프로그램은 직접적이고 형식적인 교수 방법이었다. 직접적이고 형식적인 교수 방법은 군사 훈련 형식의 프로그램에서 더욱 강조되었다.

② 직접 교수는 수업에서 모든 결정을 교사가 하고 학생은 단지 교사의 지시에 따르는 교수 방법을 의미하고, 형식적 교수는 일련의 처방된 단계나 절차에 따라 교사의 행동이 이루어지는 수업을 의미한다.

(2) 교수 전략

① 교수 전략은 체육수업을 구조화하고, 교사와 학생이 학급에서 수행해야 하는 역할을 제시하는 방식을 나타낸다.

② 교수 전략들은 교사들로 하여금 융통성을 발휘하고 학생들이 의사결정을 내릴 수 있도록 허용하는 다소 덜 형식적인 특징을 가지고 있고, 학생으로 하여금 교사, 동료 학생, 교과내용과 보다 많은 상호작용을 가능케 하는 다소 덜 직접적인 특징을 지니고 있다.

③ 교수 전략들은 단기간에 성취될 수 있는 교육성과를 위해 일시적으로 사용될 수 있고, 적절히 선택된다면 수업의 목표를 실현하는 데 매우 효과적으로 사용될 수 있다.

교수 전략(teaching strategies)
• 과제/스테이션 교수(task/station teaching)
• 반성적 교수(reflective teaching)
• 파트너 교수(partner teaching)
• 팀티칭(team teaching)
• 탐구중심 교수(inquiry-based teaching)

(3) 교수 스타일

① 교수 전략들은 각각 독립적으로 발달되어 왔기 때문에, 교사가 체육수업지도에 대한 거시적인 시각을 가지는 데 도움을 줄 수 있는 통일된 관련성을 갖추지 못하였다.

② Mosston은 과제 활동 전, 중, 후의 의사결정권이 누구에게 이양되는가에 따라서 교사중심(형식적, 직접적) 교수 스타일에서 학생중심(비형식적, 비직접적) 교수 스타일에 이르는 다양한 교수 스타일을 통해 통합적인 지도유형을 개념화하였다.

③ 한 가지 지도유형이 몇 개 수업에 걸쳐, 혹은 전체 단원 동안 사용될 수 있고, 단기 수업목표를 달성하기 위해 지도유형을 바꿀 수도 있다. 2가지 이상의 지도유형이 한 시간의 수업 동안 이용될 수도 있고, 몇 개의 지도유형이 한 단원에서 사용되기도 한다.

⑷ 교수 기술

① 1980년대는 체육교수법에 대한 또 다른 접근방식이 소개되었다. 그 중 몇 가지는 Mosston의 연구에서 기초를 두고 있으며, 나머지는 체육 교과나 다른 교과의 교수 효율성 연구에서 파생되었다.

② 교수 효율성 연구는 수업 중 교사와 학생의 행동이 학생의 학업성취(특히, 학생의 참여형태)와 상관이 있다는 가정에서 시작되었다. 중요한 사실은 교사행동보다는 학생행동이 학습결과를 보다 정확히 예측할 수 있다는 점에서 "교사가 수업에서 어떤 행동을 해야 하나?"에서 "교사가 학생에게 어떤 행동을 하도록 해야 하는가?"로 연구 초점이 옮겨가게 되었다.

③ 따라서 효과적인 교수 기술은 수업에서 학생의 학습을 증가시키는 의사결정이나 행동으로 여겨졌고, Mosston의 전통적인 지도유형과는 밀접한 관련이 많지 않다.

⑸ 수업 모형

① 수업 모형은 수업에서 교사의 일관성 있는 틀로써 수업 모형의 개념은 학습이론, 장기학습목표, 교육맥락, 내용, 수업관리, 교수전략, 학습과정의 검증 및 평가를 포함하는 지도 관점에 근거한다.

② Joyce와 Weil은 수업 모형을 "교실이나 다른 교육환경에서 교육과정을 형성하고, 수업교재를 고안하며, 수업을 안내하기 위해 사용되는 계획 또는 형태"로 정의하였다.

③ 방법(methods), 전략(strategies), 유형(styles) 및 모형(models)은 그 범위에서 차이가 있다.
  ㉠ 어느 한 가지 방법, 전략, 유형은 전형적으로 소수의 단기간 학습활동이나 교육성과를 위해 활용되고, 그리고 나서 다른 방법, 전략, 유형을 사용한다.
  ㉡ 모형은 한 단원 모든 수업을 위해 사용되며, 그 단원의 수업계획, 설계, 실행 및 평가 기능을 포함한다. 실제로 수업 모형은 한 단원 안에서 다양한 지도방법, 전략, 혹은 유형을 포함시킬 수 있다.

④ 수업 모형은 튼튼한 이론적 기초를 가지고 있고, 대부분의 모형이 그 발달과 실행단계에서 연구대상이 되어 왔다. 모형들은 그 목적에 따라 효율적이고 효과적으로 활용될 수 있도록 학교와 다른 교육 상황에서 현장검증을 거쳐 왔다. 대부분의 수업 모형은 초기에 인지적 영역과 정의적 영역의 교육성과를 거두기 위해 교실에서 활용 가능한 형태로 개발되었다.

⑤ 수업 계획, 수업 운영 및 평가를 위한 수업 모형이 오늘날 다양한 학교체육 프로그램 내에서 균형 있는 학습목표에 도달할 수 있는 가장 효과적인 방법이다(Metzler).

2 체육 수업 모형의 개요

1. 모형 중심 체육 수업의 장점

교육의 목적을 달성하기 위한 모형을 선정하고 활용하게 되면, 수업 내용이나 수업 상황에 관계없이 항상 효율적인 수업을 할 수 있게 된다.

모형 중심의 체육 수업은 체육 교사들에게 다음과 같은 이점을 제공한다.

⑴ 모형은 총괄 계획과 일관성 있는 접근 방식으로 교수·학습이 이루어지도록 한다.

⑵ 모형은 학습 우선 영역과 영역 간 상호작용을 명백하게 한다.

⑶ 모형은 수업의 주제를 제시한다.

⑷ 모형은 교사와 학생으로 하여금 현행 및 차후 활동(이벤트)에 대해 이해할 수 있도록 한다.

⑸ 모형은 통합적 개념틀을 제공한다.

⑹ 모형은 연구 기반을 가지고 있다.

⑺ 모형은 교사에게 '기술적 언어'(technical language)를 제시한다.

⑻ 모형은 교수·학습의 관계를 검증한다.

⑼ 모형은 타당성 있는 학습 평가를 시행한다.

⑽ 모형은 교사가 통합적 틀 안에서 의사 결정을 잘할 수 있도록 돕는다.

⑾ 모형은 직접적으로 특정한 학습 기준 및 결과를 증진시킨다.

2. 체육 수업 모형의 개념틀

수업 모형은 이론적 근거, 교수·학습의 특징, 체육을 가르칠 때 독특한 방법으로 작용하는 실행적 요구 사항 등 종합적으로 설계되었다.

이론적 기초 +	교수·학습의 특징 +	실행 요구 및 변형 →	모형
• 이론적 배경 및 근거 • 교수·학습 가정 • 모형의 주제 • 학습 영역의 우선순위와 영역간 상호작용 • 학생의 발달 요구 사항 • 모형의 타당성	• 수업의 주도성 및 포괄성 • 학습 과제 • 참여 형태 • 교사와 학생의 역할과 책임 • 교수 학습 과정의 검증 • 학습 평가	• 교사 전문성 • 핵심 교수 기술 • 상황적 요구 조건 • 맥락적 변형	• 직접교수모형 • 개별화지도모형 • 협동학습모형 • 스포츠교육모형 • 동료교수모형 • 탐구수업모형 • 전술게임모형 • 개인적·사회적책임감지도모형

3. 이론적 기초

수업 모형은 모형의 총체적인 측면의 기초를 형성하는 한 가지 이상의 학습 이론에 기초하고 있다.

(1) 이론적 배경 및 근거

① 각 수업 모형의 활용 시기 및 활용 이유, 가장 효율적인 조건은 어떤 것인지에 대해 설계자가 제시한 이론적 근거는 특정한 학습이론에 기초하고 있다.

② 이론적 배경 및 근거는 모형의 명칭(예 동료 교수, 스포츠교육 등)에 숨어 있는 핵심 개념을 설명해 준다.

(2) 교수 · 학습에 관한 가정

① 수업에서 교수 · 학습 사이의 관계에 대한 결론적인 사실은 거의 없다. 수업 모형은 모형 설계자에 의해 상정된 가정에 기초하고 있다. 즉 교사가 특정한 방식으로 수업을 계획하고 실행한다면 어느 정도 예상하는 학습결과가 나타나게 된다. 이 가정들이 연구에 의해 견고해질수록 설계자의 일은 이러한 가정을 교사에게 제시하는 것이며, '탁자 위에 카드'를 내려놓은 것처럼 모형의 사용자가 가정에 대한 타당성을 결정하게 된다.

② 만약 교사들이 특정한 모형에 숨겨져 있는 가정을 공유할 수 있게 된다면 그 교사는 그 모형의 가정에 동의하는 것이며, 자신의 수업에서 모형을 이용하게 된다. 그렇게 말할 수 있다면, 설계자의 가정과 모형을 이용하는 교사가 지니고 있는 가치관에 강한 일체감이 형성될 것이다.

③ 이론은 타당성 있게 밝혀진 몇몇 가정의 선행 연구에 기초한다는 점에서 과거의 가정으로부터 한 단계 진보한 것이다. 수업 모형을 예를 들면, 몇몇 연구의 결과들은 수업 모형이 탄탄한 이론적 근거에 기초하고 있음을 보여준다. 일반적으로 증거는 연구로부터 수집되며 모형의 설계에 응용된다. 이러한 이론은 모형이 실행되는 교육적 추측을 이끌어 내지만 모형 자체가 구현되는 것은 아니다. 예를 들면, 개별화 지도 모형은 조작적 조건 및 행동 변형에 기반한 이론으로부터 개발되었다.

④ 교사들은 각 모형에 내재된 가정과 이론을 잘 이해하는 것이 중요하다. 이는 이론이 추상적이어야 하고, 아동과 청소년 대상의 체육수업 지도 실제와 별개임을 뜻하지 않는다. 좋은 이론은 그 자체 또는 여러 학년과 다양한 움직임 내용 형태와 같은 많은 교육적 상황에서 활용되고 있는 모형 속에서 실제적으로 입증될 수 있기 때문이다.

⑤ 이론은 현장 교사들에게 시사하는 바가 거의 없다는 일반적인 시각과는 반대로, 수업 모형의 기반으로 이용될 때 '좋은 이론보다 더 나은 실천은 없다'는 점에 주목해야 한다.

(3) 모형의 주제

① 주제는 모형이 설계되는 가장 기본적인 아이디어로 모든 수업 모형은 그 모형을 정의하고 특색 있게 만드는 하나의 주요 전제 또는 주제를 가지고 있다.

② 모형의 주제는 합리적인 이론적 근거로부터 직접적으로 파생된 것이며, 모형에서 활용되는 주요 학습 과정으로 기술되기도 한다.

③ 주제는 모형이 가지고 있는 다른 아이디어와 과정을 포함하게 됨으로써 모형에 관한 모든 것을 간단히 설명할 수 있게 된다.

(4) 학습 영역의 우선순위와 영역 간 상호작용

① 각 수업 모형은 인지적, 심동적, 정의적 학습 영역의 학습 결과에 대해 다른 강조점을 가지고 있으며, 특정 영역은 다른 영역보다 우선적으로 학습이 이루어진다.

② 각 수업 모형은 우선적으로 강조하는 학습 결과에 맞추어 설계되므로, 그 학습 결과가 교사의 수업 목표와 일치할 때 선택되어야 한다. 만약 수업 목표와 부합되지 않는다면 다른 모형을 선택하면 된다.

③ 영역간 상호작용은 하나의 학습 영역이 강조될 때 나타나기도 하고, 한 영역 이상에서 동시에 나타나기도 한다. 체육 교과의 학습과정에서 어느 한 영역만을 배제할 수 없기 때문에 교사는 어떤 모형에서 영역간 상호작용이 가장 잘 실현될 수 있는지를 인식해야 한다.

④ 영역간의 상호작용은 모형들 간의 차이점을 감소시켜 주고, 교사가 모든 수업 모형에서 여러 영역의 학습을 추구하도록 해 준다.

(5) 학생의 발달 요구 사항

① 학습에 대한 준비도

 ㉠ 수업이 효과적으로 이루어지기 위해서는 수업이 학생의 발달 준비도와 일치되어야 한다. 학생의 발달 준비도는 지시 사항을 이해하고 따를 수 있는 능력, 안전하고 책임감 있게 행동할 수 있는 능력, 학습 과제를 성공할 수 있는 기회를 포착할 수 있는 능력을 의미한다.

 ㉡ 이 준비도 영역에서 학생의 능력과 일치되는 수업을 '발달단계에 적합한 수업'(developmentally appropriate instruction)이라고 하고, 일치되지 않는 수업을 '발달단계에 부적절한 수업'(developmentally inappropriate instruction)이라고 한다.

 ㉢ 발달 단계에 적절한 수업이 되기 위해서는 4개 영역에 해당되는 학생의 준비도를 매칭해야 한다.

  ⓐ 언어적, 서면적, 모델링 정보에 대한 이해

  ⓑ 의사결정 및 책임감

  ⓒ 사회적/정서적 성숙

  ⓓ 선행 지식 및 신체 능력

② 학습 선호도

 ㉠ '학습 유형'(learning styles)은 개개인이 교육 환경 속에서 인지지각의 자극을 최상으로 수용하고 동화하며, 이행하는 방식을 말한다(Dunn).

ⓛ 각 수업 모형은 본질적으로 독특한 학습 환경을 결정하기 때문에 Reichmann과 Grasha가 제시한 '학습 선호'(learning preferences)라는 개념이 모형중심 수업의 접근 방법으로 잘 설명될 수 있다.

ⓒ Reichmann과 Grasha는 세 가지 측면으로 구분했는데, 이는 학생이 선호하는 학습 환경을 말해 준다. 두 쌍으로 연결된 각 측면은 학생이 선호하는 학습 조건에 대한 프로파일을 나타내 주고 있다.

ⓐ 학습에 대한 태도 : 참여적/회피적

ⓑ 교사나 동료에 대한 시각 : 협력적/경쟁적

ⓒ 수업절차에 대한 반응 : 독립적/의존적

- 참여적(participant) : 토의, 대안평가, 개별 학습 활동, 분석과 종합의 기회와 열정적인 과제 제시를 선호한다.
- 회피적(avoidant) : 필수 과제가 없는 것, 교사와 다른 학생과의 상호작용이 거의 없는 것, 자기 평가 및 무시험을 선호한다.
- 협력적(collaborative) : 소집단 활동, 학생 자신이 설계한 활동, 그룹 프로젝트, 동료 평가 및 교사와의 상호작용을 선호한다.
- 경쟁적(competitive) : 직접 교수 전략, 수업에서 질문 기회 및 교사의 인정을 선호한다.
- 독립적(independent) : 자기 주도 학습, 독자적 학습 기회, 학생 자신이 설계한 활동 및 간접적 교수 전략을 선호한다.
- 의존적(dependent) : 직접 교수 전략, 교사 주도 평가, 수업활동과 부가 과제의 명확한 시작과 끝을 선호한다.

🔍 학습 선호 분류표

참여적(학생)	회피적(학생)
• 수업 내용에 대한 학습 동기가 높다. • 학습에 책임지는 것을 좋아한다. • 다른 학생과 참여하는 것을 좋아한다. • 필수적으로 해야 하는 것을 수행한다.	• 수업 내용에 대한 학습 동기가 낮다. • 학습에 책임지는 것을 꺼려한다. • 다른 학생과 참여하는 것을 꺼려한다. • 자신이 원하는 것을 수행한다.
협력적(학생)	경쟁적(학생)
• 공유를 한다. • 협조적이다. • 다른 사람과 일하기를 좋아한다. • 체육수업을 타인과 학습하고 상호작용할 수 있는 장으로 인식한다.	• 다른 사람과 자신을 대상으로 경쟁적이다. • 다른 사람보다 잘하려고 한다. • 경쟁하는 것을 좋아한다. • 체육수업을 반드시 승리해야 하는 경쟁의 장으로 인식한다.

08

독립적(학생)	의존적(학생)
• 스스로 생각한다. • 혼자서 일한다. • 학생 자신이 필요한 사항을 학습한다. • 다른 사람의 말을 경청한다. • 자기 확신이 크다.	• 학습 정보의 원천지로써 교사에게 의존한다. • 타인의 도움이 필요하다. • 필수사항을 학습한다. • 지적인 호기심이 거의 없다. • 자기 확신이 적다.

(6) 모형의 타당성

① 모형이 타당하다는 것은 그 모형이 체육 수업에서 특정한 형태의 학습을 향상시키는 데 효과적으로 활용되고 있음을 의미한다.

② 모형이 타당하다는 것은 연구, 실천적 지식, 직관적 지식 등의 세 가지 방법으로 타당성을 얻을 수 있다.

  ㉠ 연구 타당성 : 연구물은 모형을 계획하고 실행하는 데 필요한 적절한 방법을 설명해 주고, 학생들의 학습 결과를 향상시키기 위해 모형이 얼마나 효과적인지를 설명해 준다.

  ㉡ 실천적 지식의 타당성 : 수업 모형을 활용한 교사들이 경험을 통해 공유하고 생성한 지식이다. 실천적 지식을 통해 교사는 다른 교사들의 경험을 활용할 수 있으며, 모형을 처음 사용할 때 가능한 한 시행착오를 줄여나갈 수 있다.

  ㉢ 직관적 타당성 : 모형에 관한 교사의 일반 지식과 내용 단원의 학습 목표에 기초하여, 적절한 시기에 그 방법을 지도할 수 있다는 것은 교사의 직관에 의해 이루어진다. 궁극적으로 직관적 지식은 시간이 지남에 따라 교사가 습득하는 경험에 의한 실천적 지식이나 모형에 관한 연구 자료를 탐독하여 얻은 지식으로 대체된다.

4. 교수 · 학습의 특징

(1) 수업의 주도성(수업 통제) 및 포괄성

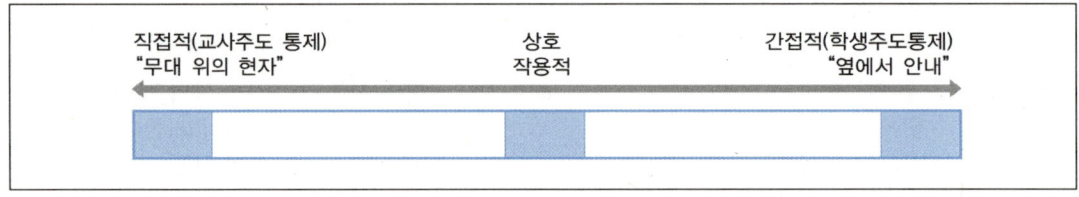

① 수업 모형에서 사용되는 상호작용 유형을 주도성(수업통제)이라고 한다. 주도성(수업통제)의 개념은 두 가지로 구분할 수 있다.

  ㉠ 수업 중 교사와 학생의 언어적 상호작용(누가 무엇을 누구에게 말하고 있는지)의 근원과 형태를 설명하는 데 사용될 수 있다.

  ㉡ 수업 중 의사결정의 본질과 수업의 통제를 기술하는 데 사용되기도 한다.

② 모든 모형은 효과적인 학습 방법에 대한 서로 다른 가정과 관점에 기초하기 때문에, 각 모형은 본래 각기 다른 주도성 정도를 가지고 있다.

　㉠ 직접적(교사통제) 측면이 강한 모형들은 교사에게 거의 모든 의사결정의 권한과 수업 상호작용의 개시에 대한 책임을 부여하고, 학생은 의사결정을 할 수 있는 기회가 거의 주어지지 않으며 교사로부터 대부분의 정보와 지시를 받게 된다.

　㉡ 간접적(학생통제) 측면이 강한 모형들은 학생에게 수업 중 많은 의사결정 권한을 부여하고, 창의적으로 탐색하는 활동에 참여하게 하며, 학생은 많이 질문할 수 있고 교사와 많은 상호작용을 가능하게 한다.

　㉢ 교사와 학생간의 상호작용 수준을 증진할 수 있는 모형들은 수업에서의 의사결정, 통제 및 책임을 교사와 학생이 공유하는 특징을 가지고 있다.

직접 교수 (교사주도 통제) '무대 위의 현자'	• 교사가 수업 통제의 중심에 위치한다. • 교사는 수업 관리와 수업 내용의 권위자이다. 　− 교사는 수업 관리의 권위자로서 수업 조직, 연습의 시작과 종료, 학습 과제 변환, 수업 규칙의 효과에 대해 거의 대부분에 대한 의사결정을 한다. 　− 교사는 수업 내용의 권위자로서 자신의 단독 의사결정에 따라 학생에게 제공하는 모든 지식을 가지고 있는 사람으로 인식되기 때문에 '무대 위의 현자'로 불린다. • 직접 교수(교사통제식 수업)의 특징은 교사와 학생간의 일방적인 의사소통이다. 교사는 수업 활동의 선정과 수업진도를 조정하면서 학생이 그 다음에 수행할 것과 배울 것에 대해 의사결정을 하고 학생에게 통보한다.
간접 교수 (학생주도 통제) '안내자'	• 간접 교수(학생통제식 수업)는 교사의 의사결정과 수업 과정에 대한 통제를 최소화하고, 개방형 학습 과제와 학생 주도의 학습 과제를 많이 포함한다. • 교사는 권위자가 아닌 학생의 학습을 유도하는 촉진자로 본다. 즉, 학습 과정의 중심에 교사 자신이 아닌 학생을 위치시킨다. 이때 교수의 주요 기능은 학습 환경을 조성하는 것이다. 즉, 교사는 학생에게 안내 사항과 과제를 제시하고 학생의 옆에 서서 학습 과정을 주시하기 때문에 '안내자'라고 한다. • 간접 교수를 지지하는 교사들은 의사결정과 수업 통제 유지를 학생이 수업 내용과 기타 부분에 대해 자유롭게 상호작용할 수 있는 방법을 찾는 데 목표를 두고 있다. 이는 수업 관리의 일환으로 학생을 수업 규칙 제정에 참여시키고 자신의 행동에 대한 책임을 학생에게 부여하는 것을 의미한다. • 간접 교수는 교사가 학생에게 자신의 학습 과정을 관리하도록 융통성을 부여할 수 있는 수업 내 또는 수업 외의 과제를 활용하는 특징이 있다. 그 때 교사는 학생이 문제에 봉착하거나 도움을 필요로 할 때 학생을 도울 수 있는 주요 협조자로 활동하게 된다.
상호작용 교수	• 상호작용 교수의 특징은 교사 중심, 학생 중심 교수 사이의 균형을 잡는 것이다. • 교사와 학생은 의사결정, 수업운영에 있어서 동등한 정도의 책임을 갖게 된다. • 교사와 학생 간에 양방향 의사소통이 빈번하게 이루어진다. • 학생은 자유롭게 질문하고, 의견을 제안하며, 수업운영에 규칙적으로 개입하고, 교사는 학생의 제안을 수용하고 이에 대응한다.

08

모형의 통제 프로파일을 결정하는 7가지 요인	
내용 선정	누가 학습할 단원 내용을 결정하는가?
수업 운영	수업 운영의 책임은 누구에게 있는가?
과제 제시	학생은 어떻게 과제 제시 정보를 얻는가?
참여 형태	어떻게 학생의 참여 형태(공간, 모둠, 구조 등)가 결정되는가?
교수적 상호작용	학습 과제 중 누가 먼저 의사소통을 시작하는가?
학습 진도	누가 연습 과정의 시작과 종료를 통제하는가?
과제 전개	누가 학습 과제의 변경을 결정하는가?

③ 포괄성

㉠ 포괄성(inclusiveness)은 요구와 능력이 서로 크게 다른, 학급의 모든 학생이 동시에 학습을 할 수 있도록 지도할 때 사용된다.

㉡ 각 수업 모형은 학생이 그 모형 안에서 반드시 학습해야 하는 몇 가지 선행능력과 경험을 기초하여 설계되었다. 이러한 선행조건은 모형이 포괄적인 수업 집단에서 모든 학생의 교육적 요구를 수용할 수 있는지를 판단하는 데 주요한 역할을 한다. 또한, 학생의 학습 선호도는 각 모형이 특정 집단의 학생을 어떻게 포괄해야 할지 결정하는 데 이용된다.

(2) 학습 과제

각 수업 모형에서 제시하는 교사의 가장 핵심적인 역할은 학생들에게 학습할 내용을 안내하고, 학습 과제를 어떻게 수행해야 될지를 설명하며, 학습 과제를 언제 전환해야 할지를 결정하는 일이다.

① 과제 제시

㉠ 과제 제시는 학생에게 시범을 보여주고 학습 과제를 설명하는 과정으로, 이를 통해 학생들은 차후 학습 활동에서 연습하게 될 운동 기능 수행 방법에 관해 시범을 보고 설명을 듣게 된다.

㉡ 과제 제시는 모든 수업의 중요한 부분으로서, 모형마다 매우 다양한 방식으로 이루어진다. 일부 모형은 한두 가지의 과제 제시 전략을 이용하지만, 어떤 모형은 그 이상의 과제 제시 전략을 활용하기도 한다.

② 과제 구조

㉠ 거의 모든 과제 제시의 일부분은 과제 구조에 대한 설명이다.

㉡ 과제 구조는 학습 과제가 어떻게 조직되고, 모둠 조직은 어떻게 이루어지며, 얼마나 지속되고, 수행기준은 무엇이며, 그 과제에서 학생에게 기대되는 행동이 무엇인지에 대한 정보를 학생에게 알려준다.

㉢ 각 모형에서는 여러 종류의 특정한 과제 구조가 활용될 것이다.

③ 내용 전개

    ㉠ 모든 수업 단원은 학습 내용의 범위와 계열을 포함하고 있다.

    ㉡ 교사는 하나의 과제에서 다음 과제로, 하나의 내용에서 다음 내용으로 진행해 나가게 되는데, 이를 내용 전개(content progression)라고 한다.

    ㉢ 다시 말해, 내용 전개란 단원이 진행되는 가운데 교사가 의도하는 학습 결과를 얻기 위해 학생들을 단원 활동 속으로 이끌어 가는 것을 의미한다.

    ㉣ 각 모형은 내용 전개에 대한 서로 다른 계획을 가지고 있다.

(3) 학습 참여 형태

학습 참여 형태는 학생이 학습 내용과 상호작용하는 방식으로 학생이 학습 과정에 참여하는 방법을 의미한다. 일정 시간의 참여 형태는 교사가 계획한 학습 활동과 학습 활동의 과제 구조와 밀접한 관련이 있다. 참여 형태는 학습 내용과의 상호 작용 정도와 과제 구조에 활용되는 모둠 전략에 따라 분류된다.

① 능동적 참여

    ㉠ 학습은 학생들이 능동적으로 참여할 때 더욱 효과적이고 적극적으로 이루어진다.

    ㉡ 학습 과정은 학생의 움직이기, 생각하기, 질문하기, 의사결정하기 등으로 나타난다.

② 수동적 참여

    ㉠ 학습 과정은 학생이 교사로부터 단지 학습 내용을 수용할 때 소극적으로 이루어진다.

    ㉡ 학습 과정의 특징은 학생의 듣기, 관찰하기, 읽기 등이다.

    ㉢ 능동적 학습이 언제나 선호되는 것은 아니다. 교사는 많은 양의 정보를 효과적으로 학생에게 신속히 전달하기 위해서는 수동적 학습 전략을 이용할 수 있다.

③ 개인, 소집단, 전체 참여

    ㉠ 참여 형태의 일부는 학생이 학습 과제에 참여하는 방식에 따라 결정된다.

    ㉡ 몇몇 모형은 학습 과제에 학생이 거의 대부분 개별적으로 참여하고, 몇몇 모형은 소집단이나 모둠별 또는 팀으로 참여하도록 설계되었으며, 특정 모형은 학급 전체가 동시에 동일한 활동에 참여토록 만들어졌다.

    ㉢ 대부분의 모형은 학생의 참여에 관해 한 가지 또는 두 가지 정도의 모둠 전략을 가지게 될 것이다.

(4) 교사와 학생의 역할 및 책임

① 수업 모형은 교사와 학생에게 각 모형 내에서 고유한 역할과 책임을 갖도록 요구하며, 모든 교사와 학생이 이러한 역할을 알고 수업에서 그대로 이행하는 책임감을 가지는 것이 중요하다. 일반적으로 이는 수업에서 누가 의사결정을 하고 수업 운영에 책임지는가에 대한 수업 통제 프로파일과 관련 있다.

② 스포츠 교육 모형과 협동 학습 모형에서는 교사가 학습자원을 제공하고 촉진자의 역할을 담당하며, 학생은 팀 학습과정에서 많은 의사결정을 하고 책임을 공유하게 된다. 직접 교수 모형에서는 교사가 수업의 리더로 과제 제시의 주요 제공원과 정보의 주요 제공자로서의 역할을 담당하며, 학생은 교사의 지시에 따라 주의 집중하고 지시를 따르며 과제 참여의 책무성을 가지는 수동적인 역할을 담당한다.

③ 교사가 수업 관리 결정과 상호작용을 거의 전적으로 통제하는 모형에서는 교사는 수업을 운영하는 데 상당한 시간과 노력을 소모하게 된다. 반면 학생이 수업 관리의 많은 부분에 대한 책임을 갖는 모형의 경우, 교사는 수업 과정에서 학생과의 상호작용에 많은 시간을 사용한다.

5. 교수 · 학습의 검증

각 모형은 수업 중 교사와 학생 행동에 대해 다른 모형들과 구별되는 패턴으로 설계되어 있기 때문에, 교사는 수업 모형이 설계된 대로 활용되고 있는지를 검증할 필요가 있다. 모형 중심 체육에서 교수 과정을 검증할 수 있는 방법은 다음과 같다.

(1) 수업 중 교수와 학습 행동의 체계적 분석

교사가 모형의 활용을 촉진하는 수업 패턴의 종류(예 기준)를 알고 있다면, 이 패턴들은 실제 수업 상황에서 또는 몇몇 수업 사례를 오디오나 비디오로 녹화하여 자료를 수집한 다음 분석할 수 있다. 분석한 행동은 모형의 기준을 반영하는 행동들이다.

🔎 교수 · 학습 기준의 체계적 분석

관찰기법	사용된 측정 방법	교사 행동	학생 행동
구간 기록법	수업 중 관찰된 행동이 지속된 시간의 양	• 관리시간 • 과제 제시 시간 • 수업 순회	• 관리시간 • 연습시간 • 실제학습시간 • 과제참여/비참여시간 • 대기시간
사건 기록법	사건의 관찰된 빈도	• 학생 이름 부르기 • 학생에게 제공된 피드백 • 학생에게 제시된 단서 • 질문 • 이해도 점검	• 연습시도 • 성공비율 • 제공받은 피드백 • 질문
순간 (지정) 시간 표집법	수업 중 지정된 시간에 관찰된 행동의 발생 여부	• 교사의 이동 • 수업에서의 위치	• 특정 시간 동안 학생의 과제 참여 비율 • 특정 시간 동안 연습하는 학생의 비율 • 학생의 성공 비율 • 적절한 과제 구조

(2) 체크리스트

교사와 학생의 기준 및 패턴 항목을 만든 다음, 수업 시간에 관찰된 것을 하나씩 체크할 수 있다. 이 점검표는 관찰된 기준을 검증할 수 있지만 기준의 예가 옳고 그른지를 구별할 수는 없다.

(3) 서열 척도

서열 척도는 체크리스트와 유사한 방법으로 관찰한 기준의 평가를 가능하게 해준다. 각 기준은 일련의 평가적 준거(예 나쁨, 보통, 좋음, 매우 좋음, 또는 1~10단계 척도)에 따라 기록된다. 관찰자는 수업 중 일어나는 기준을 기록하는데, 기준의 질에 대한 관찰자의 판단에 따라 해당되는 단어나 숫자에 동그라미를 표시한다.

(4) 루브릭

루브릭은 체크리스트와 서열척도의 특징을 통합한 것이라고 볼 수 있다. 루브릭에는 일련의 교사행동과 학생행동이 열거된다. 그러나 단지 수적인 수치로 각 항목을 등급화하기보다는, 각 수준에서 보여지는 몇 가지 행동 지표를 포함한다고 볼 수 있다. 수업 중과 후, 교사는 각 행동 지표를 숙지하고 수업에서 뚜렷하게 나타난 사항을 확인한다. 루브릭의 장점은 교사와 학생으로 하여금 사전에 어떤 사항을 준비해야 하는지를 알게 하며, 최상의 수준에 도달하기 위한 노력을 하게 만든다는 것이다. 또한, 루브릭은 각 수업 모형의 기준목록표를 포함하며 이는 각 기준이 교사와 학생들에 의해 어떻게 구현되어야 하는지를 표시한다. 이 행동 지표들은 서열 척도에 있는 숫자보다 이해하기 쉬운 정보를 제공한다.

(5) 평가 기록지

모형마다 독특한 기준에 근거하여 학생의 반응을 알아볼 수 있는 간단한 질문 항목을 만들 수 있다. 학생의 응답은 교사들이 학생에게 제공하는 수업 패턴의 선호를 검증할 수 있는 좋은 방법이 될 수 있다. 개방형 질문지를 이용하거나 일련의 답변을 즉시 동그라미로 표시 또는 체크할 수 있다.

> • 팀 코치 역할에 대해 어떻게 생각하십니까? (스포츠 교육 모형)
> • 이 단원에서 가장 확실하게 배운 두 가지는? (모든 모형 가능)
> • 이 단원에서 학습 동기를 가장 유발했던 것은 무엇입니까? (개별화 지도 모형)
> • 필드하키 단원에서 얻은 것이 있다면? (탐구 수업 모형)

🔍 개방형 질문지

당신의 의견과 가장 일치하는 항목에 ○표 하시오.			
교사는 이 단원을 잘 조직하였다. (직접 교수 모형)	동의하지 않음	보통	동의함
나는 이 단원에서 자신감이 향상되었다. (모든 모형 가능함)	동의하지 않음	보통	동의함
나는 항상 나 자신의 진도에 맞추어 공부할 수 있었다. (개별화 지도 모형)	동의하지 않음	보통	동의함
나는 이 단원에서 내 팀과 정말 즐겁게 운동했다. (협동 학습 모형)	동의하지 않음	보통	동의함

🔍 척도형 질문지/항목

6. 학습 평가

모형 중심의 수업에서 학습 평가는 다음의 5가지 주요 질문으로 진행되는데, 체육 수업에서 적합한 평가 기법의 선택과 활용에 따라 사용될 수 있다.

(1) 평가할 기준이나 학습 결과는 무엇인가?

(2) 평가는 언제 할 것인가?

(3) 어떤 평가 기법이 학습 결과를 평가하는 데 타당한가?

(4) 평가 절차가 실현가능한 것인가?

(5) 학습 결과가 실제성 있는 방법으로 평가될 수 있는가?

7. 모형 실행의 요구 조건 및 맥락적 변형

(1) 교사 전문성

① 교사는 학생과 마찬가지로 모형을 효율적으로 활용하기 위해 특정 지식, 기능, 능력을 갖추고 있어야 한다. 내용 지식은 모형의 활용에 관계없이 항상 중요하다. 특히 내용, 교육환경, 학습자 및 수업에 대한 전문성이 혼합된 형태인 '내용 교수법 지식'(pedagogical content knowledge : PCK)은 단원 내용과 학생 집단에 따라 선정되는 모형마다 변화될 수 있다.

② 각 모형에 대한 지식도 중요하다. 각 모형은 독특한 학습 전략과 효과적인 교수 기술을 포함하고 있기 때문에, 교사는 활용할 모형에서 필요한 전략과 기술에 능통할 필요가 있다.

(2) 핵심적인 교수 기술

① 많은 효과적인 교수 기술이 체육수업을 지도하는 데 활용될 수 있다. 효과적인 교수 기술 목록이 많지만 각 모형은 교사에게 이 모든 기술을 사용하도록 요구하지 않는다.

② 각 모형의 운영체제, 관리기능, 과제 제시 전략, 과제 구조는 그 모형에서 가장 요구되는 교수 기술을 결정한다.

(3) 상황적 요구조건

5가지 주요 요인으로 구성된 교육 상황적 요구 조건은 반드시 고려해야 한다.

① 학생들의 특성과 학습 선호도

② 수업 시간

③ 시설

④ 용기구

⑤ 학습 자료

(4) 맥락적 변형

① 본래 모형의 설계대로 정확하게 모형을 실행하기는 쉽지 않다. 따라서 수업 환경의 제한요소, 모형 활용 경험, 상식으로 교사는 수업 단원 전이나 수업 단원 동안 모형을 변형하여 활용하도록 한다.

② 모형의 변형이 전체적으로 이루어져서는 안 된다. 특히 각 모형이 가지고 있는 독특한 점을 변화시키거나 학습 영역의 우선순위를 바꿔서는 안 된다.

③ 모형의 변형은 단원이 시작되기 전이나 도중에 교사가 체계적으로 변형할 수 있는 다음과 같은 계획 및 의사결정 영역의 목록을 작성하면서 시작된다.

　　㉠ 관리 계획

　　㉡ 내용 적용 범위

　　㉢ 내용 전개

　　㉣ 수업 자료

　　㉤ 시간 할당

　　㉥ 평가 기법

　　㉦ 과제 제시

　　㉧ 교사와 학생의 역할과 책임

　　㉨ 학생의 발달 단계

④ 모형이 근거하고 있는 학습이론, 기본적 가정, 학습 영역의 우선순위, 영역간 상호작용과 같은 특정 영역의 변형은 불가능하다. 이유는 이 영역들은 모형의 기본적인 근거에 해당하기 때문에 변형을 하게 되면 본래 설계된 모형과 다른 모습으로 변질될 수 있기 때문이다.

8. 체육 수업 모형의 선정 과정

(1) 나는 학생이 무슨……. (내용)을 배우기 원하는가?

> 예 핸드볼의 기본 기술, 규칙 및 전략 등

(2) 내가 생각하는 학습 영역의 우선순위는 무엇인가?

> 예 첫 번째: 기술(심동적 영역), 두 번째: 규칙 및 전략(인지적 영역), 세 번째: 자신감(정의적 영역)

(3) 어떤 모형이 이 우선 영역을 포함하는가?

> 예 A모형, B모형, C모형

(4) 이 모형에 요구되는 상황적 요구 조건은 무엇인가?

> 예 A모형?, B모형?, C모형?

(5) 현재 상황적 조건이 이 요구 사항들을 얼마나 충족시킬 수 있는가?

> 예 A모형: 매우 좋음, B모형: 매우 좋음, C모형: 좋지 않음(이유는 장소가 협소함)

(6) 모형에 필요한 교사와 학생의 선행 조건은 무엇인가?

> 예 A모형?, B모형?

(7) 나와 학생은 이러한 선행 조건을 만족시킬 수 있는가?

> 예 A모형?: 예, B모형?: 예

(8) 내가 원하는 대로 각 모형을 어떻게 변형시켜야 하는가?

> 예 A모형은 장소, 장비 등이 더 요구됨, B모형은 필요한 모든 것이 갖춰져 있음.
> B모형을 선택한다. 이유는 변형이 필요치 않기 때문이다(또는 가장 최소한의 변형이 필요한 수업 모형 선택하기).

3 모형 중심 체육 수업의 지식 영역

1. Shulman의 교사 지식(7가지 범주)

(1) **내용 지식**(Content knowledge)

가르칠 교과내용에 대한 지식

(2) **지도 방법 지식**(General pedagogical knowledge)

모든 교과에 적용되는 지도법에 대한 지식

(3) **내용 교수법 지식**(Pedagogical content knowledge)

특정 학생에게 어느 교과나 주제를 특정한 상황에서 지도할 수 있는 방법에 대한 지식

(4) **교육과정 지식**(Curriculum knowledge)

각 학년의 발달 단계에 적합한 내용과 프로그램에 대한 지식

(5) **교육 환경 지식**(Knowledge of educational contexts)

수업 환경에 영향을 미치는 지식

(6) **학습자와 학습자 특성 지식**(Knowledge of learners and their characteristics)

수업에 영향을 미치는 학습자에 관한 지식

(7) **교육 목적 지식**(Knowledge of educational goals)

목적, 목표 및 교육시스템의 구조에 관한 지식

2. 3가지 유형의 지식(Metzler)

교사는 7가지 범주에서 3가지 다른 수준의 지식, 즉 명제적 지식, 절차적 지식, 상황적 지식을 가지고 있어야 한다.

(1) **명제적 지식**

교사가 구두나 문서로 표현할 수 있는 지식을 말한다. 즉 효과적인 체육 수업에 필요한 여러 가지 내용을 '아는 것'을 뜻한다.

(2) **절차적 지식**

교사가 실제로 수업 전·중·후에 적용할 수 있는 지식을 말한다. 즉 수업 관리와 학생의 학습을 촉진할 수 있는 방법으로 명제적 지식을 활용할 수 있는 능력을 말한다.

(3) **상황적 지식**

교사가 특수한 상황에서 적절한 의사결정을 언제, 왜 해야 되는지에 관해 교사에게 정보를 제공한다.

명제적, 절차적, 상황적 지식의 예

명제적 지식	발달 단계에 적합한 교육과정 및 수업의 개념 지식
절차적 지식	발달 단계에 적합한 교수전략을 활용한 교수·학습 과정안을 작성하는 지식
상황적 지식	학생의 발달단계에 부적합한 학습 활동을 변형할 수 있는 방법에 관한 지식

명제적 지식	단체 및 개인 스포츠 경기의 규칙 지식
절차적 지식	과제 제시의 올바른 규칙을 설명할 수 있는 지식
상황적 지식	규칙을 설명할 때 초등학생 3학년과 고등학생 2학년에게 다른 용어와 언어를 사용할 수 있는 지식

명제적 지식	중학교 1학년 대상의 재미있는 3가지 리듬 활동에 관한 지식
절차적 지식	학생이 이 활동을 연습하는 동안 관찰하고 정확한 피드백을 제공할 수 있는 지식
상황적 지식	학습을 꺼려하는 학생에게 학습 동기를 부여할 수 있는 방법에 관한 지식

명제적 지식	개인맞춤형 수업이 무엇이고 왜 이 수업 형태가 체육 교육에서 중요한지를 아는 지식
절차적 지식	모든 학생들의 요구를 반영한 학습 활동을 계획하고 실행하는 지식
상황적 지식	스포츠교육모형의 농구단원에서 중학교 1학년 학생을 위한 포용적이고 효율적인 개인맞춤형 수업을 설계할 줄 아는 지식

지식의 3가지 유형은 서로 밀접하게 관련되어 있으며, 명제적 지식은 절차적 지식에 선행한다. 즉, 교수·학습에 대한 기본 지식을 우선적으로 갖춘 다음, 그 지식을 활용할 수 있는 방법을 갖게 된다는 것을 의미한다. 교사가 교육 환경에서 한 번이라도 지식을 활용할 수 있게 되면, 상황적 지식은 교사로 하여금 더욱 다양한 교육 환경에서 수차례 활용할 수 있게 하며, '그것을 활용하기' 전에 '왜 그런지를 알게' 한다.

3. 모형 중심 체육수업에 필요한 지식영역

(1) 학습 환경

학습 환경은 체육 프로그램의 학습 내용과 방법에 영향을 주는 모든 요인을 의미한다. 대부분의 환경 요인들은 고정적이고 교사 통제 밖에 있다. 교사는 환경을 변화시킬 수 있는 힘을 갖고 있지 못한데, 최선의 방법은 주어진 학습 환경에 익숙해져서 그 환경 내에서 교수·학습의 효과를 극대화하는 것이다.

① 학교 위치
  ㉠ 도시, 시골, 교외
  ㉡ 학교 지역
  ㉢ 지역 환경

② 학생 정보
　㉠ 학교 규모
　㉡ 학생의 사회 경제적 지위
　㉢ 문화적 다양성
　㉣ 지역 사회의 가치
　㉤ 학력
　㉥ 결석률
　㉦ 전학 학생률
　㉧ 외국인 학생
　㉨ 신체능력의 범위

③ 행정
　㉠ 지역 수준
　㉡ 학교 수준

④ 체육 교사
　㉠ 교사와 보조 교사의 수
　㉡ 성, 인종, 민족의 구성
　㉢ 연령
　㉣ 교직 경험
　㉤ 교과 내용 전문성

⑤ 수업 교재
　㉠ 수업 공간
　㉡ 용·기구
　㉢ 시간과 스케줄

(2) 학습자

① 피아제(Piaget)의 인지 발달단계

인지단계와 개략적인 연령범위	학습자의 특성	움직임 개념 학습의 적용
감각 운동기 (생후 2년)	• 움직임과 인지 사이에 초기 관계가 형성 • 개별 탐색을 통해 직관적 움직임 패턴을 발달(잡기, 들기, 다루기)	• 이 시기 학습자들은 아직 타인으로부터 움직임을 배울 준비가 되어 있지 않음
사전 조작기 (2~7년)	• '구체적'인 것을 계속 배움 • 아직은 추상적 경험이 형성되거나 습득되지 못함	• 학습자는 간단하고 명료한 지도 아래 '촉각적인 경험/실제로 피부로 느낄 수 있는 경험'(끌어안기, 느끼기, 공간에서 신체이동)을 필요로 함
구체적 조작기 (7~11년)	• 추상적 경험으로 배우는 능력이 생기기 시작하지만 여전히 겉으로 드러나는 명백한 것에 의존	• 문제를 해결하기 시작 • 사고와 움직임 사이의 관계성 탐색 • 논리적인 학습이 가능 • 상세한 지시 사항 수가 덜 필요하게 됨
형식적 조작기 (11~14년)	• 개념 학습의 숙달 • 사전 지식과 경험을 새로운 구조로 변형	• 복합적 문제의 해결 • 스스로 새로운 지식을 개발 • 함축된 지시하에 학습 가능

② 갤러휴(Gallahue)의 운동 발달단계

반사 운동시기 ⇨ 원시 운동시기 ⇨ 기초 운동시기 ⇨ 구체화된 운동시기

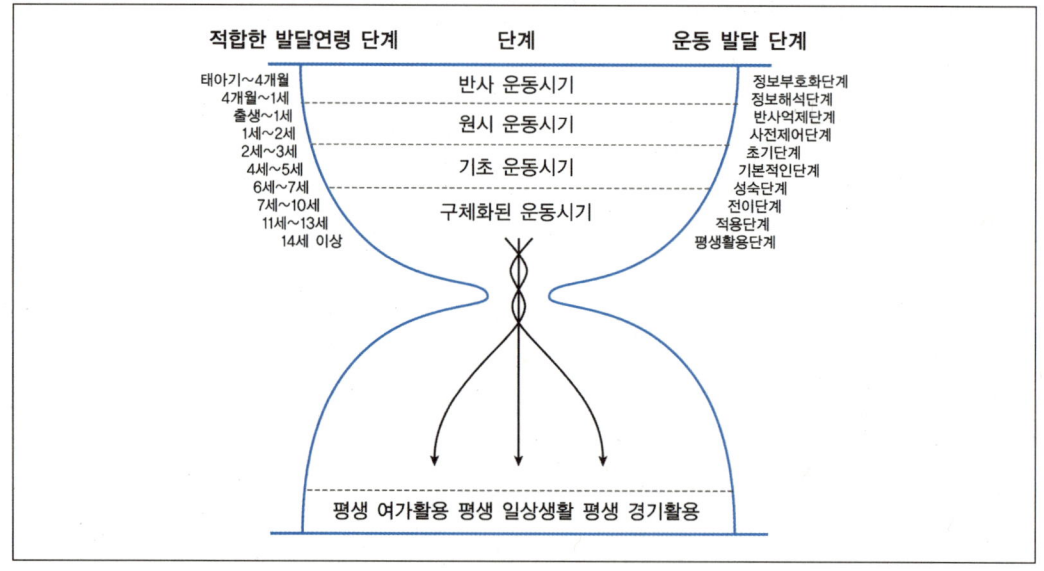

🔍 운동 발달 시기와 단계

③ 정의적 발달

　㉠ 교사들은 정의적 영역에 많은 관심을 기울이지만, 실제로는 학생들이 어떻게 이 영역을 학습하고 발달해 가는지에 대해 잘 알지 못한다.

　㉡ 그렇게 때문에 교사들은 정의적 발달의 학습 결과를 예측하여 학습 경험을 계획하고 적용하기 위한 '출발점'을 거의 알고 있지 못하는데, 이는 다음의 2가지 요인에 기인하고 있다.

　㉢ 정의적 영역의 학습은 매우 개별적으로 이루어진다. 그 때문에 교사들은 학생의 욕구와 정의적 학습이 언제 실제로 일어나는지에 대해 알 수 있는 지표를 거의 가지고 있지 않다.

　㉣ 정의적 영역의 학습과 나머지 두 영역(인지적, 심동적 영역)에서 학습 간에 복합적이고 잘못 이해된 상호작용이 존재한다. 이 두 영역이 정의적 영역의 학습에 영향을 주고 있지만, 그 이상에 대해서는 그 관계가 모호하고 논쟁거리로 남아 있다.

④ 학습 동기

　㉠ Keller의 4가지 보편적 학습 동기 개념

　　ⓐ 흥미 : 학습자의 호기심 발현과 유지 정도

　　ⓑ 관련성 : 교육 내용과 수업 방식이 학습자의 목적과 요구에 부합하는 정도

　　ⓒ 기대치 : 학습자가 인식하는 과제 성공

　　ⓓ 만족도 : 학습자의 내재적 참여 동기와 외적 보상

　㉡ Brophy의 동기 전략을 분류한 개념 틀

　　ⓐ 첫 번째 수준(4가지 선행 조건) : 지원 환경, 적절한 도전 의식, 의미 있는 학습 목표, 적절한 교수 전략 사용

　　ⓑ 두 번째 수준(3가지 원리) : 학생의 성공 기대감을 유지함으로써 동기화, 외적 보상을 제공함으로써 동기화, 학생이 소유하고 있는 내적 동기를 이용해서 동기화

　　ⓒ 세 번째 수준 : 학생의 학습 동기를 유발하기 위한 구체적인 전략

동기 유발 전략 분류를 위한 Brophy의 개념 틀		
첫 번째 수준	필수 선행조건	• 지원 환경 • 적절한 도전 의식 • 의미 있는 학습 목표 • 적절한 전략 사용
두 번째 수준	학습의 성공기대를 통한 동기 유발	• 성공 프로그램 • 목표 설정, 성과의 평가, 자기 강화 지도 • 학습의욕이 저조한 학생을 위한 치료 차원의 사회화를 제공 　- 위험보다는 투자로써 노력 설명 　- 특정 영역의 기술 개발

		− 기술 숙달에 집중 − 재교육 제공 − 시험 불안 최소화
	외적 보상을 제공함으로써 동기 유발	• 향상된 성과에 대한 인센티브 차원의 보상 제공 • 적절한 경쟁 상황을 만들어 줌 • 학업 활동의 유효한 가치를 강조

두 번째
수준
	학생의
	내적 동기를 통한
	동기 유발
		• 학습 과제를 학생의 흥미에 적용
		  − 학생이 흥미를 가지는 내용이나 재미를 느끼는 활동 적용
		  − 여러 가지 학습 과제를 선택할 수 있게 하거나, 학생의 요구에 부응하는 여러 가지 방법 중에서 선택 가능한 자치권을 행사할 수 있는 기회 제공
		  − 학생의 의견 제시와 질문을 유도
		  − 학생들이 자신의 의견을 표현하거나 대답할 수 있게 만드는 다양한 질문과 기회 제공
		• 새롭고 다양한 계획
		• 활발하게 대답할 수 있는 기회 제공
		• 학생의 응답에 대한 즉각적인 피드백 제공
		• 학생들이 과제를 끝마칠 수 있도록 함
		• 학습 활동에 재미있는 것들을 통합
		  − 공상이나 상상의 요소
		  − 모의 실험
		  − 게임
		  − 동료 학생과의 상호 작용의 기회

세 번째 수준	학생의 학습 동기를 유발하기 위한 전략	• 학습 흥미와 동기 유발을 모형화 • 학생의 학습 동기에 대한 바람직한 기대감과 속성 전달 • 학습 활동 수행 중의 학생의 불안 최소화 • 집중력 발산 • 열정 발산 • 과제의 흥미나 평가 유발 • 호기심이나 긴장감 유발 • 불협화음이나 인지적 갈등 유발 • 추상적인 학습 내용을 개인적이고 구체적이며 친숙하게 만들기 • 학생이 스스로 학습 동기를 유발하도록 촉진 • 학습 목표를 진술하고 뛰어난 기획자 제공 • 과제와 관련된 사고와 문제 해결 과정을 모형화

학습 유형과 학습 선호도

Jonassen과 Grabowski는 '학습 유형(Learning style)을 여러 가지 형태의 학습과 수업 활동에 대한 학습자의 선호도'라고 정의한다. 학습 유형 이론에 따르면, 개개의 학습자는 학습 능력, 과거의 학습 경험, 수업 환경의 복잡한 상호작용에 의해 결정되는 자신만의 가장 효과적인 학습 방법을 가지고 있다. 학습 유형에 대한 개념은 2가지 접근 방식에 따라 다양하게 설명된다. 하나는 학습자의 인지적 기술과 정보 처리 능력에 기초한 학습 유형이고, 다른 하나는 학습자가 선호하는 학습 환경 요인에 따른 학습 유형이다. 이 2가지 접근방식의 차이점은 첫 번째 유형에서는 학습자를 이탈형, 동화형, 집중형, 순응형과 같은 유형으로 분류한다. 또한 학습자를 자신이 선호하는 지각 능력에 따라 시각형, 운동기능형, 사색형, 청각형으로 분류한다. 두 번째 유형에서는 학습 환경, 사회 구조, 감정 상태, 학습자가 수용하는 신체 자극과 같은 학습자가 가장 효과적으로 학습할 수 있는 여러 측면의 조건을 설명하고 있다. Reichmann과 Grasha에 의해 개발된 비교적 단순한 도식은 학생의 학습 선호와 수업 모형을 일치시키는 데 상당히 유용하다. 이것은 학생의 학습 태도, 교사와 동료에 대한 관점, 수업절차에 대한 반응과 같은 3가지 차원에 기초하고 있다. 이 모형은 그러한 학습 환경에서 어떻게 중요한 특성이 수업 형태에 대한 학생의 관심과 동기를 유발할 수 있는지를 설명한다. 각 모형은 학습 환경을 구조화하는 근본적으로 독특하고 상이한 방법이기 때문에 이 관점은 수업 모형들의 개념과 잘 일치한다고 볼 수 있다.

(3) 학습 이론과 기본 가정

수업 모형에 대한 가장 기본적인 설계 요인은 각 모형이 근간을 이루고 있는 학습 이론이라고 볼 수 있다. 학습 이론은 어떻게 학습이 일어나는지를 설명하거나 기술하는 방식이다.

학습이론	학습방법에 대한 기본 가정
조작적 조건	• 학습은 인간 행동의 결과로써 일어난다. 강화된 행동은 반복해서 일어날 것이고, 벌을 받은 행동은 발생이 억제될 것이다[효과의 법칙]. $$S^D \rightarrow R \rightarrow S^R$$ • 세 조건의 우연성은 학습의 기본적인 군집이 된다. 판별 자극은 반응을 유발하고 그 다음 강화 자극이 뒤따른다. 이 강화 자극은 판별 자극이 나타날 때 그 행동이 다시 일어나는 확률을 증가시킨다.
사회 인지 학습 (자기효능감 포함)	• 학습은 사람들이 어떤 환경에서 다른 사람을 관찰하고 행동을 모방할 때 일어난다. • 사회적으로 학습된 행동은 조작적 조건과 동일한 방식에서 강화된다. • 학습자, 환경, 행동 사이의 상호 작용에 의해 강력하게 결정된다. • 학습은 실제 행동이나 간접적인 관찰 경험을 통해 일어날 수 있다.
정보화 과정	• 학습 행동은 내적 과정을 통해 일어난다. • 학습자는 어느 환경에서 어떤 특징을 선택하고, 정보를 변형하여 활용하며, 새로운 정보를 사전 지식과 연결하며, 그런 다음 그 지식을 의미 있게 만들어낸다. 암기 기능을 이용하는 것은 학습에 매우 중요하다.

인지학습 및 인지과정	• 학습은 인지적 성장과 발달 과정으로 이루어진다. • 이 과정은 이전에 배웠던 사실, 상징, 개념과 원리를 의미화할 수 있는 개인의 역량 확대로 이루어진다.
구성주의	• 학생들은 기존 지식에 새로운 지식을 스스로 축적하며 학습한다. • 사람들은 이 과정에서 핵심 역할을 하는 학습에 대한 내재적 신념을 갖고 있다.
문제해결	• 인지 이론은 사람들이 특정 목표를 달성하기 위해 생각하고 문제를 해결하는 과정으로 본다. • 이는 시행착오, 안목, 발견 학습과 같은 3가지 주요 기능에 의존한다.
학습동기	• 학습 과정은 학습자가 갖고 있는 선천적 요구에 의해서 발생한다. • 그 선천적 요구는 그 요구를 충족하거나 해결하려는 행동을 하도록 사람에게 동기를 부여한다. 이 요구는 생리적, 심리적, 혹은 이 2가지 결합으로 나타날 수 있다.
인본주의 이론	• 5가지 욕구 수준을 만족하고자 하는 동기 이론과 관련된다. → 생리적 욕구, 안전, 소속감, 존경심 및 자아실현(Maslow) • 학습은 보조적인 욕구를 충족하고, 다음 상위 단계에서 학습 과정이 진행되는 것이 자유로울 때 발생한다.

(4) **발달 단계에 적합한 체육수업**(미국체육협회, NASPE)

① 발달적 변화는 질적으로 이루어진다.

② 발달적 변화는 계열적으로 이루어진다.

③ 발달적 변화는 누적으로 이루어진다.

④ 발달적 변화는 방향성을 가지고 있다.

⑤ 발달적 변화는 다차원으로 이루어진다.

⑥ 발달적 변화는 개별적으로 이루어진다.

위의 진술은 발달 단계에 초점을 둔 수업에 대한 중요한 개념들, 즉 '발달은 연령과 관련되어 있다. 그러나 연령이 결정적인 것은 아니다.'라는 점을 강조하고 있다. 교사는 8세, 12세, 16세의 학생들이 서로 연령별 발달 특성이 다르기 때문에 모두를 같은 방식으로 가르쳐서는 안 된다. 뿐만 아니라, 동일한 연령대의 학생들이 비슷한 발달 특성을 가지고 있다 하더라도, 그들 사이에 개인차가 존재하기 때문에 모두를 똑같은 방식으로 가르쳐서도 안 된다.

(5) **학습 영역과 목표**

학습 이론가들은 수업의 성과를 범주화하는 데 활용되는 인간 학습에 대해 3가지 유형을 인정한다. 각각은 '영역'(domain) 또는 '범주'(territory)로 일컬어지며, 학생이 각 영역에서 습득하게 되는 특정한 종류의 학습을 포함한다. 전통적으로 3가지 영역은 인지적, 심동적, 정의적 영역이다.

① 인지적 영역(Bloom)

인지적 영역은 논리, 개념, 사실, 기억 회상을 포함하는 인지적 학습이다. Bloom 등의 '교육 목표 분류'는 단순한 것에서 복잡한 것으로 전개되는 인지적 과정의 위계를 포함하고 있다.

지식	사전에 학습된 정보를 회상할 수 있는 능력 예 • 학생은 테니스 라켓의 각 부분을 말할 수 있다. • 학생은 골프 스윙의 5가지 부분을 회상할 수 있다.
이해	정보의 의미를 이해하는 능력 예 • 학생은 풋워크의 중요성을 설명할 수 있다. • 학생은 웨이트 트레이닝에서 지레의 힘이 사용되는 방법을 설명할 수 있다.
적용	정보를 새롭고 구체적으로 적용할 수 있는 능력 예 • 학생은 보다 공정한 시합을 위해 게임 규칙을 적용할 수 있다. • 학생은 동일한 음악을 활용하여 2가지 춤을 창작할 수 있다.
분석	자료를 구성 요소로 분류하고 이 요소들 간의 상호관계를 이해하는 능력 예 • 학생은 동료의 수행을 관찰하고 실수를 찾아낼 수 있다. • 학생은 경기 상황에 적합한 전략을 세울 수 있다.
종합	부분을 전체로 통합할 수 있는 능력 예 • 학생은 테니스 스윙과 라켓볼 스윙간의 유사점과 차이점을 인식할 수 있다. • 학생은 플래그 풋볼에서 공격적인 경기를 계획할 수 있다.
평가	상반되는 의견이 있는 상황에서 가치를 판단하는 능력 예 • 학생은 체조 시합을 판정할 수 있다. • 학생은 2가지 춤 동작을 비교할 수 있다.

② 심동적 영역(Harrow)

심동적 영역은 신체적 기능과 능력의 발달, 즉 움직임을 통해 습득되고 시연되는 학습을 포함한다. 기술은 단순 또는 복합적이고, 소근육 또는 대근육 운동을 포함한다. 이 영역은 학습 유형을 구분하기 위한 분류체계를 가지고 있다.

반사	자극에 반응하여 일어나는 무의식적 행위 예 • 학생은 잠재적 위험 상황을 알고 피할 수 있다. • 학생은 스스로 올바른 자세를 취할 수 있다.
기초기능	반사적 움직임의 결합에 의해 형성된 선천적인 움직임 패턴 예 • 학생은 달리고, 걷고, 뛰고, 도약할 수 있다.
지각능력	감각을 통해 자극을 받아들여 적절한 움직임으로 변환하는 행동 예 • 학생은 던져진 공을 향해 쫓아갈 수 있다. • 학생은 두 개의 다른 도구로 공을 칠 수 있다.
신체능력	기초기능과 지각능력을 결합시켜 단순 기술 움직임 생성 예 • 학생은 체조를 할 수 있다. • 학생은 음악에 따라 스퀘어 댄스를 따라 할 수 있다.
복합기술	효율성, 체력, 한 번에 한 가지 신체능력의 결합을 요구하는 상위 기술 예 • 학생은 스포츠에 필요한 기술을 배울 수 있다. • 학생은 장애물 통과 훈련을 완수할 수 있다.
운동해석능력	신체 움직임을 통해 의사소통할 수 있는 능력 즉 행위를 통해 감정, 사고, 의미를 표현할 수 있는 능력 예 • 학생은 '화창한 날 활짝 핀 꽃처럼' 움직일 수 있다. • 학생은 관중들에게 행복을 나타내는 춤을 창작할 수 있다.

③ 정의적 영역(Krathwohl)

정의적 영역은 움직임과 연관된 감정, 태도, 가치를 포함한 학습을 의미한다. 이런 의미에서, 신체활동 안에서 일어나는 '자신'에 대한 학습으로 볼 수 있다. 정의적 영역은 학습 결과가 개인에게만 명백히 나타나는 특성을 가지고 있기 때문에 다른 사람이 관찰하고 측정하는 것이 어렵다. 개인뿐만 아니라 다른 사람에게도 설명될 수 있으나 잘못 전해지거나 잘못 이해될 수 있다. 정의적 학습을 확인할 수 있는 한 가지 방법은 시합 중과 시합 후에 좋은 스포츠 행동 사례를 관찰하거나 학생이 수업 외에 참여하는 활동을 관찰함으로써 정의적 학습 효과와 관련 있는 행동을 관찰하는 것이다. Krathwohl는 교사가 정의적 영역에서 학습 진도를 계획하는 데 도움이 되는 분류체계를 개발하였다.

수용화	정보를 얻기 위해 관심을 기울이고, 보고, 듣는 능력 예 • 학생은 미국의 여성 스포츠 역사를 읽을 수 있다. • 학생은 자신이 가장 좋아하는 춤에 대해 다른 학생이 설명하는 것을 잘 들을 수 있다.
반응화	학습자가 보고, 들은 것에 대해 논쟁, 토론, 또는 동의(비동의)하는 능력 예 • 학생은 자신이 체육을 왜 좋아하는지 5가지 이유를 나열할 수 있다. • 학생은 스포츠에서의 경쟁에 대해 찬성과 반대를 토론할 수 있다.
가치화	행동 또는 이벤트의 중요도를 결정할 수 있는 능력 예 • 학생은 사람들이 정기적으로 운동해야 하는 이유를 이해할 수 있다. • 학생은 공정한 경기를 위해 규칙을 준수해야 하는 필요성을 설명할 수 있다.
조직화	가치들을 비교하여 결정하고, 판단과 선택을 위해 조직화하는 능력 예 • 학생은 건강 체력 활동의 중요성을 말할 수 있다. • 학생은 기술과 운동 수행 향상을 위해 목표를 설정하고 노력할 수 있다.
인격화	가치들을 내면화하여 학생이 일상생활에서 실천하는 능력 예 • 학생은 수업 시간 이외 활동에서 게임 규칙과 예절을 지킬 수 있다. • 학생은 몸에 건강한 식사를 위한 적절한 선택을 할 수 있다.

④ 학습 영역의 우선순위와 상호작용

학습활동	교사의 우선영역	학습 영역의 상호작용 ('→'는 '–을 하는 동안 혹은 거의 동시에' 이루어지는 것으로 해석될 수 있음)
기본 댄스 스텝 배우기	1. 인지적 2. 심동적 3. 정의적	(1) 순서와 타이밍에 대해 생각하기 → 연습하기 → 무용 연습을 즐기고 무용을 좋아하기
술래잡기	1. 심동적 2. 인지적 3. 정의적	(1) 달리기와 피하기 → 술래를 피할 수 있는 전략과 전술 습득하기 → 술래가 된 느낌을 배우기
협동 게임	1. 정의적 2. 인지적 3. 심동적	(1) 그룹의 일원이 되기 → 전략의 시행착오를 배우기 → 전략 수행에 필요한 신체적 움직임을 행하기

움직임 개념	1. 인지적 2. 심동적 3. 정의적	(1) 움직임의 개념과 예시/비예시를 알기 → 개념을 표현하며 움직이기 → 새로운 움직임 방법을 발견하고 창조하기
스포츠 기술 연습	1. 심동적 2. 정의적 3. 인지적	(1) 필요한 운동 수행 패턴 배우기 → 긍정적 스포츠 행동과 태도 학습하기 → 게임 상황에 따른 응용기술 이해

⑤ 학습 목표

학습 목표는 학습 상황 또는 조건, 도착점 행동/지식/태도, 학습 성취 기준이라는 3요소를 포함해야 한다(Mager). 수업 목표의 구체적인 형식과 내용은 학습영역과 의도된 학습결과의 수준에 따라 달라진다.

인지적, 심동적, 정의적 영역에서의 학습 목표	
인지적 영역 (적용 단계)	농구의 2-3 지역방어 설명을 듣고 주요 지점에 공을 위치시킨 상태에서(조건), 학생은 5명 모든 선수들의 정확한 포지션을(기준) 도식화할 수 있다(지식).
인지적 영역 (평가 단계)	두 선수의 3m 다이빙의 동작을 보여주면(조건), 학생은 각 선수의 점수를 채점하고(지식), 두 선수의 동작 중 더 좋은 동작을 정확하게 판별할 수 있다(기준).
심동적 영역 (지각 단계)	학생은 제자리 줄넘기를 혼자서(조건), 멈추지 않고(기준) 10번을 반복할 수 있다(행동).
심동적 영역 (복합기술 단계)	플래그 미식축구 경기에서 쿼터백을 담당하면서(조건), 학생은 40퍼센트의 성공률을 가지고(기준) 공격측이 달려가는 방향으로 전진 패스를 할 수 있다(행동).
정의적 영역 (가치화 단계)	멀티미디어 콜라주에서(조건) 학생은 올해 체육 수업에서 가장 좋아했던 활동 5가지를(기준) 표현할 수 있다(태도).
정의적 영역 (인격화 단계)	식당에서 식사를 한 후(조건) 학생은 자신이 먹은 음식의 리스트를 만들고(태도), 그 음식들이 얼마나 건강에 좋은지를 판단할 수 있다(기준).

(6) 체육 수업 내용

① 내용 교수법 지식(pedagogical content knowledge : PCK)

㉠ 풍부한 내용 지식은 교사로 하여금 학습 목표를 분명하게 제시하며 안전한 학습 환경을 제공하고 학습 진도를 적절히 조절하며 수업에서 학습자의 움직임 유형과 기술을 관찰하고 분석함으로써 더 나은 수업을 조직하게 만든다. 즉, 효과적인 수업 지도를 가능케 하며, 체육 수업을 계획하고 진행할 때 높은 수준의 자신감을 부여한다.

㉡ 내용 지식은 교육 환경과 학습자 지식과 결합될 때, 내용 교수법 지식(PCK)으로 불린다. PCK는 교사가 '자신이 하는 일을 안다는 것'과 '학생을 가르칠 수 있는 방법을 안다는 것'을 의미한다(Shulman). PCK는 어떤 학습자에게 특정한 학습 내용을 효과적으로 가르칠 수 있는 능력이다.

② 내용 교수법 지식의 발달

Grossman에 의하면(Griffin, Dodds, & Rovegno), 다음과 같은 교사 지식과 능력의 4가지 유형을 조합함으로써 PCK를 발달시킬 수 있다.

㉠ 광의적 목표와 협의적 목표를 모두 고려해야 한다.

㉡ 학생이 이미 무엇을 알고 있고 무엇을 할 수 있는지를 이해해야 한다.

㉢ 교육과정 내용에 대한 지식을 충분히 가지고 있어야 한다.

㉣ 다양한 지도 전략을 사용해야 한다.

③ 움직임 기능의 분류

비이동 운동 기능	• 공간 이동이 없고 물체 또는 도구를 사용하지 않는 운동 기능을 말한다. • 서기, 앉기 또는 정지 동작이 포함된다. 정적균형, 구부리기, 뻗기, 비틀기, 돌기 등
이동 운동 기능	• 물체 또는 도구를 사용하지 않고 공간 이동을 포함한 신체 운동을 말한다. • 걷기, 달리기, 한발 뛰기, 두발 뛰기, 피하기 등
물체 조작 기능	• 손이나 몸에 고정시키지 않은 상태에서 도구를 조작하는 운동을 말한다. • 체육 수업에서 사용되는 일반적인 물체는 공, 바톤, 훌라후프, 플라스틱 원반, 셔틀콕 등이고, 이 물체들은 손이나 발에 의해 던지기, 토스하기, 차기, 잡기, 튀기기 등의 움직임으로 활용된다.
도구 조작 기능	• 물체를 통제하기 위한 목적으로 용·기구를 한 손 또는 두 손으로 다루는 운동을 포함한다. • 도구는 일반적으로 '기구'로 사용되어 왔고, 일반적인 도구는 배트, 라켓, 글러브 등이며, 이것들은 치기, 배팅하기, 튀기기, 드리블하기, 잡기와 같은 여러 가지 방법으로 물체를 통제하는 데 사용된다. • 도구 조작 기능은 도구와 물체를 동시에 통제할 수 있는 능력이 요구되기 때문에 손과 눈의 협응력과 시각 추적 능력이 요구된다.
전략적 움직임과 기능	• 역동적인 상황(게임)에 적용되는 움직임 형태이다. • 핸드볼에서 수비를 하고, 야구에서 도루를 하고, 미식축구에서 패스 패턴을 따라 달리고, 그룹 프로젝트를 해결하는 활동과 같은 어떤 특정한 결과를 산출하는 데 필요한 운동 기능과 상황적 의사결정이 결합된 형태이다.
움직임기술 주제	• 복잡한 운동 패턴을 점진적으로 발달시키기 위해 기본 운동 기능과 움직임 개념을 결합한 것이다. • 기본 운동 기능은 비이동운동, 이동운동, 물체 조작운동, 도구 조작운동을 말하고, 움직임 개념은 신체, 노력, 공간, 관계를 설명한다.
표현 및 해석적 움직임	• 능숙한 기술을 습득하거나 어떤 결과를 산출하기보다 주로 느낌, 개념, 생각, 주제를 표현하기 위한 움직임이다. • 움직임 표현을 가르치기 위해서는 교사의 전문성과 움직이는 사람과 관객에게 움직임의 의미를 전달해 주는 '신체 언어'(language of the body)에 대한 지식이 필요하다.

④ 움직임 패턴과 기술 분석

　　㉠ 교사는 학생의 움직임 패턴과 기술을 비판적으로 관찰하고 분석할 수 있는 능력을 가지고 있어야 한다.

　　㉡ 이러한 능력은 움직임 지식, 교사 자신의 운동 경험, 학생의 발달 수준에 대한 지식, 운동 수행에서 주요 요소를 인식할 수 있는 관찰 기술에 근거한다.

　　㉢ 운동 수행에서 주요 요소는 능숙한 기능에 필요한 움직임 또는 기능의 일부를 말한다.

　　㉣ 교사가 움직임 기능의 주요 요소를 이해할 때 전체적인 운동 수행보다는 운동 수행의 특정 부분에 초점을 두도록 한다. 그 주요 요소는 학습자에게 적합하고 구체적인 피드백을 제공하는 데 기초가 된다.

　　㉤ Coker는 체육 교사의 기술 분석 효율성을 향상시킬 수 있는 4가지 전략을 제시하고 있다.

　　　　ⓐ 기술과 하위요소의 목적 결정하기

　　　　ⓑ 관찰 초점을 결정하기

　　　　ⓒ 관찰 수행의 수를 결정하기

　　　　ⓓ 비디오 사용 여부 결정하기

　　㉥ 체육 수업의 관찰과 분석에 대한 교사의 전문성은 학생의 움직임 또는 기술 발달 단계 지식에 기초한다.

　　㉦ 어린 학습자들에게 성인 학습자들이 행하는 동일한 수준의 움직임과 기술을 수행하도록 기대해서는 안 된다.

　　㉧ Gallahue는 10가지 수준을 포함하는 운동 발달의 4단계를 기술하였다.

　　　　ⓐ 반사 운동시기

　　　　ⓑ 원시 운동시기

　　　　ⓒ 기초 운동시기

　　　　ⓓ 구체화된 운동시기

　　㉨ 교사가 발달 단계의 도식에 따라 운동 수행을 분석하기 위해서는 각 단계의 기술 또는 움직임의 주요 요소를 알아야만 한다. 이것은 교사가 운동 수행을 좀 더 잘 분석할 수 있도록 하며 학습자에게 유용한 피드백을 제공하도록 도와준다.

⑤ 과제 분석과 내용 전개

　　㉠ 과제 분석 : 과제 분석은 학생이 학습해야 하는 기술 요소를 제시하고 각 요소의 학습 순서를 결정하는 데 필요하다. 바람직한 과제 분석은 교사의 내용 지식과 조직 능력에 따라 좌우된다.

　　　　ⓐ 1단계 과제수준 : 최종목표

　　　　ⓑ 2단계 과제수준 : 1단계를 수행하는 데 필요한 모든 기술과 지식에 관한 항목

　　　　ⓒ 3단계 과제수준 : 2단계를 수행할 때 필요한 기술과 지식 요소를 제시

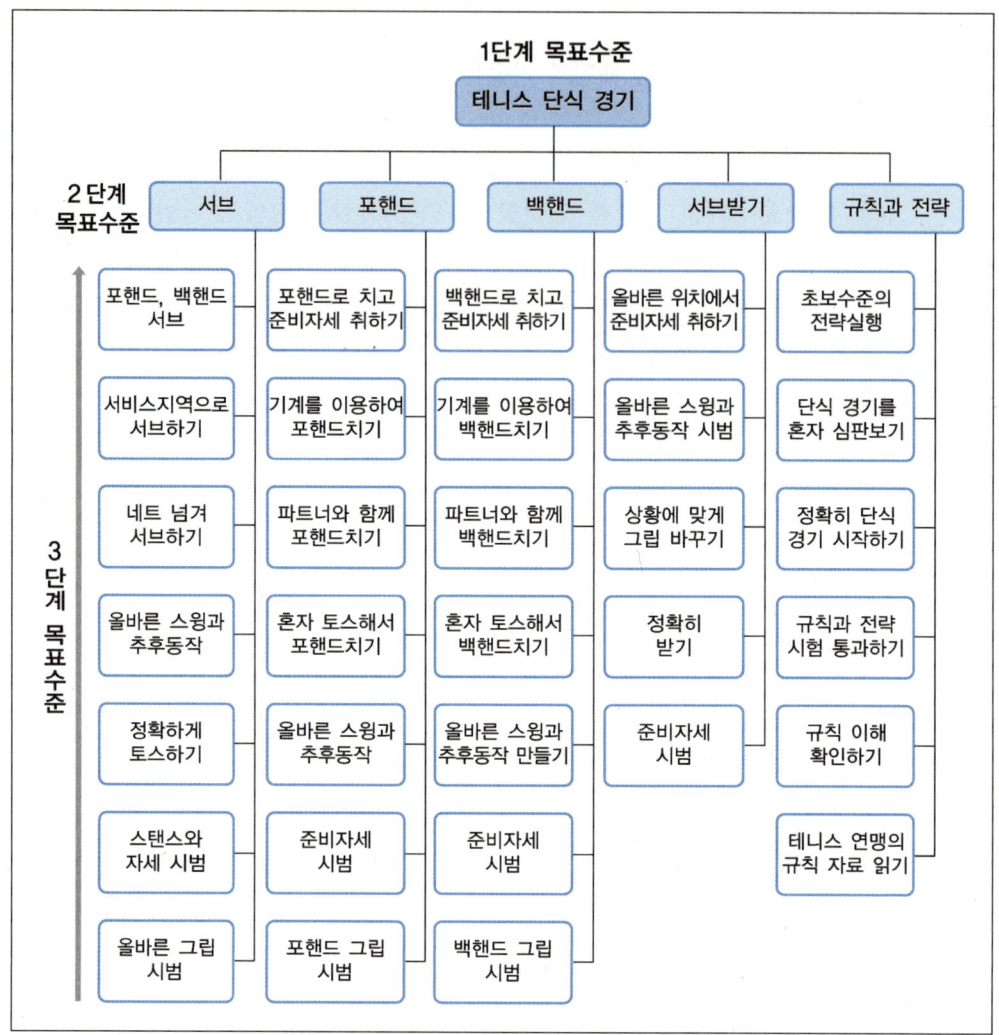

1단계 목표수준
테니스 단식 경기

2단계
목표수준 | 서브 | 포핸드 | 백핸드 | 서브받기 | 규칙과 전략

3단계 목표수준

서브	포핸드	백핸드	서브받기	규칙과 전략
포핸드, 백핸드 서브	포핸드로 치고 준비자세 취하기	백핸드로 치고 준비자세 취하기	올바른 위치에서 준비자세 취하기	초보수준의 전략실행
서비스지역으로 서브하기	기계를 이용하여 포핸드치기	기계를 이용하여 백핸드치기	올바른 스윙과 추후동작 시범	단식 경기를 혼자 심판보기
네트 넘겨 서브하기	파트너와 함께 포핸드치기	파트너와 함께 백핸드치기	상황에 맞게 그립 바꾸기	정확히 단식 경기 시작하기
올바른 스윙과 추후동작	혼자 토스해서 포핸드치기	혼자 토스해서 백핸드치기	정확히 받기	규칙과 전략 시험 통과하기
정확하게 토스하기	올바른 스윙과 추후동작	올바른 스윙과 추후동작 만들기	준비자세 시범	규칙 이해 확인하기
스탠스와 자세 시범	준비자세 시범	준비자세 시범		테니스 연맹의 규칙 자료 읽기
올바른 그립 시범	포핸드 그립 시범	백핸드 그립 시범		

🔍 테니스 단식 학습을 위한 3단계 수준의 과제 분석

ⓛ 내용 전개: 과제 분석은 단원에서 배워야 하는 학습 내용과, 그 학습 내용의 순서를 결정하는 계획을 포함한다. 그러나 과제 분석은 학생이 참여하는 학습 활동의 유형과 각 수업에서 학생이 어떻게 학습 활동을 전개해 나가는지를 설명해주지 못한다. 이 과정을 내용 전개라 부르며, 내용 전개는 학생이 과제 분석을 통해 열거된 내용을 배우는 학습 활동의 진도라고 볼 수 있다.

◎ Rink의 5가지 학습 과제 유형

정보	새로운 기술 학습을 위한 초기 과제 **예** 학생은 교사의 시범을 본 후 5분 동안 공을 드리블한다.
세련	운동 수행의 질을 향상시키는 과제 **예** 교사가 학생에게 공을 자유롭게 다룰 수 있는 3가지 요소를 알려주고 학생은 그 요소들을 10분 동안 연습한다.
확장	이전(또는 유사) 과제보다 조금 더 복잡하고 어려운 과제 **예** 학생은 5분 동안 지그재그 드리블 훈련을 한다. 그 훈련은 바닥에 놓여진 8개의 원뿔 사이를 드리블하는 것을 말한다.
적용	진술된 운동 수행 기준에 따라 수행하거나, 반대 위치 또는 표준에서 수행하는 과제 **예** 학생이 동일한 지그재그 코스를 통과하면서 드리블할 때 타이밍이 잘 맞춰진다. 학생은 연속적인 시도에서 최선을 다한다.
반복	이전의 과제들을 복습하거나 숙달시킨다. **예** 적응 과제의 속도가 증가함에 따라 학생의 통제는 감소하게 된다. 교사는 학생에게 확장 과제로 돌아가 5분 이상 그 과제를 연습하도록 지시한다.

내용 발달에 관한 교사의 지식은 첫째 학생들이 이전에 배운 내용과 유사한 속도로 학습이 전개될 수 있도록 교사가 학습 과제의 계열을 잘 수립하도록 도와주고, 둘째 교사가 수업에서 한 과제에서 다음 과제로 이동할 때 적절한 시기에 의사결정을 하도록 도움을 준다.

ⓒ 시간 지향 또는 완전학습 지향 과제 전개 : 내용 전개의 결정은 2가지 방법으로 이루어진다.

시간 지향 과제 전개	• 교사가 대다수의 학생이 각 과제를 학습하는 데 어느 정도의 시간이 필요한지를 추정하게 된다. 그런 다음 연습 시간이 경과하면 다음 과제로 진행한다. 시간 배정은 추정 시간이 정확하지 않을 때(학생의 연습 시간이 조금 더 많이 혹은 적게 필요) 변경될 수 있으나, 일반적으로 교사의 수업 계획표가 내용 전개를 주도한다. • 교사가 장기적인 단원 계획을 세워야 하나, 일부 학생은 새로운 과제를 시작할 때 준비가 안 될 수도 있는 위험성을 내포하고 있다. 이 학생은 계속해서 과제가 전개됨에 따라 제대로 따라가지 못할 가능성이 있다.
완전 학습 지향 과제 전개	• 교사가 현재 과제의 수행 기준, 학생 집단의 수용 비율을 결정한 다음, 이 2가지가 충족되면 다음 과제로 넘어가게 된다. • 대부분의 학생이 다음 과제로 이동하기 전에 현재 과제를 완전히 학습할 수 있다는 장점을 가지고 있다. 그러나 간단한 수행 기준과 비교적 낮은 수용 비율은 몇 가지 학습 과제를 완수하는 데 다소 시간이 오래 걸리게 되는 원인이 된다.

(7) 발달 단계에 적합한 체육 수업의 실제

① 체육을 포함한 모든 교과에서 발달 단계에 적합한 수업은 학습 내용, 학습 환경 및 교수가 학생의 현재 발달 단계와 학습 준비도와 일치해야 한다는 인식에 기초한다.

② 개인맞춤형 수업은 일련의 체계적인 과정을 통해 학생 개개인에 초점을 맞추는 개념 모델을 제공하고(Tomlinson), 발달 단계에 적합한 종합적인 수업 방식을 제공하고 있다.

③ 최근까지 개인맞춤형 수업은 체육 교육에서 큰 관심을 받지 못했고, 기본적으로 장애 학생들의 요구에 부응하는 방식으로만 인식되어 왔다. 체육 교육에서의 무관심은 개인차를 고려한 학습 과제(과제 내 변형과 학생 초대)에서 기인된다고 볼 수 있다.

ㄱ 과제 내 변형(intra-task variation)은 다양한 수준의 학생들의 요구에 부응할 수 있는 다양한 환경, 용・기구, 학습 패턴을 사용함으로써 가능하다(Graham).

ㄴ 학생 초대(teaching by invitation)는 학생으로 하여금 다양한 난이도 중에 하나를 선택할 수 있도록 한다(Graham).

④ 개인맞춤형 수업은 학습의 개인적 성향에 초점을 둔다. 이 철학은 Tomlinson과 Imbeau이 제시한 4가지 핵심 원리에 근거하고 있다.

ㄱ 학생은 수많은 개인차를 가지고 있고, 이 차이점들의 상호작용이 학생들을 독특한 존재로 만든다.

ㄴ 이 차이점들은 학생이 배우는 방식뿐만 아니라 그들이 성공하기 위해 필요한 지원의 유형에도 영향을 미친다.

ㄷ 교사들은 모든 학생이 특정 단원에서 목표로 하는 필수 개념과 기술을 완전히 습득하도록 해야 한다.

ㄹ 수업은 학습자가 중요한 기술과 개념에 대해 지속적으로 성찰하고 상호작용하는 과정 속에서 전달되어야 한다.

⑤ 개인맞춤형 수업의 핵심 원리는 체육 수업에서의 차이점을 구체적으로 이야기할 수 있고 그것을 적용할 수 있는 환경을 제공한다는 데 있다.

⑥ 개인맞춤형 수업의 중요한 측면은 학습 과제를 개별화하거나 조정하는 일련의 방법에 집중하기보다는 학생을 개별적인 존재로서 지속적으로 바라보는 교사의 관심이라고 볼 수 있다.

⑦ 교사는 학습 내용, 학습 과정, 학습 결과 및 학습 환경이 개별적으로 제공될 수 있도록 학생의 준비도, 흥미도와 학습 프로파일 특성을 알고 이해할 필요가 있다.

⑻ 학생 준비도와 흥미도, 프로파일의 이해 증진

① 학생 준비도

ㄱ 체육 교사는 발달단계에 적합한 학습 경험을 계획할 때 학생의 준비도를 고려해야 한다.

ㄴ 모형중심 수업에서 개인맞춤형 학습은 3가지 유형의 평가(진단 평가, 형성 평가, 총괄 평가)를 통해 준비도를 공식적으로 파악하고 모니터하는 것을 요청할 수 있다(Tomlinson & Imbeau).

ㄷ 개인맞춤형 수업에서 진단 평가는 계획 단계의 모든 의사결정을 이끄는 수단으로 작동된다.

② 학생 흥미도

㉠ 학습 준비도는 평가를 통해 쉽게 관찰되고 측정될 수 있지만, 학생 흥미는 그렇지 않다.

㉡ 학생의 흥미도는 부단히 변화하며, 지도법, 연습 기회, 인식하는 역량에 의해 영향을 받을 수 있다(Garn, Cothran & Jenkins).

㉢ 흥미는 4가지 단계(㉠ 촉발된 상황적 흥미, ㉡ 유지된 흥미, ㉢ 발전하는 개인적 흥미, ㉣ 잘 발달된 개인적 흥미)로 구성된 복합적인 성향이다(Hidi & Renniger).

㉣ 학생의 흥미도는 초기 단계에서 가장 중요하며, 수업 전에 나타나는 학생의 특성이다.

㉤ 교사의 역할은 학생들을 동기 부여하고 새로운 흥미를 발견할 수 있도록 학습을 구조화할 수 있는 청사진을 제공하는, 즉 학습의 맥락에 맞는 적절한 수업 모형을 선택하는 것이다(Santangelo & Tomlinson).

㉥ 학생의 흥미를 증진할 수 있는 핵심은 학생 경험, 자원, 가치 및 문화에 대한 이해를 발전시키고, 이를 학습 내용과 명확하게 연결시키는 것이다(Tomlinson & Imbeau).

③ 학습 프로파일

㉠ 교사는 학생의 준비도와 흥미도를 이해해야 할 뿐만 아니라, 학습스타일/선호도, 지능 선호도, 성별과 문화라는 4가지 요소로 구성된 학습 프로파일을 이해해야 한다(Tomlinson).

㉡ 모형중심 수업은 Reichmann & Grasha가 제시한 학습선호도에 근거하고 있고, 지능 선호도는 Gardner가 주장한 8가지 학습 지능인 시각형-공간형, 신체운동형, 음악형, 외현형, 내면형, 언어형, 논리형 및 자연형을 의미한다.

㉢ 다중지능 이론은 수업 모형의 효과성을 향상시키고 구체적인 스포츠 기능을 가르치며, 실제 평가를 활성화시키며, 학생 건강을 향상시키는 수단으로 사용되어 왔다(Fencl, Henderson & Weber, Mitchell & Kernodle).

㉣ 교사들은 체육 수업을 남녀의 능력에 대한 인식을 촉진하고 타인의 도움을 존중하는 장으로 활용해야 한다. 성별에 따른 교수법의 내용 선택은 적합하지 않지만, 학습에 대한 문화적 선호도를 고려하고 문화에 강조를 둔 교수법을 적용하는 것은 스포츠를 통해 문화적 다양성에 대한 인식을 키울 수 있다.

(9) 평가

체육에서 평가는 다음의 4가지 목적을 위해 수행된다.

① 계획 수립 과정을 안내하고 학생의 준비도를 더 잘 이해하기 위해

② 주어진 수업 동안 어느 정도 학습이 일어났는가를 기술하기 위해

③ 성적을 부여하기 위해 학습의 질을 판단하거나 평가하기 위해

④ 충분한 학습이 일어나지 않았을 때 수업 개선에 관한 의사결정을 하기 위해

⑽ **사회 · 정서적 분위기**

① 모든 체육 수업은 학생이 교사와 동료 학생과 함께 있을 때 '하고 싶은 것'을 결정하는 사회/정서적 분위기를 가진 작은 공동체로 볼 수 있다.

② 체육 수업의 분위기는 긍정적일 때보다 부정적일 때가 많기 때문에 교사는 항상 모든 학생에게 긍정적인 분위기를 제공하기 위해 수업 분위기를 변화시킬 수 있어야 한다.

③ 부정적인 분위기는 학생이 체육 수업과 신체 활동을 싫어하고 회피하게 만들 수 있고, 학생으로 하여금 일탈행동과 교사에게 정면으로 대립하게 한다.

체육 수업에서 긍정적인 분위기를 만들 수 있는 방법

- 모든 학습 영역의 발달 단계에 적합한 학습 과제를 계획한다.
- 모든 학생이 참여할 수 있는 학습 과제를 계획한다.
- 수업 운영에 대한 결정에 학생을 참여시킨다.
- 지나친 감정 상태 표현을 피한다.
- 학생의 학습 결과뿐만 아니라 학생의 노력을 인정한다.
- 비판을 삼간다.
- 벌을 주기 위해 신체 활동을 사용해서는 안 된다.
- 권위를 떨어뜨리는 말이나 선입관을 지닌 말을 피한다.
- 교사가 기대하는 학생의 행동을 확고하고 일관성 있게 설정하고, 그러한 기대에 관하여 학생과 자주 대화한다.
- 바람직하지 않은 행동에만 관심을 두지 말고, 바람직한 행동이 나타나면 그것을 인정하고 그에 대한 보상을 해준다.
- 교사가 학생의 노력에 관심을 두고 있음을 학생이 알 수 있도록 학생들과 자주 상호작용을 한다.

④ 사회적 · 정서적 학습(SEL)은 '어린이와 성인이 감정을 이해하고 관리하며, 긍정적인 목표를 설정하고 달성하고, 타인과 공감하며, 긍정적인 관계를 설정하고 유지하고, 책임 있는 의사결정을 내리는 과정'으로 정의된다(Collaborative for Academic, Social, and Emotional Learning : CASEL). CASEL은 5가지 역량으로 구성된 개념틀을 갖고 있다.

　　㉠ 자아 인식

　　㉡ 자기 관리

　　㉢ 사회적 인지

　　㉣ 관계 기술

　　㉤ 책임감 있는 의사결정

(11) 체육 수업에서의 평등

① 평등은 학생이 성, 인종, 민족, 능력, 사회·경제적 지위, 가족 배경에 상관없이 사회적, 발달적, 교육적으로 학교 교육 기회의 접근을 공평하고 동등하게 제공하는 것을 의미한다. 이것은 모든 학생이 동일한 수업을 받거나 동일한 수준의 학업 성취를 달성해야 함을 뜻하는 것은 아니다. 이것은 어떠한 이유 없이 학생의 교육에의 접근을 방해하는 요소를 파악하고 제거함을 뜻한다.

② 이전에 특수 학급으로 분리된 장애 학생이 비장애 학생과 함께 체육수업을 받을 수 있게 되었다. 이것은 본래 메인스트리밍(mainstreaming)으로 불리워졌다. 현재는 서로 다른 교육적 요구를 가진 학생은 공식적으로 동일한 수업을 함께 받을 수 있다는 점에서 통합교육(inclusion)이라 불린다.

체육 수업에서 발생할 수 있는 6가지 불평등 요소(Napper-Owen)

- 운동기능이 높은 학생을 중심으로 수업을 조직(예 주장이 팀을 고르기)
- 성별에 따른 학생 집단 조직(예 남학생은 게임을 하고, 여학생은 옆에서 구경하거나 연습)
- 학생의 다양한 학습 유형을 반영하지 않는 교수법 사용(예 항상 직접 교수법을 사용)
- 특정 집단의 학생을 선호하는 교사와 그 학생과의 상호작용 패턴(예 항상 운동기능이 높은 학생에게 시범을 요청)
- 선입견이나 편견이 있는 언어 사용(예 여학생용 팔굽혀펴기, 너는 여학생같이 던진다 등의 언어사용)
- 교사에 의한 부적절한 역할 모델(예 여자를 깔보는 말투의 사용)

(12) 체육과 교육과정 모형

① 초등학교 수준에 활용될 수 있는 교육과정 모형

㉠ 움직임 교육 모형 : 구체적이고 특정한 스포츠 상황에서 활용할 수 있는 기초 움직임 기능과 움직임 개념 학습을 증진시킨다.

㉡ 주제 중심 움직임 교육 모형 : 기초 운동 기능 위주로 조직되고, 체력, 운동, 인지적 및 정의적 요소와 함께 개발된 움직임 교육의 변형을 주제 중심 움직임 교육 모형이라 부른다.

㉢ 체력 교육 모형 : 발달 단계에 적합한 체력 내용 학습에 기초한다. 여기서는 실질적인 체력발달 활동의 전 단계에 해당되는 체력의 기초 지식과 개념 학습을 강조한다.

㉣ 게임 지도 모형 : 아동들에게 기능, 지식, 전략에 대한 필수 요소를 가르치는 기본적인 구조로써 게임을 활용한다. 게임은 경쟁적인 요소를 가지고 있으나 본질적으로 협동적인 측면을 가지고 있기도 하다. 각 게임의 복잡성과 구조는 학생의 발달 단계와 일치해야 한다. 이를 위해 간이 게임, 단체 경기 및 변형 게임이 사용될 수 있다(Werner & Almond).

② 중등학교 수준에 활용될 수 있는 교육과정 모형

　　㉠ 다활동 모형 : 체육 프로그램에서 검증된 요소들로 조직화된 다양한 활동 내용 단원을 통해 광범위한 목표를 증진하는 데 목적을 두고 있다. 이 프로그램은 3가지 학습 영역의 균형성을 추구하며 체력, 개인/대인 스포츠, 팀 스포츠, 협동 게임, 무용 및 모험 활동과 같은 여러 가지 요소로 구성된 내용 단원을 제공한다.

　　㉡ 스포츠 교육 모형 : 스포츠 교육 모형의 프로그램은 단원 중심이 아닌 시즌 중심으로 구성된다. 각 단원에서 학생은 스포츠의 관련된 다양한 역할과 책임감을 배우게 된다.

　　㉢ 야외 및 모험 활동 교육 모형 : 학생들의 협동심, 성취감, 자신감 및 용맹성을 증진할 수 있는 목표를 달성하기 위해 도전과 모험으로 특징 지워지는 활동들을 활용한다. 학습 활동의 대부분은 학교로부터 벗어나 주로 자연환경에서 이루어진다.

　　㉣ 사회성 개발 모형 : 도시의 비행 청소년을 위해 개발된 모형으로 신체 활동을 통해 긍정적인 인성과 사회성을 발달시키기 위해 많은 학교에서 도입되었다. 이 모형의 프로그램은 5가지 수준의 목표 달성 및 발달 단계로 구성된다. 각 수준은 학생의 진도 상태와 학습을 나타내는 행동양식으로 특징지어진다.

　　㉤ 학문 중심 모형 : 이 모형은 학생에게 인간 움직임의 개념을 이해시키고자 하는 요구에 의해 비롯되었다. 이 개념들은 운동기능학, 운동역학, 운동과학, 스포츠심리학, 스포츠사회학, 스포츠 인문학에 근거한다. 이 모형의 학습 활동은 교실과 실험실에서 이루어지며, 반드시 신체 활동을 수반하지 않을 수도 있다.

　　㉥ 개인체력 모형 : 이 모형은 체력의 기초 지식과 개념 원리를 포함하고 있으나, 각 학생의 개인 체력 향상을 위한 프로그램 구성 및 실행 측면을 확대해 나가고 있다.

4. 전문성 있는 체육 교사로 성장하기

Shulman의 7가지 범주의 교사 지식은 많은 도움을 주고 있지만, 우수교사와 비우수교사를 구별하는 데는 큰 도움을 주지 못하고 있다. 이런 한계점은 훌륭한 교수와 전문성이 맥락과 아주 밀접하고, 명제적 지식과 절차적 지식 간에 복잡한 상호작용을 포함하고 있다는 현실에 기인한다. 따라서 Shulman의 지식 유형을 알고 있어야 할 뿐만 아니라 자신의 학교, 프로그램 및 수업에 이 지식을 적용할 수 있는 방법을 알아야 한다. 이를 상황적 지식이라 볼 수 있다.

우수 체육 교사의 특징(Manross & Templeton)

- 철저하고 완벽한 수업 계획을 수립한다.
- 개별 학생에 초점을 둔다.
- 자동화된 행동 시스템을 가지고 있다.
- 독창적인 피드백을 제공한다.
- 교과 내용을 숙달하고 있다.
- 반성적 수업을 사용한다.

4 모형 중심 체육 수업의 교수 전략

교사 지식 영역은 수업 모형의 근간이 되고, 수업 전략은 각 모형이 지닌 독특한 관점을 구현하는 동시에 모형의 설계 취지대로 수업이 진행되게 한다. 수업 전략은 수업 또는 내용 단원의 구체적이고 단기적인 목표를 성취하기 위해 사전에 계획한 행동을 말한다. 대부분의 효율적인 교수 기능은 수업 중에 신속하고 상호작용적인 형태로 나타나는 반면, 수업 전략은 교사의 수업 계획의 한 부분으로 사전에 결정된다. 결국 수업 전략은 단원의 세부 내용을 어떻게 진행시킬 것인가에 대해서 교사가 의도적으로 취하는 방식이라 할 수 있다.

1. 수업 관리 전략

(1) 예방적 관리 계획

수업 중 학생의 일탈 행위를 완전히 제거하는 것은 불가능할지라도, 교사는 과제 참여 시간 및 학생의 학습을 증가시키기 위해 수업 중 문제 행동의 가능성을 크게 줄일 수 있는 예방 차원의 관리 계획을 마련해야 한다.

① 도입 단계에서의 관리 전략

㉠ 수업 계획의 게시 : 학생은 대개 자신들이 배우게 될 내용이 무엇인지에 대해 아무런 생각 없이 체육 수업에 임한다. 중등학교의 경우, 학생이 수업에서 이루어질 활동들에 대해 사전에 알 수 있도록 게시판에 구체적인 수업 계획을 게시할 수 있다. 초등학교 경우에도 수업이 시작할 때 수업 내용에 대해 미리 살펴보는 기회를 가질 수 있다.

㉡ 특별 수업의 공고 또는 게시 : 체육 수업은 학교 내·외의 여러 장소에서 이루어지며 날씨의 제약을 받는다. 이러한 체육 수업의 특징 때문에 일상적인 수업 계획을 변경시켜야 하는 경우가 생기는데, 이러한 경우 학생은 체육복으로 탈의해야 할지 또는 수업 장소가 어디인지에 관한 특별한 정보가 필요하다. 일반적으로, 교사는 몇몇 학생을 통해서 전달하든가 또는 수업 장소를 변경하기 위해서 학생이 다 모일 때까지 기다려야 한다. 중등학교의 경우 효과적인 시간 활용을 위해 학생이 라커룸에서 옷을 갈아입기 전에 학생에게 알림장을 통해 공지할 수 있다. 초등학교의 경우, 체육 전담 교사는 학급 담임 교사에게 조회 시간 동안에 변동 사항을 언급해주기를 요청할 수도 있다. 이렇게 함으로써 모든 학생이 수업 장소, 수업 진행계획 또는 수업 절차의 변경에 대해 준비된 상태로 체육 수업에 임할 수 있게 된다.

㉢ 예비 활동의 준비 : 수업 도입 단계에서 발생하는 수업 관리의 몇 가지 문제들은 학생이 교사가 수업을 시작하기 전까지는 아무것도 할 것이 없다고 생각하기 때문에 일어난다. 수업 시작 전 체육관에 모여드는 학생이 많아질수록 교사의 직접적인 감독이 소홀해지는 틈을 타 학생의 일탈 행동이 나타난다. 학생이 체육관에 들어오자마자 몰입할 수 있는 '예비 활동'(instant activity)을 제시하는 것도 하나의 대안이 될 수 있다. 이렇게 함으로써 나머지 학생이 체육관에 다 모일 때까지 학생의 일탈 행동의 기회를 줄일 수 있다.

② 일관성 있는 수업 관리

  ㉠ **좋은 행동 게임**(good behavior game) : 학생을 팀으로 편성하고, 학생의 부적절한 행동이 나타날 때마나 교사가 1점씩 감점한다. 각 팀은 좋은 행동 게임에서 승리하기 위해 다른 팀과 경쟁을 하게 된다. 교사는 수업이 진행되는 동안 평가표를 관리하고, 이긴 팀에게는 수업 후 소정의 보상이 주어진다.

  ㉡ **교사-학생 사이의 계약**(behavior contracting) : 일정 수업 시간 동안 수행해야 하는 행동에 대해 교사와 학생 간에 계약을 맺고, 계약대로 수행했을 때 학생이 받게 될 보상에 관하여 교사와 각 개인별 학생이 합의하는 것이다. 계약서를 직접 만들어 교사와 학생이 함께 서명한다. 이와 같은 관리 전략은 학생이 수업 과정에 참여하는 것과 바람직한 행동 양식 및 수업 규칙을 지키지 않았을 경우에 어떤 결과가 따르는지에 대해 사전에 동의한다는 의미를 지닌다.

  ㉢ **토큰 수집**(token economies) : 수업 시간의 낭비 없이 학생의 바람직한 행동을 유도하고 지속시키는 데 효과적인 방법이다. 토큰 수집은 학생이 적절한 행동을 할 때마다 교사가 1점, 스티커, 또는 몇 가지 쿠폰을 제공하는 것을 말한다. 미리 정한 숫자만큼의 토큰을 수집했을 때, 학생은 물질적 보상, 또는 수업에서의 특권으로 바꿀 수 있다.

  ㉣ **타임 아웃**(time out) : 임시 타임 아웃은 빈번하게 사용되는 행동 관리 기법으로 부적절한 행동을 한 학생을 일정한 시간 동안 수업 활동에서 제외시키는 방법을 말한다. 단 타임 아웃 장소는 대개 체육관 주변으로 하되 반드시 교사의 시야권 안에 있게 한다. 학생은 수업 활동을 볼 수 있지만 활동에 참여할 수는 없게 된다. 타임 아웃의 길이는 학급 규칙으로 명시한 후 게시하여 학생에게 알림으로써, 학생이 일시적으로 타임 아웃되는 것은 실제로 어떤 면에서는 학생 자신이 스스로 선택하게 된 길임을 깨닫도록 한다. 타임 아웃 시간이 지나면, 그 학생은 다시 진행 중인 수업 활동에 참여할 수 있다.

③ 엄격한 규율

  ㉠ 1970년대부터 시작된 이 전략은 수업에서 예방 차원의 훈육 계획을 수립하는 철학으로 볼 수 있다(Canter & Canter).

  ㉡ 교사가 학습에 필요한 교육 환경의 조성을 학생에게 분명하게 요구하고, 학생이 바람직한 행동을 통해서 이 요구 사항을 이행하도록 한다. 모든 요구 사항이 명시되고 학생이 이해하면, 교사는 이 사항들이 제대로 이행되기를 기대하며 실제로 이행될 수 있도록 학생을 엄격하게 지도해야 한다. 요구 사항이 이행되지 않으면, 이는 곧바로 수업의 쟁점사항이 되며 학생의 행동에 만족할 때까지 더 이상 수업을 진행하지 않는다.

④ 교칙에 관한 계획

  ㉠ 첫 번째 위반 : 구두경고

  ㉡ 두 번째 위반 : 게시판의 서면 경고 또는 교사 기록

  ㉢ 세 번째 위반 : 10분간 퇴장

     ⓔ 네 번째 위반 : 20분간 퇴장

     ⓜ 다섯 번째 위한 : 학부모 통보 또는 소환

     ⓗ 여섯 번째 위반 : 교내 정학

     ⓢ 일곱 번째 위반 : 교외 정학

⑤ 학생이 선택한 계획

     ㉠ 대부분의 예방 차원의 수업 관리 계획은 교사에 의해서 설계되고 그러한 계획에 대해서 학생은 아무런 선택권이나 주인의식도 가지지 못한 채 적용을 받는다.

     ㉡ 학생은 성장함에 따라 선택할 수 있는 능력과 선택한 것에 대한 책임감이 형성되며 체육 수업의 훈육 계획을 만드는 과정에서 능동적인 역할을 하게 된다. 따라서 학생 스스로 작성한 수업 규칙과 규칙 위반 시의 처벌에 대한 목록을 토대로 교사와 학생 간에 협상을 진행할 수 있다.

     ㉢ 한편으로는 학생이 선택하여 만든 규칙이 안전과 책임 소재의 이유로 교사가 수락할 수 없는 부분이 있을 수 있다. 이런 경우 교사는 학생에게 허용할 수 있는 범위를 제시해 주고, 학생이 그 범위 내에서 선택할 수 있도록 하게 한다.

⑥ 동료 및 집단 갈등 해결 계획

     ㉠ 대부분의 문제 행동들은 교사와 학생 개인 간에 또는 교사와 다수의 학생 사이에서 나타나지 않고, 학생 대 학생의 갈등으로 나타나는 경우가 많다. 따라서 교사가 반드시 체육 수업 관리를 혼자서 맡아야 할 필요는 없다.

     ㉡ 학년 수준에 상관없이 모든 학생은 자신들의 행동, 다른 개인과 집단의 행동을 관리할 수 있는 전략들을 배울 수 있다. 그렇다고 교사가 '학급 경찰' 또는 '고자질쟁이'를 통해 위반 사항을 통보 받으라는 의미가 아니다. 대신에, 학생이 교사의 간섭 또는 중재 없이 문제를 예방하고 경감시키는 문제 해결력과 협상력을 배우게 된다는 의미이다. 예를 들어, 다투고 있는 두 학생에 대해서 교사는 "지정된 장소에 가서 너희들이 문제를 해결하고, 해결될 때까지는 과제 활동에 참여하지 말아라. 그리고 다시 두 사람 사이에 문제가 생기면 어떻게 할 것인지 생각하라"고 이렇게 지시할 수 있다.

(2) 상호작용적 관리 전략

대부분의 수업 관리는 일상적인 도입 행동이 끝나고 계획된 수업 단계로 진행될 때 적용된다. 이러한 관리는 사전에 계획될 수 있으나, 대부분의 결정은 교사가 학생에게 현재의 수업 내용 일부를 끝내고 다음 내용으로 옮기라는 지시를 할 때 이루어진다. 이를 상호작용적 관리 전략이라고 하는데, 그것은 학생과의 즉각적인 언어적 상호작용이 일어나는 순간에 진행되는 많은 것들에 대한 고려를 수반하기 때문이다.

① 용·기구의 배분과 회수를 학생이 돕게 하라.

② 현재 활동이 진행되는 동안 다음 활동을 예비하라.

③ 수업 중 발생하는 응급 상황을 사전에 대비하라.

④ 비상 계획을 수립하라.

⑤ 학생의 부상 발생 상황 계획을 세우라.

⑥ 주목을 받고자 하는 학생의 행동을 단절하라.

⑦ 수업 상황을 총체적으로 통찰할 수 있는 방법을 배우라.

(3) 집단 편성 전략

① 무작위 조편성

시간을 아낄 수 있으며 학생이 친한 학생과 함께 한 조를 만들려는 경향을 감소시킬 수 있다. 학생의 능력 또는 특성이 주요 요소가 되지 않을 경우, 체육 교사는 조를 편성할 때 신속하게 아무 숫자나 무작위로 조를 편성하는 전략을 사용할 수 있다.

  ㉠ 끊어 자르기

  ㉡ 태어난 달로 조편성

  ㉢ 옷 색깔별로 조편성

② 능력 수준을 고려한 연습 집단 편성

수업 상황이 학생의 능력에 따라 연습과 시합이 요구되는 상황이라면, 교사는 조 편성이 학생의 능력에 따라 된 것이며 차별적인 결정으로 된 것이 아님을 명확히 해야 한다.

③ 게임을 위한 팀 편성

  ㉠ 교사는 수업 전에 균형 있게 팀을 결정한다. 팀은 학생의 기능과 특성을 고려하여 편성한다.

  ㉡ 수를 세어 무작위로 팀을 편성하거나, 무작위 팀 편성 전략 가운데 한 방법을 사용한다.

  ㉢ 학생의 공평한 참여 유형을 조장하기 위해 게임 규칙과 득점 방법을 변경할 수 있다.

  ㉣ 패배한 팀 또는 선수들을 게임 후에 벌주거나 비난하지 않는다. 이는 불공평하게 편성된 팀에서 또는 기능 수준이 낮은 친구들과 한 팀이 되어 경기를 함으로써 발생할 수 있는 학생의 걱정이나 불만을 감소시킬 수 있다.

2. 수업 지도 전략

(1) 과제 제시 전략

Rink는 필수적인 학습 과제를 제시하기 위해 활용할 수 있는 전략을 일컬어 '과제 제시'라고 하였다. 과제 제시는 학습자의 주의집중, 학습 내용과 과제 활동의 조직, 명확한 의사소통 추구, 의사소통 방법의 선택, 학습 단서의 선정과 조직 등의 5가지 운영 지침을 포함하고 있다.

① 의사소통 전략

체육 교사는 학생에게 과제 정보를 제공하기 위해서 다양한 유형의 의사소통 전략을 활용할 수 있다. 주어진 상황에서 가장 좋은 방법은 가장 짧은 시간 안에 가장 명확하게 과제 정보를 제시하는 것이다.

   ㉠ 교사의 구두 강의

   ㉡ 교사의 시범

   ㉢ 강의와 시범의 결합

   ㉣ 적극적 시범

   ㉤ 슬로우 모션

   ㉥ 동료학생의 직접 구두전달

   ㉦ 동료학생의 직접 시범

   ㉧ 과제 유인물

   ㉨ 활동 장소 표지판 및 안내문

② 도입 설정

각 수업의 첫 번째 과제 제시는 도입 단계로 볼 수 있다. 이 단계에서는 학습 내용을 학생에게 미리 제시하고, 학습 목표를 설명하며, 해당 차시의 학습 내용을 다른 영역의 내용과 관련시키며, 학생의 흥미와 동기를 유발할 수 있다.

③ 이해 점검

   ㉠ 과제 제시 후에 활용하는 좋은 전략은 '이해 여부'를 확인하는 일이다. 몇 가지 질문을 통해서 학생이 제대로 이해하고 있는지를 확인해 볼 수 있다.

   ㉡ 질문은 형식적이어서는 안 된다. 학생에게 제시했던 내용 중에서 가장 중요한 정보를 학생이 기억해낼 수 있는 의도적인 질문을 해야 한다.

   ㉢ 수업에 집중하지 않는 학생 몇 명에게 갑작스런 질문을 던지는 것도 학생을 수업에 집중시킬 수 있는 좋은 아이디어이다.

(2) 과제 구조 및 참여 전략

과제 구조는 학생의 참여를 염두에 두고 학습 과제 또는 학습 활동을 설계하는 방식을 말한다. '과제 구조'는 Jones가 명명한 과체 체계(과제 제시와 과제 구조가 결합된 용어)의 구성 요소를 포함한다.

Jones의 과제 체계(task system)의 3가지 구성 요소
① 학습 과제를 실행하는 데 사용되는 운영 또는 절차
② 과제를 완수하는 데 활용될 수업 자료와 환경들
③ 과제의 중요도와 의미를 반영하는 책무성의 수단

① 과제 난이도 조정

난이도는 과제가 가진 다음과 같은 요소들 중에서 한 가지 이상의 요소를 점진적으로 변형시켜 나가면서 그 수준을 조정할 수 있다.

㉠ 목표물까지의 거리

㉡ 과제 완수에 필요한 시간(속도)

㉢ 도구의 크기와 무게

㉣ 물체의 크기, 무게, 재질

㉤ 반복 횟수

㉥ 목표물의 크기와 높이

② 학생 초대(Teaching by invitation)

㉠ 이 전략은 학생으로 하여금 스스로 난이도를 정하고 그 난이도 수준에 도전하도록 할 수 있다(Graham).

㉡ 예를 들어, 교사는 던지기를 할 장소 세 곳을 정하고, 각 장소에는 여러 유형의 공(큰 공, 중간 공, 작은 공)과 목표물의 크기(큰 것, 중간 것, 작은 것)를 정한 후, 학생으로 하여금 자신의 수준에 맞는 학습 장소를 정하게 한다. 교사는 각 장소에 세 가지 투사거리를 원뿔로 표시함으로써 각 학습 장소의 난이도에 다른 변인을 첨가시킬 수도 있다. 다시 말하면, 학생은 자신의 능력에 최대로 도전할 수 있는 거리에서 연습할 수 있게 된다.

③ 발달 단계의 적합성

㉠ 과제는 학생이 과제의 목적과 형태를 이해할 수 있도록 설계되어야 하며, 학생에게 최소한 적절한 수준의 성공을 제공할 수 있어야 한다.

㉡ 단순하거나 너무 쉬운 과제는 학생을 지루하게 만들고, 반대로 너무 복잡하거나 어려운 과제는 학생에게 좌절감을 심어줄 수 있다.

④ 연습 과제의 분절 및 나열

㉠ 어떤 기능은 계획된 절차에 따라 한 번에 한 동작씩 수행하도록 세부 기능으로 나눌 때 학습이 극대화 되는 경우가 있다.

㉡ 어떤 경우는 모든 분습 과제를 전습법 연습 형태로 계열화할 필요가 있다.

㉢ 분습법이 확정되면 학습의 질을 극대화하고 학생이 여러 가지 분절 요소로 기능을 연습할 수 있도록 리드-업 과제 구조를 활용할 수 있다.

㉣ 리드-업 과제 구조는 학생이 교사의 보조 없이 정상적인 속도로 전체 과제를 연습하는 데까지 전개될 수 있다.

🔍 분습 과제 구조의 예

움직임/기능	분습법에 필요한 기능	
테니스 서브	① 토스 ③ 팔로우 드로우	② 스윙
펀팅	① 그립 ③ 왼쪽 발 놓기 ⑤ 치기	② 오른쪽 발 놓기 ④ 공 놓기 ⑥ 팔로우 드로우
덤블링	① 삼각형으로 위치 ③ 뒤로 구르기	② 핸드 스탠드 ④ 마무리 동작

🔍 리드-업 과제 구조

과제 구조	예
슬로우 모션	① 테니스 포핸드 및 백핸드 드라이브 ② 댄스 스텝 ③ 풋볼
역방향 연쇄동작	① 골프 퍼팅(홀에서 시작하여 퍼팅 거리를 넓혀 가기)
리더 따라 하기	① 에어로빅 댄스 ② 농구 수비 '슬라이드' 기술 ③ 장애물 코스
언어 정보 제공	① 음악에 맞추어 스텝 동작을 알려주기
운동 기구의 미사용	① 공 없이 골프 스윙 ② 공 없이 테니스 스윙
운동 기구의 변형	① 테니스 라켓 짧게 쥐기 ② '가벼운' 배구공 사용하기

⑤ 폐쇄 기능(closed skill)과 개방 기능(opened skill)

㉠ 폐쇄 기능은 기능이 수행되는 동안 변인의 변화가 거의 없는 것을 말한다. 기능을 연습하는 사람이 연습 속도를 조절하며, 수비자도 없고, 연습 장소는 일정하며, 목표물도 움직이거나 변경되지 않는다. **예** 실내 양궁, 볼링

㉡ 목표물까지의 거리는 항상 일정하고, 목표물도 움직이지 않으며, 샷의 결정은 수행자가 조정하며, 환경 조건도 변하지 않는다.

㉢ 폐쇄 기능의 과제 구조는 일정한 조건을 만들어 내고 유지하도록 해야 하며 학생에게 과제에 필요한 정확한 움직임을 반복할 수 있는 기회를 제공하도록 설계되어야 한다.

㉣ 폐쇄 기능의 완성은 높은 집중력과 성실한 연습 태도에 의해 결정되며, 과제 구조는 친근한 조건하에서 집중력과 수행 태도를 발전시킬 수 있는 시간을 학생에게 허용해야 한다.

ⓜ 완전한 폐쇄 기능은 거의 없다. 많은 운동 기능은 폐쇄 기능과 같이 안정적인 환경 특성뿐만 아니라 변화하는 변인을 가지고 있다. 골프 퍼팅에서 목표(홀)는 항상 똑같은 크기이고 움직이지 않으며, 수행자는 언제 어떻게 퍼팅을 시작할지를 결정한다. 그러나 거리, 퍼팅 표면의 기복, 날씨 조건으로 인해 매번 퍼팅은 다르게 이루어지는데, 그것은 매번 어떻게 기술을 실행할 것인지에 대해서 작게나마 영향을 주기 때문이다. 이를 준 폐쇄 기능(relatively closed skill)이라 한다.

ⓑ 준 폐쇄 기능은 변화하는 변인보다는 안정적인 변인이 다소 우위를 차지하고 있다. 수행자는 언제 조건이 변화되는지를 인식하고 어떻게 적절히 대처해야 하는지를 배워야 한다. 과제 구조는 기본 움직임 패턴과 절차를 습득하기 위한 일관성과 그러한 기능들을 상황에 따라 적용하는 방법을 배우기 위한 변화 조건을 결합시킨 상태여야 한다.

ⓢ 개방 기능은 수행에 영향을 미치는 변인들이 기능이 수행되는 동안 수시로 변화되는 기능을 말한다.

ⓞ 개방 기능의 과제 전개는 몇 가지 발달 단계로 나타난다.

    ⓐ 첫 번째 단계는 폐쇄 기능의 과제 전개와 유사한데, 학습자가 분절된 기능을 분습법과 느린 속도로 연습하는 단계이다.

    ⓑ 두 번째 단계는 개방 과제의 몇 가지 변인을 포함하는데, 전형적으로 상대자, 장애물, 또는 구체적인 수행 기준을 포함한 연습으로 이루어진다.

    ⓒ 세 번째 단계는 모든 변인과 복잡성이 개입된 리드-업 게임으로 특징지어진다. 스크리미지, 반코트 게임, 또는 팀 인원수를 줄인 경기의 형태를 띠게 된다.

    ⓓ 네 번째 단계는 실제 게임과 경쟁 상황과 같은 예측할 수 없는 상황에서 이 기능들을 연습하고 학습하도록 한다.

마지막 두 단계는 숙련된 개방 기능의 특징을 지닌 고도의 전술적 결정과 기능 수행을 위한 적절한 시기로서 교사가 인식한 '티칭 모멘트'(teaching moment)를 통해 학생이 지속적으로 발전할 수 있는 학습 과제를 제공한다.

폐쇄 기능	준 폐쇄 기능	개방 기능
볼링, 양궁, 다트, 농구 자유투, 체조 루틴	골프, 배드민턴 서브, 티볼 치기, 저글링, 라인 댄스	태그게임, 필드 하키, 프리스비, 공 잡기, 축구 패스 수비

⑥ 과제 연습을 위한 집단 편성

  ㉠ 집단 편성 전략의 결정 조건

    ⓐ 안정성

    ⓑ 최대 참여 기회

    ⓒ 과제 목표

    ⓓ 학생의 책임감 정도

ⓔ 활용할 수업 모형

ⓕ 동료학생과의 상호 협력 필요성

ⓖ 충분한 학습 공간과 도구

ⓛ 집단 편성

ⓐ 개별 학습

ⓑ 파트너 연습

ⓒ 소집단 연습

ⓓ 대집단 연습

ⓔ 학급 전체 연습

(3) 체육 학습 활동 선정 전략

① 심동적 영역이 우선 영역인 경우의 학습 활동

㉠ 학습 센터

ⓐ 학습 스테이션이라고 부르며, 조직 방법은 학생을 소집단으로 나눠서 체육관 또는 연습 장소 주변에 지정된 몇 개의 센터를 순회하도록 한다.

ⓑ 각 센터는 다양한 기술에 초점을 두거나 동일 기술의 난이도 수준을 다르게 하여 설계된다.

㉡ 기능 연습

ⓐ 한두 가지 기능 요소를 단순하고 통제된 상황에서 여러 번 반복하여 연습하는 것이 효과적일 때가 있다.

ⓑ 학생이 개별, 파트너, 소집단에서 기능을 연습할 수 있다.

ⓒ 수업에서 학생이 순환하며 배우는 학습 센터에 몇 가지 기능 연습을 포함시킬 수 있다.

㉢ 상황 연습

ⓐ 기능을 연습할 때 별도로 연습하는 것도 필요하지만, 게임 상황에서 기술 및 전술의 적용을 연습하는 것도 필요하다.

ⓑ 2명의 학생이 프리스비 받기와 던지기를 단순 반복 연습하는 것보다, 1명의 다른 학생이 던지는 학생을 방해하여 정확한 패스가 어렵도록 함께 연습하는 것도 필요하다. 이 연습은 던지는 학생에게 던지기 전에 주어진 상황을 이해하고 수비자의 위치에 따라 다르게 던지는 방법을 숙고하도록 만들고, 프리스비를 받는 학생은 던지는 학생이 본인에게 쉽게 패스할 수 있도록 받는 위치를 이동하고자 하는 시도를 하게 만든다.

ⓒ 이 과제 구조는 일반적인 연습처럼 반복적인 연습을 유도하지만, 실제 경기와 유사한 상황을 경험하게 하며 해당 상황에 적합한 기술의 응용 방법을 습득하게 만들어 준다.

ⓔ 리드 업 게임

   ⓐ 몇 가지 기능 연습의 특징과 정식 게임(full game)의 특징을 포함한다.

   ⓑ 정식 게임을 단순화한 형태라고 볼 수 있으며, 게임에서 많이 반복되는 한두 가지의 기능 측면에 초점을 둔다.

   ⓒ 리드 업 게임은 게임에 대한 단순한 기능을 습득하도록 하여 나중에 보다 복잡한 형태의 게임으로 전이될 수 있게 해 준다.

   ⓓ 리드 업 게임은 기능 연습과 완전한 형태의 게임을 이어주는 가교(bridge)라 할 수 있다.

   ⓔ 리드 업 게임은 배구 경기와 비슷한 뉴콤, 테니스와 비슷한 피클 볼, 프리스비와 비슷한 프리스비 골프, 필드 하키와 비슷한 플루어 하키가 있다.

ⓜ 변형 게임

   ⓐ 학생에게 보다 많은 활동을 제공하고 많은 전략과 전술의 활용 기회를 늘려주며, 보다 더 나은 경쟁이 되도록 하기 위해 여러 가지 방법으로 게임을 변형할 수 있다.

   ⓑ 게임의 변형은 필드나 코트의 크기, 골대와 목표물의 크기, 한 팀의 인원수, 득실점 규칙, 게임 규칙 등을 통해서 가능하다.

ⓗ 스크리미지(전술 연습 게임)

   ⓐ 스크리미지는 게임이 진행되는 도중 '티칭 모멘트'가 발생할 경우 언제든지 게임을 멈출 수 있는 특징을 가진 완전 게임의 형태를 말한다.

   ⓑ 전술 연습 게임은 점수를 기록하거나 특정 규칙을 적용하지 않는다.

   ⓒ 게임 중에 특정 장면을 반복하게 함으로써 학생이 몇 가지 게임 상황에 대한 또 다른 시각을 가질 수 있도록 한다.

ⓢ 게임

   ⓐ 완전 게임은 체육 교과의 스포츠 내용 단원에 적합한 과제 조직 방법이다.

   ⓑ 학생에게 긍정적인 학습 경험으로 게임을 제공하기 위해서는 공정한 시합이 되도록 하며 선수들이 부정적인 측면을 배우지 않도록 해야 한다.

ⓞ 역할 수행

   ⓐ 대다수의 스포츠 활동에는 선수 이외에도 경기 위원, 심판, 판정관, 점수 기록자, 코치, 트레이너 등 여러 형태의 참여자를 포함하고 있다.

   ⓑ 스포츠 교육 모형은 학생이 선수 또는 코치, 심판, 통계 처리와 같은 역할을 함으로써 지식과 기술, 책임감을 배우는 조직화된 스포츠 시즌의 학생 역할 수행에 근거하고 있다.

      ⓩ 비디오 자기 분석

        ⓐ 학생은 수업 중 과제를 수행하는 자신을 비디오로 촬영한 후 체크리스트를 사용하여 주요 동작 기능을 분석할 수 있다.

        ⓑ 이 방법은 그들이 수행하는 연속된 시도들에 대해서 시각적 피드백을 제공하며, 움직임 관찰과 분석 지식의 발달을 도모할 수 있다.

      ⓧ 협동 과제

        ⓐ 체육 교과에서의 과제 조직의 주된 경향은 학생의 소집단 편성을 통한 협동 학습 활동을 하는 것이다.

        ⓑ 전형적으로 교사는 각 집단에게 해결해야 할 문제나 완수해야 할 과제를 부과하고, 교사가 어떤 특별한 지시나 도움 없이 집단이 함께 목표를 달성하도록 지도한다.

      ㉠ 활동-지도-활동(Graham)

        ⓐ 학생은 과제에 대한 정보를 거의 받지 않은 채 먼저 활동을 시작하도록 지시를 받는다. 학생이 활동을 하면, 교사는 공통적인 문제점을 주시하고 수업을 잠시 멈춘다. 교사는 공통된 문제점에 대해서 언급하고 학생에게 개선의 도움이 될 만한 간단한 과제 제시를 하게 된다. 그런 다음 교사의 관찰과 함께 두 번째 활동이 시작되고, 다시 교사의 두 번째 지도가 이어진다.

        ⓑ 활동-지도-활동 과제 구조의 장점

          • 학생은 곧바로 과제에 적극적으로 참여할 수 있다.

          • 과제 정보는 교사가 사전에 관찰한 문제점에 근거하여 제시되기 때문에 학습 과제와 매우 밀접한 정보로 제공된다.

② 인지적 영역이 우선 영역인 경우의 학습 활동

    ㉠ 비판적 사고 과제

      ⓐ 체육에서의 비판적 사고에 관해 McBride는 "움직임 과제 또는 도전 과제에 대한 합리적인 의사 결정을 하는 데 사용되는 반성적 사고"라고 정의하였다.

      ⓑ 비판적 사고의 네 가지 영역(Tishman & Perkins)

        • 폭넓고 도전적인 사고

        • 인과적 및 평가적 추론

        • 계획적이고 전략적인 사고

        • 몇 가지 유형의 사고 결합

🔍 비판적 사고 발달을 위한 학습 전략의 예

학교급	움직임 기능 및 개념	학습 전략
중학교	1. 창작 무용 2. 체조	1. 학생은 자신이 선택한 무용 중에서 음악을 이용하여 안무한다. 창작된 무용에는 4가지 '차원'이 포함되어야 한다. 2. 짝과 함께 학생은 두 가지 이상의 분절된 움직임들을 하나의 멋있게 연결된 순서로 결합시킨다.
고등학교	1. 배구 2. 체력/복지	1. 학습지를 이용하여 포지션과 전략을 배운다. 2a. 학생은 현대의 체력 활동 패턴에 대하여 서로 인터뷰 한다. 2b. 학생은 가족과 자신의 건강 일지와 신체 활동 목록을 작성한다.

ⓛ 이해 점검

ⓐ 교사가 질문을 던짐으로써 이해 점검을 할 수 있다.

ⓑ 교사가 정기적으로 이해 여부를 점검할 것이라는 것을 알게 된다면 학생은 과제를 제시하는 동안 집중을 잘하게 되고, 교사가 질문할 것으로 예상되는 정보를 기억하려고 노력하게 될 것이다.

ⓒ 쓰기 과제

ⓐ 교사가 수업을 진행하는 동안 간단한 쓰기 과제를 고안할 수 있다.

ⓑ 이 과제들은 수업과 관련된 움직임 요소를 부각시키는 역할을 해야 하나 체육 수업의 주요 학습 활동이 되어서는 안 된다.

ⓔ 숙제

ⓐ 체육 교과는 숙제를 내주는 경우가 드물고, '체육숙제'라고 하면 수업 외 신체 활동을 생각하나, 인지적 영역의 학습을 도울 수 있는 과제들도 있다.

ⓑ 교사는 "활동 일지를 작성하시오.", "체육 관련 사이트를 인터넷에서 조사하여 나열하시오." 등과 같은 숙제를 부과할 수 있다.

ⓜ 비디오 자기 분석

ⓐ 학생은 수업에서 학습 과제를 수행하는 자신들의 모습을 짧게 녹화하고 자신의 동작분석을 하기 위해 체크리스트를 활용할 수 있다.

ⓑ 학생의 동작 수행에 대한 시각적 피드백을 제공하고, 움직임 관찰과 분석하는 지식을 발달시킬 수 있다.

ⓗ 동료 관찰 분석

ⓐ 학생들은 동료 학생의 동작을 관찰함으로써 움직임 관찰과 분석하는 지식을 발달시킬 수 있다.

ⓑ 체크리스트를 활용하여 다른 학생이 실제로 연습하는 것을 관찰하거나 비디오 녹화된 내용을 검토할 수 있다.

ⓢ 개인 및 집단 프로젝트

　　ⓐ 학생은 개별적으로 또는 소속 집단에서 부가적인 프로젝트를 수행함으로써 체육 내용을 배울 수 있다.

　　ⓑ 프로젝트는 관련 자료들을 찾고, 사고를 조직화하며, 활용할 자료들을 선정하고, 발표하는 기술을 향상시키는 데 도움이 된다.

ⓞ 학생주도 학습활동과 게임

　　ⓐ 학생의 창의성과 협동성은 스스로 학습 과제, 게임, 규칙 등을 스스로 설계하게 함으로써 개발될 수 있다.

　　ⓑ 학생이 많이 접해 본 활동들과 게임을 다양하게 변형할 수 있는 기회를 제공하고, 새로운 형식의 움직임 또는 게임이 창안될 때까지 학생의 생각대로 탐색할 수 있는 시간을 제공할 수 있다.

ⓩ 교육과정 통합

　　ⓐ 두 영역의 지식을 활용함으로써 두 영역이 동일한 비중으로 개발되고 학습이 일어날 때 이를 교육과정 통합이라고 한다.

　　ⓑ 통합된 학습 활동을 설계하고 시행할 때, 교사는 단지 두 영역의 병행 학습이 아닌 실질적인 통합이 이루어지도록 해야 한다.

③ 정의적 영역이 우선 영역인 경우의 학습 활동

　㉠ 반성적 과제

　　ⓐ 교사는 학생들이 개인적 의미를 탐색할 수 있도록 수업활동에 대한 반성적 태도를 가지도록 요구할 수 있다. 반성적 태도는 학생으로 하여금 최근 수업에 대해서 반성하도록 하는 과제를 통해 함양될 수 있다.

　　ⓑ 반성은 체육 수업에서 쓰기와 말하기 활동을 통해서 이루어질 수 있다. 좋은 반성적 과제 활동으로는 개인적 의미를 담을 수 있는 "일지 쓰기" 또는 사진이나 사물 등 어떤 대상물을 보이며 설명하는 "소개·발표하기"가 있다.

　㉡ 가치관 형성 과제

　　ⓐ 학생이 체육 활동, 동료 및 자기 자신과 관련시켜 개인적인 의미를 추구하도록 돕는다는 관점에서 반성적 과제와 유사하다고 볼 수 있다.

　　ⓑ 가치관 형성 과제는 학생이 교사나 다른 학생의 가치관을 배우는 것을 의미하지 않는다.

　　ⓒ 교사는 학생이 공개적인 방법으로 가치관을 따져보고 조사할 수 있도록 명료한 질문과 후속 질문을 사용할 수 있다.

(4) **과제 전개 전략**

① 완전 학습 중심 과제 전개

㉠ 학생이 현행 학습 과제를 진술된 기준에 따라 완수 한 후 다음 과제로 이동띄는 방식의 과제 전개이다.

㉡ 수행 기준은 학생에게 각 과제를 완수할 만큼의 충분한 시간과 함께 제공된다.

② 시간 중심 과제 전개

㉠ 체육 교과에서 이루어지는 대부분의 과제 전개 결정은 각 학습 과제에 대해 교사가 계획한 시간 할당에 의해서 행해진다.

㉡ 교사는 대다수의 학생이 과제를 배우는 데 어느 정도의 시간이 걸리는지 추정하고, 그 시간이 흐르면 다음 과제로 이동한다.

㉢ 약간의 변경이 있을 수 있으나, 대부분의 과제 전개는 교사의 계획된 절차에 의해서 이루어진다.

③ 완전 학습 중심과 시간 중심 과제 전개의 장단점

㉠ 완전 학습 중심 과제 전개

ⓐ 장점 : 학생이 좀 더 어렵고 복잡한 다음 과제로 들어가기 전에 그 이전 단계의 준비가 갖춰진 상태에서만 가능하다.

ⓑ 단점 : 모든 학생이 합리적으로 적당한 시간 안에 과제를 완수하는 일이 항상 가능한 것은 아니다.

㉡ 시간 중심 과제 전개

ⓐ 장점 : 수업의 흐름을 예측할 수 있다는 점에서 효율적이고 정연되게 보인다.

ⓑ 단점 : 많은 학생이 초기 과제에서 다른 학생보다 뒤처진다면, 이 단원이 끝날 무렵에는 그 차이가 더욱 심각해진다.

(5) **학생 안전의 극대화 전략**

학생에게 안전한 학습 환경을 제공해 주어야 할 뿐 아니라 학생이 실제로 안전하다는 느낌을 가질 수 있도록 해야 한다. 다음의 예방 차원의 전략들이 활용될 수 있다.

① 체육관에서의 안전 규칙 개발 및 공지

학년 초기에 학생에게 모든 안전 규칙을 전달해야 하고, 체육관 안의 눈에 잘 띄는 한 부분에 이 규칙들을 게시해 공지시켜야 한다.

② 규칙 점검

안전 규칙을 잊지 않도록 학생들에게 상기시킨다. 이렇게 함으로써 안전은 일상생활의 한 부분이 될 수 있으며, 학생이 단순히 규칙을 잊어서 발생하는 사고들을 줄일 수 있게 된다.

③ 일관성 있는 관리

학생이 안전하게 행동을 하면 체계적으로 보상하거나 공지된 규칙을 위반하는 위험한 행동에 대해서 벌을 주는 등 행동 수정 기법을 적용할 수 있다. 이를 일컬어 일관성 있는 관리라고 하는데, 이는 학생 행동과 그 행동에 따른 결과 사이의 공지된 관계가 성립되기 때문이다. 일관성 있는 교사의 안전 규칙을 어떻게 따르는지에 따라 학생은 일관되게 상이나 벌을 받게 된다.

④ 동료 경고 체계

체육 수업에서 사고는 학생이 종종 움직임의 재미 속에 빠져있어서 심지어 교사가 감독하고 간섭함에도 불구하고 체육관 내 잠재된 위험 요소에 주의하지 못했을 때 발생한다. 학생이 짝을 짓거나 또는 소집단으로 편성되는 경우, 교사는 그 집단의 구성원들에게 서로 친구들을 지켜보면서 안전을 위협하는 문제가 나타나면 '조심해'라고 외치도록 요청한다.

⑤ 학생을 감독하기

가장 쉽고 좋은 전략 중의 하나는 새로운 과제나 게임이 시작될 때 교사가 단순하게 학생을 감독하는 것이다. 교사는 학생 사이에 있는 활동 공간을 살펴보고, 용·기구를 올바르게 사용하고 있는지 점검해야 하며, 집단끼리 서로 방해를 할 가능성이 있는지를 조사해야 한다. 만약 연습 과제가 초기에 안전하게 시작되면 이러한 상태가 수업동안 지속될 것이다.

⑹ **수업 정리 및 종료 전략**

좋은 수업 정리와 종료는 다음과 같은 요소와 특징을 포함한다.

① 수업 정리로 이동

대개 수업 마무리는 시간이 부족하므로, 교사는 수업 정리를 위해 학생을 조직할 수 있는 신속하고 간단한 방법을 동원해야 한다. 학생의 손에 아무런 용기구를 가지지 않은 채 한 장소로 학생을 집합시키는 것이 바람직하므로, 교사는 학생의 활동을 멈추게 하고 용기구를 제자리에 내려놓게 한 후, 용기구 보관 장소와 가까운 곳에서 모이도록 지시한다. 만약 수업 장소가 좁은 경우, 교사는 주의를 끌기 위한 신호를 사용하여 학생으로 하여금 활동을 멈추고 서 있는 동안에 수업 정리를 할 수 있도록 하게 한 후, 용기구를 처리하도록 하게 한다.

② 수업 조직과 과제의 정리

교사는 학생들에게 "오늘 수업에서 우리가 어떤 활동을 했는지 말해줄 수 있는 사람?" 또는 "오늘 우리가 참여했던 방식에 특별한 점이 있었나요?"와 같은 일반적인 질문을 해야 한다. 이렇게 하면 학생들이 수업이 확실한 조직과 계획을 가지고 있었다는 것을 깨닫게 되고, 그 계획을 앞으로 기억해야 한다는 점을 인식하게 된다.

③ 학습 단서 정리

수업 진행 중에 학생들은 종종 과제 제시 부분에서 다룬 학습 신호와 핵심 요소들을 잊어 버릴 수 있다. 이때는 학생들이 그 신호들을 다시 되돌아보거나, "연습할 때 기억해야 할 가장 중요한 신호는 무엇이었나요"와 같은 분석적인 질문을 함으로써 이 단서를 기억하게 할 수 있다. 단순히 신호들을 다시 말해주는 것보다는 학생들에게 질문을 함으로써 학습 단서 정리를 상호작용적으로 진행하면 좋다. 학생 행동, 규칙 및 안전 절차도 상기시켜야 한다. 학생들이 이를 잘 준수할 경우 그에 상응하는 칭찬을 꼭 해주어야 한다.

④ 비공식 학습 평가

이 부분에서 가장 많이 활용되는 방법 중 하나는 학생들이 수업에서 배운 내용을 비공식적 으로 평가하는 것이다. 이는 "모든 스테이션에서 목표를 달성한 사람은 몇 명인가요?" 또는 "오늘 배운 3가지 신호를 모두 알고 있으면 손을 들어주세요."와 같은 간단한 질문을 통해 이루어질 수 있다.

⑤ 차시 예고

수업 종료의 마지막 부분은 이후 수업에 대한 흥미를 불러 일으키고 다음 시간에 무엇을 교사가 기대하는지를 알려주기 위해 차시를 예고하는 것이다.

⑥ 종료

수업은 시작할 때처럼 질서 있게 끝나야 한다. 교사는 수업이 끝났음을 학생들에게 구두로 알려주고, 학생들이 안전하게 교실로 돌아갈 수 있도록 안내한다.

5 모형 중심 체육 수업의 효과적인 교수 기술

교수 기술은 수업 전과 수업 중 이루어지는 의도적인 의사결정과 행위(행동)로 특정지을 수 있다. 이러한 의사결정과 행동(행위)들이 수업이나 단원에서 의도하는 학습 목표의 달성에 기여할 때 '효과적인 교수 기술'이라고 한다.

1. 수업 계획

수업의 효과성은 수업 전에 교사가 수업을 얼마나 철저하게 계획했느냐에 따라 결정된다. 단 원 및 수업 계획에는 다음 내용을 반드시 포함해야 한다.

(1) 단원 목표와 수업 목표

(2) 전체적인 수업 운영 계획

(3) 과제 제시와 학습 단서

(4) 필요한 용기구와 시설

(5) 학습 활동과 내용 전개 목록

(6) 운동장/공간 계획

(7) 시간 분배 및 이동 시간

(8) 안전 계획

(9) 학습 평가 절차

(10) 수업 정리 및 종료 계획

2. 시간과 수업 운영

(1) 시간 운영

시간 운영은 교사가 활용할 수 있는 가장 중요한 학습 자원의 하나로, 각 수업에 할당한 시간을 극대화할 수 있는 능력을 의미한다. 수업은 수업 운영/조직, 이동, 과제 제시, 학습 활동, 정리/종료로 구성된다. 수업 관리, 수업 조직 및 이동 시간을 적게 하여 실제학습시간을 증가시킬 수 있는 교사가 효율적인 교사라고 볼 수 있다.

① 수업 전 기구 배치

　㉠ 수업 중 기구와 수업 자료의 배치가 수업 관리 시간을 증가시킬 뿐만 아니라 교사가 다음 활동을 조직하는 동안 학생을 기다리게 함으로써 수업의 흐름이 깨질 수 있다 (Siedentop & Tannehill). 그러므로 학생이 수업에 들어오기 전에 기구를 수업 장소에 안전하게 배치해야 한다.

　㉡ 불가능한 경우 기구와 자료를 수업 장소의 가까운 부근에 설치하고, 사용할 시기에 학생에게 도움을 요청할 수 있다.

② 대안적인 출석점검 방법의 사용

　㉠ 출석을 점검하기 위해 개별적으로 학생의 이름을 불러 출석을 기록하는 전통적인 방법은 시간을 소모하게 되고, 체육 수업을 "앉아서 시작"해야 한다는 점에서 좋은 방법이 아니다.

　㉡ 학급 회장이 결석 학생을 확인하도록 하거나, 수업 장소에 부착된 종이에 사인하는 방법을 이용할 수 있다. 출석 점검 때문에 학생이 대기할 경우, 본 수업이 시작되기 전에 이루어지는 준비 운동이나 "예비 활동(instant activity)" 시간에 출석을 점검할 수 있다.

③ 주의 집중과 시작/멈춤 신호

　㉠ 주의 집중 신호는 학생이 수행하고 있는 동작을 멈추고, 기구를 놓게 한 후 조용히 시킨 상태에서 교사에게 주목하도록 할 때 사용한다. 이 신호들은 교사가 수업을 안전하고 질서 정연하게 유도하고, 학생이 참여하는 활동을 빠르게 멈출 수 있도록 해준다.

ⓒ 교사는 언어를 사용하는 신호 방법, 비언어적 신호 방법, 두 가지를 결합한 방법을 사용할 수 있다.

④ 수업 관리 루틴의 연습과 점검

  ⓐ 수업 관리 루틴을 학생에게 연습시키고 점검하는 일이 필요하다. 처음에는 이러한 연습으로 수업 시간이 소요되지만 나중에는 신속하게 이루어지기 때문에 소요한 수업 시간보다 더 많은 시간을 보상받게 된다.

  ⓑ 그동안 일시적으로 사용하지 않았던 수업 관리 루틴을 점검하는 것도 필요하다. 시작 신호를 주기 전에 정확한 절차를 학생에게 상기시키거나 질문함으로써 확인할 수 있다. 이러한 방법 역시 처음에는 몇 분의 수업 시간이 소요되지만, 학생이 점점 신속하고 정확하게 수행함으로써 소요된 시간을 보충하게 될 것이다.

⑤ 공공장소에 수업 규칙 게시

  ⓐ 학생에게 수업 규칙을 가르치고 항상 점검하게 할 수 있는 좋은 방식은 쉽게 볼 수 있는 장소(탈의실이나 체육관 입구)에 수업 규칙을 부착하는 것이다.

  ⓑ 전체 학생에게 수업 규칙을 읽어주거나 제시해 주는 것보다 학생으로 하여금 그 규칙을 직접 읽게 하는 것이 수업 시간을 절약할 수 있다.

⑥ 예비 활동의 공고와 활용

  ⓐ 수업 시작 초기의 학생의 수동적 상태는 나머지 수업 분위기에 영향을 줄 수 있고, 이 경우 교사는 학생의 정체된 분위기를 극복하기 위해 과다한 관리 시간을 소요하게 된다.

  ⓑ 교사는 수업을 활기차고 역동적으로 시작할 수 있도록 예비 활동(instant activity)을 계획할 수 있다.

  ⓒ 예비 활동은 3분 내지 5분 안에, 모든 학생이 수업 장소에 도착할 때까지 지속될 수 있어야 한다.

  ⓓ 이 활동은 일반적으로 준비 운동이 될 수 있거나, 수업 내용의 중요한 부분으로 연결될 수 있게 된다.

  ⓔ 학생이 수업 장소에 도착해서 바로 참여할 수 있도록 탈의실이나 체육관 입구 근처에 부착하여 예비 활동을 읽을 수 있도록 한다.

  ⓕ 예비 활동의 몇 가지

    예 공 던지고 받기, 음악에 맞춰 가볍게 뛰거나 걷기, 스트레칭하기, 변형된 태그 게임, 미니 게임(1 대 1이나 2 대 2 등), 줄넘기, 이후의 수업에서 사용할 용기구로 연습하기 등

예비 활동의 8가지 특징(Rauschenbach & Vanoer)
• 준비가 많이 필요하지 않은 활동으로 구성되어야 한다.
• 5분 안에 마칠 수 있는 활동으로 구성해야 한다.
• 배우기 쉬운 활동으로 구성해야 한다.
• 교사의 도움 없이 시작할 수 있는 활동으로 구성해야 한다.
• 빠르게 움직일 수 있는 활동으로 구성해야 한다.
• 대근육 활동으로 구성해야 한다.
• 학생의 성취감을 극대화할 수 있는 활동으로 구성해야 한다.
• 학생의 서로 다른 능력 수준에 적합한 활동을 변형시켜 구성해야 한다.

(2) 수업 운영

수업 운영은 시간 운영보다 광범위한 개념이다. 수업 운영은 학습을 촉진시키고, 긍정적인 환경을 조성할 수 있는 수업 구조를 제공하는 수많은 의사결정과 교수 기술을 의미한다.

① 학습 환경의 조성

체육 수업에 적용할 기대치, 규칙, 행동수칙, 규범을 학생이 인식하게 함으로써 학습 환경을 조성하는 것은 교사의 책임이다.

㉠ 학생이 안전, 행동 수칙, 책임감과 관련한 수업 규칙을 수립하고 시행한다.

㉡ 각 수업 단계의 도입 부분을 사용한다.

㉢ 학생이 연습할 수 있는 물리적 공간의 범위를 정한다.

㉣ 주의 집중, 시작/멈춤 신호를 활용하고 지킨다.

㉤ 학생이 듣기 기술을 연습할 수 있도록 가르친다.

㉥ 기구 관리와 사용 규칙을 정한다.

㉦ 학생 규율 계획을 수립하고 활용한다.

㉧ 모든 학생이 조용하게 청취할 준비가 되어 있을 때까지 말하지 않도록 한다.

② 시설 및 기구의 관리

㉠ 시설

• 학생이 안전하게 참여할 수 있는 학습 활동 공간을 확보한다.

• 수업 장소의 안전 상태를 점검한다.

• 학생에게 금지 구역을 상기시킨다.

• 학생에게 일시적인 위험 지역을 주의시킨다.

• 학습 센터의 수와 위치를 확인하고, 센터별로 활용할 수 있는 학생 수를 확인한다.

ⓒ 기구

- 기구 상태, 수선, 안전 여부를 점검한다.
- 기구가 학생의 안전과 발달 정도에 적합한지를 확인한다.
- 학습 과제의 계획에 필요한 기구의 수를 확인한다.
- 가능하면 안전 사항을 표시하는 색깔을 기구에 칠한다.
- 학생에게 안전 규칙을 가르치고 상기시킨다.
- 필요할 때 기구를 변형하여 사용한다.
- 학생의 대기 시간을 줄일 수 있도록 수업 기구를 충분하게 준비한다.

③ 학습 활동 중 모니터링하기

㉠ 순회하면서 모니터링한다 : 체육관이나 운동장에 널리 퍼져 있는 학생들과 상호작용이 용이하지 않으므로, 학생이 연습하는 동안 교사는 수업 장소를 순회할 준비 계획을 세워야 한다.

㉡ 등은 벽으로 향하도록 한다 : 교사가 학생의 수업 활동 장소 주위로 움직일 때 교사의 "등은 벽을 향하도록"하는 방법을 이용하여 순회하고 관찰하게 되면 모든 학생을 교사 시야 안으로 오게 할 수 있다.

㉢ 근접 거리를 조절한다 : 학생에게 가까이 다가가 학생을 주목하고 있다는 것을 알려줌으로써 과제에 열중하도록 하거나 학생을 교사가 서 있는 곳으로 이동시켜 교사가 직접 관리할 필요가 있다. 이런 두 가지 방식 모두 학생에게 벌을 주기 위해 불러내거나 수업을 중지시키지 않고 과제에 참여시킬 수 있는 효과적인 방식이 될 수 있다. 이것을 근접 거리의 유지라고 한다.

㉣ 상황 이해 : Kounin이 개발한 교사 관찰 기술로, 이 '상황 이해(With-it-ness)' 개념은 교사가 예민한 귀를 통해서 실제로 보지 못한 수업에서 일어난 사건을 분별할 수 있도록 한다. 우리는 "머리 뒤에" 눈이 달려 있고 교실이나 체육관에서 일어나고 있는 모든 일을 알고 있는 것처럼 보이는 교사, 즉 교사가 학생을 주목하고 있지 않음에도 불구하고 모든 일을 알고 있는 것처럼 보이는 교사에 대해서 들어왔다. 그 교사는 상황 이해 능력을 가지고 있고, 동시에 다른 일을 하면서 수업에서 일어나는 사건들을 관찰할 수 있다. 상황 이해는 어떤 일이 그 순간에 잘못되었을 때 체육관에서 벌어지는 전형적인 사태의 형상과 소리를 듣고 알게 된다.

3. 과제 제시와 과제 구조

(1) 과제 제시

학생에게 정보를 제공하는 과정을 과제 제시라고 볼 수 있다(Rink). 과제를 제시할 때 교사는 학습 단서를 제공한다. 학습 단서는 학생이 과제의 핵심 요소를 정확히 수행할 수 있는 방법에 대한 구체적인 정보로 볼 수 있다. 충분하고 안전하게 과제를 제시하려면 많은 효과적인 교수 기술의 활용이 요구된다.

① 학생의 주의 집중과 유지

　㉠ 학생에게 정보를 제공할 때 학생의 주의를 끌 수 없다면 아무리 사전에 철저하게 준비하고 계획된 과제 제시라도 비효과적일 것이다.

　㉡ 교사는 학생의 집중을 유지하기 위해 다음과 같은 몇 가지 사항을 수행할 수 있다.

　　ⓐ 빈번하게 질문을 한다.

　　ⓑ 각 과제를 제시하는 중간과 이후에 과제에 대한 이해를 점검한다.

　　ⓒ 학생과 눈을 자주 마주친다.

　　ⓓ 너무 자주 정보를 반복하는 것을 피해야 한다.

　　ⓔ 주목하지 않는 학생에게 가까이 다가감으로써 근접 거리를 조절한다.

　　ⓕ 과제 제시를 흥미롭고 생생하게 한다.

② 학생에게 정보를 분명하게 제시한다.

　㉠ 효과적인 의사소통은 정보의 흐름을 적절한 속도와 순서에 맞게 학생에게 제공하는 것을 말한다.

　㉡ 교사는 학생에게 설명할 때 모든 학생의 주의를 점검하고 억양을 조절하여 학생 모두가 들을 수 있는지를 파악해야 한다.

　㉢ 가장 이상적인 기능의 수행 방법과 관련된 예들을 시각적인 정보로 제시할 때, 교사는 그 예들이 모든 학생이 잘 볼 수 있는 최적의 위치에서 제시되고 있는지를 점검해야 한다.

③ 완벽하고 정확한 시범을 제공한다.

　㉠ 기구를 가지고 과제 시범을 보일 때 교사는 정확한 자세와 이상적인 동작으로 완벽한 운동 기능이나 과제를 학생에게 제공해야 한다.

　㉡ 기구를 가지고 있다고 가정하는 가상적인 시범은 바람직하지 않다. 즉, "내가 시범을 보일 때 내 손에는 라켓이 없지만 라켓을 쥐고 있는 것처럼 머릿속으로 그림을 그려보아라"와 같은 시범 설명은 적절하지 않다.

④ 언어 및 시각 정보를 함께 제공한다.

  ㉠ 학생에게 두 가지 학습 유형인 언어 및 시각 정보를 함께 제공해야 한다. 학생은 동시에 정보를 보고 들음으로써 더욱 효과적으로 학습을 할 수 있다.

  ㉡ 교사는 정확히 두 가지 종류의 정보를 제공하면서 설명한 내용, 시범보인 내용과 일치하고 있음을 학생에게 알려야 한다. 따라서 두 가지 정보를 분리해서 제시하지 않고 시각 정보를 언어 정보와 함께 제공하게 되면 더욱 효과적이다.

⑤ 적극적으로 과제를 제시한다.

  ㉠ 적극적인 과제 제시는 학생이 그 과제의 핵심 요소를 설명을 듣고 보는 동시에 그것을 수행할 때 일어난다.

  ㉡ 세 가지 감각 유형이 동시에 활용될 수 있도록 학생들로 하여금 "실시간"에 보고 듣고 움직일 수 있도록 해야 한다.

⑥ 학생이 이해할 수 있는 어휘를 사용한다.

  ㉠ 교사의 이해 수준에서 학생에게 설명하는 것은 바람직하지 않다.

  ㉡ 과제 제시는 학생의 이해수준에 적절한 단어와 용어를 사용해야 한다.

⑦ 과제 제시를 위한 최적의 모델을 선정한다.

  ㉠ 교사는 정확하고 효율적인 시범을 보일 수 있다. 만일 교사의 시범이 따라 하기 힘들고 이해하기 어렵다는 측면을 생각한다면 학생이 따라 할 수 있도록 학생의 연령에 적합한 시범을 보일 수 있는 학생에게 시범을 요청할 수 있다.

  ㉡ 학생에게 과제를 제시할 때 모델을 보여줄 수 있는 여러 방법이 있다. 운동 기능의 정보와 수행 방법을 학생에게 제공할 때 비디오테이프, CD-ROM, 책, 그림, 사진을 활용할 수 있다. 이 매체의 이점은 학생이 그 정보를 받아들일 준비가 되어 있을 때 교사에게 의존하지 않고 독립적으로 이 매체를 사용할 수 있다는 것이다.

  ㉢ 과제를 제시할 때 학생에게 더 많은 선택권을 제공함으로써 학생이 운동 기능에 대한 정보를 얻을 때 교사에게 의존하지 않도록 한다.

⑧ 적절하고 정확한 모델을 제공한다.

  ㉠ 적절성은 한 번에 제공되는 정보의 양을 의미한다. 정보량이 너무 적으면 학생이 잠재력을 발현할 수 없고, 정보량이 한 번에 너무 많이 제공되면 학생은 혼란에 빠지거나 당황하게 될 것이다.

  ㉡ 또한 적절성은 한 번의 과제 제시에서 학생이 수용하는 과제의 양을 의미한다. 어떤 기능은 분습법으로, 어떤 기능은 전습법으로 학습할 때 더 효과적이기도 하다.

  ㉢ 정확성은 운동수행 기준에 비추어 얼마나 올바르게 제공했는가를 의미한다.

(2) 과제 구조

> • 과제 구조는 Jones가 명명한 과제 체계의 3가지 요소를 포함하고 있다.
> ① 학습과제를 달성하는 데 사용되는 일련의 운영 체제 또는 절차
> ② 과제 달성에 활용될 수 있는 자원과 환경
> ③ 과제의 중요성을 제시하는 책무성의 수단
> • 운영 체제는 학습 환경의 위치와 조직, 학생의 안전한 참여를 보장하는 지시 사항을 포함한다. 자원과 환경은 과제를 수행하는 데 필요한 기구와 그 과제에 할당된 시간을 포함한다. 책무성은 학생 행동에 대한 기대, 과제 숙달 목적, 그 과제가 수업이나 단원에서 차후 학습활동과 어떻게 관련이 있는가에 대한 설명을 포함한다.
> • Jones에 따르면, 학생이 학습 과제에 참여할 때 아래의 5가지 방식 중 어느 한 가지로 반응한다. 이 중 ① 방식만이 학습 과제를 성취한 학생들의 성과를 나타내는데, 이는 교사가 구조를 계획하고 학생들이 중간에서 높은 성공률로 적극적으로 참여할 수 있도록 지도하는 것이 얼마나 중요한지를 강조한다. 그렇지 않으면 수업에서 학생의 부적절한 행동이 증가되면서 학습 기회를 감소시키는 참여 방식을 선택하게 될지도 모른다.
> ① 제시한 과제를 성공적으로 수행한다.
> ② 제시한 과제를 거의 성공하지 못한다.
> ③ 과제를 더욱 어렵고 도전적으로 만들어 자신에 맞게 수정한다.
> ④ 과제를 더욱 쉽게 하여 자신에 맞게 수정한다.
> ⑤ 과제와 관련 없는 활동에 참여한다.

과제 제시는 학습이나 연습할 내용을 의미하는 반면, 과제 구조는 과제 연습의 조직 방법에 해당된다. 교사들은 과제 구조에 다음 몇 가지의 주요 요인들을 반드시 포함해야 한다.

① 과제 참여 시간에 대한 설명

㉠ 학생이 각 과제에 부과된 시간이 어느 정도인지 모를 경우, 할당된 시간 내에 그 과제를 완성하기 위해서 학생은 스스로 속도를 적절히 조절할 수 없게 된다.

㉡ 학생은 각 과제에 할당된 시간이나, 최소한의 추정 시간을 알고 있어야 한다.

② 수행 기준에 대한 설명

㉠ 수행 기준은 학생에게 주어진 과제를 어떻게 잘 수행하는지에 대한 정보를 제공하고, 학생으로 하여금 과제를 연습하는 동안 운동 수행 평가를 할 수 있도록 한다.

㉡ 또한 이 기준은 학생에게 바람직한 기준선까지 과제를 완성할 수 있는 시기를 알려 주고, 한 과제가 끝나는 시점과 다음 과제에 대한 학생의 준비를 확인할 수 있도록 한다.

㉢ 기준은 여러 가지 측정치로 설정될 수 있다. 어떤 측정치를 사용하든 교사는 과제 구조의 부분으로써 운동 수행의 측정치와 기준을 설명하는 것이 중요하다.

🔍 **과제 수행 기준을 규정하는 수행치**

운동 수행 기준의 측정치	예
시간	2분 내에 장애물 코스를 완주한다.
거리	운동장 트랙을 3바퀴 달린다.
높이	볼을 머리 위쪽으로 1m 높이까지 토스하고 그 볼을 잡는다.
무게	70kg에 해당하는 벤치 프레스를 들어올린다.
자세	두 가지 신체 부위로 균형을 잡는다.
정확성	축구 골대 왼쪽으로 축구공을 찬다.
일관성	줄넘기를 연속으로 30회 실시한다.
완성률	경기 상황에서 첫 번째 서브의 성공 확률을 60% 이상 달성한다.
평균 점수	4번 시도하여 평균 점수 8점 이상을 획득한다.
개인의 최고 기록	가장 좋은 시기에 수행한 체력 기록을 살펴보고, 오늘 그 기록을 갱신한다.

③ 과제 공간 배치의 지정

　㉠ 모든 학습 과제는 체육관, 운동장과 같은 지정된 장소에서 이루어질 것이다. 때로는 전체 수업이 한 장소(게임 상황), 몇몇 장소(조별 연습), 몇 개로 분산된 장소(스테이션 교수)에서 이루어진다.

　㉡ 학생에게 다음 과제에 대한 정확한 수업 공간의 계획과, 각 공간이 과제에 따라 어떻게 배열될 것인지에 대해 알려 줄 필요가 있다.

④ 학생 행동과 책임감에 대한 기대

　㉠ 직접 교수 전략을 제외하고는 학생 행동에 대한 어느 정도의 선택과 책임감이 부여된다.

　㉡ 적절한 과제 참여, 안전, 대기 시간, 팀/집단 참여, 또는 다른 학생을 보조할 때 학생에게 기대하는 역할에 대해서 학생과 의사소통을 분명히 해야 한다.

⑤ 과제 내 변화에 대한 설명

　㉠ 대부분의 경우 교사는 하나의 학습 과제에 대해 여러 개의 활동을 계획하며 전형적으로 서로 다른 센터를 마련한다. 이것을 과제 내 변화라고 하며(Graham), 학생에게 동일하거나 관련 운동 기능을 연습할 수 있는 서로 다른 방식을 제공하기 위해 설계된 것이다.

　㉡ 예를 들어, 난이도가 동일한 상태에서 서로 다른 종류의 공이나 약간 다른 공차기 기술을 제공하는 5가지 센터가 차기 연습을 위해 제공될 수 있다. 교사는 과제 구조의 일부분으로 학생에게 각 센터의 조직 방법, 기술 및 안전도 점수가 서로 다르다는 것을 알려 줄 필요가 있다.

⑥ 과제와 난이도를 변경할 때 학생의 선택권에 대한 설명

  ㉠ Graham 등은 '학생 초대'라는 기법을 제시하였다. 이 기법은 여러 개의 센터나 과제를 활용하여 학생들이 여러 개의 난이도를 가진 동일한 운동 기능을 연습할 수 있도록 한다.

  ㉡ 교사가 과제를 제시할 때 각 센터/과제의 중요한 요인에 대해 설명한 다음, 학생이 원하는 과제 난이도 수준을 선택할 수 있도록 허용한다.

  ㉢ 과제 구조 정보는 학생들이 각 센터/과제에서 요구하는 정도를 판단하고, 시작 장소를 선택하며, 선택한 난이도 수준이 자신에게 적절한지 판단하는 데 도움을 준다.

  ㉣ 1개 센터나 과제에서 활동할 수 있는 학생 수를 제한할 필요가 있을 때는 학생과 의사 소통을 해야 한다.

⑦ 주의 집중, 시작 및 종료 신호의 사용

  ㉠ 과제 구조의 중요한 부분은 학생이 언제 시작하고, 멈춤과 주의 집중을 표시하는 신호는 무엇인지 학생에게 알려주는 것이다.

  ㉡ 학생에게 과제 구조를 설명할 때 그 신호를 학생에게 상기시켜 보는 것도 좋다.

⑧ 이해도 점검

  ㉠ 교사가 과제 제시 내용을 학생이 이해했는지 그 여부를 확인하는 것과 마찬가지로, 학생이 흩어지기 전에 과제 구조를 이해하고 있는지를 점검해야 한다.

  ㉡ 학생들이 연습을 위해 흩어지면, 교사는 학생들이 지시사항에 따라 참여하고 있는지를 확인할 수 있는 시간을 확보해야 한다.

  ㉢ 학생의 즉각적인 참여와 적절한 참여가 이루어지면 과제 구조 정보가 훌륭하게 제시되었다는 표시이며, 참여가 지연되고 부정확하게 이루어지면 일부 학생이 과제 구조를 이해하지 못했다는 의미이므로 교사는 수업을 멈추고 다시 명확하게 과제 구조를 제시해야 한다.

  ㉣ 학생이 과제 활동에 참여할 때 적절하게 참여하고 있는지 여부를 확인하기 위해 주기적으로 관찰해야 하며, 필요에 따라 수정해 주어야 한다.

⑨ 과제 구조와 참여의 모니터링

  ㉠ 교사는 초기과제 구조를 정기적으로 모니터링해야 한다.

  ㉡ 일단 학생들이 연습을 위해 흩어지면, 교사는 학생들이 지시 사항에 따라 참여하고 있는지를 확인할 수 있는 시간을 확보해야 한다.

  ㉢ 학생의 즉각적인 참여와 적절한 참여가 이루어지면 과제 구조 정보가 훌륭하게 제시되었다는 표시이다.

  ㉣ 학생의 참여가 지연되고 부정확하게 이루어지면 일부 학생이 과제 구조를 이해하지 못했다는 의미이므로, 수업을 멈추고 학생에게 다시 명확하게 과제 구조를 제시해야 한다.

  ㉤ 학생이 과제활동에 참여할 때 적절하게 참여하고 있는지 여부를 확인하기 위해 주기적으로 관찰해야 하며, 필요에 따라 수정해 주어야 한다.

4. 의사소통

수업 정보와 질문을 학생이 충분히 이해할 수 있도록 최소 시간을 할애하여 의사소통한다.

(1) 학생을 주의집중 시킨다.

① 학생이 준비가 되어 있지 않다면 의사소통은 비효과적으로 이루어지게 된다.

② 체육 교사는 말을 시작하기 전에 주의 신호를 사용하여 학생을 가까이 오게 한 다음 조용히 시키고 산만한 요소를 제거해야 한다.

(2) 명확한 언어를 사용한다.

① 수업 정보는 모든 학생이 이해할 수 있는 방식으로 제시되어야 한다.

② 교사는 학생을 직접 바라보고, 발음을 명확히 하며, 학생이 이해할 수 있을 정도의 속도로 말을 해야 한다.

(3) 적절한 수준의 어휘를 구사한다.

① 교사가 사용하는 단어와 용어는 학생 수준에 맞는 적절한 어휘이어야 한다.

② 동일한 과제 혹은 내용일 지라도 학년 수준에 맞는 언어가 사용될 필요가 있다.

(4) 억양을 적절히 조절하여 정보를 전달한다.

① 단조로운 억양으로 정보를 전달할 때 학생의 주의를 끌지 못한다.

② 교사는 학생의 바른 학습 태도를 유지시키고, 학생에게 전달되는 정보 중 중요한 것을 판단하기 쉽도록 억양을 조절해야 한다.

(5) 학생의 이해 여부를 점검한다.

① 교사는 학생이 지시 사항을 수행하고 학습 과제에 참여하기 전에 언어 정보를 듣고 이해하고 있는지를 알아야만 한다.

② 학생이 과제에 참여한 후 교사의 초기 관찰에서 학생이 이해하지 못했음을 발견하게 된다면, 수업을 멈추고 다시 학생을 집중시키며 지시 사항을 반복해야 하므로 수업 시간을 소모하고 수업의 흐름을 끊어 놓는 결과가 된다. 따라서 교사는 학생이 정보를 받을 때마다 이해 여부를 점검하는 습관을 가져야 한다.

5. 교수 정보

교사가 학생에게 제공하는 정보는 운동 기능 연습이나 학습 활동 전, 중, 후에 제공할 수 있다. 단서(cues)는 차후 학습을 향상시키기 위해 연습 전에 제공한다. 안내(guides)는 연습 중에 학생에게 제공하는 정보이다. 운동 수행 피드백(feedbacks)은 학생의 운동 수행이 끝난 후에 제공한다.

(1) 단서

교사는 과제를 제시하는 동안 단서라고 부르는 학습 정보를 학생에게 제공한다. 단서는 학생에게 후속 과제의 핵심적인 요소를 효율적으로 수행하는 방법에 관한 비결을 제공한다. 보통 단서는 과제를 제시할 때 제공되지만, 수업 중 어느 시기에도 가능하며, 한 명의 학생, 모둠이나 전체 학생에게 제공될 수도 있다.

① 언어 단서

운동 수행의 향상 방법에 대한 구두 정보

② 비언어 단서

정확한 동작이나 부정확한 동작에 대한 제스처나 시범

③ 언어 단서와 비언어 단서의 결합

구두 정보와 시범 정보를 동시 제공

④ 조작 단서

교사가 의사 전달을 위해 학생의 신체 일부를 이동시키는 방법으로, "체험적인(hands-on)" 단서 제공

> 예 무용을 하고 있는 학생의 발을 적절한 위치로 움직이게 하는 것

⑤ 시청각 단서

비디오테이프, CO-ROM, 그림 및 사진과 같은 시청각 매체를 통해 제공하는 단서

(2) 안내

학생이 운동 기능을 연습하는 동안, 간이게임 또는 정식게임과 같은 역동적인 과제에 참여하는 동안 종종 운동 수행에 대한 정보가 필요하다. 이러한 형태의 교수 정보를 안내라고 한다.

> 예 학생이 농구 속공을 하고 있다. 교사는 "그 볼을 중앙으로 투입해... 뒤로 수비 뒤로 가란 말이야!"라고 소리치고 있다.

(3) 피드백

교사는 과제를 수행한 후 결과에 대해 정보를 학생에게 제공해야 한다. 이것을 피드백이라고 한다.

① 운동 수행 피드백의 차원

㉠ 피드백의 제공자 : 피드백 정보의 제공원을 의미

형태	• 내재적 과제 : 학생 본인 스스로 운동기능을 시도한 결과를 관찰하여 얻는 피드백 정보, 일반적으로 성공 아니면 실패에 대한 운동 수행 피드백이 학생에게 제공됨 • 외재적 과제(보강적 피드백) : 과제 자체의 부분과 관계없이 다른 사람이나 대리자에 의해 운동 수행 정보가 제공됨. 제공자가 보통 교사지만, 학생이 될 수도 있음. 외재적 과제의 피드백은 완성된 기술 시도에 따른 운동 수행의 결과, 동작, 기술, 노력 또는 질을 포함함
예	• 학생은 볼이 의도했던 목표물에 맞는지 본다. 학생은 스윙할 때 볼이 배트에 닿는 소리와 느낌을 가진다. • 교사는 "그때 팔로우-스로우가 정말 좋았어"라고 말한다. 동료 학생이 다른 학생에게 "바로 그거야!" 하고 외친다.

ⓛ 피드백의 일치도 : 피드백이 연습 과제의 핵심 요소와 얼마나 잘 일치하는가에 대한 정도

형태	• 일치도 : 과제를 제시할 때 특정의 학습 단서와 관련 있는 피드백을 제공함 • 불일치도 : 과제를 제시할 때 특정의 학습 단서와 관련 없는 피드백을 제공함
예	• 교사가 과제를 제시할 때 학생에게 "스윙을 멋지게 끝까지 팔로우-스로우를 하려면 완전히 집중해라"라고 말한다면, 팔로우-스로우와 관련된 모든 피드백의 정보 제공은 일치한 것으로 본다. • 위에서 제시한 동일한 과제 제시 후 서비스동작, 포핸드 샷, 백핸드 샷에 대해서 피드백을 제공했다면 그 피드백은 일치하지 않는 것으로 본다.

ⓒ 피드백의 내용 : 피드백 정보의 핵심과의 관련성을 의미

형태	• 일반적 피드백 : 교사가 제공한 피드백 정보가 수행된 운동 기능 자체와 관련이 없음. 운동 기능의 수행 결과에 대한 만족이나 불만족과 같은 일반적인 사항만 언급함 • 구체적 피드백 : 교사가 제공한 피드백 정보가 수행된 운동 기능 자체와 관련이 있음. 구체적인 피드백은 학습자에게 매우 유용한 정보를 제공하며, 대부분의 상황에서 일반적인 피드백보다 나은 것으로 여겨짐
예	• "아주 좋았어", "바로 그거야", "그게 아니야" • "그때 아주 팔로우-스로우가 좋았어", "베이스 커버가 신속히 이루어지지 않았다"

ⓔ 피드백의 정확성 : 피드백의 정확성을 의미함. 학생에게 전달된 정보가 학생의 운동 수행을 얼마나 정확하게 진술하고 있는가를 의미

형태	• 정확한 피드백 : 운동 수행 정보가 운동 기능에 대해 정확하게 설명하고 있음 • 부정확한 피드백 : 운동 수행 정보가 운동 기능에 대해 부정확하게 설명하고 있음
예	• "영수야, 도움닫기를 힘차게 잘 해서 뜀틀을 넘을 수 있게 되었구나!" • "민수야, 뜀틀을 넘고 못 넘는 건 도움닫기 속도와는 관계가 없어. 네 의지의 문제일 뿐이지!"

ⓜ 피드백의 시기 : 운동 기능 수행이 끝나고 학습자에게 피드백 정보가 전달되는 시점까지 걸린 시기를 의미

형태	• 즉각적인 피드백 : 운동 기능이 끝난 직후 바로 학습자에게 피드백이 제공되거나, 최소한 다음 운동 기능을 실시하기 전에 피드백을 제공하는 것을 의미함 • 지연된 피드백 : 피드백이 운동 기능의 수행이 끝난 직후에 제공되지 않고, 몇 번의 횟수가 진행된 후에 제공됨
예	• 학생이 높이뛰기를 마치자 교사는 즉시 학생에게 "자세가 아주 좋아"라고 말하는 경우 • 수업이 끝나고 10분 후, 위에서 말한 동일한 학생에게 "오늘 네가 보여준 점프에서 다리를 충분하게 펴주지 못한 것 같다"라고 말하는 경우

ⓗ **피드백의 양식** : 보강 피드백이 학생에게 제공되는 방법을 의미

형태	• 언어 피드백 : 피드백을 학생에게 구두로 제공함. 교사가 운동 기능 수행이 끝난 후 학생에게 정보를 말로 전달함 • 비언어 피드백 : 피드백을 학생에게 몸짓으로 제공함 • 언어와 비언어적 피드백을 결합한 피드백 : 언어와 비언어 정보를 동시에 제공함
예	• "아주 훌륭하게 했어", "좀 더 빨리 달려야겠다" • "좋았어"라는 신호를 보낸다. 손뼉을 친다. 등을 두드려준다. • "자, 나아가라"라고 말하면서 교사가 등을 두드려준다.

ⓢ **피드백의 평가** : 학생의 운동 수행 결과에 대한 만족이나 불만족 표시

형태	• 긍정적 피드백 : 운동 수행 결과에 대해서 만족을 표시함 • 부정적 피드백 : 운동 수행 결과에 대해서 불만족을 표시함 • 중립적 피드백 : 교사가 제공한 피드백이 긍정적인지 부정적인지 불분명한 상태임
예	• "바로 그거야", "좋았어" • "골키퍼의 잘못된 판단이야", "3조는 열심히 하지 않고 있어" • "그저 그렇다", "그 순간에 좀 더 정확하게 했어야 하는 건데"

ⓞ **피드백의 교정적 특성** : 실수를 교정하는 방법에 관한 정보와의 관련성

형태	• 교정 정보는 제공하지 않고, 잘못된 부분만 정보를 제공하는 피드백 : 부정확하고 부적절한 운동 수행에 대한 정보만 제공함 • 교정적 피드백 : 다음 운동 수행을 개선할 수 있는 방법에 관한 정보(단서)와 함께 피드백을 제공함
예	• "발의 위치가 올바르지 않다", "볼을 놓쳤구나" • "아주 좋았는데, 다음에는 머리를 높게 유지해라", "팔꿈치가 너무 펴졌다. 몸 안쪽으로 팔꿈치를 당겨서 펴도록 해라"

ⓩ **피드백의 방향성** : 피드백 정보가 누구에게 제공되는가를 의미

형태	• 개별적 피드백 : 피드백이 학생 한 명에게 제공됨 • 집단 피드백 : 피드백이 수업에서 구분한 집단에게 제공됨 • 전체 수업 피드백 : 피드백이 수업에 참여하고 있는 모든 학생에게 제공됨
예	• "수지야, 오늘 수업에서 매우 열심히 했다" • "3분단이……", "A모둠은……" • "오늘 모두 다 훌륭했다", "오늘 전체 학급 모두 훌륭했어"

② 피드백 제공의 수칙

ⓐ 피드백 제공은 많을수록 좋다.

ⓑ 일반적 피드백보다 구체적 피드백이 효과적이다.

ⓒ 즉각적인 피드백이 지연된 피드백보다 효과적이다.

ⓓ 교정적 피드백이 부정적 피드백보다 효과적이다.

ⓜ 언어적 피드백이나 비언어적 피드백 중 하나만 제시하는 것보다 두 가지 형태를 결합한 피드백 제공이 도움이 된다.

ⓗ 숙련된 학습자는 피드백 횟수가 적어도 정보를 얻을 수 있지만, 숙련된 학습자에게는 구체적으로 제공되어야 한다.

ⓢ 초보 학습자들은 동기를 유발하고 인정받을 수 있는 모든 피드백을 필요로 한다.

6. 질문의 활용

질문은 초점과 형태에 따라 범주화될 수 있다.

(1) 질문의 초점

질문의 초점은 질문에 해당하는 수업의 양상에 의해 결정된다.

① 수업 운영 질문(managerial question)

수업 조직, 학습 환경의 준비, 수업 절차, 일상적 행동과 같은 수업의 비교수적 부분에 해당한다.

> 예 "수업은 몇 시에 시작되지?", "수업을 마치면 장비는 어느 위치에 두어야 하지?"

② 행동 질문(behavior question)

수업 규칙이나 안전과 같은 학생의 수업 행동에 초점을 둔다.

> 예 "주목하라는 신호를 했을 때 너희들은 어떻게 해야지?"

③ 내용 질문(content question)

학생의 교과 내용 학습을 증진시키는 데 사용된다.

(2) 내용 질문의 형태

① Bloom의 분류

지식, 이해, 적용의 질문들은 하위 수준의 질문이고, 분석, 종합, 평가는 상위 수준의 질문이다.

㉠ 지식

목적	이전에 학습했던 사실이나 단순한 생각 또는 개념을 학생에게 상기시키는 데 있다.
인지 반응	지난 시간에 논의했던 타격 자세의 3가지 주요 요소를 말해 볼 수 있겠니?
움직임 반응	우리가 어제 학습했던 정확한 타격 자세를 보여 줄 수 있겠니?

㉡ 이해

목적	학생에게 사실이나 생각을 번역 또는 해석하거나 비교하게 하는 데 있다.
인지 반응	홉이 무엇이지?, 점프는 무엇이지?, 홉과 점프는 어떤 차이가 있지?
움직임 반응	누가 홉과 점프를 보여 줄 수 있겠니? 그 다음 다른 형태의 홉을 보여줄 수 있겠니?

ⓒ 적용

목적	학생에게 앞서 학습했던 사실이나 생각에 기초하여 문제를 해결하도록 하는 데 있다.
인지 반응	배구의 플로터 서브를 리시브할 수 있는 가장 좋은 정보는 무엇인가?
움직임 반응	1조는 플로터 서브를 받을 수 있도록 정확한 자세를 취해 보아라.

ⓔ 분석

목적	복잡한 개념 요소를 분석하고, 그 관계를 규명해 보며, 조직적 형태와 원리를 학생이 발견하는 데 있다.
인지 반응	속공을 하려고 할 때 어느 시기에 공격 코트로 넘어가야 하는가?
움직임 반응	연습 상황에서 포인트 가드에게 아울렛 패스를 받을 때 속공을 해야 할지 아니면 지공을 해야 할지에 대한 지시를 내린다.

ⓜ 종합

목적	학생에게 두 개 이상의 사실이나 생각 또는 개념을 연결시켜서 새로운 지식을 생성하는 데 있다.
인지 반응	운동 시 최적의 심박수 범위에 도달했는지를 어떻게 알 수 있는가?
움직임 반응	5분 이내에 목표 심박수까지 도달할 수 있는 운동을 할 수 있는가?

ⓗ 평가

목적	학생의 개인적 지식과 감정, 또는 다른 사람이 생성해 낸 지식에 기초하여 판단을 하는 데 있다.
인지 반응	마루운동에서 6.7과 7.0의 차이는?
움직임 반응	다른 학생보다 난이도가 높다고 판단된 학생의 2가지 마루운동 기능을 수행할 수 있는가?

② 수렴적 질문(convergent questions)

수렴적 질문은 학생의 반응이 인지적 영역이든 심동적 영역이든 관계없이 한 가지 정확한 답변을 요구하는데, 그 질문들을 폐쇄형(close-ended) 질문이라고 한다. 그 이유는 교사가 마음속에 한 가지 정확한 답을 가지고 있으며, 단일 반응을 요구하는 수렴적 질문을 했기 때문이다.

> 예 "축구에는 얼마나 많은 포지션이 있지?", "테니스 단식 게임에서 사이드 라인에 대해서 설명할 수 있겠니?"

③ 발산적 질문(divergent questions)

발산적 또는 개방형(open-ended) 질문은 한 가지 질문에 여러 개의 정확하거나 가능한 답이 존재한다. 보통 이것을 상위 수준의 질문이라고 한다. 학생의 반응은 주로 인지적 영역 혹은 심동적 영역 중 하나에 집중된다.

> 예 "짝과 함께 정적 균형을 유지할 수 있는 모든 방법을 수행해 보자", "배트민턴에서 서브를 높게 뒤쪽으로 넣어야 할 상황이 언제지?"

⑶ **학습을 위한 질문 활용**

① 답변 시간을 기다린다.

  ㉠ 답변 시간은 교사의 질문이 끝나고 학생이 답변을 할 때까지 소요되는 시간의 양을 의미한다(Rowe).

  ㉡ 교사가 질문을 하고 약 3초 정도 기다리는 것이 좋다. 이 정도의 시간은 교사의 질문에 대해 많은 학생이 답변을 할 수 있는 기회가 제공되며, 다른 학생에 비해 빨리 문제를 해결한 학생이 자주 지명되는 것을 방지해 준다(Tobin).

  ㉢ 적절한 대기 시간은 모든 학생에게 문제를 스스로 해결할 수 있도록 해주며, 개인적으로는 자신의 답과 교사가 지명한 학생의 답을 비교할 수 있도록 한다.

② 가능한 발산적 질문을 한다.

  ㉠ 수렴적 질문은 하나 혹은 소수의 가능한 답을 요구한다. 학생들이 한 가지 답을 요구받을 때 더 이상 가능한 답에 대해서 생각을 하지 않는다.

  ㉡ 발산적 질문은 학생들에게 많은 가능성 있는 답을 요구함에 따라 지적 사고 과정을 지속적으로 유지할 수 있다.

③ 답변에 필요한 규칙을 정한다.

  ㉠ 학생은 교사에게 지명받기 위해서는 반드시 손을 들어야 한다.

  ㉡ 학생은 교사로부터 지명되기 전까지 정답을 큰 소리로 떠들어서는 안 된다.

  ㉢ 교사의 주목을 끌기 위해 부적절한 동작을 취해서는 안 된다.

  ㉣ 교사와 학생은 다른 학생이 제시한 답변에 대해 비판해서는 안 된다(특히 발산적 답변과 개인적인 반응에 대해서 비판해서는 안 된다).

  ㉤ 교사와 학생은 지명 받은 학생이 답변을 끝낼 때까지 기다려야 한다. 천천히 답변하는 학생의 말을 중간에서 끊지 말아야 한다.

④ 부적절한 답에 대해 적절히 반응한다.

  ㉠ 그 답을 무시하지 말고 다른 학생을 신속하게 지명하지 않는다.

  ㉡ "재차" 질문을 하여 그 학생에게 다시 설명할 수 있도록 기회를 준다.

  ㉢ 학생이 제시한 답변이 거의 정확하면 더 많은 시간을 그 학생에게 제공한다.

⑤ 답에 대한 설명과 그 이유를 물어본다.

  ㉠ 교사들은 학생들이 답을 했을 때 그 답으로 끝내 버리는 경향이 있다. 초기에 답을 이끌어 내는 것은 단지 학습 과정의 일부에 도달한 것과 마찬가지이다.

  ㉡ 교사는 학생이 답을 어떻게 해결했는지 혹은 학생이 반응한 답에 대해 이유를 알아 볼 수 있다. "너는 그 문제를 어떻게 이해했니?", "너는 그 내용을 어디서 배웠니?"와 같은 질문을 함으로써 답에 대해서 생각할 수 있는 기회를 제공할 수 있고, 다른 학생에게도 학습에 대한 이해 수준을 더 많이 제공할 수 있으며 좋은 정보를 제공할 수 있다.

⑥ 집단이 함께 해결할 수 있는 답을 요구한다.

　　㉠ 학생들은 질문에 대해 스스로 혼자 생각하는 경우가 많다. 학생들은 다른 학생들의 견해와 지식으로부터 얻을 수 있는 혜택을 받을 수 없다.

　　㉡ 가끔은 교사가 집단별로 질문을 할 수 있으며 그들에게 "공동으로 협의하여" 답을 함께 해결하도록 지시할 수 있다. 이 전략은 고등사고 질문에 해당되는 경우에만 사용되어져야 할 것이다.

⑦ 움직임 반응을 유도할 수 있는 언어적 질문을 한다.

　　㉠ 교사의 질문에 대한 답이 인지적 영역과 언어적 반응에 그치는 경우가 있다.

　　㉡ 일부 수업 모형은 학생이 생각한 다음 움직임 반응을 수행함으로써 답할 수 있는 교사 질문에 토대를 두고 있다.

　　㉢ 문제의 답을 만들어 내는 데 처음에는 인지적 영역이 동원되지만 다음에는 학생들이 교사에게 자신이 알고 있는 지식을 움직임 반응으로 전이할 수 있어야 한다.

7. 수업 정리와 종료

(1) 수업 정리로 전환한다.

① 일반적으로 수업 마지막 부분에서는 시간이 짧기 때문에 교사는 학생들을 수업 정리로 전환시키기 위해 빠르고 간단한 방식을 활용해야 한다.

② 학생들이 수업 시간에 사용한 기구를 지니지 않은 채 특정 장소로 모으는 것이 중요하다.

③ 교사는 학생들에게 마지막 활동을 멈추게 하고, 사용한 기구를 신속하게 치우도록 지시를 한다. 그리고 운동 기구를 보관하는 장소 가까운 곳으로 모이도록 한다.

④ 수업 장소가 좁다면 학생들에게 활동을 멈추라는 주의 신호를 사용하여, 그 자리에 서있는 채로 수업 정리를 하고 사용한 기구는 나중에 치우도록 한다.

(2) 주의를 집중시킨다.

① 교사는 전체 학생들과 이야기할 때 응집된 대형으로 모이게 하고 주의를 집중시키는 것이 중요하다.

② "듣고 생각"하는 시간이기 때문에 학생들이 조용히 주의를 집중할 때까지 수업 정리를 시작해서는 안 된다.

(3) 교사와 학생 간 쌍방향 의사소통을 활용한다.

① 훌륭한 수업 정리 방식은 학생들에게 수업 내용을 듣기만 하는 것이 아니라 생각을 할 수 있도록 하는 것이다.

② 교사는 학생들이 수업 내용을 이해했는지에 대한 여부를 검사하는 방식으로 수업을 정리하거나 또는 "질문하고, 답을 말하지 마시오"라는 전략을 사용할 수 있다. 후자의 경우 학생들이 질문에 대한 답을 찾기 위해 많은 생각을 유도할 것이다. 이 전략은 학생이 듣기만 하는 소극적인 방식이 아닌 쌍방향 의사소통의 상호작용을 촉진시키는 수업 정리 방식이다.

상호작용적 방식(질문)	소극적 방식(청취)
• "누가 오늘 수업 시간에 배운 내용 세 가지를 말해 볼 수 있을까요?" • "하키의 노우-하이-스틱(no-high-stick) 규칙이 왜 필요한가요?" • "오늘 배운 운동 기능을 어떻게 적용할 수 있을까요?"	• "오늘 수업에서 우리는 한 발을 이용해서, 두 개의 신체 부분을 이용해서, 짝을 이용해서 균형을 유지하는 방법에 대해서 배웠습니다." • "오늘은 연습 시 위험한 지역에서 하키 스틱을 높이 쳐드는 노우-하이-스틱(no-high-stick) 반칙에 대해서 배웠습니다." • "길이가 짧은 기구를 이용해서 물체를 타격하는 방법을 알면 라켓볼과 탁구와 같은 종목에서 그 방법을 활용할 수 있습니다."

6 모형 중심 체육 수업의 계획

수업 계획은 내용 지식과 지도 방법 지식을 수업 방법 지식으로 전환하는 촉매 역할을 한다 (Shulman). 계획이 필요한 이유는 시간, 노력, 자원을 가장 효과적으로 사용하여 학생이 의도한 학습 결과를 배울 수 있는 가능성을 높일 수 있기 때문이다. 단원 계획은 각 단원에서 선정한 수업 모형에 포함될 학습 목표, 수업 내용, 학습 활동, 필요한 자원, 수업 운영에 대한 큰 그림을 제공하고, 수업 계획은 단원에서 각 수업을 시작하기 직전과 수업 중에 만들어진 동일한 형태의 다양한 의사결정과 준비 행동이 포함된다.

단원 계획 및 수업 계획의 지침
• 정교하고 유연성 있는 계획을 수립한다. • 자신이 사용할 목적으로 교수·학습 과정안을 작성한다. • 확신이 없을 때 추가계획을 수립한다. • 대안적인 계획을 수립한다. • 작성된 교수·학습 과정안을 보관한다. • 단원과 교수·학습 과정안 계획을 평가한다.

1. 단원 계획

교사가 단원을 시작하기 전에 교수·학습 과정안을 만든다면 수업은 효과적으로 이루어질 수 있다. 단원 계획이 세워지면, 일일 교수·학습 과정안은 단원 진도에 따라 쉽게 이루어질 것이다.

(1) 맥락 분석

① 수업 맥락은 가르치는 내용, 방법, 학생이 배우는 것에 영향을 미치는 시간적, 인적, 물적 자원의 총체를 의미한다.

② 수업 맥락의 중요한 4가지 결정 요인은 교사, 학생, 내용, 이용 가능한 자원이다.

(2) 내용 분석 및 목록

① 내용 분석은 단원에 포함되어야 할 내용과 학생이 단원에서 배워야 할 순서를 결정한다.

② 내용 분석의 첫 단계는 활동, 스포츠, 무용 또는 주제 활동에 필수적인 심동적 기술, 인지적 지식 영역, 정의적 성향을 학생의 발달 단계에 적절하게 목록화하는 것이다.

③ 끝나는 시점은 단원에서 수업 시수를 고려하면서 대부분의 학생이 각 내용을 배우는 데 소요되는 시간을 판단하여 결정한다.

④ 가르칠 내용은 내용 분석과 목록화 과정에서 작성한 발달 단계의 논리적인 순서에 따라 정한다.

(3) 학습 목표

① 목표는 맥락 분석과 단원의 내용 선정 결과를 고려하여 설정해야 한다.

② 목표는 일반적 수준과 행동적 수준에서 진술되어야 한다.

③ 일반 목표는 각 영역 안에서 의도하는 학습의 포괄적인 영역을 의미하고, 행동 목표는 학생이 각 일반 목표 영역 안에서 성취해야 하는 특정한 운동수행 기준을 서술한 것이다.

④ 행동 목표(Mager)

  ㉠ 운동 수행에 필요한 조건과 상황

  ㉡ 성취해야 하는 행동, 지식, 태도

  ㉢ 설정된 운동 수행 기준

영역	일반 목표	행동 목표
인지적	학생은 축구의 규칙과 전략을 배울 것이다.	학생은 축구 게임 규칙과 전략 시험에서 최소한 90%의 점수를 받을 것이다.
심동적	학생은 골프의 기초 기능을 배울 것이다.	학생은 6피트 거리의 그린에서 5회의 퍼트 중 3번을 성공할 것이다.
정의적	학생은 올바른 테니스의 에티켓을 배울 것이다.	3세트 시합 동안, 학생은 3번 이상 테니스 에티켓에 어긋나는 행동을 하지 않을 것이다.

(4) 수업 연계

① 모든 단원계획과 각 수업 계획은 학생들이 의도한 학습 결과를 도출하기 위해 효율적으로 작성되어야 한다.

② 모든 부분의 단원 계획과 각 수업 계획이 실행되는 것을 수업 연계라고 한다.

③ 수업 연계를 약화시키는 수업 계획 과정의 어떤 요소라도 학생들의 학습을 향한 직선 경로를 벗어나게 할 수 있고, 이는 교사가 의도한 것보다 적은 학습을 초래하게 된다.

④ 체육 교육에서 수업 연계를 약화시킬 수 있는 몇 가지 공통적인 요소들이 있다. 예를 들어, 지나치게 많은 시간 관리, 학생들이 연습을 시작할 때 혼란을 주는 불분명한 과제 제시, 의도된 학습 결과를 촉진하지 않는 학습 활동, 학생들의 성과를 향상시키기 위해 유용한 피드백을 제공하지 않은 평가 등이 있다.

⑤ 좋은 수업 연계에 가장 중요한 요소 중 하나는 교사가 각 수업에서 계획한 학습 활동이다. 교사는 항상 '이 학습 활동은 어떤 종류의 학습으로 이어지는가?', '기술·전략·전술 등과 이 학습이 내가 이 단위에서 이 모형으로 학생들이 성취하기를 원하는 학습인가?'라는 2가지 질문을 해야 한다.

(5) 수업 모형의 선정

① 맥락을 분석하고 내용 목록을 선정하며 단원의 학습 목표를 진술했다면, 교사는 학생의 학습에 가장 효과적으로 도움이 되는 수업 모형을 결정해야 한다.

② 모형 선택 시 2가지 고려 사항

    ㉠ 모형 선택은 연역적인 과정이다. 즉 맥락, 내용, 목표를 고려한 후 수업 모형을 결정한다. 진술된 학습 목표는 모형 선택에 직접적으로 영향을 미치는 영역의 선호도와 영역 간의 상호작용을 나타낸다.

    ㉡ 전체 단원을 지도할 때 한 모형을 사용하게 되면 학습이 극대화될 수 있다. 단원이 시작된 다음 모형을 바꾸거나, 두 개 이상의 모형을 혼합하여 사용하는 것은 바람직하지 않다. 각 모형은 교사와 학생 행동의 독특한 특성과 패턴을 가지고 있기 때문에 한 모형을 단원 시작부터 끝날 때까지 일관성 있게 적용하는 것이 중요하다.

(6) 관리 계획

① 관리 계획은 안전하고 효율적인 학습 환경을 조성하는 중요한 규칙, 상규적 행동 및 절차를 확인해 주는 역할을 한다.

② 전형적인 관리 계획은 다음 내용을 포함해야 한다.

    ㉠ 수업 규칙의 결정과 발표

    ㉡ 체육관에 들어가고 나오는 절차

    ㉢ 용기구의 분배, 관리, 수거 및 정리 절차

    ㉣ 안전 규칙

    ㉤ 출석 절차

    ㉥ 주의 집중과 시작/정지에 필요한 신호 결정

(7) 학습 활동

① 모든 학습 단원은 학생이 내용과 상호작용하고 진술된 목표를 배우도록 하는 일련의 계획된 학습 활동을 포함한다.

② 단원을 시작하기 전에 교사는 학습 활동을 선정하고, 학생에게 제시할 순서를 결정해야 한다. 그 다음 과제 제시, 과제 구조, 각 활동의 평가를 계획해야 한다.

(8) 평가 또는 채점

① 단원을 시작하기 전에 교사는 평가 방법을 계획해야 한다. 그 계획에는 성적 산출 방법, 절차, 기준이 포함된다.

② 평가와 성적은 다음 사항을 고려하여 결정되어야 한다.

    ㉠ 평가와 채점의 목표와 결과

    ㉡ 평가 방법(전통적 평가, 대안 평가, 실제 평가)

    ㉢ 평가 시기(형성 평가, 총괄 평가, 두 개 모두)

    ㉣ 평가 계획과 수행 방법

(9) 교사의 역할 및 기능

① 각 수업 모형에는 교사의 독특한 의사결정과 행동이 명시되어 있다. 이것들은 교사가 맡아야하는 역할과 단원에서 수행해야 할 임무로 바뀌게 된다.

② 교사는 각 단원에서 역할과 임무를 인식하고, 순차적으로 그것들을 수행할 수 있는 계획을 수립해야 한다.

(10) 학생의 역할 및 기능

① 교사와 마찬가지로, 각 단원에서 선택된 모형은 학생의 의사결정, 행동, 책임감의 유형을 가지고 있다.

② 교사주도 통제 수업에서는 학생에게 수동적인 역할을 요구하는 반면, 상호 작용 모형과 학생주도 통제 수업에서는 능동적인 역할을 요구한다.

③ 어떤 모형에서는 학생에게 책임감을 거의 요구하지 않는 반면, 다른 모형에서는 학생에게 많은 의사결정과 선택권을 준다.

④ 교사가 새로운 모형을 이용하여 단원을 시작할 때 학생에게 "어떻게 그 일을 할 것인지"를 배우도록 도와주고 새로운 패턴에 익숙해지도록 시간을 줄 필요가 있다.

⑤ 학생이 수업에서 새로운 역할과 책임감을 수용할 때까지 내용뿐만 아니라 초기에 모형을 지도하기 위한 계획을 수립하는 것은 교사의 책임이다.

2. 교수 · 학습 과정안 작성

단원 계획과 교수 · 학습 과정안은 서로 일관성을 유지해야 한다. 단원 계획이 청사진을 위한 골격이라면, 교수 · 학습 과정안은 매 수업마다 교사를 안내하는 특정한 지도 방법과 세부사항을 포함한다. 단원 계획안과 마찬가지로 모든 모형에 적합한 단일 체육과 교수 · 학습 과정안은 존재하지 않는다.

(1) 수업 맥락의 기술

① 수업에서 고려되어야 할 주요 요인, 즉 학생(학년 수준, 학생 수, 장애 학생), 시간 또는 시수, 장소, 차시 등의 총체적인 수업 맥락에 대한 설명이 포함되어야 한다.

② 수업 맥락에 대한 간단한 기술은 교사가 다음 시간에 그 내용을 지도할 때 수업을 상기할 수 있도록 도와준다.

(2) 학습 목표와 기준

① 교사는 수업 전에 구체적인 목표를 세워야 한다.

② 학습 목표는 단원 계획에서 비롯되어야 하고, 일반적으로 한 수업에서 1개에서 3개의 목표면 충분하다.

(3) 학습 평가

① 교수 · 학습 과정안에는 수업 목표를 평가할 수 있는 방법이 서술되어 있어야 한다.

② 대부분의 평가는 비공식적(이해 정도의 점검, 교사 관찰, 질문하고 대답하기 등)으로 이루어진다. 이 경우 교수 · 학습 과정안은 언제, 어떻게 평가할 것인지를 교사에게 상기시켜주는 역할을 한다.

③ 평가가 공식적으로 이루어지려면, 교수 · 학습 과정안에 평가가 이루어질 수업 차시를 명시하고, 평가의 관리 및 절차상의 고려 사항이 제시되어야 한다. 평가에 필요한 시간 배정, 평가 운영 방법, 필요한 용 · 기구 및 자료의 조직에 관한 내용을 포함한다.

(4) 시간과 공간의 배정

① 교사는 사전에 수업 시간, 수업 환경 설정, 관리 방법에 대해서 생각할 필요가 있다.

② 수업 시간은 대략적으로 추정하여 계산하는 것으로 수업이 진행됨에 따라 변경될 수 있는 출발 시점과 종료 시점의 역할을 한다. 수업이 끝난 후 교사는 다음 수업에 도움이 되기 위해 실제적으로 각 에피소드마다 몇 분이 소요되었는지를 적어야 한다. 이러한 반복 과정을 통해서 교사는 정확하게 시간을 할당하는 방법을 배울 것이다.

③ 공간 배정 계획은 교사가 각 활동에 필요한 학습 환경의 조직을 쉽게 알아볼 수 있는 간단한 도해로 만들어져야 한다.

(5) 과제 제시와 과제 구조

① 교수·학습 과정안은 각 학습 과제를 준비하는 데 필요하고, 그 준비는 과제 제시와 과제 구조 두 부분으로 이루어질 것이다.

② 교수·학습 과정안은 다음 사항을 고려하여 작성해야 한다.

    ㉠ 학생의 흥미를 유발시킬 수 있는 수업 도입

    ㉡ 과제 제시에 적합한 모형과 단서

    ㉢ 학생에게 방향을 제시할 과제 구조 설명

    ㉣ 이해도 점검

    ㉤ 다양한 과제의 계열성과 전개

(6) 수업 정리 및 종료

① 잘 계획된 수업은 학생에게 수업 내용의 참여를 다시 한번 제공하는 정리 및 종료 시간으로 끝마쳐야 한다.

② 교수·학습 과정안에는 교사와 학생의 상호작용과 조언이나 관찰을 허용하는 수업 종료 부분이 포함되어야 한다.

③ 가장 좋은 정리 부분은 학생에게 학습 내용의 핵심인 단서를 기억하고, 무엇을 배웠고 왜 그것이 중요한지를 질문함으로써 수업 내용을 다시 한번 생각하도록 한다.

④ 수업 종료가 체계적인 순서로 계획되고 진행되었다면, 전체 수업은 교사와 학생에게 목표 달성과 성취감을 부여하면서 학생의 해산이 신속하게 이루어지도록 한다.

7 모형 중심 체육 수업의 학생 평가

체육 수업에서 평가는 3가지 목적으로 즉, 수업 시간에 학습이 이루어진 정도를 기술하기 위해, 학습(대체로 성적 부여용)의 질을 판단 또는 평가하기 위해, 하나 이상의 기준이 일정 수준에 충족되지 못할 때 수업 개선 방법을 결정하기 위해 이루어져야 한다.

1. 평가의 개념과 용어

(1) 총평과 평가

성적 부여는 총평으로 시작되어 평가로 연결된다. 교사가 기준과 관련된 학생의 지식, 수행이나 행동에 대한 정보를 모으는 것은 총평이며, 교사가 지식, 운동 수행, 행동의 가치나 질에 대한 판단을 내리기 위한 정보를 활용하는 것은 평가이다.

① 총평(assessment)

    ⊙ 총평은 학생들이 수업, 단원, 프로그램에서 학습한 내용을 자료화하기 위한 정보를 수집하고 분석하는데 이용된 과정들까지 포함한다. 총평은 단순히 학습한 내용을 기술하거나 측정하는 것이다.

    ⓒ 총평 단계는 학생이 얼마나 옳은 답을 많이 내었으며, 얼마나 많은 득점을 했고, 백분위 점수는 얼마나 획득하였는지 산정하는 것을 포함한다.

② 평가(evaluation)

    ⊙ 평가는 정보의 가치나 유용성의 판단과 관련된다. 평가는 "학습이 얼마나 잘 이루어졌는가?"를 판단하는 것으로 교사, 학생 및 기타 사람들이 담당할 수 있다.

    ⓒ 평가 단계에서는 학생들이 성공했는지 실패했는지, 그리고 어느 정도의 수준으로 성공했는지 나타내기 위하여 교사가 정답의 수, 점수 및 득점을 문자 형태로 변형한다.

(2) 평가 시기

평가 정보는 4가지 시간 계획(진단 평가, 수시 평가, 형성 평가, 총괄 평가)에 따라 수집된다. 각 시간 계획은 교사에게 서로 다른 정보량을 제공하고 그 정보로 무엇을 할 수 있을지 결정한다.

① 진단 평가 또는 사전 평가(diagnostic assessment or Pre-assessment)

    ⊙ 이 평가는 교사에게 기초 수준을 제공하여, 이를 바탕으로 교사가 수업을 개인맞춤형으로 준비하고 모든 학습 과제가 발달단계에 적합한지 확인할 수 있게 한다.

    ⓒ 동일 평가를 단원이 시작될 때와 단원이 끝날 때 실시하면, 학생 학습의 지표로서 사전 평가 점수를 비교할 수 있는 기초를 제공할 수 있다.

    ⓒ 그러나 사전·사후 평가와 진단 평가는 동일하지 않다. 교사의 초점은 학생의 준비 상태, 관심사, 학습 프로필을 더 잘 이해하기 위해 진단 목적으로 사전 평가를 사용해야 한다.

② 수시 평가(continuous assessment)

    ⊙ 이 평가는 단원별 각 학습 과제가 수행되는 동안에 이루어진다.

    ⓒ 이 평가는 최신(up-to-the-minute) 정보를 제공함으로써 학생들이 현재 과제에 머물러 있어야 하는지 다음 과제로 넘어가도 되는지 등 교사들이 학습 진도에 대한 의사결정을 하는데 이용될 수 있다.

    ⓒ 수시 평가는 적은 양의 정보를 제공하지만, 그 기간 동안 교사가 다음 수업이나 현재의 수업에서도 얼마든지 변화를 도모할 수 있도록 해준다.

    ⓔ 개별화 지도 모형은 모든 수업에서 모든 학생들에게 정보를 제공하는 수시 평가 기법만을 활용하고 있다.

③ 형성 평가(formative assessment)

　㉠ 이 평가는 한 단원이 지도되는 동안 정기적으로 2차시 또는 3차시마다 이루어진다.

　㉡ 이 평가는 단원이 진행되는 동안 학생 학습에 관한 중간단계(mid-stream)에 피드백을 제공하여 그 단원 내에서 너무 늦지 않은 시기에 변화를 유도할 수 있다.

　㉢ 형성 평가는 수업 중간 즈음에 이루어져 교사가 지도 시간을 그대로 유지하면서 변화를 줄 만큼 충분한 정보를 제공한다.

④ 총괄 평가(summative assessment)

　㉠ 이 평가는 매 단원이 끝날 시기에 이루어지며, 교사에게 전체 수업 시수 동안 달성된 학습량을 판단할 수 있도록 한다.

　㉡ 이 평가는 의도된 학습 결과의 대부분이나 전체를 포함하기 때문에 많은 정보가 산출된다.

　㉢ 총괄 평가는 전형적으로 학생의 준비 기간(예 시험을 위한 공부)과 교사의 운영 시간이 많이 요구된다.

　㉣ 총괄 평가가 수시 평가나 형성 평가보다 더 많은 정보를 제공하는 반면, 교사는 다음번 그 단원을 가르칠 때까지 그 평가 정보를 사용할 수 없게 되는 제한점이 있다.

🔎 평가를 위한 4가지 시간 계획 예시

진단 평가	수시 평가	형성 평가	총괄 평가
• 인지적 지식 검사를 위한 지필 고사 • 단원 초기의 기능 검사 • 단원 초기의 체력 검사 • 게임 수행 평가	• 일일 자기 점검 수행 과제 • 과제 제시 이후 이해도 점검 • 수업 중 몇 차례의 목표 심박수 점검 • 교사 관찰	• 간단한 주간 퀴즈 • 각 기능 요소 수행 이후 동료 점검 과제 • 체력활동 주간 기록지 • 수업 종료 질문지	• 지필 검사 • 단원 말 운동 기능 검사 • 단원 말 체력 검사 • 게임 수행 평가

(3) **규준지향 및 준거지향 평가**

모든 평가는 학생 수행의 점수나 다른 지표를 산출한다. 그리고 모든 점수들은 이해할 수 있는 수준으로 교사에 의하여 일정 수준으로 해석되어야 하는데, 해석은 활용된 평가 기법이 규준 지향 또는 준거 지향의 여부에 따라 달라진다.

① **규준 지향 평가(norm-based assessment)**

　㉠ 규준 지향 평가에서는 체력 검사나 기능 검사와 같이 많은 양의 표준화된 검사 점수들이 수집되어야 한다. 그 점수는 피검사자의 일반적 요인인 연령과 성에 따라 하위 집단으로 구분된다.

ⓛ 각 집단의 점수들은 정상분포를 이루며, 한 학생의 점수는 동일한 연령과 성을 가진 다른 학생의 점수와 비교할 수 있다.

ⓒ 원 점수는 산정되고 기록될 수 있으나, 규준 검사 점수는 보통 개별 학생보다 높거나 낮은 점수를 받은 학생의 백분율로 기록된다.

ⓔ 만약 교사가 규준 지향 평가를 사용한다면, 그 검사를 받은 다른 유사 학생들과의 수행 능력을 비교할 수 있다.

ⓜ 일부 규준 지향 평가는 학생의 운동 기능, 체력, 사회적 발달과 같은 영역에서 기대되는 숙련 수준에 가깝게 발전하고 있는지 판단하는 데 도움을 줄 수 있다.

② 준거 지향 평가(criterion-based assessment)

ⓐ 준거 지향 평가에서는 학생의 수행을 특정 영역에서의 완전학습 기준과 비교할 수 있다.

ⓑ 이 평가에서 산출된 점수는 대체로 각 학생이 숙달한 정도에 따라 대개 숫자 혹은 백분율로 제공된다.

ⓒ 이 평가에서 수행 기준은 평가 기법을 사용한 사람에 의해 결정되며, 이 기준은 각 점수의 질에 관한 전문적 판단을 반영한다.

ⓔ 준거 지향 평가의 장점은 교사가 평가하고자 하는 부분만 평가에 지필로 반영할 수 있으며 교사가 추구하는 특정 교육 결과 유형을 나타낼 수 있다는 점이다.

(4) 평가의 조직적 계획

① 비공식적 평가(informal assessment)

ⓐ 비공식적 평가에서는 사전 계획 또는 수업 시간을 거의 필요로 하지 않는다. 많은 비공식적 평가들은 실제로 학생들이나 외부 관찰자가 거의 알아차릴 수 없는 방식으로, 수업의 일상적인 흐름에서 자연스럽게 일어날 수 있다. 물론 교사들은 그 평가를 잘 알고 있으며 언제, 어떻게 이루어지는지 통제할 수 있다.

ⓑ 교사는 과제 전개에 대한 의사결정을 즉각적으로 해야 하거나 현재 활동에 대한 학생 흥미를 가늠하기 위하여 다양한 비공식적 기법을 이용할 수 있다.

ⓒ 효과적인 비공식적 평가 전략의 하나로써 '이해 점검'이 있는데, 이 기법은 학생들이 과제 발표나 경기 규칙의 설명과 같은 정보를 짧은 시간 안에 얼마나 많이 기억하고 있는지 판단하는 데 활용된다. 교사는 간단히 학생들에게 들은 것과 본 것을 상기하도록 하여, 학생들이 거기에서 더 나아갈 준비가 되어 있는지 알고자 한다.

② 공식적 평가(formal assessment)

ⓐ 공식적 평가는 교사나 학생 모두가 평가를 계획하고 실행하는 데 보다 많은 시간을 소요한다.

ⓑ 학생은 전형적으로 이 평가에 대한 사전 공지를 받고 종종 그것에 대해 대비할 여유 시간을 갖는다.

© 공식적 평가는 체력 검사, 기능 검사, 집단 프로젝트를 포함하는데 간혹 학생의 점수나 다른 수행 보고서까지 포함하기도 한다.

🔍 **비공식적·공식적 평가 계획의 예시**

비공식적 평가	공식적 평가
• 과제 제시 이후 이해도 점검 • 얼마나 많은 학생들이 이 연습에서 5개의 골을 넣은 것에 성공했는지 손들게 하기 • 학생에게 "지금 심장 박동이 어렵게 느껴지는 사람은 얼마나 되나요?"라고 묻기 • 학생에게 "여러분들 중 스케이트보드를 좋아하는 사람은 몇 명이나요?"라고 묻기	• 기능의 주요 요소들에 대한 지필 퀴즈 • 교사가 축구 슛 기능 검사를 하면서 학생이 성공한 것과 실패한 것을 세기 • 학생들이 목표 지역에 있는지 알아보기 위하여 맥박을 세도록 지시 • 학생들이 스케이트보드에 대해서 좋아하는 것을 5가지 쓰도록 하기

2. 체육과 평가

평가가 형성 또는 총괄, 규준 지향 또는 준거 지향, 공식적 또는 비공식적인 것으로 설계되는 것과는 별개로, 체육에서 학습을 평가하는 다양한 기법들이 존재한다. 이 기법들은 전통 평가와 대안 평가라는 큰 범주로 구분할 수 있다.

(1) **전통 평가**(traditional assessment)

① 체육과의 전통 평가는 측정과 평가라는 하위 영역에서 유래된 3가지 주요 원리에 입각하여 이루어진다(Wood).

㉠ 적절한 수업 목표를 설정(동시에 공식적으로 언급)하라.

㉡ 수업 목표와 관련 있는 특성을 측정하기 위해 적절한(타당하고 신뢰할 만한) 검사를 사용하라.

㉢ 수업 목표 달성을 반영하는 평가(점수) 항목을 개발하라.

② 체육에서 가장 일반적으로 사용되는 전통 평가의 유형

㉠ 교사의 비공식적 관찰 : 체육 수업에서 가장 일반적으로 사용되는 평가 유형은 교사가 학생이 기술을 연습하고 경기를 하며 질문에 대한 답을 하는 동안에 이루어지는 교사의 관찰일 것이다.

㉡ 표준화된 기능 검사 : 체육교육과정에서 활용되는 다양한 스포츠는 표준화된 기능 검사를 포함하고 있는데, 대부분 실제 경기 상황이 아닌 각 스포츠를 하는 데 필요한 제한된 범위의 기능만을 측정하는 정적 테스트이다. 표준화된 기능 검사는 매우 타당하지만 이것을 활용하는 교사는 평가 목적을 위하여 검사의 한계를 이해해야 한다. 이 검사는 경기를 잘하는 데 요구되는 기술의 일부분만을 측정하며, 그러한 기능들은 실제 경기가 아닌 상태에서 측정된다.

© 체력 검사 : 체육 분야에는 아동과 청소년의 체력 요인을 검사하는 오랜 역사가 있다. 수년에 걸쳐서 학교 프로그램에서 활용할 수 있는 다양한 표준화 검사 도구를 개발하여 왔다.

© 지필 검사 : 지필 검사는 선다형, 단답형, 괄호 넣기형, 연결형, 도식화형 및 개방형 등 여러 가지 유형들의 문항들을 포함한다. 각 유형의 문항은 학생이 다양한 방식으로 그들의 지식을 제시할 수 있게 하며, 교사에게는 여러 가지 유형의 평가 정보를 제공한다.

③ 전통 평가의 장점

⿿ 제한된 범위 내에서 기능 검사, 체력 검사, 지필 검사는 유용한 평가 정보를 제공한다. 대개 이 검사들은 객관도를 확보하고 있으며 학생의 학습을 측정하고, 타당한 측정 기법과 도구를 사용하며 높은 일관성을 가지고 있다. 표준화된 기능 검사 및 체력 검사는 엄격한 기준으로 개발되며 연령, 성, 능력 면에서 유사한 피험자들을 대상으로 현장 검증이 이루어진다.

つ 대부분의 기능 검사와 체력 검사는 규준 지향 검사 유형으로, 서로 다른 연령, 성, 능력을 가지고 있는 집단을 측정하는 데 활용된다. 즉 각 검사에 해당하는 피험자들에 대한 대규모 자료를 제공한다. 이 자료는 교사들이 자신의 학생 자료와 타 학교, 타 지역 및 타국에서 유사한 검사를 받은 타 학생들의 결과를 비교할 수 있도록 한다.

て 전통 평가는 숙련된 전문가에 의해 개발된 내용, 절차, 채점법을 활용하기 때문에 교사들은 채점 방법을 설계하고, 타당화하며, 현장 검증을 하는 데 시간을 소비하지 않아도 된다.

④ 전통 평가의 단점

⿿ 전통 평가는 학교 체육 프로그램에서 제한적으로 사용된다는 단점을 가지고 있다.

つ 많은 교사들은 제한된 수업 시간과 대규모 교실에서 전통 평가를 사용할 때, 전통 평가의 단점인 실용성 문제에 봉착하게 된다(Wood). 평가 시에 학생들을 통제하는 데 시간을 소모한다.

て 전통적 평가는 교사와 학생들이 이해하는 데 어려운 방식으로 원자료를 변형하도록 요구할 뿐만 아니라 통계 결과를 해석하고 의사소통하는 데 어려움이 따른다.

と 교사와 학생에게 지식, 운동 수행 및 체력 수준을 어떻게 향상시킬 것인지에 대한 방법은 거의 제시하지 않은 채, 실제 학습과 기대 학습 사이의 차이를 제시하는데 관심을 두고 있다.

(2) **대안 평가**(alternative assessment)

① 대안 평가는 4가지 원리에 기초한다.

⿿ 지식은 다양한 방식으로 구현될 수 있으므로 이 방식들은 학생의 학습을 타당화하는 지표로 사용될 수 있다.

つ 학습 과정은 학습 결과를 평가하는 만큼이나 중요하다.

て 다양한 유형의 학습 목적은 다양한 유형의 평가 방법을 필요로 한다.

　② 인지적 영역에서 상위수준의 학습은 전통적인 기법으로 평가할 수 없는 창의적인 평가 방법을 필요로 한다.

② 체육 수업에서 사용되고 있는 일반적인 대안 평가 유형

　③ **그룹 프로젝트** : 학생들은 3~5명으로 팀을 구성하여 주어진 과제를 완성하기 위하여 학습한다. 학생들은 보고서를 작성하거나 어떤 주제나 사건을 나타내는 사진 콜라주를 만들거나, 장기간의 운동 기능의 "수행 과제"들을 마무리해야 한다.

　⑥ **온라인 발표** : 학생 개개인이나 팀은 수업에서 2개 이상의 미디어 유형을 혼합 이용하여 발표한다. 또는 하키의 골키퍼 같은 포지션 설정을 비디오로 만들어서 다른 학생들에게 보여 주기도 한다.

　⑥ **활동 일지** : 체력 증진 활동 수준을 모니터하기 위하여 한 주 동안의 모든 신체 활동을 일지에 기록한다. 활동 일지는 모든 활동들과 각 활동에 소요된 시간 및 요구되는 노력의 수준도 포함한다.

　② **개인 일지** : 체육 시간이나 학생들이 참여한 다른 신체 활동 이벤트에서 학생들이 어떻게 느꼈으며 무엇을 생각했는지 기록한다.

　⑥ **역할극** : 장기적으로 비선수 역할(**예** 코치, 감독, 행정 업무 등)을 맡아 해당 역할 수행에 필요한 의사결정, 책임감 및 지식을 배운다.

　⑥ **구두 시험** : 높은 수준의 지식을 요구하는 질문을 듣고, 그 질문에 대답하고 설명해야 한다.

　⑦ **Show and tell 발표** : 학생들은 수업 밖에서 연구하고 연습한 후, 수업 때 그들이 학습한 것을 발표한다.

　⑧ **인터뷰** : 학교에서 체육 수업이 어떠했는지 다른 학생들, 가족 및 다른 지역 공동체 일원들과 면담한다.

　⑨ **교사용, 동료 학생용, 자기 체크리스트 관찰** : 학생들이 올바른 수행 단서를 학습한 후 체크리스트에 기록된다. 교사나 학우들은 한 학생이 연습하는 것을 관찰하며 올바르게 수행된 부분들을 체크한다. 또는 연습하는 동안 비디오를 찍거나 테이프에 담아 스스로를 검토한다.

　⑩ **포트폴리오** : 어떤 주제나 개념에 관한 학생의 지식을 나타낼 수 있는 여러 가지 작품(사진, 비디오테이프, 그림, 신문 사설 등)을 수집하고 정리한다. 포트폴리오에 필요한 주제를 구체화하고 작품을 수집하는 학습 과정은 포트폴리오 그 자체의 내용만큼 중요하다.

③ **루브릭**

　대안 평가의 핵심은 학생에 의해서 드러나는 학습의 질을 결정하는 데 사용되는 루브릭을 점수화하는 것이다. 루브릭은 평가 기준을 학생에게 알리며, 완성된 작품이나 학업에 대하여 교사가 검토하는 기초 자료로 사용된다. 이 루브릭은 사전에 정한 언어 형태(**예** 초급, 중급, 고급 또는 미완성, 부분 완성, 완성) 또는 수치/등급(**예** 1/노력이 요구됨, 2/보통, 3/잘함, 4/매우 잘함)으로 학습의 질을 표시한다.

훌륭한 루브릭을 만드는 7단계 과정(Goodrich)

㉠ 모형 살펴보기: 학생에게 이전에 평가했던 좋은 작품과 그렇지 않은 작품을 보여준다.

㉡ 기준의 열거 및 논의: 학생이 질 높은 작품을 구성할 수 있도록 모형을 활용한다.

㉢ 학습의 질적 단계 명료화: 각 단계가 질적 측면에서 다른 단계와 어떻게 구별되는지 제시하고 논의한다.

㉣ 모형에 근거한 연습: 학생이 모형에 기초하여 루브릭을 활용한다.

㉤ 자기 평가와 동료 평가 활용: 과제가 끝날 때마다 주기적인 평가를 한다. 학생에게 지속적인 피드백을 제공한다.

㉥ 수정하기: 5단계에서 주어진 피드백에 기초하여 수정할 수 있는 시간을 제공한다.

㉦ 교사 평가 실시하기: 학생이 배웠던 동일한 방식으로 루브릭을 활용한다.

• 실시자:　　　　　　　　　　　　　　　• 관찰자:

• 평가 지식: 골프 스윙의 주요 요소 분석 능력

• 평가 과제: 파트너를 선정한다. 한 사람은 '드라이버'로 스윙을 10번 하고, 다른 사람은 각 스윙을 관찰하여 중요 요소를 평가하여 체크리스트에 기록한다. 관찰자의 평가는 교사의 평가와 비교한다. 10번씩 스윙하고 역할을 바꾼다.

주요 평가 요소	1	2	3	4	5	6	7	8	9	10
1. 자세와 정렬										
2. 그립										
3. 백스윙										
4. 타격 지점										
5. 팔로 − 스루										

• 스윙 후 점수 기입: 3점 − 요소가 완벽할 때, 2점 − 요소가 거의 완벽할 때,
　　　　　　　　　　　1점 − 요소가 부정확할 때

• 관찰자용 루브릭 점수(교사의 루브릭 점수와 일치할 때마다 각 분석 항목에 1점씩 부여, 최대 50점)
　− 45~50점: 매우 우수　　　　　　　− 40~44점: 우수
　− 35~39점: 보통　　　　　　　　　− 25~34점: 미흡
　− 24점 이하: 매우 미흡

🔍 골프 스윙 수업에서의 대안 평가와 루브릭 사례

④ 대안 평가의 장점

㉠ 대안 평가의 장점은 교사가 계획한 특정 학습 기준이나 결과를 모니터할 수 있도록 설계되었다는 점이다.

㉡ 대안 평가는 학생으로 하여금 단지 암기 능력이나 표준화된 기능 검사가 아닌, 여러 가지 방법으로 학습을 보여주도록 허용한다.

ⓒ 루브릭 사용은 학생에게 사전에 평가 과제의 수행 기준을 알 수 있도록 한다.

ⓔ 루브릭은 학습 방법을 배우는 능력을 신장시킬 수 있다.

ⓜ 루브릭은 또 다른 장점을 가지고 있다. 학생의 수행을 평가하는 데 교사가 사용할 수 있는 공통 준거를 가질 수 있다. 이는 교사의 검토 과정에 객관성을 유지할 수 있게 하며, 일관성 있는 평가를 가능하게 한다.

ⓗ 대안 평가인 루브릭은 학생에게 학습에 대한 피드백을 제공하며 수행 능력을 향상시킬 수 있는 방법을 제공한다.

⑤ 대안 평가의 단점

㉠ 대안 평가는 교사의 필요에 따라 이루어지기 때문에 수업에서 유용한 평가 방법을 고안하는 데 많은 시간이 소요된다.

㉡ 대안 평가는 전형적으로 학생이 완성하고 교사가 검토하는 데 많은 시간이 요구된다. 대안 평가 과제는 학생들이 과제를 계획하고 해답을 개념화하고 자료를 조직하며 최종 산출물을 완성하는 데 많은 시간을 필요로 한다.

(3) **실제 평가**(authentic assessment)

① 실제 평가는 수행 평가(performance assessment)라고 불리며, 학교에서 배운 지식이 실제로 적용될 수 있는 실제 상황을 포함하거나 그것을 시뮬레이션하는 평가 방식을 의미한다(Lambert).

② 실제성은 학생의 지식이 실제 상황에 적용되는 평가 정도에 따라 결정됨을 주지해야 한다. Lund와 Kirk은 실제 평가에 대해 다음과 같이 이야기한다.

㉠ 게임 수행을 대표하는 의미 있는 과제를 포함한다.

㉡ 복합적인 과제를 강조한다.

㉢ 학생들이 평가나 과제에서 무엇을 기대해야 하는지를 명확히 이해할 수 있도록 평가 기준이나 요구 사항을 사전에 학생들에게 알려줘야 한다.

㉣ 평가와 수업을 연계한다.

㉤ 학생들이 자신의 학습결과를 공개적으로 공유하도록 허용한다.

㉥ 학습과정과 결과의 균형을 유지한다.

③ 체육 프로그램의 목표가 활동적이고 건강한 생활을 추구한다면, 그 학습에 대한 실제 평가는 학생이 건강 관련 행동을 선택하고, 건강 관련된 행동을 수행하는 시기와 장소에서 이루어져야 한다. 학생이 섭취한 음식과 학생이 참여한 신체 활동을 기록한 학생의 일지는 체력 행동과 선택에 대한 실제 평가의 한 예가 된다.

④ 학습 목표가 경기 방법을 배우는 것이라면, 실제 평가는 실제 경기가 아닌 상황에서 표준화된 기능 검사를 시행하는 것이 아니라 실제 경기 상황에서 실시되어야 한다. 이 경우 실제 평가는 학생의 통계치 또는 경기가 진행될 때 완성된 수행 능력 체크리스트에 기초하여 이루어진다. 게임 수행 평가 도구(GPAI)는 경기 동안에 이루어지는 참여, 기능, 전략, 의사결정과 같은 여러 가지 범주에서 운동 수행을 분석하도록 한다.

⑤ 전통 평가든 대안 평가든 실제성의 정도가 어느 수준이든지 교사는 모든 평가가 단원 내용 또는 프로그램에서 학생이 수업을 통해 학습한 것을 확인하기 위한 도구임을 알아야 한다. 중요한 것은 각 평가 도구의 용도와 그 평가 도구가 활용될 수 있는 적절한 시기를 알아야 한다는 사실이다.

⑥ 교사는 "이번 단원에서는 실제 평가, 대안 평가를 사용할 거야"라고 말해서는 안 된다. 오히려, "학생이 이 단원에서 무엇을, 어떻게 학습할 것인가", "나는 학생이 학습한 새로운 지식을 어떻게 구현하기를 바라는가?", "어떤 평가 기법이 학생의 지식을 평가하는 데 가장 적합한가?"로 시작하는 연역적 과정을 따라야 한다. 이를 통해 교사는 올바른 평가를 위해 가장 적합한 평가 도구를 선택할 수 있게 된다.

🔍 수업 모형에 따른 평가 전략과 시기

수업 모형	주요 학습 결과	전통 평가	대안 평가	평가 시기
직접 교수 모형	1. 운동 수행 2. 규칙에 관한 지식 3. 체력	기능 검사 지필 검사 체력 검사	수행능력 체크리스트	형성 총괄
개별화 지도 모형	1. 운동 수행 2. 규칙에 관한 지식 3. 체력	기능관련 퀴즈 지필 검사 체력 검사	수행능력 체크리스트 저널	지속
협동 학습 모형	1. 개념 지식 2. 팀 참여 3. 사회성 발달	기능관련 퀴즈 지필 검사	집단 프로젝트 멀티미디어 프로젝트 포트폴리오 저널	지속 형성 총괄
스포츠 교육 모형	1. 경기 수행과 전략 2. 팀 참여 3. "역할 임무" 수행력	지필 검사	역할극 체크리스트 팀 프로젝트 경기 수행 종합 GPAI 저널	형성 총괄
동료 교수 모형	1. 운동 수행 2. 인지적 교수 지식 3. 사회성 발달	기능 검사 지필 검사	수행능력 체크리스트 저널	지속 형성
탐구 수업 모형	1. 움직임 기능과 관련된 고등 지식 2. 움직임 기능	지필 검사	구두 시험 면담 저널	지속 형성 총괄

전술 게임 모형	1. 운동 수행과 관련된 전략적 지식 2. 운동 수행	지필 검사	GPAI 수행능력 체크리스트 구두 시험	지속 형성 총괄
책임감 지도 모형	1. 사회성 발달 2. 운동 수행	기능 검사	수행능력 체크리스트 저널	지속 형성 총괄

최 병 식

포스
전공체육

체육교육학 1

체육교육과정론

체육 수업 모형

09 Chapter 체육 수업 모형

1 직접 교수 모형

> **교사가 수업 리더 역할을 한다.**

1. 개요

직접 교수 모형은 교사 중심의 의사 결정과 교사 주도적 참여 형태를 특징으로 한다. 이 모형의 목적은 학생이 연습 과제와 기능 연습에 높은 비율로 참여하도록 하기 위해 수업 시간과 자원을 가장 효율적으로 이용하는 데 있다. 이 모형의 핵심은 교사의 관리하에 학생은 가능한 연습을 많이 하고, 교사는 학생이 연습하는 것을 관찰하고, 높은 비율의 긍정적이고 교정적인 피드백을 제공하는 것이다.

(1) 직접 교수를 사용하는 교사의 역할(Rosenshine)

① 교사는 학습을 구조화한다.

② 교사는 각 수업 단계를 활기차게 진행한다.

③ 교사는 상세하고 풍부한 수업과 설명을 한다.

④ 교사는 많은 질문을 하고 명확하고, 활동적인 연습을 제공한다.

⑤ 교사는 학습 초기 단계에서 피드백을 제공하고, 잘못된 부분을 교정해 준다.

⑥ 학생은 초기 학습 과제에서 80% 이상의 성공률을 달성할 수 있어야 한다.

⑦ 교사는 많은 양의 학습 과제를 소량의 과제로 세분한다.

⑧ 학생이 과제를 자신감 있고 정확한 동작으로 90~100%의 성공률에 도달할 수 있도록 많은 연습 시간을 제공한다.

(2) 직접 교수 모형을 활용한 수업의 6단계(Rosenshine)

① 전시 과제 복습

　㉠ 직접 교수 모형을 활용한 수업은 이전 수업 내용을 간단히 복습한 다음 시작한다. 이것은 교사의 수업 도입으로 간주되며, Hunter의 모델에서 선행 단계로 불리고 있다.

　㉡ 이 단계에서는 이전에 배웠던 가장 핵심적인 기능이나 개념들을 다루어야 한다.

복습의 4가지 주요 기능

1. 학생이 이전 수업에서 얼마나 학습했는지를 이해하는 데 도움이 된다.
2. 학생이 이전에 배웠던 내용을 좀 더 최근의 기억으로 회상시키도록 도와준다.
3. 학생이 전 시간에 배웠던 내용을 생각하게 함으로써 학습 환경을 즉각적으로 조성할 수 있도록 한다.
4. 이전 수업과 현재 수업의 학습 과제를 연결할 수 있도록 한다.

② 새로운 과제 제시

　㉠ 수업 도입 단계가 끝나면 교사는 새로운 내용을 학생에게 설명하거나, 시범을 통해 과제를 제시한다.

　㉡ 학생은 새로운 내용이 무엇이고 그것을 어떻게 수행해야 하는지에 대해 언어적/시각적인 정보를 통해 얻게 된다.

　㉢ 이것은 학생에게 능숙한 운동 수행 모습이 어떤 것인지에 대한 전체적인 밑그림과 느낌을 제공하게 된다. 이 내용은 학생의 연령과 발달 단계에 맞게 제공되어야 한다.

③ 초기 과제 연습

　㉠ 과제 제시는 구조화된 연습으로 이어지고, 학생은 과제를 수행하기 위해서 연습을 시작한다.

　㉡ 학생의 학습 활동 비율을 높이려면 교사의 학습 관찰과 교정적 피드백의 비율을 높여야 한다.

　㉢ 연습 과제는 학생이 80%의 성공률에 도달할 때까지 계속된다.

④ 피드백 및 교정

　㉠ 보강 피드백과 교정 사항에 대한 설명은 초기 학습 과제가 이루어질 때나 과제 연습 계열성에서 각 과제 사이에 이루어진다.

　㉡ 교사는 학생이 다음 과제로 이동할 준비가 되었는지 확인하기 위해 몇 가지 단서를 다시 가르치거나 몇 가지 이전 학습 과제를 되풀이 할 수 있다.

⑤ 독자적인 연습

　㉠ 교사는 학생이 연습 과제에 능숙해졌다는 확신이 들면 좀 더 독립적으로 연습하도록 계획을 세운다.

　㉡ 교사는 여전히 학습 활동을 설계하고 그들을 위해 과제를 제시하지만, 진도에 대해서는 학생 스스로 결정할 수 있도록 한다.

　㉢ 학생은 자신들이 연습할 때 교사의 단서나 관찰 감독을 기다리지 않기 때문에 결국 학생의 활동 비율을 높게 할 수 있다.

　㉣ 이 단계의 목표는 교사가 새로운 과제나 내용을 제시하기 전에 학생이 각자의 독립적인 과제에서 90%의 성공률을 성취하는 것이다.

⑥ 본시 복습

　㉠ 교사는 이전 학습 과제를 반복하기 위해서 계획을 세운다.

　㉡ 이를 통해 학생이 이전의 수업 내용을 얼마나 기억하고 있는지 확인하고, 새로운 내용은 이전의 내용을 토대로 형성된다는 것을 학생에게 알려준다.

2. 이론적 기초

(1) 이론적 배경 및 근거

① 직접 교수 모형으로 발전하게 된 교수·학습 전략은 행동주의 심리학자인 Skinner의 조작적 조건화 이론에서 파생된 것이다.

② 직접 교수의 많은 운영 과정은 학습된 행동과 그 결과 사이의 분명한 관계를 증명하는 동물 실험 연구와 유사하다.

③ 본질적으로 강화라고 하는 특정한 결과에 이르는 반응은 환경적인 자극이 다시 나타날 때 그 행동이 나타날 가능성을 증가시키고, 벌이라는 결과에 이르는 반응들은 환경적인 자극이 다시 나타날 때 감소되거나 전혀 발생하지 않는 경향이 있다.

④ 이 단순한 관계들은 동물들이 장기적이고 복합적인 학습된 행동을 습득하기 위해 사용되었던 몇 가지 운영 사항의 기초로써 스키너와 그의 동료들에 의해 활용되었다. 행동 심리학의 용어에서 이 과정은 행동 훈련이라고 하고, 이것은 다섯 개의 주요 개념인 조형, 모형, 연습, 피드백, 강화를 포함한다.

행동 훈련의 5가지 주요 개념	
조형 (shaping)	• 조형 과정은 훈련 절차의 마지막 결과를 규정하고, 학습자로 하여 금 궁극적인 목표를 달성할 수 있도록 하는 일련의 작은 학습단계나 연속적인 유사 행동으로 나타난다. • 조형의 초기 단계에서 기능 학습의 형태는 최종적인 기능 형태와 조금 유사할 수 있다. 그러나 과정이 지속됨에 따라 학습자는 마지막에 기대하는 학습 결과와 같은 숙련된 움직임 기능을 학습하게 될 것이다.
모델링 (modeling)	• 모델링의 이용은 학습자로 하여금 바람직한 기능 또는 동작을 능숙하게 수행하는 예를 보거나 들을 수 있도록 한다. • 모델링된 운동 수행의 요소에 대하여 보고, 듣고, 읽음으로써 학습자는 성취해야 할 기능이나 동작에 대한 틀을 가진다. • 모델링된 운동 수행은 학생의 현재 발달 단계와 과제의 준비도에 부합되어야 한다.

연습 (practice)	• 직접 교수 모형의 연습은 고도로 구조화되며 반드시 숙달 기준을 가지고 있다. 구조화 되었다는 것은 지루하거나 엄격하다는 것을 의미하지 않는다. • 구조화는 교사가 과제 구조, 사용될 교재, 시간 배당, 학생의 참여 형태를 포함 하는 모든 측면의 학습 과제에 대한 명백한 계획을 세우는 것을 의미한다. • 직접 교수의 연습은 학생에게 올바른 운동 수행을 많이 반복하게 함으로써 학습 참여 기회(opportunity to respond : OTR)를 높일 수 있도록 고안되어야 한다.
피드백 (feedback)	• 높은 비율의 OTR은 교사가 제공하는 보강 피드백의 비율과 직접적으로 관련이 있다. • 직접 교수에서는 긍정적 피드백과 교정적 피드백을 선호한다. • 긍정적 피드백은 올바른 학습 시도를 강화하고 학습자에게 과제 참여를 지속할 수 있는 동기를 부여하는 두 가지 목적을 가지고 있다. • 교사가 잘못된 수행을 발견했을 때, 잘못된 수행에 대한 지적뿐만 아니라, 다음 시도 때 잘못된 행동을 어떻게 수정해야 하는지 학생들에게 말해 주어야 한다. • 다음 시도에 대한 단서를 줌으로써 부정적 피드백은 학습자가 더 잘 사용할 수 있는 교정적 피드백으로 전환된다.
강화 (reinforcement)	• 강화는 운동 수행의 올바른 시도뿐만 아니라 직접 교수에서 높은 비율로 제공 된다. • 강화는 집중, 노력, 과제 수행, 지시 따르기, 수업 규칙과 일상 규칙 지키기와 같은 여러 가지 종류의 학생 행동을 보상할 때 활용된다.

⑤ 직접 교수의 기본적인 근거는 상당히 직설적이다. 교사는 학생에게 바람직한 운동 수행 결과에 대한 명확한 모습 또는 모형을 제공하기 위해 일련의 수업 진행에 대한 명백한 계획을 세운다. 그런 후 이것은 긍정적 피드백과 교정적 피드백을 수반하면서 학생 참여 수준을 높이는 교사중심 학습 활동들로 이어진다. 각 학습 과제는 학생이 각 내용 단원에서 더 큰 학습 목표로 다가갈수록 정해진 숙련의 단계까지 수행되어야 한다. 이런 근거는 체육을 포함한 모든 학교의 교과 내용과 학년에 걸쳐 효과가 매우 큰 것으로 증명되었다.

(2) 교수 · 학습에 관한 가정

① 교수에 관한 가정

ㄱ 교사는 수업 내용과 의사 결정의 주관자이고, 수업의 계획과 실행에 주도적 역할을 해야 한다.

ㄴ 교사는 단원 내용을 결정하고 그 내용은 학생이 발전함에 따라 참여하게 될 일련의 학습 과제로 선정되어야 한다.

ㄷ 교사는 가장 효율적이고 효과적인 수단을 통해 학생에게 전달할 수 있는 내용 지식을 소유한 사람이다. 따라서 교사들은 수업 운영 기술뿐만 아니라 체육 교육 내용에 대해 높은 수준의 전문 지식을 갖추고 있어야 한다.

ㄹ 교사는 수업 시간과 자료를 활용하고 수업에 대해 학생이 최대한 참여할 수 있는 방법으로 복잡한 환경을 효율적으로 조정하는 자신의 전문 지식을 사용할 수 있어야 한다.

② 학습에 관한 가정

　㉠ 학습은 작은 과제들을 점진적으로 수행하면서 이루어지고, 이것은 복잡한 기능/지식의 학습으로 이어진다.

　㉡ 학습자는 학습하기에 앞서 학습 과제와 운동 수행 기준에 대한 이해를 해야 한다.

　㉢ 학습은 즉각적으로 표출 행동이 이어지는 학습 결과의 기능으로 볼 수 있는데, 이런 행동에 강화가 주어지면 학습은 높은 비율로 표출되거나 유지될 수 있다. 즉, 강화나 벌과 같은 자극이 주어지지 않으면 행동은 시간이 지나면서 감소하는 경향이 나타날 수 있다.

　㉣ 학습자들이 자신들이 학습을 바람직한 운동 수행 결과로 이끌기 위해서는 OTR의 비율을 높일 필요가 있다. 이 가정은 직접 교수가 학생에게는 수동적인 모형이라는 비판에 대한 반대되는 개념이다. 실제로 학생의 움직임이 능숙하고 지속적으로 되기 위해서는 높은 참여율이 필요하다.

　㉤ 높은 비율의 OTR은 학생들에게 학습 시도의 정확성에 대한 정보를 제공하는 긍정적 피드백, 보강적 피드백의 횟수를 늘리는 것과 동반되어 이루어져야 한다.

(3) **모형의 주제**: 교사가 수업 리더 역할을 한다.

① 교사는 학습내용, 관리, 학생의 참여에 대한 모든 의사결정의 주도자이다.

② 교사는 권위자가 아니라 리더로서, 교사에게는 명확한 리더십 기능이 있다.

③ 이 리더십의 목적은 학생에게 높은 비율의 OTR과 피드백을 주며, 안정적이고 긍정적인 학습 단계를 밟도록 도와준다.

(4) **학습 영역의 우선순위와 영역 간 상호작용**

① 학습 영역의 우선순위

　㉠ 1순위: 심동적 학습, 2순위: 인지적 학습, 3순위: 정의적 학습

　㉡ 직접 교수 모형은 수업의 성취 지향적인 수업 모형으로, 움직임의 유형과 개념의 학습에 자주 사용된다.

　㉢ 때로는 규칙과 개념 학습에서 인지적 영역이 최우선이 되는 경우가 있으나, 이 영역의 학습은 주로 심동적 영역의 학습을 촉진하는 데 활용된다. 사고력은 운동 기능 형태의 학습을 좀 더 신속하고 능숙하게 촉진시킨다.

② 학습 영역 간 상호작용

　㉠ 심동적 영역에서 학습 과제를 능숙하게 하기 위해서는 인지적 영역에 관심을 가져야 한다.

　㉡ 학생들은 바람직한 동작 패턴의 선행 조건이나 수반되는 개념 및 전략을 인지하고 처리하며 학습해야 한다.

　㉢ 교사는 학생으로 하여금 시행착오를 겪게 하기보다는 인지적 측면에 학생이 먼저 관심을 갖도록 유도해야 한다.

② 직접 교수 모형에서 정의적 영역은 직접적으로 설명되지 않았다. 학생이 열심히 배우고, 지속적인 성공감을 경험하며, 학습 목표에 점진적으로 다가감으로써, 긍정적이고 정의적인 영역의 학습 결과들은 자연스럽게 성취될 것이라고 가정한다.

(5) 학생의 발달 요구 사항

① 학습 준비도

㉠ 직접 교수 모형의 학습 준비도는 운동 기능과 인지 기능의 발달 수준과 관계가 있다. 학생들은 앞으로 배우게 될 학습 과제에 대해 도움이 될 수 있는 선행 조건들을 갖춰야 한다.

㉡ 운동 기능에 대한 선행 조건으로 어떤 물체나 도구를 다룰 수 있는 힘, 자기에게 다가오는 물체를 탐지할 수 있고 속도를 감지할 수 있는 감각 운동 능력, 반복적인 연습을 할 수 있는 체력 등이다.

㉢ 인지 기능의 선행 조건에는 교사의 과제 제시에 사용되는 언어나 글의 내용, 모델로 제시된 정보를 이해할 수 있는 능력, 다음에 연습을 할 때 피드백을 활용할 수 있는 능력 등이다.

② 학습 선호도

회피적이고, 경쟁적이며, 의존적인 학생에게 효과적이다.

(6) 모형의 타당성

① 연구 타당성

㉠ 직접 지도 모형의 다양한 형태들이 교실 중심 수업에서 교수·학습 과정에 사용될 때 학생의 성취도가 일관성 있게 점진적으로 증가됨을 보고하고 있다.

㉡ 직접 교수도 전략에 중점을 둔 많은 연구가 수행되었지만, 정형화된 직접 교수 모형을 사용한 연구는 거의 없다. 하지만 직접 지도 전략을 사용한 체육 교육의 수많은 연구들을 통해 이러한 접근이 교수법에 효과적임을 증명할 수 있다(Rink).

㉢ 학생의 성취도와 가장 관련 있는 교수·학습 과정의 변인은 실제 학습 시간이다. 실제 학습 시간은 학생이 높은 성공률로 적절한 학습 활동에 보내는 시간의 양으로 정의된다 (Metzler).

② 많은 체육 교사들이 수업 시간에 실제 학습 시간의 양을 최대화할 수 있는 수업을 계획하기 위해 노력하였고, 이러한 수업 방법의 대부분은 직접 교수 모형을 약간 변형한 것이다.

직접 교수를 활용한 체육 수업에서 교사와 학생의 학습 과정 및 성취 간의 관계(Rink)

- 연습에 시간을 많이 할애하는 학생이 더 많이 배운다.
- 연습은 학습 목표와 학생 개개인에게 적합해야 한다.
- 높은 성공률로 연습하는 학생이 더 많이 배운다.
- 높은 수준의 인지적 과정을 거치며 연습한 학생이 더 많이 배운다.
- 우수 교사들은 학습 환경을 창의적으로 조성한다.
- 우수 교사들은 훌륭하게 의사소통을 한다.
- 체계적인 내용 발달 단계는 학업 성취도를 향상시킨다.

② 실천적 지식의 타당성

　　㉠ 체육 교사들은 직접교수를 통해 학생이 효율적, 효과적으로 학습할 수 있음을 입증하면서, 오랜 시간동안 여러 형태의 직접 교수를 사용해 왔다.

　　㉡ 많은 교사들이 직접 교수 모형은 아니지만 직접 지도 전략들을 계속 사용하고 있다는 사실은 이 접근이 교수·학습에 매우 타당한 것임을 시사한다.

③ 직관적 타당성

　　㉠ 직접 교수 모형의 기본 운영은 이 모형이 수업에서 사용되는 합당한 이유를 확고히 해준다.

　　　@ 내용은 학습자가 최종적으로 더 높은 학습 목표를 완전하게 숙달할 수 있도록 작은 단계들로 구분된다.

　　　ⓑ 교사는 학생이 능숙한 동작이 어떤 모습인지에 대해 이해할 수 있도록 모델을 제공한다.

　　　ⓒ 학생은 높은 비율의 교사 피드백 더불어 매우 높은 비율의 OTR과 ALT를 얻는다.

　　　ⓓ 학생은 다음 과제를 수행하기 전에 현재 학습 과제를 숙달했다는 것을 내용 목록에서 제시해야 한다.

　　㉡ 수업 목표가 기본 기능과 개념의 학습일 때 이러한 접근 방법은 체육 교과에서 직접 교수의 활용에 대한 직관적 타당성을 제공하면서 많은 교사들이 이 접근 방법을 합리적인 것으로 인식하게 된다.

3. 교수 · 학습의 특징

(1) 수업 주도성(수업 통제)

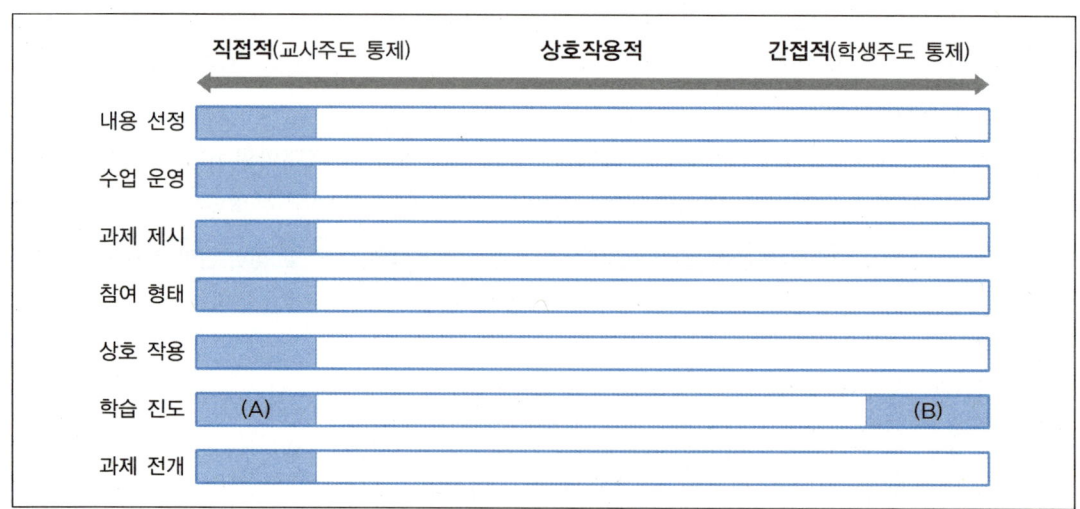

① **내용 선정**

　㉠ 교사는 내용 선정에 대한 완전한 통제권을 가지고 있다.

　㉡ 교사는 단원에 포함될 내용, 학습 과제의 순서, 학생의 내용 숙달에 대한 수행 기준을 결정하고, 학생은 교사로부터 이러한 정보를 받고 단원 내내 따르게 된다.

② **수업 운영**

　㉠ 교사는 지도할 단원에 대한 관리상의 계획, 수업 방침/규정, 특정한 상규적 행동들을 결정한다.

　㉡ 수업 운영의 효율성을 극대화하기 위해 통제가 지속적으로 이루어진다.

③ **과제 제시**

　㉠ 교사는 모든 과제 제시를 계획하고 통제한다. 그러나 교사가 항상 모델이 된다는 것을 의미하지 않는다.

　㉡ 다른 학생이나 시청각 자료들을 통해 학생이 수행해야 할 기능이나 학습 과제에 대한 시각적, 언어적 설명을 제공할 수 있다.

④ **참여 형태**

　㉠ 개별 연습, 파트너 연습, 소집단 연습, 스테이션 연습 및 전체 집단 연습 등과 같은 다양한 학생 참여 유형이 직접 교수에서 사용될 수 있다.

　㉡ 각 학습 과제에 어떤 유형을 사용할 것인지에 대한 결정은 교사가 하게 된다.

⑤ **상호 작용**

　㉠ 교사에 의해서 모든 상호작용이 시작되고 통제된다.

　㉡ 교사는 보강피드백을 제공하고 수업의 모든 질의응답을 주관한다.

　㉢ 학생의 질문이 금지되었음을 의미하는 것이 아니고, 단지 교사가 학생의 질문이 나올 시간을 미리 정한다는 것을 의미한다.

⑥ **학습 진도**

　㉠ 교사는 학생이 연습을 할 때 특히 초기 학습 과제에서 학습 진도를 엄격하게 통제한다.

　㉡ 교사는 학생이 연습할 때마다 시작과 끝나는 시간을 알려줌으로써 학습 계열상 초기에 각 연습에 대한 단서를 줄 수도 있다(A).

　㉢ 학생은 교사의 결정에서 각각의 시도들을 언제 시작할지를 결정한다(B).

　㉣ 교사는 학생이 몇 번이나 혹은 얼마 동안 연습할 것인지를 결정한다.

⑦ **과제 전개**

　㉠ 교사가 하나의 학습 과제에서 다음 학습 과제로 이동하는 시기에 대한 모든 결정을 한다. 이 결정은 교사가 정한 과제 숙달 기준(예 80% 정확한 동작)을 바탕으로 이루어진다. 대부분 혹은 모든 학생이 이 기준에 이르게 되면, 교사는 다음 학습 과제로 수업을 이동할 수 있다.

ⓒ 또한, 교사는 각 과제를 해결하는 데 얼마나 많은 시간을 할애할 것인지 결정할 수 있으며, 주어진 할당 시간이 경과되었을 때 학생들이 과제에 얼마나 숙달되었는지에 관계없이 과제를 이동할 수 있다.

직접 교수 모형의 포괄성

- 직접 교수 모형의 설계대로 사용될 경우, 직접 교수는 본래 포괄적이다.
- 모든 학생은 동일한 과제 제시를 보고, 동일한 학습 과제를 연습하며, 높은 학습 참여 기회(OTR), 실제 학습 시간(ALT), 보강 피드백을 받은 후, 다음 학습 활동으로 함께 진행한다.
- 그러나 내용 전개가 학급 수준에 의해 결정되기 때문에 덜 숙련되었거나 부진한 학습자들은 다른 학습자들과 함께 다음 과제로 진행하기 전에 현재의 학습 과제를 숙달하지 못할 가능성이 있다. 즉, 덜 숙련되었거나 부진한 학습자들은 모든 학생들을 단원의 다음 과제로 진행하라는 교사의 결정 때문에 현재의 과제를 더 연습할 기회를 잃게 된다.
- 직접 교수 모형을 사용하는 교사들은 학습 속도에 따라 수업에서 여러 집단을 계획할 수 있지만, 이것은 체육 수업에서 자주 이루어지지 않는다.
- 초대에 의한 교수(Teaching by invitation)는 계획된 학습 활동이 보다 다양한 적성과 경험을 가진 학생들이 함께 할 수 있는 포괄성을 지니도록 하는 데 좋은 전략이 된다.
    - **예** 과제 유형은 같지만 난이도가 다른 4가지 스테이션을 만들어 난이도를 설명하고 학생들을 원하는 스테이션으로 초대하여 연습

(2) 학습 과제

① 과제 제시

ⓐ 과제 제시는 학생에게 기능/과제를 능숙하게 수행하는 방법을 묘사해 주는 매개체이기 때문에 과제 제시를 통해 그 과제를 성공적으로 수행하는 방법에 대한 명확한 상(picture)을 필수적으로 제시해야 한다.

ⓑ 과제를 제시할 때 CD와 비디오테이프 같은 교육 매체를 사용할 수 있는 반면, 교사는 학생에게 수업 정보의 흐름을 지속적으로 통제하기 위해 종종 모델로서의 역할을 담당하기도 한다. 학생 모델도 이러한 기능을 위해 사용되지만, 모델을 통해 보여준 행동은 바로 교사가 다른 학생에게 보여주기를 원하는 행동이기 때문에 시범이 정확히 이루어져야 한다.

ⓒ 직접 교수 모형은 높은 비율의 학습 참여 기회(OTR)를 가지므로, 학생은 잘못된 운동 수행의 단서에 따라 연습해서는 안 되며, 이후에 잘못된 운동 수행은 올바른 운동 수행으로 교정되어야 한다. 이것 때문에 직접 교수 모형을 사용하는 교사는 대부분 과제 제시에서 모델로서의 역할을 담당하게 된다.

ⓓ 과제 제시는 수업에 참여하는 모든 학생에게 한 번에 이루어진다. 교사가 제시한 모델과 운동 수행 단서의 이해 여부를 자주 확인해야 한다.

ⓔ 운동 수행 단서를 제공하면서 교사가 시범보일 때 학생도 따라하는 적극적인 시범 전략을 사용하여 학생이 연습하기 전에 제시된 과제를 정말로 이해하고 있는지 확인할 수 있다.

② 과제 구조

　　㉠ 직접 교수는 학생을 위해 계획된 여러 과제 구조들과 함께 다양한 학습 활동들을 사용할 수 있다.

　　㉡ 선택된 과제 구조에 상관없이 학생은 학습 활동의 조직 방법과 책무성 체계를 이해하는 것이 중요하다. 학생이 과제 구조를 이해하지 못한다면, 교사는 수업에서 OTR과 수업의 흐름에 영향을 미치더라도 학습 방향을 다시 반복해야 한다.

　　㉢ 직접 교수에서 학습 과제는 학생의 과제 연습을 돕고, OTR을 증가시키기 위해 많은 시각 자료를 사용할 수 있다.

　　㉣ 적당한 간격을 표시하기 위해 바닥에 그려진 선, 통로 표시로 사용된 콘, 정확도를 가리키는 벽 위의 목표물, 공을 받아치는 기계 장치 등은 체육 수업에서 학생이 바람직한 운동 수행 수준을 유지시키고 OTR을 높이는 데 도움이 된다.

🔍 **학습 과제와 자체 연습을 위해 사용될 수 있는 학습 과제 구조**

초기 학습 과제	• 개인 공간에서 개별 연습 • 반복 훈련에 의한 개별 연습 • 교사 주도에 의한 연습 • 간이 게임
상위 수준의 학습과제와 독자적 연습	• 파트너 연습 • 스테이션 과제 • 순환 및 장애물 코스 • 복합 기능 훈련 • 간이 게임 • 미니 게임

③ 내용 전개

　　㉠ 직접 교수 모형에서 내용 전개는 교사가 단원이 시작되기 전에 결정한 내용 목록과 계열성에 기초한 단원 내용에 따라 이루어진다.

　　㉡ 교사는 각 단원에서 배워야 될 기능과 지식을 확인하고 학습 내용의 순서를 미리 정한다.

　　㉢ 학생들은 위의 표에 제시된 초기 학습 과제와 상위 수준의 학습 과제 구조의 목록 내용처럼 연습을 통해 점차적으로 쉬운 수준에서 어려운 수준으로 학습해 나간다.

　　㉣ 교사는 학생들이 현재 학습 과제를 80% 이상 숙달하고 나서 다음 과제로 이동하게 한다. 이때 학생들의 학습 속도가 다르기 때문에 교사는 학습 속도가 비슷한 학생들끼리 묶어 연습할 수 있도록 이동시켜 준다.

　　㉤ 시간 지향 과제 전개도 가능하지만, 이러한 방법은 학습 과제를 익히는 데 기능을 제대로 익히지 못한 학생들은 더더욱 기능이 뒤떨어질 수 있기 때문에 직접 교수 모형의 설계에 역행하는 것이 될 수 있다.

(3) 학습 참여 형태

① 직접 교수 모형에서 교사는 각 학습 활동을 위해 선택한 과제 구조에 따라 여러 가지 학생 참여 형태를 사용한다.

② 학생들은 혼자서, 파트너와 함께, 소집단, 대집단, 전체 학급 안에서 연습한다. 스테이션이 종종 사용되기도 한다. 이 유형들의 공통점은 교사가 전적으로 참여 형태를 결정하고 조직하고 유지한다는 점이다.

(4) 교사와 학생의 역할 및 책임

역할 및 책임	직접 교수 모형에서의 책임 주체
수업 시작	교사는 도입 단계에서 모든 학생에게 인사를 하면서 수업을 시작한다.
수업 기구 준비	교사는 수업에 필요한 기구 목록을 만들고, 학생은 기구 설치를 도와 줄 수 있다.
수업 기구 배치 및 회수	교사는 학생에게 어디에 기구를 배치할 것인가 지시하고, 학생은 수업이 끝난 후에 지정된 장소에 기구를 정리하는 것을 도울 수 있다.
출석 점검(필요 시)	교사는 출석을 부르거나, 시간을 절약하기 위해 대안을 사용한다.
과제 제시	교사는 학생이 관찰할 운동수행 모델 제공을 계획하고 이행한다.
과제 구조	교사에 의해서 계획되고 제시되며, 학생은 지도를 받고 그것을 이행한다.
평가	교사는 각 학습 과제를 위한 수행 기준을 결정하고 학생 성취 수준을 검토한다. 평가는 다양한 방법으로 이루어질 수 있으나 일반적으로 교사의 비공식적 관찰에 의해 학생의 운동 수행을 평가한다.
내용 전개	학생의 운동 수행을 감독하면서 교사는 학습 활동이 끝나는 시기와 학생이 다음 활동으로 이동하는 시기를 결정한다.

(5) 교수 · 학습 과정의 검증

① 교사 기준

기준	검증 방법
단원 내용은 큰 학습 목표의 달성을 위해 소규모 학습 과제로 구분된다.	교사는 과제 분석, 내용 목록, 내용 전개 등을 단원이 시작하기 전에 살펴본다.
교사는 전시 수업 내용을 검토한다.	전시 복습과 도입 단계를 포함하고 있는 수업 계획을 검토한다.
교사는 명확하고 효율적 과제 제시를 한다.	1. QMTPS로 모니터한다. 2. 연습이 시작될 때 학생을 관찰한다. • 과제를 정확하게 수행하고 있는가? • 교사는 학생의 이해를 위해 점검하였는가?
교사는 명확한 과제 구조를 제시한다.	연습할 때 학생을 관찰한다. 학생들이 교사가 제시한 방법으로 참여하고 있는가? 교사는 학생의 이해를 점검하였는가?

교사는 내용 전개 시 신속하게 진행한다.	교사는 일련의 소규모 학습 과제를 계획하고, 계획된 수업 분절 사이를 신속하게 이동한다.
교사는 긍정적이고 교정적인 피드백을 높은 비율로 제공한다.	교사에 의하여 학생에게 제공된 피드백의 유형과 빈도를 기록한다.
교사는 완전 학습을 추구하는 과제의 숙달 기준을 제공한다.	수업 계획을 점검하고, 학생의 80~100%가 이전의 과제를 완수했는지 확인한다.
교사는 규칙적으로 학습 내용을 복습하도록 유도한다.	단원 계획을 점검하고, 각 복습이 이루어지는 시기와 초점을 기록한다.

② 학생 기준

기준	검증 방법
학생은 과제 제시를 이해한다.	교사가 제시한 방식에 따라 연습하고 있는 학생 수를 센다.
학생은 과제 구조를 이해한다.	교사 지시에 따라 참여하는 학생 수, 과제를 변형하는 학생 수, 과제에서 이탈하는 학생 수를 센다.
학생의 OTR 비율이 높다.	과제 연습 시도의 횟수를 세고, 학생이 실제 연습한 시간을 측정한다.
학생의 ALT 비율이 높다.	타당한 ALT-PE 관찰 기록 도구를 가지고 표본 학생을 모니터 한다.
학생은 높은 비율의 긍정적, 교정적 피드백을 받는다.	교사가 피드백을 체크할 때 학생이 피드백을 받고 있는지 주시한다. 피드백은 수업 중 모든 학생에게 고루 분배되어져야 한다.
초기 연습은 교사에 의해 지도된다.	과제 구조와 내용 전개를 점검한다.
차후 연습은 몇 가지 독자적인 연습을 수반한다.	과제 구조와 내용 전개를 점검한다.
학생은 내용을 숙달한다.	학생은 학습 내용을 완수하고, 교사가 진술한 학습 목표에 부합하는 정기적인 평가를 통과한다.

(6) 학습 평가

직접 교수 모형은 완전 학습 접근 방식을 사용한다. Rosenshine은 학생이 한 단원의 초기 학습 과제에서 약 80%의 성공률, 후기 학습 과제에서 90~100%의 성공률을 달성하도록 권장한다.

① 비공식적 평가

교사는 시간이 거의 소비되지 않고 기록할 필요가 없는 몇 가지 실제적인 전략들을 가지고 학생의 성공률을 비공식적으로 평가할 수 있다.

㉠ 학생이 과제를 블록(Block) 단위로 연습하고 난 후 모든 학생이 한 블록을 마쳤을 때 수업을 멈춘다. 기준 성공률에 도달한 학생이 충분하지 못하다면 과제는 계속된다. 대부분의 학생이 정확히 실시하면 그때 다음 과제로 이동한다.

ⓒ 교사는 학생이 과제를 연습할 때 표본 학생을 모니터할 수 있고, 표본 학생이 성공한 횟수와 실패한 횟수를 측정할 수 있다. 표집된 학생이 거의 모두가 기준 성공률에 도달하면 그때 다음 과제로 이동한다. 표집된 표본 학생들은 학급을 대표할 수 있어야 하고, 이를 위해 다양한 기술 능력을 가진 학생을 포함하고 남학생과 여학생의 수를 동일하게 해야 한다.

② 공식적 평가

비공식적 평가는 매우 실용적이지만, 학생의 성공률에 대해 잘못된 정보를 교사에게 제공할 수 있다. 공식적 평가 전략은 체계적이고 객관적이며 정밀한 경향이 있지만, 체육 수업에서 실행 가능성 여부의 문제가 있다.

ⓐ 학생에게 성공 횟수와 실패 횟수를 기록할 수 있는 과제 카드를 제공해서 기준 성공률에 도달하면 카드를 제출하게 하고, 대부분의 학생이 제출하면 다음 과제로 이동한다.

ⓑ 교사는 주기적으로 간단한 시험(지필, 구두, 실기)을 내어, 즉시 교사에 의해 채점될 수 있다. 거의 모든 학생이 기준 점수에 도달했을 때 다음 과제로 이동한다.

ⓒ 교사는 체크리스트로 운동 수행의 중요 사항에 대해 학생의 기능을 관찰하고, 거의 모든 학생이 능숙한 기술을 수행하면 다음 과제로 이동한다.

ⓓ 교사를 대신하여 동료학생 관찰자들이 이전의 평가 전략을 활용할 수 있다.

4. 실행적 요구 사항과 변형

(1) 교사 전문성

① 과제 분석 및 내용 목록

ⓐ 직접 교수 모형에서 학습 내용은 작은 단위로 나뉘어져 일련의 점진적인 학습과제로 배열되는 특징이 있다.

ⓑ 교사들은 학생이 발전함에 따라 학습 과제 순서를 구성하는 데 사용되는 세부적인 과제 분석을 완수할 수 있어야 한다.

ⓒ 과제 분석이 완전히 이루어지면, 교사는 내용 목록을 결정하면서 어느 정도 내용을 한 단원에서 가르쳐야 하는지 알 수 있게 된다.

② 학습 목표

ⓐ 직접 교수 모형은 수행 목표로 진술된 학습 목표의 성취를 추구하므로, 교사는 학생들이 실천 가능한 수행 기준에 도전할 수 있는 목표를 진술해야 한다.

ⓑ 처음에 교사가 특정 학습 내용을 직접 교수 모형으로 수업하고자 한다면, 교사는 특정 학습 과제에 대한 수행 기준을 수립해야 한다.

③ 체육 교과 내용

ⓐ 교사는 과제를 효과적으로 제시하고 학생에게 유용한 수행 피드백을 부여하기 위해서 지도할 내용에 대해 필수적으로 알고 있어야 한다.

ⓛ 그 지식은 두 가지 형태가 되어야 하는데, 첫 번째는 과제를 제시할 때 능숙하게 기능 수행을 보여줄 수 있는 능력과, 두 번째는 구체적이고 정확한 피드백을 더 많이 제공하기 위해 학생의 운동 기능을 관찰할 수 있는 능력이다.

④ 발달 단계를 고려한 지도

㉠ 학생이 수행 기준에 따라 학습 과제에 참여하도록 하기 위해서는 교사는 반드시 학생의 발달 능력을 숙지하고 있어야 한다.

㉡ 교사는 학생의 인지 능력 수준에서 이행할 수 있는 언어를 사용해서 과제 제시와 과제 구조를 전달해야 한다.

㉢ 교사는 수행 기준에 대한 기대가 학생의 능력에 부합되기 위하여, 학생이 그 발달 단계에서 보일 수 있는 적절한 반응 범위를 숙지해야 한다.

(2) 핵심적인 교수 기술

효율적인 교수 변인 중 가장 중요한 것은 실제 학습 시간(학생이 높은 성공률로 적절한 학습 과제에 참여하는 데 보내는 시간)이다. ALT(Academic learning time)를 많이 갖는 학생은 학습 목표를 달성할 가능성이 커지기 때문에, 학생들의 ALT를 높이기 위해 의사결정을 내리고 지도하는 교사는 효율적인 교사로 인식된다.

① 수업 계획

㉠ 교사는 단원 계획과 수업 계획을 주도할 수 있다.

㉡ 교사는 단원 수준에서 내용 목록을 결정하고 학생이 학습할 학습 과제에 대한 계획을 세울 필요가 있다.

㉢ 수업에서 직접 교수의 성패는 수업 시간 및 자료의 활용에 좌우되는데, 이것은 각 수업에 대한 주의 깊고 세심한 계획에 의해 촉진될 수 있다.

② 시간과 수업 운영

㉠ 우수한 교사는 학생에게 높은 ALT와 OTR을 제공하기 위해 수업에 할당된 시간을 최대화하고자 한다.

㉡ 직접 교수 모형을 사용하는 교사는 항상 복합적이고 때로는 예측 불허한 다양한 학습 환경의 측면을 총 지휘할 수 있어야 한다.

㉢ 수업 활동은 한 활동에서 다음 활동으로 유연하게 흘러가야 하고, 학생은 교사의 지도 아래 신속하고 정확하게 학습 활동에 임해야 한다.

③ 과제 제시와 과제 구조

㉠ 효과적인 과제 제시와 과제 구조의 8가지 측면(Graham)

ⓐ 명확한 지도 지침 만들기

ⓑ 학습 내용의 유용성 강조하기

ⓒ 새로운 학습 내용 구조화하기

ⓓ 학생의 주의 집중 신호 만들기

ⓔ 정보를 요약하고 반복하기

ⓕ 이해도 체크하기

ⓖ 학습을 위한 건설적인 분위기 조성하기

ⓗ 책무성 정도를 제시하기

ⓛ QMTPS(Qualitative Measure of Teaching Performance Scale)

ⓐ 교사는 교수 행동의 질적 측정 도구(QMTPS)를 사용하여 자신의 과제 제시 기술을 모니터할 수 있다(Rink).

ⓑ QMTPS는 과제 제시의 7가지 측면인 명확성, 시범, 단서의 수, 단서의 정확성, 단서 내용의 질, 초점의 적절성, 구체적이고 일관성 있는 피드백으로 교사를 평가한다.

ⓒ QMTPS의 총점은 학생에게 효과적인 과제 설명을 계획하고 제시하는 교사의 능력을 나타낸다.

ⓓ Gusthart, Kelly, Rink는 QMTPS의 총점과 학생의 성취 수준을 관련지어 직접 교수 모형에서 QMTPS 도구를 타당화하였다.

④ 의사소통

㉠ 명확성은 직접 교수 모형을 활용하는 교사에게 중요한 의사소통 기술이다.

㉡ 과제 제시, 과제 구조, 피드백은 학생이 정보를 이해하고 활용할 수 있는 방식으로 학생에게 제시되어야 한다.

㉢ 명확성은 학생의 이해도를 자주 점검하고 처음에 학생이 이해하지 못했던 정보를 반복함으로써 증가될 수 있다.

⑤ 교수 정보

㉠ 직접 교수 모형에서 교수 정보는 일방통행으로 흐르게 된다. 교사는 의사소통을 주도하고 학생은 듣거나 주시하게 된다. 교사는 질문을 하지만, 그 질문은 대개 사전 정보를 확고히 하기 위해 이루어진다.

㉡ 가장 필수적인 교수 정보 유형은 과제를 제시할 때 주어지는 언어적 단서와 시범 단서이고, 학습 활동 동안 주어진 보강피드백의 두 가지 유형은 긍정적 피드백과 교정적 피드백이다.

⑥ 수업 정리 및 종료

㉠ 수업은 이전 수업을 복습하고 도입 단계로 이어지면서 시작되어서 수업 정리 및 종료로 끝을 맺는다.

㉡ 초기 복습과 도입 단계는 학생에게 수업 내용에 대해 관심을 갖으면서 집중하도록 하고, 수업 정리에서 이루어지는 복습은 수업 시간에 배웠던 것을 정리해주며 체계적으로 수업을 마무리할 수 있도록 한다.

㉢ 종료는 학생에게 "오늘 체육 수업은 끝났다"라는 것을 상기시키고 수업을 마치도록 한다.

(3) 상황적 요구 조건

① 직접 교수 모형은 모든 연령과 발달 단계를 불문하고 학생에게 모든 운동 내용을 지도하는 데 활용될 수 있다.

② 주요 상황적 요건은 높은 비율의 OTR을 제공하는 데 있고, 이를 위해 수업 시간에 학생의 대기 시간을 줄이기 위한 충분한 기구와 활동 공간이 필요하다.

(4) 모형의 선정과 변형

직접 교수 모형은 기본 움직임 기능과 개념을 지도하기에 어느 다른 모형보다 효과적이지만, 상위 수준의 인지적·심동적·정의적 영역의 학습을 우선시한다면 효과적이지 못할 것이다.

(5) 개인맞춤형 학습을 위한 직접 교수 모형 사용하기

① 모형의 설계에 따라 사용될 때, 직접 교수 모형은 개인맞춤형 수업을 하는 데 큰 잠재력을 가지고 있다. 모든 학생들은 동일한 과제 발표를 보고, 동일한 학습 과제를 연습하며, 높은 빈도의 OTR과 ALT, 그리고 보강된 피드백을 받으며, 다음 학습 활동으로 함께 진행한다.

② 개인맞춤형 수업은 일련의 체계적인 과정을 통해 개별 학생의 학습에 초점을 맞춘 개념적 모델을 제공하며(Tomlinson), 수업이 발달단계적으로 적절한지 확인할 수 있는 포괄적인 방법을 제시한다.

③ 단원 내에서 맞춤형 학습을 진행할 수 있는 방법은 사실상 무한하다. 따라서 모형 내에서 개인맞춤형 수업의 과정은 교사가 무리하게 시도하기보다는 학생 개개인의 요구를 충족시키기 위해 교사가 할 수 있는 다양한 선택지들의 목록으로 봐야 한다. 사실 교사가 단원 내에서 모든 방법을 시도하려는 무리한 접근은 오히려 실패를 초래할 수 있다.

④ 모형중심 수업에서 의사결정은 연역적 과정에 의해 이루어진다. 모형을 선택하는 데는 학습을 위한 맥락을 분석하는 일련의 단계가 필요하다. 특정 수업 모형 내에서의 개인맞춤형 수업도 마찬가지이다.

⑤ 특정 모형에서 개인맞춤형 수업을 진행할 때 교사가 반드시 물어야 할 주요 질문과 해당 질문의 목표는 모든 모형에 대해 동일하지만, 그 적용은 모형의 핵심 특징에 따라 달라진다.

⑥ 교사는 자신들의 학생들에게 적용 가능한 질문들을 선택해야 한다. 대부분의 질문은 학생들의 개인차(준비도, 관심사, 학습 프로필)에 대한 어느 정도의 이해를 필요로 한다. 이러한 영역들의 적용은 이 질문들에 대한 답 또는 학습이 내용, 과정, 결과물, 학습 환경 전반에 걸쳐 어떻게 다르게 제공할 수 있을지에 대한 선택사항을 제공한다.

🔎 직접 교수 모형을 사용한 개인맞춤형 학습의 주요 질문(초등학교 고학년 농구수업)

	목표	적용 방법
학생의 준비도를 확인하고 모니터하는 데 평가가 어떻게 사용되는가?	공식평가는 초기의 학생 준비도를 결정하기 위한 진단 평가를 사용하기	• 드리블, 패스, 숫의 표준화된 기능 검사 • 농구의 규칙과 역사에 관한 지필 평가 • 농구 기능의 총체적 루브릭
	80% 성공률의 학습 과제와 연계된 비공식적 및 공식적 총괄평가를 통해 학생들의 성장과 준비 상태를 모니터링하기	• 드리블, 패스 또는 숫에 대한 동료학생 체크리스트 • 농구 기능의 분석적 루브릭
학생의 흥미도와 학습 프로파일은 무엇인가?	Reichmann과 Grasha의 프로파일을 활용한 학생의 학습 선호도를 평가하기	• 단원 전에 학생의 특성을 평가하기 위한 교사 관찰
	단원 계획 시 학생의 지능 선호도를 고려하기	• 지능 선호도의 다양성을 가진 농구 기능의 교사주도 과제 제시 양식 파악하기
	학생의 다양한 흥미와 문화 수준 고려하기	• WNBA 선수의 드리블, 패스, 숫 유튜브 비디오 • 비디오 게임을 활용한 기능의 교사 시범 • 농구 스포츠에 대한 교사의 소개와 다른 영역형 게임과의 비교(예 축구, 핸드볼, 풋볼 등)

학생들이 내용을 어떻게 접할까?	학습 맥락에 효율적인 모형과 연계된 소통 전략 파악하기	• 농구를 위한 교사 중심의 직접적 소통 전략
		  – 강의와 시범의 병행
		  – 교사 구두 강의
		  – 슬로우 모션 시범
		  – 비디오 시범
		  – 교사의 모델 시범
		  – 적극적인 시범

학생들은 학습 내용 안에서 어떻게 발전해 나갈까?	모형의 핵심 기술, 지식 영역, 태도를 구별하여 이를 교육 범위와 순서에 따라 배열한다. 학습진도는 학생 준비도에 관한 진단 평가에 기초하여 결정하기	• 학생들에게 올바르게 수행할 수 있는 기회를 자주 제공하고, 그 과정에서 다양한 변화를 주어 초기 성공을 이루도록 도와주며, 이를 통해 학습의 완전한 숙달을 촉진하도록 연습환경을 설계하기 • 학생의 준비도에 따라 다양한 피드백을 사용하기
맞춤형 학습과정을 제공하기 위해 어떤 과제가 제공되어야 할까?	개인맞춤형 학습을 가능하게 하는 참여 패턴, 속도, 진도 등을 결정하기	• 능력별 참여 패턴 선택하기(예 개별 연습, 파트너 연습, 집단 연습, 스테이션, 전체 학급) • 광범위한 학생 능력을 고려한 학습 활동으로 숙제, 프로젝트 및 교육과정 통합을 사용하기 • 다양한 난이도를 가진 농구 기술 스테이션(예 드리블, 패싱, 슈팅) 활용하기

어떤 교수전략이 맞춤형 학습에 필요할까?	모형의 이론적 기초와 대주제와 연계된 수업 상호작용과 전략을 파악하기	• 학생들에게 초기성공을 보장하고 숙달을 촉진할 수 있도록 변형을 주어 올바른 수행을 반복함으로써 높은 빈도의 OTR을 제공하는 연습 조건을 설계하기 • 학습 준비도에 따른 다양한 피드백 용어들 사용하기
어떤 모둠 편성 전략이 적절한가?	모형과 기준에 연계된 편성 전략을 선택하기	• 학생들의 학습 속도와 농구 기술 수준에 따라 여러 그룹을 나누고, 각 그룹에 맞는 다양한 과제를 제공하기
개인맞춤형 학습을 고려한 다양한 평가 방법을 가능하게 하는 결과물은 무엇인가?	• 모형과 연계되고 학생들이 배운 내용을 다양한 과정을 통해 적용, 정제, 종합할 수 있도록 높은 수준의 사고 능력을 발휘할 수 있는 학생 결과물을 선정하기 • 유연하고 실제성 있는 평가 방법을 개발하기	• 개별 학습 성과를 기준으로 평가 기준을 포함한 유연한 루브릭 • 교사가 정해 놓은 학습 목표와 숙달 기준에 따라 학생들이 농구 기술을 습득하기 위한 개인적인 목표를 설정하고, 그 목표를 달성하기 위한 일정과 계획을 세우기 • 교사가 학생들의 농구 기술 습득 정도를 평가하기 위해 진단 평가 결과를 활용하여 개별 학생에 맞는 평가 기준을 설정하기 • 농구 기술 수준에 따라 평가의 중요도를 다르게 적용하는 방법을 설명하며, 수업 전에 학생들을 진단 평가를 통해 분류하기

어떻게 포용성 있는 학습 환경을 조성할 수 있을까?	• 수업 모형의 기본 원칙을 준수하기
	  − 학생들이 도전적인 활동을 통해 성공을 경험하도록 돕기
	  − 지원적인 학습환경을 조성하기
	  − 자기주도성을 개발하기
		• 드리블 패턴을 위한 시각적 보조도구
		• 바람직한 퍼포먼스 지표와 OTR을 증진하기 위해 농구공을 되돌려 주는 샷 리턴 장치
		• 지능 선호도에 기초한 농구 과제 내에서 음악과 기타 감각적 도구 사용하기
		• 능력과 학습 선호도에 기초한 과제 구조를 다양화하기
		• 학생 흥미도를 반영한 피드백 사용하기
		• 용기구의 다양화(예 농구공 크기, 골대 크기, 패스 거리 등)
		• 과제 내 변형
		• 과제 간 변형
		• 개별적 학생 진도

5. 지도 계획 시 주안점

(1) 시간에 구애 받지 않고 전체 단원 내용을 계획하고 내용 범위와 결과에 대한 초안을 만든다. 그리고 나서 각 기술과 지식 영역을 학생들이 배울 때 얼마나 많은 시간이 소요될 것인지 판단한다. 단원을 시작하기 전에 계획대로만 실현하려고 하지 말고 내용을 더 첨부하거나 약간 줄일 수 있도록 융통성을 가진다.

(2) 단원 계획을 미리 세우면 그 단원에서 앞으로 배워야 할 내용과 남아 있는 시간에 따라 수업을 조정할 수 있다.

(3) 학생들에게 다양한 방법으로 과제를 제시한다. 그리고 가능하면 교수 매체(예 CD-ROM, 과제 카드)를 사용한다.

(4) 수시로 학생 중심 평가를 실시한다. 학생 스스로 가능한 학습 과제를 정하게 한다.

(5) 학생들이 기다리는 시간이 없도록 충분한 학습 스테이션(Station)을 마련한다.

(6) 단순히 계획된 학습 내용만 가르치려고 하지 마라. 단원에 있는 각 기능 또는 지식 영역의 숙달 기준을 학생들이 시연해 볼 수 있도록 몇 가지 방법을 제공한다.

2 개별화 지도 모형

> 수업진도는 학생이 결정한다. 가능한 빨리, 필요만 만큼 천천히

1. 개요

(1) 개별화 지도 모형은 학생들이 미리 계획된 학습 과제의 계열성에 따라 자신에게 맞는 속도로 배우도록 설계되었다.

(2) 학습 과제는 전체 단원의 내용 목록을 결정할 때 이루어지며, 가르칠 기능 및 지식 영역에 대한 과제 분석을 통해 이루어진다.

(3) 모든 학습 과제 모듈은 문서나 다른 형식으로 학생들에게 주어지는데, 과제 제시, 과제 구조, 오류 분석, 수행 기준에 대한 정보를 포함한다.

(4) 교사는 학생에게 내용을 개별적으로 제공하지 않고 학생들이 교재를 읽거나 비디오 클립을 시청함으로써 정보를 얻는다.

(5) 개별화 지도 모형의 특성은 교사로 하여금 수업 중 학생들에게 정보를 전달하는 데 소요되는 시간을 줄이고, 그 시간을 학생과의 교수 상호작용에 투자하도록 한다는 데 있다.

(6) 학생은 명시된 수행 기준에 따라 과제를 완수하면, 교사의 허락 없이 바로 학습 과제 목록에 있는 다음 과제로 이동한다.

(7) 교사 주도의 과제 제시가 거의 없기 때문에 교사는 학습 동기 유발과 수업 정보를 제공하기 위해 학생들과 상호작용을 해야 한다.

(8) 개별화 지도 모형은 하나의 단원에 대한 통합 계획(unified plan)으로 활용되기 때문에 일일 학습 지도안(1차시 교수학습과정안)이 없다. 학생은 개별적으로 학습 과제의 계열성에 따라 학습을 진행하고 이전 수업이 완료되면 그 지점에서 새로운 수업을 시작한다. 교사는 단지 이 수업 시간에 어떤 과제를 제시해야 하고 그 과제에 참여하기 위해 학생들에게 필요한 수업 자료 및 기구를 제공하면 된다.

(9) 수업 관리, 학습 과제, 평가 정보는 개인 학습지(course workbook)와 다양한 수업 매체(유튜브 비디오, 구글 사이트, 위키스, 또는 다른 온라인 자원들)를 통해 전달된다. 학생들은 가능한 한 개인 학습지를 읽고 그대로 이행한다. 교사들은 개인 학습지에서 다루지 않는 내용 중 학생이 요구한 특수 사항과 세부 사항을 제시한다.

(10) 개별화 지도 모형의 기본 설계 목적은 학생들에게는 자기주도적인 학습자가 되고, 교사에게는 상호작용이 필요한 학생들과 많은 상호작용을 가능케 하는 것이다.

(11) 이 모형은 심동적 영역과 인지적 영역의 학습에 매우 효과적인 모형이다.

2. 이론적 기초

(1) 이론적 배경 및 근거

① 개별화 지도 모형의 초기 아이디어는 응용 행동 분석학에서 유래하였다. 인간의 학습은 개인과 외부 환경의 상호작용의 결과로 일어난다고 본다.

② 인간 행동의 특정 결과를 강화자(reinforcers)라고 부르는 것은 그 행동이 다시 발생하는 가능성을 높여주기 때문이고, 처벌자(punishers)라고 부르는 것은 다른 결과는 그 행동이 다시 발생하는 가능성을 낮추기 때문이다. 인간 행동 과학은 인간과 환경 간의 이러한 관계에 토대를 두고 있다.

③ Skinner의 행동 심리에 근거한다.

> **개별화 지도 모형이 다른 모형과 달리 학생에게 충분한 강화를 제공할 수 있는 4가지 특징(Keller & Sherman)**
> 1. 창의적이며 흥미로운 학습 자료를 바라볼 수 있는 능력
> 2. 학습 목표를 향한 규칙적이고 실제성 있는 과정
> 3. 학습의 즉각적인 평가
> 4. 교사의 학생 개인에 대한 관심

(2) **교수 · 학습에 관한 가정**

① 교수에 관한 가정

㉠ 많은 교수 기능들(특히 과제 제시와 과제 구조)은 인쇄된, 시각적, 청각적 미디어(즉, 교사는 해당 안 됨)로 전달될 수 있다.

㉡ 교사의 기본적 역할은 수업을 관리하는 것보다는 학습과 동기 유발을 위해 학생들과 상호작용하는 것이다. 수업 관리 운영 방식은 서면이나 비디오로 학생들과 의사소통할 수 있고, 교사의 지시가 거의 없이 학생들에 의해 전달될 수 있다.

㉢ 학생의 학습은 교사의 간섭이 없고 자기주도적일 때 가장 효과적이다.

㉣ 수업 계획의 의사결정은 학생들의 학습에 대한 자료 수집에 근거하여 이루어진다.

㉤ 개별 지도의 설계는 바람직할 뿐만 아니라 가능하다.

② 학습에 관한 가정

㉠ 학생의 학습은 교사의 도움 없이 자율적으로 이루어진다.

㉡ 학생은 서로 다른 속도로 학습한다.

㉢ 학생은 학습 내용에 대해 서로 다른 능력을 가지고 있다.

㉣ 충분한 시간과 기회가 주어지면, 모든 학생은 주어진 수업 목적을 달성할 수 있다.

㉤ 학생이 독립적인 학습자일 때, 동기 유발도 잘 되고 책무성도 커진다.

(3) **모형의 주제 : 수업진도는 학생이 결정한다. 가능한 빨리, 필요한 만큼 천천히**

① 개별화 지도 모형의 기본적인 설계는 각 학생들에게 수업 관리 정보, 과제 제시, 과제 구조, 수행 기준과 오류 분석이 포함된 학습 활동 및 평가를 하나의 묶음으로 구성하여 수업 자료들을 제공하는 것이다.

② 학생들은 학습 활동의 계열에 따라 각 단계에서 정해진 수행 기준을 충족하면 다음 단계로 넘어가게 된다.

③ 기능 수준이 높고 우수한 학생은 가능한 빨리 학습 속도를 진행하고, 기능 수준이 낮고 능력이 우수하지 못한 학생은 각 활동을 완수하는 데 시간이 필요하다. 학생들은 자신의 능력에 따라 속도를 맞춰 학습한다.

④ 개별화 지도 모형은 모둠 단위와 학급 수준 단위의 진도가 없다.

(4) **학습 영역의 우선순위와 영역 간 상호작용**

① 학습 영역의 우선순위

㉠ 1순위 : 심동적 학습, 2순위 : 인지적 학습, 3순위 : 정의적 학습

㉡ 개별화 지도 모형은 완전 숙달 중심과 성취 중심의 수업 모형이다.

완전 숙달 중심의 수업	학생이 다음 단계로 넘어가기 전에 현 단계의 수행 기준을 충분히 충족해야 한다는 것이다.
성취 중심의 수업	인지적, 심동적 영역에서의 학생 수행은 명확한 학습 결과에 초점이 맞춰져야 한다는 것이다.

② 학습 영역 간 상호작용

  ㉠ 학생은 인지 능력을 동원하여 문서 자료와 시각 자료를 통해 과제 제시와 과제 구조를 이해하고 그러한 학습은 대부분의 수행 기준이 진술된 심동적 영역의 수행을 촉진하기 위해 이루어진다.

  ㉡ 일부 학습 과제는 이해력 퀴즈, 전략 시험, 규칙 시험과 같은 인지적 영역의 평가 수행을 위해 설계되지만, 대부분의 수행 기준은 심동적 영역을 위해 작성한다.

  ㉢ 정의적 영역에서 학생은 자신에게 적절한 속도로 진도를 나가고 단계를 옮겨가면서 그 활동을 즐기고 성취감을 느낄 것이다. 이는 학생의 독립심과 자기 효능감의 수준을 높이게 된다.

⑸ **학생의 발달 요구 사항**

① 학습 준비도

  ㉠ 학생들은 수업 운영 및 지도와 관련된 대부분의 내용을 문서나 그림의 시각적 자료에 의해 제공받기 때문에 교사로부터 독립적일 수밖에 없다. 따라서 학생들은 문서를 읽고 (혹은 보고) 정보를 이해할 수 있는 능력이 있어야 한다.

  ㉡ 개별화 지도 모형의 수업에서 교사로부터의 독립성은 교사의 지속적인 수업 운영에 관한 관찰이나 감독 없이 이루어지는 학생의 적극적 참여를 요구하는 학생의 책무성을 의미한다. 이러한 수준의 책무성을 보여주지 못하는 학생들은 이 개별화 수업에서 의도하는 학습 효과를 기대하기 어렵다.

이해력	학생은 개인 학습지에 적혀 있는 정보와 과제 정보를 읽고 이해할 능력이 있어야 한다.
학생의 책무성	개별화 지도 모형에서 교사로부터의 독립성은 교사의 관찰이나 감독 없이 학생의 적극적 참여를 요구하는 학생의 책무성을 의미한다.
기자재 활용	개별화 지도 과제와 구조 정보를 제시하는 데 인쇄 매체 이외의 수많은 기자재가 사용되기 때문에 그 활용 능력이 필요하다.
도움 요청	과제나 특정 방식의 활용에 어려움을 직면할 때, 미리 정해진 신호로 교사에게 도움을 요청할 수 있어야 한다.

② 학습 선호도

  회피적이고, 경쟁적이며, 의존적인 학생에게 효과적이다.

(6) 모형의 타당성

① 연구 타당성

㉠ 개별화 지도 모형 접근 방식이 체육 수업 지도에 관한 연구물을 비교한 결과, 개별화 수업 모형 혹은 이 모형과 비슷한 기법이 다른 교수 방법과 비교했을 때 최소한 같거나 그 이상으로 효과적이다(Annario).

㉡ 개별화 지도 모형과 직접 교수를 사용한 특정 수업에서 학생이 학습에 소모한 시간을 비교한 결과 학생들의 내용 참여, 기능 연습, 실제 학습 시간, 학습 과제의 성공률 등에서 개별화 지도 모형이 직접 교수보다 높게 나타났다(Metzler).

㉢ 개별화 지도 모형의 연구는 학생들의 성취 수준을 높이는 것으로 그 효과성을 일관성 있게 입증해 왔다.

② 실천적 지식의 타당성

㉠ 거의 모든 영역에서 사용될 수 있다는 사실과, 이 개별화 수업 모형을 적용하는 효과적인 방법에 대한 문헌 자료가 많다는 사실은 실제적 지식의 타당성에 대한 좋은 증거가 된다.

㉡ 이 모형은 오랜 시간 끊임없이 사용되어 왔다는 사실만으로도 많은 교사들이 선호하고 활용하여 왔으며, 학생들의 학습에 가시적 효과가 있음을 증명하고 있다. 이 모형은 여러 학년과 많은 체육 프로그램 내용에서 적용될 수 있다.

③ 직관적 타당성

㉠ 모든 교사들은 어떤 학생이 다른 학생보다 빨리 배운다는 것, 체육 수업 시간에는 다양한 기능과 경험 수준의 학생이 함께 있다는 것, 가장 효과적인 교수는 학생과의 1 : 1의 상황에서 일어난다는 것을 알고 있다. 이러한 사실들은 개별화 지도 모형이 여러 교육 환경에서 가장 효과적인 교수 방법이라는 것을 직관적으로 증명해 준다.

㉡ 덧붙여 심동적 영역에서 성취 중심 학습을 강조하는 개별화 지도 모형은 많은 체육 수업 단원에서 영역별 우선순위를 고민하는 교사에게 대안을 제시해 주었다.

3. 교수·학습의 특징

(1) 수업 주도성(수업 통제)

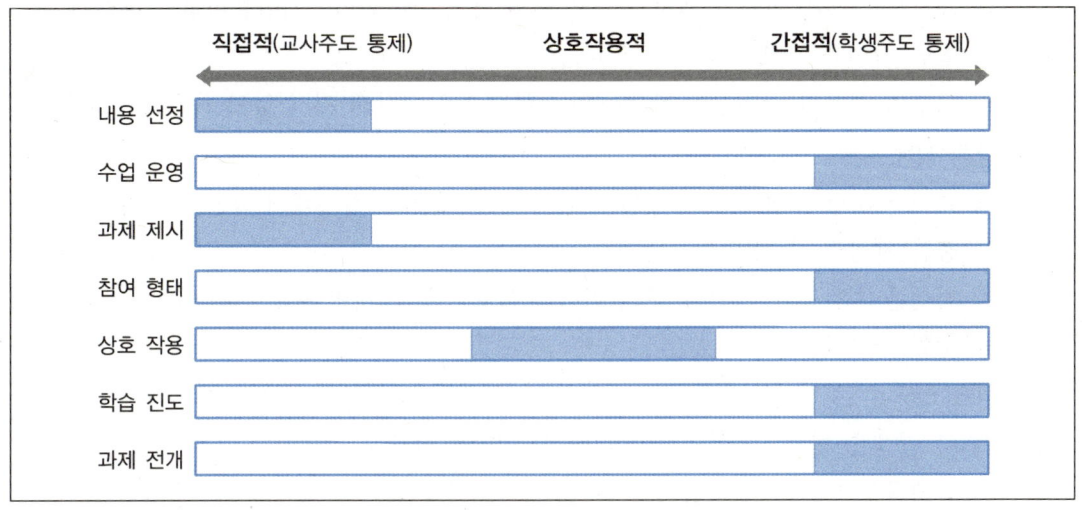

① 내용 선정

　㉠ 교사가 내용 선정과 계열성을 결정한다.

　㉡ 교사는 그 단원에 포함되어야 할 내용과 학습 과제의 계열 순서, 각 과제 숙달을 위한 수행 기준을 결정한다.

　㉢ 학생들은 교사에게서 내용 목록과 과제 목록을 받아서 주어진 순서대로 따르게 된다.

② 수업 운영

　㉠ 교사가 관리 계획, 학급 규칙, 구체적 절차를 결정한다.

　㉡ 그러나 이러한 내용들이 일단 결정되면, 학생들은 각 수업 차시에 수업 관리를 적용하는 데 강한 책임감이 주어지게 된다.

③ 과제 제시

　㉠ 문서와 시각 자료의 형태로 학생들에게 전달된다.

　㉡ 교사는 각 과제를 완수하는 방법, 오류를 교정하는 방법, 학생의 참여를 유도하는 과제의 구성을 학생들에게 제시하기 위해 사용하는 수업 매체를 작성하거나 수정해야 한다. 이는 학생으로 하여금 교사로부터 독립적으로 되기를 유도하며, 학습 내용을 통한 개별 학습 진도를 촉진하는 것이다.

　㉢ 어떤 개별화 수업 모형 설계는 단원을 시작할 때 교사가 전체 학급을 대상으로 과제를 제시하고, 그런 다음 학생이 새로운 기능이나 지식 영역을 시작할 때 교사에 의한 소규모 과제 제시가 이루어진다. 이러한 경우 과제 제시를 할 때 교사의 역할은 직접적이다.

④ 참여 형태

　㉠ 학생들은 교사와 다른 학생으로부터 거의 독립적으로 연습한다.

　㉡ 대부분의 학습 과제는 개별 연습을 위해 설계되어 있다. 그러나 일부는 파트너 또는 소집단 참여를 위해 설계되어 있다.

　㉢ 모형의 설계와 관계없이 학생들은 전형적으로 교사의 지시 없이 독립적으로 참여한다.

⑤ 상호 작용

　㉠ 교사는 수업 운영에 대한 부담이 거의 없기 때문에, 학생에게 높은 수준의 교수 상호작용을 제공할 수 있다.

　㉡ 학생은 수업 중에 높은 수준의 언어적 상호작용인 '개별 지도 시간'(tutoring time)을 요구할 수 있다.

⑥ 학습 진도

　㉠ 각 학생은 학습 과제를 참여할 때 자신만의 진도를 결정한다.

　㉡ 학생들은 연습의 시작과 종료 시기, 연습 시도 및 시간을 스스로 결정한다.

　㉢ 학생들은 각 과제의 수행 기준에 도달할 책임을 가지고 있지만, 기준에 도달하는 과정에 대한 책무성을 가지지 않는다.

⑦ 과제 전개

　㉠ 학생들은 자신의 능력과 노력에 따라 과제를 진행하는 속도를 조절하면서 단원 내용을 학습한다.

　㉡ 학생들은 '가능한 빨리, 그리고 필요한 만큼 천천히' 배운다.

　㉢ 과제 진도를 결정하는 것은 교사가 아니라 대부분의 경우 학생 자신이다.

개별화 지도 모형의 포괄성

- 개별화 지도 모형은 개별 학생의 과제 완수에 초점을 두기 때문에 포괄성이 매우 큰 교수 모형이다.
- 모든 학생은 자신의 능력과 학습 활동의 계열성에 따라 참여하고 심화해 나갈 수 있다.
- 따라서 수업에서 진도 때문에 발생할 수 있는 "뒤에 처져 있는" 학생은 아무도 없다. 운동 기능이 낮은 학습자가 각 과제를 완수하는 데 더 많은 시간을 사용할 수 있다.
- 마찬가지로 운동 기능이 뛰어난 학생은 자신의 속도에 맞추어 진도를 빠르게 나갈 수 있다.
- PSI는 교사의 상호작용을 추가적으로 희망하는 학생들을 위해 시간을 보낼 수 있다.
- 학생들은 스스로 무엇을 해야 할지를 알고 있기 때문에, 교사가 수업 운영 시간을 절약함으로써 보다 많은 관심을 필요로 하는 학생들과 시간을 보낼 수 있다.

(2) 학습 과제

① 과제 제시

㉠ 개별화 지도 모형의 가장 중요한 특성은 수업 운영과 학습 활동의 전개 부문에서 학생들이 교사로부터 상당히 독립성을 확보하고 있다는 점이다. 이는 교사가 학생의 적극적 참여를 저해하거나 실제적인 지도 시간을 줄이는 상규적인 활동을 하지 않도록 만든다.

㉡ 전형적으로 강의나 시범의 형태로 학생에게 전달되던 과제 정보는 개별화 지도 모형의 경우 문서나 시각적 매체로 전달된다.

㉢ 과제 제시의 가장 중요한 기능은 학생들이 올바른 방식으로 과제나 기능을 수행할 수 있는 방식에 대한 대강의 그림을 알려주고, 기능의 핵심 요소에 대한 학습 단서를 제공하며, 기능 연습에서 흔히 일어나는 일반적 실수에 대해 정보를 제공하는 것이다. 대부분의 경우 이 정보는 교사에 의해 전체 학급에게 제공되지만, 이 모형에서 과제 제시를 위한 모델링 작업은 거의 대부분 수업 매체(문서, 사진, 삽화, 비디오, 온라인 미디어)로 학생들에게 전달된다.

㉣ 새로운 학습 과제를 시작할 때 각 학생들은 다른 학생들과 독립적으로 과제 제시를 읽거나 보게 된다.

㉤ 각 학생은 교사에게 과제를 시작할 준비가 되어 있고, 과제 제시와 과제 구조 정보를 숙지했음을 알리고, 그 후 과제를 연습한다.

② 과제 구조

㉠ 개별화 지도 모형은 단원 내용 목록에 있는 각 지식과 기능 영역의 학습 활동을 활용한다.

㉡ 각 학습 과제는 필요한 과제 제시 정보, 오류 분석, 수행 기준, 과제 구조에 대한 세부 사항 등을 포함해야 한다.

㉢ 과제 구조 정보

ⓐ 필요한 기구

ⓑ 연습 장소 및 구체적 장소 지정

ⓒ 학습 과제의 조정(과녁 놓을 장소, 공을 칠 장소, 파트너의 역할 등)

ⓓ 정확성, 일관성, 시간 등과 관련된 수행 기준

ⓔ 안전을 포함한 과제의 방향 제시

ⓕ 과제 완수의 확인 절차(자기 평가, 동료 평가, 교사 평가)

ⓖ 흔한 실수와 오류를 학생 스스로 교정하도록 읽기 쉽게 제시한 정보

ㄹ 개별화 수업의 6가지 과제 형태

준비도 연습	• 학생들은 과제 제시를 받고, 잠깐 동안 물체, 도구 및 움직임 패턴을 느끼는 수행 기준이 없는 과제에 참여한다. • 학생들은 공간, 물체 및 기구에 친숙해 지기 위해 단순히 치고, 던지고, 달리고, 뛰고 쏘는 활동에 참여한다.
이해력 과제	• 학생들은 교사에게 간단한 시범을 보임으로써 과제 제시의 주요 요소를 제대로 이해하고 있음을 보여준다. 예를 들어, 골프의 올바른 그립을 보여준다거나, 축구 트래핑을 보여준다거나, 배드민턴 서브의 바른 자세와 스윙을 보여준다. • 교사는 주요 요소가 포함되어 있는 간단한 점검표를 활용하여 각 학생들의 시범을 관찰한다. • 학생들이 주요 요소들을 정확히 시범 보일 때 독립적인 연습에 들어간다.
준거 과제	• 개별화 지도 모형의 대부분의 과제는 준거 과제(criterion task)로, 학생들은 교사가 수립한 기준에 따라 현재 기능을 반드시 숙달해야 하고, 과제가 숙달될 때까지 연습한다. • 준거는 정확성, 일관성, 시간, 거리, 속도, 획득 점수로 설정될 수 있다.
도전 과제	• 준거 과제의 숙달은 분절적이고 정적인 기능에서 나타나기 때문에, 학생들은 보다 복잡한 다음 단계로 확장시킬 필요가 있다. • 도전 과제는 학생들이 2가지 이상의 준거 과제에서 습득한 기능을 조합하여 연습할 수 있는 리드업 게임이나 변형 게임에 해당된다. 　예 테니스 : 서브와 리턴 게임, 축구 : 3 대 3 "킵어웨이", 농구 : 반코트에서 2 대 2 게임, 배구 : 스파이크 규칙 없는 3 대 3 게임
퀴즈	• 일부 내용 영역은 게임의 역사, 규칙, 득점 방법, 전략에 대한 학생들의 지식을 발달시킬 것이다. • 개별화 지도 모형에서 학생들은 전형적으로 내용을 읽거나 비디오를 봄으로써 학습한다. • 학생들이 일단 그 자료들을 배우면, 이미 진술된 수행 기준에 따라 퀴즈를 통과해야 한다.
게임 또는 시합	• 학생들이 단원에서 학습해야 할 모든 과제를 완수하면, 게임이나 시합을 하게 된다. • 단원의 내용 모듈을 빨리 끝낸 학생은 게임할 수 있는 수업 시간이 많아진다.

개별화 지도 모형의 개인 학습지에 포함된 정보

• 출석 기준
• 학급 규칙과 훈육 계획
• 복장 기준
• 기구 관리 과정
• 성적 산출 및 적용 기준
• 각 수업의 시작 절차
• 전체 단원 내용 목록과 PSI 모형의 학습 과제와 수행 준거
• 모든 참고 자료(규칙, 전략, 역사 등)
• 학습 과제 완수를 위한 학생 진도표

③ 내용 전개

 ㉠ 각 학생들은 자신의 학습 속도에 맞게 진도를 나간다.

 ㉡ 교사는 진도의 순서와 내용을 결정하고, 이 순서와 내용을 계열화된 학습 과제로 개인 학습지를 통해 제시한다.

 ㉢ 개인 학습지로 인해 교사가 전체 학생을 대상으로 다음 단계의 과제로 가기 위해 수업을 중단하는 데 소비되는 시간은 전혀 없다.

(3) 학습 참여 유형

① 개별 연습 참여를 주로 활용한다. 각 학생들은 자신의 과제 제시 정보를 얻고 연습 구역을 설정하며 연습의 진도를 조정하고, 성취도를 관찰한다.

② 때로는, 동료 학생들과의 연습이 중요할 때도 있다.

③ 도전 과제는 변형된 게임으로, 이전에 학습한 과제에 초점을 두거나 처음 배우는 기술을 작은 구역(4:4 축구)에서 연습을 하거나 전략의 인지와 적용이 가능한 간이 게임에서 유용하다.

(4) 교사와 학생의 역할 및 책임

역할 및 책임	개별화 지도 모형에서의 책임 주체
수업 시작	각 학생은 도착하는 대로 연습을 시작한다. 교사가 이끄는 수업 절차는 없다.
수업 기구 준비	교사는 연습 과제를 점검하고 필요한 기구를 가져온다.
수업 기구 배치 및 회수	학생은 다음 학습 과제에 필요한 기구를 받아, 과제가 끝나면 반환한다.
출석 점검(필요 시)	학생은 자신의 개인 학습지에 출석을 기입하고, 교사가 매 수업 후 확인한다.
과제 제시	학생은 새로운 과제를 시작할 때 과제 제시 정보를 읽거나 본다.
과제 구조	학생은 개인 학습지에서 제시하는 지시사항에 따라 새로운 과제를 구상한다.
평가	학생은 자신의 개인 학습지에서 각 과제의 숙달 정도를 확인한다. 일부 과제는 혼자서, 어떤 경우는 둘이서 때로는 교사가 평가에 참여한다.
학습 진도의 파악	학생은 적절한 시기에 단원을 최대한 빨리 완수할 수 있는지 결정한다. 교사는 개인 학습지를 정기적으로 확인함으로써 진도를 점검한다.

(5) 교수·학습 과정의 검증

① 교사 기준

기준	검증 방법
학생에게 수업 자료가 명확히 제시되고 있다.	학생이 개인 학습지의 정보를 읽거나 본 후 질문하는 형태나 수를 점검한다.
교사가 사용한 운영 시간이 아주 낮다 (2% 미만).	초시계를 사용하여 수업 운영 시간을 측정한다.
교사가 수행한 개별 학생과 상호작용 비율이 높다.	수업을 녹음하고 개별 학생에게 제공된 단서, 피드백, 질문의 수를 센다.
과제의 수행 기준이 적절한 난이도를 갖고 있다.	학생에게 블록의 형태로 연습을 시킨 후 성공한 블록의 횟수를 기록한다. 만약 대다수의 학생이 1~2개 이상의 블록에 성공한다면, 이 과제는 쉬운 것이다. 만약 많은 학생이 과제에 어려움을 느낀다면, 과제가 너무 어려운 것이다. 과제 수행 기준을 적절하게 조정해야 한다.
교사는 테스트를 하는 데 많은 시간을 보내서는 안 된다.	수업에서 교사가 점검하는 횟수를 세어본다. 만약 그것이 수업시간을 뺏는다면, 1인 혹은 2인이 평가할 수 있는 과제를 설계하고, 믿을 만한 학생을 선정하여 테스트를 실시할 수 있도록 지시한다.
교사는 과제 제시를 거의 하지 않는다.	수업에서 과제 제시 수를 세어본다. 만약 개별 학생을 지도하는 데 시간을 빼앗긴다면, 과제 제시용 미디어를 설계하고 만들어야 한다.

② 학생 기준

기준	검증 방법
문서나 시각 매체로 된 과제 제시를 이해한다.	학생의 이해도 점검하고, 학생에게 과제 제시의 주요 요소를 알리는 간단한 이해도 과제 설계하고, 학생의 질문의 패턴과 횟수를 기록한다.
학생이 과제를 연습한다.	과제에 참여하고 있는 학생 수를 주기적으로 확인하고 센다.
학습 활동을 적절히 설치한다.	스테이션 학습을 설치하는 몇몇 학생을 관찰하고, 1개 스테이션을 설치하는 데 걸리는 시간과 정확하게 설치했는지를 기록한다.
부적절하게 진도를 나가지 않는다.	학생의 발달 진행표를 점검하고, 진도를 조사한다.
자신의 진도에 맞춰 학습한다.	학생이 교사에게 묻는 수업 운영 질문의 수를 관찰한다. 교사에 대한 지나친 의존은 학생의 진도를 방해한다.
학생의 진도가 서로 다르다.	개별 학생의 진도점검표를 자주 검토한다.

(6) 학습 평가

① 개별화 지도 모형에서의 학습 평가는 거의 자동적으로 이루어진다. 즉, 학생이 정해진 수행 기준에 따라 학습 과제를 완수하면 그것이 곧 평가인 것이다.

② 과제의 구조가 학생으로 하여금 연습 블록에서 성공한 횟수를 기록하는 것이라면 교사는 각 학생이 과제를 완수하는 데 몇 번이나 시도했는지를 알 수 있다. 이러한 평가는 교사에게 다음과 같은 유용한 정보를 제공해 준다.

    ㉠ 교사는 과제가 너무 쉽거나 어려운지 알게 된다. 이를 근거로 교사는 과제를 수정하거나, 삭제하거나, 조합한다.

    ㉡ 각 과제를 수행하는 데 걸리는 평균 시도 횟수를 계산하는 데 사용될 수 있다.

    ㉢ 숙달을 위한 시도의 범위를 결정하는 데 사용될 수 있다(범위가 가장 좁은 것부터 넓은 것까지).

    ㉣ 교사는 학습이 느리며 보다 많은 지도가 필요한 학생을 알 수 있다.

③ 이러한 지속적인 평가의 특징은 학생에게도 도움이 된다.

    ㉠ 학생들은 학습 결과에 대한 지식을 정기적으로 얻을 수 있고, 교사의 도움이 필요할 때 요청할 수 있다.

    ㉡ 적기에 과제를 완수할 계획을 세울 수 있다.

    ㉢ 학습 성공에 필요한 강화를 자주 받을 수 있다.

4. 실행적 요구 사항과 변형

(1) 교사 전문성

① 학생의 발달 단계에 적합한 수업 실행

    ㉠ 수업 운영 관점에서 보면, 학생은 교사의 안내 없이 과제의 지시를 이해해야 하기 때문에 교사는 이런 과제를 작성할 때 학생의 적절한 수준을 알아야만 한다.

    ㉡ 수업 지도 관점에서 보면, 교사는 심동적, 인지적 영역의 학생 능력을 잘 파악하고, 과제의 수행 기준은 단순하지 않고 시도할 만한 수준으로 설정해야 한다.

② 학습 목표

    ㉠ 개별화 지도 모형은 숙달 중심 학습 과제의 계열성에 의존하기 때문에 교사는 정확하고 간결한 학습 목표를 진술해야 한다.

    ㉡ Mager의 형식을 사용할 수 있다. 좋은 학습 목표는 '학습 활동이 일어나는 상황과 조건', '성취해야 하는 행동의 명확성', '설정된 수행 기준'의 3가지 부분을 갖추고 있다.

③ 과제 분석과 내용 전개

    ㉠ 각 내용 모듈은 단순한 과제에서 복잡한 과제의 순서로 구성된다.

     ⓛ 교사는 기술을 분석하여 하위 요소로 구분할 줄 알아야 하고 구분한 후 이 하위 요소들을 일관성 있게 위계적으로 배치한다.

④ 평가

     ㉠ 교사는 각 과제에 대한 기준을 설정하고, 수행 능력을 형성 평가할 수 있는 타당한 방법을 알고 있어야 한다.

     ⓛ 교사는 과제 구조 그 자체로 수행 평가를 작성할 수 있는 방법을 알아야 한다.

(2) 핵심적인 교수 기술

① 계획

     ㉠ 단원 수준에서 실질적인 계획을 세워야 한다. 관리 계획, 내용 목록, 과제 분석, 학습 활동, 과제 제시 자료, 수행 기준은 반드시 미리 설계되어 단원이 시작되기 전에 개인 학습지로 만들어져야 한다.

     ⓛ 단원 계획이 각 학습 활동에 대한 모든 계획을 포함하기 때문에 일일 수업 계획은 간단하다.

② 시간과 수업 관리

     ㉠ 개인 학습지에 있는 정보가 교사를 대신하기 때문에 시간 관리와 수업 관리는 쉽다.

     ⓛ 교사는 개인 학습지를 설계하고 작성할 수 있는 능력이 중요하다.

③ 과제 제시와 과제 구조

     ㉠ 거의 대부분의 과제 제시와 과제 구조 정보는 수업 매체를 통해 학생에게 전달되고 학생의 개인 학습지에 작성되기 때문에, 교사는 이러한 자료들을 선정하고 제작하는 방법에 대해 알아야만 한다.

     ⓛ 학생 개인 학습지의 설계는 워드 프로세싱과 다른 테크놀로지 정보를 가진 교사의 기술과 능력에 의해 크게 향상될 수 있다.

④ 의사소통

     ㉠ 이 모형에서 글쓰기는 주요한 의사소통 수단이다.

     ⓛ 교사는 학생에게 필요한 정보를 결정하고, 그것을 개인 학습지에 작성해야 하기 때문에, 각 학생의 이해 수준에 맞는 작문 기술이 필요하다.

⑤ 교수적 상호작용

     ㉠ 교사가 거의 모든 관리 기능에서 자유롭기 때문에 기능 발달, 전략, 게임/경기 수행에 대하여 학생과 상호작용 할 수 있는 시간을 많이 가질 수 있다.

     ⓛ 교사는 학생의 수행을 관찰하고 다양한 종류의 피드백을 제공하는 데 훌륭한 기술을 가지고 있어야 한다.

(3) 상황적 요구 조건

개별화 지도 모형은 체육 수업에서 학생들의 몇 가지 발달 단계를 필요로 하는 독특한 수업 모형이다.

① 학생의 읽기 수준

　㉠ 개인 학습지에 적혀 있는 과제 정보와 관리 정보를 읽을 줄 알아야 한다.

　㉡ 개별화 지도 모형은 학년 수준에 관계없이 이해력이 낮은 학생에게는 사용할 수 없다.

② 기술

　㉠ 개별화 지도 모형의 테크놀로지 응용기술은 큰 잠재력을 가지고 있다.

　㉡ 교사들은 쉽게 비디오 영상을 녹화할 수 있는 핸드폰을 사용할 수 있고, 그런 다음 QR 코드로 쉽게 접근할 수 있는 클라우드 저장공간에 업로드할 수 있다. 대부분의 학생들도 핸드폰을 가지고 있고, 많은 학교에서 크롬북, 노트북 또는 태블릿을 학생들에게 제공하고 있다. 즉, 테크놀로지가 PSI 모형을 실제 사용할 수 있도록 한다.

　㉢ 교육용 테크놀로지의 사용이 '표준'이 되어감에 따라, 교사들은 테크놀로지가 21세기 체육 교육에서 PSI를 효과적인 모형으로 만드는 데 기여하고 있다.

③ 학생의 책무성

　㉠ 개별화 지도 모형의 주요한 설계 특징은 교사의 직접적인 안내가 없는 개별적인 학생 학습으로 볼 수 있다.

　㉡ 학생은 수업에서 자신의 시간을 어떻게 사용할 것인가에 대한 올바른 판단을 내릴 정도로 충분히 성숙해야 한다.

　㉢ 학생은 자신의 연습을 모니터하고, 자기 평가가 허용될 때 자신의 과제 숙달을 검증하는 책무성이 필요하다.

④ 상황적 변형

　㉠ 개별화 지도 모형에서는 모든 학생이 공간이나 장비에 구애받지 않고 독립적으로 수업에 적극적으로 참여하기를 요구하기 때문에, 교사는 학생의 대기 시간을 줄이기 위한 다양한 방법을 모색해야 한다.

　㉡ 실제적인 상황 변형의 예

　　ⓐ 연습 공간을 확보하기 위해 학생들은 서로 다른 과제를 연습하고 있더라도 연습 코트, 연습 구역 등을 공유할 수 있다.

　　ⓑ 정기적으로 일부 학생들에게 교사 평가지를 건네주고 다른 학생들의 연습을 점검하게 할 수도 있다.

　　ⓒ 운동 기능 수준이 높은 학생들에게 운동 기능 수준이 낮은 학생들에게 과제를 제시하도록 할 수 있다.

(4) 모형의 선정과 변형

① 개별화 지도 모형은 체육 수업에서 여러 가지 내용에서 활용될 수 있고, 특히 분절적인 기술과 확실한 계열로 학습되어야 하는 지식 영역에 매우 효과적이다.

② 심동적 영역의 학습 결과에 중점을 둘 수도 있고, 인지적 영역과 관련지어 설계할 수도 있다.

③ 개별화 지도 모형은 학습 능력이 있는 학생에게 훨씬 효과적이다. 학생들은 지시 사항을 읽을 줄 알고 잘 따르며, 학습 진도와 참여에 대한 책임감 있는 의사결정을 할 수 있고, 필요할 때 도움을 요청할 수 있다.

④ 교사가 모든 학생이 학습 속도에 따라서 진도를 나갈 수 있도록 내용을 조직하고 과제를 제시한다면, 어떤 상황에서도 활용될 수 있기 때문에 가장 포괄적이다.

(5) 개인맞춤형 학습을 위한 개별화 지도 모형 사용하기

① 개별화 지도 모형은 학생의 학습이 매우 개인적이라는 기본 가정에 기반을 두고 작동하기 때문에, PSI와 개별화 교육은 개인맞춤형 학습을 가장 잘 구현할 수 있다.

② PSI는 과제 제시, 과제 구조, 평가와 같은 대부분의 수업 의사 결정이 워크북을 개발하는 과정에서 이루어지기 때문에, 수업 계획 측면에서 개인맞춤형 수업을 수월하게 만들어준다.

③ 학생들의 서로 다른 시작점은 선택적이다. 숙달도 평가를 위한 준거 과제는 학생들에게 이미 습득한 특정 기술이나 지식을 특정 모듈 시험을 통해 통과할 수 있게 한다. PSI의 가장 중요한 특징은 정말 좋은 최종 모듈을 설계하는 것이다.

④ PSI의 주요 원칙은 "학생들은 자신이 할 수 있는 만큼 빠르게, 또는 필요한 만큼 천천히 진행한다"는 것이다. 핵심은 모든 학생들이 단원에서 계속 진도를 나갈 수 있다는 점이다. 마지막 단원은 학생들이 계속 진도를 나가고 연습할 수 있도록 준비되어야 한다.

⑤ 교사는 자신의 학생들에게 적용 가능한 질문을 선택해야 한다. 대부분의 질문은 학생들의 개인차(즉, 준비도, 흥미, 학습 프로파일)에 대한 지식을 요구한다. 이 영역의 적용은 이 질문들에 대한 답변을 제공하거나, PSI의 모형에서 내용, 과정, 결과물, 학습 환경 전반에 걸쳐 학습을 어떻게 맞춤형으로 제공할 것인지에 대한 옵션을 제공한다.

🔍 **개별화 지도 모형을 사용한 개인맞춤형 학습의 주요 질문(초등학교 고학년 농구수업)**

	목표	적용 방법
학생의 준비도를 확인하고 모니터하는 데 평가가 어떻게 사용되는가?	공식평가는 초기의 학생 준비도를 결정하기 위한 진단 평가를 사용하기	• FITNESSGRAM 검사는 학생 준비도를 결정해주고, 잠재적으로 학생을 초급, 중급, 고급으로 분류한다. • 다양한 운동과 피트니스 요소(즉, 근력, 근파워, 근지구력, 심폐지구력, 유연성)에 대한 1회 최대 반복(1RM) 테스트 • 개별 피트니스 요소(예 근지구력, 근력, 유산소능력, 유연성)에 대한 루브릭 평가
	학습과제와 연계된 비공식적 및 공식적 총괄평가로, 각 학습 모듈에 대해 사전에 정해진 숙달 기준에 해당하는 성공률을 기반	• 준거 과제 • 퀴즈
학생의 흥미도와 학습 프로파일은 무엇인가?	Reichmann과 Grasha의 프로파일을 활용한 학생의 학습 선호도를 평가하기	• 단원 전에 학생의 특성을 평가하기 위한 교사 관찰
	단원 계획 시 학생의 지능 선호도를 고려하기	• 청각 단서, 하위 제목, 구두 단서를 포함한 운동 비디오 제시
	학생의 다양한 흥미와 문화 수준 고려하기	• 준비도 연습 • 연습 과제 • 크로스핏 게임, World's Strongest Man competition, NFL 훈련 병행 유튜브 비디오 • 세계 여러나라의 다양한 스포츠 프로선수의 순발력과 스피드 연습 비디오 연결 • 운동에 관한 글로벌 변형들 • 특정 육상 이벤트에 관한 문화적 고려 사항과 피트니스 요소와의 연관성(예 마라톤 달리기와 유산소 능력 등)
학생들이 내용을 어떻게 접할까?	학습 맥락에 효율적인 모형과 연계된 소통 전략 파악하기	• 미디어 • 서면 단어 • 개인학습지(프린트물 또는 온라인)
학생들은 학습 내용 안에서 어떻게 발전해 나갈까?	모형의 핵심 기술, 지식 영역, 태도를 구별하여 이를 교육 범위와 순서에 따라 배열한다. 학습진도는 학생 준비도에 관한 진단 평가에 기초하여 결정하기	• 진단 평가에 기초한 다양한 수준으로 과제 진도를 다르게 설정하기 • 모듈의 스캐폴딩 • 각 모듈 내에서 학습 영역에 대한 강조점을 번갈아 조정(예 체력 개념과 기술 사이의 번갈아 조정)

맞춤형 학습과정을 제공하기 위해 어떤 과제가 제공되어야 할까?	개인맞춤형 학습을 위한 참여 패턴, 속도, 진도 등을 결정하기	• 소그룹 지도 • 파트너/감독자가 확인하기 • 도전 과제
어떤 교수전략이 맞춤형 학습에 필요할까?	모형의 이론적 기초와 대주제와 연계된 수업 상호작용과 전략을 파악하기	• 개별 연습과 진도 • 스스로 진도 정하기 • 완전숙달 학습 • 상호작용의 선택(예 파트너 또는 개별) • 학습 선호도에 기초한 연습 과제용 • 과제 내 변형
어떤 모둠 편성 전략이 적절한가?	모형과 기준에 연계된 편성 전략을 선택하기	• 상호작용의 선택(예 파트너 또는 개별) • 준비도(예 능력별 편성)와 속도에 기초한 모둠 편성
개인맞춤형 학습을 고려한 다양한 평가 방법을 가능하게 하는 결과물은 무엇인가?	• 모형과 연계되고 학생들이 배운 내용을 다양한 과정을 통해 적용, 정제, 종합할 수 있도록 높은 수준의 사고 능력을 발휘할 수 있는 학생 결과물을 선정하기 • 유연하고 실제성 있는 평가 방법을 개발하기	• 평가 결과에 기초한 개인적 목표 설정 • 개별 목표에 기초한 개인별 피트니스 계획 • 개별 목표와 피트니스 계획에 학생 흥미도를 고려 • 모듈 내 완수할 운동의 유연한 선택 • 개별 목표와 훈련 계획의 다양한 제시 • 복합적이고 다양한 준거 과제
어떻게 포용성 있는 학습 환경을 조성할 수 있을까?	• 수업 모형의 기본 원칙을 준수하기 　－ 학생들이 도전적인 활동을 통해 성공을 경험하도록 돕기 　－ 지원적인 학습환경을 조성하기 　－ 자기주도성을 개발하기	• 동료애를 중심으로 파트너 체크/과제 • 기구의 다양한 선택사항 • 학생의 요구에 따른 개별 피드백 • 학생의 흥미도에 따른 개별 피드백 • 개인 또는 집단 상호작용의 다양한 선택사항 • 운동의 학생 선택사항 • 학생과 학생, 교사와 학생간의 상호작용의 선택적 모드 • 다양한 피트니스 활동을 위한 복장 모드의 유연성

5. 지도 계획 시 주안점

(1) 사전에 전체 단원 내용을 계획하고 범위와 계열을 설정하라. 그 후에 각 기능과 지식 영역에서 학생이 과제를 완수하는 데 걸리는 소요 시간을 결정하라. 이 소요 시간을 결정할 때, 교사의 입장이 아닌 학생의 입장이어야 한다는 것을 명심하라.

(2) 개인 학습지에서 답을 찾을 수 있는 질문에는 답하지 않는다는 것을 명심하라. 그 시간은 다른 학생과의 상호작용에 활용하라.

(3) 과제 제시에는 다양한 방법(CD, 과제카드 등)을 모색하고 가능하면 교수매체를 활용하라.

(4) 충분한 스테이션을 확보하여 학생들의 대기 시간을 없애거나 최소화하라.

(5) 매시간 후 학생의 개인 학습지를 수거하라. 이렇게 하면 다음 시간에 잊고 두고 오거나 잃어버리는 것을 예방할 수 있다.

(6) 매시간 각 학생의 진도를 통해 어떤 과제에 어느 정도나 시간이 소요되는지 점검해서 다음 시간을 위한 자료로 활용하라.

(7) 각 개별화 지도 모형의 단원이 끝나면, 학생들의 과제별 기준 수행 과제와 소요시간을 검토하라. 동일한 내용을 다음 기회에 다시 수업하게 되면 그 내용을 바탕으로 적절하게 수정하라.

3 협동 학습 모형

서로를 위해 서로 함께 배우기

협동 학습 모형은 Slavin이 학생 팀 학습(Student Team Learning : STL)으로 명명하였으나, 후에 모형의 영역이 확대되면서 협동 학습(Cooperative Learning : CL)으로 이름이 바뀌었다.

STL/CL의 기초가 되는 3가지 개념(Slavin)	
팀 보상	• STL/CL에서 가장 중요한 것은 교사가 각 팀(4~6명)에게 제공하는 과제이다. • 모든 팀들은 동일 과제나 서로 관련이 있는 다른 과제를 수행하게 된다. • 두 개 중 어떤 방법을 선택하든지, 교사는 팀들이 달성해야 하는 한 가지 이상의 수행 기준을 제시해야 한다. • 기준에 도달하는 팀에게는 누적 점수, 특혜, 공개적인 인정, 점수 등의 보상이 제공된다.
개인 책무성	• 모든 팀원들의 수행이 팀 점수 또는 평가에 포함되기 때문에, 모든 학생은 팀의 과제 수행을 위해 노력해야 한다. 그렇기 때문에 모든 팀원들이 무엇인가를 배우고 자신의 잠재력을 최대한 발휘하는 것이 중요하다. • 이러한 전제 조건은 전체 팀 수행력 향상을 위해 운동 수행력이 높은 학생이 운동 수행력이 낮은 학생을 돕는 동료 학습을 유도한다는 것이다. • 동료 학습은 팀에서 높은 수준의 사회성 학습을 촉진하는 중요한 요인이 된다.
학습 성공에 대한 평등한 기회 제공	• 팀원을 선정하는 과정은 중요하다. 집단 구성은 이질적인 소집단(4~6명의 팀원 구성)으로 해야 하며, 전체 팀의 운동 수행 능력이 평등하도록 해야 한다. • 팀은 성별, 기능 수준, 학습 내용의 사전 경험, 인지 능력, 동기 등을 고려하여 구성한다. 이러한 팀원들의 다양성은 사회성 학습을 촉진하는 역할을 한다. • 팀들 사이의 균형은 공정한 경쟁을 장려하고 학습 동기를 증가시킨다. • 팀들 사이의 균형이 이루어지면, 모든 팀원들의 운동 수행이 계산된다는 가정 때문에 모든 학생은 학습 성공에 대한 동등한 기회를 가지게 되고 팀원 각자의 참여가 다른 팀원에게 가치 있게 다가갈 가능성이 높아진다.

협력 학습(전략)과 협동 학습(모형)의 차이	
협력 학습 (collaborative learning)	• 덜 형식적이고 영속적인 구조를 가지고 있다. • 사회성과 운동능력 학습보다는 수업에서 관리상의 이유로 단시간 내에 소집단으로 협동이 이루어진다.
협동 학습 (cooperative learning)	• 협동 학습 모형은 Slavin의 3가지 개념과 많은 학습 과제 구조를 포함한다. • 협동 학습 모형은 모형 자체의 본질과 독특성을 제공하는 6가지 절차적 요인을 포함한다(Cuseo). 1. 의도적인 팀 구성 2. 팀 상호작용의 연속성 3. 팀원들 간의 상호의존 관계 4. 개인의 책무성 5. 사회성 발달에 대한 외재적 관심 6. 격려자로서의 교사
비교	• 협력 학습은 서로 돕거나 함께 학습하는 것이 특징인 반면, 협동 학습은 서로를 위하여 서로 함께 학습하는 것이 특징이다.

1. 개요

협동 학습은 모형 개발자인 Slavin이 제시한 팀 보상, 개인적 책무성, 모든 학생의 성공적인 학습을 위한 평등한 기회 제공과 같은 공통적인 특성을 가지고 있는 일종의 수업 전략이다. 그러나 협동 학습에서 사용되는 모든 전략이 수업 절차뿐만 아니라 공통적인 특성을 가지고 있다면, 이 전략은 공식적인 수업 모형으로 간주될 수 있다. 즉, 이 공통적 특성과 수업 절차는 협력 학습과 협동 학습을 차별화시키는 요인이다.

협동 학습의 4가지 지도(수업) 목표(Hilke)
1. 학생 사이에 협동적인 협력 학습을 증진하는 것
2. 긍정적인 팀 관계를 독려하는 것
3. 학생의 자아 존중감을 개발하는 것
4. 학업 성취력을 향상시키는 것
위와 같은 목표를 통해 협동 학습은 성취지향적이며, 과정중심적인 모형이라는 것을 알 수 있다. 성취지향적인 모형의 특성은 학생의 수업 내용 숙달을 증진하기 위해 설계된 것으로, 학생의 학습을 가장 중요하게 생각한다. 과정중심적인 모형의 특성은 학생이 배우기 위해 서로 상호작용하는 방식이 각 학생에게 똑같이 중요하며, 이는 실제로 각 학생의 성취를 촉진한다. 학생은 협동하는 것을 배우는 것이 아니라 배우기 위해서 협동해야 한다.

학습 과정을 촉진하는 협동 학습의 5가지 기본 요소(Johnson, Johnson, Holubec)	
팀원간의 긍정적인 상호의존	• 학생은 협동 학습에서 모든 팀원이 목표를 성취하기 위해서 필요한 사람이라는 것을 이해해야 한다. • 각 팀원들은 팀에 공헌할 수 있는 독특한 재능, 지식, 경험, 기술 등을 가지고 있다. • 재능은 팀 내에서 의견 충돌을 일으키기도 하지만 사회성을 향상시킬 수 있는 기회가 되기도 한다.
일대일의 발전적인 상호작용	• 팀 구조는 스포츠 팀의 선수들처럼 팀원들의 활동을 상호 지지하고 격려하며 강화시키는 역할을 한다. • 모든 팀원들은 공동 팀의 목표에 도달하기 위해서 그들 자신의 잠재력을 최대로 발휘하고 팀을 위하여 서로 협력해야 한다는 사실을 곧 알게 될 것이다. • 모든 팀이 서로 협력해서 일해야 하며 모든 팀원들이 성취에 관심을 가져야 한다.
개인의 책무성/책임감	• 모든 팀원이 자신의 몫을 다할 때 협동 학습은 가장 잘 이루어진다. • 교사는 학생의 참여 기대 수준을 설정하고, 참여를 평가할 수 있는 방법을 찾아야 하고, 모든 학생의 학습을 계산하여 개인의 점수를 모든 수행 평가에 포함시켜야 학생의 책임감 수준을 증가시킬 수 있다.
대인관계와 소집단 인간관계 기술	• 역동적인 팀원들 사이의 대인관계 기술 학습은 매우 중요하다. • 팀원들을 알고 신뢰하며 의사소통을 잘하고 서로를 인정하며 갈등을 해결하는 것을 강조한다.
팀 반성	• 교사는 사회성 학습을 강조하기 위해서 학생에게 팀 경험을 공유할 수 있는 정기적인 반성 시간을 제공한다. • 수업 초기에 계획하고, 학생이 공동의 목표(인지적 및 사회성 학습)를 달성하기 위해 팀에서 어떻게 행동해야 하는지 지도해야 한다. • 팀 반성은 학생의 깊이 있는 반성 능력을 향상시키기 위해서 간접적으로 이루어져야 한다.

협동 학습 모형에서 교사의 6가지 주요 역할(Johnson, Johnson, Holubec)	
수업 목표를 상세화한다.	• 교사는 과제에 대한 학습 목표를 상세화해야 한다. • 배울 내용, 수행 기준, 사회성 향상 목표를 상세화해야 한다.
수업 전 의사결정을 한다.	• 교사는 팀 속에서 학생의 상호작용을 촉진하기 위해 단원과 수업이 시작되기 전 많은 계획을 세워야 한다. • 각 팀에게 과제를 충분히 이해시키고, 수행 기준을 알려주며, 소요되는 시간은 얼마이고, 수업 기구 및 자료 등에 대해서 알려주어야 한다. • 팀원은 어떻게 선정할 것인지, 평가는 어떻게 이루어질 것인지, 사회성 기술은 어떻게 관찰할 것인지에 대한 결정도 이루어져야 한다.
과제 제시와 과제 구조를 전달한다.	• 학생이 과제를 수행하는 데 요구되는 정보의 양과 과제를 수행하는 방법에 관한 수행 또는 배경 정보 사이에 균형이 이루어져야 한다. • 많은 협동 과제는 과제 제시보다는 과제 구조(공간, 기구, 시간, 팀, 기준)를 강조한다. • 과제 제시에 대해 정보량이 의심스러울 때는 의심되는 것보다 적은 양의 정보를 제공하여서 팀들이 자발적으로 정보를 찾은 다음 교사에게 도움을 요청하도록 유도한다.

협동 과제를 설정한다.	• 팀을 선정하고 수행 과제를 알려주며 과제 구조를 제공한 후, 학생에게 과제를 수행하게 한다. • 과제 완수 방법을 알려 주지 않고 과제를 이해할 수 있는 정도의 정보만 제시할 필요가 있다. • 처음 과제에 참여할 때 팀들은 과제에 포함되어 있는 문제를 만들고 해결 방법을 찾는 데 시간이 필요할 것이다. 이때 교사는 팀이 올바른 방향으로 갈 수 있도록 면밀히 관찰할 필요가 있다.
협동 학습을 수행하는 팀들을 모니터하고 필요하면 개입한다.	• 교사는 팀들이 협동적으로 과제를 수행하는지 알기 위해 모니터해야 한다. • 교사가 과제의 진도를 점검하는 것이 아니라, 팀들이 모든 자료를 사용하고 있는지, 팀원들이 최선을 다해서 공헌하고 있는지 살펴보는 것을 의미한다. • 팀들이 협동하여 과제에 참여하지 않을 때만 교사가 개입해야 한다. 그런 사례는 사회성 기술인 팀 발달을 위한 지도 시점과 각 수업 끝에 일어나는 팀 반성의 토대가 된다.
학습과 팀 상호작용을 평가한다.	• 협동 학습에서 평가는 2가지 영역(학습의 질적 측면과 양적 측면, 팀 상호작용의 효율성)에서 이루어진다. • 교사는 두 측면의 평가 방법과 기준을 마련해야 한다. • 팀들이 각 과제를 완성하면 성취도 평가는 총괄 평가로 이루어진다. • 팀 상호작용 평가는 비효율적인 상호작용 기간을 단축시키기 위해서 규칙적인 형성 평가로 이루어져야 한다.

협동 학습 모형의 장점과 단점(McCaslin & Good)	
장점	• 협동 학습 과제는 대부분의 사람들이 사회에서 업무를 수행하는 방식으로 수행된다. • 학생은 공동의 과제와 팀 도전 목표에 대한 가치관을 배운다. • 팀원은 서로 발달 단계에 맞는 모델링 역할을 한다. • 학생은 혼자서 배우는 것보다 함께 배우는 것이 좋은 이유를 알게 된다. • 학생은 공동 과제를 수행하면서 자신과 타인에 대해 더 잘 이해하게 된다. • 교과 내용 지식은 집단의 전문성이 팀원의 전문성보다 클 때 향상된다. • 학생은 팀의 인적 자원을 효율적으로 활용하고 관리하는 방법을 배운다. • 학생은 스스로 학습의 과정과 진도를 조절할 수 있다.
단점	• 게으름을 피우는 방법을 배울 수 있다. • 한두 명의 학생이 팀에서 교사처럼 활동할 위험이 있다. • 팀원이 과정보다 결과에 집착하면 협동 학습 모형의 취지를 잃을 수 있다. • 능력이 뛰어난 학생은 다른 학생보다 더 많은 공헌을 해야 한다는 부담감을 느낀다. • 노력은 했지만 공헌도가 낮은 학생이 창피감과 수치감을 느낄 수 있다. • 팀원 모두가 개념을 잘못 알고 있을 때 상황을 변경하기 어렵다. • 일부 학생은 자신에게 주어진 기회를 회피하는 경향을 보일 수 있다. • 성취보다는 과정을 강조하면 '협동을 통한 학습'보다는 '협동' 그 자체에 가치를 두게 된다.

2. 이론적 기초

(1) 이론적 배경 및 근거

① Deutsch는 교육의 주요한 3가지 목표 구조(개인적, 경쟁적, 협동적)를 제시하였다.

개인적 목표	개별화 지도 모형과 같은 종류의 모형은 개별성을 강조하는 모형으로, 학생은 학습 목표를 달성하기 위해 독자적으로 참여하며, 교사를 포함한 다른 학생과 상호작용을 거의 하지 않는다.
경쟁적 목표	직접 교수 모형은 학생이 교사의 관심을 얻고 학습 내용에 필요한 자료를 습득하며, 때때로 다른 학생의 학업 성취와 비교하여 평가를 받기 때문에 매우 경쟁적인 상황에서 학습을 하게 된다.
협동적 목표	협동 학습 모형, 스포츠 교육 모형, 동료 교수 모형의 기초는 학생이 구조화된 상호의존적인 관계를 통하여 서로를 위하여 함께 학습하는 데 있다. 협동 학습 모형에서 인지적 학습 목표의 달성도 중요하지만 사회성 학습과 운동기능 목표보다는 중요하지 않다.

② 협동 학습 모형은 4가지 주요 이론에 기초하여 설계되었다.

동기 이론	동기 이론은 모든 팀원들이 공헌하고 성취해야 한다는 점을 모든 팀들에게 인식시키는 구조를 조성하는 데 사용된다. 이것은 개별 학생이 최선을 다하며 공동 목표를 달성하기 위해 팀 상호작용을 하도록 한다.
인지 이론	인지 이론은 팀 목표를 달성하기 위해 팀에게 적당한 양의 도전을 부여하는 발달 단계에 적합한 학습 과제를 학생에게 제공하는 데 사용된다. 과제가 너무 쉬우면 팀은 목표를 달성하기 위해서 최선을 다하지 않고, 과제가 너무 어려우면 팀원들은 의견 차이를 보이고 중도 포기를 하게 되어 결과적으로 실패하게 된다.
사회 학습 이론	사회 학습 이론은 다른 팀원들을 지켜보고 그들의 이야기를 경청하면서 학습이 이루어진다는 것에 기초한다. 한 학생이 과제를 완성하면, 학습한 과제를 다른 학생과 함께 학습하고 그들에게 보여주거나 설명하면서 배운 내용을 공유하는 상호학습 과정이 일어난다. 교사는 사회적 기술의 긍정적인 예와 부정적인 예를 지켜보고, 바람직하거나 바람직하지 못한 상호 작용 기술을 강조하기 위해 지도 시점에 그 예를 사용한다.
행동 이론	행동 이론은 협동과정, 학생의 과제 참여, 팀 목표 달성에 따른 보상 사이에 관계를 제공하는 데 사용된다. 좋은 협동 과제는 학생에게 그 상황에서 어떤 사회적 기술(행동)이 요구되고, 학습 목표는 무엇이며, 주어진 과제에 성취와 실패의 결과는 무엇인지를 명확하게 제시한다. 학생에게 과제를 완수하는 방법에 대하여 직접적으로 알려주지 않는다는 것에 주의한다.

(2) 교수·학습에 관한 가정

① 교수에 관한 가정

㉠ 교사의 주요 역할은 학생의 인지적 및 사회성 학습을 위한 격려자로 볼 수 있다.

㉡ 교사는 팀 과제의 학습 환경, 구조, 매개 변수를 확립한 후에만 격려자의 역할을 담당하게 된다. 이 모형은 처음에는 직접적인 지도 방식으로 시작되지만, 팀원들이 과제에 참여하게 되면 매우 간접적인 지도 방식으로 이루어진다.

ⓒ 교사는 학생의 사회성 학습을 관찰하고, 반성적인 능력을 가르치는 주요 임무를 맡는다.

ⓔ 교사는 사회성 학습과 인지적 학습 사이의 균형을 유지해야 한다. 사회성 학습 과정은 인지적 학습 결과만큼 중요하다.

② 학습에 관한 가정

ⓐ 협동적 구조는 개인적 또는 경쟁적 학습 구조보다 높은 수준의 사회적 또는 인지적 학습 능력을 촉진한다.

ⓑ 집단은 개인과 공동 목표를 성취하기 위해서 협동적으로 일해야 한다.

ⓒ 팀의 학습은 이질적인 성격을 가진 팀원들로 구성될 때 잘 이루어지며, 구성된 팀은 전체 단원이나 몇 주 수업 동안 유지한다.

ⓔ 모든 팀원들은 팀의 목표 달성을 위해 공헌할 수 있는 능력을 가지고 있다.

ⓜ 학습 과제는 개인의 책무성에 대한 기준을 상세화하고, 모든 팀원들의 수행은 팀의 평가 점수에 반영된다.

ⓗ 게으름을 피우는 것이 팀 학습 과정의 부분이 될 수 있다. 따라서 모든 팀원들이 팀 목표달성을 위해 공헌해야 한다는 사실을 지적해야 한다.

ⓢ 팀원은 주어진 과제 완수를 위해 스스로 역할 수행 방법을 찾을 수 있다.

(3) **모형의 주제**: 서로를 위해 서로 함께 배우기

① 학생들은 사회성 학습과 인지적 학습 목표를 성취할 수 있는 긍정적인 방법으로 서로 상호작용해야 한다.

② 협동 학습 모형에서 대부분의 교수(teaching)는 학생에 의해 이루어진다.

③ 모형의 주제는 인지적 영역과 사회적 영역의 학습 목표를 성취하기 위해서 팀과 단결해야 한다는 점을 강조한다.

(4) **학습 영역의 우선순위와 영역 간 상호작용**

① 학습 영역의 우선순위

ⓐ 주어진 과제가 주로 인지적 학습에 초점을 두고 있는 경우

1순위: 정의적·인지적 영역, 3순위: 심동적 영역

ⓑ 주어진 과제가 주로 심동적 학습에 초점을 두고 있는 경우

1순위: 정의적·심동적 영역, 3순위: 인지적 영역

ⓒ 체육 수업에서 의미 있는 협동 학습 과제는 3가지 영역을 균등하게 강조하는 것이다. 예를 들면, 바람직한 집단 상호작용과 반성(정의적 영역), 적당한 수준의 지적 능력(인지적), 숙련된 기능 숙달 시범(심동적 영역)이다. 이것이 가능하다면, 3가지 영역은 대체로 동일한 수준의 강조와 발달을 가져온다. 만일 학생 또는 팀들이 3가지 영역 모두를 동등하게 학습할 수 없다면, 주어진 과제를 성공적으로 수행할 수 없게 될 것이다.

② 학습 영역 간 상호작용

    ㉠ 협동 학습 과제에서 영역 간 상호작용은 3가지 영역들이 공유될 때 똑같이 복잡해진다. 상호작용은 직선적인 관계로 이루어지지 않는다. 즉 한 영역의 학습은 다른 영역의 학습을 수반하지 않는다. 오히려 3가지 영역은 한 영역의 학습이 다른 두 영역의 학습에 의해 좌우되는 상호협력적인 관계이다.

    ㉡ 예를 들면, 심동적 영역의 목표를 달성하기 위해서 각 소집단의 학생은 훌륭한 대인 관계(정의적 영역)와 문제 해결 능력(인지적 영역)을 가지고 있어야 한다. 이 상호의존성은 아래의 표와 같이 모든 영역 내에서 항상 일어나야 한다.

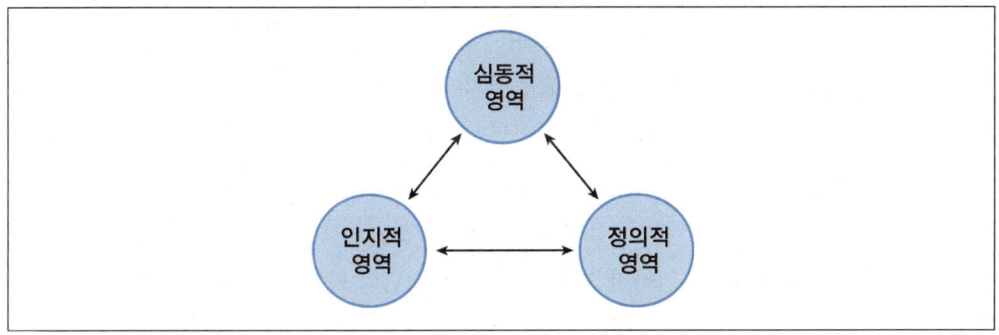

🔍 **협동 학습의 학습 영역 간 상호작용**

    ㉢ 이 관계는 전체 모형의 토대가 되며 학생에게 서로 사이좋게 지내기 위해서가 아니라 학습하기 위해서 협동할 필요가 있음을 강조한다. 또한 이 모형의 설계 특징은 학습 과정이 학습 결과만큼 중요하다는 사실을 강조한다.

⑸ **학생의 발달 요구 사항**

① 학습 준비도

    ㉠ 이 모형에서 학생의 준비도는 최선을 다하여 팀의 성공에 공헌하려는 학생의 의지에 기초한다.

    ㉡ 다양한 능력을 가진 학생으로 팀을 구성하기 때문에, 팀원이 협동하여 학습할 준비가 되어 있느냐가 중요한 전제 조건이 된다.

    ㉢ 많은 학생들이 학습에 필요한 책임감을 갖고 있지 않다면 협동 학습 모형은 적합하지 않다.

② 학습 선호도

    참여적, 협력적, 경쟁적, 독립적인 학생에게 효과적이다.

    ㉠ 모든 학생은 팀의 일원으로 자신의 능력 범위 안에서 참여해야 한다.

    ㉡ 협력은 팀 성공에 필요한 주요 과정이기 때문에 다른 사람과 함께 공부하는 것을 좋아하지 않는 학생은 협동 학습에 부적합하게 될 수 있다.

ⓒ 경쟁적인 학생은 다른 팀과 경쟁하거나 어려운 학습 과제에 도전할 때 이 모형을 선호할 것이다.

ⓔ 독립적인 학생은 이 모형이 교사의 감독이 적은 모형이기 때문에 선호할 것이다. 이 모형에서 독립성은 팀과 교사와의 관계를 설명한다.

(6) 모형의 타당성

① 연구 타당성

ⓐ 협동 학습의 경우 전략들이 설계되고 많은 연구 결과물이 발표되면서 전략 중의 하나로 인정받게 되었고, 이 연구들은 실질적으로 모형의 발달을 유도했기 때문에 모형의 타당성을 제공해 준다.

ⓑ 협동 학습의 효과성은 거의 모든 교과 영역에서 수행된 수백 편의 연구에서 검증되었다.

ⓒ 협동 학습 모형과 스포츠 교육 모형의 유사성은 협동 학습이 체육에 어떤 영향을 미칠 것이라는 것은 예측 가능하게 한다.

Slavin의 협동 학습 연구 결과

• 연구 결과의 64%에 의하면, 협동 학습 실시 집단의 학업 성취는 다른 지도를 받은 집단에 비해 상당히 높게 나타났다.
• 협동 학습에 참여한 학생은 전통적인 방법으로 수업을 받는 통제 집단의 학생보다 다양한 배경을 가진 학생과의 상호작용률이 높았다.
• 협동 학습에 참여한 학생은 전통적인 방법으로 수업을 받는 통제 집단의 학생보다 장애 학생과의 상호작용률이 높았다.
• 협동 학습은 모든 학년과 모든 교과 영역에서 성공적인 것으로 나타났다.

Dyson의 체육 교육에서의 협동 학습 연구 결과

• 사회적 추론 능력 향상
• 대인 관계 기술 향상
• 적극적인 참여율 증가
• 운동 기능과 게임 전략 개선
• 타인의 기술을 도와주는 성향 향상
• 학습에 대한 자기 책임감 향상
• 팀 내에서 학생의 책임감 증가

② 실천적 지식의 타당성

ⓐ 이 모형은 다양한 교과목, 초등학교에서 대학교에까지 모든 학년을 대상으로 적용이 가능하다.

ⓑ 많은 교사들이 이 모형을 사용해왔고, 여러 상황에 적용시키기 위해 수업 전략을 정련화하여 왔다.

③ 직관적 타당성

    ㉠ 팀 스포츠의 기본 지식을 가지고 있는 체육 교사들의 특성상 협동 학습 모형은 체육 분야에 적용하기 쉬울 것이다.

    ㉡ 우리 모두는 스포츠 상황에서 개인 또는 팀 목표를 성취하기 위한 팀 역할의 중요성을 경험하고 인정하고 있다.

    ㉢ 자신의 성공은 다른 사람의 성공에 따라 결정되고 팀의 공동의 이익을 위해서 함께 노력해야 하는 팀 동료 정신에 근거를 두고 있다. 우리 모두는 각자 최선을 다하도록 도와주려고 노력해야 한다.

    ㉣ 체육 수업에서 팀원이 주어진 팀 과제를 완성하기 위해 함께 일하는 것이 필요한 이유를 안다면, 협동 학습 모형의 토대가 되는 이론적 근거를 이해할 수 있을 것이다.

    ㉤ 학생은 혼자보다는 친구들과 함께 학습할 때 더 많은 것을 성취할 수 있고, 이러한 과정을 통해서 학생의 사회성 발달이 증진된다.

3. 교수 · 학습의 특징

(1) 수업 주도성(수업 통제)

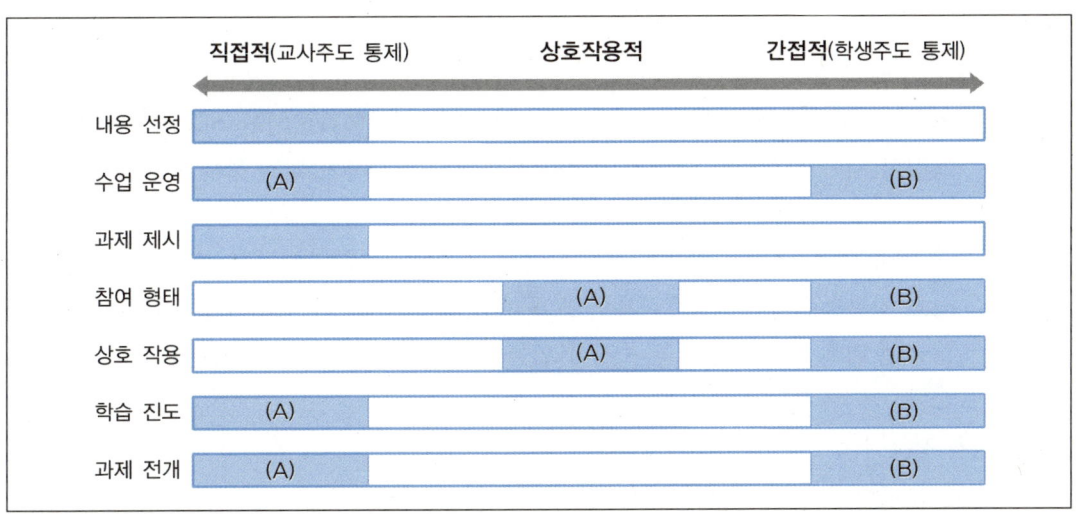

협동 학습에서 수업 주도성 프로파일은 3가지 형태에 기초한다. 이 모형은 매우 교사 중심으로, 교사는 과제를 결정하고 팀원을 선정하며 과제를 완수하는 데 필요한 변인들(예 시간이나 다른 자원들)을 설명하고 수행 기준과 사회성 기술 행동 기준을 설정한다. 팀원들이 과제에 참여하는 동안에는 협동 학습 모형은 학생 중심적인 모형이 된다. 그런 다음 수업 중과 후에 교사가 학생과 함께 사회성 기술 학습을 진행함으로써 고도의 상호작용적인 모형이 된다.

① 내용 선정

　㉠ 내용 선정은 매우 교사 중심적으로 이루어진다.

　㉡ 교사는 학생이 수행해야 할 과제를 결정하고 학생에게 알려준다.

② 수업 운영

　㉠ 팀이 학습 과제에 참여하기 전까지 교사 중심적으로 이루어진다(A). 교사는 팀원을 선정하고, 이용 가능한 자원을 결정하며, 각 과제에 할당된 시간의 양을 결정하고, 팀원들이 수행해야 하는 기준을 결정한다.

　㉡ 일단 팀들이 과제를 시작하게 되면, 그 운영권은 각 협동 집단 내에 있는 학생에게 신속하게 이양된다(B). 학생은 역할 분담, 과제 수행, 시간과 주의 시설물의 활용 방법 등에 대해 스스로 의사결정을 내린다.

③ 과제 제시

　㉠ 교사에 의한 과제 제시가 없다.

　㉡ 교사는 할당 과제를 설명하고 팀들이 과제 완수를 위해 따라야 할 기본 규칙을 제시함으로써 '문제 설정'을 한다. 그 후에 학생 각자 무엇을 해야 하며 어떻게 해야 하는지는 팀원에게 달려 있다. 이때 팀은 동료 교수를 사용하게 된다.

④ 참여 형태

　2가지 형태의 참여 형태가 있다.

　㉠ 첫 번째 참여유형은 학생 주도형이며, 각 팀의 학생 사이에서 이루어진다(B). 학생은 적절한 시기에 주도할 사람을 결정하고 과제를 완수하기 위해 학생 자신의 참여 계획을 확정한다.

　㉡ 두 번째 참여 형태는 학생의 사회성 발달을 위해 교사가 질문을 사용할 때 이루어지는 상호 작용형이다(A). 상호작용이 효과적으로 이루어지기 위해서 교사는 학생에게 현재 행동에 대해 반성할 시간을 주거나 협동하지 않은 학생에게 그 해결책을 찾도록 시간을 준다.

⑤ 상호 작용

　수업 중 상호작용의 형태도 학생 참여 형태와 유사하다.

　㉠ 팀원들이 주어진 과제를 수행하는 동안에는 학생 중심이 된다(B).

　㉡ 교사가 학생의 사회성을 발달시키기 위해 질문할 때에는 상호 작용형이 된다(A).

⑥ 학습 진도

　㉠ 팀 선정과 학습 문제 선정은 교사 중심으로 이루어진다(A).

　㉡ 교사가 과제를 소개하고 팀에게 과제 완수 시간을 알려주면, 학습 진도는 학생 중심적으로 이루어진다(B).

　㉢ 학습 과제는 교사가 소개하지만, 학습 진도는 학생이 조절한다고 볼 수 있다.

⑦ 과제 전개

　　㉠ 새로운 과제를 소개하는 시점은 교사가 결정한다(A).

　　㉡ 학습 진도 조절과 마찬가지로 일단 과제가 주어지면, 각 팀은 과제를 완수하는 데 필요한 단계와 각 과제를 언제 끝마칠 것인지를 결정한다(B).

협동 학습 모형의 포괄성

협동 학습 모형은 모든 학생이 팀의 학습 과정에 포함되도록 설계되었다. 이것은 3가지 방법을 통해서 가능하다.

1. 모든 팀은 능력, 동기, 개성을 고려하여 이질적인 집단으로 구성한다. 이러한 다양성은 학생 사이의 상호작용을 촉진한다.

2. 모든 학생은 팀의 성공을 위해 공헌해야 하는 책임감이 있기 때문에 팀 목표에 도달하기 위해서 다른 학생을 지원하고 서로를 가르쳐 주어야 한다. 이것은 모든 팀원의 완전 참여를 조장한다.

3. 팀의 성공에 공헌해야 한다는 것을 장려하면서 팀원들의 다양한 재능을 인정하고 최대한 발휘하도록 할 때 팀의 목표 완수 가능성이 높아진다. 팀 목표를 달성하기 위해서 학생들이 가지고 있는 독특한 능력과 재능을 끌어안는 것이 팀의 성공에 도움이 된다.

(2) 학습 과제

① 과제 설정(과제 제시)

　　㉠ 교사가 학습 과제를 어떻게 설정하고 수행할 것인지에 대해 학생에게 구체적으로 말해 주지는 않는다. 즉, 교사에 의한 과제 제시는 없다.

　　㉡ 각 학생 팀이 주어진 과제를 위해 스스로 조직하고 과제에서 제시된 학습 도전과제에 대한 해결책을 스스로 결정한다.

　　㉢ 학생이 스스로 문제를 해결하는 것은 다른 수업 모형과 협동 학습 모형이 구분되는 가장 큰 특징 중의 하나이다.

　　㉣ 교사는 학생들이 과제가 무엇인지 이해할 수 있도록 과제를 설정하는 데 시간을 할애하지만, 과제를 어떻게 완수할지(즉, 어떻게 해야 할지를 가르치지 않고)는 알려주지 않는다.

협동 학습 모형에서 교사가 과제를 제시할 때 지켜야 할 원칙

- 모든 팀원에게 팀원의 자격과 팀이 어떻게 선정되었는지 알려준다.
- 과제를 완수해야 할 시점에 대해 알려준다.
- 과제 완수를 위해 사용할 수 있는 학습 전략을 알려준다.
- 각 팀에게 기본 규칙을 알려준다.
- 팀들로 활용할 수 있는 자원과 자원의 배분 방법을 알려준다.
- 학습 목표와 평가 방법에 대해 설명한다.
- 사회성(대인 관계) 학습 목표와 평가 방법을 설명한다.
- 교사는 격려자 역할을 한다는 점을 알려준다.
- 과제 수행에 따른 최종 결과물(포스터, 포트폴리오, 팀점수)에 대해 설명한다.
- 팀별 경쟁이 있다면 그 규칙에 대해 알려준다.

② 과제 구조

㉠ 학생 팀-성취 배분(Student Teams-Achievement Divisions : STAD)

ⓐ 학생은 비경쟁적인 팀으로 나뉜다.

ⓑ 교사는 모든 팀에게 동일한 학습 과제와 필요한 자원을 제공한다.

ⓒ 교사는 팀별로 학습하게 하고 연습할 시간을 준다. 교사는 이 시간에 과제를 명료화하고 팀에게 필요한 다른 자원을 제공한다.

ⓓ 이 시기가 끝나면 각 팀의 모든 팀원들은 학습한 지식이나 기능에 대해 평가를 받게 된다. 평가는 퀴즈, 기능 시험, 또는 기타 다른 형태의 수행 평가로 이루어진다.

ⓔ 모든 팀원들의 점수가 합쳐져서 팀 점수가 된다. 팀 점수는 발표되고, 교사는 협동 과정에 대해 학생과 토론하고, 팀의 상호작용을 높일 수 있도록 조언한다.

ⓕ 팀은 동일한 과제를 다시 반복해서 연습하는 2차 연습 시간을 갖는다. 이때 팀은 협동심과 동료 교수를 강조하고 모든 팀원들의 점수를 높이는 데 중점을 둔다.

ⓖ 2차 연습에는 2개의 목표가 주어진다. 첫째, 모든 팀원들과 전체 팀 점수는 1차 시험 때보다 높아야 한다. 팀원들의 점수가 1차 때보다 높아지면, 자동적으로 전체 팀 점수도 높아지게 된다.

ⓗ 1차와 2차 평가에서 전체 팀 점수의 향상 정도에 따라 팀 점수가 부여된다. 개인별 점수는 발표되지 않고 팀 점수만 발표되므로, 팀 내의 협동을 유발한다는 특징이 있다.

㉡ 팀 게임 토너먼트(Team Games Tournament : TGT)

ⓐ 팀 게임 토너먼트의 초기 구조는 학생 팀 성취 배분의 구조와 유사하다.

ⓑ 학생들은 팀에 배치되고, 제공된 학습 과제가 제시되며, 초기 연습이나 지식 습득을 위한 일정 시간이 주어진다.

ⓒ 모든 팀의 팀원들은 1차 연습이 끝나면 팀별로 시험을 보고, 각 팀의 1등, 2등, 3등, 4등으로 높은 점수를 받은 사람은 다른 팀에서 같은 등수인 학생의 점수와 비교한다. 각 팀의 1등은 1등끼리, 2등은 2등끼리 점수를 비교하는 식이다.

ⓓ 같은 등수에서 높은 점수를 얻은 학생에게 일정한 상점을 부여한다. 모든 학생이 순위와 관계없이 팀 성공에 기여할 수 있다.

ⓔ 각 팀의 상호작용과 협력을 강조하는 2차 연습을 실시한다.

ⓕ 연습 후 다시 평가가 이루어지고 1차 때와 마찬가지로 같은 등수끼리 점수를 다시 비교한다.

ⓖ 게임이 끝난 후에 가장 높은 점수를 받은 팀이 승리 팀이 된다. 할당된 많은 과제를 해결하기 위해 팀을 그대로 유지할 수 있으나, 시간이 지남에 따라 과제를 점차 더 어렵게 만들어야 한다. 학생들을 2회 이상의 연습과 평가를 거친 동일한 과제에 다시 배치할 필요는 없다.

ⓗ TGT의 가장 좋은 점은 운동 기능이 낮은 학생도 자기 팀을 위해 무엇인가를 공헌할 수 있다는 자신감을 갖는 것이다.

ⓒ 팀-보조 수업(Team-Assisted Instruction : TAI)

   ⓐ 협동 학습의 모형과 개별화 지도 모형의 결합으로 볼 수 있다.

   ⓑ 교사는 팀을 선정한 후 학생에게 수행 기준과 학습 과제가 제시된 목록을 제공한다. 이 목록에는 학생이 학습해야 할 기술과 지식 영역을 쉬운 것에서 어려운 단계로 나누어 제시되어 있다.

   ⓒ 팀원들은 혼자 또는 다른 팀원들의 도움을 받으면서 그 과제를 연습하게 된다.

   ⓓ 학생이 수행 기준에 따라 과제를 완수하면 다른 팀원이 과제 수행 여부를 체크한다.

   ⓔ 학생은 다음 과제로 이동한다.

   ⓕ 팀 수행 능력은 2가지 방식 중의 하나로 평가될 수 있다. 즉, 교사가 각 팀이 매 수업 또는 매주 완료한 과제의 수에 점수를 부여하거나, 점수를 부여하고 팀 성적을 산출하는 데 사용되는 총점을 부여할 수 있다.

ⓔ 직소(Jigsaw)

   ⓐ 교사는 팀을 나누고 기술, 지식 또는 게임 등의 과제에 팀을 배정한다.

   ⓑ 예를 들면, 테니스 단원의 경우 한 팀은 포핸드 드라이브의 요소와 단서를 학습하는 데 배치되고, 다른 팀은 백핸드 드라이브, 다른 팀은 게임 규칙과 점수 등을 학습하는 데 배치된다.

   ⓒ 모든 팀원들은 자신의 팀에 할당된 과제를 익힌 후, 교사가 되어 다른 팀에게 그 내용을 가르쳐 준다.

   ⓓ 교사는 팀이 학급에 제공한 수업의 질을 바탕으로 평가를 진행하며, 이는 전체 학급이 직소의 부분을 얼마나 잘 학습했는지에 따라 결정된다.

직소 전략의 또 다른 방법
각 팀원들이 주제 또는 기술에 전문가가 되기 위해 서로 다른 학습 요소들을 배우게 된다. 전문가 그룹은 동일한 주제나 기술을 배운 다양한 팀의 학생들이 모여 자신이 개별적으로 배운 내용을 공유하는 방식으로 구성된다. 전문가 집단 모임 후 전문가들은 원래 자신의 집단으로 돌아가 배운 것을 다른 팀원들에게 가르쳐 준다. 직소 전략과 이 전략의 변형들은 한 가지 핵심적인 특징을 공유한다. 그것은 바로 어느 시점에는 동료 교수를 통하여 학생들이 다른 학생을 가르친다는 것이다.

ⓜ 집단 연구(Group Investigation)

   ⓐ 팀이 학습 과정에서 서로 협동하고 학습 결과를 공유하는 데 사용된다.

   ⓑ 교사에 의해 팀이 선정되고 과제가 할당된다. 집단 연구의 시간 기한은 전형적으로 길지만, 학생이 수업 안과 밖에서 과제를 완수할 가능성이 높은 3주가 적합하다.

ⓒ 교사는 과제를 그룹 프로젝트로 제시한다. 각 팀은 포스터, 콜라주, 비디오, 컴퓨터 그래픽, 웹사이트 또는 서면 리포트 등 여러 가지 매체를 이용하여 과제를 완수한다.

ⓓ 미디어 제작은 2가지 목적을 가지고 있다. 첫째는 각 팀의 학습정도를 확인하고, 둘째는 다른 팀의 학습에 도움을 주기 위해 공유하기 위함이다.

ⓔ 집단 연구가 시작되고 각 팀에게 단일 점수가 주어지기 전에, 학생들에게 루브릭 점수를 제시함으로써 평가가 완료된다.

③ 내용 전개

㉠ 협동 학습 대부분의 학습 과제는 규모가 크고 오랜 시간이 요구되기 때문에 내용 전개는 다른 모형과 다르게 이루어진다.

㉡ 이 모형의 단원은 단순한 것에서 복잡한 것으로 난이도가 향상되는 연속적인 학습 문제 또는 과제로 구성된다.

㉢ 단시간이 요구되는 과제는 학습 초기에, 긴 시간이 요구되는 과제는 학습 중간이나 끝에 제공한다는 과제 전개 특성을 고려하여, 학습 시간은 각 과제별로 제공한다.

㉣ 이 방법은 많은 성공을 경험하는 초기 과제에서 팀워크와 상호작용 기술을 연습할 수 있는 기회를 제공한다. 팀이 함께 과제에 참여하면서 팀원들은 보다 어려운 과제를 도전하여 수행할 수 있게 된다.

(3) 학습 참여 형태

① 교사가 학습 과제를 제시하고 사회성 기술 발달에 필요한 과정을 설명할 때를 제외하고, 한 가지 참여 형태만 즉, 4~6명으로 구성된 팀에 의해서 실시된다.

② 동시에 2개 이상의 팀이 통합되기도 하지만 단지 일시적으로 이루어질 뿐이다.

팀원 선정

• 교사가 팀원을 선정한다. 협동 학습 모형에서 팀원 선정은 교사의 가장 중요한 역할 중의 하나이다. 학생이 팀원을 선정하지 않는다는 것을 주목해라. 팀원 선정 과정은 인지적 학습과 사회성 학습을 가장 효과적으로 촉진할 수 있는 이 모형에서 가장 중요한 목적이기 때문이다.

• 팀원을 결정할 때 팀 내의 다양성과 팀 간의 공정성이 고려되어야 한다. 팀원의 다양성은 과제를 수행할 수 있는 광범위한 자원을 제공할 뿐만 아니라 팀원들의 개성, 재능, 관점에 대한 인식을 고양시킨다. 팀 내의 다양성을 위해서 성별, 기술 능력, 인지적 능력, 학습 유형, 인종, 민족성, 리더십과 동료애에 대한 의지, 학생 행동 등을 고려하여 팀을 구성한다.

• 팀에 학생을 배치하는 과정은 교사에 의해 결정되며, 수업 시간에 알려주거나 알림판에 부착한다. 팀 선정에 대해서 학생의 오해가 없도록, 팀 선정을 공개적인 이벤트나 서로 지적하는 방법을 사용하지 않도록 한다. 팀이 일단 선정되면 교사는 학생이 각 팀원들이 갖고 있는 재능을 알게 하고, 소속팀의 약점과 다른 팀의 구성에 대해 지나치게 신경 쓰지 않도록 해야 한다. 따라서 교사는 팀이 어떻게, 왜 선정되었는지를 알려주고 가능한 빨리 팀원들이 협동하여 과제를 수행하도록 격려한다.

(4) 교사와 학생의 역할 및 책임

역할 및 책임	협동 학습 모형에서의 책임 주체
내용 목록	교사는 각 팀이 학습할 내용을 결정한다.
팀 선정	교사는 모든 팀의 다양성과 이질성을 최대한 고려하여 팀원을 선정한다.
과제 구조화 및 문제 해결 상황	교사는 팀이 해결해야 할 문제의 구조에 기초하여 모든 팀에게 과제를 설명한다.
수업 기구 준비	교사가 각 팀이 과제를 수행하는 데 필요한 장비를 준비한다.
과제 구조	교사는 기본 규칙들을 제공하는 협동 학습 전략의 형태로 과제 구조를 결정한다.
참여 형태	각 팀은 과제를 해결하기 위해서 어떻게 팀을 조직할 것인지를 결정한다.
문제 중재	수업 초기에 문제가 발생하면 팀 내에서 학생에 의해 먼저 조정하고, 성공적이지 못할 때 교사가 반성 시간을 통해서 중재한다.
수행 평가	교사는 루브릭 점수 형태로 모든 수행 평가를 계획한다. 학생은 평가에서 가장 좋은 점수를 성취하기 위한 방법을 결정한다.
사회성 평가	교사는 집단 상호작용 기준을 결정하고, 팀 내의 학생 참여를 관찰한다.
수업 과정	학생은 주어진 학습 과제에 참여함에 따라 동료 교수 계획을 결정하고 실행한다.

(5) 교수·학습 과정의 검증

① 교사 기준

기준	검증 방법
교사는 이질적으로 평등하게 팀을 선택한다.	1. 교사는 팀 선택에 사용될 기준을 목록화한다. 2. 교사는 팀원을 어떻게 구성할 것인지를 학생에게 알려준다. 3. 교사는 학생에게 팀 선정에 대한 생각을 묻는다.
교사는 적절한 학습 과제를 선택한다.	1. 과제에 시간 제약과 절차를 제시한다. 2. 과제는 제한된 시간 내에 모든 팀원들에 의해 완성될 수 있다. 3. 과제는 모든 팀원들의 공헌을 필요로 한다. 4. 과제는 각 팀에게 3가지 영역에 도전하도록 요구한다.
교사는 적절한 협동 학습 전략을 선택한다.	과제는 집단 학습을 위한 것이 아니라 협동 전략 중의 하나이고, 과제는 학생이 3가지 영역을 배울 수 있도록 기회를 제공한다.
교사는 학습 과제를 구성한다.	1. 교사는 과제 완수의 단서를 제공하지 않고 정보를 충분히 제공한다. 2. 팀들은 곧바로 과제에 참여하는데 이는 과제와 과제 구조를 이해하고 있음을 나타내기 위해서이다.
교사는 팀이 과제를 수행하는 동안 격려자의 역할을 한다.	1. 교사는 상호작용의 수와 유형을 모니터한다. 2. 교사는 간접적인 언급과 질문을 사용하고, 상호작용은 학생에 의해 시작된다.

교사는 팀이 과제를 수행하는 동안 격려자의 역할을 한다.	1. 교사는 상호작용의 수와 유형을 모니터한다. 2. 교사는 간접적인 언급과 질문을 사용하고, 상호작용은 학생에 의해 시작된다.
교사는 사회성 학습 결과를 관찰하고 진행시켜 나간다.	1. 교사는 사회성 학습 결과를 진행시키기 위한 계획을 수립해야 한다. 2. 교사는 직접적인 언어를 거의 사용하지 않는다.
교사는 운동 수행과 사회성 학습에 필요한 평가 방법을 설계한다.	1. 평가의 구성 요소에 필요한 교사의 계획을 점검한다. 2. 각 팀원들의 개인적인 책무성으로 팀 성취도가 평가되어야 한다.

② 학생 기준

기준	검증 방법
학생은 팀이 공정하게 구성되었다고 본다.	학생은 팀원 선택 과정에 대하여 질문하고 이의가 없다는 것을 이야기한다.
학생은 과제를 이해한다.	1. 팀은 곧바로 과제 수행을 시작한다. 2. 팀은 교사에게 과제에 대한 질문을 거의 하지 않는다.
학생은 협동 학습 전략을 이해한다.	1. 팀은 과제 수행에 필요한 시간과 자원을 가지고 바로 시작한다. 2. 팀은 참여 계획을 신속히 구체화한다. 3. 팀은 과제를 완성하는 데 요구되는 절차를 따른다.
팀은 모든 팀원의 임무와 책무성을 공유한다.	1. 팀은 개인에게 특별한 임무를 부여한다. 2. 팀은 각 팀원들의 공헌도를 도표화한다. 3. 팀은 다른 팀원들을 동료 평가한다.
팀은 운동 수행 향상을 위해 동료 교수를 활용하고, 팀원의 노력을 인정한다.	팀 사이의 상호작용 유형과 빈도를 관찰한다.
팀은 수행 평가를 통해 향상도를 보여준다.	평가 점수를 수차례 비교한다.
팀은 사회성 학습을 제시한다.	교사나 동료는 긍정적/부정적 사회성 행동의 사례를 파악하기 위해 사건 기록 또는 행동 점검표를 사용한다.

⑹ 학습 평가

협동 학습 모형에서 학습 영역의 우선순위는 3가지 영역 간에서 공유되고 있기 때문에 교사는 세 영역을 균등하게 평가할 수 있는 방법으로 평가해야 한다. 이때, 교사는 과제의 특성을 고려한 평가 방법을 사용해야 한다. 심동적 기능과 내용 지식 학습에 중점을 둔 과제는 기능 검사, 필기시험 등 전통적인 평가 방법을 사용하는 것이 효과적이고, 난이도가 높거나 응용된 과제인 경우는 실제 평가와 대안 평가를 사용한다.

① 심동적 영역 평가

   ㉠ 심동적 영역을 평가할 때 다음과 같은 점을 고려한다.

      ⓐ 간단한 실기 시험 : 정해진 기준에 따라 일정 횟수를 완수하는 것

          예 목표물에 성공적으로 슛팅한 수, 파울 수, 패스한 수

      ⓑ 과제의 시간 측정 예 200m를 달리는 데 소요된 시간

      ⓒ 정확성 검사 예 슛 확률, 목표물과의 거리

      ⓓ 일관성 예 연속적으로 슛팅한 수

      ⓔ 표준화된 실기 검사

   ㉡ STAD와 TGT 같은 전략은 일정한 시간 동안 연습 후 평가가 이루어진다. 이 평가는 연습 과제와 직접 관련이 있으며, 매우 신속하게 이루어져야 한다. 교사는 각 팀원에게 일정한 수의 연습을 하도록 하고, 성공률을 기록하도록 한다. 각 팀의 점수는 모든 팀원 점수의 합산이 된다. 간단한 퀴즈는 각 학생의 발달 상태를 관찰하고 팀의 동료 교수의 효율성을 평가하기 위해 사용한다.

② 인지적 영역 평가

   ㉠ 지식의 단순 기억과 같은 비교적 쉬운 인지적 내용에 초점을 맞추어 평가할 경우, 심동적 영역의 평가와 거의 유사하다. 교사는 게임 규칙, 절차 및 전략과 같은 지식을 평가하기 위해 교사가 직접 만든 퀴즈를 사용할 수 있다. 그런 평가는 STAD와 TGT에서 사용된 것과 비슷하다. 퀴즈는 다음과 같은 여러 유형의 문항으로 만들어진다.

      ⓐ 선택형

      ⓑ 완성형

      ⓒ 조건형

      ⓓ 단답형

   ㉡ 복잡하고 상위 수준의 학습 결과를 얻으려고 할 때 어려운 평가 기법들이 사용된다. 이 기법은 직소와 집단 연구와 같은 전략으로, 학생의 학습이 여러 종류의 지식을 표현하는 다차원적인 것으로 볼 수 있다. 그런 전략들은 실제적인 학습 경험을 요구하기 때문에 대안 평가와 실제 평가로 이루어지고, 이와 같은 평가 방법을 사용하는 교사는 학습 과제를 부여하는 동시에 팀에게 제시하는 루브릭 점수를 부여할 것이다.

      ⓐ 학습의 구체적인 성과물(포트폴리오, 콜라주, 비디오 등)

      ⓑ 완성된 과제물의 질적 평가와 각 수준별 세부 규정 서술

      ⓒ 각 팀의 작품에 대한 교사의 채점표와 평가서

③ 정의적 영역 평가

   ㉠ 동료 교수, 팀원에 대한 언어 격려, 협동, 리더십, 문제 해결력과 같은 팀원 내 상호작용에 대한 정의적 영역의 평가도 이루어진다. 그런 과정에 대한 평가는 어렵지만, 다음과 같은 전략을 사용하면 가능하다.

ⓐ 각 팀을 정기적으로 모니터 하고 긍정적이고 부정적인 사회적 상호작용을 기록한다.(사건 기록법)

ⓑ 학생의 긍정적이고 부정적인 상호작용 패턴과 횟수를 관찰하기 위해 체크리스트를 사용한다.

ⓒ 팀별로 작업 일지를 작성한다.

ⓓ 각 팀에게 그룹 작업에 대한 1일 저널을 작성하도록 지시하고, 그룹 과정에서 긍정적이고 부정적인 사례를 기록한다. 각 팀원이 직접 사례를 기록하는 방식이다.

ⓔ 수업 말기에 집단 과정에 대한 반성 시간을 갖도록 한다.

ⓛ 협동 학습 모형을 사용하는 교사는 팀 학습 과정이 수업 내용을 익히는 것만큼 중요하기 때문에 사회성 학습 기술을 형식적 또는 비형식적으로 항상 모니터해야 한다.

4. 실행적 요구 사항과 변형

(1) 교사 전문성

① 학습자

㉠ 학생의 다양한 성향을 파악해 학생의 재능과 팀의 다양성을 고려하여 팀을 선정한다.

㉡ 모든 팀원이 과제에 성공할 수 있도록 동등한 기회를 제공하는 것에 우선순위를 두어 팀을 선정해야 한다.

② 학습 이론

㉠ 협동 학습 모형은 인지 이론(팀이 문제를 해결하는 동안), 행동주의 이론(수행 기준에 부합하는 데), 사회성 발달 이론(팀원들과의 상호작용과 관찰을 통해 학습할 때), 동기 이론(팀원들 사이에 상호 협력 관계를 만들 때)에 기초한다.

㉡ 교사는 어떤 이론이 모형의 어느 부분에 효과적이고, 어떤 학습 종류를 적절한 시기에 유도해야 하는지 알아야 한다.

③ 과제 분석과 내용 발달

㉠ 협동 학습의 과제 분석은 3가지 영역의 학습 진도를 의미한다.

㉡ 교사는 심동적, 인지적 영역 학습뿐만 아니라 사회적/정의적 영역의 내용 전개를 계획할 수 있어야 하고, 심동적, 인지적 영역에서와 같이 정의적 영역도 단순한 것에서 복잡한 것으로 내용을 전개해야 한다.

㉢ 예를 들면, 교사는 팀이 함께 연습하면서 친해지고 성공할 수 있도록 단순한 시작 과제를 계획해야 한다. 학습 초기에는 STAD가 적합할 것이고 팀이 과제를 잘 수행하면 직소, 집단 연구와 같이 도전적이고 시간이 많이 요구되는 과제를 선정한다.

④ 발달 단계에 적합한 수업

　㉠ 학생은 심동적, 인지적 영역의 과제를 수행할 준비가 되어 있지만, 팀이 성공적으로 과제를 수행하는 데 필요한 사회적, 협동적 상호작용에 준비가 안 될 수도 있다.

　㉡ 학생의 발달 단계에 적합한 협동 학습 모형을 설계하기 위해서 교사는 학생이 최선의 선택을 할 수 있고 팀 공헌에 필요한 책임감을 가지고 있다고 확신해야 한다.

⑤ 평가

　㉠ 모든 과제는 수행 능력과 협동 학습 과정으로 평가된다.

　㉡ 수행 평가는 과제를 수행하는 동안이나 과제를 마친 후에 정기적으로 실시한다.

　㉢ 교사는 학생이 과제를 수행하는 동안 중간 평가 방법과 팀 점수를 신속히 점수화할 수 있는 방법을 알아야 한다.

　㉣ 인지적, 심동적 영역의 평가는 대안적 평가와 실제적 평가 기법에 의해서 이루어진다.

　㉤ 교사는 협동 과제를 수행하는 동안 팀들과 팀원 사이에서 관찰되는 사회성 기술을 평가하는 방법을 알아야 한다. 교사는 학생이 과제를 수행하는 동안 상호작용을 평가하는데, 평가 방법은 사회성 학습 결과가 제시되는 체크리스트와 주요 사건 기록법으로 한다.

⑥ 사회적/정서적인 학습 분위기 조성 및 유지

　㉠ 협동 학습 모형의 효율성은 학생이 과제를 수행하는 동안 팀에서 이루어지는 학생의 상호작용의 수와 질에 의해 결정된다.

　㉡ 3가지 영역에서 교사 전문성이 요구된다. 즉, 첫째, 긍정적인 학습 분위기를 만들고, 둘째, 부정적인 환경을 만드는 비효율적인 상황을 발견하며, 셋째, 학생에게 부정적인 학습 분위기를 긍정적인 학습 분위기로 바꿀 수 있는 방법을 지도할 수 있는 교사의 능력이 필요하다.

　㉢ 교사는 긍정적이거나 부정적인 학습 분위기를 이끄는 상호작용을 기록하면서 팀원들이 과제에 참여하는 것을 모니터해야 한다.

　㉣ 긍정적인 상호작용을 기록한 후 수업 말기에 공식적으로 칭찬을 하고, 부정적인 상호작용은 수업 끝에 교사가 주도하는 성찰 시간에서 다루도록 한다.

⑦ 체육 교육 내용

　㉠ 과제에서 사용되는 간접적이고 촉진적인 유형의 수업 방식은, 보다 직접적인 수업 방식에서 요구되는 지식과는 다른 체육 교육 내용 지식을 필요로 한다.

　㉡ 직접 교수에서 교사의 내용 전문성은 적절한 기술을 시범 보이고 학생의 연습 활동을 분석하는 능력으로 나타나지만, 협동 학습 모형에서 교사는 적당하게 도전적이며 창의적인 학습 과제를 제시하고, 과제에 내재된 문제를 해결하기 위해 팀이 다양한 방식으로 접근할 수 있음을 인식함으로써 전문성을 발휘한다.

⑧ 평등

    ㉠ 협동 학습의 가장 기본이 되는 원칙 중의 하나는 모든 학생에게 성공할 수 있는 동일한 기회를 제공하는 것이다(Slavin). 즉, 모든 팀원들은 자신이 가지고 있는 독특한 재능을 사용하여 팀의 성공에 공헌한다는 것이다.

    ㉡ 교사의 전문성은 팀을 선정할 때와, 학생 개인이 수행 목표와 사회성 학습 결과를 평가하는 데 책무성을 가지도록 과제를 설계하는 데 필요하다.

    ㉢ 모든 팀원들이 동일한 양의 지식과 기능으로 팀의 성공에 공헌하는 것을 기대하는 것이 아니라, 모든 팀원들이 팀 성공에 최선을 다해 노력하는 것을 기대해야 한다.

(2) 핵심적인 교수 기술

① 수업 계획

    ㉠ 수업 계획은 팀과 학급에게 주어지는 과제를 결정하는 단원 수준에서 이루어진다.

    ㉡ 교사는 각 과제를 시작하기 전 여러 문제들에 대한 의사결정을 해야 한다.

    ㉢ 수업 계획은 교사가 팀이 주어진 과제를 수행할 때 발생할 수 있는 문제점이 무엇인지를 찾는 과정에서 상호작용 과정이 이루어진다.

    ㉣ 주어진 과제가 한 학기 이상 지속될 경우, 교사는 학생에게 팀워크에 대한 피드백을 제공하고 진행 정도를 평가하기 위해 간단한 보고서를 계획한다.

② 시간과 수업 운영

    ㉠ 교사의 주요한 시간 관리는 각 과제의 소요 시간 할당에 해당된다.

    ㉡ 팀이 결정되고 과제를 수행하게 되면 수업 운영에 대한 책임은 학생이 갖게 된다. 각 팀은 과제에 필요한 작업은 어떻게 배분할지, 작업 속도를 어떻게 조절할지, 할당된 시간을 어떻게 나눌지 스스로 결정할 수 있다.

    ㉢ 교사는 팀 내 학생 간의 상호작용을 관찰하고 성찰 과정을 활용하여 팀이 효율적이고 효과적으로 활동할 수 있도록 간접적으로 돕는 중요한 역할을 한다.

    ㉣ 교사는 효율적이지 못한 팀의 상호작용을 파악하고 교사가 직접 개입하지 않고 팀들이 스스로 좀 더 생산적으로 참여할 수 있는 방법을 찾도록 능숙하게 도와주어야 한다.

③ 과제 제시와 과제 구조

    ㉠ 다른 모형과 같은 과제 제시는 없다. 교사는 팀을 선정하고 과제를 구조화하며 팀이 과제를 수행하도록 감독한다. 이때 필요한 기술은 과제를 완수하는 방법에 대한 단서를 제공하지 않고, 과제를 시작할 때 필요한 정보를 충분히 제공하는 것이다.

    ㉡ 과제 구조는 주어진 과제를 수행하기 위해 선택한 전략에 의해 결정된다. 교사는 각 전략에 필요한 설계와 절차를 알고 각 상황에 맞는 최상의 전략을 선택해야 한다.

④ 의사소통

    ㉠ 과제를 구조화하고 전략을 설명할 때 명확하고 구체적인 정보를 팀에게 제공해야 한다.

    ㉡ 과제를 설명하고 팀이 처음 과제에 참여하는 동안 학생의 이해 정도를 점검하는 것이 도움이 된다.

⑤ 교수 정보

    ㉠ 교사는 두 가지 유형의 교수 정보, 즉 과제 설정의 설명과, 성찰 시간 동안의 질문 기술을 능숙하게 제공해야 한다.

    ㉡ 각 팀의 학생에게 과제와 사용할 협동 전략에 대해 자세하고 명확하게 설명하는 것이 중요하다.

⑥ 질문 사용

    ㉠ 성찰 시간에 다루어지는 교사의 질문 사용 능력은 교사가 갖추어야 할 기본적인 지도 기술이다.

    ㉡ 교사는 1개 이상의 팀이 서로 협력해서 과제를 수행하지 않은 것을 알았을 때 그 상황을 바로 잡기 위해 직접 이야기하지 말고, 대신 팀이 문제의 본질을 이해하고 실행 방안을 생각할 수 있도록 성찰 활동에 참여시킨다.

⑦ 수업 정리 및 종료

    ㉠ 수업은 학생이 어떻게 협동했는지를 스스로 확인하는 교사 주도의 성찰 시간을 갖고 끝나야 한다.

    ㉡ 교사는 긍정적이고 부정적인 상호작용의 사례를 기록하면서 과제에 참여한 팀들을 모니터한다. 이 과정은 간접적이고 상호작용적으로 일어난다는 것을 기억해야 한다. 교사는 학생이 팀원으로서 얼마나 잘 참여했는지를 직접 이야기하기보다는 질문을 사용하여 학생이 생각할 수 있도록 한다.

(3) 상황적 요구 조건

① 협동 학습은 학생이 협동해서 과제를 수행하는 방법을 배울 수 있는 능력을 갖춘 상황에서 사용될 수 있다.

② 사회성 기술들은 협동 학습 모형의 결과로 얻어지는 것이기 때문에 학생이 팀의 성공에 기여하는 방법을 배울 준비가 되어있느냐가 중요하다.

③ 과제의 특성에 따라 필요한 용구와 시설물이 결정되기 때문에 교사는 활용 가능한 용구를 가지고 있으면 과제를 쉽게 계획할 수 있다.

④ 집단 연구에서 가장 중요한 상황적 요구 조건은 과제를 완성하는 데 요구되는 충분한 시간을 팀에게 제공하는 것이다.

⑷ **모형의 선정과 변형**

협동 학습 모형은 3가지 학습 영역을 모두 개발하기 때문에 체육의 다양한 목표와 내용에서 활용될 수 있다.

⑸ **개인맞춤형 학습을 위한 협동 학습 모형 사용하기**

① "그룹"은 협동 학습 모형에서 아주 중요한 부문이다. 그러나 그룹 내 학습은 개인 맞춤형으로 진행된다.

② 협동 학습은 학생 참여를 촉진하는 과제 프로세스를 갖고 있는 잠재적 수업 모형으로, 특히 연령에 부합하는 신체적, 사회적 기술 역량이 부족한 학생들에게 효과적이다. 맞춤형 학습은 명확하고 구체적인 지침을 통해 증진되며, 이는 그룹의 목표를 달성하기 위해서 균형잡힌 멘토-멘티 지원 과정이 만들어진다. 협동 학습은 모든 학생의 개별화된 학습 요구를 충족할 수 있는 조건을 마련함으로써 평등한 관계를 증진한다(Grenier & Yeaton).

③ 그룹 내에서 이루어지는 과정과 그룹 역동성은 매우 중요하기 때문에, 팀 선정을 위한 진단 평가가 필수적이다. 진단 평가는 학생의 관심사와 학습 프로필뿐만 아니라 다양한 측면의 준비도도 신중하게 선정되어야 한다.

④ 다양한 학생들을 공정하게 그룹 편성하기 위해서는 사전 경험, 성별, 기능 수준, 인지 능력, 인종, 민족성, 리더십과 팔로우십 등을 고려해야 한다.

⑤ 협동 학습에서 과제는 과정중심으로 이루어지기 때문에, 평가 또한 학생들의 준비도를 지속적으로 모니터링하는 데 사용되어야 한다. 학습 문제가 설정된 후 교사의 주요 역할은 촉진자(facilitator)가 되는 것이며, 이를 위해 학습 과정에서 학생들의 진도 상황에 대한 명확한 이해가 필요하다. 정서적 영역과 인지적 및 심동적 영역 간의 상호적이고 이중적 영역 상호작용의 특성은 다양한 실제 평가의 활용을 요구한다.

⑥ STAD, TGT, TAL, 직소, 집단연구와 같은 교수 전략은 각각 독자적인 방식으로 학습 과정을 차별화하는 접근법을 제공한다. 개인적 학습 목표는 이 전략 중 몇 가지의 주요한 특징이 되며, 개인적 학습 목표의 달성은 궁극적으로 팀의 성공을 이끌게 된다. 그룹은 팀의 전체 성공이 개인의 성공과 직결된다는 점에서 학생 개인의 성공을 촉진하기 위해 함께 협력한다. 이 전략에서 나타나는 학습 과정은 교사의 효과적인 촉진자 역할로 나타나고 결국 개인화된 학습을 이끌어 낸다.

🔍 **협동 학습 모형을 사용한 개인맞춤형 학습의 주요 질문(중학교 플래그 풋볼)**

	목표	적용 방법
학생의 준비도를 확인하고 모니터하는 데 평가가 어떻게 사용되는가?	공식평가는 초기의 학생 준비도를 결정하기 위한 진단 평가를 사용하기	• 패스와 리시브의 표준화된 기능 검사 • 스프린팅과 민첩성의 체력 평가 • 풋볼의 규칙과 역사에 관한 지필 평가 • 풋볼 기능의 총체적 루브릭
	학습과 상호작용을 평가할 수 있는 비공식적, 공식적 형성 평가와 총괄평가	• 비판적 사건기록 보고 • 긍정적-부정적 사회적 상호작용의 체크리스트(상호작용의 빈도와 패턴의 모니터를 하기 위함) • 각 팀원의 기여도 일지 • 1일 일지 • 수업 정리 단계에 교사 Q/A
학생의 흥미도와 학습 프로파일은 무엇인가?	Reichmann과 Grasha의 프로파일을 활용한 학생의 학습 선호도를 평가하기	• 단원 전에 학생 특성에 대한 교사 관찰과 평가
	단원 계획 시 학생의 지능 선호도를 고려하기	• 축구 단원에서 지능 선호도에 따라 문제 또는 과제 설정의 다양한 변형 방법을 파악하기 • 풋볼의 역사에 대한 집단 연구
	학생의 다양한 흥미와 문화 수준 고려하기	• 특정 문화적 맥락에 맞는 학습 문제 설정 • 다양한 전문가 역할을 활용한 직소 방식 • 자율성과 역량을 촉진하는 과제 구조
학생들이 내용을 어떻게 접할까?	학습 맥락에 효율적인 모형과 연계된 소통 전략 파악하기	• 과제 제시에서 정보를 제한하고 과제 구조에 초점을 맞추기(공간, 용기구, 시간, 팀, 준거)

학생들은 학습 내용 안에서 어떻게 발전해 나갈까?	모형의 핵심 기술, 지식 영역, 태도를 구별하여 이를 교육 범위와 순서에 따라 배열한다. 학습진도는 학생 준비도에 관한 진단 평가에 기초하여 결정하기	• 팀 목표에 기초한 학습 진도
		  - 제한된 시간 내에 경기를 실행하는 팀 목표를 가진 STAD 방식
		  - 패싱 경기를 만들기 위해 직소 방식
		• 개인 목표와 팀 목표의 결합을 학습 진도
		  - 패싱과 리시브에 대한 단계적 진행을 포함한 TAI 방식으로, 팀이 완료한 전체 기준 과제 수에 따라 점수가 부여

맞춤형 학습과정을 제공하기 위해 어떤 과제가 제공되어야 할까?	개인맞춤형 학습을 가능하게 하는 참여 패턴, 속도, 진도 등을 결정하기	• 4~6명의 학생들이 일정한 기간 동안 팀을 이루어 협력하는 방식 • 풋볼 과제의 각 부분에 소비한 시간과 업무에 대한 학생의 선택과 공동의 의사결정 방식 • 풋볼 기술의 진단 평가에 기초한 공정하게 구성된 팀에 대한 동등한 성공기회 제공 • 풋볼 팀 내 개인적 책무성

어떤 교수전략이 맞춤형 학습에 필요할까?	모형의 이론적 기초와 대주제와 연계된 수업 상호작용과 전략을 파악하기	• 내용과 결과에 적합한 5가지 CL 전략 ① STAD ② TGT ③ TAI ④ 직소 ⑤ 집단연구
어떤 모둠 편성 전략이 적절한가?	모형과 기준에 연계된 편성 전략을 선택하기	• 풋볼에서 다양한 학생들을 공정하게 그룹편성하기 위한 고려사항: 내용에 대한 사전 경험, 성별, 기능 수준, 인지 능력, 학습 스타일, 인종, 민족성, 리더십 또는 팔로우쉽, 학생 행동 등
개인맞춤형 학습을 고려한 다양한 평가 방법을 가능하게 하는 결과물은 무엇인가?	• 모형과 연계되고 학생들이 배운 내용을 다양한 과정을 통해 적용, 정제, 종합할 수 있도록 높은 수준의 사고 능력을 발휘할 수 있는 학생 결과물을 선정하기 • 유연하고 실제성 있는 평가 방법을 개발하기	• 풋볼 관련 특정 결과물(예 협동 학습 전략에 따라 다름)의 주요 특징, 질적 수준, 매개 변수를 포함한 채점 기준표 • 협동 학습 전략 내에서 높은 차원의 학습 문제에 대한 결과물의 설계 • 팀 결과물 　− 팀 경기 포스터 　− 팀워크를 강조하는 포트폴리오 　− CL 과제에 관한 팀 기록 • 팀 퍼포먼스 또는 기술 수행
어떻게 포용성 있는 학습 환경을 조성할 수 있을까?	• 수업 모형의 기본 원칙을 준수하기 　− 학생들이 도전적인 활동을 통해 성공을 경험하도록 돕기 　− 지원적인 학습환경을 조성하기 　− 자기주도성을 개발하기	• 연습 동안 팀 내 학생 진도를 스스로 조정하기 • 팀의 긍정적인 사회적 분위기 조성 • 모든 학생을 위한 공평한 성공 기회

5. 지도 계획 시 주안점

(1) 운동 기능 수준, 성, 인종, 지적 능력, 창의성, 리더십 등과 같은 특성을 고려하여 가능한 이질적으로 팀을 선정한다. 학생들은 팀 선정이 공평하게 이루어졌다고 생각하면 다른 팀에 대한 관심이 적어지고 소속 팀의 향상에 더욱 집중할 것이다.

(2) 팀이 선정되면 팀이 무엇이 부족한지를 생각하지 않도록 한다. 각 팀원의 독특한 능력과 팀 목표를 달성하기 위해서 함께 공부해야 한다는 것에 관심을 갖게 한다.

(3) 해당 단원이 추구하는 목표를 가장 잘 촉진시킬 수 있는 협동 학습 전략(예 팀 게임 토너먼트, 직소 등)을 신중하게 선택한다. 학생의 참여 방법이 학습 내용과 방법을 결정한다는 것을 생각하라.

(4) 높은 수준의 학습 도전을 제공하고 문제 해결을 위해 학생들의 다양한 능력이 요구되는 학습 과제/문제를 설계한다. 팀 성공을 위해 높은 수준의 도전과 참여를 촉진시키지 않는다면 그 과제를 과감히 조정해야 한다.

(5) 학습 과제/문제를 명확하게 계획하고, 학생들이 명료하게 이해할 수 있는 많은 기회를 제공한다.

(6) 학습 과제/문제를 계획할 때 루브릭 또는 다른 평가 방법을 포함시킨다. 학생과 팀은 적극적으로 과제에 참여하게 되며 교사의 기대를 알게 되므로 오랫동안 과제에 참여할 것이다.

(7) 루브릭 또는 평가 전략은 운동 수행뿐만 아니라 학생과 팀의 협동을 모니터할 수 있는 방법을 포함해야 한다.

(8) 가장 유념할 점은 학습 과제/문제를 완성하는 방법을 학생들에게 제공하는 것이 아니라, 학습 과제/문제를 수행할 수 있도록 충분한 정보와 자료를 제공하는 것이다.

(9) 좋은 학생과 팀의 협력 사례를 찾아서 수업 종료 시간에 학생들에게 알려주어 강조한다.

4 스포츠 교육 모형

유능하고, 박식하며, 열정적인 스포츠인으로 성장하기

Siedentop에 의해 개발된 스포츠 교육 모형은 학교 상황에서 실제적이고 교육적으로 풍부한 스포츠 경험을 제공하기 위해 설계되었다. 스포츠 교육 모형은 교육과정과 교수·학습 방법에 함축적인 의미를 가지고 있다. 교육과정에 대한 가장 두드러지는 함축적 의미는 스포츠가 체육 프로그램 조직의 중심이 된다는 것이다. 스포츠 교육 모형에서 이루어지는 모든 교수·학습은 학생의 발달 단계에 적합한 스포츠 형태로 이루어진다. 스포츠 교육 모형의 목표는 직접 교수, 협력적 소집단 학습, 동료 교수 등의 다각도적인 활용을 통해 가장 잘 성취될 수 있다(Siedentop). 학생이 스포츠 교육 모형 안에서 각 스포츠 형태를 많이 배울지라도 이 모형이 스포츠를 지도하는 데만 사용되지 않음을 알아야 한다. 이 모형은 스포츠의 개념과 태도를 가르치도록 설계되었다. 학생은 스포츠 시즌에 참여함으로써 스포츠의 다양한 특성과 관점을 학습할 수 있게 된다.

1. 개요

(1) 스포츠 교육 모형의 기본 구조는 스포츠 리그의 조직으로부터 파생되었다. 이러한 특성은 학생에게 스포츠 참여를 통해 다양한 경험과 학습을 할 수 있는 구조를 제공한다.

(2) 전통적인 스포츠 지도 방식에서 학생은 '선수'라는 단 한 가지 역할만을 학습하는 구조를 갖고 있지만, 스포츠 교육 모형에서는 모든 학생이 '선수'이지만 또한 그들은 스포츠 리그가 운영되면서 한두 가지 이상의 역할을 배우게 된다.

(3) 스포츠 교육 모형에서 학생은 리그의 운영과 구조에 대한 의사결정에 적극적으로 참여하는 능동적인 역할을 하게 된다.

(4) 학생은 한 시즌 동안 한 가지 역할에만 종속되지 않고 다양한 역할 경험을 통해 스포츠 속에 내재된 다양한 관점과 가치를 배움으로써 긍정적이고 교육적인 체험을 하게 된다.

(5) 스포츠 교육 모형은 팀이 시즌을 준비하는 데 막중한 책임감을 가지는 협동 학습 전략을 주로 활용한다.

(6) 팀에서 지도 부분은 팀 동료가 함께 팀의 성공을 위해 필요한 기술과 전략을 서로에게 가르쳐 주고 배우는 동료 교수의 형태로 이루어진다.

(7) 학생에게 주어지는 협동 학습 책임감과 동료 교수의 정도는 학생의 준비도에 따라 결정된다.

(8) 스포츠 교육 모형은 사회 속에서 스포츠가 가지고 있는 부정적인 특성들을 제거하고 감소시킨다.

① 경쟁은 학생의 기능, 지식, 전략을 발달시키는 수단으로 사용된다. 이는 교육적 도구일 뿐 그 자체가 목적이 되지 않는다.

② 모든 학생은 선수로써 뿐만 아니라 다른 역할을 수행하는 참여자가 된다. 우수 선수만이 주로 참여하는 기존의 많은 스포츠와 같은 배타적인 방식으로 이루어지지 않는다.

③ 학생은 능동적인 태도로 참여해야 한다. 학생은 스포츠 환경 속에서 주로 어른들이 주도해 왔던 의사결정 방법을 실제로 학습하게 된다.

④ 학생은 자신의 발달 단계에 맞는 스포츠를 직접 설계하고 수행할 수 있는 결정을 할 수 있어야 한다.

⑤ 스포츠 교육 모형은 교육적 환경 속에서 이루어지기 때문에 스포츠 교육 모형의 목표와 활용을 교육의 연장선에서 지키려는 책임감을 가진다. 학교 대항 경기나 청소년 스포츠 리그에 나갈 선수 선발을 우선적인 목표로 두어서는 안 된다.

스포츠 교육 모형의 3가지 주요 목적(Siedentop) - 유능하고, 박식하며, 열정적인 스포츠인으로 성장하기 -	
유능한 스포츠인	만족스럽게 게임에 참여할 수 있는 충분한 기술을 가지고 있고, 게임의 난이도에 따라 적절한 전략을 이해하고 실행할 수 있으며, 경기 지식이 풍부한 스포츠 참여자이다.
박식한 스포츠인	스포츠의 규칙, 의례, 전통을 이해하고 그 가치를 알 수 있으며, 프로나 아마추어 스포츠를 막론하고 바람직한 수행과 그렇지 못한 수행을 구별할 수 있다. 따라서 박식한 스포츠인은 스포츠팬이나 관람자이든지 간에 스포츠 수행을 잘하는 참여자이면서 안목 있는 소비자이기도 하다.
열정적인 스포츠인	어떤 스포츠 문화이든 관계없이 다양한 스포츠 문화를 보존하고 증진할 수 있는 방향으로 행동하고 참여한다. 스포츠 집단의 일원으로, 이와 같은 열정적인 스포츠인들은 지역, 국가 및 국제적 수준의 스포츠 경기에 참여한다.

스포츠 교육 모형의 10가지 학습 목표(Siedentop)
1. 특정 스포츠에 대한 기능과 체력을 발달시킨다. 2. 스포츠 경기의 전략을 이해하고 수행할 수 있다. 3. 발달 단계에 적합한 스포츠에 참여할 수 있다. 4. 스포츠 경험에 대한 계획 수립 및 운영 방법의 결정 과정에 적극 참여할 수 있다. 5. 책임 있는 리더십을 기른다. 6. 공동의 목적을 위해 집단 내에서 효율적으로 참여할 수 있다. 7. 각 스포츠의 고유한 의미가 내재해 있는 의례와 관습을 수행할 수 있다. 8. 스포츠 쟁점에 대한 합리적인 의사결정 능력을 발달시킨다. 9. 경기 심판이나 훈련 방법 등에 대한 지식을 발달시키고 적용한다. 10. 방과 후 스포츠 활동에 자발적으로 참여하도록 한다.

스포츠 교육 모형의 6가지 핵심적인 특성(Siedentop) (각 특성은 스포츠 조직의 특성으로부터 비롯됨)	
시즌	스포츠 교육 모형에서는 체육 수업의 전통적인 내용 단원보다는 시즌이라는 개념을 사용한다. 시즌은 연습 기간, 시즌전 기간, 정규시즌 기간, 최종 경기를 포함한 후기 시즌 기간을 포함하는 장시간의 기간이다. 스포츠 교육 모형의 시즌은 최소 20시간의 수업 시수를 필요로 한다(Grant).
팀 소속	학생은 전체 시즌 동안 한 팀의 일원으로 수업에 참여한다. 한 시즌 동안 한 팀의 일원이 되어 시즌이 끝날 때까지 공동 목표를 위해 함께 일하고, 팀의 의사결정 과정에 참여하고, 성공과 실패를 함께 경험하며, 스스로 팀의 정체성을 확립해 나감으로써 수많은 정의적 및 사회적 발달 목표를 성취하도록 한다.
공식 경기	학생은 시즌을 조직하고 운영하는 의사결정에 참여하게 된다. 학생은 경기의 공정성과, 좀 더 나은 경기 참여를 위해 게임 규칙을 수정할 수 있다. 경기 일정 동안 팀과 선수들은 지속적인 경기 연습과 준비를 하게 된다.

결승전 행사	시즌은 라운드 로빈 토너먼트, 팀 경쟁 혹은 개인 경쟁 등 다양한 형태의 이벤트로 끝난다. 이러한 이벤트들은 축제 같은 분위기 속에서 이루어져야 하며, 모든 학생들은 단지 관중으로 참여하는 것이 아니라 각자가 적절한 역할 속에서 능력을 발휘하며 참여할 수 있도록 해야 한다.
기록 보존	게임은 경기 수행에 대한 수많은 기록을 양산한다. 이 기록들은 전략을 가르치거나 팀 내 혹은 팀 간에 흥미를 유발하는 데 사용될 수 있고, 또한 경기 기록들을 게시하거나 학생의 학습을 평가하는 데도 사용될 수 있다. 학생의 이해 및 수행 능력 수준에 따라 기록은 단순하거나 복잡해질 수 있다. 기록을 게시함으로써 경기 일정을 준비하는 데 전략적으로 사용될 수 있다. 경기 결과의 통계 자료들은 코치와 선수들에게 자신의 팀 전력뿐만 아니라 상대팀의 전력도 분석할 수 있게 한다.
축제화	스포츠 이벤트는 축제의 성격을 지닌다. 각 팀은 팀의 전통을 강조하는 고유한 팀명을 정한다. 이벤트가 이루어지는 장소는 각양 각색의 깃발과 푯말로 장식되어 축제 분위기를 조성한다. 스포츠 교육 모형을 지도하는 교사들은 가능하면 시즌과 경기들이 축제 분위기 속에서 함께 축하하는 자리가 될 수 있도록 유도해야 한다.

2. 이론적 기초

(1) 이론적 배경 및 근거

① 스포츠 교육 모형의 시작은 체육 교육의 철학적 기초에 대한 Daryl Siedentop의 저서에서 찾아볼 수 있다. ≪체육 교육 : 5~12학년을 위한 체육 수업과 교육과정 전략≫(Siedentop, Mand, & Taggart)이란 책은 스포츠 교육 모형이 교육과정과 수업 모형으로 확립되는 데 근간이 되는 문헌이다.

② Siedentop은 스포츠가 놀이의 형태로써, 인류의 역사와 문화에 중요한 부분을 차지하고 있다고 주장한다. 놀이는 인간 삶의 기본으로, 놀이 활동을 한 세대에서 다음 세대로 전승하는 것은 사회가 담당해야 할 필연적인 일로 간주되고 있다.

③ 스포츠 교육에 대한 이론적 근거는 매우 간단하고도 직접적이다. 만약 놀이 형태로써 스포츠가 사회의 가치 있는 부분으로 수용된다면 사람들이 스포츠 문화를 어떻게 학습하고 참여하게 되는가의 과정을 공식화하는 방법을 모색하는 것은 사회의 책임이 된다.

④ 우리는 스포츠 문화를 다음 세대에게 가르쳐야 하고, 이를 가장 잘 실천할 수 있는 곳이 바로 학교의 교육과정 내에서이다.

⑤ 스포츠 교육은 스포츠의 가장 긍정적인 특성들로 구성된 스포츠 문화를 전승할 수 있는 방식으로 설계되어야 한다.

Siedentop의 이론적 가정 4가지

1. 스포츠는 다소 발달된 형태의 놀이이다.
2. 스포츠는 우리 문화의 중요한 부분이다.
3. 학교 교육 내용으로 반드시 가르쳐져야 한다.
4. 발달 단계에 맞추어서 이루어져야 한다.

(2) 교수 · 학습에 관한 가정

① 교수에 관한 가정

㉠ 교사는 스포츠 교육 모형에서 다양한 학습 목표를 성취할 수 있는 여러 가지 전략들을 활용할 필요가 있다. 이 전략들은 직접 교수, 협력 학습, 동료 교수, 소집단 교수 등을 포함한다.

㉡ 교사는 모든 학습 활동을 직접적으로 통제하는 역할보다는 자료를 제공하고 지원하는 역할을 담당한다.

㉢ 교사는 스포츠 활동에 내재된 가치, 전통, 수행을 반영한 의사결정을 학생 스스로 할 수 있도록 안내해야 한다.

㉣ 교사는 스포츠 교육 모형의 시즌에서 선수로서의 역할 이외에도 시즌을 이끌어 갈 다른 역할들에 대한 기회와 책임감을 학생이 가질 수 있도록 수업을 계획하고 촉진해야 한다.

② 학습에 관한 가정

㉠ 적절한 안내와 독려로, 학생은 스포츠 교육 시즌에서 많은 의사 결정과 책임감들을 가질 수 있다. 학생의 학습 기회는 의사결정을 하고 이행하는 과정에 참여함으로써 이루어질 수 있다.

㉡ 학생은 팀 구조 속에서 공동 목표를 성취하기 위해 협력한다.

㉢ 스포츠를 학습하는 방법으로 수동적인 것보다는 능동적인 참여가 선호된다.

㉣ 학생은 스스로 발달 단계에 적합한 형태의 스포츠를 선택하고, 경우에 따라서는 교사의 안내가 필요하다.

㉤ 스포츠 교육 모형의 구조는 다른 환경에서의 참여를 일반화할 수 있는 실제적인 스포츠 경험을 제공한다.

(3) 모형의 주제 : 유능하고 박식하며 열정적인 스포츠인으로 성장하기

① Siedentop는 유능하고, 박식하며, 열정적인 스포츠인을 육성할 의도를 가지고 이 모형을 설계하였다. 그에 따르면, 스포츠 교육 모형은 모든 연령대의 학생에게 스포츠에 대한 안목을 갖춘 선수(player)가 될 수 있도록 가르쳐야 한다.

② 그가 말하는 선수의 의미는 스포츠로부터 다양한 관점들을 알게 되는 사람, 인생에서 스포츠 참여가 중심인 사람, 스포츠 활동으로부터 깊은 개인적 의미를 파생시킬 수 있는 사람을 말한다.

③ 만약 어떤 것에 대해 관심을 갖게 되면 그것에 대해 점차 흥미를 가지고 더욱 많은 지식과 풍부함을 가지게 될 것이다. 마침내 그 활동은 삶에 아주 중요한 부분으로 자리 잡게 될 것이다.

④ 학생은 단순히 게임을 하는 것이 아니라, 게임 속에 내재되어 있는 스포츠의 전통과 구조 등을 학습하고 이를 통해 유능하고, 박식하며, 열정적인 스포츠인이 될 수 있다.

(4) 학습 영역의 우선순위와 영역 간 상호작용

① 학습 영역의 우선순위

㉠ 스포츠 교육은 학생의 학습 결과가 3가지 학습 영역 전반에 걸쳐 골고루 이루어지기를 기대한다.

㉡ 때때로 1개 영역의 학습이 주요 목표가 될 때도 있지만, 시즌 초반에서 후반까지로 본다면 3개 영역에서의 균형 있는 학습 목표 달성은 가능하다.

㉢ 유능함(competence)은 기술적인 전략적 움직임을 분별하고 실행할 수 있는 능력(인지적 능력을 바탕으로 한 심동적 영역)을 말하고, 박식함(literate)은 스포츠 유형과 문화를 이해하고 감상하는 능력(인지적 영역)을 의미하여, 열정적(enthusiastic)이란 스포츠를 일상 생활 속의 중요 부분으로 만드는 그런 열정(정의적 영역)을 말한다.

㉣ 스포츠 교육 모형에서는 학생이 서로 다른 유형의 학습 활동에 참여하기 때문에(이로 인해 학습 영역의 우선순위가 바뀐다) 다른 모형처럼 학습 영역의 우선순위를 수립하는 것은 적절하지 않다.

㉤ 교사들은 어떤 유형의 학습이 스포츠 교육 모형의 각 부분에서 촉진될 수 있는지를 이해하고, 시즌을 통해서 학생이 학습 영역 간에 균형 있는 학습을 할 수 있도록 도와주는 것이 더욱 바람직하다.

🔍 학습 영역의 우선순위

학습 활동	잠정적인 우선순위
조직적인 의사 결정	1. 인지적 2. 정의적
선수로서의 시즌 전 연습	1. 심동적 2. 인지적 3. 정의적
코치로서의 시즌 전 연습	1. 인지적 2. 정의적 3. 심동적
임무 역할의 학습(심판, 기록자 등)	1. 인지적 2. 정의적 3. 심동적
팀원으로서의 임무	1. 정의적 2. 인지적 3. 심동적
선수로서의 경기 수행	1. 심동적 2. 인지적 3. 정의적
코치로서의 경기 진행	1. 인지적(전술과 전략) 2. 정의적(팀 리더십) 3. 심동적

② 학습 영역 간 상호작용

    ㉠ 스포츠 교육 모형에서 학습 영역 간 상호작용의 결정은 스포츠 시즌 동안 발생할 수 있는 예측 불허의 많은 이벤트와 '학습 모멘트'(learning moments)로 좀 더 복잡해질 수 있다.

    ㉡ 이 모형에서 교사는 다소 덜 직접적인 역할을 수행하지만, 학습 영역 간 상호작용이 학생의 발달에 기여하지 않는 상황에 대해서는 주의를 기울이고, 그런 상황이 발견되면, 교사는 학생에게 더 큰 안목으로 바라볼 수 있도록 이끌어야 하며, 팀의 성공은 스포츠를 통해 다양한 교훈을 얻는 것이라는 점을 인식시켜야 한다.

(5) 학생의 발달 요구 사항

① 학습 준비도

    ㉠ 스포츠 교육 모형은 많은 교사들과 학생들에게는 새로울 수 있기 때문에 학생들의 준비도를 결정할 수 있는 지침이 거의 없다.

    ㉡ 초등학교 수준에서는 시즌 진행 과정에 대한 피드백을 자주 제공하면서 차츰 학생들의 역할을 늘려나가는 것이 최선의 방법이다.

    ㉢ 중등학교 학생들은 완전한 형태의 스포츠 시즌을 운영하더라도 큰 어려움이 없다. 단지 새로운 체육 수업 형태와 환경에 잘 적응할 수 있도록 학생들을 동기 부여하는 일이 무엇보다 중요한 일이다.

② 학습 선호도

    협력적(팀 내), 경쟁적(상대팀에 대하여), 독립적인 학생에게 효과적이다.

    ㉠ 학생은 스포츠 교육 모형 내에서 협력적이고 경쟁적일 필요가 있다. 공동의 목표를 성취하기 위해서는 협력해야 하고, 상대팀에 대해서는 경쟁적으로 대응해야 한다.

    ㉡ 또한 스포츠 교육 모형은 학생에게 적절한 시기에 적절한 방법으로 '협동과 경쟁'을 학습할 수 있는 기회를 제공한다.

    ㉢ 역할 임무들은 학생들에게 중요한 의사결정을 할 수 있는 기회를 제공하고, 독립적인 학생들을 수업에 보다 적극적으로 끌어들이는 유인작용을 한다.

(6) 모형의 타당성

① 연구 타당성

    스포츠 교육 모형은 협동 학습 모형, 직접 교수 모형, 동료 교수 모형과 밀접한 관련이 있기 때문에, 이 모형들의 연구 기반으로부터 일반적인 타당성을 도출할 수 있다.

② 실천적 지식의 타당성

    발달 단계에 적합한 스포츠 교육 모형의 변형이 체육 프로그램에서 점점 더 보편화되고 있으며, 다양한 상황에서 이 모형이 주요 목표를 촉진하는 데 효과성이 있음이 입증되었다.

③ 직관적 타당성

스포츠가 학생의 적절한 발달 단계 수준에서 구조화되고 시행된다면, 그리고 스포츠의 긍정적인 특성이 적절하게 강조되고 학습될 수 있다면, 스포츠의 교육적 잠재력은 극대화될 수 있다.

3. 교수 · 학습의 특징

(1) 수업 주도성(수업 통제)

① 내용 선정

ⓐ 교사는 스포츠 교육 시즌에서 어떤 스포츠를 제공할지에 대한 2가지 선택을 할 수 있다.

ⓑ 첫 번째는 교사가 종목을 선정하고 학생에게 정보를 제공하는 직접적인 선택이다(A).

ⓒ 두 번째는 교사가 학생에게 선택의 범위를 제공하고, 학생으로 하여금 각 시즌에서 스포츠 종목을 선택하게 하는 것이다. 이 두 번째 선택은 맥락적 요인을 고려하여 학생의 선택과 교사의 조언이 적용되는 상호작용적인 특성을 가진다.

② 수업 운영

ⓐ 교사는 스포츠 시즌에 대한 전반적인 구조를 제시하는 초기 수업 운영에 대한 결정을 대부분 한다(A).

ⓑ 결정이 수립되고 학생에게 전달되면, 학생은 거의 모든 통제를 스스로 하게 된다. 학생은 시즌 동안 매일 매일의 수업 관리 과제를 계획하고 수행하게 될 것이다(B).

③ 과제 제시

  ⊙ 기술과 전략 발달에 대한 대부분의 과제 제시는 시즌 전과 중에 팀 연습의 맥락 속에서 이루어진다. 과제 제시는 학생에 의해 동료 교수와 협동 학습의 형태로 이루어질 수 있다(B).

  ⊙ 임무 역할에 대한 과제 제시는 각 임무(심판을 훈련시키는 일, 경기장을 준비하는 방법, 점수 기록법을 기록원에게 설명하기 등)에 대해 미니 워크숍 형식으로 교사에 의해 수행될 수 있다(A).

④ 참여 형태

  ⊙ 과제 제시처럼 학생의 참여 형태는 선수 역할과 비선수 역할에 따라 달라진다.

  ⊙ 팀원으로서 학생은 동료 교수와 소집단 협동 학습 과제에 참여하게 될 것이다. 각 팀은 시즌을 준비할 책임이 있고, 따라서 각 구성원들은 집단 의사 결정을 하고 팀 동료를 가르치는 데 적극적인 역할을 할 수 있어야만 한다.

  ⊙ 비선수 역할을 맡는 학생은 각 임무에 부여된 과제에 대한 지식, 기술 및 절차를 학습하는 적극적인 참여자가 되어야 한다. 초기에 각 임무의 기초 역할에 익숙해질 수 있도록 교사로부터 직접적인 교수를 받게 된다. 그 이후 학생은 할당된 임무들을 수행하는 과정 속에서 많은 것을 배우게 된다.

⑤ 상호 작용

  ⊙ 학생이 동료 및 소집단 협동 학습 활동에서 팀으로 일할 때 학생 사이의 상호작용이 일어난다(B). 각 팀에서 1명 이상의 학생이 주장 혹은 부주장으로 지목되고 많은 교수 기능을 담당하게 된다.

  ⊙ 교사는 자료 제공자이며(A), 대부분의 수업은 학생 대 학생의 상호작용으로 이루어진다.

⑥ 학습 진도

  ⊙ 팀 구성원들은 시즌 경쟁에 대한 준비와 시즌 전 계획을 보충하는 데 무엇이 필요한지 결정하게 된다.

  ⊙ 학생은 게임 전과 게임 사이의 속도를 조정하면서 그러한 준비에 어느 정도의 시간이 필요한지를 결정하게 된다.

⑦ 과제 전개

  ⊙ 팀들은 시즌을 준비하고 게임 사이의 과제의 순서에 대한 의사결정을 하게 된다.

  ⊙ 수업에서 각 팀의 내용 목록은 팀에 속한 선수들의 특정 능력에 따라 어느 정도 달라질 수 있다.

<table>
<tr><td align="center">스포츠 교육 모형의 포괄성</td></tr>
</table>

- 스포츠 교육은 본래 통합 체육 수업의 목적으로 설계되었다. 모든 학생들이 팀에서 역할을 해야 하기 때문에 이 모형은 자동적으로 모든 학생들을 포함시키게 된다.
- 스포츠 교육 모형은 체육 수업에서 소외되는 학생에게 3가지 이점을 제공한다(Hastie).
  - 팀의 성공에 모든 팀원들의 공헌이 요구되는 소규모의 팀
  - 팀의 응집력과 소속감을 증진하는 팀 소속의 지속성
  - 운동 기능이 낮은 학생이 시즌 내내 기능을 향상할 수 있는 정기적인 연습 기회
- 모든 학생들이 시즌 동안 동일한 흥미와 능력을 가지고 체육 수업에 임하지는 않는다. 이는 종종 수업의 통합성(포괄성)을 저해하는 학생 불만족과 고립을 초래한다. 하지만 모든 학생들이 비선수 역할도 하기 때문에, 이 역할을 충실하게 수행하게 되면 제2의 관점을 수용하는 적극적인 스포츠 참여자가 될 수 있고, 시즌 기간 내내 의미 있는 공헌을 할 수 있게 된다.
- 모든 학생들이 각자 임무를 맡아 최선을 다해 수행하게 되면, 체육 수업에서 통합적(포괄적)인 환경이 증진된다.

(2) 학습 과제

① 과제 제시

㉠ 선수 지도

ⓐ 교사는 팀 선정과 시즌의 조직에 대한 전반적인 감독을 담당하며, 각 팀들이 학습에 필요한 요구 사항과 이를 성취할 수 있는 방법을 결정하는 데 협력적으로 참여할 수 있도록 한다. 이러한 과제 제시의 기능은 각 팀과 리더들에게 전달된다.

ⓑ 일단 팀이 선정되고 함께 일하게 되면, 교사는 각 팀에서 1명 혹은 몇 명의 학생에게 다른 학생을 지도할 수 있도록 과제 제시의 이행과 계획을 훈련시킨다. 이것은 협동 학습과 동료 교수 전략 활용의 첫 번째 단계가 될 것이다.

㉡ 역할 지도

ⓐ 교사는 시즌 동안 학생에게 부여된 역할을 지도하기 위해 직접 교수를 많이 사용할 수 있다.

ⓑ 각 임무에 해당되는 기능, 지식, 책임감을 소집단 학생에게 지도하기에는 시간적 제한이 있다. 교사는 각 임무를 정확히 수행하기 위해서 직접적인 정보를 제공하고 시범적인 과제 제시를 학생에게 제공하는 '임상 모델'을 사용할 수 있다. 이는 기본적으로 방법(how-to)에 관한 미니분과(minisessions)에 해당한다.

ⓒ 학교의 다른 교사 혹은 코치, 공인 심판, 통계학자, 학교의 트레이너 등을 동일한 목적을 위해 초빙 강사로 활용할 수 있다.

ⓓ 이 밖에도 수업용 비디오, 다른 시각적 교재도 사용될 수 있다.

② 과제 구조

㉠ 선수 지도

ⓐ 학습 과제의 구조는 게임 연습과 준비에서 스포츠 코치들이 팀을 지도하는 방법과 유사하다.

ⓑ 각 그룹의 학생은 한 팀이 되어 다른 팀을 이기기 위해 연습한다.

ⓒ 과제 구조의 범위는 준비 운동, 강연, 기술 연습, 운동 조절, 공격과 수비, 작전, 전략 훈련 등을 포함하고, 이 모든 것은 팀의 리더에 의해 설계되고 협동 학습 또는 동료 교수 전략을 사용한다.

ⓓ 교사가 일반적인 연습 일정과 필요한 상규적 활동(routines)을 계획한 다음, 학생이 교사의 시간 틀 속에서 구체적인 계획을 수립해야 한다(Jones & Ward).

㉡ 역할 지도

ⓐ 다양한 임무를 지도할 수 있는 과제 구조는 사람들이 스포츠의 중요한 역할을 학습하는 방법과 유사한 모습을 띤다.

ⓑ 심판은 먼저 경기 규칙을 알아야 하고, 교사, 온라인 비디오 혹은 초청 강사로부터 정보를 얻을 수 있다. 심판은 경기 규칙 시험을 통과하고 그런 다음 스포츠 경기를 운영하고 판정하는 절차와 기술을 배워야 한다. 학생 심판은 교사의 지도감독하에 심판 기술을 연습하고, 이어 실제 게임에서 지도 없이 심판을 보게 되며, 이는 바로 실제적인 과제 구조가 된다.

ⓒ 교사는 스포츠 교육 모형의 모든 역할 임무에 대해 유사한 과제 구조와 학습 진도를 계획할 수 있다.

③ 내용 전개

㉠ 스포츠 교육 모형을 활용한 단원은 경쟁적 스포츠 리그의 시즌(season)으로 운영된다. 교사는 리그가 시작되기 전에 리그를 진행하는 데 필요한 과정들을 계획하고, 시즌을 진행하는 방법과 각 시기에 해야 할 내용 목록을 만들어야 한다.

㉡ 대부분의 내용 전개는 팀 수준에서 이루어지고, 코치 등과 선수들이 시즌을 위해 준비할 것이 무엇이고 시즌 동안 무엇을 해야 하는지에 관해 결정하게 된다.

㉢ 교사는 약간의 안내 지침을 제공할 수 있지만 내용 전개에 대한 결정은 학생들이 결정하도록 하는 것이 좋다. 스포츠 교육 모형에서 내용 전개에 대한 전형적인 형식은 존재하지 않는다.

(3) **학습 참여 형태**

스포츠 교육 모형에서 학습 활동에 관한 3가지 주요 참여 형태는 직접 교수, 협동 학습, 동료 교수로 볼 수 있다(Siedentop).

① 직접 교수

㉠ 학생에게 역할을 가르칠 때 주로 교사가 사용한다.

㉡ 이 참여 형태는 학생의 주어진 역할에 초점을 맞추는 것이고, 역할을 책임감 있게 수행하는 데 필요한 기초 지식을 획득하는 미니워크숍 형태로 이루어진다.

㉢ 직접 교수에 필요한 시간은 보통 매우 짧기 때문에 직접적인 방식이 매우 효과적으로 작용할 수 있다.

㉣ 학생이 역할을 익히게 되면, 각 임무 시간 전, 중, 후 실제적인 역할 학습에 참여하게 된다. 즉 학생은 시합을 준비하고, 시합 중 직접적인 역할을 수행하며, 시합 후 어떠한 책임이 따르는지를 배우게 된다.

② 협동 학습

㉠ 팀 내에서 선수와 코치로서 팀의 목표를 위해 서로 도울 때 일어나게 된다.

㉡ 이 과정에서 권위적인 모습이 존재하지 않기 때문에 민주적으로 진행된다. 갈등 해소는 때때로 필요한데, 이 과정 또한 협동 학습 과정의 부분이 된다.

③ 동료 교수

㉠ 팀 내에서 기술이 뛰어난 학생이 기술이 낮은 학생을 도울 때 주로 사용되며, 이것은 전체 팀의 수준을 향상시켜 준다.

㉡ 모든 팀원은 기능 수준이 낮은 팀원들을 도와야 하며, 결국 이 방법이 가장 좋은 교수 자원임을 깨닫게 된다.

(4) 교사와 학생의 역할 및 책임

역할 및 책임	스포츠 교육 모형에서의 책임 주체
각 시즌의 스포츠 종목 선정	교사가 하거나, 학생에게 목록을 제공하고 학생이 선택하게 한다.
시즌의 조직	교사가 기본 구조를 제공하고, 학생이 스포츠 위원회를 선정하여 시즌에 대한 규칙들을 만든다.
주장과 팀의 선정	교사가 기본 규칙을 확립하고, 학생(스포츠 위원회)이 절차를 결정한다.
규칙과 경기 변형의 결정	학생(스포츠 위원회)이 제안하면 교사가 승인한다.
팀 연습의 조직과 수행	학생 코치 또는 주장이 하며, 교사는 이들을 자원으로 활용할 수 있다.
경기 동안 팀 경쟁 준비와 코치	학생 코치 또는 주장이 하며, 교사는 이들을 자원으로 활용할 수 있다.
역할을 위한 학생 훈련	교사가 핵심 내용을 제공한다. 외부 인사를 활용할 수 있다.
용·기구 및 장소 준비와 정리	학생 운영자가 담당한다.
시즌 기록 작성 및 보관	학생 기록원이 수행한다.
경기 심판	학생 심판이 수행한다.
학습 평가	학생 코치와 주장은 자신의 팀원을 평가하며, 학생 기록원은 통계 자료에 기초하여 선수들의 수행을 분석할 수 있다.

(5) 교수 · 학습 과정의 검증

① 교사 기준

기준	검증 방법
교사는 시즌에 대한 전반적인 구조를 제시한다.	1. 교사가 단원(시즌) 계획을 검토한다. 2. 교사의 목적과 목표를 검토한다.
교사는 시즌 구조, 규칙, 경기 변형을 결정하기 위해 학생과 상호작용한다.	1. 교사의 단원(시즌) 계획을 검토한다. 2. 소집단 학생의 의견을 물어본다.
교사가 학생에게 역할을 할당하거나 학생이 그것을 결정하도록 한다.	1. 교사는 단원(시즌) 계획을 검토한다. 2. 소집단 학생의 의견을 물어본다.
교사가 균형 있는 팀 선정을 위해 선정 과정을 감독한다.	1. 교사의 단원(시즌) 계획을 검토한다. 2. 소집단 학생의 의견을 물어본다.
교사는 임무의 정확한 수행을 위해 학생을 훈련시킨다.	1. 교사의 단원(시즌) 계획을 검토한다. 2. 각 임무에 대한 '역할'을 서술한다. 3. 교사가 모든 일에 대한 평가를 설계하고 시행한다.
교사는 팀들이 연습하고 경쟁할 때 협동학습을 권장한다.	교사와 학생과의 상호작용을 관찰한다. 대부분의 상호작용은 문제해결 접근인 간접적인 방법으로 이루어지는가?
교사가 논쟁을 중재한다.	논쟁이 일어날 때 교사의 상호작용을 관찰한다.
교사가 선수들의 수행 평가를 계획한다.	1. 교사의 단원(시즌) 계획을 검토한다. 2. 교사는 주요 수행 목표의 평가를 계획한다. 평가는 교사와 학생 코치에 의해 시행될 수 있다.
교사는 적극적인 참여를 촉진한다.	1. 교사의 단원(시즌) 계획을 검토한다. 2. 교사는 학생이 적극적으로 참여할 수 있도록 계획과 아이디어를 목록화한다.

② 학생 기준

선수 기준	검증 방법
선수는 유능하다.	1. 교사에 의해 설계된 경기 기술과 지식 평가를 실시한다. 2. 게임 수행을 평가하기 위해 GPAI를 사용한다.
선수가 해박하다.	1. 선수들은 규칙, 역사, 전통에 대한 시험을 통과할 수 있다. 2. 선수들은 게임에 대한 자세한 내용을 설명할 수 있다.
선수들은 전략을 이해한다.	1. 팀들은 협력하여 적절한 전략과 전술을 계획하고 실행할 수 있다. 2. 선수들은 스카우팅 기록을 해석할 수 있다. 3. 경기에서 나온 통계를 정확하게 분석할 수 있다.
선수는 열정적이다.	열정적인 참여에 대한 이벤트를 모니터하기 위해 관찰한다.
선수들은 팀에서 협동적으로 참여한다.	사건 기록 시스템을 이용하여 팀의 상호작용을 모니터한다.

| 선수들은 좋은 스포츠 행동을 보여준다. | 1. 긍정적이고 부정적인 스포츠 행동의 예들을 경기에서 모니터한다.
2. '좋은 스포츠 행동 기록원'의 역할을 수행할 학생을 지명한다. 학생은 좋은 스포츠 행동의 예를 기록하고, 수업의 정리 부분에서 간단하게 보고한다. |

임무 기준	검증 방법
학생은 자신의 임무를 선택할 수 있다.	임무가 할당된 후 학생을 면담한다. 그들은 자신이 원하는 임무를 선택할 수 있는 기회를 가졌다고 생각하는가?
학생은 해박하다.	1. 학생은 모든 임무에 대한 훈련을 받는다. 2. 모든 학생은 특정한 임무에 지필 시험이나 구술 시험을 통과한다.
학생은 자신의 역할에 대한 기능을 수행할 수 있다.	1. 학생은 모든 임무에 대한 훈련을 받는다. 2. 학생은 특정한 임무에 대한 실제적인 시험/퍼포먼스 시험을 통과한다.
학생은 교사의 감독 없이도 역할을 수행할 수 있다.	1. 각 임무에 대한 책무성을 매일 점검한다. 2. 교사는 학생이 각 임무를 완수했는지 관찰하고 기록한다. 3. 교사는 시즌이 진행되면서 학생이 자신의 역할에 대해 갖는 질문의 수와 유형을 모니터한다.
학생은 임무를 수행하는 동안 독자적으로 갈등을 해소할 수 있다.	교사는 자신과 스포츠 위원회로 회부되는 논쟁의 수와 유형을 모니터한다.

(6) 학습 평가

스포츠 교육 모형에서의 평가는 시즌 동안 두 가지 주요 역할에 대한 학생의 수행 결과를 대상으로 이루어진다. 이 두 역할에 대한 평가는 스포츠 교육 모형의 주요 목적(유능하고, 박식하며, 열정적인 참여자)을 반영해야 한다(Siedentop). 이 목적들을 적절히 평가하기 위해서는 실제 평가(authentic assessment)가 이루어질 수 있도록 다양한 평가 방법을 활용할 필요가 있다.

① 선수 평가
  ㉠ 기본 기능
    ⓐ 학생 코치와 팀 동료들이 체크리스트를 활용하여 평가할 수 있다.
    ⓑ 1명의 선수가 기능을 수행하면 다른 학생은 이미 진술되어 있는 핵심 기능에 대한 단서를 토대로 선수를 관찰한다.
  ㉡ 규칙과 전략 지식
    ⓐ 시즌에서 활용되는 규칙을 간단한 지필 검사나 퀴즈로 평가할 수 있다.
    ⓑ 평가할 규칙들은 실제 경기 상황에서 적용될 수 있는 방식으로 구성되어야 한다.
  ㉢ 게임 수행 능력과 전술
    ⓐ 평가가 실제 경기 동안에 이루어지는 것이 중요하다.
    ⓑ GPAI는 게임 상황에 맞게 설계된 것으로, 다른 역할을 맡은 학생은 이 도구를 사용하기 위해 훈련을 받는다.

ⓒ GPAI는 전체적인 '게임 수행 지수'를 결정하기 위해 포지셔닝, 실행, 의사결정, 참여를 모니터할 수 있는 체크리스트 체계이다.

ⓓ GPAI는 게임 기간 동안에만 사용되는 고도의 실제 평가 기법이다.

ⓔ 팀워크

ⓐ 시즌 전반에 걸쳐 선수들과 학생 코치 사이의 상호작용을 관찰함으로써 평가될 수 있다.

ⓑ 팀 내에서 긍정적인 참여를 반영하는 행동들에 대해 팀원들 스스로 혹은 서로 주기적으로 기입할 수 있는 체크리스트를 만들 수 있다.

ⓜ 바람직한 스포츠 행동

ⓐ 시즌이 시작되기 전 교사와 학생에 의해 특정 스포츠에 대한 좋은 행동 목록이 작성될 수 있다.

ⓑ 시즌 전 기간 동안 팀워크 체크리스트와 동일한 방식으로 팀원 스스로 또는 팀 동료에 의해 체크리스트를 완성할 수 있다.

ⓒ 팀들은 시즌 동안 경기가 종료될 때 다른 팀에 대해서도 체크리스트를 작성할 수 있다.

② 임무 학습에 대한 평가

㉠ 임무 지식

ⓐ 임무 지식 평가는 시즌이 시작되기 전, 학생들이 자신들에게 부과된 임무에 대해 기본적인 지식을 갖고 있는지를 평가하는 것이다.

ⓑ 모든 임무 지식들은 시즌이 시작되기 전 지필 검사나 구술 시험으로 평가될 수 있다.

㉡ 임무 수행

ⓐ 모든 임무들은 학생에게 능숙한 수행으로 게임 운영을 유연하게 진행할 수 있는 특정 임무를 요구한다.

ⓑ 교사가 학생에게 기술을 수행하도록 요청하고, 체크리스트를 활용함으로써 학생을 평가할 수 있다.

ⓒ 이 기법들은 단순히 교사에게 시범보일 수 있는 폐쇄형 과제(static task)일 때, 교사가 바로 임무 역할을 교정할 수 있도록 시즌 전 경기 동안 평가될 수 있다.

㉢ 임무별 의사결정 책임

ⓐ 최종 분석에서 학생들이 실제 게임 동안 본인에게 부여된 임무에 대한 의사결정 책임감을 수행한다는 것은 의미가 있다. 이는 학생의 지식, 기술 및 임무에 관한 의사결정에 대해 가장 실제적으로 평가할 수 있음을 시사한다.

ⓑ 교사는 각 임무에 대한 체크리스트를 고안하여 게임 중 학생의 수행을 모니터할 때 사용할 수 있고, 각 학생에게 경기가 끝난 후 자기 평가를 위해 체크리스트를 기록하게 할 수 있다.

4. 실행적 요구 사항과 변형

(1) 교사 전문성

① 학습자

    ㉠ 스포츠 교육 모형에서는 3가지 서로 다른 역할(선수, 팀원, 할당된 임무)을 학습할 필요가 있다. 각 역할은 학생에게 심동적, 인지적, 정의적 영역의 능력들을 요구한다.

    ㉡ 교사는 학생이 각 역할을 얼마나 잘 학습할 수 있을지에 대해 알아야 하고, 일정 수준 이상의 기대를 해서는 안 된다.

② 발달 단계에 적합한 수업

    ㉠ 학습자에 대한 지식과 관련하여 체육 수업에서 발달 단계에 적합한 스포츠 내용을 전개해 나가는 교사의 능력이 중요하다.

    ㉡ 게임의 구조는 단순화되고, 규칙들은 변형되며, 기록 작성은 학생이 종이에 적어 기록할 수 있는 수준으로 이루어진다.

    ㉢ 교사는 긍정적이며 안전한 학습 환경을 조성하고, 학생이 수행해야 할 의무는 학생의 발달 정도에 맞게 제공되므로, 모든 학생은 자신의 발달 단계 수준에서 스포츠를 학습할 수 있게 된다.

③ 체육 교육(스포츠) 내용

    ㉠ 스포츠 교육 모형에서 교사가 간접적인 교수 역할을 수행할지라도, 스포츠 교육 모형 시즌에서 선택된 스포츠에 대한 교사의 지식은 매우 귀중하다.

    ㉡ 교사는 선수의 입장에서 스포츠를 알고 있어야 하고, 다양한 임무에 대해서도 알아야 하며, 스포츠의 조직 구조 및 전통에 대해서도 숙지하고 있어야 한다.

    ㉢ 시즌이 진행될수록 대부분의 의사결정은 학생에 의해 이루어지기 때문에 교사는 전체적인 큰 흐름을 관찰하고, 잠재적으로 위험한 상황들을 예측할 수 있게 된다. 이 모든 것은 스포츠에 대한 풍부한 지식과 식견들로부터 나오게 된다.

④ 평등

    ㉠ 평등의 문제가 완전하게 해결되지 않는다면 스포츠 교육 모형은 소기의 성과를 거둘 수 없다.

    ㉡ 스포츠 교육 모형을 활용하는 교사는 불평등 상황이 일어나지 않도록 하여, 모든 학생이 동등한 참여 기회를 통해 스포츠를 배울 수 있도록 해야 한다.

    ㉢ 평등은 모든 학생이 공정한 참여 기회를 가질 수 있는 규칙과 규정을 제정함으로써 촉진될 수 있다.

        ⓐ 모든 선수들은 모든 포지션을 한 번씩 거쳐야 한다.

        ⓑ 팀의 규칙은 모든 구성원들이 투표로 정한다.

        ⓒ 모든 선수들은 각 게임에서 같은 양의 시간을 플레이한다.

ⓔ 평등과 관련된 이슈는 '공정한 경쟁'이다. 다시 말해 교사는 시즌 동안 공정한 팀 선정을 위해 학생과 게임에 대한 지식을 사용해야 한다. 교사는 경쟁 상황에서 팀의 균형이 맞지 않을 경우에는 다음과 같은 방법을 조정해야 한다.

    ⓐ 모든 팀은 한 학급의 성비를 고려하여 동일한 수의 남녀 비율로 팀을 선정해야 한다.

    ⓑ 기능 수준의 차이에 따라 학생을 분류하고, 팀들이 성(性) 뿐만 아니라 다른 요인 측면에서 균형을 이룰 수 있도록 해야 한다.

    ⓒ 팀이 최종적으로 구성되기 전에 팀 구성이 공정하게 이루어졌는지 학생에게 확인시킨다.

    ⓓ 시즌이 시작된 후, 팀당 한 사람에 한해 제한적인 선수 교환제를 할 수 있도록 허용한다. 이 때 트레이드는 모든 팀의 구성원들 대다수에 의해 승인되어야만 한다.

⑤ 평가

    ㉠ 스포츠 교육 모형에서 평가는 학생의 수행, 지식, 행동에 대한 실제 평가로 진행된다.

    ㉡ 평가 지식의 핵심 원천은 경기와 임무 수행에서 가장 중요한 측면들을 인식하는 능력이다.

    ㉢ 교사가 평가할 내용을 정하면, 교사는 시즌과 경쟁 상황 속에서 학생의 퍼포먼스를 가장 실제적인 방법으로 모니터하기 위한 자기 개발 시스템을 고안할 수 있다.

⑥ 사회/정서적 분위기

    ㉠ 스포츠 교육 모형의 핵심 특징 중의 하나는 시즌 동안 축제 분위기를 만드는 것이다.

    ㉡ 교사는 시즌 동안 긍정적인 일들이 발생하고 부정적인 일들을 예방할 수 있도록 사회적/정서적 분위기를 어떻게 조성해 나가야 하는지를 알고 있어야 한다.

    ㉢ 때때로 교사는 스스로 협력자, 중재자, 코치, 부모, 스포츠 심리학자, 응원 단장 등의 역할을 감당해야 한다.

(2) 핵심적인 교수 기술

교사는 직접 교수, 동료 교수, 협동 학습을 복합적으로 활용함으로써 광범위한 효과적인 교수 기능을 사용하게 될 것이며, 중요한 것은 시즌 동안 상황적 요구에 따라 각 기술을 즉흥적으로 적용하게 될 것이라는 점이다.

① 수업 계획

    ㉠ 계획은 교사와 학생이 시즌 동안 어떤 게임을 수행할지를 결정한 후 수립된다.

    ㉡ 계획의 초기에는 시즌에 대한 전반적인 구조를 결정하며, 전반적인 구조가 결정되고 팀들이 시즌을 준비하게 되면, 공식적인 계획은 필요에 따라 예상치 못한 계획으로 변형되어 갈 것이다.

② 시간과 수업 운영

㉠ 대부분의 수업 운영은 일단 연습과 시즌이 시작되면 학생에게 맡겨진다.

㉡ 교사는 시즌 동안 원래 계획대로 잘 진행되고 있는지를 확인하고 그대로 진행될 수 있도록 이끄는 역할을 한다.

③ 발달 단계적으로 적합한 임무 역할의 결정

㉠ 교사는 각 임무를 어느 정도 학생이 학습해야 하고, 그것을 잘 지도할 수 있는 좋은 방법에 대해 충분한 지식을 가지고 있어야 한다.

㉡ 교사는 학생이 임무를 수행할 수 있도록 발달 수준에 적합하게 변형하여 가르쳐야 한다.

④ 의사소통

㉠ 교사는 학생과 직접적 혹은 간접적인 의사소통에 능통해질 필요가 있다.

㉡ 시즌의 조직을 설명할 때와 역할에 대해 훈련할 때 직접적일 수 있다.

㉢ 교사는 대부분 질문의 형태로 이루어지는 능통한 간접적인 의사소통 기술이 필요하다.

㉣ 팀들이 연습하고 학생이 임무를 착수하게 되면, 직접적인 설명이나 지도보다는 질문을 주로 이용하는 문제 해결 학습을 활용하는 것이 바람직하다.

⑤ 교수 정보

㉠ 선수 역할을 하는 학생에게 주어지는 거의 모든 교수 정보는 협동 학습과 동료 교수를 통해 전달된다.

㉡ 임무 역할 학습의 경우, 대부분의 교수 정보는 일반적으로 트레이너와 감독자인 교사에 의해 제공된다.

⑥ 수업 정리 및 종료

㉠ 시즌 전 기간 동안 수업 정리와 종료 시 교사는 팀의 진행에 대한 일반적인 언급과, 개인 혹은 팀으로부터 나온 질문에 응답한다.

㉡ 시즌 기간 동안의 수업 정리와 종료는 주요 이벤트와 결과를 요약하고, 좋은 경기와 경기 내용을 보여준 선수와 팀들에게 칭찬을 할 수 있다.

(3) 상황적 요구 조건

① 자원

㉠ 교사는 모형 적용에 필요한 자원(예 시간, 기구, 공간 등)이 충분한지를 확인할 필요가 있다.

㉡ 이 모형은 충분한 연습 시간, 많은 경기 일정, 오랜 기간의 팀 단합이 있어야 충분한 효과를 거둘 수 있다.

㉢ 모든 팀들이 연습하고, 여러 팀들이 경기를 할 수 있는 충분한 기구와 공간을 마련해야 한다.

㉣ 자원에 대한 요구 사항은 인원수 조정(예 3:3 농구)과 규칙 변형(예 5회 야구 게임)으로 해결할 수 있다.

② 학생

　㉠ 교사는 학생이 시즌 운영에 따른 역할과 책임을 제대로 수행할 수 있을지 생각해 보아야 한다.

　㉡ 한 학급의 학생 인원수도 스포츠 내용 결정에 영향을 주는 요소이다.

③ 경기 방식

　㉠ 경기 방식은 시즌에 설계된 여러 가지 경기 방식에 따라 이루어지는데, 전형적인 경기 방식은 단일 리그전(모든 팀이 서로 1번씩 경기하는 방식), 분과 리그전(플레이오프까지 소속 분과 안에서 경기하는 방식), 토너먼트(개인 또는 팀이 패배할 때까지 경기가 계속 진행되는 방식), 삼각전(3개 팀이 동시에 경기하는 방식)으로 구분된다.

　㉡ 경기 방식들은 전체 팀의 수와 경기 공간에 따라 결정된다.

⑷ 모형의 선정과 변형

① 스포츠 교육 모형은 체육 프로그램에서 독자적으로 개발된 모형 중의 하나이다.

② 교사가 학생들의 개인차를 고려하여 적절한 역할과 임무를 부여하고 학생이 성실히 수행하게 된다면 다른 어떤 수업 모형보다 포괄성이 큰 수업 모형이라고 할 수 있다.

⑸ 개인맞춤형 학습을 위한 스포츠 교육 모형 사용하기

① 스포츠 교육은 모형의 실행에 필수적인 협동 학습과 동료 교수 전략을 사용하지만, 이 모형의 목적은 '유능하고, 지식이 풍부하며, 열정적인 스포츠인'을 양성하는 데 있다. 이 모형은 팀에 상당한 무게 중심을 두고 있지만, 각 팀은 개별 학생들로 구성된다. 전체적으로 스포츠 교육은 학생 개개인의 기여에 가치를 두고 있다.

② 협동 학습과 비슷하게, 공정한 팀 구성은 성공적인 스포츠 교육 모형의 실행에 핵심적인 부분이다. 학생 준비도에 관한 진단 평가는 공정한 팀 구성에 매우 중요한 요소가 된다.

③ 공정한 팀 이외에도, 교사들은 팀들이 다양한 지능과 학습 선호도로 구성되게 만들어야 한다. 예를 들면, 각 팀이 통계전문가의 역할을 할 수 있는 학습선호도를 가진 학생이 필요하다. 또한, 컨설턴트 또는 스포츠심리학자의 역할을 수행할 수 있는 대인관계 기술이 좋은 학생이 필요하다.

④ 스포츠 교육 모형이 가지고 있는 6가지 독특한 특성(시즌, 팀소속, 공식 경기, 결승전 행사, 기록보존, 축제화)은 교사들로 하여금 학생의 흥미를 불러일으킬 수 있는 많은 선택 사항을 제공한다. 아마도 팀 구호를 외치는 동안 학생들이 좋아하는 음악을 틀도록 허용하는 것과 같은 간단한 접근법이 그들이 소속감을 느끼는 동기를 제공할 수 있다.

⑤ 교사들은 단원과 관련된 기술과 개념뿐만 아니라 임무 역할도 단원의 내용을 구성한다는 것을 기억하는 것이 중요하다. 얼티밋 프리스비 단원에서 포핸드 던지기를 배우는 것만큼 심판의 올바른 수신호를 배우는 것도 똑같이 중요하다.

⑥ 과제 구조는 스포츠 자체에 이루어진 변형 사항에 크게 영향을 받기 때문에, 시즌이 시작되기 전에 이러한 변형 사항을 학생들(이 경우, 코치 역할)과 교사가 함께 공유해야 한다. 학생들에게 코칭 방법을 가르칠 때, 교사는 모든 능력 수준에 맞게 과제를 조정하는 방법도 가르쳐야 한다.

⑦ 교사는 팀 내에서 과제가 맞춤형으로 제공되기 위해 몇 가지 다른 선택지를 사용할 수 있다. 학생들이 학습 진도와 내용 전개를 결정하더라도, 교사는 다양한 과제(**예** 준비 운동, 칠판 강의, 연습, 체력 훈련, 플레이 및 수비 시뮬레이션, 연습 경기, 전략 세션 등)를 활용하도록 요구해야 한다.

⑧ 팀 구성은 한 번 이루어지면 전체 시즌 동안 유지되기 때문에, 편성은 매우 중요하다. 그러나 스포츠 교육에서의 편성은 다른 모형처럼 매일 매일 고려할 필요는 없다. 반면, 평가와 학습 결과물은 교사의 철저한 사전 계획을 요구한다. 스포츠 교육의 다양한 특성과 많은 임무 역할은 학습을 평가할 수 있는 많은 기회를 제공한다.

⑨ 실제적이고 효과적인 접근법 중 하나는 팀 학습 결과물을 활용하는 것이다. 예를 들면, 교사는 각 팀에 평가 포트폴리오를 만들어 매일 추가 자료를 더해 나갈 수 있다. 한 수업에서는 심판에 초점을 맞추고, 다른 수업에서는 코치, 또 다른 수업에서는 선수에 집중할 수 있다. 이는 교사가 매일 많은 역할을 평가해야 하는 부담을 줄이고, 모든 역할 수행의 중요성을 강조할 수 있다.

⑩ 모든 학생 이 시즌 내내 동일한 관심과 능력을 가지고 체육 수업에 참여하지 않는다. 종종 학생들의 불만과 소외감을 초래할 수 있으며, 포용적인 환경을 저해할 수 있다. 그러나 모든 학생이 비선수 역할을 맡기 때문에, 스포츠에 대한 또 다른 관점에서 활발한 참여자가 될 수 있으며 시즌 운영에 의미 있는 기여를 할 수 있다.

⑪ 각 학생은 반드시 임무 역할을 맡아야 하며, 이 역할 배정에서 편견이 개입되지 않는다. 모든 학생이 자신의 역할을 수행해야 하므로, 이는 체육 수업에서 포용적인 환경을 촉진한다.

⑫ 전반적으로 교사는 학생 개인의 기여를 중요시하고 팀 간의 형평성과 공정성을 증진하는 긍정적인 사회적 분위기를 조성한다.

🔍 **스포츠 교육 모형을 사용한 개인맞춤형 학습의 주요 질문(고등학교 프리스비 수업)**

	목표	적용 방법
학생의 준비도를 확인하고 모니터하는 데 평가가 어떻게 사용되는가?	공식평가는 초기의 학생 준비도를 결정하기 위한 진단 평가를 사용하기	• 디스크 던지기와 받기의 표준화된 기능 검사 • 경기의 균형을 위해 평가 결과를 기반으로 한 블라인드 팀 드래프트 • 임무 역할을 위한 얼티밋 프리스비 규칙과 심판 신호에 관한 지필 평가 • 교사가 2개 이상의 학습영역에서 평가 결과를 기반으로 팀 주장을 선정
	학습과 상호작용을 평가할 수 있는 비공식적, 공식적 형성 평가와 총괄평가	• 기록원이 작성한 경기 보고서 • 규칙과 전략에 대한 퀴즈 또는 테스트 • 경기 수행과 전술을 평가하기 위한 체크리스트와 경기 수행 루브릭 • 팀원들의 긍정적인 참여를 표시하는 행동 체크리스트 • 바람직한 스포츠 행동 체크리스트
학생의 흥미도와 학습 프로파일은 무엇인가?	Reichmann과 Grasha의 프로파일을 활용한 학생의 학습 선호도를 평가하기	• 단원 전에 학생의 특성을 파악하기 위한 교사의 관찰과 평가 • 임무 역할 배정을 위한 학습 선호도 고려 • 팀 연습용 동료코치와 소그룹 협동 학습 과제를 위한 교사의 지도
	단원 계획 시 학생의 지능 선호도를 고려하기	• 지능유형 선호도에 따른 다양한 팀 연습을 다루는 교사주도 클리닉 • 과제제시 전략을 교사주도 코치 훈련 • 임무 역할을 확인하고 학생의 지능 선호도에 매칭하기 • 임무 역할을 가르칠 때 지능 선호도에 대한 고려사항
	학생의 다양한 흥미와 문화 수준 고려하기	• 임무 역할 배정을 위한 학생들의 얼티밋 프리스비 역할(예 멘토, 중재자, 코치, 학부모, 응원단장)에 대한 관심도 조사 • 자율성과 역량을 증진하기 위한 과제 구조 • 얼티밋 프리스비의 문화적 기원을 탐색하기 위한 팀 역사가 또는 인류학자 역할
학생들이 내용을 어떻게 접할까?	학습 맥락에 효율적인 모형과 연계된 소통 전략 파악하기	• 학습 프로파일, 준비도, 시즌에 기초한 직접적 및 간접적 의사소통 전략(예 시즌 전, 중, 후)

학생들은 학습 내용 안에서 어떻게 발전해 나갈까?	모형의 핵심 기술, 지식 영역, 태도를 구별하여 이를 교육 범위와 순서에 따라 배열한다. 학습진도는 학생 준비도에 관한 진단 평가에 기초하여 결정하기	• 코치와 선수들은 시즌을 준비하기 위해 해야 할 일과 시즌 중에 적응해야 할 사항을 결정 • 팀 목표에 기초한 진도 나가기 • 임무 역할, 책임감 및 지식에 기초한 진도 나가기 • 교사가 팀 목표설정과 과제전개 발달 지원하기
맞춤형 학습과정을 제공하기 위해 어떤 과제가 제공되어야 할까?	개인맞춤형 학습을 가능하게 하는 참여 패턴, 속도, 진도 등을 결정하기	• 개인맞춤형 학습용 과제 구조에 필요한 교사주도 코치 클리닉 • 팀은 다양한 과제구조(예 준비 운동, 칠판 강의, 연습, 체력훈련, 플레이와 수비 연습, 연습 경기, 전략 회의)를 활용 • 얼티밋 프리스비에 대한 진단 평가를 기반으로 공정한 팀을 구성하여 성공을 위한 동등한 기회 제공 • 팀 내의 스포츠행동에 대한 개인적 책임
어떤 교수전략이 맞춤형 학습에 필요할까?	모형의 이론적 기초와 대주제와 연계된 수업 상호작용과 전략을 파악하기	• 동료 교수 • 협동 학습 • 학생에 기초한 임무 역할 선정 • 학생 스스로 진도 선택하기
어떤 모둠 편성 전략이 적절한가?	모형과 기준에 연계된 편성 전략을 선택하기	• 얼티밋 프리스비의 다양하고 공평한 모둠 편성을 고려 • 학습 준비도, 학습 흥미도, 학습 프로파일의 개인적 특성에 기초한 이질적 팀 구성

개인맞춤형 학습을 고려한 다양한 평가 방법을 가능하게 하는 결과물은 무엇인가?	• 모형과 연계되고 학생들이 배운 내용을 다양한 과정을 통해 적용, 정제, 종합할 수 있도록 높은 수준의 사고 능력을 발휘할 수 있는 학생 결과물을 선정하기
	• 유연하고 실제성 있는 평가 방법을 개발하기
		• 얼티밋 프리스비의 역량, 소양, 열정에 기초한 팀 목표
		• 기본 기술, 규칙과 전술의 지식, 게임 수행 및 전술, 팀 소속, 바람직한 스포츠행동 평가
		• 임무 지식, 수행 및 의사결정의 평가
		• 팀 결과물
		  - 팀 경기 포스터
		  - 팀워크를 강조하는 포트폴리오
		  - 팀 기록과 통계치
		• 팀 퍼포먼스 또는 기술 수행

		• 모든 선수는 각 포지션에서 경기한다(매 경기 또는 매 세트마다).
어떻게 포용성 있는 학습 환경을 조성할 수 있을까?	• 수업 모형의 기본 원칙을 준수하기 　– 학생들이 도전적인 활동을 통해 성공을 경험하도록 돕기 　– 지원적인 학습환경을 조성하기 　– 자기주도성을 개발하기	• 팀 규칙은 팀원의 투표로 결정한다. • 모든 선수는 매 경기마다 동일한 시간 동안 경기한다. • 모든 팀이 남학생과 여학생의 수에 따라 동일한 수의 남학생과 여학생을 포함하는 규정을 마련한다. • 학생들에게 자신의 기술 수준을 평가하도록 요청하고, 팀이 성별뿐만 아니라 해당 요인에 따라 균형을 이루도록 규정을 마련한다. • 모든 학생은 팀이 최종 확정되기 전에 팀을 검토하고 공정하다고 생각하는지 의견을 표시하도록 허용한다. • 시즌 시작 직후 제한된 "트레이드" 절차를 진행하여 각 팀이 현재 명단에서 단 한 명의 선수만 교체할 수 있도록 허한다. • 모든 트레이드는 관련된 두 팀의 구성원 과반수와 트레이드 대상 선수들의 승인을 받아야 한다. • 긍정적인 사회적 분위기를 조성하기 위한 소속감과 축제

5. 지도 계획 시 주안점

(1) 학생들이 감당할 수 있는 정도의 의사결정의 권한과 책임을 부과하라. 학생들이 시즌의 성공에 대해 주인 의식을 가질 때, 보다 적극적인 참여를 끌어내어 스포츠 교육이 의도하는 목적을 성취하는 데 한발 다가서게 된다. 학생들 스스로 다양한 역할을 선택하고, 수행하게 될 때, 동기유발이 적극적으로 이루어지며, 더 많은 것을 학습하게 된다.

(2) 학생들이 맡아야 할 의사결정의 권한과 책임이 어디까지인지 명확하게 규정하라. 교사가 책임져야 할 권한은 무엇이며, 학생이 져야 할 책임과 권한의 경계를 뚜렷이 구분해야 한다.

(3) 팀 선정을 공개적인 방식으로 하지 말라. 주장들이 팀원을 지명하는 전통적인 방식은 많은 부작용을 초래할 수 있다.

(4) 팀 선정의 기준은 성별, 기능 수준, 인종이나 민족적 다양성, 인지적 발달 수준, 창의성, 리더십 등의 요소들이며, 이러한 요소들을 충분히 고려하여 균등한 배치가 이루어져야 한다. 학생들이 볼 때 팀 선정이 공정하다고 인식되면, 소속팀의 발전에 열심을 기울일 것이고 다른 팀에 관심을 두지 않을 것이다.

(5) 일단 팀 선정이 완료되면, 팀의 약점보다는 팀 구성원 개개인의 장점과 고유한 특성에 초점을 맞춰 공동의 목표를 성취하는 데 주력해야 한다.

(6) 학생들의 발달 수준에 적합하도록 경기 방식을 적절히 변형하여 최대의 참여를 이끌어 내도록 한다. **예** 3 : 3 농구, 축소된 경기장에서의 4 : 4 축구 등

(7) 가능하면 구조화된 연습, 팀명, 팀 구호, 팀 노래의 제정, 학교 신문이나 웹 사이트를 통해 게임 결과의 공지, 축제 분위기 조성 등을 통해 실제 프로스포츠의 리그처럼 시즌을 조직적으로 운영한다.

(8) 여러 가지 임무들에 대한 실제적인 책임을 학생들이 수용할 수 있도록 하여 다양한 영역의 학습과 의사결정, 문제 해결 능력을 기를 수 있도록 한다.

참고 학습 유형

토너먼트 작성

1. 라운드 로빈 토너먼트(일반적으로 "리그전"이라고 불림)

　(1) **종류**
　　① 단일 라운드 : 한 선수 또는 팀이 나머지 참가 선수 또는 팀과 한 번씩 모두 경기하는 경우
　　② 2중 라운드 : 두 번씩 경기하는 경우
　　③ 부분 라운드 : 최소한 한 번씩 모두 싸우지 못하게 되는 경우

　(2) **리그 현황 판별법**
　　① 승률
　　　㉠ 승률 = 게임에서 이긴 수 / 총 게임 수(9게임 중 7게임을 이겼을 경우 승률은 0.778).
　　　㉡ 무승부일 경우에는 그 무승부 게임을 계산에 넣지 않거나 승점으로 0.5점을 가산해준다(7승 2패 1무일 경우 승률은 $\frac{7.5}{10}$ = 0.750).
　　　㉢ 점수제 : 리그전에서 팀 간의 상대적 등급을 구분하기 위하여 점수제가 활용되기도 한다. 이긴 팀에게 2점, 무승부 팀에게 각각 1점, 진 팀에 0점을 가산하여 계산하게 된다(7승 2패 1무의 경우 15점).
　　② 게임차 : (제1팀이 이긴 게임 수 − 제2팀이 이긴 게임 수) +
　　　　　　　 (제2팀이 진 게임 수 − 제1팀이 진 게임 수) / 2
　　③ 라운드 수
　　　㉠ 참가 선수 또는 팀이 홀수일 경우에는 참가 수 그 자체가 라운드 수가 된다(9팀은 라운드 수 9).
　　　㉡ 참가 수가 짝수일 경우 참가 수에서 1을 뺀 수가 라운드 수가 된다(10팀은 라운드 수 9).

④ 게임수 $= \dfrac{n(n-1)}{2}$

⑤ 대진표 작성 방법
  ㉠ 회전 방법
  ㉡ 그래프 방법

1라운드	2라운드	3라운드	4라운드	5라운드
① ↔ 2	① ↔ 6	① ↔ 5	① ↔ 4	① ↔ 3
6 ↔ 3	5 ↔ 2	4 ↔ 6	3 ↔ 5	2 ↔ 4
5 ↔ 4	4 ↔ 3	3 ↔ 2	2 ↔ 6	6 ↔ 5

2. 엘리미네이션 토너먼트(일반적으로 "토너먼트"라고 불림)

(1) 단일 엘리미네이션 토너먼트
  ① 2의 자승 개념과 매직 넘버
    ㉠ 2의 자승 개념 : 엘리미네이션 토너먼트에서는 대진표를 작성하는 데 있어서 그 구조상 대칭형이 되어야 한다. 따라서 각 조(부전승 포함)의 수가 2의 배수가 되어야만 한다.
    ㉡ 2의 자승과 매직 넘버 : 2의 자승 값인 4, 8, 16, 32 등을 매직 넘버라고 한다.
  ② 라운드 수
    ㉠ 참가 팀(엔트리) 수와 매직 넘버가 서로 똑같을 경우에는 해당 매직 넘버의 2의 자승수와 같게 된다(엔트리 수가 32일 경우엔 $2^n = 32$이므로 라운드 수는 5)
    ㉡ 참가 팀(엔트리) 수가 매직 넘버와 서로 다를 경우에는 다음 단계로 높은 매직 넘버에 해당하는 2의 자승수를 라운드 수로 정하게 된다.
  ③ 게임 수 = n − 1
  ④ 부전승 배치 방법 : 엔트리의 다음 단계 높은 매직 넘버에서 엔트리 수를 빼면 된다(엔트리 수가 11인 경우 다음 높은 매직 넘버는 16이다. 따라서 16 − 11 = 5가 부전승 팀 수가 된다).

(2) 부활 엘리미네이션 토너먼트(일반적으로 "부활전 토너먼트"라고 불림)
  ① 라운드 수 : 단일 엘리미네이션의 라운드 수를 2배하면 된다(결승 재시합의 경우는 한 라운드를 더 대전하게 되므로, 한 라운드를 추가하여 계산한다).
  ② 게임 수
    ㉠ 최소한의 게임 수 = 2(n − 1)
    ㉡ 최대한의 게임 수 = 2(n − 1) + 1

5 동료 교수 모형

나는 너를, 너는 나를 가르친다.

동료 교수 모형과 관련하여 명료하게 기억해야 할 3가지 개념이 있다. 첫째, 동료 교수 모형은 학생이 다른 학생을 가르치는 전략을 활용한다는 것이 분명하지만, 교사가 계획한 모형 중심의 접근 방법을 준수해야만 동료 교수 모형이 될 수 있다. 둘째, 동료 교수는 학생이 한 가지 이상의 학습 활동에서 짝을 지어 나란히(side-by-side) 학습하는 파트너 학습(partner learning)과는 다르다. 동료 교수가 되기 위해서는 학생이 반드시 교사가 일반적으로 갖게 되는 몇 가지 주요 교수 기능에 대한 뚜렷한 책임감을 가지고 있어야 한다. 개인 교사와 학습자의 역할이 바뀐다 하더라도 이들 역할에 대한 명확한 설명이 있어야 한다. 셋째, 동료 교수 모형을 작은 규모의 협동 학습 모형으로 오인해서는 안 된다. 협동 학습은 학생이 다른 학생을 가르친다는 특징을 갖고 있지만, 협동 학습 모형은 동료 교수 모형과는 다른 유형의 총괄 지도 계획을 가지고 있고, 학생들이 전체 단원을 학습하기 위해 소규모 팀으로 배치된다. Mosston과 Ashworth의 상호 학습형 스타일에서는 동료 교수의 가장 본질적인 특성을 고수하고 있지만, 일시적인 과제 구조에서 주로 활용되며 하나의 단원 내용에서 단 1가지의 교수 전략으로 계속 사용되지 않는다. 체육 교사들은 수년간 이 전략을 사용하여 왔지만, 이것은 동료 교수 모형과는 많이 다르다.

1. 개요

(1) 동료 교수 모형은 직접 교수 모형의 변형으로 볼 수 있다. 동료 교수 모형에서는 교사가 한 가지, 즉 학생이 학습 활동을 하는 동안과 그 후에 발생하는 수업 상호작용을 제외하고는 직접 교수 모형과 동일하게 모든 요소들에 대한 통제권을 가진다. 이렇게 중요한 책임이 개인 교사라고 불리는 학생에게 위임되는데, 이 학생은 다른 학생 연습을 관찰하고 분석하기 위해 훈련을 받는다.

용어의 차이점	
개인 교사(Tutor)	임시로 교사의 역할을 담당하는 학생
학습자(Learner)	개인 교사의 관찰 및 감독하에서 연습하는 학생
조(짝)(Dyad)	개인 교사-학습자 짝으로 구성된 단위
학생(Student)	개인 교사나 학습자의 역할을 수행하지 않는 학생을 묘사하는 일반적인 용어

(2) 동료 교수 모형은 학생이 수행하는 연습 시도에 대해 교사의 관찰 부족과 교사로부터 받는 제한된 피드백의 문제점을 줄이기 위해서 고안되었다.

(3) 동료 교수 모형은 수업 중 학생의 학습 참여 기회가 반으로 축소되는데, 이는 각 학생이 개인 교사로서의 활동 시간과 학습자로서의 활동 시간을 대략 반씩 보내기 때문이다.

⑷ 학생이 동료 교수에서 많은 학습 참여 기회를 얻지 못한다 해도 연습 시간의 효율성 증가로 인해 교사는 수업에서 더 많은 내용을 지도할 수 있게 된다.

① 학생이 학습자의 역할을 수행하는 경우, 각 학생은 실제로 학습 시간의 효율성을 높이면서 자신의 연습을 관찰하고 분석해 주는 개인 교사를 가지게 된다.

② 학생이 개인 교사의 역할을 수행하는 경우, 해당 학생은 과제에 대한 이해를 높여줄 수 있는 인지적 참여를 하게 됨으로써 학습자 역할을 수행할 때 연습의 향상을 도모할 수 있게 된다.

⑸ 동료 교수 모형은 사회성 학습을 강조한다. 조원(개인 교사 - 학습자)들은 서로에게 의존하게 된다. 학생이 수업에서 2가지 역할을 교대함에 따라 학생은 책임감을 공유하는 상호 협력 관계를 발전시켜 나간다.

① 개인 교사는 교사가 제공한 과제 제시와 과제 구조에 기초하여 학습자의 연습을 관찰하고, 단서와 피드백을 제시할 때 원활한 언어적 의사소통 기술을 가지고 있어야 하며, 자신의 임시적인 임무 역할 능력과 감정에 민감해야 한다.

② 학습자는 개인 교사의 조언과 충고를 기꺼이 받아들이고, 모호한 말을 할 때에는 질문을 해야 하며, 각 연습을 직접적인 관찰 하에서 성실하게 연습해야 한다.

⑹ 동료 교수 모형은 체육에서 학생의 인지 발달을 향상시킬 수 있는 엄청난 잠재력을 가지고 있다.

① 학생은 좋은 개인 교사가 되기 위해서 핵심적인 수행 단서를 알고, 이 단서들과 각 연습 시도의 결과 사이의 관계를 이해해야 한다.

② 개인 교사는 본질적으로 체육수업에서 움직임 기능의 이해와 수행 수준을 높일 수 있는 문제 해결 기술을 발전시켜 나간다.

⑺ 동료 교수가 파트너 학습이 아닌 하나의 수업 모형으로 인식될 수 있는 근거는 개인 교사들이 자신의 역할을 준비하고 훈련을 받기 때문이다. 이 모형이 가장 효과적으로 활용되기 위해서 교사는 개인 교사들이 책임감을 가지고 수업 운영을 이해하고 수행할 수 있도록 도와야 한다.

⑻ 동료 교수 모형에서 교사는 직접 교수 모형만큼이나 많은 의사결정과 리더십을 그대로 발휘하고, 개인 교사에게 수업 과정에서 단지 일부분만을 담당하는 것을 허용한다.

개인 교사의 역할 수행을 위한 훈련 계획에 포함되어야 하는 요소	
• 학습 목표의 정확성	• 개인 교사에 대한 역할 기대
• 과제 제시와 이해도 점검	• 과제 구조와 이해도 점검
• 학습자들에게 잘못된 점을 알려주는 방법	• 적절하게 칭찬하는 법
• 안전하게 연습하는 법	• 숙달 정도나 과제 완성도를 평가하는 법
• 교사에게 질문을 해야 할 시기를 아는 것	

🔎 **교사 중재와 학생 중재 수업 비교**

지도 요인	교사-중재	학생-중재
학생/교사 비율	높다	낮다
참여 시간	변하기 쉽다	높다
참여 기회	낮다	높다
실수 교정의 기회	낮다	높다
실수 교정의 시기	지연	즉시
도움과 격려 기회	적다	많다
경쟁과 협동 학습 경험 기회	적다	많다
동기	교사의 지지	동료학생과 교사의 지지
동료-훈련 요구	적다	많다
질 관리 요구	적다	많다
내용 적용 범위	적합하다	변하기 쉽다
동료 선택	필요없다	필요하다
교육과정 재구성	적다	많다
비용	높다	낮다
도덕적 관심	적다	증가된다

2. 이론적 기초

(1) 이론적 배경 및 근거

① 동료 교수 모형이 직접 교수 모형에 기초한다는 사실은 상당 부분 직접 교수 모형의 이론적 배경 및 근거를 공유하고 있기 때문이다. 즉 높은 비율의 학생 참여 기회, 강화, 피드백, 단원 내용에 걸친 활발한 교사 주도의 학습 진도를 지향하는 완전 숙달 중심 모형으로 볼 수 있다. 이와 같은 교수·학습 과정의 구조는 Skinner와 다른 행동 심리학자들에 의해 개발된 훈련 이론과 원리에 기초한다.

② 동료 교수의 주요한 특징인 학생이 서로 가르치는 측면은 사회 학습, 인지 발달, 구성주의와 같은 이론에서 유래된 것이다.

사회 학습 이론	• 사회 학습 이론에서 인간은 주어진 환경 안에서 다른 사람들과 상호작용에 의해 학습한다고 말한다. • 사회 학습 이론은 학습 과정에서 다른 사람들의 역할을 부가적으로 강조하는 조작 심리학에 기초한다. • 동료 교수 모형에서 학생-학생 상호작용은 한 학생이 다른 학생의 학습 과정에 중요한 역할을 한다는 사실을 인정하는 것이다.

인지 발달 (Piaget이론)	• 피아제는 인간은 지적 능력 발달의 연속적인 단계를 거쳐 발전한다는 사실을 이론화하였다. • 인지 학습 이론에 따르면, 공유된 학습 활동에 참여하는 학생은 교사 중심의 수업을 받는 것보다 개인 교사와 학습자에 대한 역할 이해를 통해서 지적인 발달을 촉진할 수 있는 문제 해결 기술을 더욱 발전시켜 나갈 수 있다. • 학생에게 개인 교사의 역할을 부여하는 것은 그 역할을 잘 수행하기 위해 충족되어야 하는 새로운 인지적·사회적 도전 형태를 제시하는 것이다.
구성주의 학습 이론	• 사회적 구성주의자들은 민주적인 학습 환경을 조성하고 학생이 이미 알고 있는 것을 동료학생과 상호작용하면서 활용할 수 있는 학습 과정을 강조한다. 이와 같은 점은 동료 교수 모형이 직접 교수 모형과 구별될 수 있는 한 가지 특징이 될 수 있다.

③ 동료 교수 모형의 기초가 되는 근거는 오히려 간단하다. 교사는 주요한 단원계획에 필요한 의사결정을 하기 위해 내용, 수업 운영, 감독의 전문성을 발휘할 수 있다.

④ 한 명의 교사가 많은 학생의 연습 시도를 관찰하고 피드백을 제공할 수 있는 능력이 없기 때문에 학생은 개인 교사로서 다른 학생(학습자)이 연습에 참여할 때 이 기능을 수행할 수 있도록 훈련받고 과제를 할당받게 된다.

⑤ 학습자들은 학습의 향상을 유도할 수 있는 더 많은 상호작용이라는 이점을 가지게 된다. 개인 교사는 교사 역할을 수행하면서 인지적 및 정의적 영역 발달을 제공함으로써 지적·사회적으로 참여하게 된다. 이것은 모든 대상(개인 교사, 학습자, 교사)을 포함하는 윈-윈-윈(Win-Win-Win) 상황이 된다.

(2) 교수·학습에 관한 가정

① 교수에 관한 가정

  ㉠ 교사는 시간과 자원의 활용을 극대화하기 위해 단원 내용, 수업 운영, 과제 제시, 내용 전개와 관련된 많은 의사결정에서 통제력을 유지해야 한다.

  ㉡ 교사는 교수 정보를 학습자에게 제공하는 기능을 수행할 개인 교사를 훈련시킬 수 있다.

  ㉢ 동료 교수 모형에서는 조(짝)는 모든 세 가지 영역의 발달을 촉진한다.

② 학습에 관한 가정

  ㉠ 개인 교사가 제공하는 심동적 영역의 학습은 관찰과 피드백에 의해 촉진된다.

  ㉡ 개인 교사들은 연습에 임하는 학습자들을 관찰, 분석, 지도함으로써 인지적 영역의 학습이 촉진된다.

  ㉢ 두 명의 학생으로 구성되는 조(짝)는 교수·학습 과정에서 서로 다른 역할을 수행하면서 정의적 및 사회적 학습을 촉진시킨다.

  ㉣ 개인 교사와 학습자는 할당된 학습 과제를 완수하기 위해 서로 협력하여 참가함으로써 문제 해결 기술을 발달시켜 나간다.

(3) **모형의 주제**: 나는 너를, 너는 나를 가르친다.

① 기본적으로 짧은 시간 동안 한 학생은 개인 교사의 역할을 하고 다른 학생은 학습자의 역할을 하게 된다. 그리고 난 후 개인 교사와 학습자는 교사의 지시에 따라 역할을 교대한다.

② 한 학생이 개인 교사 또는 학습자를 계속해서 하지 않으며, '나는 너를 가르치고, 너도 나를 가르친다.'

(4) **학습 영역의 우선순위와 영역 간 상호작용**

① 학습 영역의 우선순위

㉠ 학습자

1순위: 심동적 영역, 2순위: 인지적 영역, 3순위: 정의적/사회적 영역

㉡ 개인 교사

1순위: 인지적 영역, 2순위: 정의적/사회적 영역, 3순위: 심동적 영역

② 학습 영역 간 상호작용

㉠ 학습자: 학습자는 주어진 과제를 해결하기 위해 개인 교사로부터 언어적 정보와 인지적 정보를 받아들이고 처리해야 한다. 이 과정들은 개인 교사와 학습자 사이의 정의적/사회적 상호작용의 중복을 가져온다. 이는 의사소통 분위기를 형성하고 과제를 완수할 수 있는 학습자의 능력에 영향을 미치게 된다.

㉡ 개인 교사: 개인 교사의 역할을 수행하면서 과제의 인지적 요소에 중점을 두는데, 학습자에게 수업 정보를 제공할 때 학습 영역 간 상호작용이 효과적으로 이루어지기 위해서는 정의적/사회적, 그리고 심동적 지식을 활용해야 한다. 개인 교사는 학습자의 능력과 감정에 민감하게 대처해야 하고, 학습 단서를 정확히 제공해야 한다. 개인 교사의 인지적 지식은 정의적/사회적/심동적 학습 능력의 결합을 통해 전달되며 학습자와의 상호작용에 초석이 된다.

(5) **학생의 발달 요구 사항**

① 학습 준비도

㉠ 개인 교사

ⓐ 과제 제시와 과제 구조를 이해하고 학습자에게 그 내용을 전달하는 데 필요한 의사소통 기술이 있어야 하고, 학습자를 관찰할 때 학습 과제의 중요 단서와 실수를 인식할 수 있는 방법을 알아야 한다.

ⓑ 복잡한 과제에 대해 학습자에게 명료하고 정확한 정보를 전달하기 위해 풍부한 언어적 기술과 시범 기술을 필요로 한다. 또한 과제를 느리게 숙달하는 학습자에 대한 인내심도 가져야 한다.

ⓛ 학습자

ⓐ 개인 교사를 이해하고, 인내심을 가져야 하며 그들과 협력해야 한다.

ⓑ 개인 교사로부터 칭찬과 비판을 모두 받아들일 준비도 해야 한다.

② 학습 선호도

㉠ 학습자 : 참여적, 협력적, 종속적인 태도를 선호한다.

㉡ 개인 교사 : 참여적, 협력적, 독립적인 태도를 선호한다.

(6) 모형의 타당성

① 연구 타당성

㉠ Foot, Morgan과 Shute는 여러 모형에서 활용되고 있는 동료 교수가 수학, 과학, 국어와 같은 몇 개 교과에서 학업 성취를 증가시키는 데 효과적이었다고 보고하고 있다.

㉡ 체육에서 동료 교수는 Mosston의 상호 학습 스타일로 볼 수 있다.

② 실천적 지식의 타당성

㉠ 교사들은 아리스토텔레스와 고대 그리스 시대부터 2000년이 넘게 동료 교수의 형태를 사용해 왔다.

㉡ 이 전략이 오랫동안 행해져 왔고, 특히 지난 30년간 공식적인 교수 모형으로 발전되어 왔다는 사실은 모든 교과 교사들이 많은 학습 목표를 달성하여 실효성과 효과성을 입증하는 데 확실한 증거를 제시한다.

③ 직관적 타당성

㉠ 한 명의 교사에게 너무 많은 학생들이 있다.

㉡ 거의 모든 학년에서 학생은 학습 단서를 이해하고, 다른 학생이 단서를 이용하여 연습할 때 그것을 관찰하며 피드백을 제공할 수 있다.

㉢ 비록 제한된 범위지만 많은 학생이 수업에서 교수 기능을 수행할 수 있기 때문에 학습자와 개인 교사라는 조를 이루어 부가적인 교수 자원으로 학생을 활용하는 것은 바람직하다.

3. 교수 · 학습의 특징

(1) 수업 주도성(수업 통제)

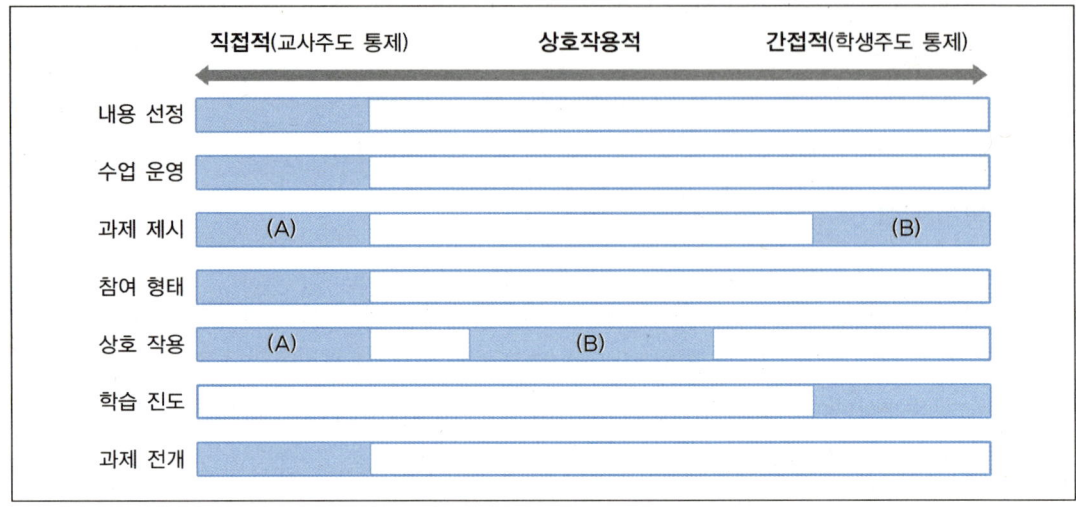

① 내용 선정

　㉠ 교사는 내용과 내용의 순서를 완전히 조정한다.

　㉡ 교사는 단원에 포함될 내용, 학습 과제의 위계 선정, 수행 평가 기준을 결정하고, 모든 학생은 교사로부터 단순히 내용 목록을 전달받고 그것을 수행하게 된다.

② 수업 운영

　㉠ 교사는 학생이 준수해야 할 관리 계획, 학급 규칙, 세부 절차를 결정한다.

　㉡ 개인 교사는 학습 과제 내에서 연습 장소의 결정, 학습자에게 과제 소개, 안전지도와 같은 수업 관리 책임의 일부를 부여 받는다.

③ 과제 제시

　㉠ 한 가지 수준은 교사가 개인 교사에게 수행 단서, 과제 구조, 숙달 기준을 안내할 때 이루어지고, 다른 수준은 개인 교사가 학습자에게 주어진 과제 연습을 시작할 수 있도록 정보를 제공할 때 나타난다.

　㉡ 두 가지 수준에서 나타나는 과제 제시는 매우 직접적이다.

④ 참여 형태

　㉠ 교사는 각 역할에 대한 학생의 임무와 각 과제 내에서 교대 계획을 결정한다.

　㉡ 주된 과제 구조는 2인 1조 형태지만, 학습이 짝수로 떨어지지 않을 때는 3인 1조도 가능하다.

⑤ 상호 작용

  ㉠ 첫 번째 상호작용의 형태는, 교사와 개인 교사 사이에서 일어난다. 초기 상호작용은 매우 직접적이다. 교사는 개인 교사에게 필요한 과제 제시와 과제 구조 정보를 제공하고 개인 교사의 이해도를 점검한다. 그런 다음 개인 교사에게 자신의 역할을 수행하도록 한다(A). 이후에 극히 드문 경우를 제외하고 교사는 학습자가 아닌 개인 교사와 상호작용을 하게 되는데 개인 교사의 관찰, 분석 및 의사소통 기술을 향상시키기 위해서 직접적인 설명보다는 질문과 응답과 같은 대화 방식으로 상호작용을 하게 된다(B).

  ㉡ 두 번째 상호작용의 형태는 개인 교사와 학습자 사이에서 이루어진다. 이 형태는 주어진 학습 활동을 구조화하고 수행하기 위해 협력적으로 참여하는 과정에서 개인 교사와 학습자 사이에 상호작용이 활발하게 이루어진다(B).

⑥ 학습 진도

  ㉠ 교사가 개인 교사에게 과제 제시와 과제 구조 정보를 제공한다면, 개인 교사는 학습자에게 그것을 전달하고 학습자는 자신의 학습 속도로 연습을 시작할 수 있다.

  ㉡ 개인 교사와 함께 학습자는 각 연습을 시작할 시기와 지속 시간을 결정하게 된다.

⑦ 과제 전개

  ㉠ 교사는 각 단원의 내용 목록과 그 안에서 학습 활동이 바뀌는 시기를 결정한다.

  ㉡ 교사는 각 학생이 개인 교사에서 학습자로, 학습자에서 개인 교사로 교대할 시기를 결정한다.

동료 교수 모형의 포괄성

- 동료 교수 모형은 다양한 수준의 학생 능력과 학습 내용에 대한 사전 경험을 수용할 수 있다. 이는 동료 교수 모형이 상당히 포괄적임을 의미한다.
- 운동 기능 수준이 낮은 학생은, 연습 과제를 하는 동안 충분한 관찰을 받을 수 있고 개인 교사의 역할을 학습할 수 있는 기회를 가진다.
- 운동 기능 수준이 높은 학생은, 개인 교사에 의해 제공되는 부가적인 관찰과 정보로 자신들의 기능을 강화시켜 나가고 개인 교사 역할을 수행할 때는 분석 기술의 증가를 꾀할 수 있다.

---

(2) 학습 과제

동료 교수 모형에서 조(짝)의 구성 방식은 학습자의 연습 효율성을 증가시키고 개인 교사에게는 움직임 기능 분석 지식을 발전시킬 수 있는 기회를 제공한다. 또한 개인 교사와 학습자의 역할을 수행하는 모든 학생에게 개인적, 사회적, 언어적 의사소통 기술을 발달시킬 수 있는 기회를 제공한다.

① 과제 제시

  ㉠ 교사가 개인 교사에게 과제 제시 정보를 제공하는 과정은 상당히 직접적으로 이루어진다.

ⓛ 교사는 개인 교사에게 기술 시범 또는 연습해야 될 과제를 주요 학습 단서와 함께 제시하고, 개인 교사는 이것을 학습자에게 제시해야 하고 각 연습 시도동안 관찰해야 한다.

ⓒ 교사는 개인 교사가 학습자에게 제공할 교수 정보의 내용과 방법을 숙지하고 있는지를 정기적으로 점검해야 한다.

ⓔ 교사는 개인 교사에게 과제 제시를 하기 위해 비디오, 그림 및 사진 등과 같은 수업 미디어를 활용할 수 있다.

② 과제 구조

ⓐ 동료 교수 모형의 조는 한 명의 학습자가 연습하고 한 명의 개인 교사가 관찰할 수 있는 과제 구조로 한정한다.

ⓛ 연습, 개인 공간 과제, 스테이션, 인지 과제 등은 일반적으로 동료 교수 모형에서 사용되는 과제 구조의 유형이다.

ⓒ 교사는 개인 교사들이 학습자의 연습 시도를 관찰할 때 사용하게 될 간단한 체크리스트를 개발할 수 있다. 이 체크리스트에는 모든 수행 단서들이 제시되고 개인 교사는 학습자가 그 단서를 정확히 수행하고 있는지 매번 관찰하여 체크한다. 이 전략은 과제 제시에서 1개 이상의 주요 단서를 잊어버리는 어린 학생에게 특히 유용하다.

③ 내용 전개

ⓐ 교사는 직접 교수와 동일한 방법으로 계획된 학습 활동을 진행한다.

ⓛ 단원은 점진적으로 점점 더 어렵거나 복잡한 학습 과제의 시리즈로 나누어지고, 학생들은 계획된 지시 속에서 학습 과제를 전개해 나간다.

ⓒ 교사는 새로운 학습자들이 과제 속에서 이미 개인 교사의 역할을 수행하였고 새로운 개인 교사들은 새로운 과제 제시를 하지 않을 것이기 때문에, 두 번째 반복되는 과제는 조금 짧게 계획할 수 있다.

(3) 학습 참여 형태

① 주요 참여 유형은 조(짝)로 이루어진다.

② 학생 수가 짝수로 이루어지지 않을 때는 세 사람으로 구성된 조를 만들어 개인 교사의 역할을 교대로 수행할 수 있다.

(4) 교사와 학생의 역할 및 책임

역할 및 책임	동료 교수 모형에서의 책임 주체
수업 시작	교사가 수업을 시작한다.
수업 기구 준비	교사가 수업에 필요한 용·기구를 가져온다.
수업 기구 배분 및 회수	각 파트너 모둠이 활동에 필요한 용·기구를 가져오고, 수업이 끝나면 제자리에 가져다 놓는다.

출석 점검(필요 시)	교사가 출석을 부른다.
과제 제시	1. 교사가 개인 교사에게 각 움직임 기능 또는 개념을 보여주고 설명한다. 2. 개인 교사가 학습자에게 각 움직임 기능 또는 개념을 보여주고 설명한다.
과제 구조	1. 교사가 개인 교사에게 과제 구조를 설명한다. 2. 개인 교사는 학습자에게 과제 구조를 설명한다.
상호작용	1. 통로 ①: 교사가 개인 교사와 상호작용을 하기 위해 질문을 활용한다. 2. 통로 ②: 개인 교사가 학습자에게 단서, 안내, 피드백, 격려를 제공한다.
평가	1. 교사가 각 과제를 평가할 수 있는 방법을 결정한다. 2. 개인 교사는 학습자를 평가한다.
학습 진도 파악	교사가 새로운 내용이 전개될 시기를 결정한다.

(5) 교수·학습 과정의 검증

① 교사 기준

기준	검증 방법
단원 내용을 보다 작은 규모의 학습 과제로 나누어 보다 높은 수준의 학습 목표 달성을 도모한다.	단원을 시작하기 전에 교사가 작성한 과제 분석, 내용 목록, 내용 전개를 살펴본다.
전시 학습 내용을 복습한다.	전시 학습이 다루어지는 도입 부분을 확인하기 위해 교수·학습 과정안을 살펴본다.
개인 교사에게 명확하고 효과적으로 과제를 제시한다.	1. 과제 제시를 이해하고 있는지 확인한다. 2. 연습을 시작할 때 학생을 관찰한다. 학생이 과제를 정확하게 수행하는가?
과제 구조를 명확하게 제시한다.	연습을 시작할 때 학생을 관찰한다. 학생은 교사가 제시한 방식으로 참여하고 있는가?
내용 전개를 빠른 속도로 진행한다.	1. 교사가 작은 규모의 학습 과제를 계획한다. 2. 교사는 계획한 수업 단계와 역할 교대를 신속히 진행시킨다.
교사는 개인 교사와 상호작용하기 위해 기본적으로 질문을 사용한다.	개인 교사에게 지시한 질문의 빈도와 유형을 기록한다.
학습 과제에 성취 기준을 포함시킨다.	1. 교수·학습 과정안을 점검한다. 2. 학습자의 성취를 점검하기 위해 지필 평가를 실시한다.
정기적으로 내용 복습을 실시한다.	1. 단원 계획을 점검한다. 2. 복습 시간과 중점 사항을 기록한다.

② 학생 기준

학습자 기준	검증 방법
과제 제시를 이해한다.	교사가 초기에 제시한 대로 기술/움직임/개념을 수행하는 학습자의 수를 파악한다.
과제 구조를 이해한다.	학습자 수를 파악한다. • 교사가 개인 교사에게 지시한 사항에 따라 참여하는 학습자 • 과제를 변형한 학습자 • 과제를 포기한 학습자
높은 비율의 학습 참여 기회를 가진다.	1. 연습 시도 횟수를 파악한다(빈도가 참여 기회를 가장 잘 나타낼 때). 2. 학습자가 참여한 실제 연습 시간을 측정한다(시간이 학습 참여 기회를 가장 잘 나타낼 때).
높은 비율의 실제 학습 시간을 가진다.	타당한 실제 학습 시간 기록지를 가지고 표본 학습자를 관찰한다.
높은 비율의 긍정적, 교정적 피드백을 받는다.	개인 교사가 학습자에게 제공한 피드백을 기록하고 분석한다.
학습자는 내용을 숙달한다.	학습자는 과제를 완수하고 개인 교사에 의해 관찰되는 정기 평가를 통과한다.

개인 교사 기준	검증 방법
과제 제시를 이해한다.	1. 교사가 이해도를 확인할 때 정답 횟수를 파악한다. 2. 학습자에게 제공되는 정확한 정보와 부정확한 정보에 주의하면서 개인 교사의 과제 제시를 관찰한다.
과제 구조를 이해한다.	1. 교사가 이해도를 확인할 때 정답 횟수를 파악한다. 2. 각 조는 학습 환경을 구성하고 학습자가 연습을 시작하도록 한다. 다음 학습자의 수를 파악한다. • 교사가 지시한 대로 참여한 학습자 • 과제를 변형한 학습자 • 과제에 참여하지 않는 학습자
높은 비율의 긍정적, 교정적 피드백을 제공한다.	개인 교사가 학습자에게 제공한 피드백 유형과 비율을 관찰한다.
개인 교사와 학습자는 협력적으로 수행한다.	각 조의 상호작용 유형을 관찰한다.
움직임 기능/개념을 정확히 분석한다.	교사와 개인 교사는 동일한 체크리스트로 학습자를 관찰, 기록한 후 비교한다.

(6) 학습 평가

① 동료 교수 모형은 학생의 개별적인 참여 유형을 가능하게 하는 비연속적인 학습 활동에서 활용될 수 있다. 학습자가 연습하는 동안, 개인 교사가 관찰 가능한 비교적 단순한 움직임 패턴과 개념을 학습할 때 동료 교수 모형의 특성이 발현된다.

② 경쟁적인 게임과 같은 매우 역동적인 참여 유형은 게임이 잠시 멈춰지거나 중단되어 상호작용이 가능하다 할지라도 개인 교사에게 학습자와 상호작용할 수 있는 기회를 많이 제공하지 못한다.

③ 동료 교수 모형은 개인 교사가 정지된 상태에서 반복적이고 비교적 단순한 움직임 활동을 수행하는 학습자를 관찰할 수 있는 많은 기회를 제공한다. 이때 개인 교사는 평가 목적으로 가장 적합한 관찰 체크리스트를 활용하게 된다.

④ 체크리스트는 동료 교수 모형에서 평가 도구로 광범위하게 활용될 수 있다. 왜냐하면 개인 교사는 심동적 영역에 해당하는 운동 수행을 관찰하고 정확하게 수행된 움직임 또는 기술을 기록하기 쉽기 때문이다. 평가의 핵심은 체크리스트 항목의 수와 난이도가 개인 교사의 수준에 맞추어져야 한다.

⑤ 체크리스트 평가 기법은 학습자와 개인 교사 모두에게 도움을 줄 수 있다.
  ㉠ 학습자에게는 자신의 운동 수행 요소에 대한 구체적 피드백을 받을 수 있는 이점이 있다.
  ㉡ 개인 교사에게는 자신이 연습할 차례가 되었을 때 중요한 학습 단서를 기억하게 만드는 이점이 있다.

4. 실행적 요구 사항과 변형

(1) 교사 전문성

① 발달 단계에 적합한 수업
  ㉠ 교사는 학습자가 높은 비율의 과제참여기회로 의미 있는 과제에 안전하게 참여할 수 있는 필요성과 관련된 발달 문제를 다루어야 한다.
  ㉡ 교사는 스스로 개인 교사가 다음을 갖추고 있는지 확인해야 한다.
    ⓐ 과제 정보를 이해하고 연습 시도를 관찰할 수 있는 지적 능력
    ⓑ 일정 부분의 교사 역할을 담당할 수 있는 책임 수준
    ⓒ 정확한 피드백과 단서를 제공할 수 있는 의사소통 기술
    ⓓ "그 순간의 교사"로서 학습자의 이익을 위해 추구할 수 있는 성숙도

② 과제 분석과 내용 전개
  ㉠ 단원에서 지도될 움직임 기능이나 개념을 숙지하고 학생에게 순차적으로 학습 과제가 제시될 수 있도록 기능이나 개념을 부분 요소로 분절할 수 있어야 한다.

        ⓛ 학생은 계열성을 갖춘 과제가 전개되는 동안 개인 교사와 학습자의 역할을 교대로 수행하면서 발전해 나간다.

  ③ 평가

        ㉠ 개인 교사는 평가자로서의 역할을 종종 수행한다. 이들은 학습자의 기술 연습을 관찰하고 각 학습 과제의 숙련도를 확인하는 데 도움을 준다.

        ⓛ 교사의 평가 전문성은 관찰 체크리스트와 같은 평가 기법을 설계하고 개인 교사와 의사소통을 하는 데 필요하다.

        ⓒ 개인 교사의 관찰 및 의사소통 기술에 따라 동료 교수 모형은 비디오와 루브릭과 같은 대안적 평가 전략을 활용할 수 있다.

  ④ 사회적/감정적 분위기

        ㉠ 동료 교수 모형은 학습자와 개인 교사 간에 순간적인 상호작용에 크게 의존하기 때문에, 교사는 학습에 대한 책임감을 서로 느낄 수 있도록 분위기를 조성해야 하는 책임이 있다.

        ⓛ 교사는 수업에서 정기적인 토의 시간을 갖고 좋은 개인 교사와 학습자 역할 행동에 대한 사례를 제공하며, 모든 학생의 공동 책임감을 제시함으로써 긍정적인 분위기를 조성할 수 있다.

(2) 핵심적인 교수 기술

  ① 수업 계획

        ㉠ 교사는 명확한 학습 목표를 도출하기 위해 단원 내용을 비연속적인 학습 과제로 나눈다.

        ⓛ 교사는 과제 제시가 완료되었을 때 학습자와 개인 교사가 신속하고 적절하게 참여할 과제를 계획할 필요가 있다.

  ② 시간과 수업 운영

        ㉠ 수업 단계에 따라 시간 분배와 학생 이동 관리에 대한 별도의 주의를 필요로 한다.

        ⓛ 교사는 학습 활동과 역할을 교대할 때 연습 시간의 손실을 최소화 할 수 있도록 상규적 활동과 절차를 수립해야 한다.

        ⓒ 학생이 각 역할을 수행할 때 대략적으로 동일한 시간이 제공될 수 있도록 특별한 주의를 기울여야 한다.

  ③ 과제 제시와 과제 구조

        ㉠ 교사는 개인 교사에게 훌륭하게 과제를 제시하고 자주 그들의 이해도를 점검해야 한다.

        ⓛ 교사는 조를 이룬 학생에게 학습 환경을 설정하고 교사가 의도한 과제에 참여하도록 하기 때문에 과제 구조도 과제 제시만큼 중요하다.

        ⓒ 교사가 개인 교사에게 과제 제시와 과제 구조 정보를 훌륭하게 제공한다면, 개인 교사는 임시적인 지도 책임을 훨씬 효과적으로 수행할 수 있다.

④ 의사소통

 ㉠ 교사는 개인 교사에게 과제 제시와 과제 구조를 제시하기 때문에 언어적 의사소통이 자주 활용된다.

 ㉡ 교사는 개인 교사가 학습자에게 내용을 가르칠 수 있도록 개인 교사와 충분하게 의사소통을 해야 하고 자주 그들의 이해도를 확인하는 것이 필요하다.

⑤ 교수 정보

 ㉠ 조(짝) 형태로 참여가 이루어지면, 교사는 개인 교사하고만 간접적인 형태로 상호작용을 한다.

 ㉡ 교사가 개인 교사의 관찰 능력 및 의사소통 기술을 발달시키고자 노력하기 때문에, 개인 교사와 상호작용하는 기본 방식은 문제 해결 능력을 키울 수 있는 질문이다.

⑥ 수업 정리 및 종료

 ㉠ 교사는 수업에서 발생한 모든 종류의 학습을 정리해야 한다.

 ㉡ 교사는 체육 수업에서 학생이 서로 교대로 가르쳤을 때 일어나는 전체적인 현상을 볼 수 있도록 모든 것을 종합적으로 제시해야 한다.

(3) 상황적 요구 조건

① 동료 교수 모형의 중요한 교육적 상황 조건은 학급의 절반이 한 번에 연습할 수 있는 충분한 공간과 용·기구가 마련되어야 한다는 점이다.

② 이 모형은 광범위한 움직임 내용과 학교의 거의 모든 활동 분야에서 활용될 수 있다. 특히 대규모의 학급에 매우 효과적으로 활용될 수 있다.

(4) 모형의 선정과 변형

① 동료 교수 모형은 체육 수업에서 광범위하게 사용될 수 있다. 동료 교수 모형을 사용할 때 고려해야 할 주요 사항은 내용 그 자체보다는 교사가 기대하는 학습자의 학습 성취 수준이다.

② 동료 교수는 모든 개인 스포츠와 팀 스포츠에서 효과적으로 사용될 수 있으나 비경쟁적인 학습 활동으로 제한하는 것이 좋다. 왜냐하면 역동적인 게임 상황은 학생에게 개인 교사와 학습자의 역할을 수행할 때 상호작용할 수 있는 기회를 제공하지 못하기 때문이다.

③ 동료 교수 모형은 초급과 중급 수준에 적합하며 경쟁적인 게임에 자주 참가하게 될 숙련된 학생의 수준에는 적합하지 않다.

(5) 개인맞춤형 학습을 위한 동료 교수 모형 사용하기

① 동료 교수 모형에서 2인을 구성된 조는 어떤 면에서는 본질적으로 차별화된 학습 경험을 만들어낸다. 예를 들어, 각 연습 시도 전후에 매우 높은 빈도로 제공되는 단서, 안내, 피드백, 질문, 격려는 학습자에게 개별화 지도를 제공하며 높은 학습참여기회(OTR)를 만들어낸다. 그러나 어떤 면에서는 동료 교수의 과제 구조가 개인맞춤형 학습을 위한 선택사항이 많지는 않다.

② 동료 교수는 교사가 각 수업 전에 신중히 고려하면 효과적으로 개인맞춤형 학습을 진행할 수 있다. 이 모형에서 가장 중요한 측면은 2인 구조에서 개인 교사와 학습자 간의 상호작용이므로, 학생들을 효과적으로 짝지어 주는 것이 매우 중요하다.

③ 교사는 짝을 이질적으로 만들어야 한다. 기능수준이 높은 학생과 낮은 학생을 짝지어 주는 것뿐만 아니라, 단원 내용에 대한 인지적 수준이 다양한 학생들을 짝지어 주는 것도 고려한다.

④ 또한, 학습 프로필의 특정 측면을 기반으로 학생들을 짝지어 주는 것도 고려해야 한다. 동일하거나 다른 학습 프로필을 가진 학생들을 짝지을 때 각각의 장점이 있다.

⑤ 개인 교사가 내용을 제공하는 역할을 맡고 있기 때문에, 교사는 학습자 간의 개인적 차이를 다루는 것도 고려해야 한다.

⑥ 학생의 흥미는 직접 교수와 동일한 방식으로 교사에 의해 촉진할 수 있지만, 동료 학생 간 효과적인 상호작용을 통해 흥미를 유발할 가능성도 있다.

⑦ 교사가 개인 교사에게 내용을 제공할 때는 교사중심의 직접적인 의사소통 전략이 적합하다. 또한, 개인 교사 역할을 수행할 때 참고 자료로 활용할 수 있도록 수업 미디어와 테크놀로지를 사용할 수 있다.

⑧ 교사가 학습 진도와 관련된 측면을 결정하는 동안, 개인 교사의 학습과정은 직접적 설명보다는 질문을 활용하여 차별화할 수 있다. 이는 개인 교사의 관찰, 분석 및 의사소통 능력을 키워 개인적 기여를 가능하게 한다.

⑨ 또한, 학습 스테이션은 개인 교사에게 특정 과제 내에서 맞춤형 학습을 제공할 수 있다. 스포츠 기술뿐만 아니라 단원 내용의 다른 측면에도 집중할 수 있다. 2인 1조는 스포츠의 규칙이나 역사를 더 많이 배우고 난 후 다음 세션에서 교사에게 보고하는 숙제 과제를 포함할 수 있다.

⑩ 진단 평가 결과를 기반으로 모둠을 편성하는 것도 중요하다. 모둠 편성이 효과적으로 형성되면 동료 교수 내에서 학습 결과물을 차별화할 수 있다. 2인 1조가 함께 수행하는 운동 기술 능력을 평가하거나 동료 간 상호작용의 태도와 질을 분석할 수 있다. 이 접근법의 핵심은 학생들의 주의를 모둠 수행의 중요한 측면에 집중시키는 것이다.

⑪ 학습 환경은 개인맞춤형 학습에서 가장 중요한 요소이다. 모든 학습 과제는 개별 학생의 성공을 보장하기 위해 유연성을 포함해야 한다. 또한, 교사는 효과적인 개인 교사/학습자 상호작용을 설명하고 시범을 보이는 데 필요한 만큼의 충분한 시간을 투자해야 한다. 긍정적인 사회적 분위기는 기술과 개념 학습뿐만 아니라 사회적/정서적 학습도 촉진할 수 있다.

🔍 동료 교수 모형을 사용한 개인맞춤형 학습의 주요 질문(초등학교 고학년 농구 수업)

	목표	적용 방법
학생의 준비도를 확인하고 모니터하는 데 평가가 어떻게 사용되는가?	공식평가는 초기의 학생 준비도를 결정하기 위한 진단 평가를 사용하기	• 드리블, 패스, 숏의 표준화된 기능 검사 • 농구의 규칙과 역사에 관한 지필 평가 • 농구 기능의 총체적 루브릭 • 개인 교사와 학습자의 역할을 하는 발달 단계별 준비도에 대한 비공식 평가
	80% 성공률의 학습과제와 연계된 비공식적 및 공식적 총괄평가를 통해 학생들의 성장과 준비 상태를 모니터링하기	• 드리블, 패스 또는 숏에 대한 동료학생 체크리스트 • 농구 기능의 분석적 루브릭
학생의 흥미도와 학습 프로파일은 무엇인가?	Reichmann과 Grasha의 프로파일을 활용한 학생의 학습 선호도를 평가하기	• 단원 전에 학생의 특성을 평가하기 위한 교사 관찰과 평가
	단원 계획 시 학생의 지능 선호도를 고려하기	• 지능 선호도의 다양성을 가진 농구 기능의 교사주도 과제 제시 양식 파악하기
	학생의 다양한 흥미와 문화 수준 고려하기	• 긍정적 개인 교사/학습자의 상호작용 • 수업 초기에 WNBA 선수의 드리블, 패스, 숏 유튜브 비디오 • 비디오 게임을 활용한 기능의 교사 시범 • 농구 스포츠에 대한 교사의 소개와 다른 영역형 게임과의 비교(예 축구, 핸드볼, 풋볼 등) • 국제농구연맹을 통해 농구의 글로벌 측면을 소개

학생들이 내용을 어떻게 접할까?	학습 맥락에 효율적인 모형과 연계된 소통 전략 파악하기	• 농구 기술을 개인 교사에게 과제 제시하기 위한 교사중심의 직접적 소통 전략
		  – 강의와 시범의 병행
		  – 교사 구두 강의
		  – 슬로우 모션 시범
		  – 비디오 시범
		  – 교사의 모델 시범
		  – 적극적인 시범
		• 개인 교사에게 과제 제시를 하기 위한 비디오, 드로잉, 사진과 같은 수업미디어

학생들은 학습 내용 안에서 어떻게 발전해 나갈까?	모형의 핵심 기술, 지식 영역, 태도를 구별하여 이를 교육 범위와 순서에 따라 배열한다. 학습진도는 학생 준비도에 관한 진단 평가에 기초하여 결정하기	• 교사는 완전숙달 준거와 진도를 결정하기 • 학생의 발달단계적 특성에 기초한 농구의 핵심 움직임 패턴 파악하기 • 3 : 3 농구 경기를 위한 3단계 과제 분석 수행

60

맞춤형 학습과정을 제공하기 위해 어떤 과제가 제공되어야 할까?	개인맞춤형 학습을 가능하게 하는 참여 패턴, 속도, 진도 등을 결정하기	• 학생의 장점으로 개인적 기여를 도모하는 개인 교사의 관찰, 분석, 의사소통을 기르기 위해 직접적인 설명보다는 질문을 더 많이 사용하기 • 개인 교사들이 개별 과제 내 체계(Rink)의 설명, 정련, 확장, 적용, 반복을 배우고 활용할 수 있도록 허용 • 다양한 난이도로 농구 패스에 집중하는 스테이션을 활용 • 숙제, 프로젝트, 교과 통합을 다양한 학생 능력을 고려한 학습 활동으로 활용

어떤 교수전략이 맞춤형 학습에 필요할까?	모형의 이론적 기초와 대주제와 연계된 수업 상호작용과 전략을 파악하기	• 동료 교수와 2인 조 학습
		   − 연습 시도 전후에 매우 높은 빈도로 단서, 안내, 피드백, 질문, 격려를 제공
		   − 높은 비율의 OTR
		• 교사가 과제내 변형을 개인 교사에게 훈련
		• 연습, 자기주도 과제, 스테이션, 인지 과제

어떤 모둠 편성 전략이 적절한가?	모형과 기준에 연계된 편성 전략을 선택하기	• 기능 수준이 높은 학생과 낮은 학생을 짝지어 주기(기능 수준이 낮은 학생도 무엇을 관찰해야 하고 어떻게 효과적인 피드백을 제공할 수 있는지 배움) • 준비도, 흥미, 학습 프로필과 같은 개인적 특성을 기반으로 이질적인 2인 조 만들기
개인맞춤형 학습을 고려한 다양한 평가 방법을 가능하게 하는 결과물은 무엇인가?	• 모형과 연계되고 학생들이 배운 내용을 다양한 과정을 통해 적용, 정제, 종합할 수 있도록 높은 수준의 사고 능력을 발휘할 수 있는 학생 결과물을 선정하기 • 유연하고 실제성 있는 평가 방법을 개발하기	• 모든 학습영역과 농구 기술의 다양한 측면, 개인 교사/학습자 간의 상호작용, 동료 교수와 관련된 태도를 반영한 실제 평가 루브릭 • 개인의 학습 향상이나 2인 1조의 향상을 평가하는 기술 체크리스트 • 단원과 수업에서 교사가 사전에 설정한 숙달 기준에 기반하여 농구 기술 습득을 위한 2인 1조의 목표 설정 • 진단 평가 결과를 활용하여 교사가 설정한 기준에 따라 2인 1조의 농구 기술 습득을 기반으로 한 평가 체계 • 농구 기능수준에 따라 가중치를 부여한 평가

| 어떻게 포용성 있는 학습 환경을 조성할 수 있을까? | • 수업 모형의 기본 원칙을 준수하기
　− 학생들이 도전적인 활동을 통해 성공을 경험하도록 돕기
　− 지원적인 학습환경을 조성하기
　− 자기주도성을 개발하기 | • 좋은 개인 교사와 학습자 역할 행동의 예를 강화하기 위해 학급전체를 대상으로 정기적인 토론을 진행하여 긍정적인 분위기를 조성하기
　− 개인 교사: 학습자의 능력과 요구, 특히 학습자가 어려움을 겪고 있고 필요한 피드백이 긍정적이지 않을 때 이를 민감하게 인식하기
　− 학습자: 개인 교사가 실수를 할 수 있으며 교사와 같은 수준의 전문성을 가지고 있지 않다는 것뿐만 아니라 부정적인 피드백은 학습자 개인에 대한 것이 아님을 수용하기
• 2인 1조안에서 높은 비율의 긍정적 피드백, 상호작용 및 OTR
• 드리블 패턴을 지도하기 위한 개인 교사용 과제 카드
• 과제 내 변형
• 과제 간 변형 |

5. 지도 계획 시 주안점

(1) 개인 교사들에게 그들이 역할을 수행하는 동안 교사인 당신의 눈, 귀, 목소리를 대신한다는 사실을 지적하면서 개인 교사에 대한 기대를 분명하게 제시한다.

(2) 개인 교사에게 효과적인 교사가 의미하는 바를 가르친다. 개인 교사에게 교사가 학생들의 학습을 돕기 위해 행하는 것을 보여준다. 각 수업 계획에서 이를 위한 훈련 시간을 마련한다.

(3) 학습자와 개인 교사를 평가하라. 이것은 개인 교사에게 가르치는 역할의 중요성을 강화시켜 준다.

(4) 동료 교수 모형에서는 운동 기능 수준이 높은 학생과 운동 기능 수준이 낮은 학생이 짝짓는 것을 허용한다. 운동 기능 수준이 낮은 학생은 숙달된 운동 수행자가 아닐지라도 운동 기능 수준이 높은 학생으로부터 개인 교사 역할을 할 때 어떤 점에 주목해야 하고 어떤 피드백을 제시해야 하는지를 배울 수 있다.

(5) 학습 활동 동안 개인 교사와 학습자의 역할을 교대할 때, 새로운 개인 교사는 새로운 과제 제시를 할 필요가 없다. 그들은 이미 과제 구조를 알고 있고 이전 개인 교사에 의해 중요한 요소를 배웠다. 새로운 개인 교사에게 그들의 역할을 분명히 할 필요가 있다면 새로운 학습자가 기술 연습을 하는 동안 역할 이해도를 빨리 확인한다.

(6) 동료 교수 모형은 다른 모형보다 학생 이동이 많이 요구된다. 그렇기 때문에 수업 안에서 이 학생 이동 계획을 확실히 하고, 가능한 한 효과적으로 수행하도록 한다.

6 탐구 수업 모형

문제 해결자로서의 학습자

1960년대에 들어서 지적 능력, 문제 해결, 기초움직임 기술 등의 발달을 강조하는 사람들은 교사 중심의 수업에 대해 처음으로 도전을 제기하였고, 이 프로그램은 '움직임 교육'이라 불리며 지금까지 지도 특히 초등학교 체육 교육의 중심이 되고 있다. 어떤 교사들은 '움직임 교육'(movement education) 명칭을 고수하나, 다른 교사들은 철학, 내용, 교수법들을 내세우면서 '움직임 중심 체육 교육'(movement-based physical education)이라는 확장된 개념 용어를 사용하기도 한다. '움직임 운동'은 스포츠 중심의 체육교육과정에서 탈피한 최초의 프로그램 변화로 볼 수 있다. 움직임 중심의 프로그램 목적은 기초적·일반적인 움직임 기술의 발달, 인간움직임에 적용될 수 있는 문제 해결력 및 인지적 능력의 발달, 표현력과 창의적 움직임의 개발이다. 움직임 중심 지도 방법은 문제 해결, 탐색 지도, 학생 중심 교수, 발견식 교수, 간접 교수 등의 다양한 명칭으로 불려 왔다. 명칭에 관계없이 모든 형태의 움직임 중심 지도는 하나의 중요한 특징을 가지고 있다. 질문을 사용한다는 것이다. 질문 중심 수업의 독특한 성격과 이 속에 담겨있는 많은 유용한 전략들은 학생의 사고력, 문제 해결력, 탐구력 등을 증진시키는 데 활용될 수 있다. 모든 체육 교사들은 수업을 할 때 질문을 한다. 그러나 질문을 한다고 해서 항상 탐구 중심 수업이 되는 것이 아니다. 이 전략에 근거하여 학생을 지적, 신체적, 정서적으로 발달시키는 방법으로 전체 지도 단원에 걸쳐 거의 독점적으로 질문이 활용될 때 비로소 탐구 수업 모형이라고 할 수 있다.

탐구 수업 모형과 협동 학습 모형, 전술 게임 모형의 유사점 및 차이점	
유사점	문제 해결 중심의 지도 전략을 활용한다.
차이점	• 협동 학습은 학습 활동을 위한 팀 구조에 바탕을 두고 있지만, 탐구 수업 모형은 여러 종류의 구조를 활용하고 있으나 대개는 학생 개인의 사고에 주로 의존한다. • 협동 학습 모형에서는 교사가 루브릭을 가지고 학생과 의사소통을 하고, 전술 게임 모형에서는 상황 중심의 활동을 하기 때문에 이 두 모형에서 활용되는 질문과 움직임의 범위는 좁게 나타난다. • 탐구 수업 모형은 학생에게 '뻔한 답'이 아닌 창의적인 대답(인지적, 심동적 차원)을 폭넓게 요구한다.

1. 개요

(1) 탐구 수업 모형은 그 동안 실제로 체육 교사들이 수년간 다른 명칭으로 사용해왔던 학생 중심 지도, 문제 해결, 탐색 지도, 유도 발견 등의 탐구 및 문제 해결전략을 합성한 것이다.

(2) 전략들은 그 자체로는 수업 모형이 되지 못한다. 실제적인 수업 모형이 되기 위해서는 가장 공통되는 속성, 즉 학습을 이끌어 가는 질문 활용이 탐구 수업 모형의 기본이 되어야 한다.

(3) 탐구 수업 모형의 가장 중요한 특징은 가장 우선적으로 인지적 영역에서 학습이 이루어진다는 것이다. 인지적 학습은 때때로 교사가 추구하는 학습 결과의 유일한 형태일 수 있다.

(4) 인지적 학습에의 참여는 심동적 영역에서 진술된 질문에 대한 선행 조건 내지 자극이 된다. 즉 학생은 먼저 생각을 하고 난 후에 움직임 형태로 대답을 하게 된다.

(5) 인지적 지식을 6단계로 다루는 Bloom의 분류법을 보면, 분류표에 나타난 지식수준의 위치에 따라 낮은 수준의 지식(지식, 이해, 적용)과 높은 수준의 지식(분석, 종합, 평가)을 구분할 수 있다.

① **지식**
기억, 회상하기

② **이해**
의역, 해석, 유추하기

③ **적용**
기존에 알고 있던 방법, 원리, 개념을 적용하여 문제를 해결하기

④ **분석**
자료를 분해하고 부분간의 관계와 조직되어 있는 방식 발견하기

⑤ **종합**
여러 요소나 부분을 전체로서 하나가 되도록 창의적으로 묶어내기

⑥ **평가**
대상의 가치 판단하기

(6) 교사는 학습 활동을 통해 지식의 유형을 습득하길 원하기 때문에 한 차원 더 높은 단계의 질문이 강조되어야 할 것이며, 학생은 과제에 대한 선행 지식을 갖고 있어야 한다.

(7) 교사는 학습 활동이 성취할 지식의 수준에 초점을 맞출 수 있도록 해야 하고, 그 수준에서 학생이 언어 또는 움직임으로 대답할 수 있도록 질문을 사용한다.

(8) 높은 수준의 질문이라고 해서 항상 낮은 수준의 질문보다 좋은 것은 아니다. 즉, 질문의 적절성은 교사가 의도하는 지식 수준을 충족하는 동시에 학생의 학습을 증진시키느냐에 따라 결정된다.

(9) 탐구 중심 지도가 효과적인 모형이 될 수 있는 것은 질문자로서의 교사와 문제 해결자로서의 학생의 역할로 볼 수 있다.

2. 이론적 기초

(1) 이론적 배경 및 근거

① 탐구 수업 모형은 많은 인지 학습 이론에 바탕을 두고 있으며, 각 이론은 체육 수업에서 서로 다른 지도 전략과 학습 활동을 제안한다.

② 탐구 수업 모형에 기여한 연구로는 Bruner의 발견 학습 이론, Ausubel의 의미 수용 학습, 구성주의가 있다.

③ 탐구 수업 모형의 기본적인 근거는 학습자들이 움직임을 통해 지식을 표현하기 전에 내용을 인지적으로 과정화할 필요가 있다는 점이다.

④ 이렇게 될 때 교사가 학습자들에게 질문을 하면 학습자들은 가능한 답변을 생각하게 되고, 그런 다음 교사는 학습자들이 자신들의 답변을 움직임으로 변환시킬 수 있게끔 시간을 부여하게 된다.

⑤ 이러한 변환은 학생들이 질문을 생각하고 다양한 행동 유형을 탐색, 또는 발달시킬 수 있도록 격려 받을 때 일어나게 된다.

(2) 교수 · 학습에 관한 가정

① 교수에 관한 가정

㉠ 교사가 수업에서 주로 하는 일은 학생의 사고를 자극해서 심동적 영역에서의 발달을 도모하는 것이다.

㉡ 교사는 학생에게 제시하는 가장 일반적인 형태의 대화 수단으로 질문을 사용한다.

㉢ 교사는 학생의 학습을 증진시키는 촉진자로서, 학생의 창의력과 탐구력이 발달될 수 있도록 진지하고 사려 깊은 질문을 하여 학생을 자극한다.

㉣ 교사의 질문은 학생의 지적 능력에 적합하여야 한다.

㉤ 교사의 역할은 직접 교수와 간접 교수를 적절히 배합하는 것이다.

② 학습에 관한 가정

㉠ 학습 활동이 학생 개개인에게 의미가 있을 때 최상의 학습이 이루어진다.

㉡ 학생은 사전 지식 등의 여러 가지 정보를 가지고 활동에 참여하며, 이로써 새로운 지식 또는 의미를 구성한다.

㉢ 심동적 영역에서의 학습은 인지적 영역에서의 학습에 의해서 전개된다.

㉣ 학습은 본질적으로 문제 해결의 과정이다. 이때 학생은 언어 혹은 신체 움직임으로 표현되는 해결책을 만들기 위해서 사전 지식과 의미를 활용한다.

㉤ 모든 다른 학습 유형들처럼 문제 해결 과제의 복잡성이 학생의 발달 능력에 맞는 경우에 인지적 발달이 가장 잘 일어난다.

(3) 모형의 주제: 문제 해결자로서의 학습자

① 탐구 중심 지도 전략들이 체육 교육에서 많이 활용되고 있지만 학습은 문제해결의 과정이라는 공통된 특징을 가지고 있다.

② 교사는 질문을 함으로써 문제를 구성하고 한 가지 이상의 가능한 해답을 찾도록 시간을 할당한다. 그런 다음 학습한 결과를 표현하기 위해 찾아낸 해답을 시범 보이도록 학생들에게 요구한다.

③ 문제는 인지적 영역에서 해결되어야 하는데, 그것은 학생이 주요 개념을 이해하고 교사의 질문에 대한 해답을 찾아낸 증거로써 '움직임 대답'을 형성하기 전에 이루어진다.

문제 해결 과정의 5단계(Tillotson)	
문제 규명	교사는 학생이 배워야 할 개념, 숙달해야 할 기능, 잘 준비된 질문으로 학생을 자극하는 방법에 대해서 알고 있다.
문제 제시	교사는 학습 과제와 그 속에 내재되어 문제를 형성하도록 한두 가지에 초점을 맞춰 질문한다.
문제에 대한 유도 설명	교사는 문제를 해결하기 위해서 여러 가지 시도를 하는 학생에게 단서, 피드백, 보조 질문 등을 제공해 주면서 관찰한다.
최종 해결책의 규명과 정교화	교사는 학생의 사고를 정교화하고 한 가지 이상의 해답을 찾아내도록 단서, 피드백, 보조 질문들을 활용한다.
분석, 평가, 토의의 시연	문제에 대한 해답을 고안하여 과제를 완수하고 나면, 학생(개별적으로 혹은 모둠으로)은 다른 학생에게 자신이 찾은 해답을 시연한다. 이 시연은 교사와 다른 학생이 분석하는 것을 도와주는 역할을 하는데, 이 분석은 비판적으로 되어서는 안 되며, 나머지 학생의 사고와 움직임에 도움을 주는 방향으로 이루어져야 한다.

(4) 학습 영역의 우선순위와 영역 간 상호작용

① 학습 영역의 우선순위

㉠ 1순위: 인지적 학습, 2순위: 심동적 학습, 3순위: 정의적 학습

㉡ 일반적으로 탐구 수업 모형의 학습 영역의 우선순위는 2순위가 심동적 학습이다. 그러나, 탐구 중심 지도를 하는 대부분의 교사들은 학생의 자아 인식, 탐구심, 창의력, 자아존중을 촉진시키기 위해서 정의적 학습을 심동적 학습보다 우선시하려고 한다(인지적-정의적-심동적).

② 학습 영역 간 상호작용

㉠ 학습 영역의 상호작용은 어떤 영역을 두 번째 우선순위로 정하는가에 따라 달라진다.

㉡ 심동적 영역을 두 번째 우선순위에 두면, 인지적 영역의 학습은 심동적 영역의 학습을 조장해야 한다. 그 다음에 학생이 '보다 잘 생각하고, 보다 잘 움직일 수 있는' 자신들의 능력에 관해서 좋은 느낌을 가질 때 정의적 학습이 이루어진다.

ⓒ 정의적 영역을 두 번째 우선순위에 두면, 비록 움직임 답변이 높은 수준의 것이 아니거나 숙달되지 않았더라도 어떠한 형태로든 학생이 '생각하고 움직이는 것'에 대해 좋은 느낌을 가질 수 있도록 학생의 사고는 창의적인 해결 방향으로 나갈 수 있다.

(5) 학생의 발달 요구 사항

① 학습 준비도

㉠ 학생은 교사가 설정한 문제를 이해할 수 있고, 문제 해결 과제 또는 질문을 이해할 수 있어야 하며, 의도한 인지적 수준에서의 대답을 통해 학습할 수 있어야 한다.

㉡ 학생이 인지적 영역에서만 답을 도출할 수 있다고 해서 충분하지 않다. 인지적 해답을 명료화하는 방법으로 학생의 움직임을 가능하게 하는 심동적 영역의 발달 수준도 중요하다.

② 학습 선호도

참여적, 협력적, 독립적인 학생에게 효과적이다.

(6) 모형의 타당성

① 연구 타당성

㉠ 탐구 수업 모형은 교사가 질문을 작성하여 학생에게 묻고, 학생은 '생각하고 나서 움직이는 것'에 초점을 둔 몇 가지 전략들을 포함하고 있다. Siedentop과 Tannehill은 이를 '질문을 통한 교수법'이라고 불렀고, Mosston과 Ashworth는 '유도 발견'이라는 용어를 만들어냈다.

㉡ 탐구중심 모형이 여러 형태로 다년간 체육 지도법의 하나가 되어 왔지만, 정작 이 모형이 학습결과를 증진시킬 수 있다는 타당성을 밝힌 연구가 거의 수행되지 않았다.

㉢ 탐구 수업 모형에 대한 연구 부족은 질문을 일부 활용하지만 완전한 탐구 수업 모형으로 간주하기 어려운 교수전략의 활용에서 비롯된다고 볼 수 있다. 많은 현장교사들이 움직임기반 프로그램의 일환으로 탐구 수업을 사용하기 시작했으며, 연구 문헌의 지지를 기다리는 대신 경험적 지식을 축적함으로써 이를 입증하는 방식을 선택했다.

② 실천적 지식의 타당성

㉠ 탐구 수업 모형은 거의 40년간 체육 분야에서 주된 지도 방법이 되어 왔고, 많은 교사들이 탐구 중심 또는 문제 해결 접근을 사용하고 있다.

㉡ 대부분의 교사들은 Mosston과 Ashworth의 유도 발견 스타일을 수업에 활용하며, 이 방법에 친숙해지는 교사들이 점점 확대되고 있다.

㉢ 체육 교육에서 탐구 수업 모형을 폭넓게 사용하는 것은 학생의 사고력, 창의적인 움직임, 자아 존중을 증진시키는 데 효과가 있음을 시사한다.

③ 직관적 타당성

   ㉠ 직관적 타당성은 운동 학습 원리와 Bloom의 분류표를 동시에 활용함으로써 얻어진다. 학습자들은 움직임 과제의 요구를 이해하고 수행하기 위해 반드시 기초적인 인지 능력을 가지고 있어야 한다.

   ㉡ 인지적 영역에 대한 Bloom의 분류표는 단순한 기억으로 출발해서 평가로 발전하는 학습 범주의 위계 구조에 근거한다. 인지적 발달의 각 단계는 학습자가 점점 더 복잡하고 어려운 과제에 참여할 것을 요구한다.

   ㉢ 낮은 수준의 학습은 직접적인 방법으로 성취될 수 있지만, 높은 수준의 학습은 대개 간접적인 방법으로 추구되며 이때 학생은 자신의 사전 지식들을 종합하고 새로운 지식을 창출하며 가치 있는 판단을 하려고 노력한다. 교사는 직접적인 해답을 제공하지 않으면서 학생의 학습을 증진할 수 있는 방법을 찾아내야 하는데, 탐구 수업 모형은 이 같은 목적을 위해서 활용될 수 있다.

3. 교수 · 학습의 특징

(1) 수업 주도성(수업 통제)

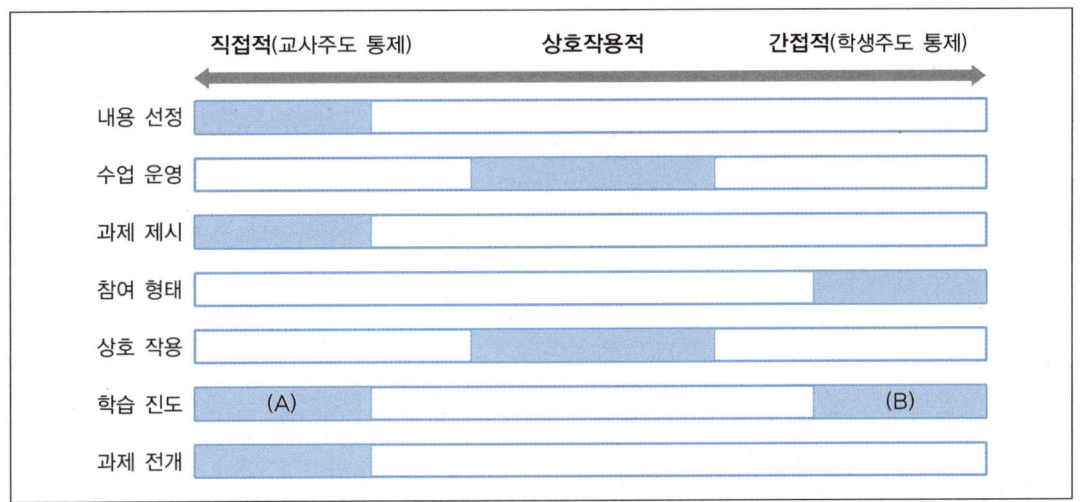

① 내용 선정

   ㉠ 탐구 수업 모형에서 다루는 내용은 대개 교사가 학생에게 학습하기를 원하는 인지적 지식, 개념, 움직임 패턴으로 해결해야 할 각 문제에 이와 같은 내용이 포함되어 있다.

   ㉡ 교사가 단원과 각 수업에서 학생이 배울(탐색하고 해결할) 모든 내용을 결정한다.

② 수업 운영

   ㉠ 교사가 관리 계획과 특정의 수업 절차를 결정한다.

ⓒ 학습 장소 위치, 용·기구 선정, 팀 조직과 같은 관리적 과제가 학습 과제와 중첩되는 경우 교사는 학생에게 일정한 부분을 결정할 수 있는 기회를 허용한다.

③ 과제 제시

　　㉠ 과제 제시는 학생이 학습 과제를 해결하기 위해 문제를 부여받을 때 활용된다. 과제 제시는 교사가 학생의 사고와 움직임을 자극하면서 의사소통하는 질문 형태로 나타난다.

　　㉡ 과제 제시를 할 때 반드시 학생이 과제의 명료성과 한계성을 파악할 수 있을 정도로 충분한 정보를 제공해야 한다.

④ 참여 형태

　　㉠ 교사가 문제를 설정하면 학생에게 해답을 찾기 위한 기회가 제공된다. 특히 고도의 인지적 과제의 경우 더욱 그렇다.

　　㉡ 학생은 가능한 해답들을 탐색하고 다른 학생과 협력하며 새로운 시도를 해 보고 용·기구를 변경할 수 있다. 또한, 학생은 움직임 문제에 대해 생각하면서 신체 자세를 변화시켜 간다.

⑤ 상호 작용

　　㉠ 학생이 문제 해결에 몰입하게 될 때 높은 수준의 상호작용을 나타낸다.

　　㉡ 교사는 학생의 사고력을 자극하고 움직임 유형을 탐색하도록 하기 위해 직접적으로 설명하는 것이 아니라 질문을 활용해야 한다.

⑥ 학습 진도

　　㉠ 교사는 전체 단원과 각 수업 진도를 결정한다. 언제 새로운 과제(문제)를 시작할 것인지, 그 과제에 얼마의 시간을 할당할 것인지를 결정한다(A).

　　㉡ 학생은 각 과제에 주어진 시간 내에서 학습 진도를 결정하는데, 이때 학생은 해답을 찾기 위해서 얼마나 많은 시간이 필요한지와 몇 번이나 연습할 수 있는지를 결정하고, 과제를 언제 완수할 수 있는지, 언제 문제를 해결할 수 있는지를 판단하게 된다(B).

⑦ 과제 전개

　　㉠ 교사는 단원과 각 수업의 학습 과제의 목록과 내용 계열을 결정한다.

　　㉡ 교사는 인지적, 심동적, 정의적 영역의 능력을 발달시키고 학생이 점점 더 복잡한 과제를 해결하도록 과제를 전개시켜야 한다.

탐구 수업 모형의 포괄성

- 탐구 수업 모형은 포괄성이 매우 높다.
- 교사가 문제를 설정하여 학생들에게 제시할 때 모든 학생들은 해답을 찾아내기 위해 사고할 수 있는 기회를 가지게 되며, 자신이 생각한 것과 움직임을 맞추는 노력을 하게 된다.
- 교사가 귀납적인 사고를 키워주려고 의도한다면, 학생이 제안할 수 있는 거의 모든 대답을 수용할 수 있다. 학생을 배제시키기 위해 만들어진 답은 거의 없다. 모든 학생이 '생각하고 움직이기' 기회를 가지며, 거의 모든 해답은 교사나 친구들에 의해 강화를 받는다.

(2) 학습 과제

① 과제 제시

㉠ 탐구 수업 모형에서는 교사가 질문 형식으로 설정해 준 한 가지 이상의 문제들을 해결하기 위해 학생이 참여하는 일련의 계획된 학습 과제가 존재한다.

㉡ 과제 카드, 단서 카드, 온라인 비디오와 같은 유인물과 시각 자료 등이 활용될 수 있으나, 학생에게 주어지는 문제는 거의 교사의 언어로 제시된다.

㉢ 문제가 설정되고 나면, 교사는 학생에게 과제 구조 내에서 '생각하고 움직이기' 시작하라는 신호를 보낸다. 대부분의 문제는 학생이 쉽게 해결할 수 있는 단순한 문제로 만들어지기 때문에, 단일 과제 구조 내에서 신속히 활용될 수 있는 과제 제시(질문)를 풍부하게 마련하게 된다.

㉣ 탐구 수업 모형에서 교사는 개념이나 움직임을 시범보이지도 않고 설명하지도 않은 채 그것을 해보라는 주문을 먼저 하고, 간혹 학생이 '생각하고 움직이기' 과정 후에도 스스로 문제를 해결하지 못하는 경우 드물게 교사가 시범을 보여준다.

㉤ 과제 제시는 '과제 설정'과 '질문하기'라는 두 가지 주된 요소들이 포함된다. 과제 설정에 있어서 교사는 학생에게 과제 및 문제를 이해할 수 있을 만큼의 충분한 정보를 제공해 주고, 그런 다음 '생각하고 움직이기'를 시작하라는 신호를 학생에게 보낸다.

㉥ 과제 설정은 특정 상황을 제시하고 학생에게 주요한 사항을 제공하는 것을 의미한다. 과제를 수정하거나 복잡성의 정도를 높이는 단어들을 포함할 수도 있다. 과제를 설정하는 과정의 마지막 부분은 학생이 주어진 과제에서 해결해야 할 인지적인 문제와 움직임 문제를 제시하기 위해 그들에게 질문을 하는 일이다.

균형의 개념과 균형 잡기에 대한 과제 설정 및 질문하기

교사 : '균형'이라는 게 뭘까?'
학생 : 넘어지지 않거나 흔들리지 않고 그대로 있는 거요.
교사 : 균형잡기는 언제 필요하지?
학생 : 걸을 때나 달릴 때요.
교사 : 그럴 때 뿐일까? 공을 찰 때라던가, 공을 던질 때, 또는 몸을 돌릴 때는 어떻지? 그런 동작을 할 때 균형을 잃게 되면 어떻게 되지?
학생 : 넘어져요.
교사 : 맞아, 또 어떤 일이 일어날까?
학생 : 공을 찰 때 균형을 잃으면, 생각하는 곳으로 공을 찰 수 없게 돼요.
교사 : 좋아. 그럼 잠시 서 있는 동안 균형을 유지하기 위해 할 수 있는 것에 대해서 생각해 보도록 하렴.(교사는 15초의 시간을 준다)
학생 : 민수 - 너 팔을 올려봐.
　　　영희 - 두 발을 바닥에 대고 있으면 되잖아.
　　　선영 - 똑바로 서 있어봐.
교사 : 좋아, 너희 자리에서(이것이 과제 구조임), 한발로 서서 균형을 잡을 수 있는 한 가지 방법을 보여 봐라.
　　　(학생은 '생각하고 움직인다')

교사 : 자, 이제는 몸을 낮게 해서 두 발로 균형을 잡아 봐라.

　　　(학생은 '생각하고 움직인다')

교사 : 균형 잡는 방법이 각기 다양하구나! 자, 자기 몸의 세 부분만 바닥에 대고 균형잡기를 해 보아라.

　　　(학생은 '생각하고 움직인다')

② 과제 구조

　㉠ 탐구 수업 모형은 '생각하고 움직이기'를 할 수 있는 매우 다양한 과제 구조를 활용할 수 있다.

　㉡ 과제 구조는 학생에게 다음에 제시된 한 가지 이상을 포함하면서 참여 한도를 결정한다.

　　ⓐ 활용 공간

　　ⓑ 용기구

　　ⓒ 집단 편성(개인, 짝, 소집단, 대집단)

　　ⓓ 안전 정보

　　ⓔ 문제해결 시간의 한도

　㉢ 탐구 수업 모형과 전술 게임 모형은 과제 구조가 유사하다.

　　ⓐ 학생은 교사가 제시한 전술, 전략, 게임 기능 및 규칙에 관한 질문에 근거하여 짧은 시간 동안 간이 게임 또는 변형 게임을 한다.

　　ⓑ 고도의 개방형 과제 구조는 표현 움직임과 몇 가지 무용 형태의 내용을 지도할 때 학생이 탐색하고 창의적인 수행을 하는 데 활용될 수 있다.

　　ⓒ 탐구 수업 모형에서의 과제 구조는 질문으로 시작되어, 그 질문에 대한 반응으로 학생이 '생각하고 움직이기'를 수행하게 된다.

균형 잡기 수업의 과제 구조

1. 짝을 지어 봐라. 짝과 함께 서로 접촉한 상태에서 균형을 잡을 수 있는 두 가지 방법을 보여 봐라.

2. 두 사람 중 한 사람은 체육관 가운데 있는 상자로 가서 그 안에서 자신이 원하는 크기의 종이를 선택한다(상자에는 다양한 크기와 모양의 종이가 들어있다). 그러면 네가 가지고 있는 모양판 위에 서 있는 동안 한 발만 사용해서 짝과 함께 어떻게 균형 잡을 수 있는지를 보여 봐라(학생은 "생각하고 나서 움직인다"). 어떤 모양판에서 균형 잡기가 힘들었니? 왜 그랬을까?

3. 그러면 또 다른 짝들을 구해서 4명이 한 조가 되게 해라. 한 개의 모양판 위에서 너희 4명 모두가 균형 잡을 수 있는지 해보자. 아까보다 어렵니 아니면 쉽니? 왜 그렇지?

4. 마지막으로 좀 더 많이 생각해 보고 나서 너희들 조에서 실험해 보아라. 다른 조와 합쳐서 8명이 한 조를 만들어라. 각 조는 모양판을 마루 바닥에 놓되 안전을 위해 다른 조와는 좀 떨어진 거리에 놓도록 하자. 이 과제의 수행 시간은 4분이다. 명심해라. 8명의 사람이 한 모양판 위에서 균형 잡도록 시도해 보는 거야. 모두 한 발만 사용해서 말이지. 모양판의 모양이나 크기는 모두 조에서 알아서 결정한다. 4분 안에 모양판 위에서 균형잡기를 성공한다면 더 작은 모양판을 가지고 시도해 보아라. 그럼 실시!

③ 내용 전개

탐구 수업 모형에서는 2가지 차원의 내용을 동시에 전개시켜 나간다.

㉠ 한 가지 차원은 드리블, 패스, 수비 전술 또는 체력과 같은 개념 또는 기술 학습과 관련된 것으로, 교사는 학습 활동을 발달적으로 적합한 순서(쉬운 과제에서부터 어려운 과제로)에 따라 제시한다.

㉡ 다른 차원은 Bloom의 목표 분류 수준에 근거하여 각 내용에 적용하는 것이다. 인지적 및 심동적 영역에서 낮은 수준의 학습 결과를 목표로 하고 있다면, 교사는 학생들에게 단지 지식 또는 이해 수준에 도달할 수 있는 활동에 참여하게 하는 질문을 활용할 것이고, 반대로 높은 수준의 학습 결과를 목표로 하고 있다면, 교사는 종합 또는 평가와 같은 높은 수준의 결과를 유도하는 질문을 활용할 것이다.

(3) 학습 참여 유형

① 교사가 제시한 문제의 해답을 학생이 탐색함에 따라 다양한 참여 유형을 유도할 수 있다. 학생은 혼자, 짝, 소집단, 팀, 단체, 학급 전체로 '생각하고 움직이기'를 할 수 있다.

② 가장 적합한 참여 형태는 '문제가 얼마나 복잡한가', '교사가 학생에게 어느 정도의 상호작용을 요구하는가'에 의해 결정된다.

(4) 교사와 학생의 역할 및 책임

역할 및 책임	탐구 수업 모형에서의 책임 주체
수업 시작	교사가 수업 도입을 실시한다.
기구 준비	교사가 용구를 준비하거나 학생이 대신하게 한다.
내용 목록	교사가 단원에 제시될 인지적·움직임 문제들의 목록을 결정한다.
과제 제시	교사가 학생에게 각 학습 과제나 문제를 설정함으로써 과제를 제시한다.
과제 구조	교사가 전형적으로 각 과제/문제에 대한 과제 구조를 결정하지만, 학생이 자신의 조에 맞는 과제 구조를 결정할 수 있다.
내용 전개	교사가 어느 시점에서 새로운 과제/문제로 이동할 것인지를 결정한다.
평가	2가지 선택 사항 1. 교사가 학생에게 인지적·움직임 답변의 질에 대해 조언 또는 피드백을 제공한다. 2. 학생에게 다른 학생의 답변을 관찰하고 평가하도록 한다.

(5) 교수·학습 과정의 검증

① 교사 기준

기준	검증 방법
단원 내용은 학생이 학습할 인지적·움직임 지식 영역의 목록에 근거한다.	교사의 단원 계획을 검토한다.
교사는 학생에게 부과할 과제/문제를 설정한다.	교사는 학생에게 부여할 각 과제/문제를 교수·학습 과정 안에 작성한다.
교사는 분류 수준에 근거하여 내용을 전개시킨다.	교사는 Bloom의 위계에 따라 각 과제/문제를 분류하고 단원을 통해 발달 단계적으로 적절한 내용을 전개해 간다.
교사는 각 과제/문제에 해당되는 질문들을 계획한다.	교사는 각 과제/문제에서 활용될 가능성이 있는 질문 목록을 작성한다.
교사는 과제/문제에 참여하고 있는 학생의 참여도를 관찰한다.	과제/문제가 수행되는 동안 교사 움직임의 형태를 기록한다.
교사는 직접적인 설명보다는 학생의 학습을 촉진하는 질문을 활용한다.	교사는 학생과의 언어적 상호작용을 기록하고 관찰한다.
교사는 학생이 과제/문제를 완수할 수 있도록 적절한 시간을 제공한다.	교사가 새로운 과제/문제로 이동할 때 과제/문제를 완수한 학생의 수를 파악해서 기록한다.
교사는 목표 영역과 목표 수준에서 학생의 학습을 평가한다.	교사는 학생에게 주어진 과제/문제를 성공적으로 완수했는지를 확인하기 위해 체크리스트를 사용한다.

② 학생 기준

기준	검증 방법
학생은 교사가 설정한 문제 그대로 이해한다.	교사는 학생이 '생각하고 움직이기'를 착수한 직후 학생을 관찰한다. 학생은 문제에 관해 생각한 증거를 신속히 보여주고, 바로 움직임 해답을 탐색하기 시작한다.
학생은 과제 구조를 교사가 설명해 준 그대로 이해한다.	학생이 과제/문제에 참여하게 되면 학생은 교사가 제시한 구조에 부응하는 답변 방향으로 참여하는 모습을 보여주어야 한다.
학생은 과제/문제에서 요구되는 적절한 수준의 인지적·움직임 지식을 가지고 있다.	1. 학생은 참여 목적을 가지고 있다. 2. 학생은 정확한 질문의 이해를 위해 다시 질문하지 않는다. 3. 학생은 교사에 의해 기술된 과제/문제를 변경하지 않는다. 4. 학생은 과제/문제에 도전하지만 합리적인 시간 내에 완수한다.
학생은 '생각하고 움직이기'를 배운다.	1. 학생의 이해를 점검하기 위해 질문을 활용한다. 2. 학생은 확산적 질문에 대해 1가지 이상의 답변을 할 수 있다. 3. 학생은 과제를 완수하고 문제를 해결하기 위해 사용한 과정들을 설명할 수 있다.

학생은 목표한 상위 수준의 학습에 도달한다.	1. 학생은 창의적·유목적으로 움직인다. 2. 학생의 인지적, 움직임 답변은 일치한다. 3. 학생은 다른 사람들의 답변을 평가할 수 있다. 4. 학생은 복잡하고 기간이 길게 필요한 과제/문제들에 대한 지시 사항을 거의 필요로 하지 않는다.

(6) 학습 평가

① 비공식적 평가

㉠ 교사가 단기간에 신속히 해결 가능한 학습 과제 또는 문제를 계획했을 때 비공식적 평가는 가장 실제적인 방법이 된다.

㉡ 교사가 제시한 질문에 답변을 하기 위해 '생각하고 움직이기'를 하는 학생을 관찰한 것에 근거해서 평가한다.

㉢ 수렴적인 질문은 하나 또는 소수의 정답으로 이끌어 가야 할 것이고, 확산적 질문을 할 경우 교사는 학생의 학습 수준의 지표로써 고려할 몇 가지 대답을 준비해야 한다.

㉣ 교사는 학급 전체가 동일한 문제에 대해 동시에 반응하게 함으로써 비공식적 평가 전략의 하나인 '이해도 점검'(checking for understanding)을 할 수 있다.

② 공식적·전통적 평가

㉠ 하위 수준의 학습 평가를 위해 교사는 전통적이고 공식적인 평가 기법을 사용할 수 있다. 이 기법들은 상위 수준의 학습 결과 평가에는 타당성이 떨어지고 실제성이 결여된다.

㉡ 학습 목표 수준을 지식, 이해, 적용(하위수준)으로 설정했을 때, 간단한 퀴즈, 컴퓨터 활용검사, 활동학습지의 작성, 또는 간단한 기능 검사로 평가할 수 있다.

③ 대안 평가

㉠ 대안적인 평가 기법은 탐구 수업 모형의 모든 학습 단계에서, 특히 높은 수준의 학습결과에 활용될 수 있다.

㉡ 질문들이 실제 학습을 추구하면서 창의적으로 설정된 경우라면, 이때의 평가는 매우 실제적인 평가가 될 것이다.

㉢ 탐구 수업 모형에서는 다양한 평가 방법을 활용할 수 있다.

ⓐ 체크리스트를 활용한 학생-동료학생 관찰

ⓑ 다른 학생의 대답에 대한 학생-동료학생의 비평

ⓒ 체크리스트를 활용한 자기평가

ⓓ 대답을 어떻게 도출했는지를 설명하는 학생의 일지

ⓔ 게임 또는 유사 게임에 대한 게임 수행 평가 도구(GPAI)

ⓕ 학생 주도의 움직임과 미디어 프리젠테이션

ⓖ 지식 수준에 따른 체크리스트 용지

움직임 개념 : 균형	이름 : _____

<table>
<tr><td colspan="3" align="center">움직임 개념 : 균형</td></tr>
<tr><td>평가
수준</td><td>인지적 지표</td><td>움직임 지표</td></tr>
<tr><td>지식</td><td>'균형'에 대한 정의를 말할 수 있는가?
성취 여부 _____</td><td>교사와 함께 정적 균형의 몇 가지 예를 나타
낼 수 있는가?
성취 여부 _____</td></tr>
<tr><td>이해</td><td>'균형상태'와 '비균형상태'를 구분할 수 있
는가?
성취 여부 _____</td><td>교사에게 '균형상태'와 '비균형상태'에 대한
2가지 예를 각각 시범보일 수 있는가?
성취 여부 _____</td></tr>
<tr><td>적용</td><td>균형이 중요시되는 게임이나 스포츠 3가지
를 들 수 있는가?
성취 여부 _____</td><td>제시한 게임이나 스포츠에서 활용되는 균형
잡기를 시범보일 수 있는가?
성취 여부 _____</td></tr>
<tr><td>분석</td><td>몸의 자세가 바뀌면 어떻게 균형이 변화될
지 정확하게 예측할 수 있는가?
성취 여부 _____</td><td>교사의 단서에 따라 처음 자세에서 균형을
증가/감소시킬 수 있는가?
성취 여부 _____</td></tr>
<tr><td>종합</td><td>균형을 잡을 때 무게 중심의 중요성을 설명
할 수 있는가?
성취 여부 _____</td><td>정적 균형 위치에서의 무게 중심을 변화시
키는 3가지 방법을 시범보일 수 있는가?
성취 여부 _____</td></tr>
<tr><td>평가</td><td>점수 기록지를 가지고, 다른 사람의 체조 활
동을 관찰하고 그 수행을 정확하게 평가할
수 있는가?
성취 여부 _____</td><td>관찰 후 낮은 점수를 매긴 동작 부분에 대해서
정확한 균형잡기 동작을 보여줄 수 있는가?
성취 여부 _____</td></tr>
</table>

🔎 **균형 지식에 대한 학생 체크리스트**

4. 실행적 요구 사항과 변형

(1) 교사 전문성

① 학습자

　㉠ 탐구 수업 모형을 사용하는 교사는 학생의 인지적·심동적 능력을 고려해야 한다. 학생의 능력은 교사가 제시한 질문을 이해하고 문제 해결 과정에 참여할 수 있는 정도를 결정하게 된다.

　㉡ 교사들은 인지적 발달 단계에 대한 충분한 지식을 가지고 있어야 하며 학생을 적절한 단계에 배치할 수 있어야 한다.

② 학습 이론

　㉠ 탐구 수업 모형을 활용하는 교사들은 탐구 수업 모형의 근거 이론인 구성주의, 발견 학습(Bruner), 피아제의 아동 성장과 발달 이론 등에 익숙해야 한다. 교사는 이 이론의 어떤 부분들이 모형에 적용되어야 하는지를 인식해야 한다.

　㉡ 단 한 가지 이론 또는 교수 전략만으로는 탐구 수업 모형의 범위를 완전히 포괄할 수 없다.

③ 발달 단계의 적합성

　㉠ 심동적 영역에서의 학습 결과를 유도하는 인지 학습의 강조는 교사에게 학습 영역과 영역간의 상호작용에 대한 지식을 갖도록 한다.

　㉡ 교사는 각 질문의 인지 수준을 알아야 하고, 그것이 움직임을 통해 어떻게 명료해질 것인지를 이해해야 한다. 두 수준 모두 학생의 발단 단계에 적합해야 한다.

④ 인지적 및 심동적 학습영역의 분류체계

　㉠ 탐구 수업 모형은 Bloom의 인지 학습의 수준에 근거하기 때문에, 교사들은 이 분류 체계를 잘 알아야 하고 각 수준에서 인지적 및 심동적 학습의 지표들을 파악할 수 있어야 한다.

　㉡ 교사가 간단한 지식 수준의 질문(예 "네가 공을 찬다고 할 때 어느 부분을 차야 하는지 보여주겠니?")을 했으나 학생의 움직임 답은 이해 수준(예 학생은 패스와 슛의 차이를 보여주고 설명한다)에서 이루어진다면, 교사는 답의 실수를 지적하고 학생이 다음번에 적절한 수준에서 응답할 수 있도록 재질문을 해야 한다.

⑤ 과제 분석과 내용 전개

　㉠ 탐구 수업 모형에서의 과제 분석은 인지 개념과 심동적 수행의 결합에 근거하고 있다.

　㉡ 교사는 숙달시켜야 할 기술 체계와 도달해야 할 수행 기준을 나열하기보다는 학생이 단원을 배워나가는 동안 습득할 지식 유형에 대한 단원 내용의 각 부분을 분석한다. 교사는 해당 개념들을 잘 알고 있어야 하며, 그 안에 포함된 운동수행의 단서들도 숙지하고 있어야 한다.

　㉢ 내용 전개는 교사가 목표로 설정한 수준에 도달할 때까지 Bloom의 다양한 목표 수준에 따른 학생의 성장에 기초를 두고 있다. 단원의 각 영역 내에서 초보 학생은 낮은 수준에서 학습이 이루어지는 반면, 우수 학생들은 높은 수준의 문제나 과제에 집중하는 경향을 보인다.

⑥ 움직임 내용

　㉠ 탐구 수업 모형에서 가르쳐지는 내용은 단지 스포츠, 피트니스, 게임, 무용 등의 기술 수행에만 국한되지 않는다. 이는 각 움직임 형태를 이해하는 데 필요한 개념 지식과 결합된 기술 수행이며, 이는 숙련된 움직임 수행에 기여할 수 있다.

　㉡ 학습 목표가 학생의 움직임 표현력과 의미를 증진하는 것이라면, 그것들이 바로 핵심이 된다.

ⓒ 교사는 모형을 효과적으로 활용하기 위해 체육교육 내용을 다양한 측면에서 알아야 한다. 이러한 지식은 교사로 하여금 학생의 움직임을 여러 가지 측면으로 관찰하도록 한다.

ⓔ 실수가 관찰되면, 교사는 학생에게 단순히 교정적 피드백을 제공하지 않는다. 교사는 학생에게 어떤 지식이 부족한 것인지를 파악하고, 학생이 대안적 움직임 반응 형태를 생각하게끔 핵심적인 질문을 해야 한다.

⑦ 평가

㉠ 전통적인 방식과 대안적인 방식으로 평가될 수 있다.

㉡ 탐구 수업 모형에서 모든 유형의 평가에 가장 중요한 것은 학생의 답이 인지적 또는 심동적으로 적절한지 아닌지를 판단할 수 있는 교사의 지식이다.

⑧ 교육과정

㉠ 탐구 수업 모형은 모든 학교급과 학년에서 움직임 내용을 지도하기 위해 활용될 수 있다. 그러나 이 모형은 몇몇 교육과정 모형(움직임 교육, 교육 체조, 기술 주제, 교육 무용, 그룹 활동 및 새로운 게임)에 근거하고 있다.

㉡ 교사는 탐구 수업 모형에서 지도되는 원리와 특정 내용에 익숙해질 필요가 있고, 이 모형을 각 상황에 맞게 수정할 필요가 있다.

(2) 핵심적인 교수 기술

① 수업 계획

㉠ 교사가 학생이 배워야 할 지식 영역으로 작성한 목록은 탐구 수업 모형의 단원 계획을 수립하는 데 출발점이 된다.

㉡ 교사는 단원에서 다루어질 지식의 전개와 수준을 계획하고 나서 질문의 순서, 해결할 문제, 학생이 참여할 특정한 학습 활동을 계획한다.

ⓒ 교사는 학생이 수업에서 해결할 문제를 전개해 나가는 과정 동안 즉흥적으로 행동하는 것을 삼가야 한다.

② 시간과 수업 운영

㉠ 탐구 수업 모형에서의 차시 수업은 교사가 계획된 학습 활동들의 진행과 진도를 조절하는 특징을 가지고 있다. 시간과 수업 운영은 다소 비공식적으로 나타나나, 실제로 교사는 수업의 진행을 통제하고 각 활동이 완수되는 데 걸리는 시간을 잘 알고 있어야 한다.

㉡ 교사는 학생이 문제 해결력을 발달시킬 수 있을 정도의 시간을 가질 수 있고 적절한 속도로 수업이 전개될 수 있는 '엄격하면서 융통성 있는' 관리 계획을 세우는 것이 중요하다.

③ 과제 제시와 과제 구조
탐구 수업 모형에서 교사는 학습 문제의 설정, 질문 기술, 도전 과제를 체계적으로 설정할 수 있는 3가지 지도기술을 가지고 있어야 한다.

㉠ 학습 문제 설정

ⓐ 문제의 규모와 복잡성에 관계없이 곧 이어질 학습 문제의 '단계를 설정'할 수 있어야 한다.

ⓑ 수업 도입 부분은 학생이 배우게 될 지식과 상황 맥락의 중요성을 학생에게 주의시키는 데 효과적으로 활용될 수 있다. 이는 또한 곧 이어질 과제에 대한 학생의 흥미를 증가시킬 수 있다.

ⓒ 어린 학생을 가르치는 경우, 수업의 학습 과제와 일치하는 이야기를 만들면 도움이 된다. 이때 학생들로 하여금 이야기 자체에 몰입하게 하여 특정한 캐릭터 부분을 수행하도록 한다. 또한, 학생들이 수업 활동들을 친근한 이야기, 사람, 캐릭터 또는 장소와 관련지을 수 있도록 도와준다.

㉡ 질문하기

질문 기술의 요소 (좋은 질문 기술은 질문 수준, 질문 유형, 대기 시간, 후속 질문과 같은 요소를 포함하고 있다.)	
질문 수준	교사의 질문 활용 기술은 3차례 사용된다. 3번의 시기는 초기 질문을 가지고 학생의 참여를 이끄는 문제 설정 부분, 문제 해결 과정에 참여하는 부분, 수업 정리 부분에 이루어진다. 이 3회의 시기에서 가장 중요한 기술은 질문의 수준을 학생의 학습 수준에 일치시킬 수 있는 교사의 능력이다.
질문 유형	• 수렴적 질문: 지식, 이해, 적용 수준의 질문들은 하나 또는 몇 가지 정답을 지향한다. 하나 또는 제한된 수의 대답만을 요구하기 때문에 이러한 질문들은 '수렴적 질문'(convergent questions)이라 한다. • 확산적 질문: 분석, 종합, 평가 수준의 질문들은 다양한 대답을 지향한다. 이러한 질문들은 학습자를 자극하여 사고의 줄기가 뻗어나가기 때문에 '확산적 질문'(divergent questions)이라 한다.
대기 시간	탐구 수업 모형의 주된 목적은 학생으로 하여금 그들의 지적 능력을 활용하여 해결한 문제를 언어 또는 움직임으로 반응하도록 하는 것이다. 따라서 다른 학생이 대답하기 전에 학생 스스로 대답을 찾을 수 있는 시간을 부여하는 것이 중요하다. 수렴적 질문에 답하기 전에 최소 3초의 대기 시간, 확산적 질문의 경우에는 15초 이상의 대기 시간이 주어져야 한다.
후속 질문	Borich는 탐구 수업 모형에서 교사는 정기적으로 후속 질문(probes)을 하거나 방향 전환할 것을 권고한다. 재질문이란 다음과 같은 목적으로 학생의 대답에 이어지는 질문을 말한다. • 명료성 확보: 초기 대답을 고쳐 말하게 하거나 다시 말하게 하고, 또는 대답의 본뜻을 분명하게 한다. • 새로운 정보의 요구: 학생의 대답이 부분적으로 맞거나 거의 수용할 만한 대답인 경우, 교사는 좀 더 많은 정보를 제시하도록 요청한다. • 진행 방향 전환: 학생이 정확한 대답을 하지 않았을 때 부드럽고 긍정적인 형태로 다시 바꿔 질문한다. 이것은 거칠거나 퉁명스런 말을 피해 다시 생각해 보도록 학생을 권하는 방법이다.

🔍 질문 형태

수준	공통적인 질문 형태	예시
지식	•"~을 보여줄래?" •"~을 말해볼래?"	•"누가 슬라이딩의 첫 부분을 정확한 방법으로 보여 줄 수 있을까?" •"파트너가 복식경기에서 서브를 넣을 때 어디에 서야 하는지를 누가 말해 볼까?"
이해	•"~을 설명해 볼래?" •"왜, 어째서……?" •"어떻게 그렇게 됐지?"	•"왜 파트너의 샷이 라인 밖으로 나갔는지를 설명해 보겠니?" •"왜 농구에서 지역 수비를 하기를 원하지?" •"어떻게 상대방이 오버헤드 스매싱 샷을 하게 되었지?"
적용	•"연관시켜 볼래?" •"네가 알고 있는 것으로 이것을 말해볼래?" •"~와 얼마나 비슷한지 말해볼래?"	•"슬라이드와 갤롭을 결합시킬 수 있겠니? 할 수 있다면, 어떻게 하는지 보여 봐라." •"지금 막 플래그 풋볼에서 패스의 공격 전략을 토론하였는데, 이를 기초로 만일 수비라면 이 공격을 어떻게 차단할 수 있는지를 말해 보아라." •"핸드볼과 유사한 하키의 수비 방법 3가지를 말해 보겠니?"
분석	•"~는 ~과 어떤 점에서 차이가 나지?" •"왜 ~하지 않았어?" •"~을 분석해 볼래?"	•"배드민턴의 낮고 짧은 서브를 높고 깊은 서브와 구별되게 할 수 있지? 언제 각각의 서브를 사용할 수 있을까?" •"왜 수축된 근육을 스트레칭하지 않았지?" •"내 몸을 보기 좋게 만들고 있는데, 학급을 대상으로 이것을 분석해 보겠니? 얼마나 안정되게 보이지? 적당한 균형인가 아닌가? 왜?"
종합	•"만약 ~하다면 어떤 일이 생길까?" •"~를 새롭게 해볼 수 있겠니?" •"변화가 생겼다면, 어떻게 처리할 거니?"	•"가벼운 공을 긴 도구로 친다면 어떻게 될까?" •"이 음악을 활용하여 파트너와 새로운 무용을 만들 수 있겠니?" •"무게 중심의 변화가 생길 때 안정감을 높이기 위해서 어떻게 해야 할까?"
평가	•"반드시 해야 할 것이 뭐지?" •"~가 좋을까, 아니면 ~가 좋을까?" •"~하는 이유가 무엇이니?" •"그것이 ~하는 적절한 방법인가?"	•"재혁이가 오른쪽 위치에서 공을 가지고 있을 때 수비자를 제치기 위해서 무엇을 해야 하지?" •"퍼트를 빠르게 아니면 느리게 해야 할까? 왜?" •"정기적으로 달리기를 하고 있는 것을 보았는데, 그렇게 하는 이유는?" •"포핸드로 칠 때 두 손을 사용하던데 그 방법이 적절하니?"

© 도전 과제 설정

ⓐ 탐구 수업 모형에서 활용된 질문들은 대부분 과제 구조를 결정하는 데 활용된다. 어떤 질문들은 혼자 학습할 것을 요구하기도 하고, 어떤 질문들은 짝과 함께, 소집단, 대집단 별로 학습할 것을 요구한다.

ⓑ 수렴적 질문은 짧은 대기 시간이 요구되며, 확산적 질문은 보다 긴 대기 시간을 필요로 한다.

ⓒ 교사는 질문을 만들고, 가장 좋은 과제 구조를 결정하고, 적절한 양의 문제 해결 시간을 학생에게 할당하는 데 전문성을 발휘할 필요가 있다.

④ 의사소통

㉠ 의사소통 기술은 문제/과제를 설정하는 데 중요한 교사의 핵심 능력이고, 또한 의도한 학습결과를 증진시키기 위한 기본적인 교수전략인 질문 활용의 핵심적인 부분이다. 교사들은 이 2가지 영역에서 명확하고 간결하게 의사소통을 해야 한다.

㉡ 학생에게 참여할 문제와 문제의 특성에 관해 알아야 할 내용을 제시한다. 학생이 주어진 상황에서 해결할 문제를 제대로 이해하지 못한다면 적절한 참여를 기대할 수 없다.

㉢ 교사는 학생과 일방적인 의사소통을 하지 않는다.

㉣ 교사는 학생이 과제에 참여하는 동안 학생에게 주어지는 조언과 학생이 제시한 답에 대한 피드백 형태로 다른 유형의 교수 정보를 제공한다.

㉤ 참여 동안의 조언은 학생의 노력에 대한 격려이면서, 동시에 학생이 제대로 하고 있거나 문제 해결 과정으로 나가고 있음을 암시한다. 피드백은 과정과 결과에 대해 제공된다.

⑤ 수업 정리 및 종료

㉠ 차시 정리는 수업 중 교사가 질문한 질문의 수준과 일관성이 있어야 한다.

㉡ 정리 단계에서의 질문 수준이 너무 확장되지 않도록 주의해야 한다.

㉢ 종료는 교사가 학생에게 수업을 마치기 위해 해야 할 것을 질문하는 형태로 이루어진다.

(3) 상황적 요구 조건

① 탐구 수업 모형은 상황적 요구 조건이 거의 필요하지 않기 때문에 어떤 체육 수업 상황에서도 활용될 수 있다.

② 과제 구조에 따라 필요한 활동 공간이 규정된다.

③ 대기 시간이 생기지 않도록 충분한 용구가 갖춰질 필요가 있다.

④ 최종적인 상황적 요구 조건은 학생이 문제 해결 과정에 참여할 수 있는 적절한 양의 시간을 제공하는 것이다. 모든 학생이 '생각하고 움직이기'를 할 수 있도록 충분한 시간이 제공되어야 한다.

(4) 모형의 선정과 변형

① 체육 교육 내용 영역 중 다음과 같은 내용을 지도할 때 탐구 수업 모형이 효과적으로 활용될 수 있다.

    ㉠ 움직임 교육/움직임 개념

    ㉡ 교육 체조

    ㉢ 교육 게임

    ㉣ 무용

    ㉤ 그룹 활동과 새로운 게임

    ㉥ 개인 체력 개념

    ㉦ 스포츠 및 활동 개념

    ㉧ 기술 주제

② 교사가 움직임 수행의 질을 높이는 방식으로 학생의 인지적 지식을 증진시키고자 할 경우라면 탐구 수업 모형이 가장 적절하다.

(5) 개인맞춤형 학습을 위한 탐구 수업 모형 사용하기

① 학생의 준비도는 교사의 관찰을 통해 비교적 쉽게 평가할 수 있다. 학생의 준비도를 분석할 때 교사는 단원 내에서 학생의 성장을 따라가며 인지적 및 심동적 영역에서의 학습을 모니터링한다. 준비도와 학습은 지속적으로 평가되어야 한다.

② Tillotson의 5단계 문제 해결 과정에서, 5단계는 학생의 움직임 수행을 요구하며, 이를 통해 토론을 이끌어 낼 수 있는 분석 및 평가할 수 있는 기회를 제공한다. 마찬가지로, 학생의 흥미, 학습 프로필, 지능 선호도는 여전히 형성 단계에 있다. 따라서 교사는 개인차를 고려한 다양한 교수전략과 평가전략을 사용할 수 있는 총체적 접근에 중점을 두어야 한다. 학생의 문화적 배경은 교사의 피드백, 가이드, 단서 사용 시 고려되어야 할 요인이다.

③ 탐구 수업 모형에 학생들이 단원 내용을 접근하는 방식은 매우 다르다. 문제를 제시하고 탐구와 문제 해결을 통해 학생들을 참여시키는 1단계부터 4단계까지의 과정에서 질문의 사용이 핵심이다. 교사는 비디오나 사진과 같은 수업 자원 자료를 사용하여 학생들이 내용을 다양한 방식으로 접근할 수 있도록 한다.

④ 교사는 문제 해결 과정에서 학생들 간의 어느 정도의 변동을 허용하며, 문제를 해결한 학생들이 다른 학생들을 도우며 생각에서 움직임으로 준비할 수 있도록 지원한다.

⑤ 저학년 초등학생의 경우, 교사가 높은 수준의 과제 구조를 제공해야 할 가능성이 크지만, 학생들은 특정한 조건 내에서 자신의 참여 방식을 스스로 결정할 수 있다. 학생들이 성장을 하게 되면, 보다 과제 구조의 제한을 축소시켜 구조의 다양화를 고려할 수 있다.

⑥ 탐구 수업 모형에서 개인맞춤형 학습의 가장 큰 기회는 학생들이 "생각한 후에 움직이도록" 요구하는 핵심적인 교수전략의 사용이라고 볼 수 있다. 학생들의 발달 요구와 현재 움직임 개념에 대한 이해를 바탕으로 다양한 질문 형태를 적용할 수 있다. 이는 질문과 탐구의 유형에도 해당된다. 교사는 이해도 점검과 비공식 평가를 통해 질문과 탐구를 어떻게 수정하고 조정해서 학생 개개인에게 지원할지를 결정한다.

⑦ 학생 개개인에 따라 대기 시간을 조정할 수 있다. 일부 학생들은 학습 문제를 해결하는 데 더 많은 시간이 필요할 수 있으며, 과제 내 변화를 활용하여 어떤 학생들은 추가 시간을 가지는 동안 다른 학생들은 동일한 과제의 변형을 수행할 수 있다.

⑧ 유·초·중·고등학교 학생들은 보다 많은 구조가 필요하지만, 학생들의 성공을 보장하고 지원하며 자율성을 촉진할 수 있는 높은 수준의 유연성을 가진 학습 환경이 조성되어야 한다. 교사는 공간, 모둠편성, 시간, 안전 등의 조건이 되면 학생들에게 많은 선택권을 허용할 수 있다.

⑨ 다른 방식으로 개인맞춤형 학습에 적용할 수 있듯이, 교사는 학생-교사 간의 개별 상호작용을 통해 포용적이고 지원적인 학습 환경을 만들 수 있다. 다양한 단서, 가이드, 피드백을 사용하는 개별적인 상호작용은 학생의 문제해결 과정에 필요한 지식과 기술 발달에 적절한 도움을 줄 수 있다.

🔍 **탐구 수업 모형을 사용한 개인맞춤형 학습의 주요 질문(초등학교 저학년 이동움직임 수업)**

	목표	적용 방법
학생의 준비도를 확인하고 모니터하는 데 평가가 어떻게 사용되는가?	공식평가는 초기의 학생 준비도를 결정하기 위한 진단 평가를 사용하기	• 움직임 기술의 표준화된 기술 테스트 • 기본적인 운동기술에 관한 루브릭과 교사 관찰
	학습과 상호작용을 평가할 수 있는 비공식적, 공식적 형성 평가와 총괄평가	• 이동 움직임과제가 주어졌을 때, 5단계 문제 해결 과정의 5단계에서 교사가 학생들을 관찰 • 분석, 평가, 토론의 시범
학생의 흥미도와 학습 프로파일은 무엇인가?	Reichmann과 Grasha의 프로파일을 활용한 학생의 학습 선호도를 평가하기	• 단원 전에 학생의 성격을 확인할 수 있는 교사 관찰과 평가
	단원 계획 시 학생의 지능 선호도를 고려하기	• 지능선호도에 따른 단원 내의 문제 설정 형태 또는 이동 기술을 파악하기
	학생의 다양한 흥미와 문화 수준 고려하기	• 이동움직임 기술과 관련된 학생 문화와 흥미를 고려한 질문, 단서, 가이드의 활용

학생들이 내용을 어떻게 접할까?	학습 맥락에 효율적인 모형과 연계된 소통 전략 파악하기	• 학생의 사고와 이동 움직임을 자극할 수 있는 질문들 • 5가지 문제해결 과정 중 1-4단계(Tillatson) 　－ 문제 규명 　－ 문제 제시 　－ 문제에 대한 유도 설명 　－ 최종 해결책의 규명과 정교화 • 비디오, 드로잉, 사진과 같은 수업 미디어를 활용한 이동기술과 관련된 문제를 설정
학생들은 학습 내용 안에서 어떻게 발전해 나갈까?	모형의 핵심 기술, 지식 영역, 태도를 구별하여 이를 교육 범위와 순서에 따라 배열한다. 학습진도는 학생 준비도에 관한 진단 평가에 기초하여 결정하기	• 교사 통제: 학습계열성을 고려한 이동 과제와 시간 배당 • 학생 통제: 각 이동 운동 과제에 할당된 시간 내에서 학생들이 해결책에 대해 생각하는 데 필요한 시간, 가능한 해결책을 연습하는 횟수, 그리고 과제를 완료하는 시점을 스스로 결정함으로써 학습 속도를 조절 • 이차원적인 내용 전개(인지적 개념과 심동적 영역)에 관한 과제 분석
맞춤형 학습과정을 제공하기 위해 어떤 과제가 제공되어야 할까?	개인맞춤형 학습을 가능하게 하는 참여 패턴, 속도, 진도 등을 결정하기	• 참여형태에 관한 학생 통제 • 학생들은 현재의 문제를 "생각하며" 해결하기 위해 다양한 해결책을 탐구하고, 다른 학생들과 협력하거나, 새로운 시도를 하거나, 신체 자세를 바꾼다. • 개별 학생들의 인지적 및 심동적 문제를 증가시키기 위해 다양한 과제 구조를 활용 • 학생들이 탐구하고 창의성을 발휘할 수 있도록 하는 개방형 과제 구조
어떤 교수전략이 맞춤형 학습에 필요할까?	모형의 이론적 기초와 대주제와 연계된 수업 상호작용과 전략을 파악하기	• 질문 수준 • 질문 유형 • 대기 시간 • 후속 질문
어떤 모둠 편성 전략이 적절한가?	모형과 기준에 연계된 편성 전략을 선택하기	• 그룹편성은 학습자의 내용 이해도와 발달 준비도에 따라 제한적으로 진행 • 적절한 경우, 과제 구조 내에서 개별, 짝, 소그룹, 대그룹 활동을 활용

개인맞춤형 학습을 고려한 다양한 평가 방법을 가능하게 하는 결과물은 무엇인가?	• 모형과 연계되고 학생들이 배운 내용을 다양한 과정을 통해 적용, 정제, 종합할 수 있도록 높은 수준의 사고 능력을 발휘할 수 있는 학생 결과물을 선정하기 • 유연하고 실제성 있는 평가 방법을 개발하기	• 전체 학급 대상의 이해도 점검 • 학습 종료 카드 • 지식, 이해, 적용 수준의 학습을 평가하기 위한 짧고 간단한 기술 • 관련된 지식수준에 관한 체크리스트
어떻게 포용성 있는 학습 환경을 조성할 수 있을까?	• 수업 모형의 기본 원칙을 준수하기 – 학생들이 도전적인 활동을 통해 성공을 경험하도록 돕기 – 지원적인 학습환경을 조성하기 – 자기주도성을 개발하기	• 문제해결을 추구하는 데 있어 학생의 자율성 • 주요 참여 조건 이외의 학생의 움직임 표현 선택 – 공간 – 용기구 – 모둠편성(개별, 파트너, 소집단, 대집단) – 안전 정보 – 문제해결을 위한 시간 제한 • 문제를 해결하는 개별 학생에게 주어지는 단서, 가이드, 피드백의 활용

5. 지도 계획 시 주안점

⑴ 내용 전개는 학생들이 보다 높은 수준의 신체적, 인지적 수행으로 나아가도록 해야 한다는 사실을 항상 기억하라.

⑵ 가능한 "질문하되 말하지 않아야 한다." 학습 과제/문제에 대해 학생들에게 해결 방안을 주던 습관을 버려라. 이 모형에서는 학생들이 스스로 답을 찾게 해야만 한다.

⑶ 이 모형에서는 질문을 "충동적으로 말하는" 경향이 있다. 그러나 많은 경험이 쌓여 내용에 따라 질문이 어떻게 진전되는지를 충분히 이해하게 될 때 많은 시간을 들여 질문을 작성하고 수업 계획을 구성하는 것이 최상임을 알게 될 것이다.

⑷ 질문을 최대한 명료하게 하라. 학생의 이해 능력을 기준으로 다양한 질문을 작성해야 한다.

⑸ 수업에서는 학생들이 질문에 대해 생각하고 몇몇 답변을 시도해 볼 수 있도록 충분한 시간을 부여하라.

⑹ 학생들의 질문 형태에 점검해야 한다. 모든 학생들이 언어적, 행동적 답변이 나타날 수 있도록 적절하고 공평한 기회를 제공하는지를 확인하라.

7 전술 게임 모형

이해중심 게임 지도

학생은 게임하기를 좋아한다. 학생은 게임을 배울 수 있는 최상의 방법이 정식 게임 형태를 수행하는 것이라고 생각하기 때문에 연습, 간이 게임, 변형 게임을 통해서 기술 발달을 꾀하기보다는 정식 게임 구조를 유지하고자 한다. 전술 게임 모형은 기술 발달과 게임 수행에 필요한 전술 지식을 학습하기 위해 게임 구조에 대한 학생의 흥미를 활용한다. 전술 게임 모형에서 교사는 학생의 기술과 전술을 발달시키기 위해 일련의 학습 과제들을 유사한 게임 상황으로 계획하여 정식 게임 혹은 변형 게임으로 이끌어 가는데, 이와 같은 게임과 유사한 과제와 변형 게임을 '게임 형식'(game forms)이라고 한다. 전술 게임 모형의 중심은 '전술'(tactics)이다. 전술은 게임과 게임의 유사 상황에서 게임을 수행하는 데 필요한 '전략'(strategy)과 '기술'(skill)의 결합체를 의미한다. 전술 게임 수업 모형은 '이해중심 게임수업'에서 발전되어 왔다. Bunker와 Thorpe는 체육 프로그램에서 학생에게 게임에 내재하는 원리를 가르쳐야 한다고 주장한다. 그 이유는 학생이 게임 원리를 배울 때에 게임 수행 기능뿐만 아니라 각 게임의 구조와 전술을 이해할 수 있다고 보기 때문이다. 이는 발달 단계에 적합한 형태의 게임 활용을 강조한다.

Almond의 게임 분류	
영역침범형	농구, 하키, 풋볼, 넷볼, 축구, 프리스비, 라크로스
네트형/벽면형	네트형: 배드민턴, 피클볼, 탁구, 배구 벽면형: 라켓볼, 스쿼시
필드형	야구, 크리켓, 킥볼, 소프트볼
표적형	크로켓, 당구, 볼링, 골프

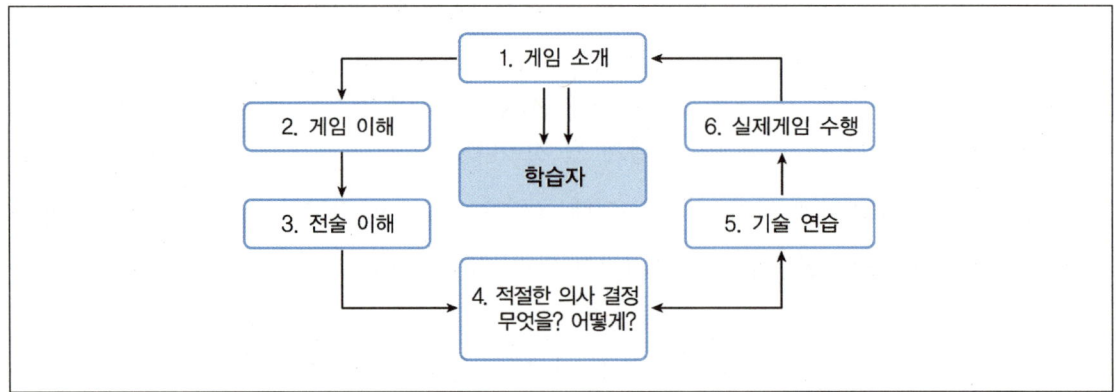

🔍 이해중심 게임수업 모형

(1) 게임 소개

1단계는 게임에 대한 소개이다. 이 부분에서는 수행될 게임의 분류 및 개관이 포함된다.

(2) 게임 이해

2단계는 게임의 역사와 전통을 가르쳐 줌으로써 게임에 대한 학생의 흥미를 진작시킨다.

(3) 전술 이해

3단계는 주요한 전술 문제들을 게임 상황에서 제시함으로써 학생의 전술 인지를 발달시킨다.

(4) 적절한 의사결정

4단계는 전술적 지식의 적용 시기와 방법에 대한 인식을 학생에게 가르치기 위해서 게임 유사 학습 활동을 활용한다.

(5) 기술 연습

5단계에서는 다시 게임 유사 활동을 통해서 전술적 지식과 기능 수행을 결합시키기 시작한다.

(6) 실제게임 수행

6단계에서 학생들이 전술적 지식과 기술적 지식을 결합하여 능숙한 수행 능력을 증진하고, 그 지식을 게임 형식이나 정식 게임에서 적용한다.

1. 개요

(1) 전술 게임 모형은 발달단계적으로 적합한 게임 및 게임과 유사한 학습활동(게임 형식)으로 구성된 일련의 과정을 기반으로 하며, 학생들이 전술적 문제를 먼저 인지적으로 해결하고 이후 능숙한 운동수행을 통해 해결하는 데 중점을 둔다.

(2) 교사는 게임을 수행하는 데 필요한 가장 본질적인 전술을 결정함으로써 이 모형을 활용하기 시작한다.

(3) 교사는 각 전술 영역에서 일련의 학습 활동을 설계하게 된다.

(4) Griffin, Mitchell, Oslin에 의하면, 게임 형식(모의 활동)은 반드시 정식 게임을 대표할 수 있어야 하며(대표성), 전술적 기술 발달에 초점을 둘 수 있도록 상황이 과장되어야 한다(과장성).

(5) '대표한다'는 의미는 게임 형식이 나중에 학생이 정식 게임에 참여할 때 접하는 실제 상황을 포함해야 한다는 것이고, '과장된 상황을 활용한다'는 의미는 학생이 오직 움직임의 전술 문제에만 초점을 두도록 게임 형식이 설정되어야 함을 의미한다.

2. 이론적 기초

(1) 이론적 배경 및 근거

① 전술 게임 모형의 대표적인 이론으로는 구성주의와 인지 학습 이론을 들 수 있다.

② 구성주의나 인지 학습 이론은 학습자들이 단순히 사실을 기억하거나 정적 기능을 수행하는 것이 아니라, 학생의 이해 증진을 위해 사전 지식을 통해 새로운 학습이 이루어진다고 본다는 공통점을 가지고 있다.

③ 모의 상황 속의 게임 형식에서 전술적 문제의 활용과 운동학습 전에 인지 학습을 강조하는 것은 구성주의 학습이론에 근거하고 있음을 알 수 있다.

④ Griffin, Mitchell, Oslin은 전술 게임 모형에 대한 3가지 주요 근거를 제공한다.

    ㉠ 학생들의 게임과 게임 형식에 대한 관심과 흥미는 모형의 주요 과제 구조 내에서 긍정적인 동기 부여 요소가 된다.

    ㉡ 지식은 영향력이 있어서 학생의 게임에 대한 이해가 깊어지고 경기 참여와 의사결정에 대한 교사 의존 경향이 줄어지게 된다.

    ㉢ 학생은 자신이 이해한 것을 게임에 적용하여 수행할 수 있다.

(2) 교수 · 학습에 관한 가정

① 교수에 관한 가정

    ㉠ 교사는 게임의 주요 전술적 문제들을 규명하고, 문제의 해답을 찾아갈 수 있는 학습 과제를 조직할 수 있다.

    ㉡ 교사는 게임 수행에 필요한 전술 인지와 운동 기능을 발달시키는 학습 과제를 설계하기 위해 게임 및 변형된 게임 형식을 사용할 수 있다.

    ㉢ 교사는 게임에 대한 전문가로, 전술적 문제에 몰입할 수 있도록 학생에게 간접적인 학습 경험을 제공한다.

    ㉣ 모든 게임과 게임 형식은 해당 학년의 발달 단계에 적합해야 한다. 학생은 성인 수준의 정식 게임을 배울 필요가 없다.

② 학습에 관한 가정

    ㉠ 대부분의 학생은 게임에 적용할 가능성이 거의 없는 기술을 배우기보다는 재미있고 흥미로우며 진짜 게임 같은 게임에 참여하기를 원한다.

    ㉡ 학생은 전술 인지와 의사결정 능력이 수업의 최우선 목표일 때 이들을 발달시킬 수 있다.

    ㉢ 전술 인지가 수행 능력의 사전 조건이 되지만, 학생은 어느 정도 게임을 잘 수행하기 위해 2가지 유형의 지식을 가지고 있어야만 한다.

    ㉣ 전술적 지식과 의사결정은 구성주의적 입장에서 발달되어야 한다. 이는 전술적 문제에 바탕을 둔 학습 활동의 계획적인 전개를 통해서 이루어질 수 있다.

    ㉤ 전술 인지와 다른 유형의 학생 학습은 유사한 분류 범주 내에서 게임으로 전이된다.

(3) **모형의 주제** : 이해중심 게임 지도

① 전술 게임 모형의 주요 주제는 Bunker와 Thorpe의 이해중심 게임 지도이다. 이 주제는 전술 게임 모형의 가장 중요한 학습 결과를 요약해 주고 있다. 즉, 게임과 게임 유사 상황에 적용될 수 있고 동시에 다른 유사 게임으로 전이될 수 있는 깊이 있는 이해를 촉진하고 있다.

② 이 주제는 학생의 전략적 인지와 의사 결정 능력을 우선적으로 강조하고 있다.

(4) **학습 영역의 우선순위와 영역 간 상호작용**

① 학습 영역의 우선순위

㉠ 1순위 : 인지적 영역, 2순위 : 심동적 영역, 3순위 : 정의적 영역

㉡ 전술 게임 모형에서 가장 기본적인 가정은 인지 학습이 먼저 이루어지면 운동 기능 수행이 보다 능숙하게 될 것이라는 점이다.

㉢ 학생이 게임 상황에서 무엇을 어떻게 해야 할 것인지를 아는 것이 중요하며 특히 '무엇' 은 전술 게임 모형에서 가장 우선된다.

② 학습 영역 간 상호작용

㉠ 학생이 인지적 영역에서 주어진 전술 문제를 해결하고, 이는 순차적으로 심동적 영역에서의 게임 유사 상황을 촉진한다.

㉡ 정의적 영역은 학생이 전략적 인지와 실제적인 학습 결과를 만들어 내기 위하여 운동 수행을 결합하는 것을 배울 때 나타날 수 있고, 이는 게임 감상과 자아 존중감을 향상시키게 된다.

(5) **학생의 발달 요구 사항**

① 학습 준비도

㉠ 게임과 게임 유사 학습 과제, 그리고 이 게임과 관련된 전술적 문제를 이해할 수 있는 학생의 능력이 필요하다. 따라서 학생들은 이해 중심 접근의 효과를 얻기 위해서는 충분한 수준의 듣기 능력과 지적 능력이 요구된다.

㉡ 수업과 모든 학습 과제들이 학생 수준에 맞춰 조정될 수 있지만, 학생들이 전술적 의사 결정을 할 수 있는 능력이 없다면 이 모형을 활용할 수 없다.

② 학습 선호도

회피적이고, 경쟁적이며, 의존적인 학생에게 효과적이다.

㉠ 전술 게임 모형은 대부분 직접 교수를 활용한다. 간접적 전략은 전술적 문제를 해결하는 데 사용되지만, 대개는 교사가 학습 환경을 결정한다.

㉡ 학생의 학습 선호는 직접 교수 모형의 학습 선호와 유사하다.

⑹ **모형의 타당성**

① 연구 타당성

　㉠ 전술 게임 모형과 기능 중심 교수법(직접 교수)의 비교 결과, 전술 게임 모형을 적용했을 때 게임에 대한 전술과 의사결정, 그리고 게임에 대한 관심과 동기가 높게 나타났다.

　㉡ 전술 중심으로 배운 학생들이 기술 중심으로 배운 학생들만큼은 적어도 기술, 지식, 의사결정, 게임 수행에서 향상되었다는 많은 연구 결과가 있다.

② 실천적 지식의 타당성

　㉠ 전술 게임 모형에 대한 교사의 경험은 이제 일반화된 사실이다.

　㉡ 전술 게임 모형의 활용은 2가지 측면에서 더욱 커질 것으로 예상된다.

　　ⓐ 이 모형은 어떻게 코치가 선수들을 지도할 것인가에 대한 내용을 포함하고 있기 때문에 많은 교사들은 이 모형을 쉽게 배울 수 있다.

　　ⓑ 이 모형이 추구하는 방향은 체육 수업에서 적극적으로 참여하고 학습하는 데 필요한 학습동기와 즐거움을 학생들에게 제공할 수 있기 때문이다.

③ 직관적 타당성

　㉠ 일부에서는 전술 게임 모형이 학생들에게 게임을 가르칠 때 통상적으로 사용하는 전통적인 교수 전략과 어긋난다고 주장한다.

　㉡ Chandler에 따르면, 모형에서 활용하는 리드업 게임은 정식 게임 상황을 적절히 대표하지 못하며, 그릇된 성취감을 학생에게 제시할 수 있다고 본다. 그것은 게임 형식이 모의 게임 상황의 즉흥성과 실제성을 가지지 못하기 때문이다.

　㉢ 그럼에도 불구하고, 전술 게임 모형은 체육 수업에서 활용될 여지를 남기고 있다(전술 게임 모형이 체육 수업에서 활용되는 이유).

　　ⓐ 모든 연령의 학생은 게임 하기를 좋아한다.

　　ⓑ 대부분의 체육 교사들은 게임 내용을 잘 알고 있으며 이에 대한 전문성을 가지고 있다.

　　ⓒ 게임 구조는 학생에게 지속적인 실제 학습 과제를 제공한다.

　　ⓓ 전술 게임 접근은 발달상의 측면을 고려한다.

　㉣ 이 모든 것은 거의 모든 체육교육 프로그램에서 가장 인기 있는 교육과정 내용영역을 가르칠 수 있는 개혁적이면서도 효과적인 방법에 속한다.

전술 게임 모형은 기술지도 위주의 전통적인 게임 지도 방식에서 탈피하여 전술의 이해를 강조하는 게임 지도 방식으로서, 게임 또는 게임 유사 상황에서 효과적인 전술적 결정을 내리고 실행하는 능력을 습득하는 데 초점을 둔다. 이 모형은 게임을 구성하는 두 가지 요소인 기술과 전술 중에서 기술 위주로 지도해 온 전통적인 게임 지도 방식에서 탈피하여 전술의 이해를 강조하는 게임 지도 방식이다. 이 모형은 기술 발달과 게임 수행에 필요한 전술 지식을 학습하기 위해 게임 구조에 대한 학생의 흥미를 활용하고자 노력한다. 따라서 이 모형에서 교사는 학습 과제를 유사한 게임 상황으로 계획하여 정식 게임 혹은 변형 게임으로 이끌어 간다. 이 모형의 바탕에는 학생이 한 게임의 전략(전술)을 이해하게 되면 다른 유사 게임으로까지 게임 수행력이 향상될 수 있다는 전제가 깔려 있다.

3. 교수·학습의 특징

(1) 수업 주도성(수업 통제)

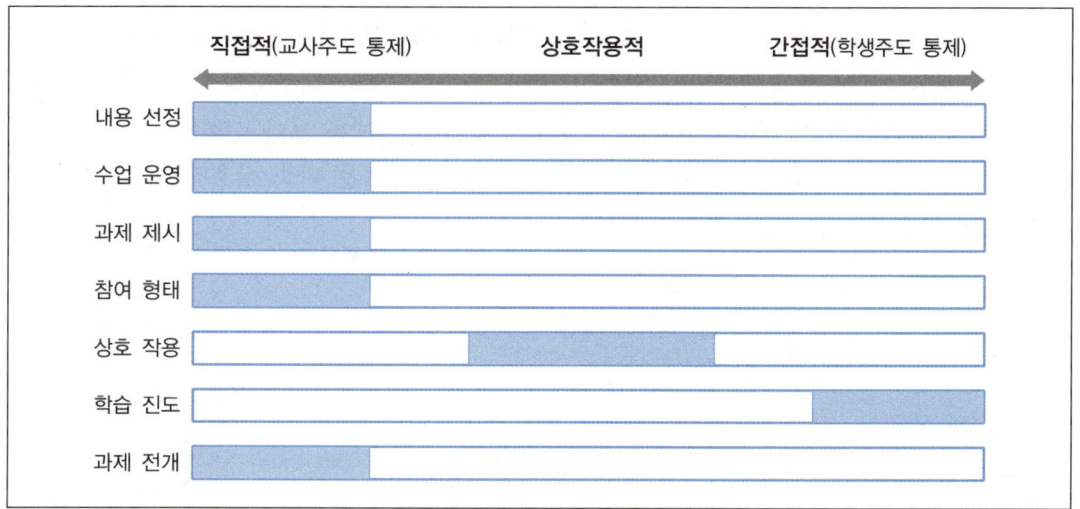

① 내용 선정

　㉠ 내용은 학생이 단원을 통해 해결해야 하는 전술적 문제의 계열성에 따라 제시된다.

　㉡ 교사는 전술적 문제들을 나열하고 학생의 전술적 인지와 의사결정을 개발하기 위해 사용할 게임과 게임 유사 상황을 계획한다.

② 수업 운영

　㉠ 교사는 전술 게임 모형의 관리 계획, 수업 규칙, 특정 절차를 결정한다.

　㉡ 학생이 일련의 전술적 모의 상황과 연습을 통해 발전해 나가면서 그 효율성이 향상된다.

③ 과제 제시

　㉠ 교사는 게임 지식의 가장 주요한 정보원으로 인식되고 있기 때문에 전술 인지와 의사결정을 개발하기 위한 학습 과제를 계획하고 실행하는 유일한 존재가 된다.

　㉡ 전술적 프로그램은 교사에 의해 과제 제시에서 부과되는데, 이때 교사는 학생이 전술과 기능을 결합하기 위해 모의 상황에 참여하기 전, 문제를 해결할 수 있도록 연역적 질문을 사용한다.

　㉢ 따라서, 이 프로파일의 부분은 매우 교사 중심적이며, 학생이 질문에 대답할 때 교사와 학생 간의 상호작용이 이루어진다.

④ 참여 형태

   ㉠ 교사는 모든 학습 과제와 과제 구조를 결정하고, 학생으로 하여금 전술적 문제를 해결하게 하며, 모의 상황 또는 연습을 실행하도록 학생을 지도한다. 이 점에서 참여 형태는 교사 중심적이다.

   ㉡ 학생은 스스로 연습할 수 있으며 참여 형태에 영향을 주는 몇 가지 의사결정을 할 수 있도록 한다.

⑤ 상호 작용

   ㉠ 교사는 게임 모의 상황과 연습 동안 학생이 전술적 문제를 해결할 수 있도록 연역적 질문들을 활용하고 단서, 안내 및 피드백을 제공함으로써 대부분의 상호작용을 시작한다.

   ㉡ 전술적 문제가 해결된 이후에도 교사는 학생의 이해를 보다 심화시키기 위한 연역적 질문을 계속해야 하기 때문에 이 부분에서 이 모형은 다소 상호작용적이다.

⑥ 학습 진도

   ㉠ 학생 중심적이다.

   ㉡ 학생이 게임 상황에 참여하게 되면 연습을 언제 시작하고 마칠 것인지에 대해서 학생 스스로 결정하게 된다.

⑦ 과제 전개

   ㉠ 교사 중심적이다.

   ㉡ 교사는 각 학습 활동이 끝나는 시기와, 학생이 다음 전술적 문제와 학습 과제로 언제 이동할 것인지를 결정한다.

전술 게임 모형의 포괄성

• 전술 게임 모형은 교사가 인지 능력과 기능 수행 능력의 수준 차이를 고려한다면 모든 학생을 포괄하여 계획할 수 있다.

• 전술 게임 모형은 모든 학생이 소규모 게임, 변형 게임, 원형 게임에 참여한다는 점에서 포괄적이라 볼 수 있다.

(2) **학습 과제**

전술 게임 모형에서 활용되는 주요 학습 과제는 기능 연습, 모의상황 연습, 게임 형식, 정식 게임을 포함한다. 각 과제 유형은 그 자체의 과제 제시와 과제 구조를 가지고 있지만, 이 모든 것들은 학생에 의한 전술 문제 해결에 초점을 맞추고 있다. Mitchell 등에 의하면, 교사는 과제의 계열성을 고려하여 학생이 해결할 전술적 문제를 제시한다. 이 계열성은 게임 형식으로 시작되는데, 이는 게임의 특정 영역에서 학생의 전술적 지식 및 기술적 지식을 평가하기 위해서이다. 게임 형식이 수행되고 나면, 교사는 전술과 기술에 관련된 학생의 요구를 조사하고, 그런 후 학습할 영역에 초점을 둔 한 가지 이상의 연습을 고안한다. 연습에 이어 학생은 초기 게임 형식으로 돌아갈 수 있고, 그 후 변형 게임으로 진도를 나갈 수도 있다. 변형 게임은 정식 게임의 많은 부분과 유사하지만 규칙, 점수, 경기장 크기, 게임 시간을 계획적으로 변경한다. 이 변화는 학생의 발달단계를 반영해야 하며, 학생들이 주요 전술과 기술을 게임 상황에서 계속 반복할 수 있도록 게임의 특정 부분에 초점을 두어야 한다. 학습 과제의 마지막 형태는 정식 게임이다. 정식 게임은 반드시 성인 수준의 게임일 필요가 없다. 정식 게임은 게임 자체 또는 거의 게임의 모든 요소를 갖춘 것으로서 학생이 최대한의 참여로 전술과 기능을 연습하도록 발달 단계에 적합해야 한다.

🔍 초기 게임 형식

게임	게임 형식	평가 적용의 예
농구	3 대 3 하프 코트	1. 수비 위치 2. 공과 관련 없는 움직임 3. 리바운드 위치 4. 수비수 사이의 의사소통
배구	2 대 2	1. 공격에 대응한 수비 위치 2. 공격 패스 3. 팀 동료 간 의사소통 4. 서비스 전술
골프	퍼트-퍼트	1. 서기와 조준 라인 2. 공 속도의 판단 3. '일시 중단'의 판단
라크로스	하프 필드 스크리미지 (한 팀은 공격만 하고, 다른 팀은 수비만 함)	1. 수비 위치 수립 2. 수비 3. 공과 관련 없는 움직임 4. 수비의 빈 공간 발견하기 5. 팀 동료 간 의사소통

🔍 변형 게임

게임	변형	초점
배드민턴	오버헤드 스매시를 허용하지 않는다.	1. 공격의 정확성과 터치 샷 2. 랠리를 오래 하기
플로어 하키	모든 선수들이 퍽을 접촉할 때까지 골을 향해 슛을 할 수 없다.	1. 패스 2. 팀웍 3. 의사소통
축구 (초등학교)	경기장의 폭과 길이를 반으로 줄이고, 골대의 크기를 줄인다.	1. 공을 접하고 수비를 할 수 있는 기회 증가 2. 공과 관련 없는 움직임 3. 슛의 정확성
프리스비	잡은 후 갖고 있는 시간을 늘린다.	1. 원반과 관련 없는 움직임 2. 패스 판단 3. 의사소통

① 과제 제시

과제 제시는 전술 문제를 고안하고 상황 학습 과제의 중요성을 설명하기 위해 활용된다. 중요한 점은 학생에게 해답을 주지 않고 전술 관련 상황에 대한 충분한 정보를 제공하는 것이다.

게임 형식	• 게임 형식이 원형 게임에 어떻게 관련성이 있는지, 그리고 게임 형식이 전술적 측면에서 왜 중요한지를 설명해야 한다. • 게임 형식 또는 모의 상황을 이해하는 데 필요한 정보만을 제시한다. 그런 후 학생이 1개 이상의 가능한 해답을 찾을 수 있도록 연역적인 질문을 활용한다. • 과제 구조를 설명하고, 학습 과제 내의 의사결정과 기술 연습에 학생들을 적극적으로 참여시키며, 그 상황에서 인지 수준과 숙련도를 평가하기 위해 학생을 관찰한다. • 이 과제는 교사와 학생들이 더 분절적이고 반복적인 학습과제, 주로 기술 연습에서 개발해야 할 전술적 인지와 기술의 영역을 식별하면서 마무리된다.
상황적 기술 연습	• 기술 연습은 직접 교수에서 했던 방식대로 제시된다. • 교사는 학생이 배울 움직임 패턴을 설명하고 시범보이며, 학생들에게 언어적 단서를 제공한다. • 학생들에게 기술의 전술적 중요성과 해당 기술이 이전 게임 형식 과제의 전술적 문제를 해결하는 데 어떻게 사용되는지를 인식시키기 위해 추가적인 요소가 포함된다. • 교사는 기술을 수행하는 방법뿐만 아니라, 학생이 게임 형식으로 돌아가거나 변형 게임 또는 정식 게임으로 진행할 경우 그것을 왜, 어떻게 해야 하는지를 설명해야 한다.
변형 게임	• 변형 게임은 정식 게임의 전술 및 수행의 복잡성을 줄이기 위해서 고안되었으며, 학생들이 특정한 부분에 초점을 맞출 수 있는 수차례의 시도가 허용된다. • 변형 게임의 과제 제시는 정식 게임과 어떤 관련이 있는지, 규칙이 '왜', 그리고 '어떻게' 변경되었는지, 변형 게임의 전술적 목표에 대한 설명이 포함되어야 한다. • 전술적인 목표들을 진술함으로써 교사는 변형 게임에서 제시된 하나 이상의 전술적 문제에 접근하도록 한다.
정식 게임	• 정식 게임의 과제 제시는 변형 게임의 한 형태처럼 보인다. • 게임 단계를 설정하고, 전술적 목표를 설명하며, 게임이 시작되기 전 학생이 해결해야 하는 전술적 문제들을 부과한다.

② 과제 구조

과제 구조는 모형의 각 단계에서 교사가 계획한 과제 유형에 의해서 결정되는데, 여기에 게임 형식, 기술 연습, 변형 게임, 정식 게임이 포함된다.

게임 형식	• 게임 형식은 변형 게임 또는 정식 게임에서 나타나는 일어나는 일반적인 상황을 시뮬레이션한 것으로 볼 수 있다. • 교사는 전술 인지, 의사결정, 기타 필요한 기술을 연습하고 평가하기 위해 그 상황에 대한 합리적인 대표성을 학생들에게 제공하는 학습 과제를 구성한다. • 과제 구조의 목표는 학생이 필요한 전술적 의사결정을 수행할 수 있도록 여러 차례 반복 연습하게 하는 것이다.

상황적 기술 연습	• 학생이 전술적 의사결정을 하는 데 필요한 기술을 발달시킬 수 있도록 많은 기술 연습이 고안되어야 한다. 또한 개별 연습, 2인조 연습, 소집단 연습, 대집단 연습 등 다양한 과제 구조가 활용될 수 있다. • 기술 연습 지도는 연습 시작 전에 교사가 전술적 문제를 학생에게 부과하는 것 말고는 직접 교수 모형처럼 보인다. • 과제 구조는 학생들이 단순히 여러 번 반복하여 연습하기보다는 전술적 의사결정을 할 수 있는 기회를 학생에게 많이 제공해야 한다.
변형 게임	• 변형 게임의 과제 구조는 '대표적'이면서 동시에 '과장'되어야 한다(Mitchell 등). • '대표적'의 의미는 학생들이 실제 환경에서 수행하고 실제로 전술을 결정할 수 있는 변형 게임이 정식 게임과 매우 유사하다는 뜻이다. 과제 구조는 전술적 결정과 기술을 독립적으로 연습할 수 있는 기회를 많이 제공하도록 게임의 특정 부분을 부각시켜야 한다. • '과장'은 전형적으로 예측할 수 없는 게임의 흐름 속에서 발생하는 다른 사태의 가능성을 제거하거나 줄임으로써 학생이 이러한 특정한 사태에 집중하도록 돕는다. 이 구조는 정식 게임의 복잡함을 줄이고 학습 중인 전술적 및 기술적 지식을 가르칠 수 있는 지도 시점을 더 많이 가지게 된다. • 변형 게임의 과제 구조는 기술 과제와 정식 게임 사이를 직접적으로 연결시키는 가교 역할을 하기 때문에 중요하다. 이는 학생의 게임 중심 의사결정 능력을 발전시키며, 나중에 정식 게임을 수행할 때 종종 실제 상황에서 기술을 잘 적용하도록 한다.
정식 게임	• 학생들이 변형 게임에서 탁월한 능력을 지속적으로 보일 경우에만 정식 게임을 하게 한다. • 교사는 변형 게임에서 학생의 지식에 대해 공식적·비공식적인 평가를 할 수 있으며, 이에 따라 정식 게임을 과제 구조로 채택할지를 결정한다. • 정식 게임의 과제 구조는 스포츠 지도에 활용되는 연습 대형과 같이 보일지 모른다. 교사는 게임 중에 발생하는 지도 시점을 관찰해야 하고, 학생들의 전술 인지, 전술적 결정, 또는 게임 기술의 초점이 적절하다면 지도 시점을 포착해야 한다. 경기가 잠시 멈출 때 각 지도 시점에서 학생들에게 전술적 문제를 제시해야 한다.

전술 게임 모형에 매우 유용한 게임 과제에 대해 교사가 구조화하고 간섭할 수 있는 방법(Metzler)	
즉흥적인 재생	교사는 게임을 멈추고 바로 직전의 수행으로 돌아간다. 그래서 선수들은 자신들의 전술적 결정을 성찰하고 변화시킬 수 있는 기회를 가질 수 있다. 실제의 경기 결과만이 점수에 반영된다.
선수-코치	교사는 전략적인 목적을 가지고 게임에 개입한다. 학생들의 전술적 및 기술적 연습을 촉진하기 위해 게임의 특정 상황을 조작하는 것이다. 예를 들면, 교사는 소프트볼 게임에 참여하여 양 팀에서 투수 역할을 맡고, 특정한 상황이 발생하도록 의도하면서 공을 던진다. 농구 경기에서 교사는 어느 한 팀의 포인트 가드로 게임에 참여하여 게임의 속도를 조절하기 위해 포지션을 활용한다.

	모의상황	게임이 진행되는 동안, 교사는 경기를 멈추고 전술 인지와 의사결정이 발생하기 전에 이들을 점검하기 위한 질문을 한다. 예를 들어, 테니스 복식게임에서 교사는 한 경기자에게 "동료가 너의 구역인 네트 쪽으로 가야할 경우가 생기면 넌 어떻게 하겠니?"라는 질문을 해 본다. 소프트볼 게임에서 주자가 1아웃에 1루와 2루에 있는 상황에서 교사는 우익수에게 "만약 네가 멀리 높게 날아가는 공을 잡는다면 어떻게 하겠니?"라고 물어본다.
	TV 분석가	교사가 게임에서 나타나는 패턴을 인식한 후에, 게임을 멈추고, "무슨 일이 일어나고 있지? 그것을 어떻게 바꿀 수 있을까?"라고 질문을 한다. 예를 들어, 축구 경기에서 어느 한 팀이 몇 번씩이나 골을 향해 돌진해서 슛을 했다면, 교사는 수비팀에게 "너희 팀은 그것을 멈추기 위해 어떻게 해야 하지?"라고 묻는다.

- 정식 게임 구조의 주요 특징은 전술 인지, 전술적 의사결정, 기술 수행에 지속적인 초점을 두는 것으로 볼 수 있다. 정식 게임의 구조는 단순히 "그냥 게임하기"와 구별된다.

③ 내용 전개

    ㉠ 전술 게임 모형에서 내용 조직의 중심은 전술적 문제이고, 이는 게임이나 게임 형식에서 일반적으로 나타나는 상황으로, 기술과 전술적 지식을 동시에 적용해야 하는 상황을 말한다.

    ㉡ 이 모형에서 가르칠 내용은 기능중심이 아니다. 내용은 특정 영역에 부응하는 전술적 인지와 그것에 적합한 실행에 근거하며, 개념적 관점에서 다르게 정의될 것이다.

(3) 학습 참여 형태

① 학생이 기술을 연습할 때 동일한 과제에서 개별적으로 참여한다. 각 학생은 연습 공간과 필요한 장비를 제공받는다.

② 게임 유사 상황과 변형 게임에서의 참여 형태는 소집단으로 이루어진다. 각 집단은 전술적 문제에 초점을 맞추는 모의 상황 또는 변형 게임이 가능하도록 학생 수가 충분해야 한다.

③ 정식 게임의 참여 형태는 수행 중인 게임에서 혼자, 짝, 소집단, 대집단 등으로 결정될 것이다.

(4) 교사와 학생의 역할 및 책임

역할 및 책임	전술 게임 모형에서의 책임 주체
수업 시작	대개 교사가 학급 전체를 대상으로 첫 번째 과제와 전술 문제를 제시하면서 수업을 시작한다.
과제 제시	교사가 과제를 제시한다. 전술적 상황을 학생에게 보여주기 위해서 교수 매체를 활용할 수 있다.
전술 문제 제시	교사는 각 모의 상황의 학습 과제 단계를 설정하고 전술 문제를 학생에게 제시한다.

전술 문제 해결	학생은 혼자 또는 소집단을 통해 문제를 생각하고 전술 문제를 해결한다.
수업 기구의 배치 및 회수	대부분의 학습 과제가 소집단의 구조를 활용하기 때문에 모든 학생 집단은 필요한 기구들을 사용하고 반환할 수 있다.
과제 구조	학생은 교사의 지시를 따라서 각 과제를 설정한다.
평가	교사는 각 과제에 대한 평가 방법을 설계해야 한다. 설계가 이루어지면 학생 또는 교사에 의해서 활용된다.

(5) 교수 · 학습 과정의 검증

① 교사 기준

기준	검증 방법
전술 문제를 각 학습 과제의 핵심으로 활용한다.	전술 문제가 작성된 내용 목록을 점검한다.
학생의 지식을 평가하기 위해 각 단원의 일부를 게임 형식으로 시작한다.	단원 계획을 점검한다.
게임 형식으로부터 필요한 전술과 기술 영역을 규명한다.	각 단원의 일부에서 전술적 영역 목록을 작성할 수 있으며 각 게임 형식을 관찰한 후 지식을 지필 평가할 수 있다.
연역적인 질문을 활용하여 학생이 전술 문제를 해결할 수 있도록 한다.	1. 교사의 교수 · 학습 과정안을 점검한다. 2. 질문 목록과 학생의 반응을 작성한다.
모의 상황으로 설정한 학습 과제에 대해 의사소통을 분명히 한다.	학생이 과제를 조직하는 것을 관찰한다. 학생은 교사의 지시에 따라서 신속하게 과제를 설정하고 참여한다.
상황 학습 과제 동안 높은 비율의 안내와 피드백을 활용한다.	교사의 수업 상호작용의 내용과 빈도를 기록한다.
수업의 전술적 문제를 포함하는 학습 정리를 한다.	1. 교사의 교수 · 학습 과정안을 점검한다. 2. 수업 정리에서 교사가 시도하는 이해도 점검의 횟수를 기록한다.
평가	1. 교사의 단원 및 교수 · 학습 과정안을 점검한다. 2. 교사가 만든 전술적 의사결정 및 기술 수행에 관한 체크리스트를 점검한다. **예** 게임 수행 평가 도구

② 학생 기준

기준	검증 방법
전술 문제에 관한 연역적인 질문에 대해 생각할 수 있는 시간이 학생에게 제공된다.	1. 교사의 기다리는 시간을 관찰한다. 2. 각 학생이 대답해야 하는 횟수를 기록한다.
모의 상황 학습 과제의 설정 방법을 이해한다.	학생이 과제를 조직하는 것을 관찰한다. 학생은 교사의 지도를 따라, 신속하게 과제를 설정하고 참여한다.

모의 상황의 전술적 의사결정을 만든다.	1. 각 학습 과제 동안 교사의 질문에 대해 학생이 답한 정답과 오답을 기록한다. 2. 각 학습 과제 동안 학생의 전술적 의사결정과 기술을 관찰한다.
게임 변형은 발달 단계적으로 적합하다.	학생의 참여를 관찰한다. 게임 변형은 너무 단순하거나 복잡한 것이 아닌가?
과제 전개에 따라 진도가 나갈 때, 학생의 전술적 지식을 습득할 수 있다.	게임 형식, 변형 게임, 정식 게임을 게임 수행 평가 도구를 가지고 모니터한다. 학습 과제의 복잡성이 증가할수록 나타나지 않는 게임 수행 요소를 기록한다. 과제의 복잡성이 증가할 때마다 가끔 누락되는 요소가 있을 것이나 그것은 일시적인 현상이다.
학생은 전술 인지, 의사결정, 상황 기술을 학습한다.	게임 수행 평가 도구 또는 다른 실제 평가 방법을 가지고 학생을 평가한다.

(6) 학습 평가

전술 게임 모형의 학습 목표는 학생이 게임 또는 게임 유사 학습 활동에서 전술적 의사결정을 하고 수행하는 것이다. 이는 게임 상황에서 무엇을 하고 어떻게 정확하게 수행할 것인가에 대한 지식을 결합한 결과라고 볼 수 있다. 이 모형에서 잘 설정된 목표는 교사로 하여금 타당하고 실제적인 평가 기법을 고안할 수 있도록 돕는다. 평가는 게임이 진행되는 동안 전술적 의사결정을 하고 수행하는 학생의 능력에 초점을 맞춘다. 평가는 게임이 실제로 진행되는 동안 관찰로 진행하기 때문에 실제 평가라고 볼 수 있다.

① 게임 통계치의 평가

　　㉠ 팀의 경기를 보다 잘 평가하려면 경기 내용을 요약한 게임 통계를 살펴보아야 한다.

　　㉡ 게임 통계는 선수가 골을 넣은 횟수와 지역, 공 소유 시간, 실책의 횟수와 양 팀의 반칙 수에 대한 정보가 반영되어 있다.

　　㉢ 게임 통계에 기초하여 각 선수의 포지션에 따른 여러 측면을 평가하는 것이 가능하다.

② 전략적 의사 결정과 기술 수행의 평가

　　㉠ 학생의 게임 수행을 게임 통계로 평가하는 것이 유용하지만, 이 정보는 교사에게 경기 중 학생이 전술적 결정들을 어떻게 수립하고 실천했는지를 알려주지 못한다.

　　㉡ Griffin, Mitchell, Oslin이 개발한 게임 수행 평가 도구(GPAI)는 학생의 전술적 지식을 평가하기 위해 여러 유형의 게임에 적용할 수 있는 기본적인 평가 기법이다.

　　㉢ GPAI는 게임의 7가지 공통 수행 요소를 포함하고 있다.

　　㉣ 특정 게임에서 GPAI를 활용할 때 교사는 7가지 요소 중 어떤 요소가 게임에 적용되는지를 파악하고, 각 요소에서 좋은 전술적 의사결정과 수행을 나타내는 한 가지 이상의 기준을 결정한다.

ⓜ GPAI는 각 요소의 세 가지 수행 측면, 의사 결정의 적절성(적절함/부적절함), 기술 수행의 효과성(효과적임/비효과적임), 보조의 적절성(적절함/부적절함)에 초점을 맞춘다. 그런 다음 교사는 게임 과정에 있는 각 학생을 관찰하고, 선택된 요소에 해당하는 전술적 지식과 기술 수행의 적절성과 효과성을 기록한다.

ⓗ Griffin, Mitchell, Oslin은 학생의 게임 수행 점수는 비율일 뿐, 결코 백분율이나 절대 수가 아님을 강조한다.

ⓢ 이 게임 수행 점수는 적절성/부적절성과 효율성/비효율성 사이의 균형을 나타낼 뿐, 게임 상황에서 긍정적인 사례수가 많은 학생이 반드시 긍정적인 사례수가 적은 학생보다 높은 점수를 받게 됨을 의미하지 않는다.

ⓞ 최고의 GPAI 점수는 학생이 부정적인 사례수보다 긍정적인 사례수를 많이 가질 때 나타날 수 있다. 이 점수는 학생이 좋은 전술적 의사결정을 하고 부정적인 의사결정의 빈도를 줄이는 데 일조를 할 수 있다.

ⓩ 좋은 게임 수행이 많다고 해서 반드시 훌륭하다고 볼 수 없다. 각 전술적 시행의 실수를 줄여 나가는 것이 훨씬 더 중요하다.

🔎 게임 수행 평가 도구 요소

요소	수행 평가 기준
돌아오기	수행자가 기술 시도를 하면서 홈 또는 제자리로 적절하게 돌아오기
적응하기	게임 진행에 필요한 수행자의 공격적인 움직임과 수비적인 움직임
의사결정하기	게임 중에 공을 가지고 수행할 내용에 대한 적절한 선택하기
기술수행하기	선정된 기술의 효과적인 수행
보조하기	소속팀이 공을 가지고 있을 때 패스를 받을 수 있는 위치로 움직이기
커버하기	공을 가지고 있는 팀원이 경기를 하거나 공에게 다가갈 때 지원하기
가드/마크하기	공을 가지고 있거나 그렇지 않은 상대 팀원에 대해 수비하기

🔎 축구에서 GPAI의 활용 예

관점	기준
의사결정	1. 경기자는 상대 선수가 근처에 없는 팀 동료에게 패스를 시도한다. 2. 경기자는 적절한 시기에 슛을 시도한다.
기술실행	수용 : 패스의 통제 및 공을 찰 준비하기 패스 : 공을 목표 지점까지 패스한다. 슈팅 : 공이 머리 높이 아래 있고 목표를 향한 위치에 있다.
보조하기	경기자는 공을 가지고 있는 사람 옆에 따라가거나, 패스를 받을 수 있는 적절한 위치로 이동하면서 보조한다.

🔍 10분간의 3 : 3 게임에 대한 GPAI

구분	의사결정		기술실행		보조하기	
이름	적절함	부적절함	효율적임	비효율적임	적절함	부적절함
A학생	○○○○○○	○	○○○○○○	○	○○○○○○○	○○○○
B학생	○○○○	○	○○○○○	○	○○○	○
C학생	○○○	○○○	○	○○	○○○○○	○○
D학생					○○○	○
E학생	○○	○	○○○	○	○○○○	○○○
F학생	○○○○	○○○	○○○○	○○	○○○○○○	○○

🔍 10분간 시합에 대한 A학생의 GPAI 점수

항목	계산법
게임 참여	적절한 의사결정 수 + 부적절한 의사결정 수 + 효과적인 기술 실행의 횟수 + 비효과적인 기술 실행의 횟수 + 적절한 보조 움직임의 횟수
의사 결정	적절한 의사결정 수 ÷ 부적절한 의사결정 수
기술 실행	효과적인 기술 실행의 횟수 ÷ 비효과적인 기술 실행의 횟수
보조 하기	적절한 보조 움직임의 횟수 ÷ 부적절한 보조 움직임의 횟수
게임 수행	(의사결정 + 기술실행 + 보조하기) ÷ 3(사용된 항목 수)
A학생의 GPAI 평가	게임참여 = 6 + 1 + 6 + 1 + 7 = 21 의사결정 = 6 ÷ 1 = 6 기술실행 = 6 ÷ 1 = 6 보조하기 = 7 ÷ 4 = 1.75 게임수행 = (6 + 6 + 1.75) ÷ 3 = 4.58

4. 실행적 요구 사항과 변형

(1) 교사 전문성

① 발달 단계에 적합한 수업

ⓐ 게임(변형게임과 게임형식도 마찬가지)은 학생들에게 비교적 높은 수준의 인지적 및 심동적 준비도를 요구하는 복잡한 수업 환경이 될 수 있다.

ⓑ 현재 전술적 문제의 복잡성과 전술적 결정을 실행하는 데 필요한 기술이 학생들의 능력 수준과 일치하는 것이 매우 중요하다.

ⓒ 교사들은 각 전술적 상황에서 개념과 기술을 분석하고, 학생이 지식을 습득할 수 있도록 적절한 게임 형식, 기능, 변형 게임을 설계할 수 있어야 한다.

ⓓ 교사의 2가지 가장 중요한 교수 결정은 학생들이 변형 게임에서 정식 게임 버전으로 넘어갈 때, 또는 정식 게임이 학생들에게 너무 복잡하거나 부담스럽게 보일 때 다시 변형 게임으로 돌아갈 때 나타난다.

② 학습 영역과 목표

㉠ 전술 게임 모형은 인지적 영역과 심동적 영역의 상호작용에 기초한다.

㉡ 교사는 학생이 연역적 질문을 통해 전술 문제를 해결하고, 그 후에 다양한 과제 구조 안에서 전술적 의사결정을 하도록 학생을 지도한다.

㉢ 교사는 전술적 문제를 파악하여 학생에게 설명하는 방법을 숙지해야 한다. 이 문제 해결은 주요 학습 목표가 되며, 전술적 학습 진도의 기반을 형성한다.

㉣ 교사는 이 학습 목표를 활성화시킬 수 있는 학습 과제로 전술적 문제들을 전이시켜야 한다.

③ 과제 분석 및 내용 전개

㉠ 과제 분석은 게임을 능숙하게 하는 데 필요한 전술적 지식과 기술에 근거하기 때문에, 과제 분석의 과정은 학생의 발달 단계를 고려하여 각 게임의 전술적 요구 사항 분석으로 시작된다.

㉡ 교사는 게임 형식, 기술 연습, 변형 게임, 정식 게임의 4가지 주요 과제 구조에 대한 학생의 준비 상황을 정확하게 평가해야 한다.

㉢ 학생이 게임 형식에 있는 동안 교사는 어떤 전술적 지식과 기술이 가장 필요한지를 평가해야 한다. 그런 후에 그 지식을 증진시키기 위한 계열성을 계획한다.

㉣ 무엇보다도 학생의 발달 단계에 맞도록 고려되어야 하며, 각 학습 과제의 복잡성과 신체적 요구 사항에 따라 변형이 이루어져야 한다.

④ 게임 내용

㉠ 교사들은 전술 게임 모형을 적용하려는 게임에 대해 탁월한 전문성을 가져야 한다.

㉡ 교사들은 전술적 요구 사항을 확인하고, 전술 문제를 만들며, 발달 단계적으로 적합한 게임 형식과 변형 게임을 설계할 수 있을 만큼 각 게임에 대해 잘 알고 있어야 한다.

㉢ 교사는 모든 경기자의 위치와 게임 흐름 중 발생할 수 있는 가장 전형적인 전술 상황을 알고 있어야 한다.

⑤ 평가

㉠ 전술적 지식은 인지적 영역 및 심동적 영역에서 나타나고, 그 지식은 게임이나 게임 유사 상황에서 제시될 필요가 있기 때문에, 전술 게임 모형에서 평가는 학생이 적극적으로 참여하는 동안 실제 평가 기법으로 수행된다.

㉡ 교사는 GPAI를 활용할 수 있거나, 교사 자신의 게임 평가 체크리스트를 설계해야 한다.

(2) 핵심적인 교수 기술

① 수업 계획

㉠ 전술 게임 모형은 단원이 시작되기 전에 일부 계획이 필요하지만, 대부분의 계획은 교사가 학생들의 초기 전술지식과 기술을 평가한 후에 이루어진다.

    ⓒ 교사는 학생들의 전술적 지식과 기술을 파악하기 위해 사용되는 첫 번째 게임 형식을 미리 계획할 수 있다.

    ⓒ 전술적 문제는 초기 게임 형식 후의 모든 학습 과제의 출발점이 된다.

② 시간 및 수업 운영

    ㉠ 학습 과제는 게임 상황을 시뮬레이션하도록 설계되어야 하며, 교사는 각 상황 기술 연습, 게임 형식, 변형 게임을 계획할 때 세부 사항에 특히 주의를 기울여야 한다. 훌륭한 계획은 학생의 참여율을 높이고 상황 게임기술의 연습 기회를 학생에게 많이 제공할 수 있다.

    ⓒ 학습 과제는 모든 학생이 적극적으로 참여할 수 있도록 구성되어야 하며, 과제 간 전환이 효율적으로 이루어져야 한다.

③ 과제 제시 및 과제 구조

    ㉠ 전술 게임 모형의 과제 제시는 각 과제가 시작되기 전, 전술적 문제를 해결하기 위한 연역적 질문 활용이 추가된다는 것만 제외하고 직접 교수의 과제 제시와 유사하다.

    ⓒ 과제 제시는 기술 연습, 상황전술의 중요성, 전술적 의사결정에 대한 설명을 포함한다.

    ⓒ 교사는 연역적 질문을 한 다음 '답변 시간의 제공' 기법을 활용해야 한다. 이는 해결 방안이 공개되기 전에 학생 스스로 자신의 해결 방안을 탐색할 수 있는 기회를 가져야 하기 때문이다.

④ 의사소통

    ㉠ 전술 게임 모형에서는 많은 상황 학습 과제가 제시되기 때문에 의사소통 기술이 중요시된다.

    ⓒ 과제는 연습 상황과, 수립할 주요 전술적 의사결정에 대한 충분하고 명확한 설명을 요구한다.

⑤ 교수 정보

    ㉠ 대부분의 교수 정보는 학생이 연습하는 동안 언어적 상호작용 형태로 교사에 의해 제시된다. 이때 교사에게 요구되는 기술은 전술 문제에 대한 해답을 학생에게 '말하지 말고 질문해야 하는' 시기를 인식하는 것이다.

    ⓒ 학생이 상황 학습 과제를 연습할 때 교사는 높은 비율의 언어적인 안내와 피드백을 제공해야 한다.

⑥ 수업 정리와 종료

    ㉠ 수업에서 학생에게 제시된 전술적 문제들은 수업 정리 단계의 초점이 된다. 교사는 이 문제들을 재진술하여 학생이 정확한 해답으로 반응하는지를 점검할 필요가 있다. 또한, 수업 정리는 다음 차시에 계획된 전술적 문제와 학습 과제를 예습하는 데 활용될 수 있다.

ⓒ 수업이 끝날 때 곧바로 용·기구가 적절한 장소로 회수될 수 있도록 충분한 시간이 주어져야 하고 정리 정돈으로 수업을 마친다.

(3) 상황적 요구 조건

전술 게임 모형은 거의 모든 체육 교육 내용에서 활용될 수 있다. 이때 중요한 요구 조건은 학생이 기다리지 않고 모두 참여할 수 있도록 충분한 기구와 수업 공간이 확보되어 있어야 한다는 점이다.

(4) 모형의 선정과 변형

전술 게임 모형은 게임 상황에서 학생이 전술적 결정을 내리고 실행하는 방법을 지도하기 위해 설계되었다. 이 게임은 공식적인 형태의 스포츠 또는 전술적 지식을 요구하는 게임 형식이 될 수도 있다.

(5) 개인맞춤형 학습을 위한 전술 게임 모형 사용하기

① 개인맞춤형 수업을 위해 GPAI 또는 게임 플레이 평가 루브릭과 같은 수정된 버전을 사용하여 포괄적인 진단 평가를 진행할 수 있다. 이 과정은 교사에게 미래의 학습 과제와 모둠 편성계획에 중요한 정보를 제공하며, 수업 내에서 다양한 진행 속도를 조절할 수 있게 한다.

② 단원 전반에 걸쳐 교사는 학생들의 학습 속도를 지속적으로 관찰하고 비공식적으로 평가해야 하며, 이는 단원 시작 시 평가된 동일한 기술과 전술에 대한 평가이다.

③ 스포츠 관련 내용은 대부분의 학생들에게 적합하다. 따라서 다양한 게임유형을 제공함으로써 학생들의 관심을 높일 수 있다. 많은 학생들이 특정 스포츠에 대한 관심을 가지고 있기 때문에, 학생들의 관심을 다른 방식으로 더욱 세분화할 수 있다. 전술 게임에서 학습 과제의 특성상, 전술 게임 모형은 다양한 지능 선호도도 고려한다.

④ 학습 과제 유형(게임 형식, 상황 기술연습, 변형 게임, 전체 게임)은 교사에게 단원 내용에 대한 다양한 접근 기회를 허용한다. 교사는 학생들을 위한 각 과제를 제시하고 구조화하는 데 있어 많은 유연성을 가진다.

⑤ 전술 게임은 교사의 높은 수준의 통제를 요구하지만, 단원과 수업에서 학생들의 개인맞춤형 학습을 시도할 수 있다. 단원 내에서 교사는 내용목록, 전술과 기술의 학습 순서, 과제 복잡도 수준 내에서 학습 속도를 설정할 것이다.

⑥ 수업에서 학생들은 전형적인 게임형식, 기술연습, 변형게임, 정식게임의 순서를 통해 진도를 나간다. 그러나 학습 속도는 학생들의 현재 이해도와 기술 수준에 따라 그룹을 나누어 달리할 수 있다.

⑦ 학습 과정은 학생들이 게임형식 내에서 일부 결정을 내리거나, 상황 기술연습에서 다양한 참여 패턴을 허용함으로써 더욱 차별화될 수 있다.

⑧ 학생 학습은 진단 평가 결과를 기반으로 학생과 그룹을 평가하여 차별화될 수 있다. 유연한 평가 계획과 목표 설정을 통해 학생들은 전술과 기술에서 개인적 성장을 기초로 학습 성공을 달성할 수 있다. 이 경우, 수업 시작과 끝에서 교사가 매우 실제적인 평가를 사용하는 것이 중요하다. 그런 다음 학생을 지원하고 자기 주도성을 발달시키기 위해 직접 교수법에서 적용되는 동일한 전략을 사용하여 학습 환경을 맞춤형으로 달리할 수 있다.

⑨ 시각적 보조 도구는 단원 내용과 관련된 전술과 전략을 가르치는 데 매우 효과적일 수 있다. 과제 내·외의 변화를 포함한 일반적인 수업 변형과 다양한 용기구의 선택은 개별 학생들의 발달적 요구를 충족하는 환경을 만드는 데 일조할 수 있다.

🔍 **전술 게임 모형을 사용한 개인맞춤형 학습의 주요 질문(중학교 핸드볼 수업)**

	목표	적용 방법
학생의 준비도를 확인하고 모니터하는 데 평가가 어떻게 사용되는가?	공식평가는 초기의 학생 준비도를 결정하기 위한 진단 평가를 사용하기	• 정식게임의 GPAI 사전 평가 • 게임동안 전술적 인지와 의사결정을 평가하는 Game play 평가 루브릭 • 게임동안 핸드볼 기술수행을 평가하는 Game play 평가 루브릭
	학습과 상호작용을 평가할 수 있는 비공식적, 공식적 형성 평가와 총괄평가	• 게임형식 동안 전술적 인지와 의사결정에 대한 교사 관찰 • 수행에 대한 통계 및 지필평가가 포함된 요약 보고서
학생의 흥미도와 학습 프로파일은 무엇인가?	Reichmann과 Grasha의 프로파일을 활용한 학생의 학습 선호도를 평가하기	• 단원 시작 전에 학생 특성을 파악하기 위한 교사의 관찰과 평가
	단원 계획 시 학생의 지능 선호도를 고려하기	• 핸드볼의 과제제시 방식과 상황 연습을 지능 선호도에 맞춰 변형하여 파악하기
	학생의 다양한 흥미와 문화 수준 고려하기	• 올림픽 핸드볼 선수의 유튜브 비디오(드리블, 패스, 숫) • 핸드볼스포츠에 대한 교사 설명과 다른 영역형 게임(예 축구, 농구, 풋볼)과의 비교
학생들이 내용을 어떻게 접할까?	학습 맥락에 효율적인 모형과 연계된 소통 전략 파악하기	• 학습과제의 유형에 따른 과제 제시 　－ 게임 형식 　－ 상황 기술연습 　－ 변형 게임 　－ 정식 게임

학생들은 학습 내용 안에서 어떻게 발전해 나갈까?	모형의 핵심 기술, 지식 영역, 태도를 구별하여 이를 교육 범위와 순서에 따라 배열한다. 학습진도는 학생 준비도에 관한 진단평가에 기초하여 결정하기	• 단원 내 학습 진도 　－ 전술과 기술수행의 계열적 학습 　－ 전술의 복잡성 수준 • 수업 내 학습 진도 　－ 게임 형식 　－ 상황 기술 연습 　－ 변형 게임 　－ 정식 게임
맞춤형 학습과정을 제공하기 위해 어떤 과제가 제공되어야 할까?	개인맞춤형 학습을 가능하게 하는 참여 패턴, 속도, 진도 등을 결정하기	• 게임형식과 변형게임 　－ 연습 시도의 시작과 종료에 대한 학생의 의사결정 • 상황 기술 연습 　－ 학생 능력에 따른 참여 유형(예 개별연습, 파트너 연습, 모든 사이즈의 집단, 스테이션, 전체 학급지도) • 전술적 인지에 중점을 두고 숙제, 프로젝트, 커리큘럼 통합을 사용하여 다양한 학생 능력을 반영
어떤 교수전략이 맞춤형 학습에 필요할까?	모형의 이론적 기초와 대주제와 연계된 수업 상호작용과 전략을 파악하기	• 전술적 의사결정과 기술 실행의 빈도가 높은 게임형식과 상황 연습을 설계하고, 이는 학생들이 올바른 수행을 반복하고 변형을 통해 초기성공을 보장하고 숙련도를 촉진 • 학생 준비도에 기초한 다양한 피드백의 활용
어떤 모둠 편성 전략이 적절한가?	모형과 기준에 연계된 편성 전략을 선택하기	• 그룹 진행 상황에 따른 다양한 속도 조절 　－ 이해도와 능력 수준에 따른 그룹편성 　－ 학생들은 전술적 문제들의 연속을 따라 그룹으로 함께 이동
개인맞춤형 학습을 고려한 다양한 평가 방법을 가능하게 하는 결과물은 무엇인가?	• 모형과 연계되고 학생들이 배운 내용을 다양한 과정을 통해 적용, 정제, 종합할 수 있도록 높은 수준의 사고 능력을 발휘할 수 있는 학생 결과물을 선정하기 • 유연하고 실제성 있는 평가 방법을 개발하기	• 단원과 수업 내에서 교사가 미리 설정한 숙달기준을 바탕으로 전술적 인식과 기술 실행 습득을 위한 개인 목표설정의 타임라인 • 교사가 진단평가 결과를 바탕으로 설정한 개별 학생을 위한 핸드볼에서 전술적 인식과 기술 실행 성취를 기반으로 한 평가 계획 • 핸드볼에서 전술적 인식과 기술 수준을 기반으로 한 가중 평가(진단평가를 통한 사전 분류 필요)

| 어떻게 포용성 있는 학습 환경을 조성할 수 있을까? | • 수업 모형의 기본 원칙을 준수하기
  − 학생들이 도전적인 활동을 통해 성공을 경험하도록 돕기
  − 지원적인 학습환경을 조성하기
  − 자기주도성을 개발하기 | • 전략과 전술을 위한 시각적 보조기구
• 지능선호도에 기반한 상황 기술연습에서 음악 및 기타 감각적 보조 도구 사용
• 능력과 학습선호도에 따른 게임형식과 상황 기술연습 내에서 다양한 속도 조절
• 학생 흥미도를 이끌어 내는 피드백의 활용
• 다양한 용기구 선택사항(예 핸드볼 공사이즈, 골대 높이 및 패스를 위한 목표 크기 등)
• 상황 기술연습의 과제 내 변형
• 상황 기술연습의 과제 간 변형 |

5. 지도 계획 시 주안점

(1) 항상 내용은 기술이 아닌 전술적 문제에 근거해야 함을 기억한다. 예를 들어, 농구 수업의 초점은 '슛하기'가 아니라 '슛을 하기 위한 열린 공간으로 이동하기'가 되어야 할 것이다.

(2) 게임 형식을 가능한 단순하게 할 뿐만 아니라 실제 게임과 유사하게 만든다. 즉, 완전한 형태의 게임에 가까운 요소들을 포함하고 있어야 한다.

(3) 학생들이 너무 오랫동안 한 게임에 참여하지 않도록 유의한다. 한 가지 이상의 전술적 문제들이 규명되고 나면 다른 게임으로 이동한다. 예를 들어, 3 : 3 배구를 15점제로 하지 않는다. 그 이유는 15점제로 하면 시간이 많이 소요되기 때문이다. 점수가 몇 번만 나도 전술적 문제들은 거의 구체화된다.

(4) 학생들에게 생소한 게임을 하게 될 경우 전술적 문제가 무엇이 될지를 예상하고 시간에 맞추어 학습 과제를 배치할 수 있어야 한다.

(5) 가능한 한 학생들로 하여금 그들 스스로 전술적 문제를 발견하도록 한다. 만약 학생들이 스스로 전술적 문제를 해결하고 게임의 어떤 측면에서의 개선을 요구하게 될 경우, 학생들은 보다 더 학습 과제에 충실할 수 있을 것이다.

(6) 유사 학습 과제들은 어느 정도 실제성을 가지고 있어야 하며, 전술적 문제에 초점을 맞추어야 함을 인식해야 한다. 예를 들어, 학생들로 하여금 단순히 소프트볼을 잡으라고 하면 안 된다. 그보다는 그 과제에 몇 가지 요소를 부과하여 게임 상황을 만들어야 한다.

(7) 학생들이 전술적 문제에 대해서 고안해 낸 몇 가지 예상 해답을 실습해 볼 수 있도록 시간을 부여해야 한다.

(8) 평가는 실제 경기 상황에서 이루어져야 한다. 이 모형에서는 평가를 위한 기능 검사를 실시하지 않는다.

8 개인적·사회적 책임감 지도 모형

통합, 전이, 권한 부여 및 교사와 학생 관계

1. 개요

(1) TPSR(Teaching for Personal and Social Responsibility) 모형의 중심 사상은 체육 교육에서 가르쳐야 하는 내용의 대부분이 학생 자신과 타인에 대한 책임을 어떻게 져야 하는지 그 방법을 연습하고 배우는 기회들을 제공해야 한다는 것이다. 즉, 책임감과 신체 활동(기능과 지식)이 별개의 학습 결과가 아니므로, TPSR 모형에서 동시에 추구되고 성취되어야 한다는 것이다.

(2) TPSR 모형에서는 신체 활동이 이루어지는 환경에서 개인의 책임감을 인식하고 수용하며 실천하는 것이 가장 중요하면서도 유일한 학습 결과이다.

(3) TPSR 모형은 일반적인 체육 프로그램 내용에서 적용될 수 있으며 다른 수업 모형들과도 혼용되어 활용될 수 있다.

(4) TPSR 모형 전략과 학습 활동은 개인적·사회적 발달이 주된 학습 목표일 때 이용된다.

(5) TPSR 모형은 학생이 부적절한 행동 양식과 서투른 의사결정을 보일 때만 사용되는 "결핍" 모형이 아니다.

(6) TPSR 모형의 전략은 모든 학생들이 연습하고 긍정적 행동을 배우며 생산적인 의사결정 습관을 기를 수 있는 안전한 학습 환경을 제공한다.

> 개인적·사회적 책임감 지도 모형은 Hellison이 대도시 불우한 청소년들에게 신체 활동을 매개로 책임감을 가르치기 위해서 개발한 모형으로, TPSR(Teaching for Personal and Social Responsibility) 모형이라고도 한다. 개인적·사회적 책임감 지도 모형은 Hellison의 5단계 '책임감 발달 수준'을 바탕으로 학생 개개인을 위한 체육 프로그램을 구성하여 개인적·사회적으로 책임감 있는 행동을 촉진시키는 것을 목적으로 한다. 5단계 '책임감 발달 수준'은 학생들의 책임감 수준을 진단하고, 그에 따른 개인적 학습 프로그램을 구성하고, 구성된 프로그램을 실행해 나가는 데 준거로 작용한다. 개인적·사회적 책임감 지도 모형은 체육에서 가르치는 신체 활동의 대부분이 학생 자신과 타인에 대한 책임을 연습하고 배우는 기회들을 제공해야 한다고 본다. 따라서 TPSR 모형은 학생들에게 일련의 계열화된 체육 활동에 참여하게 하여 교사 및 동료 학생들과 다양한 상호작용을 하게 함으로써 개인적·사회적인 책임감을 함양시키고자 하며, 수업을 진행해 나가는 동안 교사와 학생들 간, 그리고 학생들 간에 목적의식을 가진 대화와 상호작용이 많이 발생한다.

2. 이론적 기초

(1) 이론적 배경 및 근거

① TPSR 모형은 명시적인 교수학습 이론에 기반을 두고 있지 않다.

② TPSR 모형은 이론적 배경의 기초는 부족하지만, 체육교육 프로그램에서 그 필요성과 활용에 대한 탄탄한 근거를 가지고 있다.

   ⊙ 체육교육 프로그램 내용(스포츠, 체력, 무용)은 안전한 수업 환경과 자격을 갖춘 교육전문가의 지도 아래서, 학생 자신과 타인에 대한 책임을 갖고 긍정적인 선택과 행동을 하는 방법들을 배울 수 있는 기회를 제공한다.

   ⓒ 안전한 수업 환경은 학생들이 위기에 놓여 있는 학교 밖의 삶과는 별도로 자신과 타인을 도울 수 있는 선택 사항을 배우고 실천하게 한다.

   ⓒ 학생들이 학교 체육 환경에서 긍정적인 선택을 하듯이 교사들은 학생들이 학교 밖의 환경에서도 동일하게 긍정적 선택을 할 수 있는 방법을 직접적으로 가르칠 수 있다.

③ TPSR 모형을 지지하는 다른 근거는, 학교 프로그램에서 가르치는 대부분의 활동들(특히 개인 및 팀 스포츠와 관련된 활동들)의 내재적인 특성에서 알 수 있다.

   ⊙ 스포츠의 성공과 실패는 대개 일반적으로 준비, 지지, 공유의 부분이 어떻게 조합되는지에 따라 달라진다.

   ⓒ 팀 스포츠는 팀 구성원들이 각 개인적 임무를 수행하고 팀 목표 달성을 위해 공동으로 참여하며, 개인 스포츠 선수의 경우에도 주요 타자들(코치, 트레이너, 후원자 등)에 의존하게 된다. 선수는 단지 이 팀에서 가장 두드러진 팀원일 뿐이다. 결국 팀의 모든 구성원들은 팀의 성공에 필요한 자신의 역할을 인지하고 책임을 진다.

   ⓒ 체육교육 프로그램들은 학생 자신의 삶과 건강하고 안전한 생활환경의 조성에 영향을 미치는 의사결정 기술을 학습할 수 있는 의미 있는 기회를 지속적으로 제공할 수 있다.

   ⓔ TPSR 모형은 이와 같은 학습 기회를 최적화할 수 있는 수업을 제공할 수 있다.

(2) 교수·학습에 관한 가정

① 교수에 관한 가정

   ⊙ 자신과 타인에 대한 책임감은 높은 수준의 교육적 의도를 가질 때 지도될 수 있다. 즉 교사는 운동 기능, 지식, 체력, 무용을 가르치는 다양한 방법들과 마찬가지로, 의도적인 전략과 성장 과정을 통하여 이 결과들을 증진시킬 수 있다. 교사는 "학생이 어느 수준에 있는가?"에서 출발하여 합리적으로 계획된 계열성에 따라 가르친다.

   ⓒ 교사들은 책임감과 의사결정을 배우는 것을 체육교육 프로그램의 내용과 별개로 취급해서는 안 된다. 즉, 또 다른 학습 결과로 취급하거나 개별 사항으로 바라보는 것은 바람직하지 않다.

   ⓒ 최상의 수업은 학생들이 신체 활동 환경에서 긍정적으로 개인적·사회적 의사결정을 하고, 그 결정을 수행하도록 도와주는 것이다.

② 학습에 관한 가정

   ㉠ 학습은 학습자 중심으로 이루어져야 한다. 활동 내용은 교육적으로 의미가 있어야 하며 긍정적인 의사결정을 연습할 수 있는 다양한 기회를 제공해야 한다.

   ㉡ 수업의 구조화는 책임감을 어느 정도 수준에서 지도할 수 있도록 계획될 수 있는 반면, 학습자들이 반드시 골고루 향상할 것이라는 기대는 하지 말아야 한다. TPSR 모형에서 성공과 실패도 교사에 의해 적절히 조절될 수 있다면, 학생들에게 다른 차원의 기회를 제공할 수 있다.

(3) 모형의 주제: 통합, 전이, 권한 위임, 교사·학생의 관계

① **통합(integration)**

   ㉠ 통합이란 교사가 신체 활동 내용의 학습과 개인적·사회적 책임감의 학습을 서로 분리하지 않는 것이다.

   ㉡ TPSR 모형을 활용하는 교사는 책임감을 다루는 내용에 학생들을 참여시킴으로써 학습 결과 간 연계성을 도모할 수 있다.

② **전이(transfer)**

   ㉠ 전이란 학생들이 체육관이라는 상대적으로 통제된 환경에서 책임감을 갖게 되다가, 학교, 방과 후 학교, 지역 공동체와 같이 예측이 다소 힘든 환경에서 책임감에 기초한 긍정적인 의사결정을 할 수 있도록 교사가 학생들을 도와주는 것이다.

   ㉡ 즉, 학생들이 통제된 환경에서 책임 있게 행동하던 모습을 다소 예측하기 힘든 환경에서도 긍정적인 의사결정을 하는 모습으로 전이할 수 있도록 교사가 학생들을 인도하는 것을 의미한다.

③ **권한 위임(empowerment)**

   ㉠ 권한 위임이란 학생들이 자신의 삶에 대한 높은 수준의 자기결성권을 인식하고 이를 실행하는 법을 배우는 것을 의미한다.

   ㉡ 이 아이디어는 학생들 자신이 삶의 조난자가 아니라 삶에서 생겨나는 많은 것들을 책임지는 주체적 입장이라는 것을 알도록 해준다.

④ **교사−학생의 관계(teacher-student relationship)**

   ㉠ 교사−학생의 관계는 TPSR 모형에서 가장 기본적인 요소이면서 교사들이 배우고 적용하기 가장 어려운 부분이기도 하다.

   ㉡ TPSR 모형에서 이루어지는 상호작용의 대부분은 경험, 정직, 믿음, 의사소통에 의해 형성되는 개별적인 대인 관계에 기초한다.

   ㉢ 이 관계를 구축하는 데 시간이 걸리며 자칫 교사와 학생 모두의 감정에 상처를 입을 수 있다. 그러나 일단 형성되면, 교사와 학생 간의 관계는 TPSR 모형의 상호작용 학습을 통해 그들이 동등한 파트너로 함께 나아갈 수 있는 쌍방향 경로를 열어준다.

(4) 학습 영역의 우선순위와 영역 간 상호작용

① 학습 영역의 우선순위

  ㉠ TPSR 모형은 총체적인(holistic) 지도법을 추구한다.

  ㉡ 정의적 학습을 운동 수행 및 인지적 지식과 함께 일괄적으로 통합함으로써 3가지 주된 학습 영역의 결과를 향상시키려고 한다. 정의적 부분이 다른 영역보다 우위에 있는 것은 아니다.

  ㉢ 영역의 우선순위는 현재의 학습 활동을 어디에 중점을 두느냐에 따라 결정되며, 수업과 단원에서 여러 번 바뀔 수 있다.

  ㉣ 초기 영역의 우선순위는 인지적 또는 심동적 영역에서 교사가 언급한 학습 목표에 의하여 결정된다. 그러나, 학생들이 계획된 학습 과제에 참여할 때 개인적 및 사회적 기술을 개발할 기회가 주어지면, 그 기술들이 우선시된다. 하지만 그 기술들은 이전과 동일한 학습 활동 내에서 다루어진다. 학생들은 여전히 동일한 초기 연습에 참여할 수 있지만, 다른 학습 결과와 관련된 목표들(예 타인 주변에서 안전하게 잘 행동하며 다른 사람의 학습을 돕는 것)에 보다 큰 강조점이 주어진다.

② 학습 영역 간 상호작용

  ㉠ TPSR 모형에서는 3가지 영역이 역동적이고 종종 예측 불가능한 방식으로 상호작용한다.

  ㉡ 왜냐하면 영역의 우선순위가 언제든지 전환될 수 있으며 영역 간 상호작용도 그럴 수 있기 때문이다.

(5) 개인적, 사회적 책임감 수준

① TPSR 모형에서 교사는 항상 내용이 인지적 · 정의적 영역의 결과에 의해 규정되는 것이 아님을 명심해야 한다. 즉, 내용은 신체 활동 환경에서 개인적 · 사회적 책임감의 수준이 높아지는 학생의 학습에 따라 결정된다.

② TPSR 모형에서 '보다 나아진다는 것'은 보다 나은 긍정적인 의사결정을 하고, 개별 학생들과 주변 사람들에게 긍정적인 영향을 미치는 행동을 한다는 것이다.

③ 학생들의 현재 속성들이 시간이 흐르면서 향상되는 것은 모두 TPSR 모형의 5가지 수준에 토대하고 있다.

④ 교사들은 항상 학생들의 현재 수준보다 한 단계 높은 수준의 목표를 설정해야 한다. 즉, 수준 3에서 의사결정하고 행동하는 학생들은 이미 수준 2의 의사결정과 행동들을 보여주었음을 말한다.

학생의 준비도를 가리키는 책임감 수준

수준	특징	의사결정과 행동의 사례
5	일상생활로의 전이	• 일상의 삶에서 적용하기 • 타인(특히, 어린이)에게 좋은 롤모델되기
4	타인 돕기와 리더십	• 돌봄과 연민 • 민감성과 수용성 • 내면의 힘
3	자기 방향 설정	• 과제의 독립적 수행 • 목표 설정 추진 • 동료의 압력에 대응할 수 있는 용기
2	참여와 노력	• 자기 동기 부여 • 노력과 새로운 과제에 대한 탐색 • 어려움을 극복할 수 있는 용기
1	타인의 권리와 감정 존중	• 자기 통제 • 평화로운 갈등 해결의 권리 • 협동적인 친구를 받아들이고 함께 하기

⑹ 학생의 발달 요구 사항

대부분의 수업 모형에서는 모형의 설계에 맞게 학생들이 참여하고 학습을 준비하고 수용하는 것이 일반적인 현상이다. 학생들이 해당 모형의 적용에 필요한 필수 기능과 지식, 성향을 가지고 있어야 하는데, 그렇지 않은 경우에는 교사가 다른 모형을 선택해야 한다. TPSR 모형에서는 학생의 준비성과 수용성이 고정된 속성이 아니라 모형의 기본 설계가 가능하기 때문에, 이 모형은 학생들의 학습 준비도와 수용성을 의도적으로 변화하려는 시도를 한다.

① 학습 준비도

㉠ 단원 내용을 학습하려는 학생의 신체적·인지적 준비와 신체 활동 내용뿐 아니라 개인적·사회적 책임감도 배울 준비가 되어 있어야 한다.

㉡ 교사는 각 학생의 현재 책임감 수준을 나타내는 범주에 근거하여 준비도와 수용성을 결정할 것이다. 일단 교사가 각 학생의 현재 수준 또는 한 학급의 모든 학생에 나타나는 우위 수준을 파악하면, 그 수준에 맞는 개인적·사회적 책임감을 발달시키는 수업 내용과 전략을 선택하게 된다. 즉, 학습 준비도는 이 모형에서 교사를 위한 출발점으로 이용되며, 모든 수업의 의사결정도 학습 준비도로부터 시작된다.

② 학습의 수용성

㉠ 학생의 수용성도 TPSR 모형에서는 역동적이다. 교사는 각 학생이 회피적/참여적, 경쟁적/협력적, 의존적/독립적인 정도를 판단할 것이며, 학생들이 참여적, 협력적, 독립적인 성향으로 옮겨갈 수 있도록 내용과 특정 전략을 결정할 것이다.

ⓒ TPSR 모형은 8가지 모형 중에서 학생들의 준비성과 수용성을 변화시키려고 시도하는 유일한 모형이며, 그것이 모형의 주요 목적이 된다. 이는 학생으로 하여금 학습 내용과 책임감을 배울 수 있는 준비 상태를 높이고, 그 과정을 모형 내에서 실현할 수 있는 학생들의 의지를 높일 수 있다.

(7) **모형의 타당성**

① 연구 타당성

TPSR 모형에 대한 연구가 수년에 걸쳐 지역사회기반 프로그램의 맥락에서 학교환경에 초점을 맞추는 방향으로 발전하고 있다. 최근 연구에 따르면, TPSR은 교육과정 모형으로서 그 역할을 확장하고, 여러 과목에 영향을 미칠 잠재력을 가지고 있다(Escarti 등). TPSR 모형 관련 연구가 계속 확장되는 이유는 이 모형이 독특한 정의적 학습 결과를 만들어낼 잠재력을 가지고 있기 때문이다.

② 실천적 지식의 타당성

Hellison 등은 체육 프로그램에서 개인적·사회적 책임감을 가르치려고 노력하면서, '실행되는 것'에 따라 다양한 방식으로 모형을 발전시켜 왔으며, 교사들은 광범위한 맥락들 속에서 이 모형의 성공 근거들을 많이 제공하고 있다.

③ 직관적 타당성

TPSR 모형의 토대는 직관적으로 그것을 타당화하는 근거로 활용될 수 있다. 즉, 만약 체육 교사가 학생의 개인적·사회적 책임감의 긍정적 유형을 발달시키려고 하면, 그러한 결과들은 다른 필수 내용처럼 직접적으로 고려되고 학습되어야 한다.

3. 교수·학습의 특징

(1) **수업 주도성**(수업 통제)

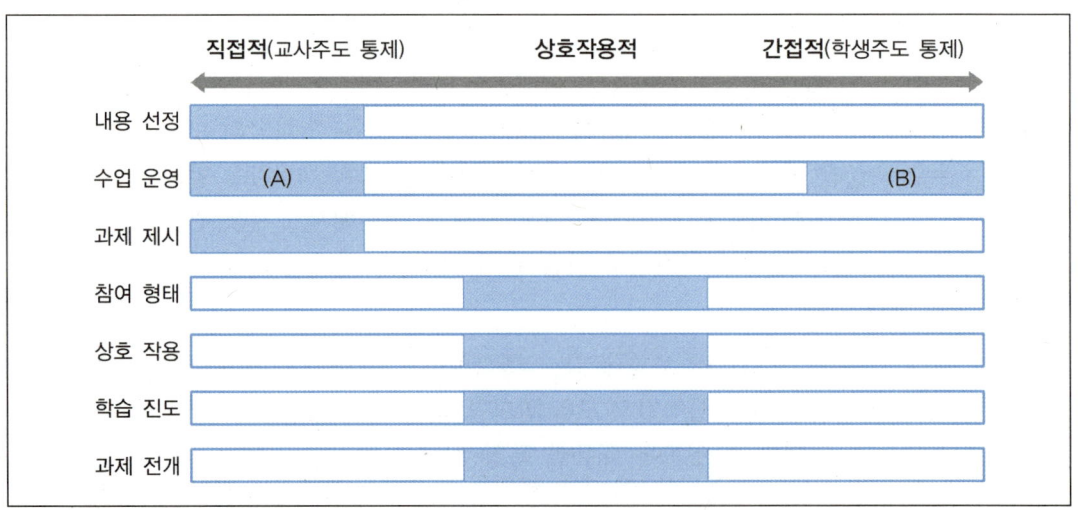

① 내용 선정

    ㉠ 교사는 학생들의 현재 수준을 파악한 후, 각 수업에서 강조할 '수준'을 결정한 다음, 적절한 학습활동을 계획한다.

    ㉡ 이 '수준'은 다른 수업 모형처럼 전형적인 인지적 및 심동적 내용이 아니며, 개인적, 사회적 책임감에 기초한 것임을 기억해야 한다.

② 수업 운영

    ㉠ 학생들이 낮은 수준의 책임감을 가지고 있을 때 교사는 수업 관리와 관련된 의사결정과 행동들에 대한 직접적인 통제를 하게 된다(A).

    ㉡ 학생이 높은 수준의 책임감을 나타내면, 교사는 학생들에게 수업 관리 운영을 넘어서는 통제를 위임한다(B).

③ 과제 제시

    ㉠ TPSR 모형에서 개인적·사회적 책임감을 언급하는 과제 제시는 전형적으로 교사의 관찰과 학생의 현재 수준 평가에서 출발한다.

    ㉡ 이를테면, 교사는 많은 학생들이 배구 경기에서 심판과 논쟁을 벌이는 것을 관찰한 후, 수업하는 학생들이 모두 주목할 수 있도록 경기를 중단시킬 수 있다. 그 교사는 그러한 행동이 수준 2(참여와 노력)의 직설적 표현이라고 언급하면서 지금쯤이면 학생들이 다음 수준(자기 방향 설정)에 있어야 하지 않느냐고 이야기한다. 결국 그 교사는 현행 수준에 맞는 과제 제시로 학생들에게 계획을 설명하며 경기의 다음 15분 동안을 목표-설정 계획으로 이용하기로 결정한다.

④ 참여 형태

    ㉠ TPSR 모형은 다양한 참여 유형을 이용하지만, 교사는 학생이 어떻게, 언제 참여하게 될지 결정한다.

    ㉡ 교사는 개인적·사회적 책임감을 증진시키기 위한 적절한 전략은 물론이고, 학생의 현행 수준도 알기 때문에 참여 유형을 결정하여 학생에게 알려준다.

    ㉢ 학생들이 높은 수준의 책임감을 갖고 의사결정을 내린 후 실행하게 되면, 교사는 학생들에게 일부 통제권을 위임하게 된다.

⑤ 상호 작용

    ㉠ TPSR 모형의 특징 중 하나는 바로 교사가 학생들과 항상 상호작용한다는 점에 있다. 즉 이 모형의 가장 중요한 주제 중 하나가 교사와 학생의 관계이다.

    ㉡ 교사와 학생의 관계는 교사와 학생 사이의 언어적 및 비언어적 상호작용의 일상적인 모습으로 형성된다.

    ㉢ 학생 안전이 즉각적으로 위협당하는 경우에만 교사가 직접적으로 학생들에게 일부 행동을 수정하도록 하거나 혹은 중단하도록 지시한다.

    ㉣ 다른 모든 상황에서 교사는 학생들이 자신의 행동을 있는 그대로 인식하고, 그 결과를 이해하며, 새로운 행동 양식에 대한 협의를 허용하는 방식으로 학생들과 상호작용한다.

ⓜ 교사의 역할은 여러 측면에서 상담자와 유사하다. 교사는 학생이 무엇을 하며 자신의 삶과 주위 사람들에게 어떠한 영향을 미치는지 스스로 이해하도록 도와주고 새로운 행동 양식들을 시작할 수 있도록 격려한다.

⑥ 학습 진도

㉠ 교사는 학생이 다음 수준으로 언제 옮겨갈지 그 시기를 결정한다.

㉡ 학생이 현재의 수준에서 의사결정 및 행동 측면에서 일관성 있는 패턴을 보이면, 교사는 개인적·사회적 발달이 조금 더 향상될 수 있도록 다음 수준에 해당하는 전략을 활용하기 시작한다.

⑦ 과제 전개

㉠ TPSR 모형에서 학습 과제는 각 수준에 맞게 계획된다. 한 수준에 있는 모든 과제들은 개인적·사회적 발달에 대한 복잡성과 책임감도 동일한 수준으로 가진다.

㉡ 교사는 그 방식에 따라 정의적 발달에서의 향상을 추구하는 동시에 각 수준의 많은 과제들을 계획한다.

㉢ 한 과제에서 다음 과제로 전환하는 결정은 학생이 각 과제에 얼마나 잘 대응하고 언제 예상대로 과제를 잘 성취할 것인지 교사가 생각하는 바에 달려있다.

개인적·사회적 책임감 지도 모형의 포괄성
• TPSR 모형은 모든 학생들이 어느 수준이든 배치되어 현재의 개인적·사회적 발달에 따라 학습하기 때문에 포괄적이라고 볼 수 있다. • 학생들이 궁극적으로 달성하기를 희망하는 책임감 수준을 스스로 결정하고 그 수준에 도달하기 위해 책임감을 떠맡게 될 때 TPSR 모형의 포괄성은 더욱 촉진된다.

(2) **학습 과제**

TPSR 모형에서의 내용은 다른 수업 모형의 내용과 다르기 때문에, TPSR 모형에서의 내용은 매우 독특한 특성이 나타난다. Hellison은 그것을 학습 과제라고 부르기보다는 전략(strategies)이라고 하며, 교사가 학생들에게 5가지의 각 수준 안에서 의사결정과 행동하는 방법을 학습할 기회를 제공한다.

① LEVEL 1 전략 : 타인의 권리와 감정 존중

전략	목적	과제 제시
포괄	모든 사람이 참여하고 그 과정에서 굴욕감을 받지 않을 권리가 있다는 것을 학생들이 이해하기	팀 선발의 안내 지침 설정 1. 팀은 모두에 의해 공정하게 합의될 것 2. 팀 구성원이 선택됨에 따라, 모두 다음 선택에 대한 결정권 있음("팀장 단독" 결정 아님) 3. 팀은 남학생과 여학생을 번갈아 선택할 것 4. 팀의 선택을 조롱하지 말 것 5. 모든 사람은 경기 동안 각 포지션에서 경기할 것

아코디언 법칙	학생들이 안내 지침을 준수하면, 선호하는 활동을 할 수 있다는 것을 이해시킴. 그렇지 않은 경우 선호 활동은 중단됨. 따라서 선호 활동은 5분간 지속할 수도 있고, 혹은 수업 내내 지속될 수도 있음	다음 상황이 발생할 때까지 활동은 지속됨 1. 3가지 중대 반칙 발생 시 2. 6가지 경미 반칙 발생 시 3. 학생 안전이 위협받는 경우
불참 과정	학생별로 이뤄지는 것으로, 참여 여부에 대한 결정을 스스로 내리도록 함. 규칙은 사전에 수립되며 학생들이 결과를 예상할 수 있음. 부정 행동을 하게 되면, 결과는 교사에 의하여 통제될 것	1반칙 : 교사로부터 신호를 받는 경우(경고) 2반칙 : "통제 불가 혹은 현재 불참" 3반칙 : 학생은 지정된 시간 이후에만 불참 및 복귀 4반칙 : 교사와 학생이 교정 계획을 협의할 때까지 불참 5반칙 : 학교 관리나 가정에 위탁
할머니 법칙	지금은 관심이 저조한 활동에 참여하다가 나중에 관심 많은 활동들을 할 수 있도록 함	교사 : "나는 여러분이 에어로빅을 좋아하지 않는다는 것을 알아요. 그렇지만 만약 여러분이 불평 없이 15분간 에어로빅을 하면, 남은 시간에는 농구를 할 수 있어요."
실수 없는 연속 5일	수준 1의 의사결정과 행동에서의 일관성 촉진. 현재의 수준에서 0 수준으로 '퇴보'하는 것을 방지하기 위함	학생에게 수준 1에서 긍정적 의사결정과 행동 목록을 제공. 이것은 그들의 개인적 계획임. 만약 학생이 연속 5일간 반칙 없이 계획을 잘 따라주면 수준 2로 이동 가능

② LEVEL 2 전략 : 참여와 노력

전략	목적	과제 제시
과제 수정	학생들이 기능 및 체력 과제에 대해 상이한 난이도 수준을 이해하도록 함	기본 과제와 적절한 난이도 수준으로 시작하기(예 10m 떨어진 곳에서 축구 패스 수행 과제). 일단 학생들이 10분간 수행하고 나면, 다른 10분간 과제를 보다 쉽거나 어렵게 변형할 것. 매번 기본 과제가 바뀔 때마다 학생들 반응과 참여 수준에 주목
자기 진도에 맞는 도전	기능 또는 체력 과제에서 학생 능력을 이해하도록 함	학생에게 일련의 학습 과제(예 배구 서브, 범핑, 셋팅)를 주고, 각 과제를 성공적인 수행에 맞추어 10회 시도하도록 함. 그때부터 학생들은 배구에서 자신의 최적 포지션이 어디인지 이해하기 시작함
열심히 하는 정도	학생들 자신의 노력과 참여에 대한 등급을 매기도록 하기	학생들에게 학습 과제를 주며 10분간 연습하도록 함. 10분이 끝날 무렵에 각 학생들에게 참여 수준의 등급을 매기도록 함. 1은 참여/노력이 전혀 없음, 10은 참여/노력이 최고 수준. 다음 활동은 이전 활동에 따른 학생 수준에 따라 팀을 구성

| 권유를 통한 교수법 | 권한 위임하여 학생 스스로 선택 | 패스 기능에 대한 5가지 수준별 스테이션을 설치. 학생들이 성공에 맞는 도전 수준을 결정하게 한 후, 그들이 스스로 수준을 결정하는 방법을 논의하게 함 |

③ LEVEL 3 전략 : 자기 방향 설정

전략	목적	과제 제시
과제 수행의 독립성	교사의 직접적 감독 없는 수행으로 개별적 의사결정과 행동을 촉진	1. 테니스 서브 학습에 대하여 일련의 과제 카드를 읽고 따라함 2. 교사의 지시가 없어도 학생들이 본시 학습 전에 스트레칭 완수 3. 각 학생들은 자신의 심장 활동이 15분간 목표 심박수를 유지하도록 함
목표 설정 계획	개인 목표를 달성하기 위해 독립성을 넘어설 것	1. 정해진 무게 감량을 위해 학생 스스로의 계획을 설계하고 수행함. 원하는 무게 감량은 학생에게 달려 있음 2. 학생들은 연속적으로 "반칙 없는 날"의 수를 설정하고 도달. 횟수는 학생에게 달려 있음
상담 시간	학생의 의사결정, 행동, 목표 사이의 관계를 이해하도록 함	1. 교사는 학생이 비합리적인 목표를 설정하는 것을 인지하고, 현실적인 목표 설정과 도달 과정을 명확히 하도록 학생들과 대화함 2. 때때로 한 학생이 목표를 충족시키는 데 실패한 다른 학생들을 잘못하여 비난함. 교사가 이를 인지하면, 실패 원인에 대한 학생 자신의 결정과 행동을 짚어주기 위해 학생들과 대화하고, 향후 통제력을 좀 더 갖도록 도움

④ LEVEL 4 전략 : 타인 돕기와 리더십

전략	목적	과제 제시
동료 교수	학생들이 타인에 대한 감수성을 발달시키고 책임감을 수용할 수 있는 기회 제공	1. 교사는 학생의 짝을 결정하거나 모둠을 결정. 이 중 한 학생은 리더로 선정 2. 교사는 리더들에게 과제를 설명하고, 리더 학생은 자기의 해당 모둠에서 지도하도록 함 3. 교사는 훌륭한 리더의 자질에 대하여 리더와 토의함 4. 교사는 리더에게 모둠원들과 함께 수행하도록 지시함 5. 교사는 모범적인 훌륭한 리더십의 사례를 찾아 끝날 때쯤 이를 강조함

| 집단
목표
설정 | 집단의 목표를 달성하기 위해 독립성을 넘어설 것 | 1. 교사는 4~6명의 모둠을 형성하되 가능한 이질적 모둠으로 형성
2. 교사는 현행 체력 단원 목표를 모든 모둠에게 설명함. 모둠은 그 목표에 도달할 때까지 2주의 기간을 제공받음
3. 각 모둠은 논의 과정을 통하여 적절한 목표를 설정
4. 교사는 각 모둠에 도전적이면서도 현실적인 목표를 설정하도록 돕기 위해 자문을 함 |

⑤ LEVEL 5 전략 : 일상생활로의 전이

전략	목적	과제 제시
지역 사회의 자원 봉사자	교사의 직접적인 감독이 없는 환경에서 성장할 수 있는 기회 제공	1. 교사는 파트 타임제의 자원봉사 코치들을 찾는 몇몇 공동체 조직을 확인 2. 학생들에게 한 단체를 선택하여 방과 후 1주 1일 2시간씩 자원봉사 하게 함 3. 교사는 봉사 시간에 대하여 체육 이수 증명을 제공
학급 리더	학생들에게 다른 학생들이 다음 수준에 도달할 수 있게 돕도록 허용	교사는 수준 5인 학생이 수준 2의 학생으로 구성된 모둠에게 학습 동기 유발 발언을 하도록 요구

(3) 학습 참여 형태

① TPSR의 모든 학습 전략들은 어떤 형태로든 신체 활동 내용에 뿌리를 두고 있으며, 필요에 따라 사용된다는 점을 기억해야 한다. 그래서 교사는 기술 발달, 게임, 운동 등을 포함한 수업을 계획하면서 상황이 요구하는 대로 TPSR 전략들 중 하나를 사용한다. 그러므로 TPSR 모형에서 참여 형태는 각 상황에 따라 매우 독특하다. 예를 들면, 교사는 인지 토크를 1명의 학생에게만 할 수 있으며, 다른 경우에는 전체 학급을 대상으로 할 수 있다.

② 모든 TPSR 참여의 공통된 특징은 교사와 1명 이상의 학생, 또는 2명 이상의 학생 간의 대화에 있다. 이 대화는 모든 참가자에게 의견을 들을 수 있는 기회를 제공하고 질문을 하고 의사결정 과정에 참여할 수 있게 한다.

(4) 교사와 학생의 역할 및 책임감

운영 또는 책임감	TPSR에서 책임 있는 사람(들)
수업 시작	교사가 수업을 시작하고 학생들이 어느 수준에서 학습을 할 것인지 결정하여 수업의 개요를 설명한다.
과제 제시	교사는 수업 활동 내용에 대한 과제를 제시한다.
개인적·사회적 발달과 관련된 문제점 확인	교사는 활동 내용에 참여하는 학생들을 관찰하며 TPSR 전략이 요구되는 행동들을 확인한다.

TPSR 학습 활동 선택	교사는 확인된 문제점에 근거하여 어떠한 TPSR 학습 활동이 상황에 적합한지 결정한다. 교사는 관련 학생들에게 왜 TPSR 활동이 당장 필요한지 알려 준다.
TPSR 활동의 매개 변수 설정	교사와 관련 학생들은 참여 기간, 참여 목적, 참여 성과를 결정하기 위해 TPSR 활동에 대해 논의한다.
문제 해결	학생들은 많은 노력, 열린 대화, 타인 존중의 자세로 TPSR 활동에 참여할 책임이 있다.
학습 결과 평가	교사는 학생들에게 문제 해결을 위해 그들에게 요구되는 것을 명확히 설명하며, 해결을 위한 수행 노력을 평가해야 한다.

(5) 교수 · 학습 과정의 검증

① 교사 기준

기준	검증 방법
교사는 신체 활동 내용의 일상적 수업을 계획한다.	교사는 수업 계획서를 점검한다.
교사는 각 학생의 책임감 수준을 알고 있다.	교사는 현재의 수준을 포함한 모든 수준에서의 각 학생의 성장 과정 기록을 갖고 있다.
교사는 필요한 TPSR 학습 활동을 규명한다.	교사는 신체 활동 내용에서 학생들을 관찰하며 TPSR 학습 활동 중 하나를 활용할 필요 행동에 주목한다.
교사는 TPSR 활동에 대한 필요성을 설명한다.	교사의 설명을 관찰한다.
교사는 TPSR 활동에 대한 기대를 명확히 설정한다.	교사는 자주 이해 여부를 확인한다.
학생들에게 의사결정 과정과 목표 설정 과정에 참여하도록 한다.	1. 교사가 학생들과 상호작용 하는 것을 관찰한다. 2. 학생들에게 의사결정과 목표 설정 과정의 참여 기회를 제공 받았다고 느끼는지 질문한다.
개인적 · 사회적 책임감에 대한 학생의 성장 과정을 토의하기 위해 학습 정리 및 종료를 실시한다.	1. 교사의 수업 계획을 점검한다. 2. 학습 정리와 종료 부분에서 교사가 학생과 상호작용하는 것을 관찰하고 기록한다.

② 학생 기준

기준	검증 방법
학생들은 자신의 수준을 알고 있다.	1. 학생들이 자기 수준을 이야기한다. 2. 학생들이 자신의 수준에서 제시할 수 있는 행동과 의사결정의 사례를 제공한다.
TPSR 학습 활동이 필요한 이유를 이해한다.	교사의 설명이 제공될 때 학생들을 관찰하고, 교사가 관찰한 내용과 일치하는지를 확인한다.

TPSR 활동을 성실하게 노력하면서 참여한다.	학생들이 TPSR 활동에 참여하는 것을 관찰하고, 그들의 노력하는 모습을 주목한다.
학생들은 퇴보하지 않는다.	수준에 부합하는 학생 행동을 관찰하고 현재 수준보다 낮은 수준의 행동을 보이는 학생 행동에 주목한다(간혹 퇴보가 있을 수 있으나 자주 일어나지 않음).

⑹ 학습 평가

TPSR 모형의 평가는 5가지 수준의 책임감에 기초한다. 학생들은 각 수준(특히 현재의 자기 수준)에서 어떠한 행동들이 나타나는지 알아야 하고, 자기 수준에 맞는 행동들을 일관성 있게 보여주어야 한다. 현행 수준에서 일관성 있는 모습을 보여 줄때 다음 수준의 의사결정과 행동을 보여줄 기회를 계속 제공받게 된다. 이 모형에서 학생들이 책임감 수준 자체에 대해서만 아는 것으로 충분하지 않고 학생들은 적절한 의사결정과 행동을 통하여 책임감 수준의 향상도를 나타내야 한다. TPSR 모형의 평가는 학생 자신의 학습 활동 내에서 이루어지므로 실제 평가로 진행된다.

① 책임감 수준에 따르는 지식 평가

    ㉠ 교사는 학생에게 각 수준의 의사결정 사항이나 행동이 각 수준에 해당하는 문구와 잘 맞는지 묻는 간단한 지필 검사를 할 수 있다.

    ㉡ 교사는 학생들에게 특정 수준의 의사결정과 행동의 사례를 범주화하게 함으로써, 학생 이해에 대한 점검을 통하여 지식을 평가할 수 있다.

② 학생의 의사결정과 행동 평가

    ㉠ 5가지 책임감 수준들은 TPSR 모형에서 학생의 의사결정과 행동을 평가하기 위한 루브릭을 설계하는 데 활용될 수 있다.

    ㉡ 학생들이 어떻게 활동하고 이 활동이 각 수준의 특성에 따라 일치 또는 불일치하는 사례들을 찾아냄으로써, 학생들의 현재 수준을 규정짓는 적절한 의사결정과 행동 능력을 평가할 수 있다. 이 평가들은 교사, 동료 평가, 자기 평가에 의해 이루어질 수 있다.

    ㉢ 예를 들면, 자기 방향 설정이라는 수준 3에 있는 학생들은 수업에서 다음과 같은 의사결정과 행동들을 보여주어야 한다.

        ⓐ 교사 감독 없이 과제를 완수

        ⓑ 자기 평가 수행

        ⓒ 자기 목표 설정

        ⓓ 부정적인 외부 영향에 대응

    ㉣ 각 수준에 해당하는 안내 지침이 준수된다면, 특정 사례들을 '성찰하고 기억하기' 위해 교사는 수업 종료 즈음 몇 분을 할애할 수 있다.

        ⓐ 나는 교사의 도움 없이 일상적 스트레칭을 마쳤다.

        ⓑ 스트레칭이 끝나고 나서, 즉시 나의 연습 과제를 실행하기 시작했다.

ⓒ 수업 종료 전에 5개의 훌륭한 서브를 연속적으로 완수할 것을 결심하였다.

ⓓ A는 내가 연습을 멈추고 B에게 농담을 하도록 시켰지만, 나는 A에게 안 된다고 말하고 계속 연습에 임하였다.

㉤ 체크리스트를 활용하여 학생이 학급에서 수준에 맞는 의사결정 또는 행동을 하는지 알수 있다. 예를 들어, 수준 1에 있는 한 학생이 수업 동안 동료 학생에게 목록에 나온 행동들이 관찰되는지 기록해 줄 것을 부탁할 수 있다.

이름 :   수준 :   날짜 :

• 나는 다른 사람을 방해하지 않고 참여하였다.
　　예 ＿＿＿＿＿＿　　　아니오 ＿＿＿＿＿＿

• 나는 다름 사람들과 안전하게 참여하였다.
　　예 ＿＿＿＿＿＿　　　아니오 ＿＿＿＿＿＿

• 나는 경기가 순조롭게 진행되지 않을 때 자기통제력을 이용하였다.
　　예 ＿＿＿＿＿＿　　　아니오 ＿＿＿＿＿＿

• 나는 다른 사람들과 의견이 다를 때 합리적이고 온화한 방법으로 갈등을 해결하였다.
　　예 ＿＿＿＿＿＿　　　아니오 ＿＿＿＿＿＿

관찰자 : (　　　　　　　　)

🔍 **학생이 수업 중 수준에 맞는 의사결정과 행동 평가 체크리스트**

㉥ 또 다른 효과적인 전략으로는 행동 계약(behavioral contract)이 있다. 교사와 학생에 의해 협의된 계약에 학생에게(자기 수준 내에서) 기대하는 것과 어떤 결과들이 성공인지 아니면 실패인지를 매우 명확하게 안내해야 한다. 이것은 교사와 학생에 의해 단순히 구두상이 아닌, 서명을 받아 하는 실제 계약이다.

날짜 : ＿＿＿＿＿＿＿＿＿＿＿

나 ＿＿＿＿＿＿＿＿는 수준 2에서 ＿＿＿＿＿＿＿부터 ＿＿＿＿＿＿＿까지 연속적으로 반칙 없는
　　(학생 이름)　　　　　　　　　(날짜)　　　　　　(날짜)

날들을 닷새 이상 보낼 것이라는 것에 동의한다. 만약 그러한 날이 연속적으로 일어나면,

＿＿＿＿＿＿＿＿은 그 다음 주 동안 자기 선택 활동을 하도록 허용해 줄 것이다. 반칙 없는
　(교사 이름)

날들은 ＿＿＿＿＿＿＿＿에 의하여 수준 2의 안내 지침에 따라 평가받을 것이다.
　　　　　(교사 이름)

서명 : ＿＿＿＿＿＿＿＿
　　　　　　(학생)

＿＿＿＿＿＿＿＿
　　　(교사)

🔍 **수준 2의 행동 계약서**

ⓐ TPSR 모형에서는 교사들이 평가할 때 학생과 협의하는 것이 바람직하다. 그 과정에 참여함으로써 학생들은 체육에서 그들에게 직접적인 영향을 미치게 될 의사결정을 할 수 있다. 학생들은 TPSR 모형의 가장 핵심이라고 할 수 있는, 즉 책임감이 따르는 실제적인 의사결정을 내리는 방법도 배울 수 있다.

4. 실행적 요구 사항과 변형

(1) 교사 전문성

① 신체 활동 내용

ㄱ TPSR 모형을 활용하는 교사는 다양한 방식으로 신체 활동 내용에 대해서 알아야 한다.

ㄴ 각 내용 영역이 책임감의 5가지 수준에서 어떻게 적합하게 활용되는지 알아야 한다. 학생의 성장을 위해 각 수준에 맞는 기회를 제공할 수 있는 내용은 무엇인지 알 필요가 있다.

② 학생 발달

ㄱ TPSR 모형에서 우수한 교사는 아동과 청소년 발달, 특히 정서적 성숙과 사회적 기술에 대한 많은 지식을 갖고 있다.

ㄴ 학생들이 특정 수준에서 의사결정과 행동을 통제할 만큼 성숙되지 않았다면, 교사는 학생들을 그 수준에 억지로 도달하지 않도록 해야 한다.

③ 환경 요인

ㄱ 학생들이 개인적 및 사회적 책임과 관련하여 보이는 많은 행동과 태도는 학교에서 배우는 것이 아니라, 가정이나 지역 사회에서 배우고 나서 학교 환경으로 옮겨온 것이다.

ㄴ TPSR 모형에서 교사는 학생들의 문제를 총체적으로 검토하기 위하여 학생 행동에 영향을 미칠 수 있는 요인에 대한 확고한 이해가 필요하다.

④ 의사소통

ㄱ TPSR 모형의 핵심은 교사와 학생들 간의 대화이다.

ㄴ 교사는 학생들에게 혼란스러운 신호를 보내거나 지킬 수 없는 약속을 하지 않기 위해, 자신을 명확하고 직접적이며 정직하고 일관되게 표현할 수 있어야 한다.

⑤ 학생에게 권한 위임

ㄱ TPSR에서 중요한 학습 결과 중 하나는 학생에게 신체 활동 환경에서 자신들의 의사를 결정하고 수행하도록 권한을 부여하는 것이다. 이는 교사가 학생들이 그러한 결정을 하도록 돕고 학생들이 긍정적·부정적 결과들을 모두 경험하도록 허용한다는 것을 의미한다.

ㄴ TPSR 모형에서 교사는 학생들에게 많은 결정을 스스로 내릴 수 있는 자유를 줄 뿐만 아니라, 결과를 제공한 후에는 그 선택에 대한 성찰 기회를 제공해야 한다.

⑵ 핵심적인 교수 기술

TPSR 모형에서는 교사에게 2가지 교수 기술을 요구한다. 첫 번째 교수 기술은 수업에 도입된 신체활동 내용에 따라 달라진다. 이 신체활동 내용은 교사가 체육 수업에서 학생들에게 가르치고자 하는 기술과 지식을 의미한다. 두 번째는 TPSR 모형에서 학생들의 개인적·사회적 책임감을 발달시킬 때 필요한 기술들로 구성된다. 이 기술들은 수업에서 책임감을 발전시킬 시기에 직면할 때 필요에 따라 사용될 것이다.

① 상담하기

  ㉠ TPSR 교사는 관찰 대상 학생의 행동과 사회적으로 적합한 행동 사이의 차이를 이해하는 상담자(counsellor)로, 학생들이 그 부분의 문제점을 인지하고 의사결정을 향상시키도록 도와준다. 이 과정은 단계가 있다.
    ⓐ 학생들의 행동과 그 행동의 부정적인 결과에 대해 인지하기
    ⓑ 학생들이 현존하는 문제점을 인정하기
    ⓒ 학생의 행동을 TPSR 수준에 연결시키기
    ⓓ 향상을 위한 목표 설정하기
    ⓔ 향상을 위한 협의 계획 조정하기
    ⓕ 향상을 위한 학생의 노력 지지하기
    ⓖ 퇴보를 방지하기 위한 정기적인 성찰과 상호작용을 촉진하기

  ㉡ 단계들은 순차적으로 진행되어야 하지만, 학생의 학습 진도는 이 계열성을 따라가지는 못할 것이다. TPSR 교사는 "언제 다음 단계로 가야할지", "어느 시기에 이전 단계로 되돌아가야 할지"를 이해할 필요가 있다.

② 경청과 질문

  ㉠ 상담 과정에서 중요한 부분은 듣는 것, 즉 학생들에게 의사결정과 행동을 설명할 기회를 제공하고 그들의 관점을 듣는 것이다.

  ㉡ 학생의 관점을 명확히 이해하기 위해, TPSR 교사는 학생들이 자신의 생각을 이야기할 수 있도록 고도의 숙련된 질문을 할 수 있어야 한다. 특히 모든 학생들이 자신의 감정을 스스로 표현하는 것이 쉽지 않으므로, TPSR 교사는 학생들이 필요시 다른 의견을 표현할 수 있는 진입점을 제공하는 질문을 할 수 있어야 한다.

③ 진실성 보여주기

  ㉠ TPSR 모형에서 교사는 학생들과의 상호작용에서 진실성을 보여줌으로써 학생들의 신뢰를 얻는 방법을 배울 수 있다.

  ㉡ 진실성은 학생들처럼 옷을 입고 행동하며 말하는 것이 아니라, 교사 존재 자체에서 비롯된다.

ⓒ 진실성의 다른 측면은 필요할 때 단호하고, 항상 공정하며, 학생이 의사결정 사항들을 잘 모르는 경우에도 교사가 그것들을 기꺼이 설명해 주면서 보여준다.

ⓔ 학생들과 정직하게 소통하고 진정으로 그들의 신뢰를 얻는 또 다른 방법은 '말만 하지 말고 실천으로 보여주는 것'이다.

④ 농담과 유머 감각의 활용

㉠ 농담과 유머 감각과 같은 개인적 특성은 TPSR 모형에서 능숙하게 적용될 필요가 있다. 교사와 학생들은 다양한 TPSR 전략에서 높은 수준의 위험성을 감수한다.

㉡ TPSR 교사는 학생을 덜 위험하게 하는 교수 과정을 진행하는 방법과 TPSR 전략을 쾌활하고 가끔은 익살스럽게 활용해야 한다.

⑤ 성찰

㉠ TPSR 모형에서 교사는 지속적으로 학생들에게 의사결정과 행동을 성찰하도록 요구한다.

㉡ 예상치 못한 의사결정과 행동이 요구되는 상황들이 자주 발생하기 때문에 교사들도 바람직한 자기반성 습관과 기술을 개발시켜야 한다.

(3) 상황적 요구 조건

① TPSR 모형은 어떠한 환경에서도 사용될 수 있고 어떠한 신체 활동 내용과도 결합될 수 있다.

② TPSR 모형을 활용하기로 결정할 때, 교사는 시설, 용기구, 시간 및 내용과 같은 맥락적 요인을 고려하지 않으며, 책임감 발달이 필요한지 결정하기 위하여 학생들의 현재 개인적·사회적 책임감 수준을 평가함으로써 TPSR 모형의 활용을 결정한다.

③ 학생들이 연령/단계에 적합한 개인적·사회적 책임감 발달 수준을 보여줄 때는 굳이 TPSR 모형을 활용할 필요가 없지만, 학생이 적절한 수준에 도달하지 못한 경우에는 교사가 학생들을 보다 높은 수준으로 끌어올리기 위해 TPSR 모형을 활용할 필요가 있다.

(4) 모형의 선정과 변형

① 교사가 학생의 개인적·사회적 발달에 초점을 두는 경우 이 모형은 기초적 요구 사항으로 활용될 수 있다. 이 모형을 선택하는 첫 번째 원칙은 모형에 대한 요구를 확인하는 것으로 이루어진다. 책임감 수준을 검토하고 학생들의 현행 수준을 관찰함으로써 시작된다. 만약 관찰을 통하여 학생들이 자기 연령에 적합한 수준으로 발달되지 못한 것이 밝혀지면, 교사는 TPSR 모형 전략과 학습 활동들을 활용할 수 있다.

② TPSR 모형은 학년 수준에 따른 모형의 변형에 관한 지침이 없다. 교사들은 그들이 선택한 어떤 수준에서든 모든 모형을 활용할 수 있다. 교사가 각 TPSR 전략과 학습 활동을 적용하는 방식으로 모형의 변형을 진행한다.

(5) 개인맞춤형 학습을 위한 개인적 · 사회적 책임감 지도 모형 사용하기

① TPSR 모형 내의 다양한 전략은 이미 개인맞춤형 환경을 조성한다. 개인적 책임감에 초점을 두고 보면, 모형 내 대부분의 학습 과제는 실제로 개인맞춤형으로 되어 있음을 알 수 있다.

② 개별화 지도 모형을 제외하고, TPSR에서 개인맞춤형 평가는 다른 어떤 모형보다 더 강조된다. 진단 평가는 매우 중요하며, 단원 전체에서 학생의 수준 내 또는 수준 간 진행 상황을 모니터링하기 위해 다양한 형태의 평가가 필요하다.

③ 교사는 단원을 진행하는 동안 학생의 행동을 정확히 관찰하고 비공식적으로 평가하려면 학생들을 진정으로 잘 알아야 한다. 이 관계는 교사가 학생들의 학습 관심도와 학습 프로파일을 평가하면서 더욱 강화되며, 학생들을 더 잘 이해할 수 있게 된다.

④ 내용, 과정, 결과물, 학습 환경의 차별화는 다양한 개별화 수업을 제공하는 TPSR 전략을 통해 가능하다.

ㄱ. 내용의 제시는 교사가 선택한 특정 TPSR 전략에 따라 결정된다. 내용 선택은 주로 학생의 준비도(수준에 대한 지식, 학생의 의사결정과 행동을 기준으로)에 따라 달라지며, 교사는 학생의 관심사와 학습 프로필을 고려한다. 학습 내용의 진도는 수준 내 학생의 진도에 따라 결정되며, 이는 TPSR에서 지속적인 평가와 교사-학생 관계에 따라 달라진다.

ㄴ. 학습 과정, 결과물, 학습 환경도 특정 TPSR 전략 내에서 이미 개별화되어 있다. 학생들은 혼자 또는 모둠 내에서 개인적-사회적 책임감 수준 내 또는 수준 간에 진도를 나갈 수 있다. 수준 내의 진도는 과제의 복잡성 증가와도 연계된다. 학습 과정은 다양한 교수 전략과 모둠편성을 통해 차별화될 수 있고, 각 수준에는 교사가 학생의 학습 요구를 충족하기 위해 선택할 수 있는 여러 전략이 포함되어 있다.

ㄷ. 학생들의 학습 결과물은 단원 전반에 걸친 진단 평가와 형성 평가의 완벽한 통합으로 만들어진다. 일부 TPSR 전략에는 내장된 결과물이 포함되어 있다. 예를 들면, Level 2 전략인 자기주도형 도전이나 Level 4 전략인 집단 목표설정이 해당된다. TPSR의 초점이 개별학생의 개인적-사회적 책임감 증진에 맞춰져 있기 때문에, 교사는 학생들이 스스로 목표를 설정하고 행동 기준을 만들며, 자신의 진행상황을 모니터링할 수 있는 평가를 직접 만들도록 허용할 수 있다. 이 평가는 진단 평가 결과를 기반으로 가중치를 부여할 수도 있다.

ㄹ. TPSR의 학습 환경은 매우 개별화되어 있다. 거의 모든 학습전략이 학습 과제에서 개인별 진도 조절과 학생 선택을 허용한다. 학생들이 많은 면에서 자신의 학습에 책임을 지기 때문에, 자신의 학습 요구에 맞는 용기구나 과제 수정 사항을 선택할 수 있다. 교사는 시각 자료와 음악과 같은 감각자극기법을 활용하여 학생들의 다양한 학습 요구를 더욱 효과적으로 지원할 수 있다.

🔍 TPSR 모형을 사용한 개인맞춤형 학습의 주요 질문

	목표	적용 방법
학생의 준비도를 확인하고 모니터하는 데 평가가 어떻게 사용되는가?	공식평가는 초기의 학생 준비도를 결정하기 위한 진단 평가를 사용하기	• 학습 내용에 대한 신체적 및 인지적 준비 상태와 개인적 및 사회적 책임 학습에 대한 준비 상태 평가 • 현재 수준의 결정 • 각 수준에 대한 지식을 확인하는 지필 시험
	학습과 상호작용을 평가할 수 있는 비공식적, 공식적 형성 평가와 총괄평가	• 학생의 의사결정과 행동에 대한 교사관찰, 동료평가, 자기평가 • 수업 중 학생이 제작한 수준에 적합한 의사결정이나 행동의 체크리스트 • 행동 계약서
학생의 흥미도와 학습 프로파일은 무엇인가?	Reichmann과 Grasha의 프로파일을 활용한 학생의 학습 선호도를 평가하기	• 단원 전에 학생의 성향을 평가하기 위한 교사 관찰과 평가
	단원 계획 시 학생의 지능 선호도를 고려하기	• 학생의 지능 선호도에 기초한 책임감 수준 내 전략 실행
	학생의 다양한 흥미와 문화 수준 고려하기	• 학생의 흥미와 문화에 기초한 책임감 수준 내 전략 실행
학생들이 내용을 어떻게 접할까?	학습 맥락에 효율적인 모형과 연계된 소통 전략 파악하기	• 단원 내용, 학습 준비도 수준에 기초한 과제 제시
학생들은 학습 내용 안에서 어떻게 발전해 나갈까?	모형의 핵심 기술, 지식 영역, 태도를 구별하여 이를 교육 범위와 순서에 따라 배열한다. 학습진도는 학생 준비도에 관한 진단 평가에 기초하여 결정하기	• 각 현행 수준 내 학생의 의사결정과 행동 패턴에 기초한 과제 전개, 그리고 책임감 수준을 증가하기 위한 패턴의 일관성
맞춤형 학습과정을 제공하기 위해 어떤 과제가 제공되어야 할까?	개인맞춤형 학습을 가능하게 하는 참여 패턴, 속도, 진도 등을 결정하기	• 과제의 복잡성과, 개인적 책임감 수준 증가하기
어떤 교수전략이 맞춤형 학습에 필요할까?	모형의 이론적 기초와 대주제와 연계된 수업 상호작용과 전략을 파악하기	• 학생의 신체적-인지적 특성과 개인적-사회적 책임감 수준에 기초한 전략 a. 수준1 전략: Sit-out 전개, Five Clean Days b. 수준2 전략: 자기속도도전, 강도척도, 학생 초대 c. 수준3 전략: 과제독립성, 상담시간 d. 수준5 전략: 지역사회 자원봉사

어떤 모둠 편성 전략이 적절한가?	모형과 기준에 연계된 편성 전략을 선택하기	• 학생의 신체적-인지적 특성과 개인적-사회적 책임감 수준에 기초한 모둠편성 a. 수준1 전략 : 포괄성 b. 수준2 전략 : 강도척도 c. 수준4 전략 : 동료 교수 d. 수준5 전략 : 학급 리더
개인맞춤형 학습을 고려한 다양한 평가 방법을 가능하게 하는 결과물은 무엇인가?	• 모형과 연계되고 학생들이 배운 내용을 다양한 과정을 통해 적용, 정제, 종합할 수 있도록 높은 수준의 사고 능력을 발휘할 수 있는 학생 결과물을 선정하기 • 유연하고 실제성 있는 평가 방법을 개발하기	• 수준에 대한 지식과 개인적-사회적 책임을 나타내는 일관된 의사결정과 행동의 증거를 제시하는 개별적이고 실제적인 평가 • 개인적-그룹 목표설정을 포함한 TPSR 전략 • 개인적 수준에 기초한 학생성장 평가 • 진단 평가 결과에 기초한 가중치 평가
어떻게 포용성 있는 학습 환경을 조성할 수 있을까?	• 수업 모형의 기본 원칙을 준수하기 - 학생들이 도전적인 활동을 통해 성공을 경험하도록 돕기 - 지원적인 학습환경을 조성하기 - 자기주도성을 개발하기	• TPSR 전략의 과제 제시를 위한 시각적 보조도구 • 지능 선호도에 기초한 음악과 감각 보조도구의 활용 • 개별화된 속도를 고려한 TPSR 전략 • 학생에 관한 교사지식에 기초한 피드백 활용 • 다양한 용기구의 선택

5. 지도 계획 시 주안점

(1) 항상 각 학생의 현행 수준을 알고, 학급에서 가장 많이 나타나는 수준에 맞춰서 대부분의 수업 활동을 계획하라.

(2) TPSR 모형 전략을 활용하기 위해서는 충분한 시간이 필요하다. 이 모형에서는 학습 과정이 학습 진전으로 연결되므로, 그 전략에 쓸 충분한 시간을 제공하라.

(3) 학생이 보다 낮은 수준에서 행동하고 의사결정을 할 때는 "퇴보"를 예상하고 계획해야 예측이 가능하다.

(4) 가능한 서면 계약서를 이용하라. 서면 계약서는 교사와 학생이 하려고 동의하는 것에 대한 모든 의구심을 불식시키며 잠정적으로 부정적 상호작용을 방지한다.

(5) 개인적·사회적 학습은 이 모형에서 다른 학습 결과들에 비하여 우위에 있다. 학생 유형이 의사결정에 초점을 맞출 필요를 나타낼 때, 기술 발달과 같은 부분에 시간이 걸리는 것을 두려워하지 말라.

⑹ 다른 학습 영역과 같은 방식으로 개인적·사회적 학습을 발달시켜라. 즉, 학생의 현재 수준에서 시작하고 거기서부터 쌓아가라. 너무 많은 것을 급하게 기대하지 말라.

TPSR 모형에서는 독특한 학습 과제뿐만 아니라, 체육 수업 구조의 요소도 독특하다. 각 수업은 5가지 요소를 포함하고 있다(Hellison).	
관계 시간	교사와 개별학생 사이의 개인적 상호작용이 짤막하게 이루어진다. 수업 전 또는 수업 후에 가능하며, 학생들은 그 교사가 자신들의 개인적 수준을 파악하고 있다는 점을 인지하게 된다. 이 상호작용의 내용은 생일을 기억하거나, 외모(옷차림, 머리 손질 등)에 대한 칭찬이 포함된다.
인지 토크	인지 토크는 공식적으로 수업이 시작될 때 이루어진다. 교사는 학생들에게 그룹을 만들어, 함께 의사결정을 해야 하는 중요성에 대해 각인시킨다. 또한, 각 수업에서 강조하는 수준이 무엇이며, 해당 수준이 의미하는 내용을 파악하도록 강조하게 된다.
신체 활동	신체활동은 수업에서 매우 중요한 부분이며, 이 신체활동은 수업에서 학습해야 할 기술, 게임 및 다른 신체활동을 포함한다. 신체활동이 이루어지는 동안 학생들은 각 TPSR 수준에서 학습 및 연습 기회를 제공받고, 교사는 개별적 상호작용 및 그룹 상호작용을 할 수 있는 '티칭모멘트'를 갖게 된다.
그룹 미팅	그룹 미팅은 수업이 거의 끝날 즈음에 이루어진다. 그룹 미팅의 목적은 교사에게는 주요 학습 결과 및 TPSR 수준에 연관된 수업을 리뷰할 수 있는 시간을 제공한다. 예를 들면, 교사는 초기 플로어 하키경기 동안 학생들이 2수준에서 수업을 잘하고 있기 때문에 칭찬할 수 있다. 또한, 학생들에게 다음 차시 수업에 대한 예고를 할 수 있는 시간으로 활용할 수 있다.
자기 성찰 시간	그룹 미팅 후, 교사는 학생들에게 자신들의 의사결정과 행동에 대해 간단한 자기평가를 할 수 있는 기회를 제공할 수 있다. 이 자기 성찰은 자신들의 의사결정과 행동이 어떻게 해당 TPSR 수준과 연결될 수 있는지에 대한 내용이 포함된다. 또한, 이 시간은 학생들이 자신의 다음 목표 설정을 위한 시간으로 사용될 수도 있다.

최 병 식

포스
전공체육 제1판

체육교육과정론 체육교육학 1

초판인쇄 | 2026. 1. 8. 초판발행 | 2026. 1. 15. 편저자 | 최병식
표지디자인 | 박문각 디자인팀 발행인 | 박 용 발행처 | (주)박문각출판
등록 | 2015년 4월 29일 제2019-000137호
주소 | 06654 서울특별시 서초구 효령로 283 서경 B/D 팩스 | (02)584-2927
전화 | 교재 문의 (02)6466-7202, 동영상 문의 (02)6466-7201

저자와의
협의하에
인지생략

정가 36,000원
ISBN 979-11-7519-649-0
ISBN 979-11-7519-648-3(세트)